***ACCESO GRATIS** a la Lectura en la Nube*

Para visualizar el libro electrónico en la nube de lectura envíe junto a su nombre y apellidos una fotografía del código de barras situado en la contraportada del libro y otra del ticket de compra a la dirección:

ebooktirant@tirant.com

En un máximo de 72 horas laborales le enviaremos el código de acceso con sus instrucciones.

La visualización del libro en **NUBE DE LECTURA** excluye los usos bibliotecarios y públicos que puedan poner el archivo electrónico a disposición de una comunidad de lectores. Se permite tan solo un uso individual y privado

LA REGULACIÓN DE LOS SERVICIOS DIGITALES

Curso de Derecho digital

COMITÉ CIENTÍFICO DE LA EDITORIAL TIRANT LO BLANCH

María José Añón Roig
Catedrática de Filosofía del Derecho de la Universidad de Valencia

Ana Cañizares Laso
Catedrática de Derecho Civil de la Universidad de Málaga

Jorge A. Cerdio Herrán
Catedrático de Teoría y Filosofía del Derecho Instituto Tecnológico Autónomo de México

José Ramón Cossío Díaz
Ministro en retiro de la Suprema Corte de Justicia de la Nación y miembro de El Colegio Nacional

María Luisa Cuerda Arnau
Catedrática de Derecho Penal de la Universidad Jaume I de Castellón

Manuel Díaz Martínez
Catedrático de Derecho Procesal de la UNED

Carmen Domínguez Hidalgo
Catedrática de Derecho Civil de la Pontificia Universidad Católica de Chile

Eduardo Ferrer Mac-Gregor Poisot
Juez de la Corte Interamericana de Derechos Humanos Investigador del Instituto de Investigaciones Jurídicas de la UNAM

Owen Fiss
Catedrático emérito de Teoría del Derecho de la Universidad de Yale (EEUU)

José Antonio García-Cruces González
Catedrático de Derecho Mercantil de la UNED

José Luis González Cussac
Catedrático de Derecho Penal de la Universidad de Valencia

Luis López Guerra
Catedrático de Derecho Constitucional de la Universidad Carlos III de Madrid

Ángel M. López y López
Catedrático de Derecho Civil de la Universidad de Sevilla

Marta Lorente Sariñena
Catedrática de Historia del Derecho de la Universidad Autónoma de Madrid

Javier de Lucas Martín
Catedrático de Filosofía del Derecho y Filosofía Política de la Universidad de Valencia

Víctor Moreno Catena
Catedrático de Derecho Procesal de la Universidad Carlos III de Madrid

Francisco Muñoz Conde
Catedrático de Derecho Penal de la Universidad Pablo de Olavide de Sevilla

Angelika Nussberger
Catedrática de Derecho Constitucional e Internacional en la Universidad de Colonia (Alemania) Miembro de la Comisión de Venecia

Héctor Olasolo Alonso
Catedrático de Derecho Internacional de la Universidad del Rosario (Colombia) y Presidente del Instituto Ibero-Americano de La Haya (Holanda)

Luciano Parejo Alfonso
Catedrático de Derecho Administrativo de la Universidad Carlos III de Madrid

Consuelo Ramón Chornet
Catedrática de Derecho Internacional Público y Relaciones Internacionales de la Universidad de Valencia

Tomás Sala Franco
Catedrático de Derecho del Trabajo y de la Seguridad Social de la Universidad de Valencia

Ignacio Sancho Gargallo
Magistrado de la Sala Primera (Civil) del Tribunal Supremo de España

Elisa Speckman Guerra
Directora del Instituto de Investigaciones Históricas de la UNAM

Ruth Zimmerling
Catedrática de Ciencia Política de la Universidad de Mainz (Alemania)

Fueron miembros de este Comité:
Emilio Beltrán Sánchez, Rosario Valpuesta Fernández y **Tomás S. Vives Antón**

Procedimiento de selección de originales, ver página web:
www.tirant.net/index.php/editorial/procedimiento-de-seleccion-de-originales

LA REGULACIÓN DE LOS SERVICIOS DIGITALES

Curso de Derecho digital

Coordinador
JUAN JOSÉ MONTERO PASCUAL

Autores
GABRIEL GARCÍA ESCOBAR
EUGENIO OLMEDO PERALTA
JUAN FRANCISCO RODRÍGUEZ AYUSO
TERESA RODRÍGUEZ DE LAS HERAS BALLELL
ISABEL RODRÍGUEZ MARTÍNEZ
JIMENA TAMAYO VELASCO

tirant lo blanch
Valencia, 2024

Copyright ® 2024

Todos los derechos reservados. Ni la totalidad ni parte de este libro puede reproducirse o transmitirse por ningún procedimiento electrónico o mecánico, incluyendo fotocopia, grabación magnética, o cualquier almacenamiento de información y sistema de recuperación sin permiso escrito de los autores y del editor.

En caso de erratas y actualizaciones, la Editorial Tirant lo Blanch publicará la pertinente corrección en la página web www.tirant.com.

© Juan José Montero Pascual (Coordinador)

© TIRANT LO BLANCH

EDITA: TIRANT LO BLANCH
C/ Artes Gráficas, 14 - 46010 - Valencia
TELFS.: 96/361 00 48 - 50
FAX: 96/369 41 51
Email: tlb@tirant.com
www.tirant.com
Librería virtual: www.tirant.es
DEPÓSITO LEGAL: V-2165-2024
ISBN: 978-84-1056-540-1

Si tiene alguna queja o sugerencia, envíenos un mail a: *atencioncliente@tirant.com*. En caso de no ser atendida su sugerencia, por favor, lea en *www.tirant.net/index.php/empresa/politicas-de-empresa* nuestro procedimiento de quejas.

Responsabilidad Social Corporativa: http://www.tirant.net/Docs/RSCTirant.pdf

Sobre los autores

Gabriel García Escobar *es Profesor Contratado Doctor de Derecho mercantil en la Universidad de Granada.*

Juan José Montero Pascual *es Catedrático de Derecho administrativo en la UNED, Part-time Professor en el European University Institute y abogado of counsel en MLAB Abogados.*

Eugenio Olmedo Peralta *es Profesor Titular de Derecho mercantil en la Universidad de Málaga.*

Juan Francisco Rodríguez Ayuso *es Profesor Ayudante Doctor de Derecho Administrativo en la UNED, y Coordinador Académico del Grado en Ciencias Jurídicas de las Administraciones Públicas.*

Teresa Rodríguez de las Heras Ballell *es Profesora titular de Derecho Mercantil en la Universidad Carlos III de Madrid.*

Isabel Rodríguez Martínez *es Profesora Ayudante Doctor (acreditada a Profesor Titular) de Derecho Mercantil en la UNED*

Jimena Tamayo Velasco *es investigadora predoctoral en la Universidad de Valladolid.*

Índice

Capítulo Tercero

LA REGULACIÓN DE LOS GUARDIANES DE ACCESO

Juan José Montero Pascual

Capítulo Cuarto

EL COMERCIO ELECTRÓNICO

Isabel Rodríguez Martínez

Capítulo Quinto

REDES SOCIALES Y MODERACIÓN DE CONTENIDOS

Juan Francisco Rodríguez Ayuso

Capítulo Sexto

REGULACIÓN DE LAS FINTECH

Isabel Rodríguez Martínez

Capítulo Séptimo

ENTORNOS INFORMÁTICOS: SISTEMAS OPERATIVOS, TIENDAS DE APLICACIONES, ASISTENTES VIRTUALES Y APLICACIONES

Eugenio Olmedo Peralta

Capítulo Octavo

LA PUBLICIDAD DIGITAL

Gabriel García Escobar y Juan José Montero Pascual

Capítulo Noveno

LOS ASISTENTES VIRTUALES EN EL REGLAMENTO DE MERCADOS DIGITALES

Jimena Tamayo Velasco

Prefacio

La adopción por la Unión Europea del Reglamento de Servicios Digitales y el Reglamento de Mercados Digitales, en ambos casos en 2022, ha supuesto una importante actualización del régimen jurídico de los servicios digitales, esto es del régimen de los servicios de la sociedad de la información y el comercio electrónico, vigente desde la adopción de la Directiva sobre el comercio electrónico el año 2000.

El nuevo régimen mantiene en vigor la Directiva sobre el comercio electrónico y sus instituciones principales, como la categoría de servicios de la sociedad de la información, la categoría de servicios intermediarios y la categoría de servicios de alojamiento de datos. Mantiene igualmente el principio general de exención de responsabilidad de los prestadores de servicios intermediarios, principio que ha determinado la evolución de Internet en las últimas décadas.

No obstante, el Reglamento de Servicios Digitales ha actualizado el régimen tradicional explicitando las reglas aplicables a una nueva categoría de servicios, los de plataforma en línea. Por fin se ha aclarado el régimen de una serie de servicios inexistentes cuando se adoptó la Directiva sobre el comercio electrónico el año 2000. La jurisprudencia del TJUE había cuestionado la aplicación a estos servicios del principio general de exención de responsabilidad, e incluso su calificación como servicios de la sociedad de la información (Sentencia Elite Taxi). La nueva legislación confirma la aplicación del principio general, aunque ha extendido las excepciones al mismo. Más allá, se he detallado todo un régimen jurídico para los servicios de plataforma en línea, imponiendo obligaciones de moderación de contenidos. Se ha ido definiendo toda una serie de subcategorías como los servicios de redes sociales (Facebook, Instagram, TikTok o LinkedIn), intermediación en línea (Amazon, Uber, AirBnb), plataforma de intercambio de videos (YouTube), y más allá categorías como el servicio de búsqueda en Internet (Google Search), tiendas de aplicaciones, etc.

El Reglamento de Mercados Digitales, por su parte, se enfrenta al reto que supone el poder de mercado de un reducido número de plataformas: Google, Apple, Meta, Amazon, Microsoft y TikTok. Se ha creado la categoría legal de los "guardianes de acceso" para aplicarles una regulación asimétrica, unas obligaciones específicas para promover una mayor competencia, al tiempo que se protege la equidad en las relaciones entre estas plataformas y los usuarios profesionales que de ellas dependen: comerciantes, *youtubers* y creadores de contenidos varios, desarrolladores de aplicaciones, etc.

El libro dedica sus tres primeros capítulos a sistematizar el régimen general de los servicios de sociedad de la información, servicios intermediarios y servicios de plataforma en línea, con particular atención al régimen de responsabilidad y el régimen especial de los guardianes de acceso.

El resto de los capítulos se dedica al estudio de concretos servicios de la sociedad de la información, aquellos que hemos considerado más relevantes por su impacto social y económico. Aprovechamos estas páginas iniciales para justificar algunas decisiones en la sistematización del estudio de los diferentes servicios.

El Capítulo Cuarto se dedica al estudio del comercio electrónico. Estas páginas analizan con especial detalle el régimen de la contratación electrónica. Este régimen no es de aplicación exclusivamente al comercio electrónico, sino que de forma general es de aplicación al resto de servicios estudiados en el libro. No obstante, hemos considerado conveniente no repetir la exposición en cada capítulo, y tampoco recogerla en los capítulos introductorios, más allá de ciertas pinceladas. Por el contrario, hemos considerado que el acomodo natural del estudio de la contratación electrónica residía en el estudio del comercio electrónico ya que es en este marco en el que nació y en el que se ha desarrollado con mayor profusión. Además, distinguimos el estudio del régimen general del comercio electrónico del régimen especial de comercio electrónico mediante intermediarios digitales, los *marketplaces* como Amazon. Creemos que es una valiosa innovación en nuestra doctrina y un inevitable reflejo de la evolución del comercio electrónico, en el que los *marketplaces* han adquirido una posición central.

El Capítulo Quinto se dedica a las redes sociales. Hemos optado igualmente por dar acomodo en este capítulo a una exposición más detallada del régimen de moderación de contenidos. Una vez más, este régimen se extiende al conjunto de prestadores de servicios de plataforma en línea, por ejemplo a los *marketplaces*, pero es en el marco de las redes sociales donde alcanza la máxima intensidad.

El resto de capítulos se centra ya en concretos ámbitos en los que la digitalización ha alcanzado una particular intensidad. Es el caso del *Fintech*, la digitalización de los servicios financieros, que es analizado de forma sistemática, con una especial atención a vincular los nuevos servicios a las categorías tradicionales en nuestro Derecho, un ejercicio poco frecuente en nuestra doctrina. Dedicamos igualmente un estudio muy detallado a los entornos informáticos (sistemas operativos, tiendas de aplicaciones, navegadores, etc.). No sólo estos nuevos servicios están adquiriendo gran relevancia en sí mismos, sino que además una adecuada comprensión de los mismos es necesaria para entender la regulación del resto de servicios digitales. Igualmente, dedicamos especial atención al estudio de la publicidad digital, en cuanto la publicidad financia algunos de los principales servicios digitales (buscadores, redes sociales, plataformas de videos, etc.). Cerramos la obra con un capítulo sobre los asistentes virtuales.

Entendemos que esta obra es pionera en el estudio sistemático de los servicios digitales. Alcanzada ya la madurez del régimen legalmente establecido, es el momento de sistematizar dicho régimen desde el rigor doctrinal, rigor a menudo ausente en el estudio del denominado Derecho digital. Desde una perspectiva puramente formal, el objetivo reside en estructurar la materia y presentarla de forma didáctica y sencilla, sin innecesarios tecnicismos.

Este volumen se suma a otro dedicado a la protección de datos y a un tercero sobre el impacto de la digitalización en el Derecho, que aborda materias como el Derecho de las telecomunicaciones, la inteligencia artificial, la ciberseguridad, la Administración electrónica y los aspectos tributarios y laborales. Se conforma así lo que hemos denominado Curso de Derecho Digital. Se pretende que el Curso de Derecho digital resulte de utilidad a estudiantes de Masters y, en general, a todos aquellos que deseen familiarizarse con esta materia desde el rigor jurídico.

Madrid, febrero de 2024

Capítulo Primero

Los servicios digitales

JUAN JOSÉ MONTERO PASCUAL

I. LA REGULACIÓN DE LOS SERVICIOS DIGITALES

1. Los servicios de la sociedad de la información

En las últimas décadas se han popularizado diversas tecnologías digitales que permiten generar, almacenar, transmitir y tratar datos de forma automatizada: ordenadores, terminales móviles, redes de transmisión de datos, algoritmos, inteligencia artificial, etc. Por una parte, bienes y servicios tradicionales fueron digitalizados. Por otra parte, han surgido nuevos bienes y servicios como el de búsqueda en Internet, redes sociales, etc. El Derecho se ha enfrentado al reto de adaptar la ordenación existente a las nuevas tecnologías, y en particular, al reto de ordenar la prestación de los nuevos servicios digitales.

El protagonismo en la definición de las nuevas normas ha correspondido a la Unión Europea, que en forma de Directivas y Reglamentos ha ido adoptando paulatinamente un marco normativo que ordena de forma sistemática los servicios digitales. El objeto de este primer capítulo es sistematizar las diferentes categorías jurídicas creadas para la ordenación de los servicios digitales, y los regímenes jurídicos vinculados a cada una de las categorías jurídicas.

El punto de partida fue la creación de la categoría legal de los "**servicios de la sociedad de la información**", consolidada a partir de la adopción, ya en el año 2000, de la **Directiva 2000/31/CE, sobre el comercio electrónico** (DCE), traspuesta al Derecho español por la Ley 34/2002, de servicios de la sociedad de la información y de comercio electrónico (LSSI). Aunque se utilice una expresión algo confusa (servicios de la sociedad de la información), debe entenderse como sinónimo de servicios digitales.

Debe entenderse que cuando la DCE habla de servicios de la sociedad de la información lo hace en términos amplios, para incluir no sólo servicios, sino de forma más amplia toda actividad económica, incluyendo por ejemplo el contrato de compraventa de bienes. De hecho, el rasgo diferencial de los servicios de la sociedad de la información no es el contenido de cada uno de los servicios, sino la forma en la que el mismo es prestado, esto es, la prestación de los servicios por vía electrónica, o en otros términos, la prestación con tecnologías digitales. La utilización de las tecnologías digitales lo que permite es la prestación de los servicios a distancia, incluso de forma transfronteriza, entre diferentes Estados miembros de la Unión Europea. De ahí el interés de las instituciones europeas.

El objetivo de la DCE fue limitado, aunque su impacto ha sido mayúsculo. El objetivo de la DCE no fue ordenar sistemáticamente todo servicio de la sociedad de la información, sino simplemente extender a estos servicios el régimen del Tratado de Funcionamiento de la Unión Europea (TFUE) en materia de libertades de circulación, con un régimen jurídico más preciso. Por eso, el régimen de la Directiva es aplicable a actividades económicas de muy diferente naturaleza (compraventa de bienes, prestación de los más diversos servicios, etc.). La Directiva aplica escasas pero poderosas reglas: prohibición de restricciones innecesarias y desproporcionadas, empezando por la exigencia de títulos habilitantes, para extenderse a otras restricciones (número de operadores, imposición de todo tipo de obligaciones, etc.). Se persiguió proteger los nuevos servicios (las webs, blogs, páginas de comercio electrónico, etc.), de las potenciales restricciones que pudiesen imponer los Estados miembros.

2. *Los servicios intermediarios*

Más allá, la DCE creó una categoría específica, los **servicios intermediarios**, dentro de la amplia categoría de los servicios de la sociedad de la información. La Directiva no definió esta categoría, sino que se limitó a enumerar los servicios a incluir en la misma: 1) los servicios de mera **transmisión**; 2) los servicios de **memoria cache** (o memoria tampón); y 3) los servicios de **alojamiento de datos**.

Todos estos servicios quedarían sujetos a un principio general de **exención de responsabilidad** por los contenidos “transmitidos”, “almacenados” o “alojados”. En particular, se eximía de responsabilidad a las empresas que alojaban webs por los contenidos alojados en beneficio de terceros, que serían los responsables: los titulares de la web, el blog, etc. Una vez más, se pretendía proteger y promocionar los nuevos servicios digitales.

3. *Los servicios de plataforma en línea*

Las reglas básicas establecidas en la DCE se han mantenido en vigor durante décadas, hasta la actualidad. No obstante, el ecosistema digital ha evolucionado de forma acelerada. Han surgido toda una serie de nuevos servicios, de nuevos modelos de negocio e incluso de nuevas formas de organización industrial desconocidas en el año 2000, cuando se adopta la DCE. La aplicación de la Directiva a las nuevas realidades ha sido fruto de conflictos y de la intervención del Tribunal de Justicia de la Unión Europea para aclarar la aplicación del principio de libertad de circulación y la regla de exención de responsabilidad de los prestadores de servicios intermediarios.

La aparición de las plataformas digitales ha sido el gran reto en la aplicación de la DCE. Las plataformas digitales son una nueva forma de organización industrial. Constituyen una actividad económica que, mediante el uso de tecnologías digitales, permite coordinar la interacción entre terceros, terceros que conforman diferentes "lados" en lo que se denomina un "mercado multilateral". Es el caso de las redes sociales, como Facebook, Instagram o TikTok, que facilitan la interacción entre generadores de contenidos, espectadores y anunciantes. Es el caso de intermediarios como Amazon, Uber o AirBnb. Es el caso de sistemas operativos como los de Google y Apple, que permiten la interacción entre desarrolladores de aplicaciones y los usuarios de las mismas.

Estos servicios inicialmente encajaban en la categoría de servicios de la sociedad de la información, pero presentaban más problemas para quedar incluidos en la categoría de servicios intermediarios, y más en concreto en la categoría de servicios de alojamiento de datos, desencadenando la consiguiente exención de responsabilidad de los intermediarios. El Tribunal de Justicia de la Unión Europea fue resolviendo asuntos en aplicación de la DCE, con una fortuna desigual. En lo fundamental, confirmó la calificación de los servicios prestados por las nuevas plataformas digitales como servicios de la sociedad de la información, y confirmó la calificación de estos servicios como servicios intermediarios de alojamiento de datos, y por tanto la exención de responsabilidad en la prestación de sus servicios. No obstante, esta aproximación exigió una interpretación amplia de la noción de "alojamiento de datos", superando una concepción meramente pasiva del alojamiento, para admitir en la categoría el tratamiento automatizado de los datos: rankings, recomendaciones, etc., haciendo un uso creciente de sofisticados algoritmos e inteligencia artificial.

Finalmente, la Unión Europea procedió en 2022 a la adopción de un nuevo marco normativo que contempla de forma específica los servicios prestados por las plataformas. El Reglamento 2022/2065 adoptó el **Reglamento de Servicios Digitales** (RSD). Esta norma mantiene las categorías legales de la Directiva 2000/31/CE (servicios de la sociedad de la información, servicios intermediarios, servicios de alojamiento de datos), así como el principio general de exención de responsabilidad para los prestadores de servicios intermediarios.

No obstante, el Reglamento de Servicios Digitales establece reglas más claras que limitan el ámbito de la exención de responsabilidad de los servicios intermediarios de alojamiento de datos, y al efecto, identifica una nueva categoría legal en el seno de los referidos servicios, en concreto los "**servicios de plataforma en línea**": "un servicio de alojamiento de datos que, a petición de un destinatario del servicio, almacena y difunde información al público" (art. 3.i) RSD).

Más allá, en 2022 se adoptó el Reglamento 2022/1925, el **Reglamento de Mercados Digitales** (RMD). Esta norma tiene por objeto imponer una serie de obligaciones legales a una corta lista de grandes plataformas, los "**guardianes de acceso**", que prestan una lista cerrada de diez servicios, los denominados "**servicios básicos de plataforma**", que concretaremos más adelante, pero que incluyen el servicio de búsqueda en Internet, redes sociales, intermediarios en línea, etc. Las obligaciones tienen un doble objeto. Por una parte, promover la disputabilidad, esto es, reducir las barreras de entrada a los mercados para competir con las grandes plataformas. Por otra parte, proteger la equidad, esto es, el equilibrio en las relaciones mercantiles entre las grandes plataformas y los usuarios profesionales que hacen uso de las plataformas para comercializar sus bienes y servicios.

En las próximas páginas analizamos con mayor detalle todas estas categorías legales y los regímenes jurídicos adoptados por las instituciones de la Unión Europea para ordenar los servicios digitales.

II. LOS SERVICIOS DE LA SOCIEDAD DE LA INFORMACIÓN

El punto de partida en el estudio de la regulación de los servicios digitales es la Directiva 2000/31/CE, sobre el comercio electrónico (DCE). Esta temprana norma, que sigue en vigor, establece el régimen jurídico general de lo que podemos denominar "servicios digitales", aunque el término legal que se utiliza es el de "servicios de la sociedad de la información". Esta denominación debe entenderse como sinónimo de "servicios digitales".

1. Definición

La DCE establece en su artículo 1 que tiene como objeto los "servicios de la sociedad de la información", pero no los define, sino que se refiere a una norma anterior, que fue modificada. Así, la definición de servicio de la sociedad de la información se recoge ahora en el artículo 1 de la Directiva 2015/1535/UE. La definición de los servicios de la sociedad de la información se recogió en la legislación española en el anexo de definiciones de la Ley 34/2002, de servicios de la sociedad de la información (LSSI), por la que se traspuso la DCE.

La Directiva 2015/1535/UE, en su artículo 1, recoge la **definición de los servicios de la sociedad de la información** como "todo servicio prestado normalmente a cambio de una remuneración, a distancia, por vía electrónica y a petición individual de un destinatario de servicios". (art. 1.1.b). La definición recogida en la LSSI, si bien no coincide en la literalidad, no parece modificar en lo sustancial la definición de la Directiva: "todo servicio prestado normalmente a título oneroso, a distancia, por vía electrónica y a petición individual del destinatario". Veamos los diferentes elementos de la definición.

El primer requisito exigido por la normativa de la Unión Europea y española es que el servicio de la sociedad de la información sea un **servicio prestado normalmente a título oneroso**. El concepto de servicio debe interpretarse en la línea establecida por el Tribunal de Justicia de la Unión Europea (TJUE) en relación con el concepto de servicio tal y como se establece en el artículo 57 del Tratado de Funcionamiento de la Unión Europea (TFUE), lo que excluye las actividades del Estado en el ejercicio de sus potestades públicas.

Es frecuente en los servicios digitales que los usuarios finales no paguen un precio por los mismos. Es el caso, por ejemplo, del servicio de búsquedas de Google o de los servicios de la mayor parte de redes sociales. No obstante, el hecho de que estos servicios se presten a "precio cero", no significa que el prestador no reciba remuneración. En realidad, la remuneración se recibe de otros usuarios de la plataforma. La remuneración puede proceder de anunciantes, caso de los servicios de búsqueda de Google y de la mayor parte de redes sociales. También es posible que la remuneración proceda de los usuarios profesionales que son intermediados por las plataformas. Más allá, es posible que una plataforma no exija remuneración en la fase de lanzamiento, pero la exija cuando consolida un número mínimo de usuarios. También en estos casos debe considerarse el servicio incluido en la definición de servicio de la sociedad de la información.

Tal y como establece la Directiva 2015/1535/UE, se entenderá por servicio "**a distancia**" "un servicio prestado sin que las partes estén presentes simultáneamente". Como consecuencia, se excluye de la categoría de servicios de la sociedad de la información servicios prestados por medios electrónicos estando el prestador y el receptor presentes simultáneamente en el mismo espacio físico. Tal y como se especifica en el anexo I de la Directiva, quedan excluidos de la categoría, por no prestarse el servicio a distancia: i) una revisión médica o tratamiento en la consulta de un médico con utilización de equipo electrónico, pero con la presencia física del paciente (aunque sí que queda incluido el servicio si médico y paciente no están presentes en la misma consulta); ii) consulta en la tienda de un catálogo electrónico en presencia física del cliente; iii) reserva de billetes de avión a través de una red de ordenadores realizada en una agencia de viajes en presencia física del cliente; y iv) juegos electrónicos en un salón recreativo en presencia física del usuario.

Debe señalarse que las principales plataformas digitales prestan sus servicios de sociedad de la información desde un Estado europeo al conjunto de Estados miembros. Así, Uber presta su servicio desde Holanda. BlaBlaCar presta su servicio desde Francia y Airbnb presta su servicio desde Irlanda. Ninguna de estas plataformas presta sus servicios de la sociedad de la información desde España, si bien todas prestan servicios en España desde el Estado de establecimiento.

La Directiva 2015/1535/UE establece que los servicios de la sociedad de la información **se prestan por vía electrónica:** "un servicio enviado desde la fuente y recibido por el destinatario mediante equipos electrónicos de tratamiento (incluida la compresión digital) y de almacenamiento de datos y que se transmite, canaliza y recibe enteramente por hilos, radio, medios ópticos o cualquier otro medio electromagnético". Dado que el prestador y el destinatario no están presentes simultáneamente en el mismo lugar, la comunicación entre los mismos se produce por vía electrónica. Este es el caso de servicios prestados y recibidos mediante el ordenador personal, teléfonos inteligentes (smartphones), pero también asistentes virtuales, televisiones inteligentes y otros interfaces.

La LSSI aclara que no todo servicio prestado a distancia debe entenderse como un servicio de la sociedad de la información. Así, excluye expresamente de esta categoría servicios prestados por medio de telefonía vocal, fax o telex. Si bien estos medios son electrónicos, no implican el tratamiento y almacenamiento electrónico de los datos. Tampoco se incluye en la categoría un servicio material, aunque se preste utilizando dispositivos electrónicos: cajeros automáticos o maquinas expedidoras de billetes de tren (Anexo I de la Directiva 2015/1535/UE).

Exige la legislación comunitaria que se trate de "un **servicio prestado mediante transmisión de datos a petición individual**". Se exige de esta forma una cierta interactividad, que excluye así de la categoría servicios como la radiodifusión o la televisión, incluso servicios de video a la carta.

La DCE no define el contenido esencial y un régimen jurídico exhaustivo para los servicios de la sociedad de la información. De hecho, en esta categoría quedan incluidos contratos bien diferentes: compraventa, arrendamiento, prestación de los más diversos servicios, como el de mediación, etc. La propia Directiva afirma que "[l]os servicios de la sociedad de la información cubren una amplia variedad de actividades económicas que se desarrollan en línea" (párrafo 18) y "la información en línea, la publicidad en línea, las compras en línea o la contratación en línea" (párrafo 19).

Por el contrario, la Directiva se limitó a crear una nueva categoría de servicios con el elemento común de ser prestados a distancia por medios electrónicos, para simplemente garantizarles un régimen reforzado de libre prestación de servicios, en desarrollo de los previsto en el artículo 56 TFUE. Cada tipo de servicio quedaría sujeto a su propio régimen jurídico específico, pero se beneficiarían del mismo régimen reforzado de libre prestación de servicios.

2. *Libre prestación de servicios*

La DCE y la LSSI establecen el régimen jurídico general de los servicios de la sociedad de la información. No obstante, como ya se ha señalado, la categoría de servicios de la sociedad de la información incluye servicios de la más variada naturaleza jurídica: compraventa, arrendamiento de servicios muy variados, algunos típicos, otros atípicos, etc. Como consecuencia, resulta evidente que no es el objeto de la Directiva establecer un régimen jurídico prescriptivo que ordene en detalle la prestación de servicios de la sociedad de la información.

Por el contrario, el objeto de la Directiva se limita a la aplicación de un estricto régimen de protección de la **libertad de prestación de servicios**, régimen fundado en el artículo 56 TFUE. Como se adelanta en los considerandos de la Directiva, se pretende que "el comercio electrónico pueda beneficiarse plenamente del mercado interior y que se alcance un alto grado de integración comunitaria". Se entiende que los servicios de la sociedad de la información, por su carácter virtual, son especialmente susceptibles de restricciones estatales a su libre prestación, motivo por el cual merecen un régimen privilegiado de protección.

La Directiva sobre el comercio electrónico establece un régimen de máxima protección de la libertad de prestación de servicios freten a potenciales restricciones que puedan imponer los Estados. Como se desarrollará a continuación, los servicios de la sociedad de la información están más protegidos frente a las restricciones estatales que cualquier otro tipo de servicios. A estos servicios no sólo es de aplicación el artículo 56 TFUE, y la Directiva 2006/123/CE, sino también el régimen especialmente protector de la Directiva 2000/31/CE.

El punto de partida de la Directiva sobre el comercio electrónico es la definición del principio de que los servicios de la sociedad de la información se regirán por la **ley del Estado de establecimiento** del prestador. Así lo confirma la jurisprudencia del Tribunal de Justicia de la Unión Europea: "someter los servicios de la sociedad de la información en principio al régimen jurídico del Estado miembro en el que está establecido el prestador del servicio". (Asunto C-161/10, *eDate*).

Además, la DCE proporciona los criterios para la identificación del Estado de establecimiento: "Se debe determinar el lugar de establecimiento del prestador de servicios a tenor de lo dispuesto en la jurisprudencia del Tribunal de Justicia, según la cual el concepto de establecimiento implica la realización efectiva de una actividad económica a través de un establecimiento fijo durante un período indefinido. Este requisito se cumple también cuando se constituye una sociedad durante un período determinado; cuando se trata de una sociedad que proporciona servicios mediante un sitio Internet, dicho lugar de establecimiento no se encuentra allí donde está la tecnología que mantiene el sitio ni allí donde se puede acceder al sitio, sino el lugar donde se desarrolla la actividad económica. En el supuesto de que existan varios establecimientos de un mismo prestador de servicios es importante determinar desde qué lugar de establecimiento se presta un servicio concreto; en caso de especial dificultad para determinar a partir de cuál de los distintos lugares de establecimiento se presta un servicio dado, será el lugar en que el prestador tenga su centro de actividades en relación con ese servicio en particular".

Finalmente, la Directiva establece que"[e]l control de los servicios de la sociedad de la información debe hacerse en el origen de la actividad para garantizar que se protegen de forma eficaz los intereses generales [...]" (párrafo 22). Este principio es de la máxima relevancia, pues es habitual que las grandes plataformas digitales se establezcan en un único Estado miembro de la Unión Europea y desde dicho Estado presten sus servicios al resto de Estados miembros. A título de ejemplo, Uber está establecido en Holanda, BlaBlaCar está establecida en Francia. Google, Mata y Airbnb están establecidas en Irlanda. Desde estos Estados prestan servicios al resto de Estados de la Unión, sin disponer de un establecimiento específico en cada Estado. Como consecuencia, la actividad de estas plataformas se rige por lo dispuesto en la legislación de su Estado de establecimiento, y no por la legislación del Estado receptor de los servicios.

Los **Estados de recepción del servicio pueden imponer restricciones** a la prestación de servicios, pero siempre cumpliendo lo previsto en el régimen comunitario en materia de libre prestación de servicios, y en especial lo dispuesto en la DCE, que establece el régimen más estricto en todo el Derecho de la Unión Europea, limitando la intervención del Estado de recepción del servicio.

El artículo 4 de la Directiva prohíbe a los Estados miembros exigir una **autorización** previa para la prestación de servicios de la sociedad de la información, ni ningún requisito con efectos equivalentes, como la inscripción constitutiva en un registro, etc. Se entiende que es esta una restricción desproporcionada en todo caso, innecesaria para alcanzar ningún objetivo de interés general. La Directiva sobre el comercio electrónico va más allá de lo dispuesto en la Directiva de Servicios, que se limita exigir que la sujeción de una actividad a autorización esté justificada por una razón imperiosa de interés general y el objetivo no se pueda conseguir mediante una medida menos restrictiva (art. 9). Este juicio no es necesario en relación con los servicios de la sociedad de la información, en cuanto la Directiva ya concluye que no se justifica la exigencia de una autorización.

Debe destacarse que, por el contrario, si la prestación de un determinado servicio por vías no electrónicas exige autorización, la prestación del mismo por vía electrónica puede perfectamente quedar sujeta a la misma autorización. Así lo establece el artículo 4.2 de la Directiva.

La Directiva sobre el comercio electrónico construye sobre el régimen de libre prestación de servicios establecido en el artículo 56 TFUE el régimen especial de libre prestación de servicios de la sociedad de la información. Así, limita las restricciones que el Estado receptor puede imponer a la libre prestación de servicios desde el Estado de establecimiento. La LSSI recoge con claridad el principio de libre prestación de servicios de la sociedad de la información: "[...] sólo se permite restringir la libre prestación en España de servicios de la sociedad de la información procedentes de otros países pertenecientes al Espacio Económico Europeo en los supuestos previstos en la Directiva, que consisten en la producción de un daño o peligro graves contra ciertos valores fundamentales como el orden público, la salud pública o la protección de los menores. Igualmente, podrá restringirse la prestación de servicios provenientes de dichos Estados cuando afecten a alguna de las materias excluidas del principio de país de origen, que la Ley concreta en su artículo 3, y se incumplan las disposiciones de la normativa española que, en su caso, resulte aplicable a las mismas". (Exposición de motivos).

Pasemos a analizar lo dispuesto en la DCE. La Directiva limita decisivamente la capacidad del Estado receptor de restringir la libertad de prestación de servicios de la sociedad de la información desde otro Estado: "Los Estados miembros no podrán restringir la libertad de prestación de servicios de la sociedad de la información de otro Estado miembro por razones inherentes al ámbito coordinado". (artículo 3.2.). El ámbito en el que no cabe restricción del Estado receptor es bien amplio. El artículo 2.h de la Directiva incluye específicamente "requisitos relativos a [...] autorizaciones" y al "comportamiento del prestador del servicio", sean de tipo general o específicos para los servicios de la sociedad de la información.

La principal especificidad de la Directiva es que recoge una **lista cerrada** de motivos que pueden justificar una excepción al principio de libre prestación de servicios. Si bien el artículo 56 TFUE o la Directiva de Servicios limitan los motivos que justifican una restricción, no llegan a definir una lista cerrada. Así lo ha confirmado el TJUE: "[e]l artículo 3, apartado 4, de la Directiva [...] precisa las condiciones en las que los Estados miembros pueden establecer excepciones al apartado 2 de ese artículo, condiciones que deben considerarse exhaustivas" (Asuntos acumulados C-509/09 y C-161/10, *eDate*).

El artículo 3.4.a) de la DCE, al que expresamente se refiere el artículo 8.4 de la LSSI, recoge sólo cuatro motivos pueden justificar una restricción a la libre prestación de servicios de la sociedad de la información: i) "orden público, en particular la prevención, investigación, descubrimiento y procesamiento del delito, incluidas la protección de menores y la lucha contra la instigación al odio por motivos de raza, sexo, religión o nacionalidad, así como las violaciones de la dignidad humana de personas individuales"; ii) "protección de la salud pública"; iii) "seguridad pública, incluidas la salvaguarda de la seguridad y la defensa nacionales"; y iv) protección de los consumidores, incluidos los inversores".

Por si existiese alguna duda, así lo confirma la exposición de motivos de la LSSI de la forma más clara y rotunda: "[p]or lo demás, sólo se permite restringir la libre prestación en España de servicios de la sociedad de la información procedentes de otros países pertenecientes al Espacio Económico Europeo en los supuestos previstos en la Directiva 2000/31/CE, que consisten en la producción de un daño o peligro graves contra ciertos valores fundamentales como el orden público, la salud pública o la protección de los menores. Igualmente, podrá restringirse la prestación de servicios provenientes de dichos Estados cuando afecten a alguna de las materias excluidas del principio de país de origen, que la Ley concreta en su artículo 3, y se incumplan las disposiciones de la normativa española que, en su caso, resulte aplicable a las mismas".

Más allá, se exige que, existiendo estos motivos, las **restricciones** del Estado de recepción sean i) **necesarias**: la restricción deberá estar justificada por un riesgo serio y grave de ir en detrimento de los objetivos apenas señalados; ii) **proporcionales**: la restricción deberá ser adecuada para conseguir el objetivo que se persigue y no ir más allá de lo necesario para conseguirlo; y iii) **no discriminatorias**: la restricción no podrá ser directa o indirectamente discriminatoria por razón de la nacionalidad o, en el caso de las personas jurídicas, por razón del Estado miembro en que estén establecidas.

Las restricciones que los Estados receptores pretendan imponer a la libre prestación de servicios de la sociedad de la información deben seguir un procedimiento específico de **notificación** al Estado de establecimiento, para que sea dicho Estado el que adopte medidas al efecto. Sólo en el caso de que el Estado de establecimiento no adopte medidas al efecto, o en el caso cualificado de que urgencia, podrá el Estado receptor ejecutar las restricciones.

La estricta protección a la libre prestación de los servicios de la sociedad de la información tiene importantes consecuencias. La potestad de los Estados receptores para restringir, y en particular para ordenar el cese en la prestación de los servicios de plataforma, está muy limitada.

3. *Contratación por vía electrónica*

La DSE define el **régimen jurídico de la contratación por vía electrónica**. En primer lugar, la Directiva exige a los Estados miembros que "su legislación permita la celebración de contratos por vía electrónica. Los Estados miembros garantizarán en particular que el régimen jurídico aplicable al proceso contractual no entorpezca la utilización real de los contratos por vía electrónica, ni conduzca a privar de efecto y de validez jurídica a este tipo de contratos en razón de su celebración por vía electrónica" (art. 9.1). Se contempla excepciones para: a) los contratos de creación o transferencia de derechos en materia inmobiliaria, con la excepción de los derechos de arrendamiento; b) los contratos que requieran por ley la intervención de los tribunales, las autoridades públicas o profesionales que ejerzan una función pública; c) los contratos de crédito y caución y las garantías presentadas por personas que actúan por motivos ajenos a su actividad económica, negocio o profesión; y d) los contratos en materia de Derecho de familia o de sucesiones.

El prestador de servicios está obligado a facilitar, al menos, la siguiente información de manera clara, comprensible e inequívoca y antes de que el destinatario del servicio efectúe un pedido: a) los diferentes pasos técnicos que deben darse para celebrar el contrato; b) si el prestador de servicios va a registrar o no el contrato celebrado, y si éste va a ser accesible; c) los medios técnicos para identificar y corregir los errores de introducción de datos antes de efectuar el pedido; y d) las lenguas ofrecidas para la celebración del contrato.

En los casos en que el destinatario de un servicio efectúe su pedido por vía electrónica, se aplicarán los principios siguientes:1) el prestador de servicios debe acusar recibo del pedido del destinatario sin demora indebida y por vía electrónica; y 2) se considerará que se han recibido el pedido y el acuse de recibo cuando las partes a las que se dirigen puedan tener acceso a los mismos.

III. LOS SERVICIOS INTERMEDIARIOS Y DE PLATAFORMA

1. Los servicios intermediarios

La DCE creó también la categoría de los "**servicio intermediarios**". Estos servicios son una especie de la categoría general de servicios de la sociedad de la información. Estos servicios, sin embargo, no fueron definidos, sino meramente enumerados: 1) servicios de mera transmisión; 2) servicios de memoria cache (o memoria tampón); y 3) servicios de alojamiento de datos. En relación con todos estos servicios denominados "intermediarios", la Directiva estableció una regla general de exención de responsabilidad por los contenidos transmitidos, almacenados o alojados.

Los **servicios de mera transmisión** son servicios de la sociedad de la información que consisten "en transmitir en una red de comunicaciones, datos facilitados por el destinatario del servicio o en facilitar acceso a una red de comunicaciones" (art. 12.1 de la Directiva). Más allá, "las actividades de transmisión y concesión de acceso engloban el almacenamiento automático, provisional y transitorio de los datos transmitidos siempre que dicho almacenamiento sirva exclusivamente para ejecutar la transmisión en la red de comunicaciones y que su duración no supere el tiempo razonablemente necesario para dicha transmisión" (art. 12.2).

Los **servicios de memoria caché** (o de memoria tampón) son servicios de la sociedad de la información que consisten en "transmitir por una red de comunicaciones información facilitada por el destinatario del servicio, que conlleve el almacenamiento automático, provisional y temporal de esta información, prestado con la única finalidad de hacer más eficaz la transmisión ulterior de la información a otros destinatarios del servicio, a petición de estos" (definición actualizada en el art. 3.g).ii) del RSD).

Los **servicios de «alojamiento de datos»**, consisten en "almacenar datos facilitados por el destinatario del servicio y a petición de este" (definición actualizada en el art. 3.g).iii) del RSD). Esta es la categoría más relevante, y la que ha generado un mayor debate, en concreto a fin de concluir si los servicios de las principales plataformas, desde el servicio de búsqueda de Google, las redes sociales de Meta, los intermediarios digitales como Uber o AirBnb, habían de quedar incluidos en esta categoría de servicios de alojamientos de datos, esto es, ser clasificados como servicios intermediarios.

Se ha venido cuestionando si las plataformas digitales prestaban servicios intermediarios de alojamiento de datos. Se observó que las plataformas no se limitan a alojar datos y ponerlos a disposición del público, sino que desarrollaban una ulterior actividad: facilitar la interacción entre terceros, en particular para la conclusión de contratos entre ellos, actividad que crecientemente implicó una activa ordenación, selección y recomendación de los contenidos, bienes y servicios a fin de facilitar de forma efectiva la contratación entre la marea de contenidos, bienes y servicios incluidos en plataformas con cada vez con más usuarios.

Una de las primeras plataformas digitales fue eBay, que facilitaba la conclusión de contratos de compraventa entre propietarios de bienes usados y compradores interesados en la adquisición de dichos bienes. eBay desarrolló paulatinamente toda una serie de herramientas como sistemas de pago (adquirió PayPal) o de comunicación (adquirió Skype), y desarrolló algoritmos para facilitar el encuentro de oferta y demanda, para ayudar a los compradores a encontrar la aguja en el inmenso pajar de contenidos alojados por eBay. ¿Era eBay responsable por las falsificaciones y copias vendidas en la plataforma? ¿Era eBay un mero proveedor de servicios de alojamiento de datos, exento de responsabilidad, o iba más allá, y debía ser considerado responsable?

El Tribunal de Justicia de la Unión Europea enmarcó el debate en 2011, en el Asunto C-324/2009 *L'Oreal/eBay*. eBay prestaría un servicio intermediario, en concreto un servicio de alojamiento de datos, y estaría exento de responsabilidad por la compraventa de bienes que infringieran derechos de propiedad intelectual, en tanto "almacene en su servidor ofertas de venta, determine las condiciones de su servicio, sea remunerado por el mismo y dé información general a sus clientes" (párrafo 116). "Cuando, por el contrario, este operador presta una asistencia consistente, entre otras cosas, en optimizar la presentación de las ofertas de venta en cuestión o en promover tales ofertas, cabe considerar que no ha ocupado una posición neutra entre el cliente vendedor correspondiente y los potenciales compradores, sino que ha desempeñado un papel activo que le permite adquirir conocimiento o control de los datos relativos a esas ofertas. De este modo y por lo que se refiere a esos datos, tal operador no puede acogerse a la excepción en materia de responsabilidad prevista por el artículo 14 de la Directiva 2000/31". La valoración final sobre el papel de eBay quedó para el Tribunal nacional que había elevado la cuestión prejudicial.

Esta posición jurisprudencial, sin embargo, ha ido matizándose con el tiempo. Se ha constatado que, en realidad, las plataformas raramente actúan como meros repositorios pasivos de información. Por el contrario, lo habitual es que las plataformas gestionen los datos de una forma crecientemente activa, gracias a la utilización de algoritmos para la automatización de la gestión de los datos, bienes y servicios intermediados. Esto no ha supuesto la exclusión de las plataformas del régimen de exención de responsabilidad que caracteriza los servicios intermediarios de alojamiento de datos. De forma generalizada se ha venido entendiendo que eBay y las principales plataformas merecen la exención de responsabilidad, quizás por influencia de una paralela sentencia en Estados Unidos en otro caso de eBay, esta vez iniciado por la empresa de joyería Tiffany, y resuelto en favor de eBay en aplicación de la Communications Decency Act.

La consolidación de los servicios de las plataformas como meros servicios intermediarios de alojamiento de datos se explica por la existencia de una evidente laguna. La evolución de los mercados digitales había superado no ya lo previsto en la Directiva 2000/31/CE, sino incluso los tradicionales análisis de los economistas expertos en organización industrial. Estaba surgiendo un nuevo modelo de organización que no estaba contemplado en la Directiva. El TJUE colmató la laguna como mejor pudo. La confusión terminológica no ayudo, pues el término "servicio intermediario" se confunde fácilmente con el servicio de mediación prestado por muchas plataformas. Además, la exención de responsabilidad otorgada a los servicios intermediarios no casaba mal con la menor responsabilidad de un mediador frente a la responsabilidad de las partes del contrato mediado.

El foco se fue paulatinamente fijando no tanto en si la gestión de los datos por las plataformas es más o menos activa, cuanto en si la plataforma tiene capacidad de conocer el carácter ilícito de los datos y servicios gestionados. Según la literalidad de la Directiva 2000/31/CE, el prestador del servicio de alojamiento de datos no tendría responsabilidad por los mismos en cuanto "a) [...] no tenga conocimiento efectivo de que la actividad a la información es ilícita y, en lo que se refiere a una acción por daños y perjuicios, no tenga conocimiento de hechos o circunstancias por los que la actividad o la información revele su carácter ilícito, o de que, b) en cuanto tenga conocimiento de estos puntos, el prestador de servicios actúe con prontitud para retirar los datos o hacer que el acceso a ellos sea imposible" (art. 14.1).

Se ha ido consolidando la apreciación de que incluso cuando las plataformas realizan una gestión activa de los datos que alojan, y clasifiquen los mismos, faciliten búsquedas o incluso realicen recomendaciones sobre los bienes o servicios de terceros, cuando estas acciones se realizan de forma automática por algoritmos, esta gestión automatizada no supone realmente que el prestador del servicio tenga conocimiento efectivo de la ilicitud de los datos que almacena. Las plataformas digitales gestionan de forma automática mediante algoritmos volúmenes masivos de datos, lo que a menudo impide que tengan un conocimiento efectivo de la existencia de datos potencialmente ilícitos. A esto se une la inexistencia de una obligación general de supervisión (art. 15 de la Directiva 2000/31/CE).

2. *La nueva categoría legal de servicios de plataforma en línea*

El Paquete Digital adoptado en 2022 finalmente establece como categoría legal los servicios de plataforma bajo la denominación "**servicios de plataforma en línea**". El artículo 3.i) del Reglamento de Servicios Digitales define el servicio de plataforma en línea como "un servicio de alojamiento de datos que, a petición de un destinatario del servicio, almacena y difunde información al público". La norma explicita que se trata de un servicio de alojamiento de datos, lo que implica que se trata de un servicio intermediario, y por tanto, de un servicio de la sociedad de la información.

Lo que caracteriza los servicios de plataforma frente a otros servicios de alojamiento de datos es que mediante estos servicios no sólo se almacenan datos, sino que se "**difunde información al público**". La propia norma define esta difusión como "poner información a disposición de un número potencialmente ilimitado de terceros a petición del destinatario del servicio que ha facilitado dicha información" (art. 3.k) RSD).

Se excluye de la categoría de servicios de plataforma las actividades de difusión de información al público que constituyan "una característica menor y puramente auxiliar de otro servicio o una funcionalidad menor del servicio principal y que no pueda utilizarse sin ese otro servicio por razones objetivas y técnicas, y que la integración de la característica o funcionalidad en el otro servicio no sea un medio para eludir la aplicabilidad del presente Reglamento" (art. 3.i) RSD). El considerando 13 del Reglamento explica que "la sección de comentarios de un periódico en línea podría ser una característica de esta índole, cuando no quepa duda de que es auxiliar al servicio principal constituido por la publicación de noticias bajo la responsabilidad editorial del editor. En cambio, el almacenamiento de comentarios en una red social debe ser considerado un servicio de plataforma en línea cuando quede claro que no es una característica menor del servicio ofrecido, aunque sea accesorio a la publicación de las entradas de los destinatarios del servicio".

El Reglamento de Servicios Digitales confirma que la gestión activa de los datos almacenados no excluye al gestor de la categoría de servicios de plataforma en línea, y por tanto de las categorías de alojamiento de datos y servicios intermediarios: "[u]na parte fundamental del negocio de una plataforma en línea es la manera en que prioriza y presenta la información en su interfaz en línea para facilitar y optimizar el acceso a ella por los destinatarios del servicio. Esto se hace, por ejemplo, mediante la recomendación, clasificación y priorización algorítmica de la información, la distinción de texto u otras representaciones visuales, o la organización de manera diferente de la información facilitada por los destinatarios" (considerando 70). Todas estas actividades implican una superación de la mera gestión pasiva de los datos alojados, y son correctamente identificadas como una parte fundamental de la actividad de las plataformas en línea, y ello sin que el prestador se vea excluido de la categoría de servicio intermediario.

Por ejemplo, parece evidente que YouTube no se limita a alojar contenidos y diseminarlos al público de forma pasiva. Por el contrario, YouTube activamente clasifica, permite búsquedas y de forma muy activa recomienda videos. Pero estas acciones son desarrolladas de forma automatizada, lo que no implica conocimiento efectivo de la posible ilicitud del contenido. Esto no impide que se considere el servicio de YouTube como un servicio de la sociedad de la información, un servicio intermediario, un servicio de alojamiento de datos, un servicio de plataforma en línea. En la misma línea, el hecho de que AirBnb utilice algoritmos para la gestión activa de la información que aloja (rankings, búsquedas, recomendaciones), no excluye que este servicio se clasifique como servicio de intermediación en línea, servicio de plataforma en línea, servicio intermediario de alojamiento de datos y servicio de la sociedad de la información.

Incluso más importante, el RSD también confirma explícitamente que una plataforma sigue prestando servicios intermediarios de alojamiento de datos **incluso cuando ejerce influencia o control sobre el prestador del servicio subyacente**, "cuando el destinatario del servicio actúe bajo la autoridad o el control del prestador de un servicio de alojamiento de datos" (párrafo 23). Esta circunstancia determina la asunción de responsabilidad por la plataforma (como se explica más delante), pero no la exclusión de la clasificación como servicio de intermediario de alojamiento de datos, y por ello servicio de la sociedad de la información. Será de aplicación el régimen de libre prestación de servicios y, desde luego, todas las obligaciones definidas para los prestadores de estos servicios en el Reglamento. Por el contrario, según se explica en su párrafo 6, el RSD no se aplicará a los servicios intermediados cuando no se presten a distancia y por medios electrónicos, tampoco cuando estos servicios constituyen una parte integral de otro servicio que no es un servicio intermediario.

Para finalizar, el párrafo 6 del Reglamento, en la confusa terminología que le es propia, incluye una previsión específica para los servicios intermediarios integrados en otros servicios más amplios (en la línea de lo previsto por el TJUE en el Asunto Elite Taxi): "[e]n la práctica, algunos prestadores de servicios intermediarios sirven de intermediarios en servicios que pueden prestarse o no por vía electrónica, como servicios de tecnologías de la información a distancia o servicios de transporte, de hospedaje o de reparto. El presente Reglamento solo debe aplicarse a los servicios intermediarios y no afectar a los requisitos impuestos por el Derecho de la Unión o nacional en relación con productos o servicios intermediados a través de servicios intermediarios, incluidas las situaciones en las que el servicio intermediario constituye una parte integrante de otro servicio que no es un servicio intermediario como se reconoce en la jurisprudencia del Tribunal de Justicia de la Unión Europea". No obstante, el RSD aclara que no es el criterio de la autoridad o control el que determina esa integración.

Entendemos que, de esta forma, algo críptica, quizás en deferencia al Tribunal de Justicia, debe zanjarse la peligrosa deriva iniciada en la Sentencia en el Asunto Elite Taxi que amenazaba con limitar el ámbito de aplicación de la Directiva sobre el comercio electrónico. Además, una vez desarrollado en el RSD el régimen jurídico de los servicios de plataforma, las autoridades públicas disponen de suficientes instrumentos para intervenir contra hipotéticas intermediaciones no sólo de contenidos ilícitos, sino también de bienes y servicios que se consideren ilícitos. Colmatada la laguna legal, el TJUE no necesita limitar el ámbito de aplicación de la Directiva sobre el comercio electrónico.

3. Tipos de servicios de plataforma en línea

La categoría legal de servicios de plataforma en línea incluye a su vez distintos tipos de servicios, oportunamente definidos en los diferentes Reglamentos que conforman el paquete digital. Vamos a identificar los principales.

Los **servicios de intermediación en línea** son un tipo de servicio de plataforma en línea. Incluye esta categoría los servicios que cumplen todos los requisitos siguientes: a) constituyen servicios de la sociedad de la información según lo previsto en el artículo 1, apartado 1, letra b), de la Directiva (UE) 2015/1535; b) permiten a los usuarios profesionales ofrecer bienes o servicios a los consumidores, con el objetivo de facilitar el inicio de transacciones directas entre dichos usuarios profesionales y consumidores, con independencia de dónde aquellas concluyan en última instancia; c) se prestan a los usuarios profesionales sobre la base de relaciones contractuales entre el proveedor de los servicios y los usuarios profesionales que ofrecen los bienes o servicios a los consumidores" (art. 2.2) Reglamento P2B).

Es esta una categoría muy amplia, que incluye servicios como los de Uber en el transporte, AirBnb en el alojamiento, Amazon como mercado para otros vendedores, Booking en el turismo, y Google Android e iOS como tiendas de aplicaciones informáticas.

Debe subrayarse la confusión que puede generar la terminología, pues son categorías legales diferentes la de los servicios de intermediación en línea y la de servicios intermediarios, a pesar de lo similar de las denominaciones. Los servicios de intermediación en línea son una especie de servicios intermediarios. La denominación de servicios de intermediación en línea resulta adecuada, en cuanto entendemos que son a su vez una especie del contrato mercantil de mediación o corretaje. La denominación de servicios intermediarios, por el contrario, entendemos que no sólo es confusa sino inapropiada, pues servicios como el de transmisión de datos o almacenamiento de los mismos no implican una actuación para facilitar los tratos entre otras personas.

La categoría de servicios de intermediación en línea se limita a los servicios que impliquen transacciones entre usuarios profesionales y consumidores a fin de facilitar transacciones. No incluye la facilitación de transacciones entre consumidores: por ejemplo los servicios de mediación entre conductores no profesionales y pasajeros que presta BlaBlaCar. Además, los servicios deben ser prestados sobre la base de relaciones contractuales entre la plataforma y los usuarios profesionales.

Una concreta categoría de servicio de intermediación en línea que merece especial atención en el Reglamento de Mercados Digitales es la de las tiendas de aplicaciones informáticas. Estas tiendas se definen como "un tipo de servicios de intermediación en línea centrado en las aplicaciones informáticas como producto o servicio intermediado" (art. 2.14) RMD). Se define "aplicación informática" como "cualquier producto o servicio digital que se ejecute en un sistema operativo (art. 2.15), y sistema operativo como "software de sistema que controla las funciones básicas del hardware o del software y permite que se ejecuten en él aplicaciones informáticas" (art. 2.10) RMD).

Otro importante servicio de plataforma es el servicio de **redes sociales en línea**, que se define en el Reglamento de Mercados Digitales como "una plataforma que permite que los usuarios finales se conecten y se comuniquen entre sí, compartan contenidos y descubran contenidos y a otros usuarios a través de múltiples dispositivos y, en particular, mediante chats, publicaciones, vídeos y recomendaciones" (art. 2.7) RMD). Son ejemplos de redes sociales Facebook, Instagram, TikTok, etc.

Otro servicio de plataforma en línea es el **servicio de plataforma de intercambio de videos**. Este servicio se define en la Directiva 2018/1808/UE, de servicios de comunicación audiovisual, como "un servicio, tal como lo definen los artículos 56 y 57 del Tratado de Funcionamiento de la Unión Europea, cuya finalidad principal propia o de una de sus partes disociables o cuya funcionalidad esencial consiste en ofrecer al público en general programas, vídeos generados por usuarios o ambas cosas, sobre los que no tiene responsabilidad editorial el prestador de la plataforma, con objeto de informar, entretener o educar, a través de redes de comunicaciones electrónicas tal como se definen en el artículo 2, letra a), de la Directiva 2002/21/CE, y cuya organización determina el prestador de la plataforma de intercambio de vídeos, entre otros medios con algoritmos automáticos, en particular mediante la presentación, el etiquetado y la secuenciación" (art. 1).

Es este el servicio que presta YouTube, pero no se incluye en esta categoría el servicio que presta una plataforma como Netflix, en cuanto se entiende que Netflix sí que tiene responsabilidad editorial sobre el contenido, lo que califica el servicio como de comunicación comercial audiovisual.

4. Otros servicios relacionados

El Reglamento de Mercados Digitales incluye una ulterior categoría de "**servicios básicos de plataforma**" que no debe confundirse con la categoría de servicios de plataforma en línea, ya que son diferentes y tienen diferentes consecuencias jurídicas.

La categoría de servicios básicos de plataforma se establece en el artículo 2.2 del Reglamento de Mercados Digitales. El Reglamento no ofrece una definición de esta categoría, sino una lista de servicios que incluye diez servicios diferentes: 1) servicios de intermediación en línea; 2) motores de búsqueda en línea; 3) servicios de redes sociales en línea; 4) servicios de plataforma de intercambio de vídeos; 5) servicios de comunicaciones interpersonales independientes de la numeración; 6) sistemas operativos; 7) navegadores web; 8) asistentes virtuales; 9) servicios de computación en nube; y 10) servicios de publicidad en línea.

Muchos de estos servicios califican como servicios de plataforma en línea según la definición del Reglamento de Servicios Digitales. Es el caso de los servicios de intermediación en línea, los servicios de redes sociales, y los servicios de plataforma de intercambio de vídeos.

No obstante, hay otros servicios básicos de plataforma que no cabe incluir en la definición de servicios de plataforma en línea, aunque como indica su nombre, resultan básicos para la prestación de servicios de plataforma, esto es, tienen carácter de base, de fundamento o apoyo para dichos servicios. Es el caso de los **servicios de computación en nube** (que son los más tradicionales servicios de alojamiento de datos) y aplicaciones informáticas como los **navegadores web** y los **sistemas operativos**.

Este es el caso también del denominado "**servicio de comunicaciones interpersonales independiente de la numeración**", que se define en el Código Europeo de las Comunicaciones Electrónicas (Directiva 2018/1972/UE) como el "servicio de comunicaciones interpersonales que no conecta a través de recursos de numeración pública asignados, es decir, de un número o números de los planes de numeración nacional o internacional, o no permite la comunicación con un número o números de los planes de numeración nacional o internacional" (art. 2.7). Es el caso de servicios como WhatsApp. Se trataría de un servicio intermediario, pero no de alojamiento de datos, sino de mera transmisión. Por eso se ordena en la norma sobre comunicaciones electrónicas.

Por otra parte, el **servicio básico de motor de búsqueda en Internet** es un servicio básico de plataforma, pero no es un servicio de plataforma en línea a los efectos del Reglamento de Servicios Digitales. El servicio de motor de búsqueda en línea se define como "un servicio digital que permite a los usuarios introducir consultas para hacer búsquedas de, en principio, todos los sitios web, o de sitios web en un idioma concreto, mediante una consulta sobre un tema cualquiera en forma de palabra clave, consulta oral, frase u otro tipo de entrada, y que en respuesta muestra resultados en cualquier formato en los que puede encontrarse información relacionada con el contenido solicitado" (art. 1.5 RP2B). Es el servicio que presta el buscador Google Search o el buscador de Microsoft (Bing).

El servicio de motor de búsqueda es un servicio de la sociedad de la información, en cuanto cumple con todos los requisitos al efecto, y es un servicio intermediario, en concreto de alojamiento de datos. Pero no califica como servicio de plataforma en línea. No obstante, tanto el Reglamento de Servicios Digitales como el Reglamento P2B a menudo establecen obligaciones similares para los servicios de plataforma y para los servicios de motor de búsqueda, por lo que el régimen jurídico es muy similar.

La categoría de servicios básicos de plataforma, como se desarrollará más adelante, se define para identificar posteriormente a las empresas que prestan dichos servicios y que pueden llegar a ser una puerta de acceso importante para que los usuarios profesionales lleguen a los usuarios finales" (art. 3.1.b) RMD). Llegado el caso, se desencadena un régimen jurídico asimétrico con más obligaciones sobre los prestadores de estos servicios que sean declarados "guardianes de acceso". Evidentemente, la mayoría de las empresas que pueden llegar a encontrarse en esta posición prestan servicios de plataforma, pero otras prestan servicios instrumentales, de apoyo a los prestadores de servicios de plataforma en línea.

IV. RÉGIMEN JURÍDICO GENERAL DE LOS SERVICIOS DE PLATAFORMA

Más allá de la protección de la libertad de prestación de servicios establecida en la Directiva sobre el comercio electrónico, el nuevo Reglamento sobre Servicios Digitales establece el régimen jurídico general de los servicios de plataforma. Este régimen se define en tres círculos concéntricos.

El punto de partida es una serie de obligaciones que se aplican a la más amplia categoría de servicios intermediarios. Esto es, son de aplicación a los prestadores de servicios de plataforma, pero también a prestadores de servicios tradicionales de alojamiento de datos y, más allá, también a prestadores de servicios de mera transmisión (como el servicio de acceso a Internet que prestan los operadores de telecomunicaciones). Se trata de obligaciones genéricas sobre el contenido de las condiciones generales de contratación, obligaciones de transparencia y obligaciones formales como la de tener puntos de contacto o representantes legales. Estas obligaciones se definen en los artículos 11 a 15 del RSD.

Ulteriores obligaciones son impuestas a los prestadores de servicios de alojamiento de datos. Se trata de obligaciones más concretas y vinculadas al alojamiento de datos como las de disponer de mecanismos de notificación y acción en relación con el alojamiento de contenidos ilícitos, la obligación de motivar restricciones en el servicio a sus destinatarios (restricción de visibilidad, pagos o suspensión y cesación del servicio) y obligaciones en relación con la notificación de sospechas de delitos que impliquen amenazas para la vida y la seguridad. Estas obligaciones se definen en los artículos 16 a 18 del RSD.

Finalmente, más obligaciones son impuestas al más reducido círculo de prestadores de servicios de plataforma. Se trata de obligaciones como las relativas a los interfaces, la publicidad y el sistema de recomendación. Estas obligaciones se definen en los artículos 17 a 28 del RSD.

A continuación, pasamos a detallar el régimen general que se impone a las plataformas, sumando las obligaciones de los tres círculos concéntricos, aunque iremos refiriendo el ámbito de obligación de cada una de las obligaciones.

1. Moderación de contenidos ilícitos

El principal objeto del régimen general establecido en el Reglamento de Servicios Digitales es aclarar las obligaciones que tienen los prestadores de servicios de alojamiento de datos de impedir la disponibilidad de dichos datos cuando los mismos resultan ilícitos o contrarios a sus condiciones generales de contratación. El Reglamento pretende garantizar que las plataformas no difundan datos ilícitos o datos que incumplen las obligaciones recogidas en sus condiciones generales de contratación, que pueden ir más allá de las obligaciones legales. Pero al mismo tiempo, se pretende garantizar los derechos de los titulares de los datos, su derecho de expresión y su derecho a la libre empresa. No resulta sencillo garantizar el equilibrio entre estos dos bienes jurídicos protegidos.

En cualquier caso, debe entenderse que cuando el Reglamento de Servicios Digitales se refiere a la licitud de los datos alojados, lo hace de forma amplia, abarcando contenido, bienes y servicios. El Reglamento no se aplica exclusivamente a contenido alojado en plataformas como las redes sociales o las plataformas de intercambio de videos. Por el contrario, el Reglamento extiende su ámbito de aplicación a los bienes y servicios representados por los datos alojados por las plataformas. Así se desprende de la definición legal de contenido ilícito: "toda información que, por sí sola o en relación con una actividad, incluida la venta de productos o la prestación de servicios, incumpla el Derecho de la Unión o el Derecho de cualquier Estado miembro" (art. 3.h) RSD).

Es esta una posición coherente una vez entendido que el RSD confirma la clasificación de los servicios de plataforma en su generalidad como servicios intermediarios de alojamiento de datos, la categoría originalmente recogida en la DCE, a pesar de que las plataformas gestionan activamente los datos y no se limitan a almacenarlos pasivamente. Por eso el Reglamento no se limita a regular los datos alojados, sino que se extiende a la gestión activa que realizan las plataformas, que alcanza el mundo físico en forma de bienes y servicios. La ilicitud puede alcanzar bienes (falsificación que infringen derechos de propiedad industrial) e incluso servicios (servicios de transporte o alojamiento sin la preceptiva licencia, etc.).

Todos los prestadores de servicios de alojamiento de datos, también las plataformas, están obligados a establecer mecanismos que permitan que cualquier persona o entidad les notifique que están "alojando" contenido, bienes o servicios ilícitos (art. 16 RSD). Los formularios que se pongan a disposición de terceros para realizar las notificaciones deben permitir 1) una explicación motivada por la que se entiende que cierto contenido es ilegal; 2) localización del contenido; 3) nombre y correo electrónico de la persona que realiza la notificación; y 4) declaración de buena fe de la notificación. Recibida la notificación, el prestador del servicio de almacenamiento de datos remitirá inmediatamente un acuse de recibo de la notificación.

Si una persona abusa del mecanismo de notificación enviando con frecuencia notificaciones manifiestamente infundadas, el prestador de servicios de plataforma puede suspender temporalmente el tratamiento de notificaciones remitidas por esa persona (art. 23 RSD).

Los prestadores de servicios de plataforma están obligados a dar prioridad en la gestión de las notificaciones provenientes de los denominados "alertadores fiables" (art. 22). La condición de "alertador fiable" se obtiene a petición de la entidad que desee actuar como tal, tras el otorgamiento formal por las autoridades públicas competentes del Estado en el que la entidad esté establecida, una vez se acredite el cumplimiento de las siguientes condiciones: 1) poseer conocimientos y competencias específicos; 2) no depender de ningún prestador de servicios de plataforma; 3) compromiso de realizar notificaciones de forma diligente, precisa y objetiva. La condición de alertador fiable puede ser revocada.

Recibida una notificación de contenido ilícito o simplemente contraria a las condiciones generales de contratación, el prestador del servicio de alojamiento de datos debe adoptar una decisión sobre la misma. Por una parte, puede decidir no adoptar medida alguna en relación con el contenido, al estimar que no es un contenido ilícito. No obstante, cabe que considere que sí que se trata de contenido ilícito, y entonces puede imponer diversas restricciones al destinatario del servicio, entre las que destacan las siguientes: 1) restringir la visibilidad del contenido retirando el mismo, pero también limitándose a bloquear el acceso al mismo, o relegar el contenido, de forma que sea accesible, pero por un número más limitado de personas; 2) suspender, cesar o restringir de otro modo los pagos monetarios que realice al proveedor del contenido (lo que en la jerga se denomina "desmonetizar"; 3) suspender cesar o restringir de otro modo el acceso al servicio de almacenamiento; y 4) suspender o cesar total o parcialmente la cuenta del destinatario, con consecuencias más amplias que en el apartado anterior.

De adoptarse alguna de estas restricciones, el prestador del servicio de alojamiento debe proporcionar al afectado una declaración de motivos clara y específica, que incluya la siguiente información: 1) contenido de la restricción, y extensión en el espacio y el tiempo; 2) hechos y circunstancias en los que se basa, en especial si responde a una notificación; 3) si se han usado medios automatizados para adoptar la decisión; 4) si se restringe por la naturaleza ilícita del contenido, referencia a la norma infringida: 5) si se restringe por infracción de las condiciones contractuales, especificación del fundamento; y 6) información sobre las vías de recurso (art. 17 RSD). La declaración deberá remitirse como muy tarde en la fecha en la que se haga efectiva la restricción. La obligación de remitir una notificación no rige en caso de que el contenido comercial engañoso sea de gran volumen (art. 17.2), o derive de órdenes de retirada de contenido de autoridades públicas (art. 9).

En el caso de prestadores de servicios de plataforma, las obligaciones se refuerzan. Así, quedan obligados a suspender sus servicios de alojamiento a los destinatarios que proporcionen con frecuencia contenidos manifiestamente ilícitos (art. 23.1 RSD). La suspensión queda sujeta a ciertas garantías procedimentales: los motivos de suspensión deben explicitarse en las condiciones generales de prestación del servicio, la suspensión debe fundarse en criterios objetivos, y debe realizarse una advertencia previa. Quedan excluidas de esta obligación las plataformas que sean pequeñas empresas (menos de 10 millones de facturación).

Los prestadores de servicios de plataforma deben establecer un sistema interno de gestión de reclamaciones contra las decisiones relativas a las restricciones (art. 20). Este sistema interno estará disponible tanto para las personas que realizan las notificaciones de contenido ilícito como a los destinatarios del servicio que proporcionan contenido. El procedimiento debe ser gratuito para quien presenta la reclamación, y deberá concluirse en un máximo de 6 meses, con una decisión motivada, si es necesario, revirtiendo la decisión original sin dilación. Las decisiones deberán ser adoptadas por personal formado al efecto y no exclusivamente por medios automatizados.

Más allá, los prestadores de servicios de plataforma deben poner a disposiciones de los destinatarios de sus servicios (tanto los notificantes como los que proporcionan el contenido) procedimientos extrajudiciales de resolución de litigios relacionados con las restricciones de los contenidos (art. 21 RSD). Las autoridades competentes de cada Estado miembro certificarán a las entidades que resuelvan estos conflictos.

2. *Otras obligaciones materiales*

El Reglamento de Servicios Digitales impone otras tres obligaciones materiales a los prestadores de servicios de plataforma. La primera obligación es que el **interfaz** que presenten a los destinatarios del servicio permita a los destinatarios del servicio tomar decisiones libres e informadas (art. 25). Se prohíben interfaces que engañen o manipulen a los destinatarios, o que distorsionen u obstaculicen la toma de decisiones libres e informadas. Se contempla la posibilidad de que la Comisión publique directrices sobre cómo dar más protagonismo a determinadas opciones al pedir al destinatario que tome una decisión, sobre la petición reiterada de elegir una opción cuando ha sido ya adoptada la decisión, o impedir que sea más difícil darse de baja de un servicio que subscribirse al mismo.

En segundo lugar, el Reglamento impone a los prestadores de servicios de plataforma obligaciones en materia de **transparencia del sistema de recomendación** (art. 27). Un sistema de recomendación es “un sistema total o parcialmente automatizado y utilizado por una plataforma en línea para proponer en su interfaz en línea información específica para los destinatarios del servicio o priorizar dicha información, también como consecuencia de una búsqueda iniciada por el destinatario del servicio, o que determine de otro modo el orden relativo o la relevancia de la información presentada” (art. 3.g) RSD). La recomendación es precisamente la gestión activa de los datos alojados. Es el núcleo duro de la actividad de las plataformas.

Las plataformas que utilicen sistemas de recomendación, que son la práctica totalidad, incluirán en sus condiciones generales de contratación los parámetros principales utilizados para recomendar un contenido frente a otro, incluyendo los criterios concretos y las razones de la importancia relativa de cada uno de ellos. Deberán recoger también cualquier opción a disposición de los usuarios para modificar o influir en los parámetros. Cuando haya varias opciones, los usuarios podrán modificarlas a través de una funcionalidad accesible directa y fácilmente.

El Reglamento P2B impone ulteriores obligaciones en materia de sistemas de recomendación a los prestadores de servicios de intermediación en línea y a los proveedores de motores de búsqueda. Por ejemplo, deberán exponer con claridad si la recomendación se ve afectada por remuneraciones directas o indirectas al prestador del servicio (art. 5), o si se presta a sí mismo un tratamiento diferenciado (self-preferencing) (art. 7).

En tercer lugar, el Reglamento impone a los prestadores de servicios de plataforma obligaciones en materia de **publicidad** (art. 26). Muchas plataformas se financian total o parcialmente con publicidad. Es el caso en particular de las redes sociales y los servicios de plataforma de intercambio de videos.

Cuando una plataforma presenta anuncios publicitarios queda obligada a que para cada anuncio presentado a cada destinatario específico pueda identificar: 1) que la información es un anuncio publicitario, mediante indicaciones destacadas; 2) la persona física o jurídica en cuyo nombre se presenta el anuncio; 3) quien paga el anuncio, si es diferente de la persona en cuyo nombre se presenta; y 4) información sobre los parámetros utilizados para mostrar ese anuncio a ese destinatario, y cómo cambiar esos parámetros (art. 26.1 SD).

Más allá, la plataforma debe facilitar a sus usuarios una funcionalidad para declarar si el contenido que proporcionan es una comunicación comercial. Si el cliente así califica el contenido, la plataforma quedará obligada difundir el contenido de forma que, en tiempo real, quede clara e inequívocamente identificado como tal con indicaciones destacadas. De esta forma, cuando por ejemplo un youtuber incluye anuncios publicitaros en su contenido, esto es, cuando no es la plataforma la que incluye los anuncios, el espectador podrá ser alertado de la naturaleza publicitaria del contenido (art. 26.2 RSD).

3. *Obligaciones formales*

El Reglamento de Servicios Digitales impone una serie de obligaciones formales, de carácter instrumental para garantizar la transparencia y la efectividad del resto de obligaciones.

En primer lugar, las plataformas, en cuanto prestadoras de servicios intermediarios, quedan sujetas a una serie de obligaciones como designar un punto de contacto con las autoridades de los estados miembros y la Comisión Europea (art. 11 RSD), así como un punto de contacto con los destinatarios de los servicios (art. 12 RSD), y cuando no tengan un establecimiento en la Unión, a designar un representante legal en uno de los Estados, que será responsable en caso de incumplimiento por parte de la plataforma (art. 13 RSD).

En segundo lugar, las plataformas quedan obligadas a incluir en sus condiciones generales de contratación información sobre la moderación de contenidos y la gestión de reclamaciones (art. 14 RSD).

V. REGÍMENES ESPECIALES

1. Plataformas de muy gran tamaño

El Reglamento de Servicios Digitales establece dos regímenes especiales que suman más obligaciones a las ya previstas en el régimen general. Por una parte, se impone más obligaciones a las plataformas que permiten a los consumidores celebrar contratos a distancia con los comerciantes. Por otra parte, se impone más obligaciones a las plataformas de muy gran tamaño

El Reglamento de Servicios Digitales impone ulteriores obligaciones a las denominadas “plataformas en línea de gran tamaño”, así como a los “motores de búsqueda de gran tamaño”.

La condición de plataforma de gran tamaño se alcanza tras la designación como tal por parte de la Comisión Europea cuando el promedio mensual de destinatarios del servicio activos en la Unión Europea supere los 45 millones (art. 33). Las plataformas están obligadas a comunicar periódicamente a la Comisión el número de destinatarios activos.

Un primer bloque de obligaciones de las plataformas de muy gran tamaño se refiere a la **gestión de riesgos**. Las plataformas deben realiza una evaluación de riesgos que incluya los siguientes: 1) difusión de contenido ilícito; 2) efecto negativo en derechos fundamentales (dignidad humana, vida privada y familiar, protección de datos de carácter familiar, libertad de expresión e información, no discriminación, derechos de niño y protección de los consumidores); 3) efecto negativo sobre el discurso cívico y los procesos electorales; y 4) efecto negativo en la violencia de género, la protección de la salud pública y los menores, bienestar físico y mental de la persona (art. 34).

A partir de este análisis, deberán aplicar medidas de reducción de riesgos, y en particular adaptar: 1) sus interfaces; 2) las condiciones generales de contratación; 3) las políticas de moderación; 4) los sistemas de recomendación; 5) los sistemas publicitarios, y 6) los procesos de notificación y restricción de contenidos, alertadores fiables, etc. (art. 35 LSD).

En caso de crisis, la Comisión puede adoptar una decisión exigiendo a las plataformas de muy gran tamaño que adopten diferentes medidas. Se entiende por crisis la existencia de "circunstancias extraordinarias que den lugar a una amenaza grave para la seguridad pública o la salud pública" (art. 36.2 LSD). La Comisión podrá imponer medidas entre las descritas en el párrafo anterior.

En segundo lugar, el Reglamento impone la obligación de que las plataformas que usen sistemas de recomendación ofrezcan al menos una opción que no se base en la elaboración de **perfiles**, definidos en el Reglamento General de Protección de Datos como "toda forma de tratamiento automatizado de datos personales consistente en utilizar datos personales para evaluar determinados aspectos personales de una persona física, en particular para analizar o predecir aspectos relativos al rendimiento profesional, situación económica, salud, preferencias personales, intereses, fiabilidad, comportamiento, ubicación o movimientos de dicha persona física".

En tercer lugar, el Reglamento impone obligaciones adicionales en materia de **publicidad** en línea. Las plataformas deberán construir un repositorio accesible al público con la información relativa a cada anuncio: 1) contenido del anuncio; 2) persona en cuyo nombre se presenta el anuncio; 3) persona que ha pagado el anuncio; 4) periodo de presentación del anuncio; 5) si el anuncio está programado para presentarse a ciertos grupos; 6) comunicaciones comerciales introducidas por los creadores de contenido; y 7) número total de destinatarios alcanzados.

Finalmente, el reglamento impone una larga serie de **obligaciones formales**. Estas obligaciones conforman un régimen que podemos calificar como de regulación privada. Para empezar, más allá de las obligaciones recogidas en el Reglamento, se fomenta la conclusión de códigos de conducta en los que las plataformas de muy gran tamaño asuman ulteriores obligaciones para la aplicación del Reglamento (art. 45), así como en relación con la publicidad en línea (art. 46) y en materia de accesibilidad por personas con discapacidad (art. 47). Estos códigos serán elaborados por las plataformas, en el marco de asociaciones sectoriales, pero no son meros ejercicios privados, sino que se incardinan en el régimen previsto en el Reglamento. Así, la Comisión evaluará si los códigos cumplen los fines previstos en el Reglamento (art. 45.4). Más allá, las obligaciones definidas en los códigos de conducta quedan incluidas en el régimen de control de cumplimiento del Reglamento, como se expone a continuación.

En la misma línea, el Reglamento contempla que la Comisión promoverá la elaboración de normas voluntarias por los organismos internacionales y europeos de normalización en materias tan variadas como el envío electrónico de notificaciones de contenido ilícito, modelos, diseño y procesos para comunicar las restricciones al contenido, interfaces técnicas, interoperabilidad de los repositorios de anuncios, publicidad, etc. (art. 44).

El Reglamento exige que cada plataforma de muy gran tamaño nombre un **encargado de cumplimiento** (art. 41). Es esta una figura similar al delegado de protección de datos exigido en el Reglamento General de Protección de Datos. El encargado tiene una función de comprobación del cumplimiento de las obligaciones. Para ello deberá no sólo poseer la adecuada experiencia y capacidad, sino además gozar de independencia en su empresa, rindiendo cuentas directamente ante el órgano de dirección, que será el único que pueda destituirle.

Las plataformas de muy gran tamaño deben someterse anualmente a una **auditoría independiente** para comprobar el cumplimiento de las obligaciones derivadas del Reglamento, pero también de las derivadas de Códigos de conducta. El contenido de la auditoría es uno de los aspectos a normalizar según lo dispuesto en el artículo 44 del RSD. Los auditores realizarán un informe de cada auditoría, que describirá las conclusiones extraídas de la auditoría y un dictamen favorable, no favorable con observaciones o negativo sobre el cumplimiento de las obligaciones. Si el informe no es favorable, incluirá recomendaciones operativas, que deberán ser tenidas en cuenta por las plataformas.

Las plataformas de muy gran tamaño quedan sujetas a toda una serie de obligaciones de **transparencia informativa** (art. 42 LSD). Deben publicar periódicamente informes que incluyan 1) la información relativa a la moderación de contenidos (art. 15 LSD) incluyendo datos sobre los recursos humanos dedicados a la moderación e indicadores cuantitativos, 2) información sobre los litigios con destinatarios y suspensiones de servicios (art. 24 LSD). Deben también publicar el informe de evaluación de riesgos, el informe con las medidas de reducción de riesgos, el informe de auditoría y el de aplicación de las medidas de auditoría.

2. *Plataformas que permiten a los consumidores celebrar contratos a distancia con comerciantes*

El Reglamento de Servicios Digitales contempla una categoría específica de plataformas, las que permiten a los consumidores celebrar contratos a distancia con comerciantes, que merecen un régimen jurídico específico. Es el caso de plataformas como Uber, AirBnb, Glovo y muchas otras. Esta categoría coincide con lo que la doctrina califica como plataformas transaccionales. Estas plataformas deben cumplir con todas las obligaciones previstas en el régimen general, pero además quedan sujetas a unas obligaciones específicas.

El objetivo de estas obligaciones específicas es garantizar la trazabilidad de los comerciantes que comercializan bienes y servicios a través de las plataformas, a fin de que asuman sus obligaciones y responsabilidades. El consumidor debe estar en posición de identificar al comerciante con el que está contratando y de acceder a la información necesaria para contratar y para resolver las incidencias que puedan surgir a lo largo de la vida del contrato y con posterioridad.

Las plataformas que intermedian servicios de otros comerciantes deben previamente obtener la siguiente **información** de los comerciantes: 1) nombre, dirección, teléfono y correo electrónico; 2) copia de un documento de identificación; 3) datos de cuenta de pago del comerciante; 4) número de inscripción en el registro mercantil o similar, en su caso; 5) declaración del comerciante comprometiéndose a ofrecer exclusivamente productos o servicios que cumplan con las obligaciones exigibles en la Unión Europea (art. 30.1 RSD).

Recibida la información y la documentación, la plataforma "hará todo lo posible por evaluar si la información [...] es **fiable y completa**". Se especifica, en cualquier caso, que a efectos del Reglamento "los comerciantes serán responsables de la exactitud de la información facilitada" (art. 30.2 RSD). A tal efecto, debería hacer controles aleatorios si los productos han sido identificados como ilícitos (art. 31.3 RSD). Cuando la plataforma tenga "indicaciones suficientes o razones para creer que alguno de los elementos de la información [...] es inexacto o incompleto o no está actualizado" solicitará al comerciante que subsane la situación. De no hacerlo, la plataforma deberá suspender inmediatamente la prestación del servicio de alojamiento de datos, sin perjuicio del derecho del comerciante a presentar una reclamación.

La plataforma está obligada a **poner la información a disposición de los consumidores** mediante su interfaz habitual (con excepción de la copia del documento de identificación, y la cuenta de pago). Más allá, la interfaz debe estar diseñada de forma que los comerciantes puedan dar cumplimiento a sus obligaciones de información al consumidor. La interfaz debe dar visibilidad no sólo a los datos de identidad y contacto del comerciante, sino también a sus signos identificativos (art. 31)

Finalmente, cuando la plataforma tenga conocimiento del carácter ilícito del contenido, producto o bienes intermediados, tiene la obligación de **comunicarlo** a los consumidores que hayan adquirido los mismos en los seis meses anteriores (art. 33 RSD).

BIBLIOGRAFÍA

AGRAWAL, A., GANS, J. y GOLDFARB, A., *Prediction Machines. The Simple Economics of Artificial Intelligence*, Harvard Business Review Press, Boston, 2018.

AMMIRATI, S., *The Science of Growth. How Facebook Beat Friendster and How Nine Other Startups Left the Rest in the Dust*, St. Martin's Press, Nueva York, 2016.

ARIÑO ORTIZ, G., *Principios de Derecho público económico*, Marcial Pons, 3ª ed., 2004.

AULETTA, K., *Google. The End of the World as We Know It*, Penguin Books, New York, 2009.

BUNDESKATELLAMT, B6-22/16, Facebook, Exploitative business terms pursuant to Section 19(1) GWB for inadequate data processing, 15.2.2019.

CAVANILLAS MÚGICA, Santiago, *Deberes y responsabilidades de los servidores de acceso y alojamiento. Un análisis multidisciplinar*, Granada: Comares, 2005.

CHRISTIAN, B. y GRIFFITHS, T., *Algorithms to Live By. The Computer Science of Human Decisions*, William Collins, Londres, 2016.

CLARK, D., *Alibaba, The House Jack Ma Built*, HarperCollins, Nueva York., 2016.

COMISIÓN EUROPEA, Resultados de la consulta pública sobre el entorno regulatorio para plataformas, intermediarios en línea, datos y computación en la nube y la economía colaborativa, 2016.

COMISIÓN EUROPEA, Una Agenda Digital para Europa, COM/2010/0245, mayo 2010.

COMISIÓN EUROPEA, Una Estrategia para el Mercado Único Digital de Europa, COM/2015/0192, mayo 2015.

CONSEIL NATIONAL DU NUMÉRIQUE, Ambition numérique: Pour une politique française et européenne de la transition numérique, Informe 2015.

CUSUMANO, M. GAWER, A. y YOFFIE, D. B., *Business Platforms, Strategy in the Age of Digital Competition, Innovation and Power*, Harper Business, Nueva York, 2019.

EVANS, D. S. y SCHMALENSEE, R., *Matchmakers. The New Economics of Multi-sided Platforms*, Harvard Business Review Press, Boston, 2016.

EXPERT GROUP FOR THE OBSERVATORY ON THE ONLINE PLATFORM ECONOMY, Work Stream on Differentiated Treatment, Informe 2020.

GALLAGHER, L., *The Airbnb Story*, Houghton Mifflin Harcourt, Boston, 2017, p. 35.

GITLIN, M., *eBay. The Company and its Founders*, ABDO Publishers, Edina MI, 2011.

House of Commons, *Algorithms in Decision Making*. Fourth Report of Session 2017-2019, Science and Technology Committee, 2018.

LEVY, S., *Facebook. The Inside Story*, Penguin, Nueva York, 2020, p. 323.

MONTERO PASCUAL, J. J. (dir.), *La regulación de la economía colaborativa. Airbnb, BlaBlaCar, Uber y otras plataformas*, Tirant lo Blanch, Valencia, 2017.

MONTERO PASCUAL, J. J., *Regulación económica. La actividad administrativa de regulación de los mercados*, Tirant lo Blanch, 5º edición 2023.

MONTERO, J. J. y FINGER. M., *The Rise of the New Network Industries. Regulating Digital Platforms*, Routledge Nueva York.

MONTERO, J. y FINGER, M., "Platformed! Network industries and the new digital paradigm", *Competition and Regulation in Network Industries*, 18(3-4), 2017, pp. 217-239.

MOROZOV, E., T*o Save Everything, Click Here*, Penguin Books, Nueva York, 2013.

OCDE, *Two-Sided Markets*, Policy Roundtables, 2009.

O'NEIL, C., *Weapons of Math Destruction: How big data increases inequality and threatens democracy*, Broadway Books, Nueva York, 2016.

PARKER, VAN ALSTYNE y CHOUDARY, *Platform Revolution*, WW Norton & Company, Nueva York, 2016.

PASCUALE, F., *The Black Box Society. The Secret Algorithms that Control Money and Information*, Harvard University Press, Cambridge. MA, 2015.

PEGUERA POCH, Miquel, *La exclusión de responsabilidad de los intermediarios de Internet,* Granada: Comares, 2007.

ROCHET, J. C. y TIROLE, J., "Platform Competition in Two-Sided Markets", *Journal of the European Economic Association*, vol. 1(4), 2003, pp. 990-1029.

RODRÍGUEZ DE LAS HERAS BALLELL, Teresa y FELIU REY, Jorge, "Digital Intermediary Liability or Greater Responsability: A Remedy for Fake News?", en *Twenty-First Century Remedies,* obra colectiva, editor Russel Weaver, North Carolina: Carolina Academic Press, 2019, pp. 91-114

RODRÍGUEZ DE LAS HERAS BALLELL, Teresa, "Supervision and Enforcement in the DSA - Key Factors for Enhancing the Effectiveness of Enforcement: Analytical Framework and Proposals", en Policy Department for Economic, Scientific and Quality of Life Policies for the committee on Internal Market and Consumer Protection (IMCO), *The Digital Services Act and the Digital Markets Act - a forward-looking and consumer-centred perspective,* June 2021.

RODRÍGUEZ MARTINEZ, I., "El servicio de mediación electrónica y las plataformas de economía colaborativa", *Revista de Derecho Mercantil,* nº 305, 2017, pp. 181-216.

SCHMIDT, E. y ROSENBERG, J., *How Google works,* John Murray Publishers, Londres, 2014.

STONE, B., *The Everything Sore. Jeff Bezos and the Age of Amazon,* Corgi Books, Londres, 2013.

THIEL, P., *Zero to One. Notes on Startups, de How to Build the Future,* Virgin Books, Nueva York, 2014.

WU, T., *The Attention Merchants,* Atlantic Books, Londres, 2017.

ZUBOFF, S., *The Age of Surveillance Capitalism. The Fight for a Human Future at the New Frontier of Power,* Profile Books, Londres, 2019.

Capítulo Segundo

La responsabilidad de las plataformas

TERESA RODRÍGUEZ DE LAS HERAS BALLELL

SUMARIO: I. La economía de las plataformas. II. De los prestadores de servicios de intermediación a las plataformas. III. El dilema de la responsabilidad de los intermediarios. IV. El dilema de la responsabilidad de las plataformas: la respuesta del RSD.

I. LA ECONOMÍA DE LAS PLATAFORMAS

1. *De una economía digital a una economía de plataformas*

La economía digital se ha transformado de forma visible y profunda en las últimas décadas. La economía digital se ha convertido hoy en una economía de plataformas. Las plataformas son, de hecho, el modelo organizativo más distintivo y revelador de una economía digital cada vez más compleja y sofisticada. El modelo organizativo dominante en la moderna economía digital. La emergencia y la popularidad creciente de los modelos más disruptivos que han invadido la escena digital contemporánea, como la economía colaborativa (AirBnB, BlaBlaCar, Lyft, Wallapop), la distribución comercial (Amazon, eBay, Alibaba, Glovo, Deliveroo, Uber Eats), la movilidad (Cabify, Uber), las redes sociales (X, Twitter, Meta, Linkedin, Instagram, TikTok) o la irrupción transformadora de las fintech (plataformas de crowdfunding, recomendadores, comparadores, *robo-advisor, social trading*), no sólo han sido posibles, sino que además su consolidación y expansión se han visto claramente acelerados por el recurso a soluciones organizativas basadas en plataformas. Más aún, las plataformas han transformado contextos sociales, políticos, educativos y de la vida pública, ofreciendo entornos participativos y de colaboración, creando nuevas oportunidades, facilitando la creación de comunidades, movilizando recursos y capital, y promoviendo la innovación.

Este visible protagonismo de las plataformas en la economía digital se fundamenta en su capacidad de reducir la incertidumbre e incrementar la seguridad en el tráfico, generar confianza y crear valor mediante una efectiva combinación de una solución estructural y tecnológica —como entornos electrónicos cerrados— y una compleja estrategia jurídica y organizativa —como arquitecturas contractuales—. Así, los modelos basados en plataformas ofrecen una solución organizativa muy efectiva capaz de superar con éxito los problemas inherentes a la actividad en la economía digital: un alto nivel de incertidumbre, relaciones con baja confianza, asimetrías informativas, sustanciales costes de transacción (búsqueda, negociación, supervisión del cumplimiento, resolución de disputas) y problemas de identificación de las partes.

Las plataformas se han consolidado como actores fundamentales de la economía global, han transformado los modelos de negocio, las estructuras y redes de distribución y el acceso al mercado de empresas y consumidores. Aprovechando los numerosos beneficios derivados de los efectos de red, las economías de escala o la agregación de datos, las plataformas constituyen un modelo organizativo extraordinariamente flexible capaz de albergar una amplia variedad de modelos de negocio y, de hecho, facilitar la emergencia y la expansión de fórmulas innovadoras y modelos disruptivos.

Es fundamental entender esta transición hacia una economía de las plataformas para contextualizar el problema de la responsabilidad. Pues son las particulares características estructurales, organizativas y funcionales de las plataformas, las que confieren especial complejidad a la determinación y la atribución de la responsabilidad y a la aplicación del especial régimen de "exención" ("exclusión") de responsabilidad concebido para los prestadores de servicios de intermediación.

2. Las plataformas en "tres dimensiones"

La presencia dominante de las plataformas en la economía global y su expansión extraordinaria en las últimas décadas permiten descubrir un polifacético perfil con tres facetas o dimensiones.

En primer lugar, las plataformas son nuevos actores de la economía; sin duda alguna, las protagonistas de la economía de plataformas.

En segundo lugar, desempeñan una función clave en la intermediación de la actividad económica, como facilitadores, amplificadores, distribuidores de productos, servicios y contenidos, como proveedores de acceso, generadores de visibilidad y de credibilidad. Esta función les permite articular no sólo las relaciones económicas de intercambio y colaboración, sino también el flujo y el procesamiento de datos, la conformación de la opinión pública, el discurso político, el acceso a la cultura y la distribución informativa.

En tercer lugar, conforman mucho más que nuevos mercados o entornos para la interacción social y económica, las plataformas aspiran a emular internamente un sistema jurídico, con sus normas, sus fórmulas de supervisión y sus mecanismos de resolución de disputas. Esta dimensión resulta especialmente sugerente para el análisis jurídico. En su esfuerzo por superar ya no sólo la distancia física sino además la "distancia legal" para liberar a las transacciones digitales de los lastres que arrastran las interacciones en un espacio físico de fronteras y puntos geográficos, las plataformas se esfuerzan por crear espacios autorregulados, auténticas comunidades, que se superponen a los sistemas estatales de regulación, supervisión y resolución (esencialmente) judicial de los conflictos. De este modo, las plataformas ejercen, en el marco contractual que constituye un complejo entramado de contratos, términos y condiciones de uso y políticas internas, un visible, y a veces controvertido, control sobre el ejercicio de derechos y libertades en la economía y la sociedad digitales.

Esta triple dimensión de las plataformas —nuevos actores, intermediarios y reguladores— se proyecta sobre la compleja cuestión de la responsabilidad. Por ello, es esencial, primero, entender las diversas dimensiones de las plataformas para desbrozar a continuación el régimen de responsabilidad. Este carácter polifacético y tridimensional es el origen del "dilema de la responsabilidad de las plataformas".

3. Las plataformas: concepto y anatomía

Las plataformas son entornos digitales para la interacción, la negociación y la conclusión de contratos, o el desarrollo de actividades de muy diversa índole entre y por los usuarios de acuerdo con un conjunto de reglas y políticas internas de base y origen contractuales. Una plataforma se constituye así sobre un entramado de relaciones obligacionales entre el operador de la plataforma y los usuarios, y los usuarios entre sí. Con esta descripción, una plataforma es un versátil modelo organizativo que puede alojar mercados, redes sociales, financiación participativa, actividades de economía colaborativa, diversas etapas de la cadena de suministro, espacios creativos o contratación pública.

La anatomía de las plataformas se basa en un esquema centralizado en el que el operador de la plataforma desarrolla funciones críticas de gestión, de regulación, de supervisión directa o indirecta o incluso de generación de confianza y resolución de conflictos. Estas funciones se amoldan a los fines propios de cada plataforma (transaccional, educativa, artística, de interacción social) y tendrán la intensidad y la extensión que en cada caso se precisen y así se determinen en las condiciones contractuales. De este modo, el operador define el espacio y las condiciones en las que la comunidad de usuarios actúa en la plataforma.

Para constituir este entorno regulado, se entablan dos tipos de relaciones contractuales. Una relación vertical vertebradora de la constitución y la operativa de la plataforma (contrato de acceso) y un tejido tupido y extenso de relaciones horizontales entre los usuarios.

De un lado, el acuerdo de acceso que concluyen los usuarios, profesionales o no profesionales, con el operador para unirse a la plataforma y en la que se contemplan directamente o por referencia todas las condiciones y políticas internas de la plataforma. El usuario, al concluir este contrato por el que se une a la comunidad, acepta y se obliga a cumplir estas políticas de la plataforma vigentes en cada momento, es la “ley de la plataforma”. El contrato de acceso se configura como un contrato de adhesión con condiciones generales que se celebra por medios o en un entorno electrónico bajo la modalidad de *click agreement*. En esta relación, que describimos gráficamente como vertical, se configuran las condiciones en las cuales el operador desarrolla y ejerce sus funciones: el ofrecimiento de un entorno para la interacción de los usuarios junto con la prestación de un amplio y variado conjunto de servicios (transaccionales, reputaciones, de recomendación, de búsqueda, de pago, de crédito, publicitarios, de aseguramiento), la adopción de reglas, la supervisión del cumplimiento de forma directa o a través de sistemas descentralizados de notificación por los usuarios o mediante mecanismos automatizados, la gestión de quejas y la resolución de conflictos. En consecuencia, toda la actividad interna de y en la plataforma queda definida y determinada por un nutrido conjunto de disposiciones contractuales.

4. *El operador de la plataforma: perfil y funciones*

Se observa cómo, bajo esta arquitectura, el operador ocupa una peculiar y crucial posición. Su función esencial es, en realidad, la gestión y la operativa de un entorno digital cerrado para la interacción de los usuarios. En definitiva, el operador se dedica de manera profesional a desarrollar una actividad económica consistente en la gestión de una plataforma electrónica. Esta actividad de gestión centralizada se despliega a su vez en la asunción, en virtud del contrato de acceso, de un conjunto de facultades (configurados habitualmente como derechos no como obligaciones) que mejoran el atractivo de su oferta, incrementan la confianza, dotan al entorno de mayor certidumbre, acentúan sus ventajas competitivas con las plataformas competidoras o controlan su exposición al riesgo. Con tales objetivos, los operadores ejercen, con mayor o menor intensidad y extensión según el modelo de negocio, todas o algunas de las siguientes funciones: prestar servicios a los usuarios (prestador de servicios), adoptar las normas internas que regulan la actuación de los usuarios y la interacción entre ellos (regulador), supervisar el cumplimiento de estas normas (supervisor) y aplicar las sanciones previstas de conformidad con la política interna de infracciones y sanciones. Cada plataforma configura contractualmente el perfil funcional de su operador conforme a los rasgos indicados y mediante el contrato de acceso. Esta configuración funcional forma parte de la estrategia empresarial y define el modelo de negocio que soporta cada plataforma.

De esta constatación derivan dos importantes consecuencias. De un lado, que para determinar la posición del operador y concluir sobre la naturaleza jurídica de su actividad, es necesario analizar detenidamente la configuración contractual de su perfil. De otro lado, que es esencial distinguir entre dos dimensiones de actividad en una plataforma: la actividad desarrollada por el operador y la actividad desarrollada por los usuarios. Las implicaciones jurídicas de esta doble dimensión son evidentes.

En primer lugar, que la actividad desarrollada por los usuarios no se proyecta necesariamente en la posición del operador, salvo, como analizaremos más adelante, que el control y la influencia del operador sean decisivos, de acuerdo con la jurisprudencia del Tribunal de Justicia de la UE (en adelante, TJUE).

En segundo lugar, que la posición del operador como intermediario en las transacciones celebradas entre los usuarios varía ampliamente, en su calificación jurídica según cómo se haya configurado. Puede ser un mero prestador de servicios de intermediación, un auténtico agente o distribuidor, o un prestador directo de productos o servicios, bien porque efectivamente es un proveedor o porque así lo "aparente".

En tercer lugar, y como consecuencia, en la medida en que el operador no interviene en las transacciones que tengan lugar en la plataforma entre los usuarios, su eventual responsabilidad se concreta en la desviación de su actuación del programa prestacional al que se compromete en el contrato de acceso frente a cada uno de los usuarios.

En cuarto lugar, en la medida en que, en su condición de operadores de la plataforma, asumen funciones de control de acceso, selección de usuarios (prestadores o proveedores), eventual clasificación de productos según criterios o parámetros predeterminados, supervisión del cumplimiento de las normas internas, aplicación de sanciones, o incluso resolución de conflictos, los operadores de plataformas pueden actuar como terceros de confianza. Estas expectativas de credibilidad para los usuarios admitidos en la plataforma se traducen, a través del contrato de acceso, en compromisos y obligaciones contractuales.

Pero, además, en el "mercado de las plataformas" donde los operadores de plataformas compiten en atractivo comercial, tamaño del mercado, número de usuarios, variedad de productos, capacidad de captación de fondos, adecuación de sus reglas y procedimientos, especialización, o fiabilidad, la actuación de los operadores también se proyectan frente a terceros, ajenos a la plataforma, que podrían confiar en la información proporcionada por el operador, es decir, en las señales que éste transmite al mercado, para adoptar una decisión en relación con un usuario de la que eventualmente derive un daño.

II. DE LOS PRESTADORES DE SERVICIOS DE INTERMEDIACIÓN A LAS PLATAFORMAS

1. La entrada de las "plataformas" en el Mercado Único Digital

En el contexto de la creación de un Mercado Único Digital para Europa, la Unión Europa ha entendido el papel esencial que desempeñan las plataformas en la sociedad digital y la necesidad de asegurar un entorno adecuado para su desarrollo y consolidación. De un lado, las plataformas son motores de innovación y crecimiento y constituyen un componente estratégico fundamental para la competitividad de la región. De otro lado, las plataformas ocupan una posición crítica en una estrategia cada vez más visible de co-regulación, implicación de los intermediarios en la prevención y protección de derechos, y la implementación de mecanismos voluntarios de ejecución. En este sentido, plataformas e intermediarios se convierten en colaboradores prioritarios en la detección y retirada de contenido ilegal, la contención de la oleada de noticias falsas y manipulación informativa, y de prevención y seguimiento de actos de incitación al terrorismo.

Por tanto, toda decisión de iniciar una acción legislativa para establecer un marco normativo europeo para las plataformas ha de atender ambas consideraciones. De un lado, asegurar que el entorno normativo es adecuado, removiendo obstáculos innecesarios y eliminando el riesgo de divergencias entre normativas nacionales inconsistentes con la natural dimensión transfronteriza de la actividad en las plataformas. En efecto, la ausencia de un marco armonizado en el mercado europeo no sólo trasladaría al entorno digital una indeseada fragmentación territorial, sino que además avivaría un nuevo fenómeno de arbitraje regulatorio para el que he acuñado el término "*platform shopping*". Es decir, que las plataformas no sólo compiten ofreciendo un servicio sino proporcionando un entorno regulado bajo ciertas condiciones. Es una versión del arbitraje regulatorio entre entidades privadas. Los usuarios valoran (si la competencia real del mercado de plataformas lo permite) cuál es el entorno regulado que más les interesa, por su laxitud, por su permisividad, por su rigurosidad, por su prohibición de ciertas actividades.

De otro lado, diseñar un régimen de obligaciones y de responsabilidad que asigne los incentivos correctamente para la colaboración de intermediarios y plataformas en la prevención y protección de derechos e intereses. Se trata de un trasvase de funciones y poderes que parte de la constatación de las limitaciones inhabilitantes de las fórmulas más tradicionales de detección y prevención de ilícitos y resolución de conflictos en los sistemas de base estatal. Las plataformas, por el contrario, se muestran ágiles y eficaces en la detección y la sanción e incluso en la prevención de ciertas infracciones con métodos de gestión y localización de contenidos. Por ello, a ellas se traslada progresivamente la "responsabilidad" de luchar contra contenidos ilícitos y nocivos, que sutilmente se hace convivir con el régimen de responsabilidad consagrado originariamente en la DCE como "puerto seguro".

2. *Las "plataformas" como término legislativo*

En este proceso de incorporación de las plataformas en el marco normativo europeo se observa, primero, una progresiva incorporación con referencias a la "economía de plataformas" y, finalmente, una definitiva adopción conceptual y terminológica del fenómeno en las iniciativas más recientes.

En efecto, las plataformas entran en el terreno normativo como descriptoras de la nueva arquitectura de la economía digital, la economía de plataformas, pero sin entidad terminológica propia. Siguen siendo calificadas como "servicios de intermediación" en el modelo dual que la DCE había instalado para clasificar los servicios de la sociedad de la información.

Esta continuidad de la terminología existente es particularmente gráfica en el Reglamento 2019/1150 que, aun siendo popularmente conocido como el Reglamento Platform-to-Business (en adelante, Reglamento P2B), recurre a una definición, bastante elusiva, de las plataformas como proveedores de "servicios de intermediación en línea" que cumplen ciertos requisitos (Art. 2.2 b y c), que no hacen más que destacar su propósito transaccional ("con el objetivo de facilitar el inicio de transacciones directas") y ahondar en la base contractual ("sobre la base de relaciones contractuales entre el proveedor de los servicios y los usuarios profesionales").

Este Reglamento P2B, que entró en vigor el 12 de julio 2020, nace de la constatación de la relevancia de las plataformas para la innovación, el emprendimiento, el bienestar social y el acceso a nuevos mercados, de la que deriva la preocupación por una intensa, creciente y cada vez más amplia dependencia económica de las empresas ("usuarios profesionales") establecidas en la UE de las plataformas a las que recurren para ofrecer sus productos y servicios a los consumidores ("localizados en la Unión") (Art. 1.2). Es así un esfuerzo por limar las fricciones de la economía de plataformas sin comprometer las ventajas de su despegue y consolidación en el mercado común.

Las referencias legislativas a las "plataformas" comienza, curiosamente, en Directivas sectoriales o específicas como la Directiva 2019/790 sobre derechos de autor o la Directiva 2018/1808 de servicios de medios audiovisuales que contienen normas aplicables a los prestadores de servicios de la sociedad de la información en el sentido de la DCE: plataformas de intercambio de contenidos en línea y plataformas de vídeos a la carta, respectivamente. No obstante esta interesante incorporación terminológica, el enfoque de ambos regímenes es parcial y, en cierta medida, sectorial.

3. Una regulación europea de las plataformas

El punto de inflexión se produce con la propuesta y posterior adopción del Reglamento de Servicios Digitales (en adelante, RSD) y el Reglamento de Mercados Digitales (en adelante, RMD) y la definitiva adopción de ambos Reglamentos

El protagonismo de las plataformas es ya indiscutible. El RSD construye un marco de obligaciones escalonadas desde los servicios de alojamiento de datos hasta las plataformas de muy gran tamaño (VLOP: *Very Large Online Platform*) que incorpora así a las plataformas como sujetos centrales. El RMD articula una compleja maquinaria basada en la designación como guardián de acceso a los proveedores de "servicios básicos de plataforma" sobre la base de una combinación de umbrales cualitativos y cuantitativos (ver operadores designados en https://ec.europa.eu/commission/presscorner/detail/en/ip_23_4328).

Esta incorporación en el marco normativo de las plataformas, como sujeto, no es puramente terminológica, es sustantiva y crucial en muchos aspectos. En concreto, como veremos más adelante, en relación con el régimen de responsabilidad.

Por su parte, el RMD proyecta la respuesta de política legislativa a la acuciante necesidad de la economía de plataformas de acomodar las estrategias regulatorias a modelos *ex ante*. Una reacción respaldada únicamente por las herramientas del Derecho de la Competencia se mostraba insuficiente, tardía en ocasiones, parcial en otras. El RMD, más allá de los detalles de su contenido y de la compleja maquinaria en la que se articulan las decisiones de política legislativa, representa un cambio estratégico en la respuesta comunitaria. La aspiración es equipar a reguladores y supervisores con herramientas flexibles y adaptativas, *ex ante*, capaces de mitigar las fricciones de una economía de plataformas en la que la posición de impacto e influencia significativa de ciertos "guardianes de acceso" puede derivar en prácticas desleales o injustas, comprometer la competencia y disputabilidad real de los mercados y explotar la dependencia de los usuarios. Es un objetivo diverso al que vertebra el Derecho de la Competencia y, por ello, se aprovisiona de medidas, remedios y soluciones propios dirigidos a reducir la asimetría informativa de las autoridades y desligarse de la lógica del poder de mercado y la determinación del mercado relevante.

III. EL DILEMA DE LA RESPONSABILIDAD DE LOS INTERMEDIARIOS

1. El dilema de la responsabilidad ante el "puerto seguro"

El modelo de exención/exclusión de responsabilidad de las plataformas basado en el "puerto seguro" para prestadores de servicios de intermediación, que cristalizó la Directiva de Comercio Electrónico (Directiva 2000/31), afronta el dilema de la responsabilidad de las plataformas y lo resuelve, desde una perspectiva teórica, de forma razonable y correcta. La práctica muestra la complejidad de los intereses concurrentes y la inestabilidad del equilibrio alcanzado y, por ello, demuestra que la solución no es perfecta.

El dilema al que se enfrenta el regulador es lograr un balance satisfactorio y estable de incentivos para que la cooperación de las plataformas en la detección, la prevención y la retirada o suspensión de contenidos ilegales y actividades ilícitas no censure ni interfiera en el ejercicio de los derechos y libertades, pero confiera la efectividad e inmediatez que sus mecanismos de moderación, notificación y acción permiten. El regulador trata de conjurar el fantasma de la censura sin renunciar a la cooperación de las plataformas en la primera línea del *enforcement* ante la incapacidad e inadecuación de los sistemas y procedimientos convencionales para gestionar y resolver eficientemente los conflictos de derechos e intereses de la economía digital. Con este objetivo, se formula la solución de la exención de responsabilidad, que coloca los incentivos para lograr la colaboración de las plataformas en el juego entre conocimiento y control.

El dilema que el regulador cree así resuelto se traslada a las plataformas. Ante el "puerto seguro", las plataformas se enfrentan a otro dilema, cómo lograr un equilibrio entre generar credibilidad, supervisando, moderando e interviniendo en la actividad de la plataforma, y minimizar su exposición al riesgo de incurrir en responsabilidad. En definitiva, cómo maximizar los beneficios y reducir los costes del binomio conocimiento-control. Y este dilema, es, en realidad, un dilema de las plataformas, es decir, un dilema asociado a la transformación de la economía digital en una economía de plataformas en la que, naturalmente, las plataformas son el modelo predominante y los operadores de plataformas los actores protagonistas. Por eso, un régimen de exención/exclusión de responsabilidad concebido y formulado para prestadores de servicios de intermediación presenta inevitablemente deficiencias cuando se quiere trasladar, sin ajustes, a operadores de plataformas.

Describimos a continuación los elementos básicos del régimen de (exclusión) de responsabilidad de los prestadores de servicios de intermediación.

2. *Las claves del "puerto seguro"*

El régimen específico de responsabilidad para prestadores de servicios de intermediación no contiene nuevas reglas de atribución. Es decir, no es un régimen de responsabilidad, sino un conjunto de condiciones que determinan precisamente la "exclusión" o "exención" de responsabilidad para los tipos de "servicios de intermediación" contemplados en la ley —y que pudo divergir en la transposición a los ordenamientos nacionales, en particular, por ejemplo, con respecto a los motores de búsqueda y enlaces (Art. 17 LSSI, Ley 34/2002).

En el marco europeo que estamos estudiando, se consagra en los artículos 12 a 15 DCE que se transpone en los artículos 14 a 17 LSSI sólo definen una serie de condiciones que permiten a los prestadores que desarrollan las actividades allí contempladas "exonerarse" de responsabilidad por los contenidos transmitidos, copiados temporalmente, almacenados o enlazados —y por la propia reproducción temporal de tales datos, en el caso del *caching* (art. 15 LSSI)—. Sin embargo, advertimos aquí que podría ser más adecuado hablar de "exclusión" de responsabilidad. Pues, calificar estas normas como exención implica asumir que en los supuestos contemplados el intermediario ya ha incurrido en responsabilidad de la que la ley le permite eximirse. Las normas se configuran en realidad como reglas para la exclusión de responsabilidad, con independencia de que, de acuerdo con las reglas generales de la responsabilidad, el intermediario fuera o no responsable.

En efecto, lo que la ley diseña en los artículos referidos es un modelo legal de intermediario no responsable precisamente por la naturaleza instrumental, pasiva y neutra de su actividad. Explica, en un entorno de aún cierto desconocimiento tecnológico (la aprobación de la DCE es en julio de 2000), en qué consisten las actividades de intermediación técnica aclarando su función estrictamente instrumental y pasiva y alejando, por tanto, la imagen editora de estos prestadores, traída con poco acierto y sin demasiada destreza de otros medios de comunicación de masa cuya operativa es bien distinta.

Por tanto, facilita, de un lado, la identificación del supuesto a los jueces adelantando el recorrido en la aplicación de las reglas generales y proporciona, de otro, a los operadores un modelo de comportamiento (en el sentido de desarrollo de actividad de intermediación) al que ajustar sus actuaciones para demostrar su condición de intermediario y exteriorizar el carácter pasivo y neutral de su actividad. En este sentido, desempeña una función de previsibilidad muy valiosa, aunque, como veremos, la solidez de la exclusión se empieza a resquebrajar y la certidumbre del sistema se debilita, pues las propias condiciones para la aplicación de la norma son objeto de cada vez más dudas interpretativas —conocimiento efectivo o indiciario, fuentes del conocimiento tasadas o abiertas, diligencia en la retirada o bloqueo—. El máximo exponente es la emergencia de las plataformas como prestadores de servicios protagónicos en la economía digital.

3. Alcance y sentido de la "exención" de responsabilidad

Otras dos consideraciones adicionales vienen a delimitar mejor el alcance de las reglas estudiadas. Primera, la constatación de que, si no se dan las condiciones contempladas en la norma para proceder a su aplicación, el intermediario no resulta automáticamente responsable. Bien al contrario, la eventual responsabilidad habrá de determinarse de acuerdo con las reglas generales o la normativa específica (sobre la protección al honor, o sobre competencia desleal, por ejemplo) que resulten aplicables.

Ciertamente la redacción de las disposiciones bajo la fórmula de doble negación —"no serán responsables si... no conocen"— puede llevar erróneamente a tal conclusión. Es decir, si alguna de las negaciones no se cumple, el resultado es que la responsabilidad se activa irremediablemente —"es responsable si...conoce"—. Este tenor, que reproduce la redacción de la *Section 512* de la estadounidense *Digital Millenium Copyright Act* (en adelante, DMCA), pero sin la precisión sobre su referencia a las infracciones de derechos de autor, hay que ponerlo en conexión con el ámbito de aplicación de las exclusiones. Mediante el cumplimiento de las condiciones para la exclusión, el intermediario evita la eventual responsabilidad por la información (transmitida, copiada, almacenada o enlazada), pero si alguno de estos requisitos no concurre, el intermediario no deviene necesariamente responsable "por" la información, sino por su acción negligente —no retirar con diligencia los datos de cuya ilicitud tiene conocimiento efectivo—, por los daños ocasionados al titular de la página copiada en caché —por no aplicar las normas de control de acceso— o incluso al usuario —por no aplicar las normas generalmente aplicadas de actualización de la información—.

En efecto, que el intermediario permita el acceso a destinatarios que no cumplan las condiciones impuestas a tal fin por el responsable del contenido copia temporalmente (letra b), que no respete las normas generalmente aceptadas y aplicadas por el sector para la actualización de la información (letra c) o que interfieran en la utilización lícita de tecnología generalmente aceptada y empleada por el sector (letra d) no puede implicar que sea responsable por la ilicitud de la información copiada, aunque puedan ser motivos para imputar otras responsabilidades. ¿Qué efecto ha de tener en una eventual responsabilidad por los contenidos que el intermediario actualice o no conforme a las normas generalmente aceptadas y aplicadas en el sector? Ni implica mayor conocimiento ni mayor control. Pero, por otro lado, el mero cumplimiento de algunas de las condiciones en las que se basa la exclusión, en particular, la referida a la actividad de *caching* (artículo 15 letras b, c y d LSSI) no justifica que el intermediario no sea responsable "por" la información copiada. De hecho, estas condiciones que tenían sentido en la DMCA para respetar una suerte de "autorización general" del titular de los derechos concedida a favor del prestador de servicios de *caching* para permitirle la copia de los contenidos protegidos pierde su fundamento en un planteamiento horizontal como el de la Directiva.

Por tanto, en el caso de la legislación española, se deben referir a la no responsabilidad del intermediario por la "reproducción temporal" de los contenidos pero no "por" la ilicitud de la información.

Estas consideraciones nos llevan al segundo de los apuntes que deseamos dejar anotado aquí. La redacción negativa a la que aludíamos y el funcionamiento de la exclusión tal y como hemos expuesto podría conducirnos a otra interpretación de las disposiciones estudiadas. Parecería que las disposiciones legales quedarían relegadas a la imposición de un deber legal a los intermediarios que presten los servicios contemplados en los artículos 15, 16 y 17 LSSI consistente en actuar diligentemente para retirar o bloquear los contenidos que sean ilícitos o lesionen los bienes o derechos de un tercero desde que tengan conocimiento de tales extremos —además de otros deberes específicos que derivan claramente de una redacción afirmativa de la norma—. Este planteamiento situaría en este punto la única peculiaridad del régimen de los intermediarios en relación con su responsabilidad.

4. El encaje de las plataformas en el "puerto seguro"

Este es el primer desafío, entender y apreciar cuándo y en qué medida los operadores de plataformas son prestadores de servicios de intermediación. El ajuste no es pleno ni siempre convincente y, desde luego, incierto y cambiante según cómo se diseña el modelo de negocio concreto. De ahí que, el "puerto seguro" pueda preservarse en esencia, pero debe matizarse, calibrarse, depurar ciertas fricciones. Este es el objetivo de innovar manteniendo la continuidad de las reglas previas. Las principales novedades del RSD pueden interpretarse como soluciones dirigidas a ajustar las reglas previas y acomodarlas a la economía de las plataformas.

El primero de los pilares del "puerto seguro" es la ausencia de un deber general de supervisión. Con ello, se acentúan los incentivos hacia una estrategia de pasividad o inhibición por los intermediarios, enfocados en diseñar mecanismos claros y efectivos de obtención del conocimiento, que es el detonante de la necesidad de actuar. El riesgo, por tanto, se calibra en esa etapa del proceso y se evita, sencillamente, en todo el periodo previo.

La economía de plataformas cuestiona, contradice e incluso pervierte esta lógica. La contraposición entre modelos es cada vez más evidente. La capacidad de creación de valor de una plataforma depende en gran medida de su estrategia de regulación, supervisión y generación de confianza, alejándose a diferente distancia, según el modelo específico de la estrategia de pasividad e inacción.

Más allá de mejorar la prestación de servicios digitales aprovechando sus eficiencias de red, economías de escala y beneficios de creación de valor, las plataformas, como ya hemos visto, aspiran a crear "sistemas jurídicos privados" de base contractual. Dentro de una inmensa variedad de modelos de negocio, los operadores de plataformas actúan como reguladores (contractuales) adoptando las normas y políticas de la plataforma, supervisando el cumplimiento y sancionando las infracciones (de forma centralizada o, más frecuentemente, aplicando mecanismos de supervisión P2P descentralizados y adoptando políticas de sanciones), facilitando la resolución de conflictos y proporcionando sistemas para crear y preservar la reputación.

Estas funciones de los operadores de plataformas rompen el molde creado por la DCE para los proveedores de servicios intermediarios. De hecho, la variedad de operadores de plataformas en el mercado difícilmente encaja en la taxonomía binaria del Directiva: proveedores de servicios (generales) y proveedores de servicios intermediarios. Si bien es cierto que los operadores de plataformas actúan como facilitadores, habilitadores o incluso intermediarios, su perfil funcional dista mucho de la concepción pasiva o puramente técnica de un proveedor de servicios intermediarios tal y como se concebía originariamente por la DCE. Mientras que los rasgos distintivos de los prestadores de servicios intermediarios amparados por el "puerto seguro" son precisamente la ausencia de control y la falta de conocimiento, los operadores de plataformas se esfuerzan por crear un entorno de confianza para los usuarios proporcionando mecanismos para obtener conocimiento, gestionar avisos, eliminar contenidos o garantizar el cumplimiento de las políticas internas de las plataformas. En este sentido, las plataformas implementan sistemas de aviso y retirada, filtrado algorítmico o mecanismos de clasificación que se apoyan en verificadores de hechos y marcadores de confianza, y se esfuerzan por adoptar normas comunes y garantizar el cumplimiento efectivo. Por lo tanto, las plataformas deben abandonar la posición de meros intermediarios pasivos, tal y como prevé la DCE, para mejorar sus servicios, captar y conservar a los usuarios y resultar atractivas en un "mercado de plataformas" competitivo.

Así, dada la variedad de modelos de negocio que pueden adoptar las plataformas, la categorización jurídica de un operador de plataforma ha de basarse en un análisis previo de sus funciones, deberes y obligaciones, tal y como se recogen en el acuerdo de acceso (y otros contratos relacionados) y del funcionamiento de todos los sistemas y mecanismos implementados para la calificación, la gestión de las notificaciones, la eliminación, el etiquetado o la clasificación. Este es el camino que ha seguido el Tribunal de Justicia de las Comunidades Europeas en sus últimas decisiones sobre plataformas (*Uber* y *Airbnb*). El análisis de cada plataforma revela si el operador de la plataforma tiene el control e influencia decisiva sobre la actividad de los usuarios dentro de la plataforma y, en caso afirmativo, en qué medida. En consecuencia, el Tribunal de Justicia incorpora en la taxonomía binaria de los prestadores de servicios los factores pertinentes de control e influencia decisiva para evaluar el papel del operador de la plataforma. Una consecuencia natural de la evaluación multifactorial del TJUE debería ser el impacto en el régimen de responsabilidad. Sin alterar el "puerto seguro", la evaluación de la influencia y el control afecta inevitablemente al papel pasivo del operador de la plataforma que sustenta la exención de responsabilidad.

IV. EL DILEMA DE LA RESPONSABILIDAD DE LAS PLATAFORMAS: LA RESPUESTA DEL RSD

1. Continuidad e innovación en el RSD

Esta realidad, descrita anteriormente, no exige, como política legislativa, renunciar definitivamente al modelo de "puerto seguro". No lo hace así el RSD, de hecho, pero exige recontextualizarlo. De un lado, preserva claramente la ausencia del deber general de supervisión o de búsqueda activa. Así, el artículo 8 RSD recuerda que "(n)o se impondrá a los prestadores de servicios intermediarios ninguna obligación general de monitorizar la información que transmitan o almacenen, ni de buscar activamente hechos o circunstancias que indiquen la existencia de actividades ilícitas". E incluso de forma elocuente se insiste en esta continuidad en el Considerando 30 al insistir que (n)ada de lo dispuesto en el Reglamento debe interpretarse como la imposición de una obligación general de monitorización o de una búsqueda activa de hechos general, o una obligación general de que los prestadores adopten medidas proactivas en relación con contenidos ilícitos, pero también en aclarar que esta ausencia de un deber general no afecta a las obligaciones de monitorización en un caso específico y además que no interfiere con las órdenes de las autoridades nacionales de conformidad con el Derecho nacional, en cumplimiento del Derecho de la Unión, y de conformidad con las condiciones del Reglamento.

Pero la continuidad de este pilar fundamental se matiza con tres particulares novedades del RSD apuntan en esta dirección y responde a estas fricciones (Considerando 16 RSD). Se analizan en los apartados siguientes.

El RSD ambienta esta decisión clave de preservar el "puerto seguro" en un contexto marcado por tres decisiones de importante calado:

En primer lugar, el RSD conserva la lógica de las exenciones de responsabilidad de la DCE, pero las ambienta en el nuevo contexto que las decisiones del

TJUE habían venido abonando, pero, sobre todo, tomando en consideración los extraordinarios avances en las prácticas, mecanismos y políticas para moderación y control de contenidos implementados por las plataformas (sistemas privados de detección y retirada, mecanismos automatizados de filtrado, modelos de gestión de contenidos). El régimen previsto es mucho más complejo y sofisticado, porque también lo es el delicado equilibrio de intereses que confluyen en el ejercicio de derechos fundamentales en la sociedad digital.

En segundo lugar, el RSD se enfrenta a la nada fácil cuestión de la ley aplicable a las plataformas y la determinación de una conexión sustancial con la Unión para aplicar las reglas de este Reglamento a plataformas con establecimiento fuera de la UE (Art. 2 RSD). La necesidad, ya no sólo de determinar con claridad la aplicación de las normas europeas a las plataformas porque dirigen y prestan sus servicios a destinatarios en la Unión, sino además y, sobre todo, de constituir una infraestructura que asegure la eficacia de las medidas de supervisión y cumplimiento sobre prestadores no establecidos en la Unión, explica la adopción de normas, de apariencia puramente procedimental, sobre puntos de contacto y representantes legales (Arts. 11 a 13 RSD).

Finalmente, el RSD cristaliza, sin matices, la esencia normadora de las plataformas como sistemas jurídicos de base contractual, que definen en sus condiciones, políticas, procedimientos y mecanismos internos (Art. 14 RSD). Y es a partir de la aceptación de esta autonomía reguladora y de supervisión, sobre la que el RSD concreta las reglas dirigidas a asegurar la motivación de las decisiones, la transparencia, la gestión efectiva de quejas, la resolución de conflictos, las medidas para limitar usos indebidos o notificar sospechas de delitos, la trazabilidad de los comerciantes o incluso los esfuerzos por verificar la fiabilidad de la información. No son meras obligaciones caprichosamente impuestas a un prestador de servicios, sino un reconocimiento de su capacidad reguladora, gestora de conflictos, preventiva y resolutiva de ilícitos, limitadora del ejercicio de derechos fundamentales y libertades en su espacio de interacción. En definitiva, son obligaciones a medida para someter a ciertas reglas las funciones de auténticos reguladores, supervisores y generadores de confianza. No es un cambio de tono, sino de enfoque.

2. *Innovaciones del RSD: el papel activo del operador*

Primera, la referencia explícita a la relevancia del papel activo que el operador pueda desempeñar y que sea de tal índole que le confiera conocimiento o control (Considerando 18 RSD). Así, el RSD reconoce e incorpora la jurisprudencia del Tribunal de Justicia que modela y modula el alcance y la extensión de las reglas del "puerto seguro". Repasemos esta evolución a partir de algunos de sus hitos.

La decisión del TJUE en el caso eBay (TJUE 12 Jul. 2011, C-324/09 *L'Oréal SA and Others* v. *eBay International AG and Others*, confirma la calificación como intermediario de eBay, pero deja abierta una vía interpretativa al condicionar su respuesta a la constatación de que el operador no desempeñe un papel activo. Resulta poco realista reducir la función del operador de una plataforma al almacenamiento de datos y contenidos o la mera provisión de motores de búsqueda. En el ejercicio de sus funciones como regulador, supervisor o generador de confianza, es improbable que pueda negarse una cierta intervención activa del operador en la comunidad.

En el análisis del caso Uber —asunto C-434/15, de 20 de diciembre de 2017, tiene por objeto una petición de decisión prejudicial planteada por el Juzgado de lo Mercantil nº 3 de Barcelona, mediante auto de 16 de julio de 2015, en el procedimiento entre *Asociación Profesional Élite Taxi* y *Uber Systems Spain, S.L.*—, que en el Tribunal perfila con especial cuidado y en el que se mantiene rigurosamente como ámbito fáctico de su pronunciamiento, el TJUE recurre a tres criterios fundamentales sobre los que gira su calificación jurídica del operador y de los servicios prestados.

En primer lugar, el Tribunal valora, en el caso UberPop en el que los conductores no son profesionales, la función del operador como creador de un mercado que sin su intervención no sería factible. En definitiva, en opinión del TJUE, la condición no profesional de los conductores determina que la labor del operador no consiste en la mera intermediación entre una oferta existente y una demanda para tales trayectos, sino que la plataforma conforma en sí misma la oferta de servicios de transporte de unos conductores que, de otro modo, no estarían en condiciones de prestar el servicio. Con este primer argumento, la Corte está dotando de valor sustantivo a la función de agregación de la tecnología digital empleada (aplicaciones, dispositivos móviles, plataforma). Es decir, el Tribunal no entiende que el vector causal del servicio prestado por Uber se detenga en el ofrecimiento y puesta a disposición de un entorno digital para la interacción y la realización de transacciones entre conductores y pasajeros, sino que lo proyecta sobre la naturaleza misma del servicio. De este modo, le confiere el sentido causal del servicio de transporte prestado por los conductores registrados en la plataforma.

Este criterio, que el Tribunal delimita muy bien y aplica convincentemente en el caso objeto de análisis, se vuelve difuso y ambiguo cuando se traslada a otros sectores. En realidad, los modelos entre iguales (P2P) arrancan todos ellos de una situación de partida muy similar. La oferta no existe previamente porque está atomizada y no tiene alcance suficiente para llegar a una demanda latente pero también dispersa, por lo que la plataforma la agrega y la estructura permitiendo que la actividad devenga factible y viable. En el corazón de la economía colaborativa más pura, la plataforma actúa inevitablemente como creadora del mercado al facilita la interacción y la cooperación. Más aún, una de las funciones básicas tradicionales de un intermediario en el sentido económico es precisamente agregar y centralizar, permitiendo la interacción, la selección y la contratación. Ciertamente, en el caso de UberPop, a pesar de la condición no profesional de los conductores, la actividad se desarrolla con ánimo de lucro y el servicio de transporte se presta a cambio de una remuneración. Por tanto, el pronunciamiento del Tribunal se hace conforme a estos parámetros de referencia. Con todo, es un criterio cuya aplicación puede devenir muy incierta en su aplicación en otros sectores. Como criterio único para la calificación jurídica del operador, nos parece, por tal motivo, insuficiente y, en cierta medida, inadecuado.

No obstante, en segundo lugar, el TJUE completa su doctrina sobre la calificación jurídica del operador con otros dos factores: influencia decisiva y capacidad de control. Ambos criterios actuarían como puentes de conexión entre el estrato del operador y la comunidad de usuarios. Como consecuencia, la separación entre ambos niveles se estrecha y el argumento de la no intervención del operador en la actividad de la comunidad más allá de la gestión de la plataforma se debilita.

Ninguno de estos criterios forma parte de la definición con la que la Directiva 200/31 describe a los prestadores de servicios de la sociedad de la información. Por tanto, la primera pregunta es si la concurrencia de ambos factores transforma inevitable y automáticamente el estatuto jurídico del prestador en proveedor principal del servicio, de trasporte en este caso, dejando de ser un PSSI, o puede, en otros casos, sólo afectar a la aplicación del régimen de responsabilidad. Pues si se afirmara que a pesar de todo el operador de la plataforma es un intermediario, la presencia de control e influencia decisiva activaría la inaplicación del régimen de exclusión de responsabilidad (Artículo 14.2 DCE). En este sentido, el efecto de la concurrencia de los factores de control e influencia decisiva más allá del caso concreto analizado por la Corte no son evidentes.

Más delicado nos resulta todavía valorar qué tipo de actividades, comportamientos, prácticas o funciones de los operadores de una plataforma revelarían la existencia de influencia decisiva y control. El Tribunal identifica en este caso, en particular, que (par. 39) el operador "establece al menos el precio máximo de la carrera, que recibe este precio del cliente para después abonar una parte al conductor no profesional del vehículo y que ejerce cierto control sobre la calidad de los vehículos, así como sobre la idoneidad y el comportamiento de los conductores, lo que en su caso puede entrañar la exclusión de éstos". Habría así que analizar en cada uno de los modelos de negocio el alcance, el contenido, y el efecto de control de las funciones desempeñadas por el operador en relación con la operativa de la plataforma para valorar sin son relevadoras de una influencia decisiva. Esta valoración no es sencilla porque precisamente la capacidad de crear valor de una plataforma deriva de sus funciones de regulación, supervisión, monitorización y, en ocasiones, resolución de conflictos. Por tanto, una estrategia de generación de confianza basada en el desarrollo amplio de estas funciones expondría claramente al operador a una calificación jurídica de proveedor directo o a una inaplicación del puerto seguro.

3. *Innovaciones del RSD: la cláusula del "buen samaritano"*

El RSD incorpora una segunda innovación, la incorporación de la disposición conocida como del "buen samaritano". En el artículo 7 RSD, el Reglamento introduce una notable novedad:

> *"No se considerará que los prestadores de servicios intermediarios no reúnen las condiciones para acogerse a las exenciones de responsabilidad a que se refieren los artículos 4, 5 y 6 por la única razón de que realicen, de buena fe y de modo diligente, investigaciones por iniciativa propia de forma voluntaria, o adopten medidas con el fin de detectar, identificar y retirar contenidos ilícitos, o bloquear el acceso a estos, o adoptar las medidas necesarias para cumplir los requisitos del Derecho de la Unión y del Derecho nacional en cumplimiento del Derecho de la Unión, incluidos los requisitos establecidos en el presente Reglamento".*

Esta solución se dirige directamente a atacar el efecto "indeseado" de pasividad que el puro modelo del "puerto seguro" incentiva. Esta disposición presenta, al menos en su redacción literal, dos derivadas. Su objetivo es único y común: lanzar un puente entre la ausencia de obligación de búsqueda activa y la preservación de la exención de responsabilidad. En definitiva, un comportamiento proactivo no impide a los prestadores acogerse a la exención de responsabilidad. La primera derivada parece ser la más amplia: realizar, de buena fe y de modo diligente, investigaciones por iniciativa propia de forma voluntaria. La segunda derivada conectaría las exenciones de responsabilidad con las obligaciones que escalonadamente establece el propio RSD en su articulado ulterior. Como explica el Considerando 26, la repercusión de estas prácticas y medidas voluntarias en la aplicabilidad de las exenciones de responsabilidad era incierta y, por ello, incluir esta disposición expresamente confiere seguridad jurídica y está dirigida precisamente a promover estrategias proactivas de los intermediarios. Más aún, es, sobre todo, una incorporación plena y expresa del modelo funcional y estratégico de las plataformas que buscan y necesitan generar un espacio confiable regulando, supervisando, con mecanismos de detección y moderación de contenidos.

Este reconocimiento es, sin duda, una "ampliación" del "puerto seguro" en la medida en que aclara el alcance y la extensión de esta zona de protección en la que los intermediarios (especialmente, las plataformas) desarrollan y despliegan su estrategia para generar confianza y credibilidad, limitan su exposición al riesgo y articulan sus prácticas comerciales. Especialmente revelador es la referencia expresa en el Considerando al uso de herramientas automatizadas (*algorithmic content moderation*) que abordamos más adelante. Por tanto, las prácticas ampliamente implementadas por las plataformas para detectar, identificar o retirar contenidos (*flagging systems, automated moderation,* la más amplia variedad de sistemas privados de detección y retirada) ganan carta de naturaleza en el RSD.

La disposición, no obstante, no está exenta de incertidumbres que las plataformas deberán gestionar. El mantenimiento de la exención no es pleno, sino que está sujeto a que las medidas se adopten de buena fe y con diligencia. El Considerando 26 desarrolla estos requisitos en una actuación bajo criterios objetivos, no discriminatorios y proporcionados, que tenga en cuenta debidamente los derechos e intereses legítimos de todas las partes implicadas, y que proporcione las garantías necesarias contra la retirada injustificada de contenidos lícitos. Nuevamente, aunque con un marco mejor definido, serán fundamentales los esfuerzos de las plataformas por diseñar, articular y operar mecanismos de detección, identificación y retirada (y reposición) que acrediten y alineen con estos criterios. Y es que en este caso parece que debemos interpretar que se están abogando por una aproximación del tipo de *procedural fairness.* Es decir, que son las políticas, los procedimientos y los mecanismos implementados los que deben diseñarse para que operan de forma objetiva, proporcionada y no discriminatorio. Porque esto es lo que mantiene a la plataforma bajo la protección del Artículo 8 y manteniendo su eligibilidad para las exenciones. Es un análisis de conjunto que habilita al prestador específico a acogerse a las exenciones, si bien no asegura que sea necesariamente así. En definitiva, la mera adopción de medidas, el elemento procedimental, no desactiva las exenciones, por sí mismo.

La eficacia en el control y la eliminación de contenidos ilegales puede mejorarse significativamente incorporando el filtrado automático, los mecanismos basados en algoritmos y sistemas de inteligencia artificial. La automatización plantea, sin embargo, riesgos preocupantes de eliminación excesiva y despierta el fantasma de la censura. Una tendencia creciente hacia el aumento de la transparencia en la configuración, el funcionamiento y el proceso de autoaprendizaje de los algoritmos se hace eco de estas preocupaciones. La plena divulgación y la explicación clara de la política de contenidos de las plataformas en las condiciones del servicio, de los procedimientos de notificación y acción y de los criterios de filtrado automático deberían atenuar esas preocupaciones. En términos de mercado, la transparencia aumentaría la competencia en el mercado de las plataformas y permitiría elegir de forma razonable y tomar decisiones informadas.

Asimismo, podrían adoptarse otras salvaguardias contra la eliminación excesiva y el abuso del sistema para aliviar el riesgo de coartar la libertad de expresión. Los procedimientos de notificación razonables, el filtrado automático bien diseñado y continuamente supervisado, y una política de eliminación equilibrada deben complementarse con sistemas de señalización de confianza, procedimientos de contra-notificación y medidas para prevenir y penalizar las notificaciones y contra-notificaciones de mala fe.

El Considerando 22 del RSD trata de aproximarse a algunas cuestiones, aclarando, por ejemplo, que el hecho de que "el prestador indexe automáticamente la información cargada en su servicio, tenga una función de búsqueda y recomiende información basándose en los perfiles o preferencias de los destinatarios del servicio no es motivo suficiente para considerar que dicho prestador tenga un conocimiento «específico» de las actividades ilegales llevadas a cabo en esa plataforma o de los contenidos ilícitos almacenados en ella". Pero la incertidumbre sigue estando en el uso de mecanismos automatizados de base algorítmica que responden a unos criterios predeterminados de "ilegalidad" o "incompatibilidad" con las normas de la plataforma, o a unos patrones con los que el mecanismo de filtrado o moderación identificará contenidos sospechosos (para *demoting*) o incluso retirará o suspenderá. Es inevitable preguntarse por el momento en el que se obtiene conocimiento a los efectos de las exenciones de responsabilidad: en la determinación de los criterios, en la identificación específica del contenido, en la valoración del mismo o en la decisión (automatizada o no) de retirada o suspensión.

4. Innovaciones del RSD: el artículo 6(3)

Una tercera innovación en el RSD se identifica en el artículo 6, que reproduce en el RSD, la disposición de la DCE sobre los prestadores de servicios de alojamiento de datos (art. 14 DCE) e incorpora una interesante novedad cuyos efectos y alcance, no obstante, pueden resultar algo inciertos.

Se añade un párrafo 3 que presenta, en la delimitación de su ámbito de aplicación, una curiosa desviación en la estructura del RSD. En la lógica de obligaciones escalonadas de la RSD, las exenciones de responsabilidad representan el primer nivel que se aplica a los prestadores de servicios intermediarios. Las capas sucesivas van apilando obligaciones y reglas específicas para los servicios de alojamiento de datos, incluyendo, las plataformas, para las plataformas que permitan la conclusión de contratos entre comerciantes y consumidores, y a plataformas y buscadores de muy gran tamaño. La nueva regla, que es, de hecho, una excepción a la exención, se aplica exclusivamente a ciertos prestadores de hosting, en concreto, a plataformas transaccionales B2C. Es decir, que se aplica a plataformas que permiten la celebración de contratos entre comerciales y consumidores. De este modo, el párrafo 3 trae al primer nivel una excepción aplicable a categorías de prestadores a los que dedica secciones ulteriores del texto con disposiciones específicas.

Con este concreto ámbito de aplicación, la nueva disposición excluye de la protección del "puerto seguro", con un alcance determinado que analizamos a continuación, a los operadores de esas plataformas en la medida en que, por el modo en el que presenten la información o permitan la celebración de las transacciones induzcan a los consumidores a creer que el operador de la plataforma es quien presenta la información u ofrece el producto o servicio o que el comerciante lo hace bajo su autoridad o control. En definitiva, la idea de fondo es que ciertos elementos en la operativa de la plataforma crean la apariencia de que no es un mero intermediario, sino que interviene de algún modo en la transacción y, por tanto, el consumidor medio tiene la expectativa razonable de que la plataforma controla, conoce o incluso presta el servicio u ofrece el producto final.

Si transcribimos la disposición, podemos completar el análisis de la excepción con una matización importante: "*El apartado 1 no se aplicará con respecto a la responsabilidad, en virtud del Derecho en materia de protección de los consumidores, de las plataformas en línea que permitan que los consumidores celebren contratos a distancia con comerciantes, cuando dicha plataforma en línea presente el elemento de información concreto, o haga posible de otro modo la transacción concreta de que se trate, de manera que pueda inducir a un consumidor medio a creer que esa información, o el producto o servicio que sea el objeto de la transacción, se proporcione por la propia plataforma en línea o por un destinatario del servicio que actúe bajo su autoridad o control*".

La disposición está destinada a inaplicar la exención de responsabilidad de los prestadores de servicios de alojamiento de datos, pero no lo hace de forma absoluta y plena sino limitada en su alcance: *con respecto a la responsabilidad, en virtud del Derecho en materia de protección de los consumidores.* Es decir, que el operador de la plataforma pasa a ser responsable ante el consumidor como lo sería el comerciante en todo aquello que resulte de la normativa de protección de los consumidores. En sentido contrario, deberíamos entender que estas plataformas podrían aún quedar protegidas por la exención en relación con responsabilidad que no esté relacionada con la normativa de protección del consumidor.

Naturalmente, la pieza clave de esta excepción es qué factores determinarán la aplicación de esta disposición. La redacción del párrafo 3 parece girar alrededor de la idea de expectativas razonables del consumidor medio que confía en la apariencia, esto incluye el diseño, el funcionamiento y la operativa y la forma en la que la información se presenta, es accesible o se verifica, y en su contenido.

El Considerando 24 ofrece algunas ilustraciones. *Entre los ejemplos de estas prácticas encontramos el de una plataforma en línea que no muestre claramente la identidad del comerciante como exige el presente Reglamento, el de una plataforma en línea que no revele la identidad o los datos de contacto del comerciante hasta después de la formalización del contrato celebrado entre el comerciante y el consumidor, o el de una plataforma en línea cuando comercialice el producto o servicio en su propio nombre en lugar de en nombre del comerciante que suministrará el producto o servicio.* Y advierte que esta valoración debe hacerse de manera objetiva y *teniendo en cuenta todas las circunstancias pertinentes*. Claramente esta referencia a la identidad del comerciante conecta con el artículo 30 RSD sobre trazabilidad de los comerciantes (KYBU - *Know Your Business User*). Pero con esta alusión, sin referencia directa en la disposición normativa, se abre un debate de contornos inciertos. En qué medida el incumplimiento de alguna de las disposiciones aplicables a las plataformas que permitan a los consumidores la conclusión de contratos con comerciantes, en particular, artículos 30 (trazabilidad), 31 (cumplimiento desde el diseño) y 32 (derecho a la información), activa automáticamente la excepción o representa, en todo caso, un factor para determinar si precisamente este incumplimiento es suficiente para inducir al consumidor medio a la expectativa razonable de que la plataforma controla, supervisa o presta el servicio y/o la información.

Este debate además plantea una segunda derivada sobre si son obligaciones de medios o de resultado. Las referencias a "mejores esfuerzos" y "hará todo lo posible" nos sitúa en la primera categoría. Pero, aun así, la cuestión interesante es si cumplimiento con los requisitos de estos artículos, que pueden ser en la práctica de tipo procedimental —habilitar procesos, diseñar el interfaz, obtener información del comerciante y hacer los mejores esfuerzos para verificarla— es, sin embargo, en sí misma una garantía de que "no se induce" al consumidor medio a la confianza razonable en la influencia del operador de la plataforma.

En busca de los antecedentes de esta novedosa disposición, encontramos un anclaje muy revelador en las *ELI Model Rules on Online Platforms —en https://www.europeanlawinstitute.eu/projects-publications/completed-projects/online-platforms/—*. Dos de las disposiciones de estas reglas modelo arrojan luz sobre el fin último que parecería inspirar esta novedad del RSD. El artículo 19, *Liability of the Platform Operator for Lack of Transparency*, explica con claridad que el incumplimiento que actúa de detonante es la violación del artículo 13 en virtud del cual la plataforma debe informa expresamente y de forma destacada que el contrato que el consumidor va a celebrar no se concluye con el operador de la plataforma sino con el comerciante que será su contraparte. Por tanto, es el incumplimiento de una obligación clara y bien delimitada la que activa la responsabilidad bajo el artículo 19. A diferencia del "puerto seguro" que no contiene normas de atribución de responsabilidad, el artículo 19 de las *Model Rules on Online Platforms* se formula de forma positiva reconociendo la facultad del consumidor de ejercer los derechos y las acciones que tendría frente al comerciante en virtud del contrato que ha concluido frente a la plataforma. El párrafo 3 del artículo 6 del RSD exceptúa la exención, por tanto, hace posible la aplicación de las normas de consumo, sin atribución expresa.

Pero es el artículo 20 de las *Model Rules on Online Platforms* el que resulta más inspirador para entender el alcance y calibrar la aplicación del artículo 6(3) del RSD. Su tenor respalda el planteamiento de las expectativas y la confianza razonables ("can reasonably rely on") del consumidor que, sobre la base de ciertos criterios, cree y confía en que el operador de la plataforma tiene una influencia predominante sobre el comerciante. Lo interesante de esta disposición es que lista ciertos criterios que revelarían esta apariencia y reforzarían la confianza razonable: a) El contrato proveedor-cliente se celebra exclusivamente a través de los mecanismos proporcionados en la plataforma; b) El operador de la plataforma retiene la identidad del proveedor o los datos de contacto hasta después de la celebración del contrato proveedor-cliente; c) El operador de la plataforma utiliza exclusivamente sistemas de pago que permitan al operador de la plataforma retener los pagos realizados por el cliente al proveedor; d) Los términos del contrato proveedor-cliente son determinados esencialmente por el operador de la plataforma; e) El precio a pagar por el cliente lo fija el operador de la plataforma; f) El marketing está enfocado al operador de la plataforma y no a los proveedores; o g) El operador de la plataforma se compromete a vigilar la conducta de los proveedores y a velar por el cumplimiento de sus estándares más allá de lo requerido por la ley.

Los anteriores criterios no son factores fijos ni representan una lista cerrada y exhaustiva. Son factores que deberán tenerse en cuenta para apreciar si el consumidor confiaba razonablemente en que el operador tenía influencia predominante.

Son factores interesantes que definen el modelo de negocio, el diseño de la operativa transaccional, la estrategia de marketing o incluso el modelo algorítmico de fijación de condiciones y precios. Pueden servir de referencia en la aplicación del artículo 6(3) del RSD.

Pero, además, es particularmente clarificador el modo en que determinan las *Model Rules on Online Platforms* el alcance y los efectos sobre la responsabilidad que desencadena esta confianza razonable del consumidor. La facultad del consumidor de ejercitar frente al operador de la plataforma las acciones y derechos que tendría en caso de incumplimiento frente al comerciante que es su contraparte. El RSD es mucho más sutil y la formulación es más ambigua. No es una regla positiva de atribución sino de excepción de la exención. Y además se refiere ampliamente a la responsabilidad derivada del Derecho en materia de protección del consumidor. La discusión planteada en el marco de las Model Rules se refería precisamente a qué acciones y remedios tenía sentido que el consumidor ejercitara frente a la plataforma. Pues si bien la compensación de daños será siempre viable, una acción de reparación o de entrega específica en caso de incumplimiento, podrían ser, en la práctica, de cumplimiento imposible por el operador de la plataforma que no es, en realidad, el vendedor o el prestador del producto o servicio.

…

BIBLIOGRAFÍA

BUSCH, DANNEMANN, SCHULTE-NÖLKE, WIEWIÓROWSKA-DOMAGALSKA & ZOLL *Discussion Draft of a Directive on Online Intermediary Platforms. Commentary,* Jagiellonian University Press, Krakow, 2019, págs. 41-53.

CAVANILLAS MÚGICA, Santiago, JULIÀ BARCELO, Rosa, "La responsabilidad civil por daños causados a través de Internet", en CAVANILLAS MÚGICA, Santiago; JULIÀ BARCELÓ, Rosa, *Derecho sobre Internet,* Madrid (Libro electrónico BSCH), 2000, capítulo 12.

CAVANILLAS MÚGICA, Santiago, *Deberes y responsabilidades de los servidores de acceso y alojamiento. Un análisis multidisciplinar,* Granada: Comares, 2005

CLEMENTE MEORO, Mario E., "La responsabilidad civil de los prestadores de servicios de la sociedad de la información", en CLEMENTE MEORO, Mario E.; CAVANILLAS MÚGICA, Santiago, *Responsabilidad civil y contratos en internet. Su regulación en la Ley de Servicios de la Sociedad de la Información y de Comercio Electrónico,* Granada: Comares, 2003, pp. 1-116

Comunicación de la Comisión al Parlamento Europeo, al Consejo, al Comité Económico y Social Europeo y al Comité de las Regiones, *Una Estrategia para el Mercado Único Digital de Europa,* COM(2015) 192 final, Bruselas, 6.5.2015.

Comunicación de la Comisión al Parlamento Europeo, al Consejo, al Comité Económico y Social Europeo y al Comité de las Regiones, *Las plataformas en línea y el mercado único digital. Retos y oportunidades para Europa,* COM(2016) 288 final, 25.5.2016.

Comunicación de la Comisión al Parlamento Europeo, al Consejo, al Comité Económico y Social Europeo y al Comité de las Regiones, *Lucha contra el contenido ilícito en línea. Hacia una mayor responsabilización de las plataformas en línea,* COM(2017) 555 final, 28.9.2017.

CHIRCU, Alina M.; KAUFFMAN, Robert J., "Strategies for Internet Middlemen in the Intermediation / Disintermediation / Reintermediation Cycle", *Electronic Markets,* vol. 9, issue 2, 1999, pp. 109-117

DE FRANCHESCHI, Alberto, "Uber Spain and the "Identity Crisis" of Online Platforms", en *EuCML-Journal of European Consumer and Market Law,* num. 1, 2018, págs. 1-4.

Directiva (UE) 2017/541 del Parlamento Europeo y del Consejo de 15 de marzo de 2017 *relativa a la lucha contra el terrorismo y por la que se sustituye la Decisión marco 2002/475/JAI del Consejo y se modifica la Decisión 2005/671/JAI del Consejo,* L 88/6, 31.3.2017.

Directiva (UE) 2018/1808 del Parlamento Europeo y del Consejo, de 14 de noviembre de 2018, por la que se modifica la Directiva 2010/13/UE, sobre la coordinación de determinadas disposiciones legales, reglamentarias y administrativas de los Estados miembros relativas a la prestación de servicios de comunicación audiovisual (Directiva de servicios de comunicación audiovisual), a la vista de la evolución de la realidad del mercado [2018] *DO L 303/69.*

Directiva (UE) 2019/790 del Parlamento Europeo y del Consejo, de 17 de abril de 2019, relativa a los derechos de autor y derechos afines en el mercado único digital y por la que se modifican las Directivas 96/9/CE y 2001/29/CE (Texto pertinente a efectos del EEE) [2019] *DO L 130/92.*

Directiva 2000/31/CE del Parlamento Europeo y del Consejo, de 8 de junio de 2000, relativa a determinados aspectos jurídicos de los servicios de la sociedad de la información, en particular el comercio electrónico en el mercado interior (*Directiva sobre el comercio electrónico*), L 178/1, 17.07.2000.

DUTTON, W. H.; SHEPHERD, A., *Trust in the Internet: the social dynamics of an experience technology,* Oxford: Oxford Internet Institute, 2003

ELI Guiding Principles for Automated Decision Making in Europe, 2022.

EPRS - European Parliamentary Research Service, Digital Services Act. European added value assessment, October. 2020.

EU Expert Group on Liability and New Technologies, *Report on Liability for Artificial Intelligence and other emerging digital technologies,* European Union (2019).

FELIU REY, Jorge, "Smart Contract: concepto, ecosistema y principales cuestiones de Derecho privado", 47 *La Ley Mercantil,* pp. 1-27 (2018).

FROSIO, Giancarlo. F. «From Horizontal to Vertical: An Intermediary Liability Earthquake in Europe», en *Oxford Journal of Intellectual Property and Practice,* vol. 12, 2017, pág. 65; Centre for International Intellectual Property Studies (CEIPI) Research Paper No. 2017-05, https://ssrn.com/abstract=3009156 or http://dx.doi.org/10.2139/ssrn.3009156.

FROSIO, Giancarlo. F. y GEIGER, C., "Taking Fundamental Rights Seriously in the Digital Services Act's Platform Liability Regime", (12 de diciembre de 2020), en https://ssrn.com/abstract=3747756 o http://dx.doi.org/10.2139/ssrn.3747756.

FROSIO, Giancarlo. F. y HUSOVEC, MARTIN, "Accountability and Responsibility of Online Intermediaries", en *The Oxford Handbook of Online Intermediary Liability,* obra colectiva editda por G. Frosio, Oxford University Press, Oxford, 2020

FROSIO, Giancarlo. F., "From horizontal to vertical: an intermediary liability earthquake", Europe *12 Journal of Intellectual Property Law & Practice,* pp. 565-575, 2016.

FUKUYAMA Francis, *Trust: the social virtues and the creation of prosperity,* New York: The Free Press, 1995

GARROTE FERNÁNDEZ-DÍEZ, Ignacio, "La responsabilidad civil extracontractual de los prestadores de servicios en línea por infracciones de los derechos de autor y conexos", *RPI,* núm. 6, 2000.

GARROTE FERNÁNDEZ-DÍEZ, Ignacio, "Acciones civiles contra los prestadores de servicios de intermediación en relación con la actividad de las plataformas P2P. Su regulación en la Ley 34/2002 y en la Ley de Propiedad Intelectual", *Revista de Propiedad Intelectual,* núm. 16, enero-abril 2004, pp. 55-104,

HAMDANI, Assaf, "Who's liable for cyberwrongs?", 87 *Cornell L.Rev.,* 2001-2002, pp. 901-957

JULIÀ BARCELÓ, Rosa, "On-line Intermediaries Issues: Comparing EU and US Legal Frameworks", *ECLIP,* EP 27028, 16 de diciembre de 1999 (deliverable 2.1.4.bis)

KANNAN, P. K., CHANG, Ai-Mei; WHISTON, Andrew B., "The Internet Information Market: The Emerging Role of Intermediaries", en SHAW, Michael J.; BLANNING, Robert W.; STRADER, Troy J.; WHINSTON, Andrew B., (Ed.), *Handbook on Electronic Commerce,* Heidelberg: Springer, 2000, pp. 569-590.

ONTIVEROS, Emilio, *La economía en la red: nueva economía, nuevas finanzas,* Madrid: Taurus, 2001

PEGUERA POCH, Miquel, *La exclusión de responsabilidad de los intermediarios de Internet,* Granada: Comares, 2007

Recomendación (UE) 2018/334 de la Comisión de 1 de marzo de 2018 sobre *medidas para combatir eficazmente los contenidos ilícitos en línea,* L 63/50, 6.3.2018.

Reglamento (UE) 2019/1150 del Parlamento Europeo y del Consejo, de 20 de junio de 2019, relativo al fomento de la equidad y la transparencia para los usuarios profesionales de los servicios de intermediación en línea (Texto pertinente a efectos del EEE) [2019] DO L 186/57.

Reglamento (UE) 2022/1925 del Parlamento Europeo y del Consejo de, 14 de septiembre de 2022, sobre mercados disputables y equitativos en el sector digital y por el que se modifican las Directivas (UE) 2019/1937 y (UE) 2020/1828 (Reglamento de Mercados Digitales).

RODRÍGUEZ DE LAS HERAS BALLELL, Teresa y FELIU REY, Jorge, "Digital Intermediary Liability or Greater Responsability: A Remedy for Fake News?", en *Twenty-First Century Remedies,* obra colectiva, editor Russel Weaver, North Carolina: Carolina Academic Press, 2019, pp. 91-114

RODRÍGUEZ DE LAS HERAS BALLELL, Teresa, "Las plataformas: nuevos actores (y reguladores) de la actividad económica", en Derecho y política ante la pandemia: Reacciones y transformaciones. Tomo II. Reacciones y transformaciones en el Derecho Privado, *Anuario de la Facultad de Derecho de la Universidad Autónoma de Madrid,* núm. Extra 3, 2021, págs. 403-417.

RODRÍGUEZ DE LAS HERAS BALLELL, Teresa, "Supervision and Enforcement in the DSA - Key Factors for Enhancing the Effectiveness of Enforcement: Analytical Framework and Proposals", en Policy Department for Economic, Scientific and Quality of Life Policies for the committee on Internal Market and Consumer Protection (IMCO), *The Digital Services Act and the Digital Markets Act - a forward-looking and consumer-centred perspective,* June 2021.

RODRÍGUEZ DE LAS HERAS BALLELL, Teresa, "The background of the Digital Services Act: looking towards a platform economy", en *ERA Forum,* 22(1), págs. 75-86, 2021. DOI: 10.1007/s12027-021-00654-w. https://rdcu.be/ce8dM.

RODRÍGUEZ DE LAS HERAS BALLELL, Teresa, "The Emergence of Digital Communities: Generating Trust, Managing Conflicts, and Regulating Globality... Digitality", en *Landscapes of Law: Practicing Sovereignty in Transnational Terrain,* obra colectiva editada por Carol Greenhouse y Davies, University of Pennsylvania Press, 2020, págs. 250-277,

RODRÍGUEZ DE LAS HERAS BALLELL, Teresa, "The Legal Anatomy of Electronic Platforms: A Prior Study to Assess the Need of a Law of Platforms in the EU", en *The Italian Law Journal,* num. 1/3, 2017, págs. 149-176.

RODRÍGUEZ DE LAS HERAS BALLELL, Teresa, « Rules for a Platform Economy: A Case for Harmonization to Counter "Platform shopping" in the Digital Economy », en *Conflict of Laws in the Maze of Digital Platforms - Le droit international privé dans le labyrinthe des plateformes digitales - Actes de la 30e Journée de droit international privé du 28 juin 2018 à Lausanne,* obra colectiva coordinada por Ilaria Pretelli, Shulthess, Zurich, 2018, pp. 55-79.

RODRÍGUEZ DE LAS HERAS BALLELL, Teresa, «Credibility-enhancing regulatory models to counter Fake News: Risks of a Non-harmonized intermediary liability paradigm shift", en *Journal of International Media and Entertainment Law,* vol. 8, num. 2, 2020, págs. 129-162.

RODRÍGUEZ DE LAS HERAS BALLELL, Teresa, «Il Paradigma della Responsabilità degli Intermediari Digitali nel Contesto di una Economia di Piattaforme (Platform Economy)», en *Diritto Comunitario E Degli Scambi Internazionali,* Fasc. 1-2/2018, págs. 203-221.

RODRÍGUEZ DE LAS HERAS BALLELL, Teresa, «The Emergence of Digital Communities: Generating Trust, Managing Conflicts, and Regulating Globality... Digitality», en *Landscapes of Law: Practicing Sovereignty in Transnational Terrain,* obra colectiva dirigida por Greenhouse, C. J. y Davis, Ch. L., University of Pennsylvania Press, Philadelphia, 2020, págs. 250-277.

SPINDLER, Gerald, "The liability system of Art. 17 DSMD and national implementation. Contravening prohibition of general monitoring duties?" *JIPITEC - Journal of Intellectual Property, Information Technology and E-Commerce Law,* 344-374 (2019).

STROWEL, Alain; IDE, Nicolas, "Responsabilité des intermédiaires: actualités législatives et jurisprudentielles", *Droit & Nouvelles Technologies,* 10/10/2000.

Tackling Illegal Content Online Towards an Enhanced Responsibility of Online Platforms, COM (2017) 555 final (Sept. 28, 2017).

VERBIEST, Thibault; WÉRY, Etienne, "La responsabilité des fournisseurs de services Internet: derniers développements jurispudentiels", *Journal des Tribunaux,* 17 février 2001, núm. 6000, pp. 165-172.

Capítulo Tercero

La regulación de los guardianes de acceso

JUAN JOSÉ MONTERO PASCUAL

I. LA REGULACIÓN DE LAS GRANDES PLATAFORMAS

1. *Introducción*

Los retos planteados por las plataformas digitales no se resuelven con la adopción del régimen general previsto en la Directiva sobre el comercio electrónico y el más acotado régimen para los servicios intermediarios establecido posteriormente en el Reglamento de Servicios Digitales. Se ha considerado necesario adoptar un régimen jurídico específico para la regulación de las grandes plataformas a fin de promover la disputabilidad y la equidad, mediante la adopción del Reglamento (UE) 2022/1925, **Reglamento de Mercados Digitales** (RMD).

A lo largo de la última década se ha constatado la falta de competencia efectiva en la prestación de algunos de los servicios digitales, en cuanto han surgido plataformas que han prácticamente monopolizado el mercado, como es el caso de Google y el servicio de búsquedas en Internet, o al menos los mercados se han concentrado de forma muy acusada, como en redes sociales, servicios de intermediación en línea, etc. Más allá, las posiciones de estas plataformas tienden a consolidarse. Existen circunstancias estructurales que así lo propician, principalmente los efectos de red que caracterizan los mercados multilaterales.

La Comisión ha impuesto cuantiosas multas a algunas plataformas, especialmente a Google, en varios mercados digitales como el de búsquedas en Internet, el de sistemas operativos móviles y el de publicidad digital. Las autoridades nacionales de competencia realizaron diversas investigaciones de mercado para entender mejor las dinámicas de cada mercado: la autoridad holandesa analizó el mercado de sistemas operativos móviles, la autoridad británica analizó el mercado de publicidad digital y el mercado de servicios en la nube.

Como conclusión, se ha entendido de forma generalizada que las normas de competencia resultan insuficientes para garantizar una mínima competencia en los mercados digitales y disciplinar a las grandes plataformas para evitar que abusen de su posición en las relaciones con sus usuarios, especialmente los usuarios profesionales que dependen de las plataformas para contratar con los consumidores.

El Reglamento de Mercados Digitales identifica dos grandes objetivos que informan todo el texto: la disputabilidad y la equidad. El Reglamento pretende promover activamente el acceso de nuevos competidores a estos mercados, reduciendo las barreras a su ingreso, incrementando así la disputabilidad de los mismos. Del mismo modo, el Reglamento pretende dificultar los abusos de explotación de las plataformas en perjuicio de los usuarios profesionales mientras la competencia en la prestación de algunos servicios sea limitada, incrementando la equidad en los mismos.

2. *Disputabilidad*

El principio de disputabilidad (del inglés "contestability" y frecuentemente traducido como "contestabilidad") tiene su origen en la literatura económica de los años 1980s en los Estados Unidos," y en especial en loa obra de BAUMOL, que sirvió de soporte intelectual a las políticas liberalizadoras de REAGAN.

BAUMOL defendió que los beneficios de la competencia no derivan de la existencia de un elevado número de competidores en el mercado. Por el contrario, un número limitado de competidores, y en el caso más extremo un monopolista, serán disciplinados por la mera posibilidad de que entre al mercado un nuevo competidor, por ejemplo si el incumbente eleva sus precios. Lo importante es que los mercados sean "disputables": "Un mercado disputable es aquel en el que la entrada es absolutamente libre, y la salida es absolutamente sin coste [...] todo el capital es vendible o reutilizable sin más pérdida que la correspondiente al coste normal de uso y la depreciación, entonces se elimina cualquier riesgo de entrada [...] sus empresas no necesitan ser pequeñas ni numerosas ni independientes en su toma de decisiones ni producir productos homogéneos [......] incluso una oportunidad de beneficio muy pasajera no tiene por qué ser despreciada por un entrante potencial, ya que puede entrar, y antes de que cambien los precios, recoger sus ganancias y luego marcharse sin coste, si el clima se vuelve hostil [...] nunca ofrece más que una tasa de beneficio normal [....] En ausencia de cualquier tipo de ineficiencia en la producción en el equilibrio industrial [...] ningún producto puede venderse a un precio inferior a su coste marginal"" (BAUMOL 1982). Según BAUMOL la intervención pública no debería centrarse en el número de competidores, pues una estructura concentrada normalmente sería el mero resultado de las propias características del mercado en cuestión (relevancia de las economías de escala, efectos de red, etc.).

Las consecuencias inmediatas de esta influyente literatura fueron tres. Primero, eliminar las barreras de entrada al mercado de naturaleza regulatoria, esto es, liberalizar los mercados, por ejemplo, en el sector aéreo, permitiendo la entrada al mercado de nuevos competidores. Segundo, permitir la concentración de los mercados, por ejemplo, mediante la flexibilización de la aplicación de las normas de concentraciones. Tercero, limitar la aplicación de las normas de competencia a las prácticas de las empresas dominantes que erijan barreras de entrada, como las ventas vinculadas, el full-line forcing, o el mantenimiento del precio de reventa.

Ha de señalarse que la teoría de la disputabilidad de los mercados, si bien fue muy influyente en el proceso de desregulación y liberalización, ha sido objeto de múltiples críticas. La concentración de los muchos mercados a lo largo de los últimos 30 años (banca, transporte, medios de comunicación, etc.) ha llevado a una reducción efectiva de la competencia. La "disputabilidad" se ha demostrado en muchas ocasiones más bien teórica, derivada de unas premisas muy estrechas, como la inexistencia de costes irrecuperables ("sunk costs") o el igual acceso a la tecnología, ignorando la efectividad de comportamientos estratégicos de las empresas ante la entrada de nuevos competidores.

La paradoja es que el mayor impacto a largo plazo de la teoría de disputabilidad de un firme creyente en el libre mercado como BAUMOL ha sido precisamente servir de fundamento a un mayor grado de intervención pública en los mercados, intervención dirigida a promover si no la competencia, al menos la disputabilidad. Contra lo indicado por BAUMOL, la intervención pública en mercados liberalizados, y ahora también en los mercados digitales, se dirige precisamente a crear disputabilidad, a promover la modificación de la estructura concentrada de los mercados.

El objetivo prioritario de la regulación de los mercados con competencia limitada precisamente es favorecer la "disputabilidad", esto es, identificar las barreras de entrada de nuevos operadores, especialmente aquellas con una naturaleza más estructural, imponer, todo ello con el objetivo de que la amenaza de entrada de nuevos competidores sea creíble para los incumbentes.

Las políticas regulatorias de las industrias en red tradicionales sirven de modelo, pues muchas de ellas se han venido centrando precisamente en identificar las barreras de entrada al mercado liberalizado (y en menor medida las barreras de salida) para posteriormente, de forma sistemática, ir definiendo un régimen de obligaciones para reducir dichas barreras hasta llegar a neutralizarlas. Es lo que la ARIÑO 2006 denominó "regulación para la competencia".

El Reglamento de Mercados Digitales adopta una aproximación similar. En base a los casos de competencia desarrollados en Europa, y a investigaciones de mercados desarrolladas por las autoridades de competencia, de han identificado las barreras de entrada al mercado. El Reglamento define toda una serie de obligaciones para reducir las barreras de entrada a los mercados digitales, y de esta forma, promover la disputabilidad y favorecer la entrada de nuevos operadores.

3. *Equidad*

El segundo principio rector del Reglamento de Mercados Digitales, al mismo nivel que el principio de disputabilidad, es el de equidad. El Reglamento proporciona cierta guía para la exegesis de este principio.

El Reglamento nos identifica que "[...] la falta de equidad debe estar relacionada con un desequilibrio entre los derechos y las obligaciones de los usuarios profesionales en el que el guardián de acceso obtenga una ventaja desproporcionada" (párrafo 33). Son numerosas las referencias a la falta de equilibrio a lo largo del texto del Reglamento. Debe subrayarse que el equilibrio se predica exclusivamente de las relaciones entre las grandes plataformas y los usuarios profesionales, sin que se incluya referencia a los usuarios finales, a los consumidores.

Si volvemos al análisis de las plataformas digitales en mercados multilaterales como industrias en red, la equidad puede entenderse como la adecuada distribución del valor creado por los efectos de red entre la plataforma y los usuarios profesionales que la usan. Si la red monopoliza el grueso del valor, no estaría actuando de modo equitativo. El valor debe distribuirse de modo equitativo entre todo el ecosistema. Dado el carácter multilateral del mercado, y la existencia de millones de actores en el mismo, más que de una mera justicia conmutativa, entre dos partes (guardián y usuario profesional), nos encontramos ante una justicia distributiva, ante la compleja distribución del valor entre una comunidad de actores diferentes (guardián, usuarios profesionales ofertando diferentes bienes y servicios y usuarios finales).

El Reglamento nos proporciona una segunda clave para la interpretación del principio de equidad, al reiterar a lo largo del texto que el carácter desleal de las prácticas que no respetan el principio de equidad. Al estudioso de la versión del texto en español se le puede escapar la vinculación entre equidad y deslealtad, vinculación evidente para el lector de la versión en inglés ya que el término que se utiliza en el Reglamento ya en su título, "fairness", coincide con el título en inglés de la Directiva 2005/29/CE, sobre prácticas comerciales desleales (Unfair comercial practices Directive).

El Reglamento de Mercados Digitales, desde esta perspectiva, construye un régimen jurídico específico de competencia desleal para los servicios digitales, con la importante especificidad de que se centra en la deslealtad en las relaciones entre las plataformas y los usuarios profesionales, más que en las relaciones entre empresas y consumidores, como en el caso de la Directiva 2005/29/CE.

II. ÁMBITO DE APLICACIÓN DEL REGLAMENTO DE MERCADOS DIGITALES

1. Regulación asimétrica

El Reglamento de Mercados Digitales constituye una regulación asimétrica, en el sentido de que no se aplica a todas las empresas que prestan servicios digitales, sino que se aplica sólo en el marco de ciertos servicios y, más allá, sólo a u número muy reducido de los prestadores de estos servicios. En concreto, el ámbito objetivo del RMD se limita a lo que se califica como servicios básicos de plataforma. El ámbito subjetivo se limita a los denominados "guardianes de acceso". Pero empecemos analizando el concepto de regulación asimétrica.

El término "regulación asimétrica" se acuñó en Estados Unidos a principios de la década de 1980, cuando se inició el proceso de desregulación. Cuando el monopolio de las telecomunicaciones, la empresa AT&T, se dividió en siete monopolios regionales y una empresa de larga distancia que competiría con nuevos operadores, se sugirió que se introdujera una "regulación asimétrica" para facilitar la entrada en el mercado de larga distancia. El concepto de regulación asimétrica se desarrolló en la década de 1990. Se consideró que la eliminación de los derechos exclusivos podría no conducir automáticamente a una competencia efectiva. Medidas específicas que proporcionasen una ventaja a los nuevos operadores podrían acelerar la aparición de la competencia. Se sugirió que sería necesario identificar las ventajas competitivas heredadas por el operador histórico, las medidas regulatorias específicas para neutralizarlas y el periodo durante el que sería necesario mantener dichas medidas, ya que estas medidas se entendieron como transitorias. Entroncando con el concepto de disputabilidad, la regulación asimétrica fundamentalmente consistiría en obligaciones impuestas al operador histórico dirigidas a reducir barreras de entrada para los nuevos operadores.

Desde el principio, hubo académicos que se opusieron firmemente al concepto de "regulación asimétrica". Se argumentaba que la regulación asimétrica estaba naturalmente destinada a poner en peligro la eficiencia del mercado (tanto estática como dinámica) y que atraería a operadores oportunistas y crearía ineficiencias en contra del interés de los consumidores.

Cuando la ola de liberalización llegó a Europa, también llegó el debate sobre la regulación asimétrica. Las primeras reformas de las industrias de red en el Reino Unido presentaban características asimétricas, a menudo relacionadas con la entrada en el mercado (como la concesión de títulos para la explotación de duopolios). La regulación asimétrica también se introdujo en las directiva de telecomunicaciones, energía transportes etc, imponiéndose obligaciones de acceso a la infraestructura sólo a los operadores con poder de mercado, no a los nuevos entrantes.

2. *Los servicios básicos de plataforma*

El Reglamento de Mercados Digitales delimita su ámbito objetivo estableciendo la categoría de los servicios básicos de plataforma en su artículo 2.2). El Reglamento no se aplica a todos los servicios de la sociedad de la información. Por el contrario, el ámbito objetivo del Reglamento se limita a una lista cerrada de servicios los "servicios básicos de plataforma". No se debe confundir esta nueva categoría con la de servicios de plataforma en línea establecida en el Reglamento de Servicios Digitales. La de servicios de plataforma en línea es una categoría definida en abstracto que incluye todo "servicio de alojamiento de datos que, a petición de un destinatario del servicio, almacena y difunde información al público" (art. 3.i) RSD). La categoría de servicios básicos de plataforma, por el contrario, no se define en abstracto, sino que se define como una lista cerrada de servicios. Si bien muchos de ellos son servicios de plataforma en línea, no todos lo son. Como la denominación indica, algunos de los servicios básicos son servicios de apoyo a los de plataforma en línea. Es el caso de los servicios de computación en nube o de los servicios de publicidad en línea.

El Reglamento justifica la determinación de los concretos servicios básicos de plataforma que se recogen en el mismo en virtud de una serie de elementos objetivos. Se trata en principio de los "servicios digitales generalizados y de uso común, que sirven principalmente de intermediarios directos entre los usuarios profesionales y los usuarios finales y presentan con mayor frecuencia características como economías de escala extremas, unos efectos de red muy potentes, la capacidad de conectar a muchos usuarios profesionales con muchos usuarios finales gracias al carácter multilateral de los servicios, efectos de cautividad [lock-in] falta de multiconexión [multihoming] o integración vertical" (párrafo 13).

Es de destacar que el RMD opta por definir una lista de servicios y no una lista de mercados relevantes. El más directo precedente de regulación asimétrica, el de la regulación de las telecomunicaciones en la UE, se funda en la delimitación de los mercados de producto que quedarían sujetos a regulación asimétrica, mercados de producto definidos según los principios y la jurisprudencia en aplicación de las normas de competencia del TFUE. La definición del mercado relevante es una de las operaciones más importantes en la aplicación de las normas de competencia, pero también de las más complicadas, ya que exige una detallada justificación del perímetro del mercado en cuestión, tanto desde un punto de vista de producto como geográfico. La definición de mercados de producto resulta especialmente complicada en los mercados multilaterales. Cuantos más lados se ven involucrados, más debe extenderse el ámbito de análisis, corriéndose el riesgo de incurrir en interminables debates y recursos sobre la delimitación de los mercados a regular.

Por este motivo, el Reglamento de Mercados Digitales descarta la opción de delimitar objetivamente su ámbito de aplicación mediante la definición de mercados relevantes, y por el contrario, opta por delimitar el ámbito objetivo haciendo referencia a tipos de servicios, independientemente de que conformen o no un mercado relevante a los efectos del Derecho de la competencia. Además, no se realiza una definición abstracta de servicios, que habría podido ser objeto una vez más de debate y recurso, sino que se opta por realizar una lista de servicios que incluye diez servicios. Se justifica que esta lista de diez servicios recoge aquellos servicios digitales prestados por una sola gran empresa o por un número muy reducido de grandes empresas, con capacidad de establecer fácilmente condiciones comerciales de manera unilateral y perjudicial para sus usuarios (párrafo 4 RMD).

Los **servicios de intermediación en línea** son un tipo de servicio de plataforma en línea que incluye "los servicios que cumplen todos los requisitos siguientes: a) constituyen servicios de la sociedad de la información según lo previsto en el artículo 1, apartado 1, letra b), de la Directiva (UE) 2015/1535 del Parlamento Europeo y del Consejo; b) permiten a los usuarios profesionales ofrecer bienes o servicios a los consumidores, con el objetivo de facilitar el inicio de transacciones directas entre dichos usuarios profesionales y consumidores, con independencia de dónde aquellas concluyan en última instancia; c) se prestan a los usuarios profesionales sobre la base de relaciones contractuales entre el proveedor de los servicios y los usuarios profesionales que ofrecen los bienes o servicios a los consumidores", según se define en el artículo 2.2) del Reglamento P2B. Es esta una categoría muy amplia, que incluye servicios como los de Uber en el transporte, Airbnb en el alojamiento, Amazon como mercado para otros vendedores, y Google Android e iOS como tiendas de aplicaciones informáticas.

El **servicio de motor de búsqueda** se define como "un servicio digital que permite a los usuarios introducir consultas para hacer búsquedas de, en principio, todos los sitios web, o de sitios web en un idioma concreto, mediante una consulta sobre un tema cualquiera en forma de palabra clave, consulta oral, frase u otro tipo de entrada, y que en respuesta muestra resultados en cualquier formato en los que puede encontrarse información relacionada con el contenido solicitado" en el artículo 2.5) del Reglamento P2B. El servicio de motor de búsqueda incluye tanto servicios de búsqueda general prestados por ejemplo por Google Search o Bing de Microsoft, como servicios de búsqueda especializada (Google Shopping, Google Flights, etc.). En sentido estricto, el servicio de búsqueda no se califica en la legislación de la UE como un servicio de plataforma en línea, aunque sin duda es un servicio de la sociedad de la información.

El propio Reglamento de Mercados Digitales define el **servicio de red social en línea** como "una plataforma que permite que los usuarios finales se conecten y se comuniquen entre sí, compartan contenidos y descubran contenidos y a otros usuarios a través de múltiples dispositivos y, en particular, mediante chats, publicaciones, vídeos y recomendaciones" en su artículo 2.7). Son redes sociales Facebook e Instagram (propiedad ambas de Meta), Snapchat, Twitter, Pinterest, etc. Las redes sociales son servicios de plataforma en línea, y en cuanto tal, están sujetas al régimen del Reglamento de Servicios Digitales.

Los **servicios de plataforma de intercambio de videos** se definen como "un servicio, tal como lo definen los artículos 56 y 57 del Tratado de Funcionamiento de la Unión Europea, cuya finalidad principal propia o de una de sus partes disociables o cuya funcionalidad esencial consiste en ofrecer al público en general programas, vídeos generados por usuarios o ambas cosas, sobre los que no tiene responsabilidad editorial el prestador de la plataforma, con objeto de informar, entretener o educar, a través de redes de comunicaciones electrónicas tal como se definen en el artículo 2, letra a), de la Directiva 2002/21/CE, y cuya organización determina el prestador de la plataforma de intercambio de vídeos, entre otros medios con algoritmos automáticos, en particular mediante la presentación, el etiquetado y la secuenciación" en el artículo 1.1) de la Directiva de servicios de comunicación audiovisual.

La definición del servicio básico de plataforma de **comunicación interpersonal independiente de la numeración** se encuentra en el Código Europeo de Comunicaciones electrónicas: "servicio de comunicaciones interpersonales que no conecta a través de recursos de numeración pública asignados, es decir, de un número o números de los planes de numeración nacional o internacional, o no permite la comunicación con un número o números de los planes de numeración nacional o internacional" (art. 2.7). Se trata de servicios como WhatsApp de Meta o Skype de Microsoft. Al igual que las plataformas de intercambio de videos se regulan en la Directiva de servicios de comunicación audiovisual debido a que compiten con operadores audiovisuales tradicionales y tienen un impacto considerable, los prestadores de estos servicios de comunicación compiten los operadores tradicionales de telecomunicaciones y tienen un impacto considerable, en cuanto llegan a prestar servicios a miles de millones de usuarios.

Los **sistemas operativos** se definen en el RMD como el "software de sistema que controla las funciones básicas del hardware o del software y permite que se ejecuten en él aplicaciones informáticas" (art. 2.10). Es el caso de los sistemas operativos móviles Android de Google e iOS de Apple, pero también Windows de Microsoft para los PCs, y los sistemas operativos que están proliferando para todo tipo de hardware "inteligente": televisiones, relojes, coches, etc. Los sistemas operativos no son en sí mismos servicios de plataforma en línea, pero sí que lo son las tiendas de aplicaciones informáticas, "un tipo de servicios de intermediación en línea centrado en las aplicaciones informáticas como producto o servicio intermediado" (art. 2.14) RMD). A su vez, el RMD define las aplicaciones informáticas como "cualquier producto o servicio digital que se ejecute en un sistema operativo" (art. 2.15).

El Reglamento de Mercados Digitales define como servicio básico de plataforma el prestado por un tipo especial de aplicación informática, el **navegador web**, que se define como "una aplicación informática que permite a los usuarios finales acceder a contenidos web alojados en servidores que están conectados a redes como internet e interactuar con dichos contenidos, incluidos los navegadores web independientes y los navegadores web integrados en software o similares" (art. 2.11). Es el caso de Chrome de Google, Safari de Apple o Edge de Microsoft (el sucesor de Explorer). Debe ser destacado que este servicio básico de plataforma no estaba entre los previstos en la propuesta de Reglamento de la Comisión, a pesar de que hace años originó una investigación de la Comisión por la integración del navegador Explorer en el sistema operativo Windows, investigación que terminó con la asunción por Microsoft del compromiso de dar a los usuarios la opción de elegir que navegador querían instalar y usar.

Un **asistente virtual** es "un software que puede procesar peticiones, tareas o preguntas, también las formuladas mediante sonidos, imágenes, texto, gestos o movimientos y que, basándose en dichas peticiones, tareas o preguntas, proporciona acceso a otros servicios o controla dispositivos físicos conectados" (art. 2.12 RMD). Es el caso de Alexa de Amazon y Siri de Apple.

El **servicio de computación en nube** se define como "un servicio digital que hace posible el acceso a un conjunto modulable y elástico de recursos informáticos que se pueden compartir" en la Directiva 2016/1148 (art. 4.19). Es el caso de servicios como Azure de Microsoft, Amazon Web Services y Google Cloud. Una vez más, este servicio no se encontraba en la lista de servicios básicos de plataforma de la propuesta de Reglamento de la Comisión. No obstante, con el tiempo se ha identificado que un número limitado de operadores controla el acceso a la capacidad necesaria para prestar servicios de plataforma a gran escala y de forma modulable, de forma que la negativa de suministro por parte de estos operadores puede suponer en la práctica la expulsión del mercado para un servicio de plataforma en línea.

Los **servicios de publicidad en línea** incluyen las redes de publicidad, las plataformas de intercambio de publicidad y cualquier otro servicio de intermediación publicitaria, prestados por una empresa que preste cualquiera de los servicios básicos de plataforma enumerados en esta sección.

Mercados tan dinámicos como los digitales pueden exigir la revisión de la lista de servicios básicos de plataforma, tanto para introducir nuevos servicios como retirar otros. El Reglamento de Mercados Digitales contempla un procedimiento específico para la revisión de la lista de servicios en su artículo 19. El procedimiento ha de iniciarse con una investigación de mercado por parte de la Comisión, que habrá de tener en consideración posibles aplicaciones de las normas de competencia en relación con los servicios en cuestión. La Comisión podrá consultar a terceros. En un plazo máximo de 18 meses la Comisión deberá presentar su informe al Parlamento y al Consejo. No obstante, concluida la investigación de mercado con el correspondiente informe, la modificación del artículo 2.2 del Reglamento deberá seguir el procedimiento legislativo ordinario. De hecho, el artículo 19 RMD especifica que el informe resultado de la investigación de mercado deberá incluir una propuesta legislativa al efecto.

El necesario equilibrio entre los poderes de la Comisión y los poderes del resto de instituciones de la Unión, especialmente el Consejo pero también el Parlamento, ha introducido una rigidez casi inevitable, aunque con efectos peligrosos. La introducción de un nuevo servicio básico de plataforma exige seguir una investigación de mercado que puede alargarse hasta 18 meses, a partir de ese punto iniciar el procedimiento legislativo ordinario para la adopción de reglamentos (que puede alargarse fácilmente otros 18 meses), y posteriormente otorgar un plazo de aplicación de las obligaciones, que debe exigir al menos 6 meses. Como consecuencia, si se identifica la necesidad de regular un nuevo servicio, trascurrirán fácilmente 3 ó 4 años antes de que las obligaciones sean efectivas.

3. Los guardianes de acceso

El régimen exorbitante previsto en el Reglamento de Mercados Digitales será de aplicación a los prestadores de servicios básicos de plataforma que sean designados por la Comisión como "guardianes de acceso" (en adelante "guardianes"), expresión proveniente del inglés "gatekeepers".

El Reglamento de Mercados Digitales contempla tres criterios acumulativos para la designación de una plataforma como guardián de acceso: 1) tener una gran influencia en el mercado interior; 2) Prestar un servicio básico de plataforma que es una puerta de acceso importante para que los usuarios profesionales lleguen a los usuarios finales; y 3) tener una posición afianzada y duradera por lo que respecta a sus operaciones o que sea previsible que se alcance dicha posición en un futuro próximo (art. 3).

El primer criterio, **tener una gran influencia en el mercado interior**, se presume cumplido cuando la empresa "consiga un volumen de negocios anual en la Unión igual o superior a 7.500 millones EUR en cada uno de los tres últimos ejercicios, o cuando su capitalización bursátil media o el valor justo de mercado equivalente ascienda como mínimo a 75.000 millones EUR en el último ejercicio, y preste el mismo servicio básico de plataforma en al menos tres Estados miembros" (art. 3.2.a) RMD). Se contempla que la Comisión pueda adoptar actos delegados para elaborar una metodología objetiva para calcular el valor justo de mercado.

Debe señalarse que los umbrales de volumen de negocios, capitalización bursátil o valor justo de mercado se refieren al conjunto de la empresa, y no de forma individualizada a cada uno de los servicios básicos de plataforma que pueda prestar. Por el contrario, el umbral de actividad en al menos tres Estados miembros se exige para cada servicio básico por separado. Son frecuentes las denominadas "multi-plataformas", que prestan varios servicios básicos de plataforma. Por ejemplo, Google presta servicio de motor de búsqueda (Google Search), pero también servicios de plataforma de intercambio de videos (YouTube), servicios de navegador (Google Chrome), sistemas operativos (Google Android), servicios de asistente virtual (Google Go), servicios de computación en nube (Google Could) y servicios de publicidad digital.

El segundo criterio, **prestar un servicio que sea puerta de acceso importante para que los usuarios profesionales lleguen a los usuarios finales**, se presumirá cumplido cuando la empresa "proporcione un servicio básico de plataforma que, en el último ejercicio, haya tenido al menos 45 millones mensuales de usuarios finales activos establecidos o situados en la Unión, y al menos 10.000 usuarios profesionales activos anuales establecidos en la Unión" (art. 3.2.b) RMD). El Anexo del Reglamento establece la metodología para el cálculo de los usuarios activos, tanto profesionales como finales, especificando cómo debe realizarse el recuento para distintos tipos de servicios básicos. Más allá, se contempla que la Comisión pueda adoptar actos delegados para modificar actualizar la metodología y la lista de indicadores en relación con este umbral.

Este umbral cuantitativo se refiere a cada servicio básico de plataforma, y no al conjunto de la empresa que presta servicios digitales. La existencia de umbrales tan elevados, medidos en términos de decenas de millones en el caso de los usuarios finales, garantiza que la empresa realmente ejerza de puerta de acceso al mercado.

El tercer criterio, **tener una posición afianzada y duradera**, se presume cumplido cuando se hayan alcanzado los umbrales establecidos en relación con el segundo criterio en cada uno de los tres últimos ejercicios" (art. 3.2.c) RMD). No basta con alcanzar los umbrales un único año, sino que se exige que se superen los umbrales durante un periodo más prolongado, de tres años. En realidad, esta exigencia no tiene más que un valor de proyección hacia el futuro. Una posición afianzada durante tres años se presume que será duradera y se mantendrá en el futuro.

Los umbrales cuantitativos tienen naturaleza de presunción iuris tantum. Permite una aplicación mecánica de los mismos que facilita la designación de los guardianes con riesgo reducido de que la designación sea posteriormente contestada ante la autoridad judicial. En cuanto presunción iuris tantum, sin embargo, cabe prueba en contrario, tanto para declarar guardián a una empresa que no alcanzan los umbrales cuantitativos, como para excluir de la declaración de guardián a empresas que superan los umbrales.

El Reglamento contempla dos procedimientos diferentes para la designaciones de guardianes. Por una parte, contempla un procedimiento directo para la designación de guardianes que superen los umbrales cuantitativos del artículo 3.2. Por otra parte, contempla una investigación de mercado bien para designar como guardián a una plataforma que no alcance los umbrales, bien para no designar como guardián a una empresa que los supere, esto es, cuando se desee revertir la presunción basada en los meros criterios cuantitativos.

Cuando una plataforma cumpla con todos los umbrales cuantitativos definidos en el artículo 3.2, deberá notificarlo a la Comisión en el plazo de dos meses. La Comisión dispondrá de 45 días para designar a la plataforma como guardián de acceso e identificar los concretos servicios básicos que se consideran individualmente como “puerta de acceso” y como consecuencia, sujetos al régimen exorbitante del Reglamento. A partir de la designación, el guardián dispondrá de seis meses para dar cumplimiento a las obligaciones establecidas en el Reglamento.

El 5 de septiembre de 2023 la Comisión adoptó las Decisiones de designación de seis guardianes de acceso. **Google** fue designado guardián en los servicios de intermediación en línea (Google Maps. Google Play y Google Shoppig), motor de búsqueda (Google Search), servicio de Plataforma de intercambio de vídeos (YouTube) Sistema operativo (Google Android), navegador web (Chrome) y servicios de publicidad. **Meta** fue designada guardián en los servicios de intermediación en línea (Meta Marketplace), servicio de redes sociales (Facebook e Instagram), servicios de comunicación (WhatApp y Messenger) y servicios de publicidad. **Apple** fue designada guardián en los servicios de intermediación (AppStore), sistema operativo (iOS y iPadOS) y navegador (Safari). **Amazon** fue designada guardián en los servicios de intermediación (Amazon Marketplace) y publicidad. **Microsoft** fue declarada guardián en los servicios de redes sociales (LinkedIn) y sistema operativo (Windows PC). Finalmente, **Bytedance** fue declarada guardián en el servicio de redes sociales (TikTok). La Comisión no designó ningún guardián de acceso en los servicios de asistentes virtuales y de computación en la nube. El 1 de mayo de 2024 la Comisión adoptó una ulterior Decisión designando guardián de acceso a Booking en el servicio de intermediación en línea.

Algunos guardianes han interpuesto **recursos** contra la decisión de la Comisión de designación como guardián de acceso ante el Tribunal General de la Unión Europea. Meta recurrió la designación como guardián en el servicio de intermediación, en cuanto entendió que Meta Marketplace intermedia entre consumidores, sin participación de usuarios profesionales, y en el servicio de Messenger, al entender que es una mera funcionalidad de Facebook, y no un servicio en sí mismos. Apple recurrió la designación de todos sus servicios. En relación con los sistemas operativos, entiende que la designación debe realizarse por dispositivo (iOS, iPadOS, macOS, watchOS, y tvOS). ByteDance recurrió la designación de TikTok, al entender que no se trata de un servicio de red social, y que no cumple con los requisitos, ni cuantitativos, ni cualitativos.

Cabe que la plataforma que supere los umbrales cuantitativos, al notificarlo a la Comisión presente argumentos para demostrar que, pese haber alcanzado los umbrales, no se producen los criterios cualitativos identificados en el artículo 3.1, solicitando que no se le designe guardián de acceso. El RMD identifica esta situación como excepcional, y permite a la Comisión desestimar la solicitud en el plazo ordinario de 45 días. Así, en septiembre de 2023 la Comisión decidió no designar guardianes de acceso los siguientes servicios, a pesar de que superaban los umbrales cuantitativos: Gmail y Ourlook.com de Google y el navegador de Samsung.

Si la solicitud de no ser designado guardián a pesar de superar los umbrales plantea dudas, será necesario desarrollar una investigación de mercado para adoptar una decisión. En septiembre de 2023 la Comisión inició cuatro investigaciones de mercado para considerar si cuatro servicios no deben ser designados guardianes de acceso a pesar de superar los umbrales. Es el caso de los siguientes servicios de Microsoft: motor de búsqueda (Bing), navegador (Edge) u servicios de publicidad, y del servicio de Apple de comunicación iMessage.

Del mismo modo, una investigación de mercado es requerida a fin de que la Comisión designe un servicio como guardián de acceso a pesar de no superar los umbrales cuantitativos. En septiembre de 2023 la Comisión inició una investigación de mercado para analizar la designación como guardián de acceso del servicio de sistema operativo iPadOS de Apple, que desembocó en la designación como guardián en Decisión de 29 de abril de 2024.

Las **investigaciones de mercado** son un instrumento relativamente nuevo que se ha popularizado en los últimos años especialmente en los mercados digitales. Consiste en la realización de un estudio detallado de un mercado haciendo uso de las potestades propias de las autoridades de competencia (requerimientos de información, inspecciones, etc.) pero no en el marco de un procedimiento dirigido a imponer sanciones o analizar una concentración, sino simplemente para tener un mejor conocimiento de las condiciones de competencia en el mismo y analizar potenciales intervenciones en su caso.

A tal efecto, se analizará el mercado en base a los siguientes criterios: "a) el tamaño, incluidos el volumen de negocios y la capitalización bursátil, las operaciones y la posición de dicha empresa; b) el número de usuarios profesionales que utilizan el servicio para llegar a los usuarios finales y el número de usuarios finales; c) los efectos de red y las ventajas derivadas de los datos, en particular en relación con el acceso de dicha empresa a los datos personales y los datos no personales, con la recopilación de esos datos por parte de la empresa o con sus capacidades de análisis; d) cualesquiera efectos relacionados con la escala o el alcance de los que se beneficie la empresa, en particular con respecto a los datos y, en su caso, a sus actividades fuera de la Unión; e) la cautividad de los usuarios profesionales o finales, incluidos los costes que conlleva el cambio de empresa prestadora y los sesgos de comportamiento que reducen la capacidad de los usuarios profesionales y los usuarios finales para cambiar de empresa prestadora o recurrir a varias para un mismo servicio; f) una estructura de conglomerado empresarial o una integración vertical de la empresa que, por ejemplo, le permita compensar ganancias y pérdidas entre actividades, combinar datos procedentes de distintas fuentes o aprovechar su posición, o g) otras características estructurales de las empresas o servicios". (art. 3.8 RMD).

La designación como guardián de acceso debe revisarse periódicamente. Las designaciones se revisarán cada tres años (art. 4 RMD). El objeto de estas revisiones periódicas es confirmar si los guardianes siguen cumpliendo los criterios que llevaron a la designación de los mismos (cosa que los guardianes puede solicitar en cualquier momento), pero también revisar si es necesario ajustar la lista de servicios afectados.

III. LAS OBLIGACIONES APLICABLES A TODOS LOS SERVICIOS

1. Introducción

El Reglamento de Mercados Digitales define más de 20 obligaciones para los guardianes de acceso en sus artículos 5, 6 y 7. Estas obligaciones son muy heterogéneas. Hay obligaciones aplicables a específicos servicios básicos de plataforma, y otras obligaciones aplicables en general a todos ellos. Hay obligaciones vinculadas al objetivo de disputabilidad, otras a la equidad y otras a ambos. Hay obligaciones que pueden ser objeto de concreción por la Comisión mediante posteriores actos de ejecución y otras no. Hay obligaciones de hacer y otras de no hacer (prohibiciones).

Primero, las obligaciones pueden clasificarse en función del servicio básico de plataforma a las que están dirigidas. Muchas de las obligaciones expresamente se limitan a un concreto servicio básico de plataforma o a algunos de ellos. Otras obligaciones no delimitan su ámbito de aplicación, aunque es previsible que sean de mayor relevancia en unos servicios básicos de plataforma que en otros. Otras obligaciones son aplicables en general al conjunto de servicios básicos de plataforma. En el presente capítulo hemos clasificado las obligaciones en función de su ámbito de aplicación, distinguiendo entre las que son aplicables de forma general a todos los servicios básicos de plataforma, y las obligaciones dirigidas de forma específica o preferente a un concreto servicio.

Segundo, cabe clasificar las obligaciones en función de si el Reglamento contempla la concreción de su contenido en un ulterior acto de ejecución o no. Las obligaciones establecidas en el artículo 5 RMD no contemplan un posterior acto de ejecución. Son obligaciones de hacer o de no hacer con un contenido concreto que puede ser ejecutado sin necesidad de mayor concreción. Los artículos 6 y 7, por el contrario, reúnen las obligaciones que pueden ser especificadas con mayor detalle en un posterior acto de ejecución de la Comisión. Son obligaciones más abstractas. No obstante, debe subrayarse que la Comisión goza de la potestad de adoptar un acto de ejecución, pero que la ejecutividad de las obligaciones no queda condicionada a la adopción de dicho acto. Son directamente aplicables. El acto de ejecución especificará las medidas que debe adoptar un concreto guardián para cumplir efectivamente las obligaciones establecidas en el Reglamento.

Tercero, las obligaciones establecidas en los artículos 5, 6 y 7 RMD pueden fundarse en cualquiera de los dos objetivos del Reglamento: la disputabilidad y la equidad. El articulado del Reglamento no vincula expresamente cada obligación a un objetivo. Por el contrario, la exposición de motivos sí que va informando sobre el objetivo al que está vinculada cada obligación. En algunos casos, una misma obligación está vinculada a ambos objetivos.

Cuarto, hay obligaciones de hacer y obligaciones de no hacer (prohibiciones). Es frecuente que las obligaciones establecidas en el Reglamento tengan su origen en concretos casos de competencia instruidos por la Comisión que derivaron en multas, o que están pendientes de decisión. Cuando la Comisión ha identificado un abuso de posición de dominio, especialmente de carácter excluyente, aunque quizás también de explotación, puede trasladar la práctica al Reglamento en forma de una prohibición más concreta que las establecidas en las normas de competencia del TFUE. No obstante, lo más habitual es que la prácticas anticompetitivas se trasladen al Reglamento no en forma de una prohibición, sino en forma de la imposición de una obligación de hacer, de una obligación que más que meramente proscribir, va más allá y prescribe las prácticas a desarrollar por los guardianes. Esta es una de las diferencias fundamentales entre las normas de competencia y la actividad de regulación, que no se limita a proscribir prácticas, sino que prescribe cómo deben actuar las empresas reguladas, a menudo mediante la actualización periódica del contenido de la obligación. Así, las obligaciones del artículo 5 RMD son en su mayoría obligaciones de no hacer, que no requieren mayor concreción. Las obligaciones de los artículos 6 y 7 son en su mayoría obligaciones de hacer, que prescriben actuaciones, y por eso son las que requieren mayor concreción y su revisión periódica mediante decisiones de la Comisión.

En su conjunto, el Reglamento no parecen conformar un conjunto sistemático de obligaciones con vocación de agotar las prácticas contrarias a la indisputabilidad y equidad. La mayor parte de las obligaciones responden a concretos problemas identificados en el pasado, a menudo en el marco de concretos casos de competencia instruidos por la Comisión, perfectamente identificables. Las obligaciones se han redactado a menudo de forma muy estrecha, para dar respuesta a las prácticas problemáticas identificadas en el pasado. La mayor parte de las obligaciones no se conforman como principios más generales extraídos de la práctica decisoria de la Comisión, para dar respuesta no sólo a prácticas identificadas en el pasado, sino también a prácticas con similares resultados que puedan ser ejecutadas por los guardianes de acceso.

2. Obligaciones de separación de datos - art. 5.2

El Reglamento de Mercados Digitales prohíbe ciertas combinaciones de datos provenientes de diferentes fuentes, mientras el usuario final en cuestión no dé su consentimiento. Esta obligación es de aplicación a todos los guardianes, independientemente del servicio que presten. En cuanto se define en el artículo 5 RMD, no requiere una posterior decisión de la Comisión para especificar las medidas que ha de adoptar cada guardián.

El artículo 5.2 RMD impone a los guardianes de acceso cuatro prohibiciones diferentes en relación con la combinación de datos: "a) tratar, con el fin de prestar servicios de publicidad en línea, los datos personales de los usuarios finales que utilicen servicios de terceros que hagan uso de servicios básicos de plataforma del guardián de acceso; b) combinar datos personales procedentes de los servicios básicos de plataforma pertinentes con datos personales procedentes de cualesquiera servicios básicos de plataforma adicionales o de cualquier otro servicio que proporcione el guardián de acceso o con datos personales procedentes de servicios de terceros; c) cruzar datos personales procedentes del servicio básico de plataforma pertinente con otros servicios que proporcione el guardián de acceso por separado, entre ellos otros servicios básicos de plataforma, y viceversa, y d) iniciar la sesión de usuarios finales en otros servicios del guardián de acceso para combinar datos personales". No obstante, el guardián podrá realizar todas estas combinaciones de datos si el usuario final ha dado su consentimiento.

Resulta posible trazar el origen de estas prohibiciones en varios casos de competencia en los últimos años. Destaca el caso derivado de la adquisición de

WhatsApp por Facebook. Facebook adquirió WhatsApp en 2014 por 19.000 millones de euros. WhatsApp tenía entonces 450 millones de usuarios y tan sólo 55 empleados. No obstante, la Comisión Europea impuso una multa de 122 millones de dólares a Facebook (Decisión de 17 de mayo de 2017) porque, cuando Facebook notificó la adquisición de WhatsApp en 2014, había informado a la Comisión, tanto en el formulario de notificación como en una respuesta a una solicitud de información de la Comisión, que no podría establecer de forma automatizada una correspondencia fiable entre las cuentas de los usuarios de Facebook y las de los usuarios de WhatsApp. Sin embargo, en agosto de 2016, WhatsApp actualizó sus términos de servicio y política de privacidad, incluyendo la posibilidad de vincular los números de teléfono de los usuarios de WhatsApp con las identidades de los usuarios de Facebook. La Comisión descubrió que, contrariamente a las declaraciones de Facebook en el proceso de revisión de la concentración de 2014, la posibilidad técnica de vincular automáticamente las identidades de los usuarios de Facebook y WhatsApp ya existía en 2014 y que el personal de Facebook estaba al tanto de dicha posibilidad.

Incluso más relevante es un precedente de la autoridad alemana de competencia, la Bundeskartellamt (Decisión de 15 de febrero de 2019). Se declaró que Facebook había abusado de su posición dominante en el mercado de las redes sociales para usuarios privados. La autoridad llegó a la conclusión de que Facebook imponía condiciones comerciales abusivas en relación con los datos, en particular imponiendo la combinación de datos extraídos de otros servicios corporativos (como WhatsApp) con datos extraídos del servicio de Facebook, con el fin de mostrar anuncios personalizados en Facebook. No se impuso ninguna multa, pero la autoridad alemana antimonopolio impuso un remedio de separación de datos. Los datos de diferentes fuentes ahora sólo pueden combinarse con el consentimiento explícito del usuario.

La prohibición en el RMD tiene como objetivo "que los guardianes de acceso no menoscaben deslealmente la disputabilidad de los servicios básicos de plataforma" (párrafo 36 RMD). Al dificultar la construcción de efectos de red difícilmente replicables por potenciales nuevos entrantes, se reduce una barrera de entrada al mercado. Pero la obligación responde también al objetivo de equidad, no tanto en relación con los usuarios profesionales de la plataforma, cuanto en relación con los usuarios finales, al proteger su derecho a la privacidad y a la autodeterminación de datos. Por eso la obligación queda sin contenido si el usuario da su consentimiento para la combinación de datos.

El Reglamento, en su exposición de motivos, establece concretas garantías para hacer efectiva la libre manifestación del consentimiento por los usuarios finales. Los guardianes en ningún caso pueden condicionar la prestación del servicio al consentimiento del tratamiento combinado, y deben garantizar una alternativa equivalente cuando no consientan a dicho tratamiento. No prestar el consentimiento no debe ser más difícil que prestarlo, y si el usuario final lo niega, sólo se le puede volver a pedir transcurrido un año. Finalmente, retirar el consentimiento debe ser igual de fácil que prestarlo.

3. Libertad de presentar denuncias - art. 5.6

El artículo 5.6 RMD prohíbe a los guardianes "impedir directa o indirectamente que los usuarios profesionales o usuarios finales puedan presentar ante cualquier autoridad pública pertinente, incluidos los órganos jurisdiccionales nacionales, reclamaciones por incumplimiento del guardián de acceso del Derecho de la Unión o el Derecho nacional pertinente, en relación con cualquier práctica del guardián de acceso, o de limitar su posibilidad de hacerlo".

Para salvaguardar un entorno comercial justo y proteger la disputabilidad del sector digital, es importante salvaguardar el derecho de los usuarios profesionales a presentar reclamaciones sobre las prácticas desleales de los guardianes de acceso ante cualquier autoridad administrativa o pública pertinente. Por ejemplo, los usuarios profesionales tal vez quieran quejarse de diferentes tipos de prácticas desleales, como condiciones de acceso discriminatorias, cierre injustificado de cuentas de usuarios profesionales o motivos poco claros para descatalogar productos. Por lo tanto, debe prohibirse cualquier práctica que impida de alguna manera la posibilidad de presentar reclamaciones o solicitar compensaciones, por ejemplo, mediante cláusulas de confidencialidad en acuerdos u otros mandatos escritos.

Esto debe entenderse sin perjuicio del derecho de los usuarios profesionales y los guardianes de acceso a establecer las condiciones de uso en sus acuerdos, incluido el uso de mecanismos legales para la tramitación de reclamaciones y cualquier uso de mecanismos alternativos de resolución de controversias o de la jurisdicción de tribunales específicos de conformidad con el Derecho de la Unión y el Derecho nacional respectivo. Esto también debe entenderse sin perjuicio del papel que desempeñan los guardianes de acceso en la lucha contra los contenidos ilícitos en línea.

4. Prohibición de ventas vinculadas - arts. 5.7 y 5.8

El Reglamento de Mercados Digitales impone sendas prohibiciones de vinculación en sus artículos 5.7 y 5.8. Estas obligaciones son aplicables a todos los guardianes de acceso, en cuanto no se refieren a un concreto tipo de servicios básico de plataforma. Como las prohibiciones están recogidas en el artículo 5 RMD, ha de entenderse que no requieren un acto de ejecución de la Comisión para especificar las medidas que debe adoptar cada guardián de acceso.

El artículo 5.7 RMD prohíbe que los guardianes de acceso vinculen la venta de sus servicios al uso de servicios auxiliares como los servicios de identificación, los motores de navegación web o los servicios de pago desarrollados por el guardián: "El guardián de acceso no exigirá a los usuarios finales que utilicen un servicio de identificación, un motor de navegación web o un servicio de pago [...] en el marco de los servicios prestados por los usuarios profesionales que utilicen los servicios básicos de plataforma de dicho guardián de acceso; y, en el caso de los usuarios profesionales, el guardián de acceso no les exigirá que utilicen y ofrezcan estos servicios ni que interoperen con ellos".

La finalidad de esta prohibición es "proteger la libertad del usuario profesional de escoger servicios alternativos a los prestados por el guardián de acceso" (párrafo 43). Para ello, debe observarse que el RMD directamente prohíbe el guardián la vinculación en la prestación de servicios a los usuarios profesionales. Pero para garantizar la efectividad de la prohibición, prohíbe también que el guardián exija la vinculación a los usuarios finales.

El artículo 5.8 RMD dispone que "[e]l guardián de acceso no exigirá a los usuarios profesionales o a los usuarios finales que se suscriban o registren en cualquier servicio básico de plataforma [...] como condición para poder utilizar cualquiera de los servicios básicos de plataforma de ese guardián de acceso [...], así como acceder a ellos, inscribirse o registrarse en ellos". El Reglamento es claro cuando afirma que esta práctica "debe prohibirse" en cuanto puede crear obstáculos a la entrada en el mercado" (párrafo 44). Se pretende evitar que los guardianes extiendan su posición de poder de mercado desde un servicio a otro, dificultando al entrada al mercado de un nuevo competidor.

El RMD establece obligaciones dirigidas a obstaculizar la creación de barreras de entrada por parte de los guardianes de acceso en forma de la prohibición de ventas vinculadas, siguiendo la más ortodoxa literatura económica sobre disputabilidad, que ya se apuntó, subrayaba la necesidad de reforzar la prohibición de prácticas anticompetitivas tradicionalmente prohibidas que tuviesen como objeto reforzar barreras de entrada al mercado. La práctica las ventas vinculadas en uno de los mejores ejemplos de estos abusos. El RMD adelanta la línea de intervención pública y establece como obligación ex ante evitar ciertas prácticas que podrían ser consideradas ex post como abusos de posición de dominio excluyentes.

5. Clasificación transparente, equitativa y no discriminatoria - art. 6.5

El artículo 6.5 RMD contempla que "[e]l guardián de acceso no tratará más favorablemente, ni en la clasificación ni en las funciones relacionadas de indexado y rastreo, a los servicios y productos ofrecidos por el propio guardián de acceso que a los servicios o productos similares de terceros. El guardián de acceso aplicará condiciones transparentes, equitativas y no discriminatorias a dicha clasificación".

La clasificación es la actividad central de la mayor parte de los servicios básicos de plataforma. El Reglamento define la actividad de clasificación como "la preeminencia relativa atribuida a los productos o servicios ofrecidos mediante servicios de intermediación en línea, servicios de redes sociales en línea, servicios de plataforma de intercambio de vídeos o asistentes virtuales, o la pertinencia atribuida a los resultados de búsqueda por los motores de búsqueda en línea, tal y como los presentan, organizan o comunican [...] con independencia de los medios tecnológicos empleados para tal presentación, organización o comunicación y con independencia de si se presenta o comunica solo un resultado" (art. 2.22 RMD).

La clasificación es la actividad central de las plataformas en cuanto es la fuente de los efectos de red. La mera coexistencia de grandes volúmenes de usuarios profesionales y finales no garantiza que derive de la misma un beneficio para los usuarios. Los efectos de red pueden ser también negativos (congestión, etc.). Los beneficios derivan de identificar y hacer efectivas interacciones que generen beneficios. Es el caso del algoritmo que permite encontrar la aguja en un pajar, del algoritmo que vincula a un espectador con los videos que le van a resultar más interesantes, el algoritmo que identifica al vehículo que va a recoger al pasajero en menor tiempo, etc.

Todas las actividades de intermediación son propensas a conflictos de intereses, sospechas y abusos. Siempre existe la sospecha de que el intermediario está beneficiando indebidamente al otro lado del mercado. Las plataformas no son diferentes. Como intermediarios activos en muchos mercados diferentes, son propensos a los mismos conflictos de intereses. Las empresas intermediadas temen ser discriminadas y excluidas del mercado. La gran escala de la intermediación, con millones de partes intermediadas, aumenta la importancia de los conflictos de intereses. El uso de algoritmos para automatizar la intermediación reduce la transparencia. Las empresas intermediadas no comprenden la lógica que subyace a la toma de decisiones algorítmica y los cambios repentinos que se introducen en ella, que pueden excluir a las empresas del mercado e incluso arruinarlas en cuestión de horas.

La preocupación es particularmente grave cuando las plataformas se integran verticalmente e intermedian sus propios servicios prestados en competencia con otras empresas. Como se analiza en el párrafo 46 RMD, en algunos casos "el guardián de acceso tiene una doble función: por una parte es una empresa prestadora de servicios básicos de plataforma [...] por otra parte, compite o procura competir con esos mismos usuarios profesionales en el prestación o suministro a los mismos usuarios finales de servicios o productos iguales o similares".

Siempre en la línea de aumentar la disputabilidad impidiendo la extensión de posiciones de fortaleza a mercados vecinos, el Reglamento impone a los guardianes de acceso la obligación de no favorecer sus propias actividades en mercados conexos cuando prestan servicios de clasificación, sea en la intermediación, en búsquedas en Internet, en la gestión de sistemas operativos, etc. Esta práctica se ha denominado en inglés "self-preferencing", y en español podemos referirnos a ella como discriminación interna.

La integración vertical de muchas plataformas y la constatación de la existencia de estrategias anticompetitivas mediante prácticas de discriminación interna, ha llevado al legislador de la Union Europea a imponer ex ante una obligación de no discriminación no sólo externa, sino también interna. Un buen ejemplo de discriminación excluyente es la discriminación ejercida por el buscador de Google en favor del servicio Google Shopping, que ha sido sancionada por la Comisión.

Una vez más, el Reglamento adelanta la línea de intervención y en vez de esperar a constatar ex post un abuso de posición de dominio, impone ex ante una obligación de no discriminación que afecta a motores de búsqueda, prestadores de servicios de intermediación en línea, sistemas operativos, etc., en general a todos los guardianes de acceso que, mediante sus algoritmos, ejercen una labor de clasificación de los servicios de terceros, clasificación que están en posición de manipular para beneficiar a sus propias actividades en competencia con terceros aguas abajo.

Esta obligación que pesa sobre los guardianes se añade a la obligación más amplia impuesta a los prestadores de servicios de intermediación en línea y de servicios de búsqueda en el Reglamento 2019/1150, el Reglamento P2B, de establecer en sus condiciones los principales parámetros que determinan la clasificación, así como las razones de la importancia relativa de esos parámetros principales en comparación con otros parámetros.

La relevancia de la discriminación interna es tal, que se ha llegado a proponer la prohibición de integración vertical de las grandes plataformas. Se ha llegado a proponer una separación de actividades bien conocida en la regulación de las industrias en red, por ejemplo en el sector de la electricidad y el ferroviario. La experiencia precisamente de las industrias en red recomienda limitar la separación vertical a los casos más evidentes de monopolio natural, y limitar la intervención pública a la regulación de las condiciones de acceso al servicio aguas arriba, como impone el artículo 6.12 RMD.

6. *Portabilidad de datos - art. 6.9*

El artículo 6.9 RMD establece que todo guardián de acceso "proporcionará a los usuarios finales y a terceros autorizados por un usuario final, a petición de estos y de forma gratuita, la portabilidad efectiva de los datos proporcionados por el usuario final o generados por la actividad del usuario final en el contexto del uso del servicio básico de plataforma pertinente, por ejemplo proporcionando instrumentos gratuitos para facilitar el ejercicio efectivo de dicha portabilidad de los datos, así como acceso continuo y en tiempo real a tales datos".

El Reglamento, siempre en la línea de reforzar la disputabilidad de los mercados, introduce obligaciones destinadas a reducir las barreras de entrada derivadas de la renuencia de los usuarios finales a cambiar de proveedor (conocidos como efectos "lock-in"). El mejor ejemplo es la que se ha venido conociendo como portabilidad de datos. Se trata de una aproximación bien conocida en los tradicionales sectores en red, con precedentes directos como la portabilidad del número telefónico. La portabilidad del número en el sector de las telecomunicaciones puede considerarse una primera versión de la intervención reguladora para reducir los efectos de bloqueo. Los reguladores habían detectado que los usuarios de telefonía eran reacios a cambiar de operador si también tenían que cambiar su número de teléfono. En consecuencia, los reguladores obligaron a los operadores a colaborar para garantizar que los clientes tuvieran derecho a llevarse su número de teléfono cuando cambiaran de operador.

La portabilidad de datos es un instrumento para reducir estas barreras de entrada al mercado que se derivan de los efectos de bloqueo. Los datos son la materia prima de las industrias digitales y, por tanto, la portabilidad de datos se ha identificado desde el principio como una de las barreras para que los clientes cambien de plataforma, lo que supone una barrera de entrada para los recién llegados. Los usuarios pueden llevar años alimentando sus perfiles de redes sociales con fotos, vídeos, comentarios, etc. Difícilmente estarán en condiciones de cambiar a una red social alternativa si no pueden llevarse ese contenido. El mismo problema tienen todo tipo de aplicaciones alimentadas con datos de los usuarios, como las que hacen un seguimiento del ejercicio, los patrones de sueño, etc.

Los guardianes están obligados a crear una solución viable para que los clientes se lleven sus datos cuando se vayan a otra plataforma. De hecho, la portabilidad de los datos ya está incluida en el Reglamento General de Protección de Datos (RGPD) de la UE al establecer: "[e]l interesado tendrá derecho a recibir los datos personales que le conciernen y que haya facilitado a un responsable del tratamiento, en un formato estructurado, de uso común y lectura mecánica, y tendrá derecho a transmitirlos a otro responsable del tratamiento sin que el responsable del tratamiento al que se hayan facilitado los datos personales se lo impida" (Art. 20). Existen ejemplos de obligaciones de portabilidad de datos en sectores específicos y en otras jurisdicciones.

Pero la portabilidad de datos en el Reglamento de Mercados Digitales va más allá de lo previsto en el RGPD. El RGPD sólo se aplica a los datos facilitados por los usuarios y no a los datos que se deducen sobre ellos, que son muy probablemente la mayoría de los datos que las plataformas poseen sobre sus usuarios de todos modos. Además, el Reglamento de Mercados Digitales añade la obligación de que la portabilidad se produzca de forma continuada y en tiempo real, lo que requiere el desarrollo de herramientas al efecto.

La portabilidad de datos requiere una gestión muy sofisticada de los mismos, coordinada entre plataformas mediante el establecimiento de normas comunes. Además, es necesario estructurar y normalizar los datos de forma que puedan ser procesados por la nueva plataforma. La intervención reguladora es obviamente indispensable para hacer realidad la portabilidad de los datos. Por eso esta obligación se recoge en el artículo 6 RMD, lo que permite a la Comisión determinar posteriormente las medidas necesarias para garantizar el cumplimiento.

7. Terminación del contrato - art. 6.13

El artículo 6.13 RMD impone sendas obligaciones a los guardianes de acceso: "[e]l guardián de acceso no establecerá condiciones generales para poner fin a la prestación de un servicio básico de plataforma que sean desproporcionadas. El guardián de acceso garantizará que las condiciones para la resolución puedan ejercerse sin dificultades indebidas".

Tal y como explica la exposición de motivos "[l]os guardianes de acceso pueden obstaculizar la capacidad de los usuarios profesionales y de los usuarios finales para darse de baja de un servicio básico de plataforma al que se hayan suscrito anteriormente. Por consiguiente, se deben establecer normas para evitar una situación en la que los guardianes de acceso menoscaben los derechos de los usuarios profesionales y de los usuarios finales de elegir libremente el servicio básico de plataforma que utilizan. Con objeto de salvaguardar la libre elección de los usuarios profesionales y los usuarios finales, no se debe permitir a los guardianes de acceso que dificulten o compliquen innecesariamente a los usuarios profesionales o a los usuarios finales su baja de un servicio básico de plataforma. Cerrar una cuenta o darse de baja de un servicio no debe ser más complicado que crear una cuenta o suscribirse a ese mismo servicio. Los guardianes de acceso no deben exigir comisiones adicionales cuando se ponga fin a los contratos con sus usuarios finales o sus usuarios profesionales. Los guardianes de acceso deben velar por que las condiciones para la resolución de los contratos sean siempre proporcionadas y que los usuarios finales las pueden aplicar sin dificultades indebidas, por ejemplo, en relación con las razones para la resolución, el período de preaviso o la forma de dicha resolución, sin perjuicio de la legislación nacional aplicable de conformidad con el Derecho de la Unión que establece derechos y obligaciones en relación con las condiciones para la resolución de la prestación de servicios básicos de plataforma por parte de los usuarios finales" (párrafo 63).

IV. OBLIGACIONES APLICABLES A MOTORES DE BÚSQUEDA EN LÍNEA

1. Motores de búsqueda

Google se convirtió hace ya un par de décadas en el motor de búsqueda más popular del mundo, con una cuota de mercado superior al 90% a nivel mundial excepto China y Rusia. En el mundo occidental, el único motor de búsqueda generalista alternativo es Bing de Microsoft. Empresas como Yahoo ahora sólo revenden los resultados de búsqueda de Google. Por el contrario, han proliferado buscadores especializados, sea por el ámbito de la búsqueda (comparativas de precios, datos sobre vuelos, etc.), sea como por el tipo de contenido buscado (imágenes, música), buscadores que han denunciado reiteradamente los abusos excluyentes de Google. Como consecuencia, la Comisión ha designado guardián de acceso el servicio Google Search. El buscador Bing, de Microsoft, cumple los requisitos cuantitativos para ser declarado guardián, y la Comisión inició una investigación de mercado para decidir si debe ser designado guardián o no, concluyendo que no designaría a Bing de Microsoft como guardián de acceso.

Las barreras de entrada al mercado de búsquedas son formidables. Para empezar, las inversiones para prestar el servicio son de extraordinaria magnitud. "Dada la enorme amplitud y la constante evolución de Internet, establecer y mantener un motor de búsqueda general comercialmente viable es un proceso costoso. El índice de búsqueda de Google contiene cientos de miles de millones de páginas web y tiene un tamaño de más de 100.000.000 gigabytes. El desarrollo de un índice de búsqueda general de esta magnitud, así como de algoritmos de búsqueda viables, requeriría una inversión inicial de miles de millones de dólares. Los costes de mantener un negocio de búsqueda general a gran escala pueden alcanzar cientos de millones de dólares al año" (demanda del Departamento de Justicia contra Google, de 20 de octubre de 2020).

Más allá, los efectos de red en el servicio de búsqueda parecen ser tan relevantes como para inclinar el mercado a un cuasi monopolio. Por un parte, la financiación del servicio mediante anuncios crea efectos de red indirectos fundados en la conexión de anunciantes y "eyeballs" en la terminología al uso. En palabras de la Comisión: "Cuanto mayor sea el número de anunciantes que utilicen un servicio de publicidad de búsqueda, mayores serán los ingresos de la plataforma del motor de búsqueda general; ingresos que pueden reinvertirse en el mantenimiento y la mejora del servicio de búsqueda general para atraer a más usuarios" (Decisión de la Comisión de 27 de junio de 2017, Google Search (Shopping). Por otra parte, incluso más relevante, la exactitud de una búsqueda depende del histórico de búsquedas similares con el que se ha alimentado al algoritmo de búsqueda. En palabras de la Comisión: "debido a que un servicio de búsqueda general utiliza los datos de búsqueda para ajustar la pertinencia de sus páginas de resultados de búsqueda generales, necesita recibir un cierto volumen de consultas para poder competir de manera viable. Cuanto mayor sea el número de consultas que reciba un servicio de búsqueda general, más rápidamente podrá detectar un cambio en las pautas de comportamiento del usuario y actualizar y mejorar su pertinencia" (Decisión de la Comisión de 27 de junio de 2017, Google Search (Shopping).

Como consecuencia de la posición de poder de mercado de Google, y de los precedentes de abuso de dicha posición, así como de la posición de dependencia de los usuarios profesionales del servicio de búsqueda de Google, el Reglamento dedica una especial atención a la regulación del servicio de búsqueda, imponiendo algunas de las obligaciones más innovadoras e intrusivas, tanto para proteger la equidad como para promover la disputabilidad.

2. *Acceso y clasificación en condiciones FRAND - arts. 6.5 y 6.12*

El Reglamento de Mercados Digitales resulta especialmente estricto en la imposición de obligaciones exorbitantes a los guardianes de acceso en el servicio de motor de búsqueda en Internet. Impone una genérica obligación de acceso en condiciones equitativas, razonables y no discriminatorias y más allá, la obligación de realizar la clasificación de resultados de búsqueda en condiciones transparentes, equitativas y no discriminatorias, y por lo que respecta a la obligación de no discriminación, excluye la discriminación interna ("self-preferencing").

Empecemos con las obligaciones de acceso al servicio. El artículo 6.12 RMD impone al guardián la obligación de "aplica[r] a los usuarios profesionales condiciones generales equitativas, razonables y no discriminatorias de acceso a [...] motores de búsqueda en línea [...]". Ha de entenderse que esta obligación en el marco de un mercado multilateral. La obligación de acceso se predica en relación con los usuarios profesionales. Esto es, en qué forma los contenidos y servicios de un usuario profesional son objeto de la búsqueda por el guardián, si son mostrados a los usuarios finales y en qué condiciones.

Un primer problema de acceso, el más evidente, es la exclusión de un usuario profesional de las búsquedas en Google. Es bien sabido que en muchos mercados, no aparecer en el buscador equivale a ser excluido del mercado. La exclusión de un usuario profesional del servicio de búsqueda está sujeta de forma general al régimen de garantías del Reglamento de Servicios Digitales. Este régimen resulta de aplicación a la generalidad de servicios de búsqueda, resultando especialmente estricto en relación con los motores de búsqueda de muy gran tamaño.

Igualmente importante es la definición de las condiciones en las que los usuarios profesionales tienen acceso al servicio del buscador. Dicho de otra forma, ¿debe asumirse que el buscador proporcionará gratuitamente contenidos de los usuarios profesionales como resultados del servicio de búsqueda?¿Son equitativos los precios de los servicios de publicidad de Google? ¿Cabe incluso contemplar que Google empiece a cobrar a los usuarios profesionales por ser incluidos en los resultados de las búsquedas más allá de los servicios publicitarios? Google lleva más de una década en conflicto con los periódicos y otros generadores de contenidos por la fijación de estas condiciones. La Directiva 2019/790 (Directiva de Copyright) contempla en su artículo 15 el derecho del buscador a proporcionar en hiperenlaces, palabras y extractos muy breves de prensa, pero si recogen más contenido, deberán satisfacer una remuneración a los periódicos. La clave es cuantificar la retribución.

El RMD otorga un nuevo instrumento a los usuarios profesionales en cuanto impone a Google y otros guardianes del servicio de búsqueda la obligación de proporcionar acceso a su servicio en condiciones equitativas, razonables y no discriminatorias, esto es en condiciones FRAND ("Fair Reasonable And Non-Discriminatory"). El régimen jurídico del acceso FRAND tiene su origen en el régimen de las patentes esenciales para estándares ("*standard essential patents*" en inglés). En el ámbito tecnológico, por ejemplo en el desarrollo de tecnologías 5G y de Internet de la cosas (IoT), resulta frecuente que se definan estándares para garantizar la interoperabilidad de los equipos. Estos estándares a menudo requieren la explotación de soluciones sujetas a patentes. El derecho de patente ha de moderarse dado que los terceros sólo pueden desarrollar equipos que cumplen con el estándar si tiene acceso a una licencia. El titular del derecho exclusivo de patente queda por tanto obligado a otorgar las licencias a terceros, pero sólo en caso de que el tercero admita condiciones FRAND, por ejemplo en relación con el precio.

Existen muchos ejemplos de obligación de proporcionar acceso a bienes y servicio, por ejemplo en las industrias en red. Lo especifico de las patentes esenciales para estándares es que el procedimiento para la determinación de las condiciones se deja a la negociación entre las partes. La jurisprudencia del TJUE ha diseñado un régimen de oferta de licencia por el titular del derecho de patente, contraoferta por la entidad que desea la licencia (que tras realizar la contraoferta y constituir una garantía puede empezar a explotar el servicio), y posterior concreción de las condiciones FRAND por un tercero independiente. Si el titular de la patente no respeta este régimen, puede incurrir en contravención de las normas de competencia y ser sancionado por ello. El incentivo de no ser multado está resultando suficiente para que los titulares de patentes alcancen acuerdos privados.

La flexibilidad del régimen FRAND, que otorga el protagonismo en la definición de las condiciones de acceso a las partes y no a un regulador, ha hecho atractivo este régimen para la determinación de las condiciones de acceso a los servicios de las plataformas digitales, incluyendo el acceso a los servicios de búsqueda del guardián de acceso.

El RMD promueve el siguiente procedimiento para la fijación de las condiciones de acceso FRAND a los servicios de búsqueda. Para empezar, el guardián debe demostrar cómo da cumplimiento a la obligación, para lo que deberá transmitir a la Comisión un informe anual explicando la medidas adoptadas para el cumplimiento. Este informe deberá recoger información sobre las ofertas realizadas a terceros para el acceso a los servicios de búsqueda, si se han recibido contraofertas y si se han alcanzado acuerdos en relación con dichas condiciones.

Más en concreto todavía, el guardián está obligado a publicar las condiciones generales de acceso (art. 6.12 RMD). La publicación de las condiciones generales de acceso está llamada a constituir la oferta de condiciones de acceso prevista en el régimen de las patentes esenciales para estándares. No puede ser de otra forma, pues no cabe esperar una oferta personalizada a los millones de usuarios profesionales cuyos contenidos y servicios son objeto del servicio de búsqueda. Es esta una diferencia fundamental con el régimen de negociación individualizada que sí que es viable en el marco de las patentes.

La Comisión tiene tres importantes competencias. En primer lugar, la Comisión puede en cualquier momento iniciar un procedimiento sancionador por incumplimiento del Reglamento. Esta sanción ejercería de incentivo al cumplimiento por el guardián igual que la aplicación de las normas de competencia ejerce de incentivo para que las partes alcancen acuerdos en relación con las patentes esenciales para estándares. En segundo lugar, y a diferencia del referido régimen, la Comisión tiene la potestad de definir mediante una decisión específica para cada guardián las medidas que debe adoptar para dar cumplimiento a la obligación (art. 8.2 RMD). La Comisión puede de esta forma imponer obligaciones ex ante y, de esta forma, concretar las condiciones FRAND. En tercer lugar, y de forma más concreta, la Comisión tiene la potestad de "valora[r] si las condiciones generales de acceso publicadas cumplen lo dispuesto" en el artículo 6.12. De esta forma, se constituye un instrumento específico de intervención de la Comisión limitado a esta obligación. Este instrumento recuerda a la aprobación por el regulador de las ofertas de acceso reguladas en sectores como el de las telecomunicaciones, que tanto protagonismo ha tenido en la definición ex ante de las obligaciones asimétricas.

Por otra parte, resulta especialmente importante en relación con el servicio de búsqueda la obligación establecida en el artículo 6.5 RMD en relación con la clasificación de los resultados de búsqueda: "[e]l guardián de acceso aplicará condiciones transparentes, equitativas y no discriminatorias a [la] clasificación". Se define como clasificación "la pertinencia atribuida a los resultados de búsqueda por los motores de búsqueda en línea, tal y como los presentan, organizan o comunican [...] motores de búsqueda en línea, con independencia de los medios tecnológicos empleados para tal presentación, organización o comunicación y con independencia de si se presenta o comunica solo un resultado" (art. 2.22 RMD).

La clasificación por motores de búsqueda ya estaba sujeta a regulación con anterioridad a la adopción del RMD en el Reglamento 2019/1150 (Reglamento P2B) que obliga a todo prestador del servicio (no sólo a los guardianes) a "[e]xpon[er] los parámetros principales que, de forma individual o colectiva, sean más significativos a la hora de determinar la clasificación y la importancia relativa de esos parámetros principales, presentando una descripción de acceso fácil y público, redactada de manera sencilla y comprensible, en los motores de búsqueda en línea que ofrecen. La descripción debe mantenerse actualizada" (art. 5.2). Todos los prestadores del servicio de búsqueda están obligados a describir la posibilidad de que los usuarios profesionales influyan en la clasificación remunerando a la plataforma (art. 5.3).

Ahora el RMD establece una regulación asimétrica que refuerza las obligaciones de los guardianes de acceso, en cuanto exige que "[e]l guardián de acceso aplicará condiciones transparentes, equitativas y no discriminatorias a dicha clasificación". El guardián no sólo debe ser transparente en relación con los criterios de clasificación, sino que además debe realizar la clasificación de acuerdo con condiciones equitativas y no discriminatorias. Debe señalarse que el Reglamento no utiliza literalmente la expresión "equitativas, razonables y no discriminatorias", esto es FRAND. Sustituye el término "razonable" por "transparente", pero mantiene el término clave "equitativo

El guardián en el servicio de búsqueda en Internet que a su vez preste servicios objeto de búsqueda queda sujeto a la obligación de no discriminación interna ("no self-preferencing"), que concreta la genérica obligación de proporcionar acceso al servicio de forma no discriminatoria. No basta que el guardián no discrimine entre terceros (discriminación externa) sino que tampoco pude discriminar a terceros en relación con sus propios servicios.

Existen precedentes de discriminación interna por parte de Google en la prestación de servicios de búsqueda. En junio de 2017, la Comisión Europea impuso a Google una multa de 2.420 millones de euros por abuso de posición dominante en el mercado de las búsquedas al dar una ventaja ilegal a otro servicio de Google, su servicio de compras por comparación. Google Shopping permite a los consumidores comparar productos y precios y encontrar ofertas de minoristas digitales de todo tipo, incluidas tiendas digitales de fabricantes, plataformas (como Amazon y eBay), así como otros revendedores. La Comisión subrayó la importancia de los efectos de red directos, indirectos y algorítmicos. La Comisión comprobó que Google había dado sistemáticamente una posición destacada a su propio servicio de compras por comparación y había degradado los servicios de compras por comparación de la competencia en sus resultados de búsqueda.

El RMD avanza la línea de intervención e impone ex ante a los guardianes de acceso en el servicio de búsqueda una prohibición de discriminación interna, esto es, de garantizar a su servicio aguas abajo unas condiciones preferentes respecto a las otorgadas a terceros, especialmente una mayor visibilidad al mostrar los resultados de búsqueda.

3. Obligación de acceso a los datos de búsqueda - art. 6.11

El artículo 6.11 RMD impone al guardián la obligación de "proporciona[r] a terceras empresas proveedoras de motores de búsqueda en línea, a petición de estas, el acceso en condiciones equitativas, razonables y no discriminatorias a datos sobre clasificaciones, consultas, clics y visualizaciones en relación con la búsqueda gratuita y de pago generados por los usuarios finales en sus motores de búsqueda en línea. Cualesquiera de tales datos sobre consultas, clics y visualizaciones que sean datos personales se anonimizarán".

En primer lugar, debemos identificar el ámbito subjetivo de la obligación de acceso. El sujeto obligado es evidentemente la plataforma designada como guardián de acceso en el servicio de motor de búsqueda. Google ha sido designado guardián de acceso en este servicio. La Comisión ha optado por no designar otros guardianes de acceso en este servicios.

Los sujetos beneficiados con el derecho de acceso deben ser oportunamente identificados. El artículo 6.11 RMD se refiere ampliamente a "terceras empresas proveedoras de motores de búsqueda en línea", lo que sugeriría que se incluye a cualquier gestor de un buscador, también los especializados (comparadores de precios, buscadores temático, buscadores de ciertos tipos de contenido como imágenes o música), que son mucho más numerosos y constituyen la entrada natural de nuevos competidores al mercado de búsquedas en Internet. No obstante la definición legal de servicio de motor de búsqueda podría excluir a los buscadores especializados: "un servicio digital que permite a los usuarios introducir consultas para hacer búsquedas de, en principio, todos los sitios web, o de sitios web en un idioma concreto, mediante una consulta sobre un tema cualquiera en forma de palabra clave, consulta oral, frase u otro tipo de entrada, y que en respuesta muestra resultados en cualquier formato en los que puede encontrarse información relacionada con el contenido solicitado" (2.5 del Reglamento P2B).

En tercer lugar, debemos reflexionar el ámbito objetivo de esta obligación de acceso, esto es, sobre los datos que deben ser compartidos. El Reglamento se refiere expresamente a "datos sobre clasificaciones, consultas, clics y visualizaciones". Empecemos con las consultas. Los datos sobre consultas incluyen los términos incluidos en el cajón de búsquedas del guardián, pero también imágenes, sonidos y cualquier otro elemento que pueda ser objeto de búsqueda en Internet. Siguiendo con los resultados de la búsqueda, el guardián proporcionará una clasificación o ranking de resultados, que el Reglamento obliga a que sea compartida con terceros. Es más, Google ha ido incluyendo no sólo los resultados orgánicos de las búsquedas, sino también los resultados patrocinados por los clientes de servicios de publicidad, diversos cajones con información (por ejemplo sobre vuelos) o incluso respuestas a preguntas. Es importante que la información sobre resultados incluya información sobre la forma en que el usuario final visualiza los resultados, pues influye enormemente en la reacción del usuario.

Fundamental es el acceso por terceros a los clics. Los clics son la reacción de los usuarios finales a los resultados mostrados por el guardián. Cuando cada usuario elige el resultado sobre el que hace clic, está ofreciendo información sobre el resultado que considera más relevante. Está validando el funcionamiento del algoritmo de búsqueda. Es precisamente esa respuesta del usuario la que tiene un mayor valor para educar al algoritmo para futuras búsquedas similares. Por eso es fundamental que se incluye en la información a compartir. Un aspecto interesante es delimitar una perspectiva geográfica. ¿Debería Google proporcionar datos generados sólo por usuarios finales europeos, o por el contrario, debería proporcionar datos de búsquedas realizadas en todo el mundo?

En cuarto lugar, el Reglamento especifica que el acceso a los datos debe proporcionarse en condiciones equitativas, razonables y no discriminatorias (Fair, Reasonable And No Discriminatory - FRAND). El acceso en condiciones equitativas y razonables a los datos refiere a las condiciones de acceso, tanto por lo que respecta al objeto del acceso (nivel de agregación de los datos, el elemento temporal (datos más o menos recientes, incluso en tiempo real), etc, como al elemento precio, que aunque no se refiera en el texto de la norma, no debe excluirse que exista.

V. OBLIGACIONES APLICABLES A SERVICIOS DE INTERMEDIACIÓN EN LÍNEA

1. Servicios de intermediación

Los servicios de intermediación en línea se definen en el artículo 2 del Reglamento 2019/1150 como aquellos que cumplen con los siguientes requisitos: 1) constituyen servicios de la sociedad de la información; 2) permiten a los usuarios profesionales ofrecer bienes o servicios a los consumidores, con el objetivo de facilitar el inicio de transacciones directas; y 3) se prestan a los usuarios profesionales sobre la base de relaciones contractuales entre el proveedor de los servicios y los usuarios profesionales que ofrecen los bienes o servicios a los profesionales. Se trata, en lo fundamental, de servicios de mediación o corretaje prestados a usuarios profesionales por medios electrónicos.

Estos servicios han proliferado en las dos últimas décadas, e incluyen servicios tan variados como las plataformas que intermedian la compraventa de bienes (Amazon Marketplace y Meta Marketplace), servicios como Google Maps, Google Shopping, Google Play y el App Store de Apple, servicios todos designados gatekeepers por la Comisión. Incluye también servicios prestados por plataformas de viajes (Airbnb, Expedia, Booking), de movilidad y reparto (Uber, BlaBlaCar, Glovo, Deliveroo), inmobiliarias (Idealista) y todo tipo de comparadores de precios (viajes, seguros, etc). No obstante, la mayoría de estos servicios está lejos de alcanzar los umbrales cuantitativos para ser designados como guardianes.

La intermediación en línea presenta unas circunstancias especiales, pues teniendo naturaleza de contrato mercantil de mediación o corretaje, presenta unos volúmenes extraordinarios, llegando a aglutinar volúmenes mucho mayores que un intermediario tradicional. Los efectos de red directos, indirectos y algorítmicos a menudo tienden a concentrar el mercado entorno a una plataforma, que alcanza una posición de poder de mercado en su relación con los usuarios que hacen uso de la misma. Los guardianes de acceso en esta categoría de servicios digitales alcanzan un gran volumen que les otorga la posibilidad de determinar las condiciones de prestación de los servicios que intermedian.

2. Prohibición de cláusulas "Most Favoured Nation" - art. 5.3

El artículo 5.3 RMD dispone que el guardián "se abstendrá de aplicar obligaciones que impidan a los usuarios profesionales ofrecer los mismos productos o servicios a usuarios finales a través de servicios de intermediación en línea de terceros o de su propio canal de venta directa en línea a precios o condiciones que sean diferentes de los ofrecidos a través de los servicios de intermediación en línea del guardián de acceso".

La prohibición de cláusulas "Most Favoured Nation" se enmarca en la línea de facilitar la entrada al mercado de nuevos competidores, al poder diferenciarse en precios, aunque también refuerza la equidad en la relaciones entre los usuarios profesionales y los guardianes de acceso, al facilitar la desintermediación y que los usuarios profesionales puedan reforzar líneas de distribución paralelas a la del guardián de acceso.

Esta prohibición se dirige fundamentalmente a las plataformas que prestan servicios de intermediación en línea, entre los que destacan los servicios de Amazon y su Marketplace, y los servicios de intermediación de alojamiento y vuelos de Booking. Las cláusulas de nación más favorecida (también llamadas cláusulas de cliente preferencial) requieren que una de las partes contratantes garantice a la otra que está recibiendo los mismos o mejores términos comerciales en relación con sus competidores. El elemento contractual en el que se suele centrar la atención es el precio. Estas restricciones verticales no están prohibidas per se por las normas de competencia, pero pueden llegar a estarlo en determinadas circunstancias.

Existen dos tipos de cláusulas de cliente preferencial. Las cláusulas de cliente preferencial amplias exigen que se garantice un precio igual o mejor que en cualquier canal de distribución. Por ejemplo, una plataforma exigiría que el usuario profesional no distribuya sus bienes y servicios con mejores precios en otras plataformas, y tampoco cuando distribuye a través de su propia red de ventas (por ejemplo su propia web). Las cláusulas de cliente preferencial estrechas exigen que el usuario profesional no oferte mejores precios exclusivamente en sus propios canales de distribución directa. Tradicionalmente, las autoridades de competencia han visto con mayor sospecha las cláusulas amplias y han tendido a valorar positivamente las eficiencias creadas por las cláusulas estrechas. No obstante, esta aproximación se ha matizado en los mercados digitales.

La aplicación de este tipo de cláusulas en los mercados digitales ha generado la intervención reiterada de las autoridades de competencia, en ocasiones con resultados contradictorios en diferentes jurisdicciones. Del mayor interés han resultado los casos sobre las cláusulas utilizadas por la plataforma Booking.com para garantizarse los mejores precios de los hoteles que intermediaba. En 2015, las autoridades de competencia de Francia, Italia y Suecia aceptaron el compromiso de Booking.com de sustituir su cláusula amplia por una estrecha. La autoridad de competencia alemana, que ya se había manifestado contra la cláusula amplia de la plataforma HRS, se manifestó también en contra de la cláusula estrecha de Booking.com que había sido admitida por el resto de las autoridades nacionales de competencia. Si bien la resolución fue originalmente declarada nula en su primera revisión judicial, la Resolución ha sido finalmente declarada de acuerdo a norma mediante sentencia de 18 de mayo de 2021. La red de autoridades de competencia europeas sometió el sector a observación emitiendo un primer informe en 2017.

El RMD establece una prohibición absoluta de la cláusulas de cliente preferencial, tanto las amplias como las estrechas. Debe subrayarse además que en su párrafo 39, la propuesta avanza que "esta restricción debería aplicarse a cualquier medida de efecto equivalente, como por ejemplo el aumento de los porcentajes de comisión o la supresión de las ofertas de los usuarios profesionales". Se adelanta así el texto a prácticas como las identificadas en los Estados Unidos en el caso de Amazon.

El RMD identifica que las cláusulas de cliente preferencial amplias reducen la disputabilidad del mercado "limitan la disputabilidad entre plataformas, lo que, a su vez, limita las opciones de servicios alternativos de intermediación en línea para los usuarios finales". Por el contrario, el RMD prohíbe las cláusulas estrechas en base exclusivamente a criterios de equidad: "limitan injustamente la libertad de los usuarios profesionales para utilizar dichos canales" (párrafo 39).

De esta forma, el RMD zanja el debate entre las autoridades de competencia, en cuanto más allá de las posibles eficiencias derivadas de estas cláusulas, las prohíbe por desleales en relación con los usuarios profesionales, al menos en el caso de los guardianes de acceso.

3. Prohibición de uso de datos para competir con clientes - art. 6.2

El artículo 6.2 RMD impone la siguiente prohibición: "no utilizará, en competencia con los usuarios profesionales, ningún dato que no sea públicamente accesible generado o proporcionado por dichos usuarios profesionales en el contexto de su uso de los servicios básicos de plataforma pertinentes o de los servicios prestados junto con los servicios básicos de plataforma pertinentes, o en apoyo de tales servicios, incluidos los datos generados o proporcionados por los clientes de dichos usuarios profesionales".

La Reglamento incluye una obligación de no hacer consistente en la prohibición de usar datos generados por un usuario profesional en la plataforma, para competir con dicho usuario profesional ofertando un servicio substitutivo. Esta obligación protege la competencia en mercados conexos y protege a los competidores garantizando la equidad en las relaciones entre los guardianes y los usuarios profesionales.

El Reglamento adelanta a línea de intervención pública y define una concreta obligación para los guardianes de acceso de no utilizar los datos sobre los servicios de los usuarios profesionales que obtienen en la gestión de la plataforma para competir con esos mismos usuarios profesionales. Esta obligación es de aplicación a las plataformas que se integran verticalmente y compiten en la prestación de servicios objeto de su intermediación.

4. Compartición de datos por el guardián- 6.10

El artículo 6.10 RMD impone a los guardianes de acceso la obligación de "proporcionará a los usuarios profesionales [...] a petición de estos y de forma gratuita, el acceso efectivo, de calidad, continuo y en tiempo real a los datos agregados o desagregados, y el uso de tales datos, incluidos los datos personales, que se proporcionen o se generen en el contexto de la utilización de los servicios básicos de plataforma o de los servicios prestados junto con los servicios básicos de plataforma pertinentes, o en apoyo de tales servicios, por parte de dichos usuarios profesionales y de los usuarios finales que recurran a los productos o servicios prestados por dichos usuarios profesionales [...]".

El Reglamento incluye obligaciones dirigidas exclusivamente a garantizar la equidad en los mercados en los que la escasa competencia no está en posición de garantizar un adecuado servicio. Siempre en la línea de centrar las obligaciones en los datos como materia prima de los mercados digitales, la Propuesta impone a los guardianes de acceso que prestan servicios de intermediación la obligación de compartir datos con los usuarios profesionales Se pretende así reforzar la posición de los usuarios profesionales en su relación con los guardianes de acceso.

Las plataformas, particularmente las que prestan servicio de intermediación en línea, tienen como efecto desintermediar las tradicionales relaciones entre los prestadores de servicios y sus clientes. Los prestadores de servicios a menudo dejan de tener una relación directa con sus clientes, de modo que no están en situación de amasar datos masivos sobre las transacciones en las que son parte, llegando incluso a ignorar la identidad del usuario final de sus bienes y servicios. Las plataformas, por el contrario, concentran todos los datos sobre las transacciones que intermedian.

El Reglamento obliga a los intermediarios a compartir con los usuarios profesionales los datos relativos a las transacciones en las que participan, tanto los datos agregados como los no agregados. Se incluyen en la obligación los datos relativos a los usuarios finales. Si estos incluyen datos personales, deberá obtenerse el consentimiento, pero no se excluye la compartición de los mismos. La compartición deberá realizarse de forma continua y en tiempo real, garantizando la alta calidad de los datos. El acceso a los datos, además, será gratuito.

VI. SERVICIOS DE COMUNICACIÓN INTERPERSONAL INDEPENDIENTES DE LA NUMERACIÓN

1. El servicio

El Reglamento de Mercados Digitales incluye entre los servicios básicos de plataforma los servicios de comunicación interpersonal independientes de la numeración (art. 2.1.e) RMD). Este servicio se había definido legalmente ya en el denominado Código Europeo de Comunicaciones Electrónicas como el "servicio de comunicaciones interpersonales que no conecta a través de recursos de numeración pública asignados, es decir, de un número o números de los planes de numeración nacional o internacional, o no permite la comunicación con un número o números de los planes de numeración nacional o internacional" (art. 2.7).

Bajo esta denominación se incluyen los servicios denominados "over-the-top - OTT", servicios como los prestados por WhatsApp, Messenger, iMessage o Skype. Lo que es específico de estas plataformas es que prestan sus servicios sobre la infraestructura gestionada por los operadores tradicionales. Por eso se les llama "over-the-top players" (OTTs). Los OTTs están creando nuevas redes de comunicaciones más grandes encima de las redes de telecomunicaciones tradicionales. Las plataformas han permitido las comunicaciones entre pares (peer-to-peer P2P) desde hace años. Así como las plataformas permitieron el intercambio de correos electrónicos o de música a través de Internet, también han permitido el intercambio de otras comunicaciones (mensajes de voz, voz en tiempo real, imágenes y video).

Una característica común de todas estas plataformas es el uso de Internet y la infraestructura desplegada por los operadores de telecomunicaciones para el transporte de su tráfico. Las plataformas simplemente permiten que los clientes interactúen entre sí a través de un software al efecto. Crean efectos de red en la capa de datos, no en la capa de infraestructura. De hecho, los OTTs ni siquiera participan en el enrutamiento de los mensajes o llamadas. Por el contrario, los clientes contratan su propio acceso a los servicios de Internet y las llamadas y mensajes se transmiten haciendo uso de estas redes y servicios. Dado que las plataformas no tienen que invertir en infraestructura ni incurrir en ningún coste por su utilización, pueden prestar su servicio a un coste mucho menor que los servicios tradicionales de telefonía y SMS, incluso de forma gratuita.

Sin embargo, como esos servicios son cada vez más sustitutivos de los servicios de telecomunicaciones tradicionales, cada vez hay más argumentos convincentes para definir esos servicios como servicios de telecomunicaciones. Esto es lo que hicieron las autoridades de la Unión Europea cuando adoptaron el nuevo Código Europeo de Comunicaciones Electrónicas en diciembre de 2018. La definición de servicio de telecomunicaciones se ha ampliado para incluir los "servicios de comunicaciones interpersonales independientes del número", un nombre largo para los servicios de las OTTs. El Código Europeo de las Comunicaciones Electrónicas ordena estos servicios imponiendo algunas obligaciones pero sin llegar a extender el conjunto de las obligaciones que se imponen a los operadores tradicionales del servicio telefónico disponible al público. La principal diferencia entre el tradicional servicio telefónico disponible al público y los servicios OTT venía siendo la exigencia de interoperabilidad. Los prestadores del servicio telefónico disponible al público estaban obligados a interconectar sus redes a fin de garantizar la interoperabilidad del servicio con independencia de quien es el operador que presta el mismo. La extensión de la obligación de interoperabilidad a los OTTs ha sido objeto de debate en los últimos años, debate que ha sido zanjado por el RMD.

La Comisión ha designado guardián de acceso los servicios WhatsApp y Messenger de Meta, y ha iniciado una investigación de mercado para decidir sobre la inclusión del servicio iMessage de Apple, que alcanza los umbrales cuantitativos pero ha solicitado la exclusión.

2. *Obligación de interoperabilidad*

El Reglamento de Mercados Digitales, avanza la línea de intervención ya prevista en el Código Europeo de Comunicaciones Electrónicas y en la LGtel, e impone a los guardianes de acceso en este servicio la obligación de interoperabilidad en su artículo 7: "[c]uando un guardián de acceso preste servicios de comunicaciones interpersonales independientes de la numeración [...] hará que las funcionalidades básicas de sus servicios de comunicaciones interpersonales independientes de la numeración sean interoperables con los servicios de comunicaciones interpersonales independientes de la numeración de otro proveedor que ofrezca o tenga intención de ofrecer tales servicios en la Unión, proporcionando las interfaces técnicas necesarias o soluciones similares que faciliten la interoperabilidad, previa solicitud y de forma gratuita".

Siempre según el Reglamento "[l]a falta de interoperabilidad permite a los guardianes de acceso que prestan servicios de comunicaciones electrónicas interpersonales independientes de la numeración beneficiarse de importantes efectos de red, lo que contribuye a debilitar la disputabilidad. Además, aunque los usuarios finales recurran a la multiconexión, los guardianes de acceso a menudo prestan servicios de comunicaciones electrónicas interpersonales independientes de la numeración en el marco de su ecosistema de plataforma, lo que obstaculiza aún más la entrada en el mercado de proveedores alternativos de esos servicios e incrementa los costes para los usuarios finales que quieran cambiar de proveedor" (párrafo 64).

El Reglamento establece un concreto calendario para la introducción de la interoperabilidad de los diversos servicios, o en su terminología "funcionalidades": 1) en el momento de la designación: los mensajes de texto de extremo a extremo entre dos usuarios finales individuales y el intercambio de imágenes, mensajes de voz, vídeos y otros archivos que se adjunten a la comunicación de extremo a extremo entre dos usuarios finales individuales; 2) transcurridos dos años desde la designación: los mensajes de texto de extremo a extremo entre grupos de usuarios finales individuales y el intercambio de imágenes, mensajes de voz, vídeos y otros archivos que se adjunten a la comunicación de extremo a extremo entre un chat en grupo y un usuario final individual; y 3) transcurridos cuatro años desde la designación: i) las llamadas de voz de extremo a extremo entre dos usuarios finales individuales, las videollamadas de extremo a extremo entre dos usuarios finales individuales, las llamadas de voz de extremo a extremo entre un chat en grupo y un usuario final individual, y las videollamadas de extremo a extremo entre un chat en grupo y un usuario final individual.

La interoperabilidad de estos servicios plantea dos retos. Por una parte, debe introducirse una mínima estandarización de los servicios para hacer posible la interoperabilidad. Si bien todas las plataformas utilizan el protocolo IP para la transmisión, cada una utiliza sus propias normas técnicas, por ejemplo para encriptar los mensajes. El primer paso para que los servicios sean interoperables, por lo tanto, es estandarizar el servicio, o al menos acordar unas reglas comunes para interconectar. Por otra parte, la interoperabilidad no debe suponer la pérdida del nivel de seguridad de las comunicaciones, incluido el cifrado extremo a extremo que en su caso proporcione cada guardián. Una vez más, deberá ser objeto de armonización el sistema de seguridad empleado en cada red.

El guardián de acceso queda obligado a publicar una oferta de referencia que establezca los detalles técnicos y los principios y condiciones generales de la interoperabilidad con sus servicios, entre ellos los detalles necesarios en relación con el nivel de seguridad y el cifrado de extremo a extremo. El plazo para la publicación es de seis meses tras la designación como guardián. La oferta de referencia es un instrumento fundamental en la regulación de las telecomunicaciones y otras industrias en red, ya que facilita la conclusión de contratos, evitando una tediosa negociación bilateral. No muy diferente de esta oferta de referencia es la publicación de las condiciones generales de acceso que se impone a los guardianes que prestan servicios de tiendas de aplicaciones, motores de búsqueda y redes sociales en virtud del artículo 6.12 RMD.

Debe subrayarse que el Reglamento avanza que los guardianes garantizarán la interoperabilidad "de forma gratuita" (art. 7.1 RMD). La interconexión de las redes de telefonía siempre estuvo sujeta al pago de un precio por la prestación del servicio de interconexión, pago dirigido a recuperar el coste de la infraestructura subyacente. De hecho, la definición del precio ha sido siempre el objeto de mayor controversia. La interoperabilidad de este servicio, sin embargo, no contempla pago alguno, pues estos servicios se prestan "over-the-top", esto es, no incluyen la transmisión de la comunicación por la infraestructura, transmisión que el usuario ya ha contratado con su prestador de servicio de acceso a Internet. Se trata simplemente de que el software que se descargan los clientes de una y otra plataforma sea interoperable, lo que no tiene coste alguno. Por eso la interoperabilidad no se condiciona a un desembolso económico por los prestadores del servicio.

Tras la publicación de la oferta de referencia, cualquier proveedor de servicios de comunicaciones interpersonales independientes de la numeración que ofrezca o tenga intención de ofrecer tales servicios en la Unión podrá solicitar la interoperabilidad. Dicha solicitud podrá incluir algunas de las funcionalidades básicas o todas ellas. El guardián dará curso a toda solicitud de interoperabilidad razonable en un plazo de tres meses desde la recepción de esta, haciendo operativas las funcionalidades básicas solicitadas.

El Reglamento no extiende la obligación de interoperabilidad a otros servicios básicos de plataforma. No obstante, en su artículo 53 contempla que antes de mayo de 2026 deberá valorarse la aplicación del Reglamento, y de forma específica, evaluar si la obligación de interoperabilidad podría extenderse a los servicios de redes sociales en línea.

VII. APLICACIÓN DEL REGLAMENTO

El Reglamento de Mercados Digitales se enfrenta al reto de su ejecución. Los mercados digitales presentan un acusado dinamismo, de forma que las obligaciones definidas en el Reglamento podrían quedar desfasadas en un breve plazo. Además, los guardianes tienen incentivos para evitar el cumplimiento de un marco normativo tan novedoso a nivel mundial. Finalmente, existe una evidente asimetría informativa entre los guardianes de acceso y el regulador, lo que facilitaría a los guardianes circunvalar las obligaciones impuestas en el Reglamento. Por estos motivos, el RMD desarrolla toda una serie de instrumentos para garantizar la efectividad de las obligaciones impuestas a los guardianes.

1. *Actividad sancionadora*

El RDM constituye, en lo fundamental, un régimen sancionador. Empieza definiendo obligaciones a los guardianes de acceso, para posteriormente definir el régimen de instrucción de expedientes sancionadores y acaba contemplando elevadas sanciones por incumplimiento.

Cuando la Comisión se proponga incoar un procedimiento con vistas a la posible adopción de decisiones sancionadoras, adoptará una decisión de incoación de un procedimiento. Nada impide, sin embargo, que la Comisión ejerza con anterioridad sus competencias de investigación, en una suerte de diligencias previas. La Comisión puede incoar el expediente tras denuncia de terceros, bien a la autoridad nacional competente o directamente a la Comisión, de cualquier práctica o comportamiento de los guardianes que constituya una infracción (art. 27 RMD). El 25 de marzo de 2024, la Comisión incoó expedientes a Google por la autopreferencia en Google Search y por Google Play a Apple por la pantalla de elección de Safari y por la App Store y a Meta por el modelo de "pago o consentimiento". La Comisión anunció nuevas medidas de investigación en relación con la autorpreferencia de Amazon y la distribución alternativa de aplicaciones de Apple.

El Reglamento de Mercados Digitales otorga a la Comisión amplios poderes de investigación en el marco de procedimientos sancionadores, agotando los instrumentos desarrollados a lo largo de décadas de aplicación de las normas de competencia del Tratado. La Comisión está habilitada para exigir a las empresas y asociaciones de empresas que faciliten toda la información necesaria, bien por medio de una simple solicitud, bien por medio de una decisión (art. 21 TMD). El requerimiento deberá incluir: i) la base jurídica en la que se funda el requerimiento; ii) la finalidad del requerimiento; iii) el plazo para atender el requerimiento y iv) las multas previstas en caso de incumplimiento.

El Reglamento hace especial mención a la potestad de la Comisión de "exigir el acceso a cualesquiera datos o algoritmos de las empresas [...], así como solicitar explicaciones sobre ellos" (art. 21.1 RMD). Los algoritmos desempeñan una función capital en el funcionamiento de las plataformas y suponen un gran reto para los reguladores debido a su falta de transparencia.

En el plazo de seis meses la Comisión deberá comunicar sus conclusiones preliminares al guardián de acceso, explicando las medidas que esté considerando adoptar o que considere que el guardián de acceso debe adoptar para atender de forma efectiva a las conclusiones preliminares. El guardián tiene derecho a acceder al expediente y a ser oído antes de la adopción de la decisión con respecto a las conclusiones preliminares de la Comisión, y las medidas que la Comisión se proponga adoptar. La Comisión fijará al efecto un plazo de al menos 14 días

La Comisión procurará adoptar la Decisión en materia incumplimiento en un plazo de doce meses desde la incoación. La Comisión puede decidir no adoptar una decisión de incumplimiento, poniendo fin al procedimiento mediante una decisión. El procedimiento puede terminar porque el guardián asuma compromisos. Finalmente, la Comisión puede adoptar una decisión de incumplimiento, imponiendo una sanción, ordenando al guardián que cese el incumplimiento dentro de un plazo apropiado y que dé explicaciones sobre la forma en que tiene previsto cumplir dicha decisión.

El Reglamento de Mercados Digitales contempla la imposición de importantes sanciones a los guardianes en caso de infracción de las obligaciones materiales previstas en el Reglamento. Los siguientes son los incumplimientos que pueden desencadenar las multas de la Comisión: a) cualquiera de las obligaciones establecidas en los artículos 5, 6 y 7 RMD; b) las medidas especificadas por la Comisión mediante un acto de ejecución; c) las medidas correctoras en caso de incumplimiento sistemático; d) las medidas cautelares; y e) los compromisos que se hayan hecho jurídicamente vinculantes por la Comisión.

Las sanciones podrán alcanzar el 10% del volumen de negocios total a nivel mundial en el ejercicio anterior del guardián de acceso. En caso de reiterarse la comisión de la misma infracción, o una muy similar, en el plazo de ocho años, la multa podrá alcanzar el 20% del volumen de negocio.

2. *Actividad de regulación*

Desde un primer momento se entendió que un régimen sancionador ordinario resultaría insuficiente para disciplinar a las grandes plataformas. Al fin y al cabo, la Comisión ya disponía del potente régimen sancionador previsto en las normas de competencia del Tratado de Funcionamiento de la Unión Europea y no se ha considerado suficiente. La Comisión entendió desde un principio que sería necesario complementar el régimen sancionador con otras formas de intervención pública más flexibles y dinámicas. Estas formas implican una deslegalización en cuanto la potestad de definir las obligaciones se traslada del Legislador a otras instancias.

La primera forma de deslegalización adopta formas similares a las de la regulación económica, también denominada regulación ex ante. La regulación puede definirse como la actividad de la Administración consistente en el control continuo y concentrado de un mercado mediante la imposición a sus operadores de obligaciones jurídicas proporcionales a misiones de interés general objetivamente determinadas, según la valoración que en un ámbito de extraordinaria discrecionalidad realiza la Administración. El RMD se inspira en la regulación de las industrias en red, aunque con importantes diferencias.

El Reglamento otorga a la Comisión amplias potestades ejecutivas, incluyendo decisivas potestades para completar las obligaciones establecidas en el Reglamento mediante actos delegados y para especificar las medidas a adoptar por los guardianes mediante actos de ejecución.

El Reglamento de Mercados Digitales otorga a la Comisión la potestad de completar el contenido de las obligaciones establecidas en los artículos 5, 6 y 7 del RMD mediante la adopción de un acto de delegado (art. 12). Los actos delegados son actos ejecutivos, no legislativos, de aplicación general, adoptados por la Comisión, que sirven para completar o incluso modificar elementos de la legislación. La facultad de la Comisión para adoptar actos delegados está sometida a unos límites estrictos. El acto delegado no puede modificar los elementos esenciales de la norma delegante. La norma delegante debe definir los objetivos, el contenido, el alcance y la duración de la delegación de poderes. El Parlamento y el Consejo pueden revocar la delegación o formular objeciones al acto delegado.

El Reglamento de Mercados Digitales otorga a la Comisión la potestad de especificar, con alcance individual, el contenido de las obligaciones impuestas a un guardián de acceso en los artículos 6 y 7 del RMD (no las obligaciones del artículo 5), mediante la adopción de un acto de ejecución (art. 8.2). Los actos de ejecución establecen normas pormenorizadas que permiten la ejecución uniforme de los actos jurídicamente vinculantes de la Unión. No pueden añadir, eliminar o modificar elementos del acto de base (el Reglamento) y deben limitarse a ejecutar el contenido del mismo sin modificar su esencia. Los actos de ejecución permiten a la Comisión ejercer la actividad de regulación. Más allá de lo previsto en las a menudo abstractas obligaciones de los artículos 6 y 7, el concreto contenido del régimen jurídico aplicable a cada guardián podrá ser definido por la Comisión mediante estos actos de ejecución. Una Comisión muy activa podría convertir estos actos en el elemento central del marco regulador de los guardianes de acceso, adoptando actos de ejecución que ordenen exhaustivamente el régimen de prestación de servicios, además de revisar frecuentemente las decisiones para mantenerlas actualizadas.

La concreción de las obligaciones no se agota en los actos delegados y de ejecución. El Reglamento contempla otros instrumentos para la concreción de las obligaciones. 1) el diálogo regulatorio: el artículo 8.3 del RMD contempla la posibilidad de que los guardianes soliciten a la Comisión participar en un procedimiento para determinar si las medidas que ese guardián de acceso pretende aplicar o ha aplicado para garantizar el cumplimiento de lo dispuesto en los artículos 6 y 7 son eficaces para alcanzar el objetivo de la obligación correspondiente en las circunstancias específicas del guardián de acceso; 2) directrices: el Reglamento contempla específicamente que la Comisión podrá adoptar directrices sobre cualquiera de los aspectos del Reglamento con el fin de facilitar su aplicación y ejecución efectivas (art. 47); y 3) compromisos: los compromisos son medidas propuestas por los guardianes en el marco de un expediente sancionador, que la Comisión incorpora a un acto de ejecución haciéndolos vinculantes, acto con el que pone fin al expediente sancionador.

Finalmente, el Reglamento contempla la posibilidad de que la Comisión adopte, literalmente "cualquier medida correctora, ya sea correctora del comportamiento o estructural que sea proporcionada" (art. 18.1), cuando se identifique un incumplimiento sistemático de las obligaciones en los artículos 5, 6 y 7 del Reglamento. Es esta una medida excepcional, la intervención de mayor intensidad que contempla el Reglamento.

Nos encontramos siempre ante potestades en el ámbito de la ejecución de la norma de rango legislativo, pero de potestades con un acusado grado de discrecionalidad en la definición de las obligaciones que han de pesar sobre las empresas reguladas. Se asemeja esta actividad administrativa a la intervención de los reguladores nacionales en el sector de las telecomunicaciones y otros sectores regulados. La concreción de las obligaciones mediante ulteriores instrumentos más allá del instrumento legislativo otorga al sistema el necesario dinamismo para adaptarse a la evolución de los mercados digitales, especialmente dinámicos. No obstante, este dinamismo debilita el principio de legalidad, que garantiza seguridad jurídica y protección a las empresas frente a la arbitrariedad. Por eso es necesario introducir salvaguardas procedimentales y una activa revisión judicial.

3. Instrumentos de "compliance"

La siguiente forma de deslegalización es más novedosa. Consiste en trasladar a las empresas reguladas la obligación de demostrar el cumplimiento de las obligaciones legales, garantizando su cumplimiento (art. 8.1 RMD), mediante la obligación de concretar las medidas que adoptan para garantizar el cumplimiento. El Reglamento traslada formalmente a las empresas reguladas la carga de identificar las concretas medidas a adoptar para cumplir las a menudo abstractas obligaciones legales.

Muchas de las obligaciones impuestas a los guardianes son muy genéricas y abstractas y requieren la concreción de las específicas medidas que han de adoptarse para dar cumplimiento a las mismas. Un regulador tradicional se embarcaría en la titánica empresa de adoptar diferentes instrumentos para concretar las medidas: aprobar resoluciones con obligaciones ex ante, aprobar ofertas de acceso reguladas, definir obligaciones mediante la resolución de conflictos de acceso, etc. Ya apuntamos que el RMD contempla la adopción de actos delegados y de ejecución para completar y especificar el contenido de numerosas obligaciones. No obstante, estos actos no están llamados a agotar la necesidad de concreción. Por el contrario, el RDM traslada a los guardianes la concreción de las medidas a adoptar.

En palabras literales del Reglamento, "el guardián de acceso garantizará y demostrará el cumplimiento de las obligaciones establecidas en los artículos 5, 6 y 7 del presente Reglamento" (art. 8.1 RMD). En concreción de este principio, el Reglamento contempla toda una serie de instrumentos propios de la reciente tradición del cumplimiento normativo ("compliance"): la publicación de un informe anual de cumplimiento explicando las medidas adoptadas para dar cumplimiento, la figura del agente de cumplimiento (claramente inspirada por el delegado de protección de datos), diálogos regulatorios entre el guardián y la Comisión para la concreción de las obligaciones, compromisos del propio guardián para dar concluir expedientes sancionadores, etc.

Por supuesto, el regulador interviene posteriormente para supervisar la actuación de la empresa regulada. Nos encontramos ante un paso más en el fenómeno de deslegalización. Ya no sólo se traslada al Ejecutivo la concreción de las obligaciones, sino que se traslada a las propias empresas reguladas. Esta forma de intervención se inspira directamente en las nuevas técnicas de intervención pública en materia de protección de datos. No es casualidad que el régimen en materia de datos influya en la regulación de los mercados digitales, ya que los datos son la materia prima de estos mercados. También se inspira en innovadoras evoluciones por ejemplo en la ejecución de las normas tributarias como el denominado "cumplimiento cooperativo" ("cooperative compliance").

4. La escalera de intervención

La ejecución del régimen jurídico establecido en el RMD pivota, pues, entre tres instrumentos de intervención pública: el régimen sancionador tradicional, la regulación económica, y el más novedoso régimen del "compliance". El concreto equilibrio entre estos tres instrumentos está por definir. La preponderancia entre unos y otros dependerá en gran medida de la actitud de los guardianes de acceso. Una actitud colaboradora de los guardianes dará mayor protagonismo a los instrumentos de concreción de medidas por los propios guardianes, otorgando a la Comisión un papel de supervisor, reduciendo la necesidad de regular en detalle en sector y reduciendo los expedientes sancionadores. Por el contrario, una actitud más combativa de los guardianes desembocará en una mayor relevancia de los actos delegados y de ejecución y, más allá, en la imposición de multas.

La conjugación de estos tres instrumentos de forma creativa puede dar lugar a una nueva forma de intervención pública. La Comisión puede combinar los tres instrumentos de forma que explote el protagonismo de los guardianes en la concreción de las medidas a adoptar, en cuanto son los mejores conocedores de sus actividades, teniendo los guardianes el incentivo de colaborar si quieren evitar la intrusión de la Comisión en la concreción de las obligaciones y, finalmente, las multas.

Se crea así una "escala" en la intensidad de la intervención pública, desde la mera supervisión de la ejecución por los guardianes, pasando al control más activo y la concreción de las obligaciones por la Comisión, acabando en la imposición de multas, que a su vez contempla ulteriores graduaciones en la intensidad de la intervención, desde la mera multa, la multa más elevada en caso de reiteración en la infracción y una nueva figura de "incumplimiento sistemático" que permite a la Comisión imponer "cualquier medida" necesaria y proporcionada, incluyendo medidas estructurales como la segregación de actividades.

5. *Marco institucional*

Analizados los instrumentos de ejecución el Reglamento de Mercados Digitales se concluye, sin lugar a dudas, que la Comisión está llamada a asumir el protagonismo en la aplicación del Reglamento, en cuanto "única responsable de hacer cumplir el presente Reglamento" (art. 38.7 RMD). Los Estados miembros participarán de forma secundaria en la aplicación del Reglamento, aunque disponen de algún instrumento de interés.

La Comisión asume las principales competencias en la ejecución del RMD. Corresponde a la Comisión: 1) designar a los guardianes de acceso; 2) supervisar los programas de cumplimiento normativo de los guardianes; 3) adoptar los actos de delegación para completar las obligaciones de los guardianes; 4) adoptar los actos de ejecución para especificar el contenido de las obligaciones de los guardianes; 5) sancionar a los guardianes en caso de incumplimiento de sus obligaciones; y 6) adoptar las medidas necesarias en caso de incumplimiento sistemático.

Más allá, el Reglamento es rotundo cuando establece que "los Estados miembros no impondrán a los guardianes de acceso obligaciones adicionales mediante disposiciones legales, reglamentarias o administrativas encaminadas a garantizar unos mercados disputables y equitativos" (art. 1.5). Los Estados no sólo no gozan de competencias para la ejecución del Reglamento, sino que tampoco pueden adoptar disposiciones destinadas a garantizar los mismo objetivos de disputabilidad y equidad. La justificación es evitar la fragmentación del mercado único.

Para contrarrestar el excepcional protagonismo de la Comisión, el Reglamento incluye tres contrapesos. En primer lugar, el Reglamento se aplica a una lista abierta pero muy reducida, de guardianes de acceso. Los Estados miembros tienen la potestad de adoptar sus propias normas nacionales para disciplinar a las plataformas que pueden tener poder de mercado, pero que no superan los exigentes umbrales del Reglamento. En segundo lugar, el Reglamento tiene un objeto acotado. Por una parte, se aplica a una lista cerrada de servicios, los diez servicios básicos de plataforma. Por otra parte, el objeto es la protección de la disputabilidad y la equidad, pero no la defensa de otros objetivos de política pública. Una vez más, el equilibrio en el reparto de poderes reposa en acotar el ámbito de competencias de la Comisión a un objeto limitado. En tercer lugar, se define una serie de instrumentos de participación de los Estados miembros en la ejecución del Reglamento, especialmente en la adopción de actos delegados y de ejecución por parte de la Comisión. Primero, la adopción de los principales actos de ejecución por la Comisión requiere un procedimiento de comité, instrumento ordinario de participación de los Estados miembros en la labor de ejecución de la Comisión. Segundo, el Reglamento contempla toda una serie de instrumentos de colaboración entre la Comisión y los Estados miembros en su ejecución: 1) comunicación de información de que dispongan los Estados (art. 21); 2) asistencia de los Estados en inspección y entrevistas (arts. 22 y 23); o 3) nombramiento de funcionarios de las autoridades nacionales competentes de los Estados miembros, para ayudar a la Comisión a controlar las obligaciones y medidas y proporcionarle experiencia o conocimientos específicos (art. 26). Tercero, el RMD otorga a los Estados miembros diversos instrumentos para invitar a la Comisión a adoptar actos de ejecución del Reglamento en forma de solicitud de una investigación de mercado.

Las autoridades nacionales de competencia podrán investigar incumplimientos por los guardianes de sus obligaciones bajo los artículos 5, 6 y 7 del Reglamento, pero deberán comunicarlo a la Comisión. Si la Comisión decide incoar procedimiento, privará a las autoridades nacionales de competencia de la potestad de llevar a delante tal investigación, o pondrá fin a la misma si ya se inició, trasladando a la Comisión sus conclusiones (art. 38)

Finalmente, el Reglamento crea un Grupo de Alto Nivel sobre el Reglamento de Mercados Digitales (art. 40) a efectos de facilitar el asesoramiento por autoridades nacionales competentes en materia de telecomunicaciones, audiovisual, protección consumidores, protección de datos y competencia, a través de los organismos europeos y redes de colaboración entre los mismos: a) el Organismo de Reguladores Europeos de las Comunicaciones Electrónicas; b) el Supervisor Europeo de Protección de Datos y Comité Europeo de Protección de Datos; c) la Red Europea de Competencia; d) la Red de cooperación en materia de protección de los consumidores, y e) el Grupo de Entidades Reguladoras Europeas para los Servicios de Comunicación Audiovisual.

BIBLIOGRAFÍA

ALEXIADIS, P. y DE STREEL, A., *Designing an EU Intervention Standard for Digital Platforms*, EUI Working Papers, RSCAS 2020/14, 2020.

ARCEP, *Plateformes numériques structurantes. Eléments de réflexion relatif à leur caractérisation*, Informe, diciembre 2019.

ARGENTON, C. y PRÜFER, J., "Search Engine Competition with Network Externalities", *Journal of Competition Law & Economics*, vol. 8(1), 2012, pp. 73-105.

AUSTRALIAN COMPETITION & CONSUMER COMMISSION, *Digital Platforms Enquiry*, Informe, 2019.

AUTORITÉ DE LA CONCURRENCE & BUNDESKARTELLAMT, *Competition Law and Data*, Informe, 2016.

AUTORITEIT CONSUMENT & MARKT, *Market Study into Mobile App Stores*, Informe 2019.

BAUMOL, W. J., "Contestable markets: an uprising in the theory of industry structure", American Economic Review, 72 (1), 1982, pp. 1-15.

BOURREAU, M., "DMA Horizontal and Vertical Interoperability Obligations", "*Effective and Proportionate Implementation of the DMA*", CERRE, Informe, Enero 2023, pp. 143-161.

BROUGHTON MICOVA, A., "DMA Transparency Requirements in Relation to Advertising", "*Effective and Proportionate Implementation of the DMA*", CERRE, Informe, enero 2023, pp. 49-68.

BUNDESKATELLAMT, B6-22/16, Facebook, Exploitative business terms pursuant to Section 19(1) GWB for inadequate data processing, 15.2.2019.

CABRAL et al., *The EU Digital Markets Act: A Report from a Panel of Economic Experts*, Publication Office of the European Union, 2021.

COLANGELO, M., "Competition Law and Most Favoured Nation Clauses in Online Markets", "*Developments in Competition Law & Economics*", Springer, 2019.

COMPETITION AND MARKETS AUTHORITY, *Online platforms and digital advertising*, Informe 2020.

COMPETITION AUTHORITIES WORKING GROUP ON DIGITAL ECONOMY, BRICS in the Digital Economy. Competition Law in Practice, 2019.

CRÉMER ET AL. "*Enforcing the Digital Markets Act: Institutional Choices, Compliance and Antitrust*", Tobin Center for Economic Policy, Yale, Policy Discussion Paper no. 7, 1 diciembre 2022.

CRÉMER, J., DEMONTJOYE Y.-A. y SCHWEITZER, H., *Competition Policy for the Digital Era*, Informe 2019 para la Comisión Europea.

DE STREEL, A., FEASY, R., KRAMER, J. y MONTI, G., *Making the Digital Markets Act more Resilient and Effective*, CERRE, mayo de 2021.

FEASEY, R. y KRÄMER, J., *Implementing effective remedies for anti-competitive intermediation bias on vertically integrated platforms*, Informe para CERRE, 2019.

FURMAN, J. y otros, Unlocking Digital Competition, Informe de Digital Competition Expert Panel, 2019.

GERARDIN, D., y KATSIFIS, D., "An EU competition law analysis of online display advertising in the programmatic age", *European Competition Journal*, 15(1), 2019, pp. 55-96.

HOVENKAMP, E., "Platform Antitrust", *Journal of Corporation Law*, 2019.

JEON, D. S., "*Market power and Transparency in Open Display Advertising - a case study*", Report, Expert Group for the Observatory on the Online Platform Economy, 2021.

KHAN, L. M., "Amazon's antitrust paradox", *Yale Law Journal*, 126, 2016, 710.

KHAN, L., "The separation of platforms and commerce", *Columbia Law Review*, 119, 2019, 973.

KRÄMER, J., "Data access provisions in the DMA", "*Effective and proportionate implementation of the DMA*", Informe para CERRE, pp. 118-142.

KRÄMER, J., SCHNURR, D. y DE STREEL, A., *Internet Platforms and Non-Discrimination*, Informe para CERRE, 2017.

KRÄMER, J., SENELLART, P. y DE STREEL, A., *Making Data Portability More Effective for the Digital Economy. Economic Implications and Regulatory Challenges*, Report, CERRE, 2020.

LYNSKEY, O., "*Regulating Platform Power*", LSE Law, Society and Economy Working Papers 1/2017.

MONTERO PASCUAL, J. J. *El Reglamento de Mercados Digitales. La regulación de las grandes plataformas*, Tirant lo Blanch, Valencia, 2024.

MONTERO PASCUAL, J. J., *Regulación económica. La actividad administrativa de regulación de los mercados*, Tirant lo Blanch, 5º edición 2023.

MONTERO PASCUAL, J. J., "La noción de poder significativo de mercado en el nuevo marco regulatorio de las telecomunicaciones", en Gaceta Jurídica de la Unión Europea y de la Competencia, núm. 234, 2004, pp. 73-89.

MONTERO, J. J. y FINGER. M., *The Rise of the New Network Industries. Regulating Digital Platforms*, Routledge Nueva York.

MONTERO, J. y FINGER, M., "Platformed! Network industries and the new digital paradigm", *Competition and Regulation in Network Industries*, 18(3-4), 2017, pp. 217-239.

MONTI, G. "Procedures and institutions in the DMA", "*Effective and Proportionate Implementation of the DMA*", Informe CERRE, enero de 2023.

NIKOLIC, I. y HEIM, M., "A FRAND regime for dominant digital platforms", Journal of Intellectual Property, Information Technology and E-Commerce Law, 2019, 18, 38-55.

OCDE, Rethinking Antitrust Tools for Multi-sided Platforms, Informe, 2018.

OECD, "*Mapping data portability initiatives, opportunities and challenges*", OECD Digital Economy Papers, No. 321, OECD Publishing, París, 2021.

OLMEDO PERALTA, E., *Las decisiones de compromisos (commitment decisions) y la terminación convencional de los procedimientos en el derecho de las competencia europeo y español,* Aranzadi, Pamplona, 2020.

PADILLA, PERKINGS y PICCOLO, "Self-preferencing in markets with vertically integrated gatekeeper platforms", *Journal of Industrial Economics*, 70, 371-395.

PEITZ, M., "The Prohibition of Self-Preferencing in the DMA", "*Effective and Proportionate Implementation of the DMA*", CERRE, Informe, enero 2023, pp. 88-116.

RODRÍGUEZ AYUSO, J. F., "La figura del Data Protection Officer en la contratación pública en España", *Revista Digital de Derecho Administrativo*, nº 25, 2021, pp. 309-336.

RODRÍGUEZ DE LAS HERAS, T., "*The Scope of the DMA", "To Break Up or to Regulate Big Tech? Avenues to Constrain Private Power in the DSA/DMA Package*", Max Plank Institute for Innovation and Competition, Paper No 21-25, 2021, pp. 71- 77.

RODRÍGUEZ MARTINEZ, I., "El servicio de mediación electrónica y las plataformas de economía colaborativa", *Revista de Derecho Mercantil*, nº 305, 2017, pp. 181-216.

TAMAYO VELASCO, B. J., *Los retos de la economía digital y la propuesta de "ley de mercados digitales" de la Unión Europea*, Comares, Granada, 2021.

WU, T., *The Curse of Bigness. Antitrust in the New Gilded Age*, Columbia Global Reports, Nueva York, 2018.

Capítulo Cuarto

El comercio electrónico

ISABEL RODRÍGUEZ MARTÍNEZ

SUMARIO: I. Concepto y evolución del comercio electrónico. II. Normativa aplicable. III. Obligaciones de los prestadores de servicios de la sociedad de la información. IV. La contratación electrónica. V. La intermediación en el comercio electrónico: los *marketplaces*.

I. CONCEPTO Y EVOLUCIÓN DEL COMERCIO ELECTRÓNICO

1. Introducción

La irrupción de las nuevas tecnologías y, especialmente, de internet ha dado lugar a nuevas formas de distribución de productos y servicios. El uso de internet en el comercio no se limita a la comercialización, también abarca todas aquellas herramientas electrónicas que apoyan la transacción, y ello con independencia de donde se efectúe el pago final.

En efecto, en la actualidad Internet ha demostrado su influencia sobre casi todos los sectores de actividad e independientemente del momento de la contratación. Ahora bien, el objeto principal de su influencia ha sido y sigue siendo el comercio electrónico o digital a través del cual la oferta es promocionada y los contratos son ofertados, perfeccionados y, en algunos casos, ejecutados electrónicamente. De ahí que la modalidad de la contratación a la que da lugar se denomine *contratación electrónica.* La contratación electrónica, por tanto, se determina por la existencia del elemento electrónico siempre que aquél tenga efectiva incidencia sobre la formación de la voluntad, ejecución o interpretación futura del acuerdo.

En general, el *e-commerce* y la contratación electrónica han transformado la forma en que las empresas realizan sus transacciones comerciales y sigue evolucionando con el desarrollo de nuevas tecnologías e innovaciones. En los últimos años han surgido nuevas oportunidades para el comercio electrónico, al canalizar parte de la actividad comercial tradicional y fundamentalmente porque ofrece varias ventajas, como comodidad, rapidez, menores costes y mejores precios, mayor alcance del mercado y compromiso del cliente.

El comercio electrónico es organizado e impulsado por los prestadores de servicios, que proporcionan la infraestructura, las plataformas y los servicios necesarios para facilitar y llevar a cabo las transacciones comerciales en línea. Su papel abarca desde la creación de plataformas de comercio electrónico hasta la protección de datos y la seguridad de las transacciones. Por ello, se encuentran sometidos a una intensa y específica regulación.

En este tema se estudia en primer lugar el fenómeno y regulación del comercio electrónico, que ha de incluir el del régimen de quienes lo facilitan y canalizan, esto es, los prestadores de servicios de la sociedad de la información, si bien con especial atención a los servicios de las plataformas digitales (tiendas virtuales) y, entre ellas, las grandes plataformas que intermedian y, por tanto, facilitan el comercio electrónico entre compradores y vendedores, esto es, las conocidas como *gatekeepers* o guardianes de acceso. En segundo lugar, el tema aborda el análisis detallado del régimen del contrato electrónico como instrumento para la distribución y venta electrónica.

2. *Evolución*

A medida que se ha acelerado la transformación digital, el entorno del comercio electrónico se vuelve cada vez más dinámico. Los nuevos modelos de negocio han transformado las relaciones entre el comprador y el vendedor y han ampliado la frontera de lo que es posible comprar y vender en línea.

Así, muchas empresas están innovando en la forma en que venden productos en línea. Estas pueden hacer uso de una gama de tecnologías digitales, incluyendo la inteligencia artificial, la cadena de bloques (tecnología de registro descentralizado o DLT, *Distribuited Ledger Tecnology*), Internet de las cosas y los dispositivos de entrega autónomos como drones o robots, todos ellos con el fin de facilitar el comercio electrónico. Sin desdeñar el carácter complementario de los nuevos servicios de pago como el dinero móvil y los monederos digitales que amplían el alcance del comercio electrónico. Por su parte, las plataformas de comercio electrónico a través de su software ponen en contacto a compradores y vendedores, incluso de diferentes países, para facilitar las transacciones por Internet. Están optimizadas para realizar transacciones, ya sea desde un sitio web independiente o por medio de una aplicación en los gestores de contenido.

Especial relevancia adquieren las tiendas de aplicaciones (apps) que actúan como plataformas de distribución y facilitación para aplicaciones móviles y software relacionado con el comercio electrónico. También están creciendo los modelos de negocio de servicios basados en suscripción (por ejemplo, la transmisión de música en línea), que permiten la provisión continua de productos a cambio de pagos recurrentes.

Y no cabe olvidar la proliferación de otros modelos de negocio, como los que incluyen aquellos que utilizan características físicas o tradicionales para vender en línea (por ejemplo, modelos de tipo omnicanal). Desde los supermercados automatizados hasta los pedidos por aplicaciones móviles para no hacer filas (*skip-the-queue*), cada vez más empresas están experimentando con nuestras vías que posibilitan el comercio electrónico y eliminan los conflictos asociados con los pedidos tradicionales.

3. Concepto

El comercio electrónico se puede definir como la compra y venta de productos y servicios a través de sistemas electrónicos, principalmente Internet, pero también a través de otras redes de comunicación en línea mediadas por redes informáticas, diseñados específicamente para recibir o realizar pedidos. Se requiere que los pedidos se efectúen a través de la web, extranet o intercambio electrónico de datos. Quedan excluidos los realizados por teléfono, fax o correo escrito manualmente.

No requiere que el pago y la entrega de los bienes o servicios sean realizados online. Por consiguiente, para determinar si una transacción comercial se puede considerar como comercio electrónico se toma en cuenta el método de pedido pero no las características del producto o servicio que se adquiere, las partes implicadas, el método de pago o el canal de entrega. El proceso para realizar el pedido es clave para delimitar una transacción de, cualquiera que sea el canal de comunicación electrónica. En este sentido, las ventas pueden tener lugar a través de una tienda en línea (sitio web, mercado de comercio electrónico), formularios web en un sitio web o extranet o "aplicaciones" independientemente de cómo se acceda a Internet (por computadora, laptop, celular, etc.).

En definitva, el elemento determinante para calificar una transacción como una operación de comercio electrónico es que la orden de compraventa se realice por vía telemática a través de Internet u otras redes de comunicación en línea a través de computadoras o de cualquier dispositivo electrónico (fijo o móvil), esto es, a través de las diferentes vías de comunicación electrónica (servicios de la sociedad de la información o servicios digitales).

El comercio electrónico, así delimitado, es un *servicio de la sociedad de la información.* Su ámbito de protección se anticipa para abarcar cualquier forma de transacción económica e intercambio de información comercial basada en la transmisión de datos sobre redes de comunicación. Por tanto, incluye todas las operaciones de promoción para contratar, la perfección y ejecución del contrato.

El *e-commerce* implica fundamentalmente el uso de plataformas y/o tecnologías en línea para realizar transacciones comerciales entre particulares, empresas y organizaciones. Abarca una amplia gama de transacciones efectuadas por medio de teléfonos móviles u otros dispositivos, como ordenadores personales o tabletas, a través de aplicaciones y plataformas específicamente diseñadas para ello. Así en el ámbito del comercio electrónico, resulta destacable el denominado "comercio móvil" (*mobile commerce*), también conocido como *m-commerce*, que se refiere a la compra y venta de bienes o servicios a través de dispositivos móviles como teléfonos inteligentes o tabletas.

4. Modalidades

El comercio electrónico tiene lugar a través de diversas relaciones comerciales, que implican cualquier posible combinación de consumidores (C), empresas (B) o gobiernos (G). Así entre las diferentes relaciones comerciales que abarca se incluyen principalmente las siguientes:

a) entre empresas (*Business-to-Business o B2B*), que siguen representando la mayor parte del volumen de negocios derivado del comercio electrónico del sector privado. Los mercados digitales o *e-marketplaces* son entornos virtuales que fomentan el comercio electrónico entre empresas, utilizando a tal fin medios electrónicos. Su canal más frecuente es Internet.

b) entre empresas y consumidores (*Business-to-Consumer o B2C*).

c) de consumidor a consumidor (*Consumer to Consumer o C2C*), esto es, el comercio electrónico directo entre particulares consumidores, como por ejemplo las transacciones a través de eBay, etc.

d) de consumidor a empresa (*Consumer to Business o C2B*), que abarca transacciones en las que el consumidor vende productos o servicios a empresas.

e) transacciones de empresa a gobierno (*Business-to- Government o B2G*) (por ejemplo, las operaciones de compra y adquisición de bienes o servicios por parte de las empresas a los órganos y organismos de la administración pública).

Destaca un notable incremento de las operaciones iniciadas por particulares, gracias a las características, bidireccionalidad y efectos de red de los mercados multilaterales (plataformas), que favorecen e incentivan la negociación electrónica entre aquellos, pero también otras, como las no tan tradicionales transacciones C2C o C2B.

El comercio electrónico puede adoptar diversas formas, como mercados en línea, tiendas en línea, subastas en línea y comercio móvil. Los mercados en línea como Amazon, eBay y Etsy permiten a múltiples vendedores ofrecer sus productos a un amplio público de compradores. Las tiendas online son versiones en línea de las tiendas físicas en las que las empresas venden sus productos o servicios. Las subastas en línea como eBay permiten a los compradores pujar por productos o servicios, y el mejor postor adquiere el artículo.

5. Las transacciones electrónicas en DLT (Distributed Ledger Tecnology)

Las transacciones electrónicas han experimentado un impulso si cabe, aún mayor, con el auge de nuevas tecnologías basadas en la cadena de bloques. Es el caso de la tecnología de registro descentralizado o DLT o (Distribuited Ledger Tecnology), esto es, un sistema electrónico o base de datos que registra información, almacena y utiliza datos que pueden ser descentralizados (almacenados en varios lugares) y distribuidos (conectados y comunicados). El surgimiento de las tecnologías de contabilidad distribuida (DLT) como la blockchain ha contribuido a la consolidación de los mercados en línea y el comercio electrónico, al otorgar mayor seguridad de los datos, como en el proceso de pago o el tratamiento de datos confidenciales (tarjetas bancarias, etc.). La DLT articula un sistema digital que no sólo permite la transmisión de datos, también la contratación. En concreto, ésta se articula mediante nodos regulares que permiten la realización de transacciones electrónicas y, por tanto, facilita operaciones de comercio electrónico.

Una DLT es simplemente una base de datos que gestiona varios participantes y no está centralizada. No existe una autoridad central que ejerza de árbitro y verificador, aun así el registro distribuido propicia la transparencia, dificultando cualquier tipo de fraude o manipulación.

Por su parte, 'Blockchain', que debe su fama, entre otras cosas, a que es la tecnología detrás de la famosa criptomoneda 'bitcoin', es una DLT con una serie de características particulares. También es una base de datos —o registro— compartida, pero en este caso mediante unos bloques que, como indica su propio nombre, forman una cadena. Los bloques se cierran con una especie de firma criptográfica llamada 'hash'; el siguiente bloque se abre con ese 'hash', a modo de sello lacrado. De esta forma, se certifica que la información, encriptada, no se ha manipulado ni se puede manipular.

Su calificación como servicio de la sociedad de la información se sustenta en las características propias del servicio objeto del sistema DLT, esto es, que es un servicio prestado normalmente a título oneroso —o que constituye en ocasiones la actividad económica principal del prestador—, que se realiza a distancia, por vía electrónica y a petición individual del destinatario. Permite la contratación de bienes o servicios por vía electrónica (Anexo I, letra a) Ley 34/2022) en la medida en que facilita el concurso de la oferta y aceptación por medio de la tecnología *blockchain* de tratamiento y almacenamiento de datos, conectados a una red de telecomunicaciones (Anexo I, letra h) Ley 34/2022).

II. NORMATIVA APLICABLE

1. Régimen general

A. La Directiva sobre el comercio electrónico y su trasposición a la Ley 34/2002

La Directiva sobre comercio electrónico establece un marco jurídico para el comercio electrónico en el mercado interior, que es canalizado a través de las nuevas vías de comunicación surgidas en el contexto de la, en su momento, conocida como la Sociedad de la Información.

Esta Ley proporciona seguridad jurídica, fomenta la confianza de los consumidores en el comercio electrónico y garantiza la libre circulación de bienes y servicios en línea en el mercado interno. Ha desempeñado un papel importante en el desarrollo del comercio electrónico, en la medida en que ha contribuido a fomentar la libre circulación de bienes y servicios en línea, desde que fuera adoptada el 8 de junio de 2000 y entrara en vigor el 17 de julio de ese año.

La Directiva establece el régimen de las cuestiones principales sobre el comercio electrónico tales como (i) el suministro de información a los consumidores, (ii) la publicidad en línea, (iii) los contratos celebrados por medios electrónicos y (iv) la responsabilidad de intermediarios como los proveedores de servicios de Internet.

Su trasposición en España se acometió en La Ley 34/2002, de 11 de julio, de Servicios de la Sociedad de la Información y de Comercio Electrónico (LSSI), que regula los servicios de la sociedad de la información y el comercio electrónico y establece un marco jurídico para el desarrollo de la sociedad de la información y el comercio electrónico en el Derecho español, con el objetivo de fomentar la confianza de los usuarios y la seguridad jurídica en el entorno digital.

B. La regulación del mercado único de los servicios digitales

Aunque la Directiva sobre el comercio electrónico fue la primera ordenación del comercio electrónico, y como tal ha jugado un importante papel al establecer la regulación de los prestadores de servicios de la sociedad de la información y unas reglas básicas y mínimas para el comercio electrónico, sin embargo, como resultado de la evolución de los mercados digitales en los últimos años su aplicación ha generado disfunciones en su aplicación a nuevos fenómenos no previstos en la misma y, en particular, al comercio electrónico impulsado por plataformas digitales, que apenas existían en el momento de su adopción.

En efecto, la regulación de la Directiva 2000/31/CE, que en su momento impulsó el comercio electrónico, no atiende los numerosos conflictos y las crecientes cuestiones jurídicas y conflictos entre las plataformas y sus usuarios, mientras que el crecimiento exponencial del uso de los servicios de plataformas abre paso a la intermediación y propagación de información y actividades ilícitas que también pueden resultar nocivas. Con el fin de ofrecer un régimen armonizado de los servicios digitales innovadores, que garantice la seguridad jurídica y eliminen las incertidumbres existentes hasta ese momento, se aprueba el Reglamento (UE) 2022/2065 del Parlamento Europeo y del Consejo de 19 de octubre de 2022 relativo a un mercado único de servicios digitales y por el que se modifica la Directiva 2000/31/CE.

Desde su entrada en vigor, el Reglamento de Servicios Digitales (en adelante, RSD) se aplica a los prestadores de servicios de la sociedad de la información, es decir, cualquier servicio prestado normalmente a cambio de una remuneración, a distancia, por vía electrónica y a petición de un destinatario a título individual (art. 1).

En concreto, el art. 1 del RSD extiende su ámbito de aplicación a todos "los servicios intermediarios ofrecidos a destinatarios del servicio que tengan su lugar de establecimiento o estén situados en la Unión". En definitiva, y de acuerdo con la definición de servicio intermediario (art. 3. g), se aplica a los prestadores de servicios intermediarios consistentes en servicios conocidos como de «mera transmisión» (art. 4), de «memoria caché» (art. 5) y de «alojamiento de datos» (art. 6).

El RSD, que supone el establecimiento de un mercado único digital para los servicios prestados por las plataformas on line y, principalmente, un conjunto de obligaciones específicas exigibles a las plataformas prestadoras de servicios intermediarios, mantiene los pilares básicos de la Directiva 2000/31/CE y, en concreto, la aplicación de un régimen reforzado de libre prestación de servicios y la regla general de exención de responsabilidad de las plataformas digitales en relación con los contenidos, bienes y servicios intermediados. En efecto, no les exige una obligación de supervisión sobre los mismos, así como tampoco les hace responsables por ellos en el caso de que voluntariamente purguen los contenidos ilícitos.

Ahora bien, el régimen general del RSD sí determina el conjunto de obligaciones de los prestadores de prestadores de servicios de alojamiento de datos de impedir la disponibilidad de dichos datos cuando los mismos resulten ilícitos o contrarios a sus condiciones generales de contratación. El Reglamento pretende garantizar así que las plataformas no difundan datos ilícitos o datos que incumplen las obligaciones recogidas en sus condiciones generales de contratación, que pueden ir más allá de las obligaciones legales.

En conclusión, el régimen de responsabilidad previsto en la Directiva 2000/31/CE permanece vigente en el comercio electrónico prestado por plataformas digitales. Por su parte, la aplicación del régimen previsto en el Reglamento RSD es complementario e implica que los prestadores de servicios de intermediación (servicios de hosting, plataformas, *marketplaces*, buscadores...) no serán responsables por los contenidos ilícitos que publiquen sus usuarios a menos que, teniendo conocimiento efectivo de su existencia, no actúen con prontitud para retirar la información ilícita o bloquear el acceso a la misma, pero sí de garantizar la no difusión de datos ilícitos o datos que incumplan las obligaciones recogidas en sus condiciones generales de la contratación.

2. La tutela del consumidor en el comercio electrónico

El acceso al comercio electrónico por parte de los consumidores es cada vez mayor y abarca una heterogeneidad de bienes y servicios. También plantea importantes desafíos a este tipo de usuarios, diferentes a las transacciones comerciales por medios no electrónicos.

El régimen general previsto en la Directiva 2000/31/CE de Comercio Electrónico desde luego introduce especificaciones para adaptar, en parte, la necesidad de protección de los consumidores en el comercio electrónico. Pero no es suficiente.

El principio general del que parte la materia de protección del consumidor en el comercio electrónico es el principio de protección equivalente en los dos ámbitos, esto es, dentro y fuera del entorno digital o electrónico (Recomendación Consejo OCDE y Directrices de las Naciones Unidas para la Protección del Consumidor).

Pero, precisamente, la complejidad del entorno digital exige de una adecuada protección específica y adaptada al consumidor que adquiere productos y servicios on line. Resulta fundamental, por tanto, el estudio de este régimen.

A. Régimen general de la contratación a distancia

Una de las principales regulaciones en lo que respecta a la protección del consumidor en el ámbito del comercio electrónico es precisamente la que aborda el régimen de los denominados **contratos a distancia**.

Inicialmente, su regulación, a través de la Directiva 97/7/CE del Parlamento Europeo y del Consejo, de 20 de mayo de 1997, se centró en salvaguardar los derechos de los consumidores en contratos realizados sin presencia física. Pero esta directiva fue reemplazada por la Directiva 2011/83/UE del Parlamento Europeo y del Consejo, de 25 de octubre de 2011, que se centra en los derechos de los consumidores en un contexto más amplio.

La normativa comunitaria considera los contratos a distancia más que meros acuerdos entre partes ausentes, pues para que un contrato sea considerado como tal y, por tanto, esté sujeto su ámbito de aplicación, debe cumplir con ciertos **criterios**: a) el contrato debe celebrarse entre un comerciante y un consumidor; b) no debe haber presencia física simultánea de ambas partes; c) la celebración del contrato debe llevarse a cabo a través de un sistema organizado de venta o prestación de servicios a distancia (la ejecución queda fuera de esta exigencia) y, finalmente, d) las técnicas de comunicación a distancia deben ser utilizadas exclusivamente hasta la celebración y en el momento mismo del contrato.

En definitiva, para que una transacción en el comercio electrónico esté sujeta a la Directiva, debe cumplir con los requisitos anteriores, incluyendo que la contratación sea realizada exclusivamente a través de métodos de comunicación a distancia y dentro de un sistema creado por el comerciante. Esto excluye ventas ocasionales realizadas a distancia, como aquellas que se acuerdan simplemente mediante correos electrónicos entre las partes.

Posteriormente, se aprobó la Ley 47/2002 para adaptar a la Directiva 97/7/CE la Ley 7/1996, de 15 de enero, de Ordenación del Comercio Minorista, en materia de régimen de las ventas a distancia, así como también para ajustar el Derecho español a diversas directivas comunitarias.

No obstante, fue la aprobación del Texto refundido de la Ley General para la Defensa de los Consumidores y Usuarios (Real Decreto Legislativo 1/2007, de 16 noviembre, en adelante, TRLGDCU), la que introdujo en sus arts. 92 y ss. el régimen de protección de la contratación a distancia con consumidores, posteriormente modificada por la Ley 3/2014, de 27 de marzo, régimen que se extiende a la contratación y comercio electrónicos, por el Real Decreto-ley 23/2018, de 21 de diciembre, por Real Decreto-ley 9/2017, de 26 de mayo así como finalmente por el Decreto-ley 24/2021, de 2 de noviembre que transpone la Directiva 2019/2161, sobre la mejora de la aplicación y la modernización de las normas de protección de los consumidores de la UE (y modifica el art. 97 e introduce el 97 bis). En concreto, el art. 94 TRLGDCU establece en su párrafo primero que en la contratación por vía electrónica con consumidores se aplicará la normativa específica de los arts. 92 y ss. del TRLGDCU, siempre que no sea contraria a la normativa específica de los servicios de la sociedad de la información y comercio electrónico, en cuyo caso "ésta será de aplicación preferente, salvo lo previsto en el artículo 97.7, párrafo segundo".

En cuanto a las prácticas comerciales desleales en la comunicaciones y contratación a distancia, habrá de atenderse a la normativa prevista en la Directiva 2005/29/CEE del Parlamento Europeo y del Consejo, de 11 de mayo de 2005, sobre prácticas comerciales desleales y la Ley 29/2009, de 30 de diciembre, que modifica la Ley 3/1991 de 10 de enero, de competencia desleal (en concreto, los arts. 29 y 31).

B. Obligaciones del comerciante en las ventas a distancia

Las ventas en el comercio electrónico, en cuanto ventas a distancia, se encuentran sometidas a un específico régimen de protección de los consumidores que condiciona el conjunto de obligaciones exigibles a los empresarios que ofrecen sus productos o servicios por Internet.

Tipificadas en la LOCM como una modalidad de **ventas especiales**, el desarrollo de su régimen de protección se encuentra, en tanto que contratos a distancia, en los arts. 92 y ss. TRLGDCU, que impone a los empresarios del comercio electrónico una serie de obligaciones adicionales a las previstas en la LSSI.

En cuanto a las **comunicaciones comerciales a distancia** se estará a lo estipulado por el art. 96 TRLGDCU, que fundamentalmente obliga a hacer constar de forma inequívoca su carácter comercial. En todo caso, deberán cumplir las disposiciones vigentes sobre protección de los menores y respeto a la intimidad. Cuando para la realización de comunicaciones comerciales se utilicen datos personales sin contar con el consentimiento del interesado, se proporcionará al destinatario la información prevista por la legislación en protección de datos y se le ofrecerá la oportunidad de oponerse a su recepción.

La **obligación de información precontractual** es adicional a la impuesta por la LSSI y su contenido se encuentra tipificado en los arts. 97, 97 bis y 98, que proceden a regular, respectivamente, la información precontractual de los contratos a distancia y los requisitos formales de este tipo de contratos. Es esencial para la validez del contrato, en garantía del consumidor, que su información sea completa (la STJUE de 10 de julio de 2019, as. C-649/17, *Amazon* EU Sarl (ECLI: EU:C:2019:576), en su apartado 43, permite que el empresario en la contratación a distancia pueda facilitar otros medios de comunicación que cumplan los criterios de comunicación directa y eficaz, aunque no sean estrictamente los enumerados en la disposición), con el fin de conferir garantía al consumidor de que conoce las condiciones contractuales(SSTJUE de 10 de julio de 2019, as. C-649/17, *Amazon* EU Sarl (ECLI: EU:C:2019:576), apartado 43 y de 23 de enero de 2019, as. C-430/17, *Wallbusch Walter Busch* (ECLI: EU:C:2019:47), apartado 46), así como de asegurar la correcta ejecución del contrato y, en especial, el ejercicio de sus derechos(STJUE de 5 de julio de 2012, as. C-49/11, *Content Services* (ECLI:EU:C:2012:419), apartado 34). Así, antes de iniciar el procedimiento de contratación y con la antelación necesaria, el empresario deberá suministrar al consumidor y usuario, de forma veraz y suficiente, y en formatos adecuados, accesibles y comprensibles si se trata de personas consumidoras vulnerables, y desde luego, de forma gratuita, la información previa requerida en el art. 97.1 TRLGDCyU. Especial regulación dedica en este aspecto a los contratos celebrados en mercados en línea, ya que antes de que el consumidor o usuario quede obligado, el proveedor del mercado en línea deberá facilitar de forma clara, comprensible y adecuada a las técnicas de comunicación a distancia, y también con especial atención a las personas vulnerables la información precontractual contenida en el art. 97 bis, correspondiendo la carga de la prueba de su cumplimiento al empresario.

El régimen impone para la **formalización del contrato** la inclusión de una serie de menciones para facilitar la información precontractual exigida (art. 98)así como la obligación de la **confirmación de la celebración del contrato por parte del empresario** (art. 98 apdo. 7). Por un lado, en los contratos a distancia por medios electrónicos que impliquen obligaciones de pago para el consumidor y usuario, el empresario deberá dar a conocer clara y destacadamente, antes de que se efectúe el pedido, las características principales de los bienes o servicios, su precio total, incluidos impuestos y tasas, la duración del contrato —si es de duración indeterminada o si se prolonga de forma automática, las condiciones de resolución— así como, finalmente, cuando proceda, la duración mínima de las obligaciones del consumidor y usuario derivadas del contrato (art. 98.2), pero también que los sitios web de comercio incluyan clara y de forma legible, al inicio del procedimiento de compra a más tardar, la aplicación de restricción de entrega y las modalidades de pago aceptadas (art. 98.3). Por otro, lado, el contrato celebrado sin que el empresario haya comunicado al consumidor y usuario su confirmación en plazo razonable, de acuerdo con señalado en el apdo. 7 del art. 98, podrá ser anulado a instancia del consumidor y usuario por vía de acción o excepción. No obstante, en ningún caso podrá ser invocada la causa de nulidad por el empresario, salvo que el incumplimiento sea exclusivo del consumidor y usuario (art. 100).

Por otro lado, se procede a regular lo relativo al **derecho de desistimiento** (arts. 102-108). En este sentido, salvo las excepciones previstas en el art. 103, el consumidor y usuario tendrá derecho a desistir del contrato durante un periodo de 14 días naturales sin indicar el motivo y sin incurrir en ningún coste distinto de los previstos en el apdo. 2 del art. 107 y 108, siendo nulas de pleno derecho las cláusulas que impongan al consumidor y usuario una penalización por el ejercicio de su derecho de desistimiento o la renuncia al mismo (art. 102.2). No obstante, el párrafo 2º del art. 102.1 TRLGDCU prevé un plazo de ejercicio más amplio en los contratos distintos a los contratos a distancia, puesto que expresamente precisa que "en el caso de los contratos celebrados en el contexto de visitas no solicitadas efectuadas por el empresario en el domicilio del consumidor o usuario o de excursiones organizadas por el empresario con el objetivo o efecto de promocionar o vender bienes o servicios, el plazo de desistimiento se amplía a treinta días naturales". Además, cuando el empresario no haya facilitado al usuario la información sobre el derecho de desistimiento, el periodo de desistimiento finalizará doce meses después de la fecha de expiración del periodo de desistimiento inicial (apdo. 1 del art. 105). No obstante, habrá de tenerse en cuenta las excepciones al derecho de desistimiento contempladas en el art. 103.

En lo que respecta al ***plazo*** para el ejercicio de este derecho habrá de tenerse en cuenta lo determinado por los arts. 104 a 106. El dies a quo del plazo de desistimiento será el día de la celebración del contrato, en el caso de los contratos de servicios o de suministro de agua, gas, electricidad o de calefacción, y el día de la adquisición de la posesión material de los bienes solicitados en el caso de los contratos de ventas, con carácter general o con carácter singular en los supuestos 1° a 3° del art. 104, párr. 1). Antes de que venza el plazo de desistimiento, el consumidor y usuario comunicará al empresario su decisión de desistir del contrato. Para determinar la observancia del plazo para desistir se tendrá en cuenta la fecha de expedición de la declaración de desistimiento, pudiendo el empresario ofrecer al consumidor la opción de cumplimentar y enviar electrónicamente el modelo de formulario de desistimiento, en cuyo caso, el empresario habrá de comunicar sin demora en un soporte duradero el acuse de recibo de dicho desistimiento (art. 106). Finalmente, si el empresario no hubiera facilitado al consumidor o usuario la información sobre el derecho desistimiento, el período de éste finalizará doce meses después de la fecha de expedición del período de desistimiento inicial (art. 105).

En cuanto a las **obligaciones y derechos del empresario en caso de desistimiento**, por una parte, y del consumidor, por otra, se estará, respectivamente, a lo indicado en los arts. 107 y 108, que fundamentalmente vienen a imponer la obligación del empresario de reembolsar todo pago recibido del consumidor, incluidos los costes de entrega, sin demoras indebidas y en el mismo medio de pago empleado por el consumidor antes de transcurridos 14 días naturales desde que el consumidor comunicara su desistimiento así como la obligación de abonar el doble de lo adeudado en caso de retraso injustificado. Por su parte, el consumidor se obliga a devolver los bienes al empresario, también en el plazo de 14 días desde el desistimiento, soportando únicamente los costes directos de devolución cuando el empresario no hubiera aceptado asumirlos. Además, responderá de la disminución de su valor derivada de su manipulación no necesaria (art. 108.2). Si se tratara de un servicio, el consumidor abonará no obstante la parte del precio del servicio ya recibido cuando desista en caso de haber dado conformidad.

La **ejecución del contrato** se regula en los arts. 109-113. Salvo que las partes hayan acordado otra cosa, el empresario deberá ejecutar el pedido sin ninguna demora indebida y a más tardar en el plazo de 30 días naturales a partir de la celebración del contrato (art. 109). En caso de falta de ejecución por no encontrarse disponible el bien o servicio contratado, el consumidor y usuario deberá ser informado de esta falta de disponibilidad y deberá poder recuperar sin ninguna demora indebida las sumas que haya abonado (art. 110, párr. 1°). Asimismo, en caso de retraso injustificado por parte del empresario respecto a la devolución de las sumas abonadas, el consumidor y usuario podrá reclamar que se le pague el doble del importe adeudado, sin perjuicio a su derecho de ser indemnizado por los daños y perjuicios sufridos en lo que excedan de dicha cantidad (art. 110, párr. 2º). Por su parte, de no hallarse disponible el bien o servicio contratado, cuando el consumidor y usuario hubiera sido informado expresamente de tal posibilidad, el empresario podrá suministrar sin aumento de precio un bien o servicio de características similares que tenga la misma o superior calidad. En este caso, el consumidor y usuario podrá ejercer sus derechos de desistimiento y resolución en los mismos términos que si se tratara del bien o servicio inicialmente requerido (art. 111).

En relación con el **pago del contrato a distancia mediante tarjeta** habrá de atenderse a lo señalado por el art. 112, que regula el supuesto de pago cargado fraudulenta o indebidamente, en cuyo caso el consumidor podrá exigir su anulación inmediata sin coste, así como el supuesto de devolución del precio sin ejercicio del derecho de desistimiento, que conllevará la obligación de resarcir al empresario por los daños y perjuicios ocasionados por la anulación.

Por último, el Título IV del Libro Segundo de la citada norma, está dedicado a las **garantías y servicios posventa** (arts. 114-122), cuyo principio general se establece en el art. 115, al señalar que el vendedor está obligado a entregar al consumidor y usuario productos que sean conformes con el contrato, respondiendo frente a él de cualquier falta de conformidad que exista en el momento de la entrega del producto. El consumidor tiene, en este sentido, derecho a la reparación del producto, a su sustitución, a la rebaja del precio o a la resolución del contrato.

C. Las garantías y atención postventa de los denominados servicios digitales

La evolución tecnológica, con un uso cada vez mayor de dispositivos entre personas consumidoras, ha dado lugar a un incremento del mercado de bienes que incorporan contenidos o servicios digitales o que están en relación de interconexión con ellos, y con él, a un correlativo aumento en el número de contratos de compraventas o suministro a distancia y electrónicos que tienen por objeto bienes de contenido o servicios digitales. Su complejidad y particularidad bien merecen de una especial protección para el consumidor que contrata con las distintas plataformas prestadoras o suministradores de tales servicios la entrega o suministro de este tipo de contenidos.

La adaptación en España de las Directivas (UE) 2019/770, de 20 de mayo, relativa a determinados aspectos de los contratos de suministro y contenidos digitales (en adelante DCD), y 2019/771, del Parlamento Europeo y del Consejo, de 20 de mayo de 2019, relativa a determinados aspectos de los contratos de compraventa de bienes (en adelante, DCV) ha introducido un específico régimen en los arts. 115 y ss del TRLGDCU, que culmina el paso hacia la protección del consumidor en el contexto del mercado digital.

A los efectos de esta normativa de protección, por ***contenido digital*** debe entenderse "los datos producidos y suministrados en formato digital" (art. 2 DCD) (ej. servicios de almacenamiento en la nube, iCloud, Onedrive, etc…), mientras que en el *concepto de servicio digital* de forma extensa tiene cabida cualquier servicio que (i) permita al consumidor crear, tratar, almacenar o consultar datos en formato digital o (ii) un servicio que permita compartir datos en formato digital cargados o creados por el consumidor u otros usuarios de este servicio o interactuar de cualquier otra forma con dichos datos (art. 2 DCV) (ej. plataformas o redes sociales tales como Instagram, Facebook, etc…).

En definitiva, mientras que los contenidos digitales son los archivos finales que llegan a través de los canales online, y que se consumen en distintos formatos como texto (documentos), foto, audio (canciones) o vídeo, se consideran servicios digitales, por su parte, todos aquellos programas que nos prestan un servicio determinado en formato digital. Estos últimos pueden ser: (i) servicios de almacenamiento en la nube (Google Drive, Dropbox, iCloud); (ii) servicios de redes sociales (Facebook, Twitter, Instagram, TikTok) o (iii) programas que ofrecen todo tipo de funciones, como plataformas de audio por streaming (Spotify, Amazon Music, Google Play Music, etc), gestores de correo electrónico (Gmail, Outlook, Yahoo, etc), programas de tratamiento de datos (Word, Excel, Power Point, etc), plataformas de intercambio de vídeos o audio (Vimeo, YouTube, etc), juegos en línea, servicios de transferencia de archivos (WeTransfer, Terashare, etc) o plataformas de televisión bajo demanda (Netflix, Prime Vídeo, HBO, Filmin)

Frente a los anteriores, ambas Directivas incorporan un nuevo término, "bienes con elementos digitales" (arts. 2.5 b DCV y 2.3. DCD), para referirse a "todo objeto mueble tangible que incorpore contenidos o servicios digitales o esté interconectado con ellos de tal modo que la ausencia de dichos contenidos o servicios digitales impediría que los bienes realizasen sus funciones".

Entrando ya en el régimen español de garantías y protección del consumidor, se introduce por Real Decreto-Ley 7/2021, en adaptaciones de las antes mencionadas Directivas, y desde enero de 2022, una novedad en el régimen de garantías legales y servicios postventas en la adquisición de bienes previsto en los arts. 114 y ss. del TRLGDCU. En concreto, el art. 114.1 TRGDCU, al establecer su ámbito de aplicación, lo amplía, más allá de los bienes físicos, a "los contratos de suministro de contenidos o servicios digitales, incluyéndose como tales todos aquellos que tengan por objeto la entrega de soportes materiales que sirvan exclusivamente como portadores de contenidos digitales". Se trata, en definitiva, de los bienes con elementos digitales, que son aquellos objeto de compraventa y que traen incorporados servicios digitales. Es el caso de los smartphones, tabletas, televisores inteligentes, relojes inteligentes, robots de limpieza o altavoces por bluetooth.

Para los contratos de compraventa y suministro de este tipo de bienes o contenidos/servicios digitales, los arts. 115 y siguientes establecen el régimen de conformidad con el contrato exigible. La regla general prevista en el art. 115 es que estos bienes, contenidos o servicios digitales se entenderán conformes con el contrato "cuando cumplan los requisitos subjetivos y objetivos establecidos que sean de aplicación siempre que, cuando corresponda, hayan sido instalados o integrados correctamente, todo ello sin perjuicio de los derechos de terceros a los que se refiere el segundo párrafo del artículo 117". En cuanto a los *requisitos subjetivos*, el art. 115 bis hace referencia a una serie de requisitos tales como (i) ajustarse a la descripción; (ii) ser aptos para los fines específicos manifestados por el consumidor al empresario en el momento de la celebración del contrato; (iii) ser entregados o suministrados junto con todos los accesorios, instrucción, etc… según disponga el contrato y, finalmente, (iv) ser suministrados con actualizaciones, en el caso de los bienes, o ser actualizados, en el caso de contenidos o servicios digitales, según se establezca en el contrato en ambos casos.

Por lo que se refiere a los **requisitos objetivos** de la conformidad con el contrato, estos vienen establecidos en el art. 115 ter, para hacer referencia al conjunto de requisitos que garantizan que el bien, servicio o elemento sirve a los fines a los que se destina o se presta sin actualizaciones, a saber: (i) ser aptos para los fines a los que normalmente se destinen bienes o contenidos o servicios digitales del mismo tipo, de acuerdo con toda norma vigente, toda norma técnica existente o, a falta de dicha norma técnica, todo código de conducta específico de la industria del sector; (ii) cuando sea de aplicación, poseer la calidad y corresponder con la descripción de la muestra o modelo del bien o ser conformes con la versión de prueba o vista previa del contenido o servicio digital que el empresario hubiese puesto a disposición del consumidor o usuario antes de la celebración del contrato; (iii) también cuando sea de aplicación, entregarse o suministrarse junto con los accesorios, en particular el embalaje, y las instrucciones que el consumidor y usuario pueda razonablemente esperar recibir así como, finalmente, (iv) presentar la cantidad y poseer las cualidades y otras características, en particular respecto de la durabilidad del bien, la accesibilidad y continuidad del contenido o servicio digital y la funcionalidad, compatibilidad y seguridad que presentan normalmente los bienes y los contenidos o servicios digitales del mismo tipo y que el consumidor o usuario pueda razonablemente esperar, dada la naturaleza de los mismos y teniendo en cuenta cualquier declaración pública realizada por el empresario, o en su nombre, o por otras personas en fases previas de la cadena de transacciones, incluido el productor, especialmente en la publicidad o el etiquetado.

El plazo de garantía tanto del producto físico como de los servicios digitales que lleva incorporados es de **tres años de garantía** (art. 120.1) y el empresario responderá a lo establecido en todos los contratos de compraventa celebrados a partir de 1 de enero de 2022 (con anterioridad rige el plazo inferior de dos años vigente en ese momento). No obstante, si el consumidor realiza una posterior descarga en ese dispositivo, el nuevo servicio digital será independiente del contrato de compraventa. Además, en los bienes de segunda mano, el empresario y consumidor podrán pactar un plazo menor (art. 120.1 párr. 2º). Las faltas de conformidad que se manifiesten en los primeros dos años desde la entrega del bien o en el año siguiente al suministro del contenido o servicio digital suministrado en un acto único o en una serie de actos individuales, se presumirá que ya existían cuando el bien se entregó o el contenido o suministro digital se suministró (art. 121). Cuando al consumidor le resulte imposible o le suponga una carga excesiva dirigirse al empresario por la falta de conformidad, podrá reclamar directamente al productor (art. 125).

En cuanto a los **derechos que el régimen otorga al consumidor**, y al igual que en el caso de productos, cuando un contenido o un servicio digital no es conforme, el consumidor podrá elegir entre la reparación o la sustitución, salvo que una de estas dos opciones resultará imposible o desproporcionada (art. 118). En cualquier caso, tanto la reparación como la sustitución serán gratuitas, deberán llevarse a cabo en un plazo razonable y sin mayores inconvenientes para el consumidor y usuario y suspenderán los plazos previstos para la manifestación de la falta de conformidad en tanto no se repare la falta de conformidad (art. 122).

El consumidor tendrá derecho a resolver el contrato sin cargo alguno en un plazo de 30 días en caso de modificaciones por parte del empresario sobre los contenidos o servicios digitales previstas en el art. 126, más allá de lo necesario para mantener su conformidad, esto es, cuando afecte negativamente a su acceso o uso, salvo si es de menor importancia (art. 126 bis). Si el consumidor resuelve el contrato, el será de aplicación los arts. 119 ter y quáter.

Finalmente, cuando la reparación o sustitución no fueran posibles, el consumidor podrá exigir la reducción del precio o la resolución del contrato en los términos del arts. 119, 119 bis, 119 ter y 119 quáter.

D. Regímenes sectoriales de contratación a distancia

Además del régimen general existe normativa específica de ámbito sectorial, que regula concretas relaciones contractuales en el marco del comercio a distancia y que abarca una variada gama de prestación de servicios a través del uso de cualquier medio de comunicación a distancia en los que no hay contacto directo entre el vendedor y el comprador consumidor.

Es el caso de la contratación electrónica de **servicios financieros** destinados a los consumidores, a los que les será de aplicación hasta la adaptación al Derecho español de la Directiva (UE) 2023/2673 del Parlamento Europeo y del Consejo, de 22 de noviembre de 2023, que modifica la Directiva 2011/83/UE en lo relativo a los contratos de servicios financieros celebrados a distancia y deroga la Directiva 2002/65/CE, además de la LSSI, lo dispuesto en la Ley 22/2007, de 11 de julio, sobre comercialización a distancia de servicios financieros destinados a los consumidores. El plazo para que los Estados miembros transpongan la Directiva 2023/2673 finaliza el 19 de diciembre de 2025 y las disposiciones correspondientes deberán aplicarse a partir del 19 de junio de 2026.

Esta nueva Directiva 2023/2673 refuerza sustancialmente la protección de los derechos de los consumidores contenidas en las normas relativas a los contratos de servicios financieros celebrados a distancia, incluyendo contratos de seguro.

Destaca por introducir requisitos detallados de información precontractual, regular el derecho de desistimiento con plazos específicos y establecer un régimen detallado para el pago de servicios prestados antes del desistimiento. Además, implementa un régimen de "explicaciones adecuadas" que permite al consumidor evaluar la adecuación del contrato y servicios accesorios con el derecho a solicitar intervención humana en interacciones con interfaces en línea automatizadas. En el ámbito de contratos a distancia mediante interfaces en línea, se establece un marco homogéneo en ausencia de regulación sectorial específica.

La Directiva 2023/2673 incluye disposiciones particulares que aclaran su aplicación respecto a otras normativas de servicios financieros, como la Directiva (UE) 2016/97, del Parlamento Europeo y del Consejo, de 20 de enero, sobre la distribución de seguros (en adelante, Directiva IDD) y la Directiva 2009/138/CE, de 25 de noviembre, del Parlamento Europeo y del Consejo, (en adelante, Directiva Solvencia II), así como normas específicas para contratos de seguro. Estas disposiciones abordan la información precontractual en seguros a distancia, el derecho de desistimiento en contratos de seguros y la exclusión de pólizas de seguro de viaje con duración inferior a un mes del derecho de desistimiento. También se permite a los Estados miembros prohibir que los consumidores paguen alguna cantidad por desistir de un contrato de seguro. En particular, se especifica que la Directiva IDD contiene normas adaptadas específicas para la distribución de seguros y se aclara el régimen aplicable al derecho de desistimiento para evitar solapamientos con regulaciones específicas de Solvencia II. Se establece que, en ausencia de normas sobre el derecho de desistimiento en normativas europeas como Solvencia II, se deben aplicar las normas de información precontractual de Solvencia II junto con las del derecho de desistimiento de la Directiva 2023/2673.

También habrá que atender a otra normativa específica en **viajes combinados**, regulados por la Directiva (UE) 2015/2302 del Parlamento Europeo y del

Consejo y arts. 150 y ss TRLGDCU, etc, que pretende aumentar la protección de quienes contratan servicios turísticos, especialmente en forma electrónica, aun cuando el viajero no ostente la condición de consumidor. Los empresarios que facilitan servicios de viaje vinculados pueden ser tanto intermediarios agencias de viaje —físicas u on line— y centrales de reserva como prestadores de servicios de viaje. No serían, sin embargo, empresarios facilitadores los metabuscadores, que actuarían como proveedores de enlaces, quedando su actividad sometida a lo previsto en la LSSI.

III. OBLIGACIONES DE LOS PRESTADORES DE SERVICIOS DE LA SOCIEDAD DE LA INFORMACIÓN

1. Concepto y tipos de prestadores

A. Delimitación

La Directiva sobre el comercio electrónico define al prestador de servicios de la sociedad de la información como "cualquier persona física o jurídica que suministre un servicio de la sociedad de la información" (art. 2, apartado b). Se trata, por tanto, de la persona física o jurídica, que facilita servicios normalmente a cambio de remuneración, a distancia, a petición individual de un destinatario —tenga éste o no la condición de consumidor—, por medios electrónicos y en el marco de una actividad económica, y ello, con independencia del tipo de prestaciones que se lleven a cabo a través de las redes de comunicación (sobre el concepto de servicio de la sociedad de la información, véase *Capítulo Primero, Los servicios digitales,* epígrafe II).

El lugar de establecimiento del prestador y el período son elementos fundamentales en la Directiva sobre comercio electrónico para la determinación de su régimen jurídico.

Así el lugar de establecimiento del prestador de servicios de la sociedad de la información se determina a partir de la realización efectiva de una actividad económica a través de un establecimiento fijo o instalación permanente (jurisprudencia del Tribunal de Justicia de la Comunidad), y no por la presencia y/o utilización de los medios técnicos o las tecnologías utilizadas para la prestación del servicio (art. 2, apartado c) de la Directiva sobre el comercio electrónico). A los efectos, por tanto, de la determinación del lugar de establecimiento de una sociedad que proporciona servicios mediante un sitio Internet, *el criterio es el lugar donde se desarrolla su actividad económica* y no donde está la tecnología que mantiene el sitio ni allí donde se puede acceder al sitio.

En cuanto al elemento temporal la Directiva exige que la realización de la actividad sea *"por tiempo indeterminado" o duración indefinida,* si bien también deben incluirse los *supuestos de actividades con duración determinada,* siempre que se realicen a través de una instalación de estas características. Por tanto, este requisito se cumple también cuando se constituye una sociedad durante un período determinado. Cuando existan varios establecimientos de un mismo prestador de servicios habrá de atenderse al lugar de establecimiento desde el que se presta un servicio concreto, si bien, en caso de especial dificultad para determinar a partir de cuál de los distintos lugares de establecimiento se presta un servicio dado, será el lugar en que el prestador tenga su centro de actividades en relación con ese servicio en particular.

En definitiva, la Directiva delimita el concepto, pero a su vez también contempla la diferencia entre el prestador en general y el prestador establecido, esto es, "*aquel que ejerce de manera efectiva una actividad económica a través de una instalación estable y por un período de tiempo indeterminado...* (art. 2, apartado c)".

En España, la LSSI se aplica a los prestadores de servicios de la sociedad de la información establecidos en España y a los servicios prestados por ellos (art. 2.1), esto es, a *aquellos cuya residencia o domicilio social se encuentren en territorio español, siempre que éstos coincidan con el lugar en que esté efectivamente centralizada la gestión administrativa y la dirección de sus negocios* y atendiendo, en otro caso, al lugar en que se realice dicha gestión o dirección.

No obstante, también quedan sometidos a *ella los prestadores residentes o domiciliados en otro Estado que ofrezcan servicios de la sociedad de la información a través de un establecimiento permanente situado en España,* es decir, cuando disponga en el mismo, de forma continuada o habitual, de instalaciones o lugares de trabajo, en los que realice toda o parte de su actividad (art. 2.2). A tales efectos, se presumen establecidos en España y, por tanto, sujetos a la Ley los prestadores de servicios que se encuentren inscritos en el Registro Mercantil o en otro Registro público español en el que fuera necesaria la inscripción para la adquisición de personalidad jurídica (art. 2.3). La utilización de un servidor situado en otro país no será motivo suficiente para descartar la sujeción a la Ley del prestador de servicios (art. 2.3 párr. 2°). Si las decisiones empresariales sobre el contenido o servicios ofrecidos a través de ese servidor se toman en territorio español, el prestador se reputará establecido en España (art. 2.4).

B. Tipos de prestadores

La Directiva delimita con carácter general el concepto de prestadores de servicios de la sociedad de la información. En principio no parece distinguir entre los diferentes sujetos que operan a través de redes de comunicación. No obstante, en sus artículos 12 a 15 sí menciona en concreto, en el marco del régimen de responsabilidad al que quedan sometidos en el ejercicio de su actividad, a determinados "prestadores de servicios intermediarios" o prestadores de servicios de intermediación, que no define. Su diferenciación resulta importante en tanto el legislador dispensa una regulación diferente en relación con las obligaciones y responsabilidad, específica para los prestadores de servicios intermediarios, como sucede con el régimen de responsabilidad de los denominados prestadores de servicios de alojamiento o almacenamiento de datos (art. 16 LSSI), de la que por su posición de intermediario y, por tanto, de ajenidad en relación con los datos almacenados queda exento respecto de los prestadores de servicios de intermediación que transmitan por una red de telecomunicaciones datos facilitados por el destinatario del servicio o el acceso a ésta (art. 14 LSSI). La jurisprudencia del TJUE determina los criterios que permiten delimitar quién puede ser calificado como proveedor de alojamiento y, en consecuencia, arrogarse la exención de responsabilidad. A este respecto, v. STJUE de 23 de marzo de 2010, Asunto *Google AdWords,* asuntos acumulados C-236/08 a C-238/08).

Parece que, de acuerdo con dicho régimen, la Directiva destaca y diferencia frente al conjunto de *prestadores de servicios de la sociedad de la información* a estos *prestadores de servicios intermediarios* por tratarse de aquellos cuya actividad consiste en facilitar la prestación de otros servicios o el acceso a la información y, concretamente, la transmisión de datos por redes de telecomunicación, la realización de copia temporal de las páginas de Internet solicitadas por los usuarios, el alojamiento de datos en servidores propios y la provisión de instrumentos de búsqueda, acceso y recopilación de datos o de enlaces a otros sitios de Internet.

En definitiva, y de acuerdo con la Directiva, se puede diferenciar entre los siguientes prestadores: (a) Prestadores de servicios de la sociedad de la información (PSSI) que toman parte en la creación, edición y generación de contenidos e información en la red (meros prestadores) y (b) Prestadores de servicios intermediarios (PSIs), que a través de su intervención en la red posibilitan que los contenidos y la información facilitada por otros, circule, se aloje y sea accesible a terceros. No generan contenidos ni información. Si bien un mismo proveedor puede desarrollar distintas funciones, estos pueden a su vez clasificarse en los siguientes: (i) operadores de redes de comunicaciones electrónicas (o de telecomunicaciones), (ii) proveedores de acceso, que suministran al usuario final el servicio de conexión a Internet; (iii) proveedores de copias temporales de contenidos de terceros (caching o memoria tampón) que son solicitados por terceros (ej. Dropbox, Google Drive, Microsoft OneDrive); (iv) proveedores de alojamiento o almacenamiento de datos (hosting) (ej. Dropbox, Microsoft OneDrive, etc.); (v) proveedores de búsquedas y enlaces (ej. Google, Bing, etc.); (vi) proveedores de redes sociales y (vii) proveedores de plataformas web 2.0, que alojan y explotan contenidos generados por los usuarios.

C. Otros sujetos sometidos al régimen de servicios de la sociedad de la información

Además de establecer el marco legal de los prestadores de servicios de la sociedad de la información, la LSSI también concreta los derechos y las obligaciones de otros sujetos involucrados en dichos servicios. Así, y más concretamente, se trata de los siguientes:

Los destinatarios o usuarios, esto es, personas físicas o jurídicas que utilizan y son destinatarios de los servicios de la sociedad de la información. Los usuarios tienen derechos y protección legal en diversas materias tales como la privacidad de sus datos personales (arts. 8, 11, 19, 34), la recepción de información sobre precios y condiciones generales de la contratación (arts. 10, 27) la protección contra la publicidad no solicitada (spam) (art. 21) y la responsabilidad de los prestadores de servicios por los contenidos ilícitos o perjudiciales (art. 18).

Los responsables de tratamiento de datos. En el contexto de la prestación de servicios de la sociedad de la información, los responsables de tratamiento de datos son los encargados de recopilar y procesar los datos personales de los usuarios (arts. 12 ter, 16, 19, 43). Están sujetos a la normativa de protección de datos y deben cumplir con las obligaciones establecidas en la Ley Orgánica de Protección de Datos Personales y garantía de los derechos digitales (art. 1, 43).

La Administración pública. La LSSI también establece el marco legal para la actuación de la administración pública en relación con los servicios de la sociedad de la información. La administración pública tiene competencias en áreas como la supervisión y control de los servicios (arts. 8, 18), la información a destinatarios y prestadores de servicios (art. 33), la protección de los derechos de los usuarios y la promoción de la economía digital.

2. *Régimen e incumplimiento*

La LSSI establece un conjunto de obligaciones exigibles a los prestadores de servicios que realizan actividades o servicios de la sociedad de la información. El cumplimiento de estos deberes tiene como finalidad en última instancia proteger los intereses de los destinatarios de servicios, de forma que éstos puedan gozar de garantías suficientes a la hora de contratar un servicio o bien por Internet.

Con esta finalidad, la Ley impone a los prestadores de servicios la obligación de facilitar el acceso a sus datos de identificación a cuantos visiten su sitio en Internet y a la autoridad; la de informar sobre los niveles de seguridad o la de portabilidad de datos no personales. Pero también el deber de colaboración con las autoridades, como sucede con los prestadores de servicios de intermediación.

El incumplimiento de estas obligaciones conlleva la responsabilidad administrativa derivada de la tipificación de la infracción correspondiente (arts. 38 y ss. LSSI), ello sin menoscabo de la responsabilidad civil, penal y administrativa establecida con carácter general en el ordenamiento jurídico, sin perjuicio de lo dispuesto en esta Ley (art. 13.1 LSSI).

3. Deber de información en general

La normativa modula una obligación general de información destinada a que el prestador de servicios de la sociedad de la información se identifique ante cualquier destinatario, así como ante los órganos competentes para la vigilancia y control del prestador y de la prestación de servicios.

La **finalidad** del precepto es identificar al prestador ante cualquier destinatario, así como ante los órganos competentes para la vigilancia y control del prestador y de la prestación de servicios.

Así la información exigida por el artículo 10 LSSI debe suministrarse siempre que se preste un servicio de la sociedad de la información, con independencia de que, como consecuencia del mismo, se entablen o no relaciones jurídicas de naturaleza contractual con destinatarios o consumidores. Se trata, por tanto, de una obligación de información de *mínimos*, pues, como expresamente advierte el precepto, cuando el prestador de servicios de la sociedad de la información contrate con consumidores, deberá haber dado cumplimiento de la información exigida por las disposiciones legales vigente en materia de contratación a distancia (v. ut supra, epígrafe II. Normativa aplicable, 2.b. Obligaciones del comerciante en las ventas a distancia, obligación de información precontractual).

Para facilitar su cumplimiento bastará con que el prestador la incluya en su página o sitio de Internet, o, indirectamente a través del empleo de hipervínculos situados, igualmente, en dicha página de inicio.

El artículo 10 de la LSSI (y art. 5 de la Directiva) imponen al prestador de servicios el deber de poner a disposición de todos los destinatarios, tengan éstos o no la condición de consumidores, así como también de los órganos competentes, los **medios electrónicos** que les permitan acceder de forma permanente, fácil, directa y gratuita, a la ***siguiente información:***

Primero, datos identificativos del prestador (nombre o denominación social; su residencia o domicilio o, en su defecto, la dirección de uno de sus establecimientos permanentes en España; su dirección de correo electrónico y cualquier otro dato que permita establecer con él una comunicación directa y efectiva.

Segundo, los datos de inscripción de su nombre de dominio en el Registro Mercantil o en cualquier otro Registro en el que el prestador se halle inscrito para la adquisición de personalidad jurídica o a los solos efectos de publicidad (art. 9 LSSI).

Tercero, cuando la actividad que realiza esté sujeta a autorización administrativa previa, deberá indicar los datos relativos a dicha autorización y los identificativos del órgano de supervisión competente.

Cuarto, si ejerce una profesión regulada además deberá indicar los datos del Colegio profesional de pertenencia y número de colegiado, junto con las normas profesionales aplicables y lo medios, incluidos electrónicos, donde se puedan conocer, el título académico oficial o profesional, así como el Estado de la UE expedidor y, en su caso, la homologación o reconocimiento.

Quinto, su número de identificación fiscal; (vi) el precio del producto o servicio, con mención expresa de si están incluidos o no los impuestos y, en su caso, los gastos de envío.

Sexto, si el prestador está adherido a Códigos de conducta, deberá además indicarlo, haciendo constar el acceso electrónico de los mismos.

Séptimo, si el prestador asigna y requiere el uso y descarga de programas informáticos que efectúen automáticamente marcación telefónica a servicios de tarificación con coste adicional (ej. Números 906), deberá contar con el consentimiento previo, informado y expreso del usuario como resultado de haber facilitado de manera claramente visible e identificable la información prevista en el art. 10.3 LSSI, tales como las características del servicio, las funciones de los programas informáticos descargados, incluyendo el número telefónico que se marcará; procedimiento para dar fin a la conexión de tarificación adicional, incluyendo una explicación del momento concreto en que se producirá dicho fin, y, finalmente, el procedimiento para reestablecer el número de conexión previo a la conexión de tarificación adicional.

En principio, no parece exigible la obligación de informar la dirección de correo electrónico, salvo que no constara ninguna información de contacto, directa y efectiva, en la web (V. Sentencia AP de Málaga, Sección 6ª, de 1 de febrero de 2011).

4. Obligación de información sobre seguridad para los servicios de acceso a Internet y de correo electrónico o similares

Además del deber de información general, también los prestadores de servicios de la sociedad de la información se encuentran sometidos al deber de proporcionar determinada información en materia de seguridad. Esta obligación es impuesta en el art. 12 bis LSSI y se concreta según el tipo de servicios de la sociedad de la información prestado.

En particular, tanto para los prestadores de servicios de acceso a Internet como para los de correo electrónico o servicios similares, este deber exige la puesta a disposición de información a sus clientes de forma permanente, fácil, directa y gratuita sobre las medidas de seguridad que apliquen en la provisión de estos servicios (art. 12 bis. 2).

No obstante, esta obligación se entenderá debidamente cumplida si hace constar dicha información en su página o sitio principal de Internet.

Finalmente, este precepto establece para los proveedores de servicios de intermediación un específico contenido de esta obligación que será objeto de análisis en el epígrafe 6. Específicos deberes de los prestadores de los prestadores de servicios de intermediación o PSI, apartado A. Deber de información sobre seguridad).

5. *Obligación de colaboración en materia de ciberseguridad por incidentes en la red de Internet*

Desde 2014, la LSSI incorpora a través de su disposición adicional novena, un deber exigible a todos los prestadores de servicios de la sociedad de la información, entre otros —también se extiende a los registros de nombres de dominio y los agentes registradores que estén establecidos en España—. Consiste en la obligación de prestar su *colaboración con el CERT competente, en la resolución de incidentes de ciberseguridad que afecten a la red de Internet* y actuar bajo las recomendaciones de seguridad indicadas o que sean establecidas en los códigos de conducta que de esta Ley se deriven.

La colaboración consiste en el suministro a la CERT competente y a las autoridades competentes, de toda la *información necesaria* para la adecuada gestión de los incidentes de ciberseguridad, *incluyendo las direcciones IP que puedan hallarse comprometidas o implicadas en los mismos,* pero matizando que, siempre y en todo caso, con respeto al secreto de las comunicaciones.

Finalmente, la DA 9ª prevé la elaboración de códigos de conducta encargados de desarrollar las normas, medidas y recomendaciones para la gestión eficiente de incidentes de ciberseguridad, así como el régimen de colaboración que incluye cómo los obligados han de identificar a los usuarios afectados por tales incidentes bajo requerimiento del órgano competente, incluso la atención de requerimientos de aislamiento de equipos o servicios de la red.

6. *Específicos deberes de los prestadores de servicios intermediarios*

Además del régimen general de obligaciones exigibles a los prestadores de servicios de la sociedad de la información, e incluso a veces, concretándolo, la

LSSI establece un conjunto de obligaciones exigibles específicamente a los prestadores de servicios que realizan actividades como las de transmisión, copia, alojamiento y localización de datos en la red.

En efecto, la normativa impone a dichos prestadores bien específicos deberes, bien procede a concretar los generales para los prestadores de servicios intermediarios por considerar que los servicios requieren de determinadas obligaciones de colaboración y de información.

Su fundamento reside precisamente en la capacidad de estos intermediarios para dar acceso a Internet y, por tanto, de tener acceso a contenidos y la información facilitada por otros, pero también de que circule, se aloje y que, finalmente, sea accesible a terceros. En definitiva, tienen la capacidad de ofrecer esa información o impedir (deber de cesación) que una determinada actividad o contenidos ilícitos sean posibles y/o accesibles en Internet.

A. Deber de información sobre seguridad

El deber de información general, extensible a otros prestadores de servicios de la sociedad de la información, se especifica y refuerza en el caso de los prestadores de servicios de intermediación.

Esta obligación es impuesta en el art. 12 bis LSSI y exige a los PSI la puesta a disposición de información a sus clientes de los diferentes *medios de carácter técnico que aumenten los niveles de la seguridad de la información* y permitan, entre otros, la protección frente a virus informáticos y programas espía, y la restricción de los correos electrónicos no solicitados.

El deber de información alcanza también el de dar a conocer, exigiendo por ello su aplicación, las herramientas existentes para el filtrado y restricción del acceso a determinados contenidos y servicios en Internet no deseados o que puedan resultar nocivos para la juventud y la infancia.

Finalmente, también deberán facilitar información a sus clientes acerca de las posibles responsabilidades en que puedan incurrir por el uso de Internet con fines ilícitos, en particular, para la comisión de ilícitos penales y por la vulneración de la legislación en materia de propiedad intelectual e industrial.

Todas estas obligaciones se entenderán debidamente cumplidas si hace constar la información requerida en su página o sitio principal de Internet.

B. Deber de retención de datos

Incluido en el catálogo de obligaciones exigibles a los intermediarios, este deber consiste en la obligación de conservar los datos de conexión y tráfico derivados de las comunicaciones establecidas en la prestación de este tipo de servicios de la sociedad de la información.

Si bien fue inicialmente tipificado en el art. 12 de la LSSI, dicho precepto fue derogado y su regulación posteriormente contenida en la Ley 25/2007, de 18 de octubre, de conservación de datos relativos a las comunicaciones electrónicas y a las redes públicas de comunicaciones (en adelante, LCDCE). Esta ley, supuso la transposición de la, controvertida y actualmente anulada por el TJUE, Directiva 2006/24/CE del Parlamento Europeo y del Consejo, de 15 de marzo de 2006, sobre la conservación de datos generados o tratados en relación con la prestación de servicios de comunicaciones electrónicas de acceso público o de redes públicas de comunicaciones y por la que se modifica la Directiva 2002/58/CE.

Esta obligación tiene como destinatarios a los operadores de servicios de comunicaciones electrónicas disponibles al público, o que exploten una red pública de comunicaciones electrónicas en España. De acuerdo con lo previsto en la Ley 9/2014, de 9 de mayo, General de Telecomunicaciones, se entiende por operador la persona física o jurídica que desarrolla un servicio de acceso a redes electrónicas de comunicación o transmisión de datos a través de las mismas y haya notificado al Registro de operadores su inicio de actividad, esto es, se trata en definitiva de prestadores de servicios de intermediación de la sociedad de la información.

En cuanto a su contenido, este deber alcanza, por un lado, la **obligación general de conservación durante doce meses**, desde el momento en que se generó la comunicación, y según el art. 3 LCDCE, *concretos datos* (de origen y destino, hora, fecha y duración, tipo de servicio empleado, el equipo de comunicación de los usuarios y los datos de localización si este último es un equipo móvil), en definitiva, **los datos de tráfico y localización así como los que sirvan para identificar al abonado o usuario registrado**, objeto de tratamiento o generados en el ámbito de la prestación de servicios de comunicaciones electrónicas o de redes públicas de comunicación. Si el acceso se lleva a cabo a través de Internet, correo electrónico o telefonía móvil por Internet (VozIP), incluye además la identificación del origen y destino, fecha y hora de conexión y desconexión del servicio de acceso, dirección de IP, identificación del usuario, el servicio de Internet empleado y en cuanto al equipo de comunicación el número de teléfono de origen en su caso y la línea digital de abonado (DSL) u otro punto terminal identificativo del autor de la comunicación. También comprende la de cederlos a la autoridad facultada (policía judicial, Centro Nacional de Inteligencia, etc.), si así fueran requeridos judicialmente con fines de detección, investigación y enjuiciamiento de delitos graves (art. 6 LCDCE), esto es, de aquellos ilícitos penales que conlleven pena grave (art. 13.1 en relación con el 33.2 Código Penal). En ningún caso, podrá ser objeto de conservación el contenido de las comunicaciones electrónicas, ni tampoco la información consultada a través de Internet (art. 1 LCDCE).

C. Deber de colaboración con los órganos competentes en materia de actividades o contenidos ilícitos

El art. 11 LSSI impone a los prestadores de servicios de intermediación un deber de colaboración con los órganos competentes, en el supuesto de servicios provenientes de prestadores establecidos en España, pero también cuando los prestadores se encuentren en un Estado no miembro.

Si el servicio o contenido proviene de PSI establecidos en España, específicamente el deber de colaboración podrá consistir bien en la interrupción de la prestación del servicio o bien en la retirada de contenidos provenientes de prestadores establecidos en España. Por tanto, la autoridad competente podrá solicitar, si es necesario, la colaboración de los PSI para que suspendan la transmisión, el alojamiento de datos, el acceso a la Red o, en definitiva, cualquier otro servicio de intermediación que faciliten (art. 11.1). Sobre la adopción de medidas cautelares de bloqueo de páginas web, v. Auto del Juzgado de Instrucción núm. 32 de Barcelona, de 17 de diciembre de 2007 (RA. 2008, 217) o los Autos del Juzgado de lo Mercantil núm. 10 de Madrid, de 15 de diciembre de 2011 (RA. 2012, 44093) y de 23 de febrero de 2012 (RA. 2012, 96245). Más concretamente, estas medidas fueron solicitadas en el conocido Auto del Juzgado de lo Mercantil núm. 2 de Madrid, de 9 de diciembre de 2014 (RA. 2014, 286106) que supuso la suspensión de los servicios prestados por UBER a través de su aplicación (app), y por el que se emplazaba a las empresas de telecomunicaciones y a las de pago electrónico a suspender la transmisión, el alojamiento de datos, el acceso a las redes de telecomunicaciones o la prestación de cualquier servicio equivalente de intermediación en relación con Uber.

Si el servicio o los contenidos fueran ofrecidos por PSI de un Estado no miembro, podrá requerirse la colaboración de los PSI establecidos en España a fin de interrumpir la prestación del servicio o requerir la retirada de contenidos desde España (art. 11.2).

Su fundamento es impedir, mediante la colaboración de quienes dan acceso, que la prestación de servicios de la sociedad de la información suponga o pueda suponer un atentado a bienes y derechos protegidos por nuestro ordenamiento, o se realice con finalidades de carácter ilícito e incluso delictivo. No se configura, por tanto, como un deber previo de vigilancia general de los contenidos que se introduzcan o existan en la Red, sino como un *deber mínimo de diligencia*, como se deduce del régimen de responsabilidad al que quedan sometidos estos prestadores.

D. Deber de colaborar en la portabilidad de datos no personales

Dentro del régimen general, la LSSI incorporó desde 2020 un nuevo deber exigible a todos los PSI que alojen o almacenen datos de usuarios a los que presten servicios de redes sociales o servicios de la sociedad de la información equivalentes (art. 12. ter)

Este deber se articula en una doble dimensión. Así, en relación con sus clientes, deberán remitir a dichos usuarios, cuando medie previa solicitud de estos, los contenidos que les hubieran facilitado, sin impedir su transmisión posterior a otro proveedor. La remisión deberá efectuarse en un formato estructurado, de uso común y lectura mecánica (párr. primero del art. 12. ter.)

Asimismo, también deberán transmitir dichos contenidos directamente a otro proveedor designado por el usuario, siempre que sea técnicamente posible, según prevé el artículo 95 de la Ley Orgánica 3/2018, de 5 de diciembre, de Protección de Datos Personales y Garantía de los Derechos Digitales (párr. segundo del art. 12. ter.)

7. Obligaciones derivadas del envío de comunicaciones comerciales por correo electrónico

Los prestadores de servicios de la sociedad de la información utilizan las comunicaciones comerciales como nuevo medio de publicidad, y su difusión suele realizarse vía correo electrónico o por medio de *banners, links* o medios semejantes insertados en la página del prestador. Sirven además como medio para su financiación al permitirles ofrecer además servicios y contenidos gratuitos para los usuarios.

Por ello, la LSSI autoriza su utilización para tales fines, pero las regula en su arts. 19 a 22 e impone una serie de exigencias para, por un lado, alcanzar una mayor identificación de estas comunicaciones, pero también, y por otro lado, para impedir que las mismas se envíen de forma masiva a personas que no las soliciten, estableciendo qué derechos asisten a los destinatarios de las mismas.

En cuanto a su régimen jurídico, el envío de publicidad comercial por correo electrónico queda sometido no sólo a la LSSI, sino también a las disposiciones generales sobre publicidad previstas en la Ley 34/1988, de 11 de noviembre, la Directiva 97/7/CE, a los arts. 19 a 21 de Ley 7/1996, de Ordenación del comercio minorista, (en adelante, LOCM) y a las normas sobre protección de consumidores y de datos de carácter personal, sin perjuicio de las normas específicas sobre publicidad de determinados productos o servicios.

Las comunicaciones comerciales son todos aquellas dirigidas a la promoción, directa o indirecta, de la imagen o de los bienes y servicios de una empresa, organización o persona que realice una actividad comercial, industrial, artesanal o profesional (art. 2 f) de la Directiva de Comercio Electrónico). Además, la aplicación a la publicidad en Internet o comunicaciones comerciales de las normas generales en la actividad comercial implica, entre otros aspectos, que en sus relaciones con consumidores, las mismas deban ajustarse a la naturaleza, características, condiciones, utilidad y finalidad de los productos o servicios ofrecidos (art. 18 TRLGDCyU), debiendo además indicar inequívocamente su carácter de comercial así como finalmente reconocer y respetar el derecho de oposición del consumidor y usuario caso de ejercerlo (art. 96 TRLGDCyU).

En cuanto al alcance de las obligaciones impuestas a los prestadores de servicios de la sociedad de la información, la normativa opera, en primer lugar, estableciendo el contenido de la obligación de información exigida a las comunicaciones comerciales y ofertas promocionales (art. 20) y, en segundo lugar, estableciendo una prohibición de envío de comunicaciones y ofertas comerciales cuando no hayan sido expresamente solicitadas o autorizadas (art. 21).

En cuanto al contenido mínimo que las comunicaciones y ofertas promocionales han de contener, el art. 20 LSSI establece, para equiparar a la protección en materia de publicidad por otros medios no electrónicos, la obligación de identificarlas debidamente. Así se encarga de establecer que (i) las comunicaciones comerciales por vía electrónica deberán ser claramente identificables como tales, así como la persona física o jurídica en nombre de la cual se realizan, que también deberá ser claramente identificable y (ii) en las ofertas promocionales, que deberán contar con la autorización preceptiva, deberán ser claramente identificables tanto la persona física o jurídica en nombre de la cual se realizan, como los premios, descuentos, regalos, etc… que sean objeto de promoción, así como en su caso la condiciones de acceso y participación, que habrán de ser claramente accesibles, claras e inequívocas.

En cuanto a la prohibición de enviar comunicaciones publicitarias o promocionales, correo electrónico u otro medio de comunicación equivalente que no hubieran sido solicitadas o expresamente autorizadas por el destinatario, sin duda el art. 21 LSSI pretende impedir la conocida práctica del *spam* o *spaming*, es decir, el envío masivo e indiscriminado de comunicaciones comerciales no solicitadas por correo electrónico, condicionándolo a su previo y expreso consentimiento. Como excepción, no será necesario si existiera *relación contractual* previa, pero siempre que los datos de contacto del destinatario fueran obtenidos de forma lícita y se emplearan para el envío de comunicaciones y ofertas de sus productos o servicios similares y, en todo caso, le ofrecerá la posibilidad de *oponerse* al tratamiento de sus datos con fines promocionales (art. 21.2).

No debe olvidarse, finalmente, que la normativa recoge en su art. 22 el derecho de revocación del consentimiento prestado para la recepción de comunicaciones comerciales con la simple notificación de su voluntad al remitente.

8. Obligaciones de información en el procedimiento de contratación electrónica

Además de los requisitos en materia de información que la LSSI establece, su art. 27.1 impone a todo prestador de servicios de la sociedad de la información que realice actividades de contratación electrónica la obligación de poner a disposición del destinatario información suficiente sobre el contrato, de forma permanente, antes de iniciar el procedimiento de contratación y a través de técnicas adecuadas al medio de comunicación utilizado, como puede ser su página web o la dirección de Internet concreta. Esta información deberá contener los siguientes extremos: (i) los trámites a seguir para celebrar el contrato; (ii) si el prestador va a archivar el documento electrónico en que se formalice el contrato y si éste va a ser accesible; (iii) los medios técnicos que pone a su disposición para identificar y corregir errores en la introducción de los datos, y (iv) la lengua o lenguas en que podrá formalizarse el contrato.

Este deber previo de información, no obstante, no será exigible si las partes contratantes así lo acuerdan, siempre que ninguna de ellas tenga la consideración de consumidor o cuando el contrato se haya celebrado exclusivamente mediante correo electrónico o sistema de comunicación electrónica equivalente (art. 27.2).

Además, el oferente deberá también poner a disposición del destinatario, para que puedan ser reproducidas y almacenadas por éste, las condiciones generales de la contratación a las que deba sujetarse, caso de celebrarse, el contrato (art. 27.4).

Por su parte, la LSSI resuelve el período de validez de las ofertas o propuestas de contratación realizadas por vía electrónica para establecer como criterio principal el período fijado por el oferente y, por tanto, su carácter vinculante. Si no hubiera sido fijado expresamente, en su defecto, la oferta sería vinculante en tanto permanezca accesible a los destinatarios (art. 27.3).

No obstante, el incumplimiento de tales deberes no supondría la invalidez del contrato, salvo que estos implicaran ausencia de elementos esenciales del contrato o hubieran dejado algún término para posteriores negociaciones. Tan sólo deriva de su incumplimiento responsabilidad administrativa consistente en una multa pecuniaria (en concreto, por infracción grave ex arts. 38.3 letra e) y 39. 1. b) LSSI).

IV. LA CONTRATACIÓN ELECTRÓNICA

1. Concepto y marco normativo

A. Introducción

La contratación de bienes y servicios por vía electrónica se ha extendido a prácticamente todas las áreas del tráfico jurídico y adquiere especial trascendencia en el marco más genérico del comercio electrónico, entendido éste último como el conjunto de negociaciones y operaciones, bien con fines publicitarios bien diseñados específicamente para recibir o realizar pedidos, desarrolladas a través de sistemas electrónicos, principalmente Internet, pero también a través de otras redes de comunicación en línea mediadas por redes informáticas.

No cabe duda de que la aplicación de las nuevas tecnologías, —en un primer estadio a través de las redes cerradas (EDI o *electronic data exchange*) y, posteriormente, la expansión de internet y el crecimiento exponencial de dispositivos electrónicos conectados, han alterado profundamente la forma en que las personas, empresas e instituciones se relacionan entre sí. Esta revolución digital ha permitido la creación de nuevos cauces de la contratación, como plataformas de comercio electrónico, aplicaciones móviles y sistemas de gestión empresarial en línea, que han simplificado y agilizado los procesos de compra, venta y negociación. Estas herramientas tecnológicas han superado barreras geográficas y temporales, permitiendo que las transacciones se realicen de manera instantánea sin importar la ubicación física de las partes involucradas. Presentan ventajas propias de la contratación a distancia, pero también una serie de peculiaridades inherentes al canal.

La contratación electrónica, entendida como el tráfico de comunicaciones en una red que permite la negociación, conclusión y ejecución de contratos, se ha erigido ya en el fenómeno dominante en el tráfico. Abarca al proceso de celebración de acuerdos y transacciones comerciales a través de medios electrónicos, como internet y plataformas digitales. Su rápida adopción se debe en gran parte a los avances tecnológicos que han facilitado la conectividad global y la digitalización de diversos aspectos de la vida moderna.

La necesidad de su específico tratamiento viene determinada por la naturaleza, características y complejidad de la tecnología subyacente. La rapidez, la accesibilidad y la automatización son características inherentes a este tipo de contratación. Las partes pueden intercambiar información y llegar a acuerdos de manera más eficiente, eliminando la necesidad de trámites físicos y presenciales. Sin embargo, la velocidad y la distancia pueden plantear desafíos en términos de expresión de la voluntad, la autenticidad, seguridad y privacidad, lo que ha llevado a la implementación de una regulación específica, además de la firma electrónica y sistemas de seguridad en línea, que garantizan la merecida seguridad jurídica vinculada a este tipo de contratación.

B. Concepto de contrato electrónico

El contrato electrónico se define en la Ley 34/2022, de 11 de julio, de servicios de la sociedad de la información y de comercio electrónico (en adelante, LSSI) como "todo contrato en el que la oferta y la aceptación se transmiten por medio de equipos electrónicos de tratamiento y almacenamiento de datos, conectados a una red de telecomunicaciones", esto es, todo contrato a distancia celebrado sin la presencia física simultánea de las partes, como resultado de la expresión por ambas partes de su consentimiento en origen y en destino por medio de equipos electrónicos de tratamiento y almacenaje de datos, conectados por medio de cable, radio, medios ópticos o cualquier otro medio electromagnético.

Más concretamente, la LSSI se refiere a aquel contrato que se perfecciona o celebra por medios electrónicos, siendo el elemento determinante, por tanto, el cauce a través del cual se emiten las declaraciones de voluntad del oferente (emisor) y del aceptante (receptor). Se trata, por tanto, de contratos en los que se observan algunas peculiaridades, básicamente formales, como las siguientes. Son **contratos celebrados a distancia**: No hay presencia física simultánea entre las partes contratantes en el momento de suscribir el contrato. Son contratos **concluidos a través de redes telemáticas,** en los que tanto la oferta como la aceptación se formulan por medios electrónicos. El consentimiento se expresa por medios electrónicos, a través de la firma electrónica del contrato u otras modalidades de aceptación online. El contenido del acuerdo no se recoge en un documento en papel, sino en un **archivo digital.**

C. Tipos o modalidades de contrato electrónico

La contratación electrónica, atendiendo a la **formación y ejecución del contrato** puede ser de dos tipos: (1) **Contratación directa** u on line, es aquella modalidad de contratación en Internet en el que la oferta, aceptación, entrega y el pago se hacen en línea, esto es, en una Red de internet, de comunicación pública. En este tipo de contratación electrónica las partes pueden contactar directamente a través de sus dispositivos. Ejemplos de este tipo pueden ser la contratación de un servicio de televisión en *streaming* o vídeo bajo demanda, la compra de música a través de Internet, la compra de un programa de ordenador o la contratación de un servicio de alojamiento de archivos en la nube. (2) **Contratación indirecta** u off line, es aquella modalidad de contratación en Internet donde la oferta y aceptación se hace en la red, pero la entrega y/o el pago se producen fuera de la red. Ejemplos de este tipo pueden ser el comercio electrónico de productos y servicios físicos, tal y como la compra de libros a través de Internet, encargo de un servicio que se va a realizar en el domicilio o la compra de un CD que remiten al domicilio.

El régimen de la contratación electrónica se centra fundamentalmente en la contratación realizada en redes de telecomunicaciones abiertas. No obstante, en un primer estadio la contratación electrónica fue, y aún hoy puede ocasionalmente ser, cerrada, tanto por el acceso restringido a la misma mediante redes de comunicación aisladas y desconectadas de cualquier otra, como por su propia operatividad. Se trata de la contratación entre empresarios (*business to business, B2B*) y entre empresarios y profesionales y entre estos y Administración Pública (*BSPB*) precedida de acuerdos concluidos entre ellos por virtud de los cuales se obligan a transmitir electrónicamente datos y/o documentos relacionados con las actividades desarrolladas por estos, con el fin de sustituir el soporte papel por el informático.

De acuerdo con la **forma de manifestación de la voluntad**, el contrato electrónico puede ser: (1) **Contrato electrónico puro**, que es aquel en el que las partes del contrato manifiestan su consentimiento por vía exclusivamente electrónica, esto es, bien mediante un sistema de firma electrónica, bien un clic de aceptación (p.ej. para aceptar la política de cookies), bien finalmente a través de un sistema de confirmación en dos fases, que combine la aceptación por clic y un código enviado por SMS. Este último característico de los servicios bancarios. (2) **Contrato electrónico mixto**. En este caso, la contratación incluye una fase digital y otra de carácter físico. Por ejemplo, la descarga de un formulario o contrato que debe imprimirse y firmarse para luego remitirlo por correo postal.

D. Marco normativo internacional

La regulación de la contratación electrónica cuenta con una estructura normativa que tiende a la **armonización internacional** entre Estados. El primer hito normativo se encuentra en la **Ley Modelo de la Comisión de Naciones Unidas para el Derecho Mercantil Internacional** (CNUDMI) sobre comercio electrónico de 1996, seguido de la Ley Modelo de la CNUDMI sobre las Firmas Electrónicas (2001) que establece más normas sobre la utilización de firmas electrónicas, la Convención de las Naciones Unidas sobre la Utilización de las Comunicaciones Electrónicas en los Contratos Internacionales de 2005 y la Ley Modelo CNUDMI sobre Documentos transmisibles electrónicos de 2017.

El texto con una mayor incorporación es la **Ley Modelo de la CNUDMI sobre Comercio Electrónico** (1996), que fija las normas para que la información electrónica y la información en papel reciban el mismo trato y para que se confiera reconocimiento jurídico a las operaciones y procesos electrónicos, sobre la base de los principios fundamentales de no discriminación del uso de medios electrónicos, equivalencia funcional y neutralidad tecnológica. En efecto, la Ley Modelo introduce el denominado "criterio de equivalencia funcional" a fin de asegurar una efectiva equivalencia entre la documentación electrónica y el documento papel.

Más tarde, la **Convención de las Naciones Unidas sobre la Utilización de las Comunicaciones Electrónicas en los Contratos Internacionales** de 2005 estableció las reglas uniformes en materia de comunicaciones electrónicas. Es de aplicación a todas las comunicaciones electrónicas intercambiadas entre partes cuyos establecimientos estén situados en Estados diferentes y cuando al menos una de esas partes tenga su establecimiento en un Estado Contratante (artículo 1), si bien la Convención permite a las partes contratantes excluir su aplicación o modificar sus condiciones en la medida en que lo permitan las disposiciones legislativas por lo demás aplicables (artículo 3). También puede ser aplicable por elección expresa de las partes. Se excluyen del ámbito de aplicación de la Convención los contratos concertados con fines personales, familiares o domésticos, como los relacionados con el derecho de familia y el derecho que rige las sucesiones, así como determinadas operaciones financieras, títulos negociables y documentos de titularidad (artículo 2). Debe tomarse en consideración al respecto que en Derecho español los conflictos sobre la ley aplicable a los tratos previos a los contratos han de resolverse a partir de las normas fijadas en el Reglamento CE núm. 864/2007, relativo a la ley aplicable a las obligaciones extracontractuales (Roma III).

Como ya se ha señalado, esta Convención enuncia los criterios para establecer la equivalencia funcional entre las comunicaciones electrónicas y los documentos sobre papel, así como entre los medios electrónicos de autenticación y las firmas manuscritas (artículo 9). Del mismo modo, la Convención define el tiempo y el lugar de envío y de recepción de las comunicaciones electrónicas, ajustando las reglas que tradicionalmente regían esos conceptos jurídicos al contexto electrónico e introduciendo elementos innovadores con respecto a las disposiciones de la Ley Modelo sobre Comercio Electrónico (artículo 10).

Además, la Convención establece el principio general de que no se negará validez a una comunicación solamente porque se haya realizado por medios electrónicos (artículo 8). Concretamente, dada la proliferación de los sistemas automatizados de mensajes, la Convención reconoce la fuerza ejecutoria de los contratos celebrados a través de esos sistemas, inclusive cuando ninguna persona física haya revisado los actos realizados a través de los sistemas (artículo 12). La Convención aclara además que toda propuesta de celebrar un contrato cursada por medios electrónicos y no dirigida a una o varias partes determinadas se considerará una invitación a negociar, y no una oferta cuya aceptación la haga vinculante para la parte que la haya formulado, de conformidad con la disposición correspondiente de la Convención sobre la Compraventa Internacional de Mercaderías (artículo 11). Además, la Convención prevé remedios en caso de que una persona física cometa un error al introducir la información en sistemas automatizados de mensajes (artículo 14).

Finalmente, la **Ley Modelo CNUDMI sobre Documentos transmisibles electrónicos** de 2017, que no afecta al Derecho sustantivo aplicable a los documentos papel, consagra también el principio de equivalencia funcional entre la documentación electrónica y el documento papel siempre que la primera contenga la misma información exigible al segundo y se garantice la identidad, trazabilidad e integridad. Se fundamenta en los principios de no discriminación, equivalencia funcional y neutralidad tecnológica, lo que le permite abarcar también el uso de diversas tecnologías y modelos, como registros electrónicos, tokens y registros descentralizados. Según la Ley Modelo, un documento electrónico es equivalente a uno en papel si contiene la misma información y utiliza métodos fiables para identificarlo, controlarlo y mantener su integridad. El control es crucial, y se cumple si se demuestra que una persona lo posee y controla. Además, esta ley permite incluir información adicional no posible en papel amén de orientar sobre la fiabilidad de los métodos. Finalmente, también facilita el uso transfronterizo de documentos electrónicos.

E. Marco normativo de la Unión Europea

En el ámbito comunitario, el legislador ha procurado promover la confianza y eficiencia de la contratación electrónica en la Unión Europea, al mismo tiempo que garantizar la protección de los derechos de los consumidores y establecer estándares de seguridad en la utilización de tecnologías digitales en las transacciones comerciales. A tal fin ha provisto un paquete normativo para la armonización del Derecho comunitario.

En primer lugar, de ese paquete destaca la **Directiva 2000/31/CE** sobre el comercio electrónico (DCE). Encargada de establecer el marco legal para los servicios de la sociedad de la información en el mercado interno europeo, no se enfoca exclusivamente en la contratación electrónica, sino que también establece reglas para la información que los proveedores de servicios deben brindar a los consumidores, así como para los contratos celebrados electrónicamente.

Posteriormente, también es reseñable la **Directiva 2011/83/UE**, sobre los derechos de los consumidores, que derogó la Directiva 97/7/CE, y que ha armonizado las normas de protección del consumidor en toda la UE, siendo particularmente importante para la contratación electrónica. Así, configura la información que debe proporcionarse al consumidor antes de celebrar un contrato, el derecho de desistimiento en compras en línea y otras disposiciones relacionadas con contratos a distancia.

Finalmente destaca, por la seguridad que introduce en la contratación electrónica, el Reglamento (UE) núm. 910/2014 (**Reglamento eIDAS**), que reemplazó la Directiva 1999/93/CE sobre firma electrónica y que ha establecido un marco legal para la identificación electrónica y servicios de confianza en transacciones electrónicas en toda la UE, toda vez que define reglas para la autenticación y firma electrónica.

F. El Derecho español de la contratación electrónica

Antes de profundizar en el régimen jurídico del contrato electrónico, es necesario determinar la normativa aplicable en concreto. Así, en el Derecho español la **Ley 34/2002, de servicios de la sociedad de la información y de la contratación por vía electrónica (LSSI),** aclara que deberá tomarse en consideración las normas de Derecho internacional privado, remitiendo así a lo establecido en sus artículos 2 y 3 de la LSSI (art. 26).

En definitiva, **será de aplicación** el Derecho español cuando la parte oferente o proponente del contrato sea prestador de servicios de la sociedad de la información establecido en España, esto es, cuando tenga el lugar de residencia o domicilio en España, siempre que éstos coincidan con el lugar en que esté efectivamente centralizada la gestión administrativa y la dirección de sus negocios (art. 2.1). También será aplicable a aquellos que, siendo residentes o domiciliados en otro Estado, ofrezca a través de un establecimiento permanente sus ofertas para la contratación electrónica en España (art. 2.2.).

Finalmente, será de aplicación la normativa española, aunque los prestadores de servicios de la sociedad de la información se encuentren establecidos en otro Estado miembro, cuando el destinatario de la oferta contractual radique en España, y la oferta tenga por objeto servicios relativos a las materias relativas a derechos de propiedad intelectual o industrial, emisión de publicidad por instituciones de inversión colectiva, actividad de seguro directo en régimen de libre prestación de servicios, obligaciones nacidas de contratos con personas físicas consumidores, régimen de elección por las partes contratantes de la ley aplicable al contrato y, por último, en materia de licitud de comunicaciones comerciales por correo electrónico u otro sistema de comunicación equivalente (art. 3.1).

El art. 23 de la LSSI dispone que los contratos electrónicos sometidos a ella se regirán, además de por lo dispuesto en esa ley, por el Código Civil, el Código de Comercio y por las restantes normas civiles o mercantiles sobre contratos, las normas de protección de los consumidores y usuarios y de ordenación de la actividad comercial.

En consonancia con tal previsión, una vez reconocida la validez general de los actos y contratos realizados por medios electrónicos, la LSSI no establece una regulación pormenorizada de la contratación electrónica, sino que se limita a imponer una serie de reglas básicas sobre determinados aspectos, como la prueba de los contratos celebrados por medios electrónicos, la intervención de terceros de confianza, la ley aplicable y sobre la determinación del momento y lugar de celebración de los contratos electrónicos, adoptando en este último caso una solución única, también válida para otros tipos de contratos celebrados a distancia, que unificaba el criterio dispar contenido hasta ese momento en el Código Civil y Código de Comercio.

No obstante, la LSSI sí se encarga de establecer, de conformidad con lo que disponía la Directiva de Comercio Electrónico, una serie de obligaciones que deberán observarse en el momento de celebración de la contratación por vía electrónica.

Además de su adecuación a los preceptos de la LSSI, y como reconoce ésta, la contratación de bienes y servicios por vía electrónica se somete a toda una serie de normas.

En efecto, serán de aplicación con carácter general al contrato electrónico en sus aspectos sustantivos, tanto el **Código Civil** como el **Código de Comercio**, en los relativo tanto al régimen general de contratación civil y mercantil respectivamente, como en materia de contratación en particular, según la naturaleza del contrato celebrado (compraventa, arrendamiento, mandato, comisión mercantil, etc…).

Asimismo, será de aplicación la **Ley 7/1998, de 13 de abril, sobre condiciones generales de la contratación cuando se utilicen contratos de adhesión**, lo que resulta muy frecuente en la contratación de productos y servicios a través de internet.

Al tratarse de **un contrato a distancia,** la venta electrónica queda sometida también al régimen de ordenación de la actividad comercial y, en particular, al régimen de ventas a distancia. Más concretamente, cabe recordar que ya existía en nuestro Derecho, antes de la promulgación de la LSSI, una regulación sobre ventas a distancia contenida en la Ley 7/1996, de 15 de enero, de Ordenación del Comercio Minorista (o LOCM), que fue reformada por la Ley 47/2002, de 19 de diciembre, y que tenía por objeto la transposición al ordenamiento jurídico español de la Directiva 97/7/ CE, en materia de contratos a distancia, y para la adaptación de la ley a diversas directivas comunitarias.

Cuando uno de los sujetos intervinientes en la contratación por vía electrónica sea un consumidor, habrá de tenerse en cuenta también los arts. 92 y ss del Real Decreto Legislativo 1/2007, de 16 de noviembre, por el que se aprueba el

texto refundido de la Ley General para la Defensa de los Consumidores y Usuarios y otras leyes complementarias (TRLGDCU).

En caso de que, para la perfección del contrato, se utilice la firma electrónica, será necesario tener en cuenta lo dispuesto para la regulación de esta en el Reglamento (UE) núm. 910/2014 del Parlamento europeo y del Consejo de 23 de julio de 2014, relativo a la identificación electrónica y los servicios de confianza para las transacciones electrónicas en el mercado interior y por la que se deroga la Directiva 1999/93/CE (en adelante, Reglamento eIDAS).

Cuando la actividad que se lleve a cabo sea la de publicidad, además de las previsiones especiales que contiene la LSSI para comunicaciones comerciales, habrá de tenerse en cuenta la **Ley 34/1988, General de Publicidad**, amén de la normativa específica que pueda ser aplicable en atención al servicio o producto concreto del que se trate, y la **Ley 3/1991, de Competencia Desleal**.

En el caso de contratación por vía electrónica de determinados productos o servicios también habrá que recurrir a su **normativa especial**. Así ocurre con la venta por medios telemáticos de medicamentos, que se regula por la Ley 29/2006, de 26 de julio, de garantías y uso racional de los medicamentos y productos sanitarios, y que contiene una prohibición general para la venta por correspondencia y por procedimientos telemáticos de medicamentos y productos sanitarios sujetos a prescripción médica, si bien reserva la posibilidad de que la normativa de desarrollo permita dichas modalidades de venta con respecto a los medicamentos no sujetos a prescripción médica con determinadas garantías.

Otros servicios que gozan de regulación especial en su contratación por vía electrónica serán los financieros, a los que les será de aplicación hasta la adaptación al Derecho español de la reciente Directiva (UE) 2023/2673 del Parlamento Europeo y del Consejo, de 22 de noviembre de 2023, que modifica la Directiva 2011/83/UE en lo relativo a los contratos de servicios financieros celebrados a distancia y deroga la Directiva 2002/65/CE, la LSSI, así como dispuesto en la Ley 22/2007, de 11 de julio, sobre comercialización a distancia de servicios financieros destinados a los consumidores. El plazo para que los Estados miembros transpongan la Directiva 2023/2673 finaliza el 19 de diciembre de 2025, y las disposiciones correspondientes deberán aplicarse a partir del 19 de junio de 2026.

Finalmente, destacan actividades o servicios cuya contratación por vía telemática tiene normativa específica, y cuya falta de regulación hasta fecha reciente ha sido objeto de controversia, es la del juego. Si bien la Directiva de Comercio Electrónico dejó fuera de su ámbito de aplicación las actividades de juegos de azar que impliquen apuestas de valor monetario incluidas loterías y apuestas (art. 1.5.d Directiva 2000/31/CE), la LSSI sí recogió estas actividades dentro de su ámbito de aplicación, salvo en lo relativo al principio de libertad de prestación de servicios. Estas actividades quedan sometidas a la Ley 13/2011, de 27 de mayo, de regulación del juego. Su art. 1, dispone expresamente que la ley tiene por objeto regular la actividad de juego cuando se realice a través de canales electrónicos, informáticos, telemáticos e interactivos en la que los medios presenciales deberán tener un carácter accesorio.

2. *Las fases del contrato*

A. La fase preliminar: la oferta contractual

En el régimen del contrato electrónico constituye parte relevante el análisis de la etapa de formación, esto es, las normas aplicables en la etapa previa a la coincidencia de las voluntades negociables. Al contrato electrónico también le es de aplicación un régimen específico en la fase de formación, esto es, a la oferta y aceptación.

La oferta, entendida como aquella declaración de voluntad en la que el oferente manifiesta su intención de alcanzar la formación de un contrato, puede realizarse mediante correo electrónico, página web o mensaje de texto (SMS). Prevalece el principio de libertad de forma de la oferta, de modo que la oferta puede dirigirse de forma individual o hacia una pluralidad de destinatarios.

La oferta se encuentra sometida a un régimen de deber de información previo que determina un contenido mínimo de obligaciones específico para el oferente cuando es emitida por vía electrónica (v. en este tema epígrafe 2. Obligaciones legales previas y posteriores a la celebración del contrato).

B. La perfección

a) Validez y eficacia del consentimiento por vía electrónica

También los contratos celebrados por vía electrónica producen todos los efectos previstos en el ordenamiento cuando concurran en ellos el consentimiento y los demás requisitos necesarios para su **validez** (art. 23.1 LSSI). No es necesario que medie previo consentimiento por las partes en orden a la utilización de medios electrónicos para la celebración de contratos entre ellas (art. 23.2 LSSI).

Sin duda, uno de los ejes vertebradores sobre los que se erige la contratación electrónica es la prestación del **consentimiento**.

Los contratos electrónicos producen todos los efectos previstos en el ordenamiento jurídico cuando concurra el consentimiento y los demás requisitos necesarios para su validez. Es decir, en el Derecho español rige para los contratos electrónicos también el art. 1261 del Código Civil, que exige la concurrencia de consentimiento, objeto cierto, posible y determinado, la causa y la forma, cuando ésta es exigida "*ad solemnitatem*".

El acuerdo de voluntades, es decir, la concurrencia de la oferta y la aceptación deberá realizarse por vía electrónica, lo que, de acuerdo con la definición de contrato electrónico, deberá producirse por medio de equipos electrónicos de tratamiento y almacenamiento de datos, conectados a una red de telecomunicaciones.

El consentimiento en el contrato electrónico puede prestarse de dos maneras: de manera expresa, mediante la acción de hacer clic en el botón o recuadro destinado a aceptar las condiciones generales de contratación (*click-wraps*), o de manera tácita, simplemente mediante la navegación del usuario en la página web (*browse-wraps*). En ambos casos, la aceptación de las condiciones de uso (términos y condiciones) conlleva la formalización del contrato de adhesión, cuyo contenido es responsabilidad de los prestadores de servicios de la sociedad. Estos prestadores están obligados a proporcionar la información precontractual (términos y condiciones) de acuerdo con el artículo 27 de la Ley de Servicios de la Sociedad de la Información y Comercio Electrónico (LSSI). Este requisito tiene como finalidad garantizar el cumplimiento de las normas de transparencia contractual, siendo su incumplimiento susceptible de conllevar la nulidad del contrato (art. 5.5 de la Ley 7/1998, de 13 de abril, de condiciones generales de la contratación).

Finalmente, la **aceptación**, entendida como la declaración de voluntad por la cual la persona a quien se dirige la oferta se vincula con el oferente mediante un contrato entre ambos, debe coincidir con la oferta realizada y contener voluntad de obligarse. En caso de no coincidir con la oferta, no habría acuerdo de voluntades, sino un supuesto de la denominada contraoferta, que el inicial oferente deberá aceptar o no.

Aunque la LSSI asegura la validez y eficacia de los contratos celebrados por vía electrónica, aun cuando no consten a su vez en soporte papel, sin embargo, en nuestro ordenamiento no se admite sin **excepciones** tal validez y efectos del acuerdo de voluntades por vía electrónica. Así en nuestro ordenamiento el art. 23.4 LSSI establece expresamente que lo dispuesto en el Título IV en materia de contratación electrónica no será de aplicación a los contratos relativos al Derecho de familia y sucesiones, de modo que, en definitiva, en el Derecho español no serán reconocidos actos o acuerdos de voluntades, ni celebrarse, por tanto, con validez y plenos efectos contratos en estas materias, cuando sean emitidos y/o celebrados por vía electrónica.

b) El momento

Al tratarse de contratos en los que el oferente y el aceptante se encuentran en lugares distintos, se aplica el régimen de la contratación entre ausentes. A este respecto, los arts. 1262 del Código Civil y 54 del Código de Comercio consagran la llamada *teoría del conocimiento* para determinar la existencia de consentimiento y, por tanto, el acuerdo de voluntades. Por tanto, la perfección del contrato electrónico se produce desde que el oferente conoce de la aceptación o "desde que, habiéndosela remitido el aceptante, no pueda ignorarla sin faltar a la buena fe".

Lo relevante, por tanto, es acreditar que el oferente ha tenido constancia de la aceptación de la oferta y si no ha llegado a tenerla, al menos acreditar el momento a partir del cual tuvo posibilidad de tener acceso a ella y su contenido como consecuencia de la forma en que la aceptación se emitió en el canal (por ejemplo, con acuse de entrega o con recepción por parte del sistema de que la aceptación fue recibida). En ese momento se entenderá que ha recibido la aceptación

En definitiva, el contrato se perfecciona, por ejemplo, cuando el aceptante cumplimenta el formulario de compra o solicitud de servicios automatizada y envía su aceptación con éxito, y ello independientemente de que la oferente confirme que ha recibido la aceptación, confirmación cuyo valor es meramente informativo y que, de no producirse, no tiene relevancia en la perfección del contrato.

c) El lugar

Con carácter general, el art. 1262 del Código Civil y 54 del Código de comercio, presume celebrado en el **lugar** en que se hizo la oferta. No obstante, el art. 29 de la LSSI establece dos normas especiales para los contratos electrónicos cuando se trate de los siguientes.

En los contratos celebrados con consumidores, se tendrá como lugar de celebración del contrato aquél en que el consumidor tenga su residencia habitual. En las transacciones internacionales con consumidores españoles, son de plena aplicación las normas de derecho internacional privado español.

En los contratos celebrados entre empresarios y profesionales, salvo pacto en contrario, se presumirán celebrados en el lugar en que esté establecido el prestador de servicios.

C. La ejecución

Los contratos electrónicos, en tanto que acuerdos de voluntades establecidos por medios electrónicos, a través de los cuales las partes definen de manera consciente obligaciones exigibles, no constituyen un tipo de contrato especial ni están limitados a bienes o servicios tecnológicos.

Sí es posible, sin embargo, advertir determinadas especialidades en la fase de ejecución.

En este sentido, en función del carácter inmediato o no de la ejecución, se ha distinguido entre dos tipos de contratos electrónicos. Así, por un lado, se habla de contrato de comercio electrónico directo para referirse a aquel que posibilita la entrega virtual de bienes intangibles o la prestación de servicios que no demandan la presencia física del proveedor. Esta entrega o prestación puede ser tanto inmediata como aplazada (ej. La adquisición de licencias de uso de programas informáticos, la contratación de un servicio de televisión en streaming o vídeo bajo demanda, así como la contratación de servicios de hospedaje, gestión de pagos y otros servicios virtuales. Por otro lado, se distingue del contrato de comercio electrónico indirecto, caracterizado éste último en que la entrega física de bienes tangibles o la provisión de servicios que requieren presencia física. Su ejecución siempre se da de manera diferida.

Finalmente hay que recordar el derecho de desistimiento en favor del destinatario o cliente consumidor en la contratación electrónica, que, si bien no viene recogido expresamente en la LSSI, debe tomarse en consideración como especialidad de la ejecución del contrato (vide supra epígrafe II, apartado 2).

3. La forma del contrato electrónico y su valor probatorio

A. La forma del contrato electrónico

En los contratos electrónicos, el art. 23.1 LSSI recoge el principio espiritualista del Derecho contractual español, por virtud del cual la celebración del contrato sólo exige el previo acuerdo entre las partes sobre el objeto y la causa del contrato (art. 1261 C. Civil) y no la forma en que se exprese el consentimiento. Los contratos electrónicos, por tanto, serán obligatorios "cualquiera que sea la forma en que se hayan celebrado, siempre que en ellos concurran las condiciones esenciales para su validez" (art. 1278 C. Civil).

No será necesario para la válida celebración del contrato por vía electrónica, en consecuencia, tampoco el previo acuerdo de las partes sobre la utilización de medios electrónicos (art. 23.2 LSSI).

Además, conforme al principio de equivalencia funcional, se establece con carácter general que, cuando la Ley exija para un contrato que éste o cualquier información relacionada con el mismo conste por escrito, este requisito se entenderá satisfecho si el contrato o la información se contiene en soporte electrónico (art. 23.3 LSSI). No obstante, para aquellos contratos, negocios o actos jurídicos en los que la Ley determine para su validez o producción de efectos jurídicos la forma documental pública, la LSSI se remite a lo que establece en concreto su legislación específica, dejando, por tanto, el cumplimiento de la forma documental pública a lo establecido en ella (art. 23.4).

B. La admisión del soporte electrónico como medio de prueba

La prueba de la celebración de un contrato por vía electrónica y de las obligaciones que tienen su origen en él se sujeta a las reglas generales del ordenamiento jurídico y, en su caso, a lo estipulado en la legislación sobre firma electrónica (art. 24 de la LSSI).

Por el principio de equivalencia funcional, y siempre que la Ley determine la necesidad de que el contrato se otorgue por escrito, tal requisito se entenderá satisfecho si el contrato se contiene en un soporte electrónico. El soporte informático en que conste un contrato celebrado por vía electrónica será admisible en juicio como prueba documental (art. 24.2 LSSI). Además, se establece que todos los medios de prueba admitidos en Derecho son válidos para acreditar la celebración del contrato por vía electrónica y las obligaciones inherentes al mismo.

Ahora bien, la LSSI impone, en su artículo 23, la observancia de los requisitos formales de validez y eficacia exigidos por la legislación española específica en los actos o negocios jurídicos que necesiten la forma documental pública o requieran la intervención de órganos jurisdiccionales o autoridades públicas. Manifiesta así la Ley su recelo frente a la forma electrónica en aquellos negocios cuya celebración, conforme leyes específicas, deban someterse a especiales garantías de seguridad ya que, al asumir los riesgos que implica la forma electrónica frente a la tradicional escrita y pública, apuesta por seguir asegurando la prueba futura mediante esta última. En cualquier caso, su incumplimiento no conlleva la nulidad o inexistencia de estos negocios realizados por medio electrónico, sino que los efectos de la inobservancia formal dependerán del carácter con que el ordenamiento exija la solemnidad.

En principio, y de la regulación de la prueba mediante instrumentos, se observa como la Ley de Enjuiciamiento Civil equipara el documento electrónico al documento en soporte papel (artículos 265 y siguientes LEC). Ahora bien, de la interpretación de la LEC, se deriva que el soporte electrónico no siempre será documento en lo que se refiere a la prueba (arts. 326.3 LEC), sin perjuicio de que su régimen probatorio se identifique con los documentos en muchos aspectos. Ello sucede con los documentos electrónicos no cualificados. No obstante, con los documentos electrónicos acreditados a través de servicios de confianza cualificados previstos en el Reglamento (UE) 910/2014, del Parlamento Europeo y del Consejo, de 23 de julio de 2014, relativo a la identificación electrónica y los servicios de confianza para las transacciones electrónicas en el mercado interior, se presumirá que el documento electrónico reúne las características cuestionadas y que el servicio de confianza se ha prestado correctamente si figuraba, en el momento relevante a los efectos de la discrepancia, en la lista de confianza de prestadores y servicios cualificados. Si aun así se impugnare el documento electrónico, la carga de realizar la comprobación corresponderá a quien haya presentado la impugnación (art. 326.4 LEC).

En definitiva, y sin perjuicio de cualquier otro medio de prueba admitido en Derecho, los registros electrónicos y telemáticos son aceptados como medio de prueba, pero para ello deberán garantizar su autenticidad; identificar de modo fiable a las partes; no alterar su contenido así como identificar el momento de su emisión y recepción. En efecto, y a los efectos de garantizar la autenticidad y de atribuir a los datos registrados en forma digital el mismo valor jurídico que la firma manuscrita, la normativa impone la utilización de la firma electrónica cualificada, prevista en la Ley 6/2020, de 11 de noviembre, reguladora de determinados aspectos de los servicios electrónicos de confianza.

C. El valor probatorio del contrato y la firma electrónica

La fuerza probatoria del contrato electrónico y de las obligaciones derivadas del mismo quedan determinadas por las reglas generales recogidas en los arts. 281 y ss de la Ley 1/2000, de 7 de enero, de Enjuiciamiento Civil (art. 24.1 LSSI).

Cuando el contrato esté firmado electrónicamente se estará a lo establecido en el artículo 3 del Reglamento eIDAs y la Ley 6/2020, de 11 de noviembre, reguladora de determinados aspectos de los servicios electrónicos de confianza, que derogó la Ley 59/2003, de 19 de diciembre, de firma electrónica, y con ella aquellos preceptos incompatibles con el Reglamento eIDAS. Dicho Reglamento es de aplicación directa, evitando así la existencia de vacíos normativos susceptibles de dar lugar a situaciones de inseguridad jurídica en la prestación de servicios electrónicos de confianza.

El valor probatorio de los documentos asociados a firma se rige por el art. 3.2 de la Ley 6/2020 que remite a los apartados 3 y 4 del art. 326 LEC en función de si utiliza servicio de confianza no cualificado o cualificado. Más concretamente, para delimitar su valor probatorio habrá que acudir al art. 3 del Reglamento eIDAS que diferencia entre la firma electrónica cualificada, la avanzada, y la simple.

La firma electrónica cualificada es una firma electrónica avanzada que se crea mediante un dispositivo cualificado de creación de firmas electrónicas y que se basa en un certificado cualificado de firma electrónica. Se realiza con un certificado cualificado que es definido por el Reglamento como un certificado de firma electrónica, que ha sido expedido por un prestador cualificado de servicios de confianza y que cumple los requisitos establecidos en el anexo I del citado Reglamento eIDAS. El Reglamento le reconoce un efecto equivalente al de una firma manuscrita (art. 25). Esta firma comparte todas las características de la firma electrónica avanzada, al estar vinculada al firmante de forma única e intransferible y ligada al documento de tal manera que no pueda alterarse posteriormente, pero se diferencia en que esta tiene que ser creada por un certificado electrónico que valida la identificación del firmante de forma inequívoca y que debe ser expedido por una Autoridad de certificación, lo que repercute en que sea un método muy seguro y completo.

En efecto, la firma electrónica avanzada, es aquella que cumple los requisitos contemplados en el artículo 26, esto es: a) estar vinculada al firmante de manera única; b) permitir la identificación del firmante; c) haber sido creada utilizando datos de creación de la firma electrónica que el firmante puede utilizar, con un alto nivel de confianza, bajo su control exclusivo, y d) estar vinculada con los datos firmados por la misma de modo tal que cualquier modificación ulterior de los mismos sea detectable. La firma electrónica avanzada presenta un mayor nivel de seguridad, ya que, permite identificar al firmante de forma única con el documento electrónico, y el posterior registro de firma y aceptación por parte del mismo, evitando así cualquier modificación posterior sobre el documento.

Finalmente, la firma electrónica simple es aquella que permite identificar digitalmente al firmante con sus datos, pero ofrece un escaso nivel de seguridad.

4. *Obligaciones legales previas y posteriores a la celebración del contrato electrónico*

En el proceso de contratación y tras la celebración del contrato, la normativa somete al oferente de servicios contratados por vía electrónica a un conjunto de obligaciones que tienen como finalidad proteger y garantizar los intereses de los destinatarios.

Además, cuando la contratación se efectúe con consumidores, el oferente deberá guiarles durante el proceso de contratación, ofreciendo información precisa en sus comunicaciones comerciales y ofertas promocionales, cuando además sea prestador de servicios de la sociedad de información (arts. 19 a 22 LSSI). También, y con carácter general para todo tipo de oferente, deberá indicarle los pasos que han de dar y la forma de corregir posibles errores en la introducción de datos (art. 27 LSSI), así como confirmar la aceptación realizada una vez recibida (art. 28 LSSI). A continuación, se analiza el alcance y contenido de cada una de ellas.

A. Información previa exigida sobre comunicaciones comerciales y ofertas promocionales

A los prestadores de servicios de la sociedad es de aplicación y, por tanto, exigible con carácter previo a la contratación, el régimen previsto en materia **de comunicaciones comerciales y ofertas promocionales** previsto en el art. 20 LSSI (*vide supra* epígrafe III, apartado 7).

El art. 27.1 obliga a poner a disposición del destinatario (aceptante, en su caso) **información suficiente sobre el contrato**, de forma permanente, antes de iniciar el procedimiento de contratación y a través de técnicas adecuadas al medio de comunicación utilizado, como puede ser su página web o la dirección de Internet concreta (*vide supra* epígrafe III, apartado 8).

B. Información posterior a la celebración del contrato

Una vez celebrado el contrato electrónico, el oferente deberá también observar el cumplimiento de la obligación de **confirmar la recepción de la aceptación** (art. 28 LSSI).

La confirmación de la aceptación puede realizarse a través de dos vías: (i) El envío de acuse de recibo por electrónico u otro medio de comunicación electrónica equivalente a la dirección que el aceptante haya señalado, en el plazo de las 24 horas siguientes a la recepción de la aceptación; o (ii) La confirmación por un medio equivalente al utilizado en el procedimiento de contratación, tan pronto como el aceptante haya completado dicho procedimiento, y ello siempre que la confirmación pueda ser archivada por su destinatario.

La LSSI entiende que se ha recibido la aceptación y su confirmación cuando las partes a quienes se dirijan puedan tener constancia de ello. Ahora bien, cuando la recepción de la aceptación se confirme mediante acuse de recibo, la Ley presume que su destinatario tiene la referida constancia desde el momento que el acuse de recibo haya sido almacenado en el servidor en que esté dada de alta su cuenta de correo electrónico, o en el dispositivo utilizado para la recepción de comunicaciones.

Con carácter excepcional, la LSSI exime de la obligación de confirmar la recepción de la aceptación de una oferta en cualquiera de estos supuestos: (i) Ambos contratantes así lo acuerden y ninguno de ellos tenga la consideración de consumidor; o (ii) El contrato se haya celebrado exclusivamente mediante intercambio de correo electrónico u otro tipo de comunicación electrónica equivalente, cuando estos medios no sean empleados con el exclusivo propósito de eludir el cumplimiento de tal obligación.

V. LA INTERMEDIACIÓN EN EL COMERCIO ELECTRÓNICO: LOS *MARKETPLACES*

1. Las plataformas de ventas en línea o marketplaces

Es indiscutible que el comercio electrónico es una realidad dinámica y extensiva que origina modelos de negocio basados en el comercio B2C. En ese ámbito destacan el fenómeno de las plataformas digitales, también conocidas como ***marketplaces***, que actúan como proveedores de servicios que facilitan la interacción y contratación electrónica entre vendedores y compradores. Se trata de herramientas digitales (hardware en el que se puede ejecutar una aplicación software) que hacen posible la interacción entre los diferentes grupos de usuarios (compradores y vendedores, prestamistas y prestatarios, etc.) en los mercados multilaterales. Existen dos tipos de plataformas. En primer lugar, las plataformas transaccionales, en las que los diferentes lados del mercado interactúan directamente con el otro, celebrando contratos. En segundo lugar, se pueden identificar las plataformas no transaccionales.

Las plataformas de venta en línea o tiendas virtuales son **plataformas transaccionales**. En ellas los diferentes lados del mercado interactúan directamente con el otro, celebrando contratos electrónicos para la prestación del servicio. Su protagonismo con carácter general en el e-commerce es creciente porque permiten la interacción con un fin, esto es, la celebración de contratos entre los usuarios. Es el caso de plataformas como Amazon, AliExpress o eBay.

Generalmente los servicios prestados por estas plataformas se encuadran dentro de los **servicios de intermediación en línea que permiten a los consumidores celebrar contratos a distancia con comerciantes**, esto es, servicios de la sociedad de la información que permiten a usuarios profesionales **ofrecer bienes o servicios a los consumidores con un objetivo: el de facilitar el inicio de transacciones directas entre dichos usuarios profesionales y consumidores, con independencia de dónde aquellas se concluyan en última instancia. Además estos servicios se prestan por estas plataformas a los usuarios profesionales en el marco de previas relaciones contractuales entre el proveedor de los servicios —la plataforma— y los usuarios profesionales que ofrecen los bienes o servicios a los consumidores (artículo 2.2) del Reglamento P2B).**

Es innegable el peso que concretas plataformas digitales ostentan en el comercio electrónico, así como su tendencia a la monopolización de los servicios que prestan y los riesgos de su especial posición de dominio en los mercados de referencia (servicios de intermediación en mercados en línea). Es el caso de tiendas digitales tan conocidas como Amazon, principal operador del mercado del comercio electrónico en España por ingresos y ventas —si bien, seguido de lejos por AliExpress y el resto de las empresas—. Amazon ostenta una posición líder, especialmente sólida, como resultado de su volumen de negocio, con casi el 80-90% de los compradores en línea. En efecto, el papel que desempeñan este tipo de plataformas, y por ende su responsabilidad, difiere en función del grado de participación que adopten en las mismas. A modo de ejemplo, Amazon puede simplemente actuar como intermediaria dentro de su propia web, habilitando un espacio virtual (*marketplace*) donde consumidor y vendedor celebran un contrato, poniendo a disposición de las partes intervinientes el canal y los medios técnicos para que pueda perfeccionarse el contrato. O, por otro lado, puede actuar directamente como operador vendiendo productos bajo su marca.

Estas grandes plataformas de venta electrónica y sus transacciones intermediadas entre usuarios profesionales y consumidores plantean también un desafío importante para el Derecho de la competencia por su específica posición dominante, y en los casos de poder de mercado más acusado, han sido designadas como **guardianes de acceso**, que es objeto de regulación mediante el establecimiento de una serie de obligaciones que afectan a sus servicios.

En definitiva, las plataformas (mercados en línea) actúan como intermediarios entre los terceros vendedores y los compradores (consumidores o no), pero sin participar en las transacciones comerciales. No celebran contratos compraventa con los consumidores ni determinan condiciones ni precio de venta. No asumen, por tanto, los costes y riesgos habituales, que sí asumen los vendedores minoristas, quienes además se encargan, salvo expreso acuerdo con las plataformas, de los servicios inherentes para la ejecución del contrato (servicio de almacenamiento, entrega y responsabilidad por incumplimiento).

2. *Los servicios de plataforma: la intermediación en línea*

Los vendedores en el comercio electrónico disponen de diversos canales de venta para ofrecer sus productos y servicios a los consumidores, esto es, (i) crear y gestionar una página web propia, (ii) utilizar comparadores de precios y (iii) utilizar uno o varios *marketplaces.*

El servicio de intermediación en el comercio ofrecido por las plataformas consiste, por tanto, en permitir la interconexión entre vendedores y compradores, esto es, en poner a disposición de los distintos usuarios (oferentes/vendedores y destinatarios) un sistema electrónico organizado a través de webs y/o aplicaciones informáticas (apps), que pueden a su vez integrar un conjunto de servicios post-contratación, pero cuya finalidad principal es ofrecer, mediante su búsqueda, la/s mejor/es oferta/s del servicio o producto demandado por el usuario solicitante, simplificando con ello la negociación y, en su caso, la contratación de los bienes y/o servicios entre los usuarios oferentes y destinatarios. En definitiva, el servicio de intermediación consiste en poner en contacto a vendedores y compradores de productos y servicios interesados en contratar mediante un servicio de búsqueda y contratación automatizado.

El Reglamento de Servicios Digitales define el **servicio de plataforma en línea** como "un servicio de alojamiento de datos que, a petición de un destinatario del servicio, almacena y difunde información al público" (art. 3 i). La norma explicita que se trata de un servicio de alojamiento de datos, lo que implica que se trata de un servicio intermediario y, por tanto, de un servicio de la sociedad de la información. Ahora bien, dentro de su calificación como servicio de plataforma en línea, ha de ser considerado como ***servicio de intermediación en línea***, limitados a los servicios que facilitan transacciones en el comercio electrónico.

Es esta, la de los servicios de intermediación en línea, una subcategoría o especie aún muy amplia, que incluye servicios como los de Uber en el transporte, Airbnb en el alojamiento, Amazon como mercado para otros vendedores y Google Android e iOS como tiendas de aplicaciones informáticas.

En efecto, dentro de los servicios de plataformas, entre los que también se identifican los servicios de redes sociales en línea y los servicios de intercambio de vídeos en línea, destaca el servicio de intermediación en línea, que incluye "los servicios que cumplen todos los requisitos siguientes: a) constituyen servicios de la sociedad de la información según lo previsto en el artículo 1, apartado 1, letra b), de la Directiva (UE) 2015/1535 del Parlamento Europeo y del Consejo; b) permiten a los usuarios profesionales ofrecer bienes o servicios a los consumidores, con el objetivo de facilitar el inicio de transacciones directas entre dichos usuarios profesionales y consumidores, con independencia de dónde aquellas concluyan en última instancia; c) se prestan a los usuarios profesionales sobre la base de relaciones contractuales entre el proveedor de los servicios y los usuarios profesionales que ofrecen los bienes o servicios a los consumidores" (art. 2.2) Reglamento P2B).

La regulación de los servicios de intermediación en el comercio electrónico se ha convertido en un tema crucial en la era digital, ya que sus prestadores, las plataformas, desempeñan un papel fundamental al poner en contacto a los vendedores con los consumidores. La Unión Europea ha implementado normativas para garantizar la transparencia, la competencia leal y la protección de los derechos de los usuarios en este ámbito que determinan la imposición de una serie de obligaciones legales para las plataformas que intermedian en el comercio electrónico.

3. Régimen general de los servicios de plataformas en línea. Obligaciones genéricas

Amén del régimen de libre prestación de servicios de la Directiva sobre el comercio electrónico, el Reglamento de Servicios Digitales establece el régimen general de los servicios de plataformas y, más concretamente, de los servicios de plataformas en línea, caracterizados frente a otros servicios de alojamiento de datos en que mediante estos servicios no sólo se almacenan datos, sino que se "difunde información al público". La propia norma define esta difusión como "poner información a disposición de un número potencialmente ilimitado de terceros a petición del destinatario del servicio que ha facilitado dicha información" (art. 3.k) RSD).

El RSD tipifica los servicios de plataforma como servicios intermediarios de alojamiento de datos, la categoría originalmente recogida en la Directiva sobre el comercio electrónico, a pesar de que las plataformas gestionan activamente los datos y no se limitan a almacenarlos pasivamente. Por eso el Reglamento no se limita a regular los datos alojados, sino que se extiende a la gestión activa que realizan las plataformas, que alcanza el mundo físico en forma de bienes y servicios. La ilicitud puede alcanzar bienes (falsificación que infringen derechos de propiedad industrial) e incluso servicios (servicios de transporte o alojamiento sin la preceptiva licencia, etc.).

El régimen general del RSD determina el conjunto de obligaciones de los prestadores de prestadores de servicios de alojamiento de datos de impedir la disponibilidad de dichos datos cuando los mismos resultan ilícitos o contrarios a sus condiciones generales de contratación. Pretende así garantizar que las plataformas no difundan datos ilícitos o datos que incumplen las obligaciones recogidas en sus condiciones generales de contratación, que pueden ir más allá de las obligaciones legales. Por lo que respecta, en concreto, a las obligaciones y su contenido, se establecen las siguientes.

A. Obligación de establecer mecanismos para la notificación de contenido, bienes o servicio ilícitos

En primer lugar, todos los prestadores de servicios de alojamiento de datos, también las plataformas, están obligados a establecer mecanismos que permitan que cualquier persona o entidad les notifique que están "alojando" contenido, bienes o servicios ilícitos (art. 16 RSD). Los formularios que se pongan a disposición de terceros para realizar las notificaciones deben permitir 1) una explicación motivada por la que se entiende que cierto contenido es ilegal; 2) la localización del contenido; 3) el nombre y correo electrónico de la persona que realiza la notificación; y 4) la declaración de buena fe de la notificación. Recibida la notificación, el prestador del servicio de almacenamiento de datos remitirá inmediatamente un acuse de recibo de la notificación. Si una persona abusa del mecanismo de notificación enviando con frecuencia notificaciones manifiestamente infundadas, el prestador de servicios de plataforma puede suspender temporalmente el tratamiento de notificaciones remitidas por esa persona (art. 23 RSD).

B. Obligación de priorizar notificaciones de "alertadores fiables"

En segundo lugar, los prestadores de servicios de plataforma están obligados a dar prioridad en la gestión de las notificaciones provenientes de los denominados "alertadores fiables" (art. 22). La condición de "alertador fiable" se obtiene a petición de la entidad que desee actuar como tal, tras el otorgamiento formal por las autoridades públicas competentes del Estado en el que la entidad esté establecida, una vez se acredite el cumplimiento de las siguientes condiciones: 1) poseer conocimientos y competencias específicos; 2) no depender de ningún prestador de servicios de plataforma; 3) compromiso de realizar notificaciones de forma diligente, precisa y objetiva. La condición de alertador fiable puede ser revocada.

C. Obligación de adopción de medidas y protección contra usos indebidos

En el caso de prestadores de servicios de plataforma, las obligaciones se refuerzan. Así, quedan obligados a suspender sus servicios de alojamiento a los destinatarios que proporcionen con frecuencia contenidos manifiestamente ilícitos (art. 23.1 RSD). La suspensión queda sujeta a ciertas garantías procedimentales: los motivos de suspensión deben explicitarse en las condiciones generales de prestación del servicio, la suspensión debe fundarse en criterios objetivos, y debe realizarse una advertencia previa. Quedan excluidas de esta obligación las plataformas que sean pequeñas empresas (menos de 10 millones de facturación).

D. Obligación de facilitar sistemas internos de gestión de reclamaciones

Los prestadores de servicios de plataforma deben establecer un sistema interno de gestión de reclamaciones contra las decisiones relativas a las restricciones (art. 20). Este sistema interno estará disponible tanto para las personas que realizan las notificaciones de contenido ilícito como a los destinatarios del servicio que proporcionan contenido. El procedimiento debe ser gratuito para quien presenta la reclamación, y deberá concluirse en un plazo de 6 meses, con una decisión motivada, si es necesario, revirtiendo la decisión original sin dilación. Las decisiones deberán ser adoptadas por personal formado al efecto y no exclusivamente por medios automatizados.

E. Obligación de adopción de procedimientos para la resolución extrajudicial de litigios

También los prestadores de servicios de plataforma deben poner a disposición de los destinatarios de sus servicios (tanto los notificantes como los que proporcionan el contenido) procedimientos extrajudiciales de resolución de litigios relacionados con las restricciones de los contenidos (art. 21 RSD). Las autoridades competentes de cada Estado miembro certificarán a las entidades que resuelvan estos conflictos.

F. Obligaciones de transparencia informativa

Finalmente, y conforme al art. 24 RSD, los prestadores de servicios de plataforma deberán facilitar, además de la información prevista en el art. 15 RSD, los informes que contenga información suficiente sobre (i) número de litigios sometidos a los órganos de resolución extrajudicial de litigios a que se refiere el artículo 21, los resultados de la resolución de los litigios y el tiempo medio necesario para completar los procedimientos de resolución de los litigios, así como el porcentaje de litigios en los que el prestador de la plataforma en línea haya aplicado las decisiones del órgano y (ii) sobre el número de suspensiones impuestas en virtud del artículo 23, distinguiendo entre suspensiones aplicadas por proporcionar contenido manifiestamente ilegal, enviar notificaciones manifiestamente infundadas y enviar reclamaciones manifiestamente infundadas (art. 21).

4. Plataformas que permiten a los consumidores celebrar contratos a distancia con comerciantes

A. Concepto

El Reglamento de Servicios Digitales (RSD) en sus art. 29 a 32 contempla ulteriores obligaciones para las plataformas que permiten a los consumidores celebrar contratos a distancia con comerciantes, esto es, para los *marketplaces* que estamos estudiando. Es el caso de plataformas de Amazon, Uber, AirBnb, Glovo y muchas otras. Esta categoría coincide con lo que la doctrina califica como plataformas transaccionales.

Efectivamente, estas plataformas deben cumplir con todas las obligaciones previstas en el régimen general, pero además quedan sujetas a unas obligaciones específicas. El objetivo de estas obligaciones específicas es garantizar la trazabilidad de los comerciantes que comercializan bienes y servicios a través de las plataformas, a fin de que asuman sus obligaciones y responsabilidades. El consumidor debe estar en posición de identificar al comerciante con el que está contratando y de acceder a la información necesaria para contratar y para resolver las incidencias que puedan surgir a lo largo de la vida del contrato y con posterioridad.

Estas obligaciones adicionales impuestas a las plataformas que permiten a los consumidores celebrar contratos a distancia con comerciantes, no deben aplicarse a los prestadores que sean microempresas o pequeñas empresas, ni tampoco a los prestadores de plataformas en línea que previamente cumpliesen los requisitos para ser considerados microempresas o pequeñas empresas durante el período de doce meses siguientes a la pérdida esa condición.

B. Deber de recabar y evaluar la información recibida

Las plataformas que intermedian servicios de otros comerciantes deben previamente obtener la siguiente información de los comerciantes: 1) nombre, dirección, teléfono y correo electrónico; 2) copia de un documento de identificación; 3) datos de cuenta de pago del comerciante; 4) número de inscripción en el registro mercantil o similar, en su caso; 5) declaración del comerciante comprometiéndose a ofrecer exclusivamente productos o servicios que cumplan con las obligaciones exigibles en la Unión Europea (art. 30.1 RSD).

La plataforma está obligada a poner la información a disposición de los consumidores mediante su interfaz habitual (con excepción de la copia del documento de identificación, y la cuenta de pago). Más allá, la interfaz debe estar diseñada de forma que los comerciantes puedan dar cumplimiento a sus obligaciones de información al consumidor. La interfaz debe dar visibilidad no sólo a los datos de identidad y contacto del comerciante, sino también a sus signos identificativos (art. 31).

Recibida la información y la documentación, la plataforma "hará todo lo posible por evaluar si la información [...] es fiable y completa". Se especifica, en cualquier caso, que a efectos del Reglamento "los comerciantes serán responsables de la exactitud de la información facilitada" (art. 30.2 RSD). A tal efecto, debería hacer controles aleatorios si los productos han sido identificados como ilícitos (art. 31.3 RSD).

C. Deber de solicitar subsanación o suspensión de la prestación del servicio de alojamiento de datos

Cuando la plataforma tenga "indicaciones suficientes o razones para creer que alguno de los elementos de la información [...] es inexacto o incompleto o no está actualizado" solicitará al comerciante que subsane la situación. De no hacerlo, la plataforma deberá suspender inmediatamente la prestación del servicio de alojamiento de datos, sin perjuicio del derecho del comerciante a presentar una reclamación (art. 30.2 RSD).

D. Obligación de información a los consumidores

La plataforma está obligada a poner la información a disposición de los consumidores mediante su interfaz habitual (con excepción de la copia del documento de identificación, y la cuenta de pago) (art. 30.7 RSD). Más allá, la interfaz debe estar diseñada de forma que los comerciantes puedan dar cumplimiento a sus obligaciones de información al consumidor. La interfaz debe dar visibilidad no sólo a los datos de identidad y contacto del comerciante, sino también a sus signos identificativos (art. 31)

Finalmente, cuando la plataforma tenga conocimiento del carácter ilícito del contenido, producto o bienes intermediados, tiene la obligación de comunicarlo a los consumidores que hayan adquirido los mismos en los seis meses anteriores (art. 33 RSD).

5. Los guardianes de acceso en el comercio electrónico y su régimen

A. El Reglamento de Mercados Digitales y las obligaciones de los guardianes de acceso

La regulación de las obligaciones de las grandes plataformas se encuentra en el Reglamento (*UE*) 2022/1925 del Parlamento Europeo y del Consejo, de 14 de septiembre de 2022, sobre mercados disputables y equitativos en el sector digital y por el que se modifican las Directivas (UE) 2019/1937 y (UE) 2020/1828 (en adelante, Reglamento de Mercados Digitales).

Su régimen establece de forma armonizada una serie de obligaciones para garantizar la equidad y disputabilidad de los mercados digitales, dado que algunos prestadores de servicios básicos de plataforma con gran poder económico, los denominados *guardianes de acceso*, controlan ecosistemas completos de plataformas de economía digital. Como consecuencia, a los operadores de mercados existentes o nuevos les resulta sumamente difícil competir con ellos o disputarles el mercado, independientemente del grado de innovación y eficiencia que apliquen. Ello genera desequilibrios en el poder de negociación y, en consecuencia, prácticas y condiciones injustas para los usuarios profesionales y para los usuarios finales de los servicios básicos de plataforma prestados por los guardianes de acceso, al contribuir al detrimento de los precios, la calidad, la competencia leal, las opciones y la innovación en el sector digital. Este es el caso, de la más reciente denuncia a *Amazon Marketplace* y *Apple* resuelta por la resolución del Consejo de la CNMC de 12 de julio de 2023 (expediente S/0013/21, Amazon/Apple Brandgating).

La CNMC concluyó que las cláusulas introducidas por Amazon y Apple contribuyen conjuntamente a cambiar la dinámica de venta de productos Apple en la web de Amazon en España, en las que Amazon se comprometía a no llevar, sin el consentimiento de Apple, campañas de publicidad dirigidas a clientes compradores de productos de Apple que fomentaran el cambio a un producto de la competencia, y, en consecuencia, las condena a ambas por infracción única y continuada de los arts. 1 de Ley de Defensa de la Competencia (LDC) y del artículo 101 del Tratado de Funcionamiento de la Unión Europea (TFUE)

Las obligaciones que impone el Reglamento de Mercados Digitales son exigibles a los servicios básicos de plataforma que sean prestados u ofrecidos por guardianes de acceso a usuarios profesionales establecidos en la Unión o a usuarios finales establecidos o situados en la Unión, independientemente del lugar de establecimiento o residencia de los guardianes de acceso y del Derecho que, por lo demás, sea aplicable a la prestación del servicio.

No se aplicará a mercados relacionados con redes de comunicaciones electrónicas (art. 2, punto 1, de la Directiva (UE) 2018/1972) ni a los servicios de comunicaciones electrónicas, que no sean los relacionados con los servicios de comunicaciones interpersonales independientes de la numeración (v. artículo 2, punto 4, de la Directiva (UE) 2018/1972).

El Reglamento de Mercados Digitales establece tres criterios acumulativos para designar una plataforma como "guardián de acceso", a saber: 1) Poseer una gran influencia en el mercado interior; 2) ofrecer un servicio básico de plataforma que facilite a usuarios profesionales alcanzar a usuarios finales; y 3) tener o prever una posición sólida y duradera en sus operaciones (art. 3).

El primer criterio se presume si la empresa alcanza un volumen de negocios anual en la Unión Europea igual o superior a 7.500 millones EUR en tres últimos ejercicios o una capitalización bursátil de al menos 75.000 millones EUR en el último ejercicio, y presta el mismo servicio básico en tres Estados miembros (art. 3.2.a). Los umbrales son aplicados al conjunto de la empresa, no a cada servicio.

El segundo criterio se presume si la empresa proporciona un servicio básico con al menos 45 millones de usuarios finales mensuales y 10.000 usuarios profesionales anuales en la Unión (art. 3.2.b).

El tercer criterio requiere que se alcancen los umbrales del segundo criterio en cada uno de los tres últimos ejercicios (art. 3.2.c), asegurando una posición afianzada y duradera.

La designación de "guardián" aplica a servicios individuales que sean puertas de acceso. Aunque los umbrales tienen presunción iuris tantum, se permite presentar pruebas en contrario. Esto contrasta con umbrales cualitativos de otras regulaciones. El Reglamento, más cuantitativo, simplifica la designación de guardianes, reduciendo riesgos legales y diferenciándose de regulaciones asimétricas en otros sectores.

En septiembre de 2023 la Comisión Europea adoptó las primeras decisiones de designación de guardianes de acceso. En el servicio de intermediación en línea, la Comisión designo como guardián el marketplace de Amazon, pero también el de Meta, Goolge Maps y Google Shopping, además de las tiendas de aplicaciones de App Store de Apple y Google Play (que se tratan en otro capítulo de esta obra).

El Reglamento de Mercados Digitales (RMD) establece más de veinte obligaciones para los guardianes de acceso en sus artículos 5, 6 y 7. Estas **obligaciones** son diversas y se pueden clasificar.

En primer lugar, se puede distinguir las obligaciones exigibles en función de su alcance, distinguiendo entre aquellas aplicables a servicios básicos de plataforma **específicos** y las que se aplican de manera **general**. En efecto, algunas obligaciones están limitadas a servicios específicos, mientras que otras se aplican a todo el conjunto. En segundo lugar, cabe distinguir aquellas obligaciones que se basan en los objetivos del RMD: **disputabilidad** y **equidad**. Algunas se centran en la disputabilidad, otras en la equidad, y algunas en ambos objetivos. Aunque el Reglamento no enlaza explícitamente cada obligación con un objetivo, la exposición de motivos aclara estas conexiones. En tercer lugar, se clasifican las obligaciones según si el RMD establece una **concreción posterior en actos de ejecución o no.** Los artículos 5, 6 y 7 contienen obligaciones ejecutables sin más detalle, mientras que los artículos 6 y 7 pueden ser especificados posteriormente por la Comisión.

Por último, se distinguen obligaciones **de hacer** y **de no hacer**. Muchas de ellas se originan en casos de competencia previos y se redactan específicamente para abordar prácticas problemáticas. El RMD no conforma un conjunto sistemático, ya que muchas obligaciones surgen de situaciones pasadas. Algunas se orientan a principios generales en lugar de proscribir prácticas específicas.

En este epígrafe se analizan las obligaciones en función de su ámbito de aplicación, para profundizar en las que son aplicables de forma general y específica a los guardianes de acceso que prestan servicios de intermediación.

B. Obligación de clasificación transparente, equitativa y no discriminatoria

El artículo 6.5 RMD establece la obligación para que el guardián de acceso de no tratar "más favorablemente, ni en la clasificación ni en las funciones relacionadas de indexado y rastreo, a los servicios y productos ofrecidos por el propio guardián de acceso que a los servicios o productos similares de terceros. El guardián de acceso aplicará condiciones transparentes, equitativas y no discriminatorias a dicha clasificación".

No debe olvidarse que la clasificación es la actividad central de la mayor parte de los servicios básicos de plataforma. El Reglamento define la actividad de clasificación como "la preeminencia relativa atribuida a los productos o servicios ofrecidos mediante servicios de intermediación en línea, servicios de redes sociales en línea, servicios de plataforma de intercambio de vídeos o asistentes virtuales, o la pertinencia atribuida a los resultados de búsqueda por los motores de búsqueda en línea, tal y como los presentan, organizan o comunican [...] con independencia de los medios tecnológicos empleados para tal presentación, organización o comunicación y con independencia de si se presenta o comunica solo un resultado" (art. 2.22 RMD).

C. Prohibición de impedir la venta libre o cláusulas "most favoured nation"

El proveedor de acceso evitará imponer obligaciones y/o requisitos que impidan a los profesionales ofrecer productos o servicios idénticos a los usuarios finales a través de intermediarios en línea de terceros o mediante su propia plataforma de ventas en línea, a precios o condiciones y términos distintos a los presentados y ofrecidos en la plataforma en línea del proveedor (guardián de acceso). Dispone el art. 5.3 RMD la prohibición de las denominadas cláusulas "most favoured nation" (también conocidas como cláusulas de cliente preferencial"), que se suelen centrar en el precio para facilitar la entrada al mercado de nuevos competidores, si bien su aplicación ha merecido pronunciamientos contradictorios. En este sentido, v. resoluciones, en relación con la cláusula introducida por Booking.com, como la de la francesa Autorité de la Concurrence, Decisión 15-D-06 de 21 de abril de 2015; Autorità Garante della Concorrenza e il Mercato, Decisión de 21 de abril 2015; y Autoridad sueca de competencia Decisión 596/2013 de 15 de abril de 2015, la de la alemana Bundeskaterllamt, Decisiones B 9 - 66/10 de 20 de diciembre de 2013 y B 9 - 121/13 de 22 de diciembre de 2015.

D. Permitir la promoción de ofertas

El guardián de acceso posibilitará que los profesionales puedan, sin coste alguno, difundir, comunicar y destacar ofertas, especialmente con condiciones diversas, entre los usuarios finales adquiridos mediante su servicio principal en línea u otras vías, y celebrar contratos con estos usuarios, incluso si hacen uso de los servicios básicos de la plataforma del proveedor (art. 5.4 RMD).

E. Obligaciones en materia de datos

El RMD incluye una serie de obligaciones específicamente relacionadas con la gestión de los datos por parte de los guardianes de acceso. Subrayamos las cuatro obligaciones principales.

1) El Reglamento incluye una obligación de no hacer consistente en la **prohibición de usar datos generados por un usuario profesional en la plataforma, para competir con dicho usuario** profesional ofertando un servicio substitutivo. Esta obligación protege la competencia en mercados conexos y protege a los competidores garantizando la equidad en las relaciones entre los guardianes y los usuarios profesionales (art. 6.2).

El Reglamento adelanta a línea de intervención pública y define una concreta obligación para los guardianes de acceso de no utilizar los datos sobre los servicios de los usuarios profesionales que obtienen en la gestión de la plataforma para competir con esos mismos usuarios profesionales. Esta obligación es de aplicación a las plataformas que se integran verticalmente y compiten en la prestación de servicios objeto de su intermediación, como es el caso de Amazon.

2) El Reglamento obliga a los intermediarios a **compartir con los usuarios profesionales los datos relativos a las transacciones en las que participan**, tanto los datos agregados como los no agregados. Se incluyen en la obligación los datos relativos a los usuarios finales. Si estos incluyen datos personales, deberá obtenerse el consentimiento, pero no se excluye la compartición de los mismos. La compartición deberá realizarse de forma continua y en tiempo real, garantizando la alta calidad de los datos (art. 6.10 RMD). El acceso a los datos, además, será gratuito.

3) Los guardianes de acceso debe proporciona a los usuarios finales y a terceros autorizados por un usuario final, a petición de estos y de forma gratuita, la **portabilidad de los datos** proporcionados por el usuario final o generados por la actividad del usuario final en el contexto del uso del servicio básico de plataforma pertinente, por ejemplo proporcionando instrumentos gratuitos para facilitar el ejercicio efectivo de dicha portabilidad de los datos, así como acceso continuo y en tiempo real a tales datos (art. 6.9 RMD).

El Reglamento, siempre en la línea de reforzar la disputabilidad de los mercados, introduce obligaciones destinadas a reducir las barreras de entrada derivadas de la renuencia de los usuarios finales a cambiar de proveedor (conocidos como efectos *"lock-in"*). El mejor ejemplo es la que se ha venido conociendo como portabilidad de datos. Se trata de una aproximación bien conocida en los tradicionales sectores en red, con precedentes directos como la portabilidad del número telefónico. No obstante, la novedad es que la obligación incide en lo que es la materia prima de los mercados digitales: los datos.

4) El RMD **prohíbe la combinación de datos** de diferentes fuentes por parte de los guardianes de acceso sin el consentimiento del usuario final. Esta obligación se aplica a todos los guardianes sin importar el servicio que proporcionen. El artículo 5 RMD establece cuatro prohibiciones de combinación de datos: a) tratar datos personales para publicidad en línea o combinar datos de distintos servicios, aunque estas restricciones pueden ser eludidas si el usuario final da su consentimiento; b) combinar datos personales procedentes de los servicios básicos de plataforma pertinentes con datos personales procedentes de cualesquiera servicios básicos de plataforma adicionales o de cualquier otro servicio que proporcione el guardián de acceso o con datos personales procedentes de servicios de terceros; c) cruzar datos personales procedentes del servicio básico de plataforma pertinente con otros servicios que proporcione el guardián de acceso por separado, entre ellos otros servicios básicos de plataforma, y viceversa, e d) iniciar la sesión de usuarios finales en otros servicios del guardián de acceso para combinar datos personales. No obstante, el guardián podrá realizar todas estas combinaciones de datos si el usuario final ha dado su consentimiento.

F. Acceso libre a contenidos, suscripciones y demás prestaciones a través de apps

El guardián de acceso permitirá a los usuarios finales, a través de sus servicios básicos de plataforma, acceder a contenidos, suscripciones, prestaciones u otros elementos y hacer uso de ellos mediante aplicaciones informáticas de un usuario profesional, también cuando dichos usuarios finales hayan adquirido estos elementos a través del usuario profesional pertinente sin utilizar los servicios básicos de plataforma del guardián de acceso (art. 5.5 RMD).

G. Prohibición de ventas vinculadas

El artículo 5.7 RMD prohíbe que los guardianes de acceso vinculen la venta de sus servicios al uso de servicios auxiliares como los servicios de identificación, los motores de navegación web o los servicios de pago desarrollados por el guardián: "El guardián de acceso no exigirá a los usuarios finales que utilicen un servicio de identificación, un motor de navegación web o un servicio de pago [...] en el marco de los servicios prestados por los usuarios profesionales que utilicen los servicios básicos de plataforma de dicho guardián de acceso; y, en el caso de los usuarios profesionales, el guardián de acceso no les exigirá que utilicen y ofrezcan estos servicios ni que interoperen con ellos".

La finalidad de esta prohibición es "proteger la libertad del usuario profesional de escoger servicios alternativos a los prestados por el guardián de acceso" (párrafo 43). Para ello, debe observarse que el RMD directamente prohíbe al guardián la vinculación en la prestación de servicios a los usuarios profesionales.

Pero para garantizar la efectividad de la prohibición, prohíbe también que el guardián exija la vinculación a los usuarios finales.

Por su parte, el artículo 5.8 RMD dispone que "[e]l guardián de acceso no exigirá a los usuarios profesionales o a los usuarios finales que se suscriban o registren en cualquier servicio básico de plataforma [...] como condición para poder utilizar cualquiera de los servicios básicos de plataforma de ese guardián de acceso [...], así como acceder a ellos, inscribirse o registrarse en ellos". Este es el caso de Amazon que presta servicios de intermediación en línea, pero también computación en la nube y de asistente virtual (Alexa).

El Reglamento es claro cuando afirma que esta práctica "debe prohibirse" en cuanto puede crear obstáculos a la entrada en el mercado" (párrafo 44). Se pretende evitar que los guardianes extiendan su posición de poder de mercado desde un servicio a otro, dificultando a la entrada al mercado de un nuevo competidor.

H. Prohibición de impedir la presentación de denuncias

El artículo 5.6 RMD prohíbe a los guardianes impedir directa o indirectamente que los usuarios profesionales o usuarios finales puedan presentar ante cualquier autoridad pública pertinente, incluidos los órganos jurisdiccionales nacionales, reclamaciones por incumplimiento del guardián de acceso del Derecho de la Unión o el Derecho nacional pertinente, en relación con cualquier práctica del guardián de acceso, o de limitar su posibilidad de hacerlo. Ello debe entenderse sin perjuicio del derecho de los usuarios profesionales y los guardianes de acceso a establecer las condiciones de uso en sus acuerdos, incluido el uso de mecanismos legales para la tramitación de reclamaciones y cualquier uso de mecanismos alternativos de resolución de controversias o de la jurisdicción de tribunales específicos de conformidad con el Derecho de la Unión y el Derecho nacional respectivo. Esto también debe entenderse sin perjuicio del papel que desempeñan los guardianes de acceso en la lucha contra los contenidos ilícitos en línea.

BIBLIOGRAFÍA

AA.VV. (CASTELLÓ PASTOR, GUERRERO PÉREZ, A., MARTÍNEZ PÉREZ, M., Dirs)., *Derecho de la Contratación Electrónica y Comercio Electrónico en la Unión Europea y en España*, ed. Tirant lo Blanch, 2021.

AA.VV. (ORDUÑA MORENO, CAMPUZANO LAGUILLO, PLAZA PENADÉS, CLEMENTE MEORO), *Contratación y comercio electrónico*, ed. Tirant lo Blanch, 2003.

APARICIO VAQUERO, J. P., "Los consumidores y sus relaciones con los proveedores de servicios de la sociedad de la información", en *Revista de Contratación Electrónica*, núm. 89, 2008.

BARRAL VIÑALS, I. (coord.), *La regulación del comercio electrónico*, ed. Dykinson, Madrid, 2003.

BOTANA GARCÍA, G. A., "La protección de los consumidores en los contratos electrónicos", en Actualidad civil, núm. 3, 2015.

CAVANILLAS MÚGINA, S. (coord.), *Deberes y responsabilidades de los servidores de acceso y alojamiento: un análisis multidisciplinar*, ed. Comares, Granada, 2005.

CABRAL et al., *The EU Digital Markets Act: A Report from a Panel of Economic Experts*, Publication Office of the European Union, 2021.

EVANS, D. S., *Platform Economics: Essays on Multi-sided Businesses*, CPI, 2011.

KHAN, L. M., "Amazon's antitrust paradox", *Yale Law Journal*, 126, 2016, 710.

MÁRQUEZ LOBILLO, P., *Empresarios y profesionales en la sociedad de la información*, ed. Edersa, Madrid, 2004.

MATEU DE ROS, R., y LÓPEZ-MONÍS GALLEGO, M. (coords.), *Derecho de Internet. La Ley de Servicios de la Sociedad de la Información y de Comercio Electrónico*, ed. Aranzadi, Navarra, 2003.

MONTERO, J. y FINGER, M., *La regulación de las nuevas industrias en red. Plataformas digitales en las comunicaciones, transportes y energía*, Tirant lo Blanch, 2021, Valencia.

MONTI, G. "Procedures and institutions in the DMA", "*Effective and Proportionate Implementation of the DMA*", Informe CERRE, enero de 2023.

PADILLA, PERKINGS y PICCOLO, "Self-preferencing in markets with vertically integrated gatekeeper platforms", *Journal of Industrial Economics*, 70, 371-395.

PARKER, VAN ALSTYNE y CHOUDARY, *Platform Revolution*, WW Norton & Company, Nueva York, 2016.

PEITZ, M., "The Prohibition of Self-Preferencing in the DMA", "*Effective and Proportionate Implementation of the DMA*", CERRE, Informe, enero 2023, pp. 88-116.

RINCÓN CÁRDENAS, E., *Derecho del Comercio Electrónico y de Internet*, ed. Tirant lo Blanch, 2020.

ROCHET, J. C. y TIROLE, J., "Platform Competition in Two-Sided Markets", *Journal of the European Economic Association*, vol. 1(4), 2003, pp. 990-1029.

RODRÍGUEZ DE LAS HERAS, T., "The Scope of the DMA", "*To Break Up or to Regulate Big Tech? Avenues to Constrain Private Power in the DSA/DMA Package*", Max Plank Institute for Innovation and Competition, Paper No 21-25, 2021, pp. 71- 77.

STONE, B., *The Everything Sore. Jeff Bezos and the Age of Amazon*, Corgi Books, Londres, 2013.

SUÑE LLINAS, E. (coord.), *Servicios de la sociedad de la información e innovación jurídica*, ed. Servicio de Publicaciones de la Facultad de Derecho, Madrid, 2006.

TAMAYO VELASCO, B. J., *Los retos de la economía digital y la propuesta de "ley de mercados digitales" de la Unión Europea*, Comares, Granada, 2021.

VAN EECKE, P., "Online service providers and liability: a plea for a balanced approach", en *Common market law review*, vol. 48, núm. 5, 2011.

Capítulo Quinto

Redes sociales y moderación de contenidos

JUAN FRANCISCO RODRÍGUEZ AYUSO

SUMARIO: I. Introducción: los servicios de redes sociales en línea en cuanto servicios de plataforma en línea. II. La moderación de contenidos en servicios de redes sociales. III. Identificación de contenidos ilícitos o incompatibles con las condiciones generales. IV. Actuación contra contenidos ilícitos o incompatible con las condiciones generales y derechos de los usuarios. V. Otras obligaciones.

I. INTRODUCCIÓN: LOS SERVICIOS DE REDES SOCIALES EN LÍNEA EN CUANTO SERVICIOS DE PLATAFORMA EN LÍNEA

Los servicios de la sociedad de la información y, especialmente, los servicios intermediarios se han convertido en una parte importante de la economía de la Unión Europea y de la vida cotidiana de sus ciudadanos. Tras la adopción, tiempo atrás, del marco jurídico vigente personificado en la Directiva 2000/31/CE, sobre el comercio electrónico, han aparecido nuevos e innovadores modelos de negocio y servicios, como sucede, en lo que aquí nos interesa, con las **redes sociales**, que han permitido a sus destinatarios (creadores de contenido, *influencers*) comunicar, a diario, información y acceder a ella de forma por entonces inimaginable. Ello ha hecho indispensable la adopción de una nueva normativa, comunitaria (para responder más adecuadamente al espacio sin fronteras que impone Internet, que preside el uso de todos los servicios de la sociedad de la información, sin excepción), capaz de armonizar las condiciones para la prestación de servicios digitales innovadores en el mercado interior, a fin de que las empresas tengan acceso a nuevos mercados y puedan aprovechar las ventajas que ello trae consigo, al tiempo que se permite a los consumidores y otros destinatarios de los servicios disfrutar de una mayor oferta de bienes y servicios.

Fruto de este hecho, y constatada la necesidad de crear un marco jurídico armonizado que evite la fragmentación normativa dentro del territorio europeo y garantice el correcto funcionamiento del mercado interior, se ha adoptado un paquete normativo dirigido a disciplinar la actividad de las plataformas en el sector digital. Este paquete, que forma parte del denominado *Digital Services Act package*, está compuesto por dos instrumentos: el Reglamento de Servicios Digitales (RSD) y el Reglamento de Mercados Digitales (RMD).

Los **servicios de redes sociales en línea** aparecen definidos en el artículo 2.7) RMD como plataformas que permiten «[...] que los usuarios finales se conecten y se comuniquen entre sí, compartan contenidos y descubran contenidos y a otros usuarios a través de múltiples dispositivos y, en particular, mediante chats, publicaciones, vídeos y recomendaciones». De esta definición podemos extraer los rasgos distintivos de los servicios de redes sociales en línea.

En primer lugar, forman parte de la categoría global de **servicios de la sociedad de la información**, definidos [por remisión de los artículos 2.3) RMD y 3.a) RSD] en el artículo 1.1.b) de la Directiva (UE) 2015/1535 por la que se establece un procedimiento de información en materia de reglamentaciones técnicas y de reglas relativas a los servicios de la sociedad de la información como aquellos servicios (i) prestados normalmente a cambio de una remuneración (se prevé, específicamente, la posibilidad de que determinados servicios puedan merecer tal calificación aun cuando no sean remunerados por sus destinatarios, siempre que representen una actividad económica para el prestador de los mismos, derivada de la publicidad o de la obtención y posterior tratamiento de datos), (ii) a distancia, (iii) por vía electrónica y (iv) a petición individual de un destinatario de servicios.

En segundo lugar, son **servicios intermediarios**, categoría contemplada en la Directiva 2000/31/CE, aunque hay que subrayar la confusión terminológica existente, al respecto, en la normativa, pues la letra b) del anexo de la LSSI (que transpone, a nuestro ordenamiento jurídico interno, la DCE) emplea el término "servicio de intermediación" para aludir a aquel «servicio de la sociedad de la información por el que se facilita la prestación o utilización de otros servicios de la sociedad de la información o el acceso a la información», incluyendo entre tales servicios) la provisión de servicios de acceso a Internet (*Internet service providers*); la transmisión de datos por redes de telecomunicaciones (*mere conduit* o *routing*); la realización de copia temporal de las páginas de Internet solicitadas por los usuarios (*proxy caching* o "memoria tampón"); el alojamiento, en los propios servidores, de datos, aplicaciones o servicios suministrados por otros (*hosting*), y la provisión de instrumentos de búsqueda, acceso y recopilación de datos o de enlaces a otros sitios de Internet (*searching and linking*).

En cambio, el artículo 2.2) del Reglamento P2B [en la misma línea, por remisión a este precepto, el artículo 2.5) RMD] define a los "servicios de intermediación en línea" como «los servicios que cumplen todos los requisitos siguientes: a) constituyen servicios de la sociedad de la información según lo previsto [...]; b) permiten a los usuarios profesionales ofrecer bienes o servicios a los consumidores, con el objetivo de facilitar el inicio de transacciones directas entre dichos usuarios profesionales y consumidores, con independencia de dónde aquellas concluyan en última instancia; c) se prestan a los usuarios profesionales sobre la base de relaciones contractuales entre el proveedor de los servicios y los usuarios profesionales que ofrecen los bienes o servicios a los consumidores».

Por último, el artículo 3.g) RSD utiliza el término "servicio intermediario" para incluir a algunos de los servicios de intermediación definidos por la LSSI, a los que aprovecha para definir. En concreto, define a este servicio como «uno de los siguientes servicios de la sociedad de la información: i) un servicio de "mera transmisión", consistente en transmitir, en una red de comunicaciones, información facilitada por el destinatario del servicio o en facilitar acceso a una red de comunicaciones; ii) un servicio de "memoria caché", consistente en transmitir por una red de comunicaciones información facilitada por el destinatario del servicio, que conlleve el almacenamiento automático, provisional y temporal de esta información, prestado con la única finalidad de hacer más eficaz la transmisión ulterior de la información a otros destinatarios del servicio, a petición de estos, o iii) un servicio de "alojamiento de datos", consistente en almacenar datos facilitados por el destinatario del servicio y a petición de este».

Empero, **la propia RSD aclara, como podemos ver, la relación terminológica**. Así es. Dentro de los "servicios intermediarios" se encuentra, como hemos visto en la definición inmediatamente anterior, el "servicio de alojamiento de datos" (*hosting*). Dentro del servicio de alojamiento de datos se encuentra el "servicio de plataforma en línea", definido por el artículo 3.i) RSD como «un servicio de alojamiento de datos que, a petición de un destinatario del servicio, almacena y difunde información al público, salvo que esa actividad sea una característica menor y puramente auxiliar de otro servicio o una funcionalidad menor del servicio principal y que no pueda utilizarse sin ese otro servicio por razones objetivas y técnicas, y que la integración de la característica o funcionalidad en el otro servicio no sea un medio para eludir la aplicabilidad del presente Reglamento». Y, entre los servicios de plataforma en línea, se incluyen, entre otros, los servicios de intermediación en línea. Por tanto, podemos concluir que los servicios de intermediación en línea son, aunque parezca redundante, un tipo de servicio intermediario.

En tercer lugar, son **servicios de alojamiento de datos**, antes definidos, ya que, en ellos, la plataforma almacena datos facilitados por el destinatario del servicio y a petición de este.

En cuarto y último lugar, son (junto con los precitados servicios de intermediación en línea, los servicios de plataforma de intercambio de vídeos o los servicios de comunicaciones interpersonales independientes de la numeración) **servicios de plataforma en línea**. La plataforma que presta el servicio de red social en línea no sólo aloja los datos proporcionados por el destinatario, previa petición, sino que posibilita la difusión al público, esto es, la comunicación y compartición y el descubrimiento de contenidos con y de terceros, respectivamente; en definitiva, promueve la interacción entre los generadores de contenido (profesionales y/o no profesionales) y los destinatarios de dicho contenido.

A estas alturas, y con estos elementos definitorios, podemos ya advertir que los servicios de redes sociales en línea se diferencian de otros servicios similares. Es lo que sucede:

De un lado, con los servicios de plataforma de intercambio de vídeos [artículo 2.2.d) RMD], como es el caso de *YouTube*, donde hemos de acudir a un texto normativo alternativo para encontrar su definición [artículo 2.8) RMD], texto que no es sino la Directiva 2010/13/UE (Directiva de servicios de comunicación audiovisual). De acuerdo con esta Directiva, estos servicios son aquellos «[...] cuya finalidad principal propia o de una de sus partes disociables o cuya funcionalidad esencial consiste en ofrecer al público en general programas, vídeos generados por usuarios o ambas cosas, sobre los que no tiene responsabilidad editorial el prestador de la plataforma, con objeto de informar, entretener o educar, a través de redes de comunicaciones electrónicas [...], y cuya organización determina el prestador de la plataforma de intercambio de vídeos, entre otros medios con algoritmos automáticos, en particular mediante la presentación, el etiquetado y la secuenciación» [(artículo 1.1.a bis)]. Como podemos observar, aun cuando, como ocurre con los servicios de redes sociales en línea, son también servicios de la sociedad de la información, intermediarios, de alojamiento de datos y de plataforma en línea, su finalidad principal no es la de posibilitar que los usuarios finales se conecten y comuniquen entre sí, sino la de ofrecer al público en general (no a personas concretas e individualizadas) determinados contenidos, ya sean propios o de terceros.

De otro, con los servicios de comunicaciones interpersonales independientes de la numeración [artículo 2.2.e) RMD], como sucede con *WhatsApp* o *Messenger*. Una vez más, la definición [artículo 2.9 RMD] se vincula a otra norma, que no es otra que la Directiva (UE) 2018/1972, cuyo artículo 2.7) concibe este servicio como aquel cuya característica básica y fundamental reside en que «[...] no conecta a través de recursos de numeración pública asignados, es decir, de un número o números de los planes de numeración nacional o internacional, o no permite la comunicación con un número o números de los planes de numeración nacional o internacional». De nuevo, estamos también en presencia de servicios de la sociedad de la información, intermediarios, de alojamiento de datos y de plataforma en línea, pero, mientras los servicios de redes sociales en línea ponen el foco en la interacción social a través de perfiles públicos o semipúblicos donde se comparten contenidos, se siguen a otros usuarios y se participa en comunidades o grupos, los servicios de comunicaciones interpersonales independientes de la numeración se centran más en la comunicación directa entre individuos, a menudo de forma privada y sin la necesidad de utilizar números telefónicos.

A todas estas cuestiones responde el paquete normativo anterior, que analizaremos para determinar cómo afecta a las plataformas que prestan servicios de redes sociales en línea. Y lo haremos para dilucidar las actividades realizadas por tales prestadores como moderadores de contenidos, actividades orientadas a detectar, identificar y actuar contra contenidos ilícitos o información incompatible con sus condiciones generales.

II. LA MODERACIÓN DE CONTENIDOS EN SERVICIOS DE REDES SOCIALES

1. *Principios generales en materia de responsabilidad*

El servicio de redes sociales en línea, en cuanto servicio intermediario, está presidido por la regla general de **exención de responsabilidad** de la plataforma digital en relación con la información almacenada e intermediada a petición del destinatario, siempre que este no actúe bajo la autoridad de aquella (artículo 6 RSD). Ahora bien, prosigue el precepto, para que opere esta exención, es preciso que concurran una de las **dos condiciones** siguientes:

a) que la plataforma no tenga conocimiento de la ilicitud de la actividad o del contenido y, en lo que se refiere a solicitudes de indemnización por daños y perjuicios, no sea consciente de hechos o circunstancias que pongan de manifiesto la actividad ilícita o el contenido ilícito;

b) que, de tenerlo, actúe con prontitud para retirar el contenido ilícito o bloquear su acceso, respetando, en todo caso, los derechos fundamentales de los destinatarios del servicio, incluido el derecho a la libertad de expresión y de información (considerando 22 RSD).

Asimismo, se señala la posibilidad de intervención de autoridades judiciales o administrativas para exigir al prestador de servicios que ponga fin a una infracción o que la impida, por ejemplo, mediante la retirada de los contenidos ilícitos especificados en dichas órdenes o el bloqueo del acceso a esos contenidos.

Se mantiene, de este modo, la línea iniciada con el artículo 14 de la DCE; y, ello, pese a que se ha podido constatar la clara evolución experimentada en estos años en la labor realizada por las plataformas, que, lejos de actuar como meros repositorios pasivos de información, intervienen activamente en mercados multilaterales para poner en contacto a las partes intermediadas (en este caso, a creadores y destinatarios de contenido), merced al empleo de algoritmos que, sustentados en cantidades masivas de datos, permiten optimizar su cometido. En efecto, podemos concluir que, pese a la transformación experimentada y al progresivo protagonismo asumido por los prestadores de alojamiento de datos, sigue vigente la regla general que, instaurada por la Directiva sobre el comercio electrónico, sostiene esta exención de responsabilidad. El motivo que, al respecto, se esgrime se centra, no tanto en el papel, más o menos activo, de las plataformas, cuando en la capacidad real que tienen de conocer la ilicitud de la información intermediada. En otras palabras, aun cuando la intervención de estos prestadores de servicios intermediarios es, en la actualidad, ciertamente más incisiva de lo que, otrora, era su labor de mero almacenador de información (ahora, también gestionan de forma activa los datos que alojan, establecen recomendaciones basándose en los perfiles o preferencias de los destinatarios del servicio o realizan sugerencias), se entiende que es tal la automatización y el volumen de datos tratados que no se puede concluir que las plataformas tengan un conocimiento efectivo de la eventual ilicitud de determinados contenidos; antes al contrario, siguen llevando a cabo una «[...] prestación neutra de los servicios mediante un tratamiento meramente técnico y automático de la información proporcionada por el destinatario del servicio» (considerando 18 RSD).

Ello se ve reforzado por el hecho de que, **ni antes ni ahora**, tales prestadores **tienen la obligación general de monitorizar la información** que transmitan o almacenen, ni de buscar activamente hechos o circunstancias que indiquen la existencia de actividades ilícitas (artículo 8 RSD, que deroga —merced al artículo 89 del mismo Reglamento— el artículo 15 de la DCE, con una previsión similar). Imponer esta obligación hubiera supuesto la introducción de un elemento desincentivador evidente del que se hace eco el propio Reglamento de Servicios Digitales cuando afirma que «[l]a seguridad jurídica que proporciona el marco horizontal de exenciones condicionales de la responsabilidad de los prestadores de servicios intermediarios, establecido en la Directiva DCE, ha hecho posible que en el mercado interior surjan y se desarrollen muchos servicios novedosos. Por consiguiente, dicho marco debe conservarse» (considerando 16 RSD).

Pese a ello, sí que se reconoce la posibilidad de que las plataformas realicen investigaciones voluntarias por iniciativa propia o adopten medidas con el fin de detectar, identificar y retirar contenidos ilícitos; bloquear el acceso a estos, o adoptar las medidas necesarias para cumplir los requisitos del Derecho, nacional o comunitario, en cumplimiento del Derecho de la Unión, incluidos los requisitos establecidos en el RSD. Es más, con el objetivo de generar seguridad jurídica y no desincentivar esta labor proactiva, la norma aclara que «[...] el mero hecho de que los prestadores realicen esa clase de actividades no supone que ya no puedan acogerse a las exenciones de responsabilidad establecidas en el presente Reglamento» (artículo 7 RSD). Ello pasa por actuar de buena fe y de manera diligente, no acogiéndose a esta proactividad con el fin de eludir las obligaciones legalmente impuestas y actuando objetiva, no discriminatoria y proporcionadamente, lo que implica, entre otras cosas, tener debidamente en cuenta los derechos e intereses legítimos de todas las partes implicadas y proporcionar las garantías necesarias contra la retirada injustificada de contenidos lícitos, además de procurar minimizar el porcentaje de errores cuando se utilicen herramientas automatizadas para llevar a cabo tales actividades (considerando 26 RSD).

2. Contenido ilícito e información contraria a las condiciones generales

La actividad de **moderación de contenidos** realizada por el prestador de un servicio intermediario de red social en línea, esté o no automatizada (dependiendo de que se produzca, o no, la intervención humana directa en el proceso de revisión y toma de decisiones sobre el contenido así moderado), es aquella destinada «[...] en particular, a detectar, identificar y actuar contra contenidos ilícitos o información incompatible con sus condiciones generales, que los destinatarios del servicio hayan proporcionado» [artículo 3.t) RSD], entendiendo por destinatarios a «toda persona física o jurídica que utilice un servicio intermediario, en particular para buscar información o para hacerla accesible» [artículo 3.b) RSD]. Existen, por tanto, dos objetivos claros en cualquier moderador: bien detectar, identificar y actuar contra contenidos ilícitos que los destinatarios del servicio hayan proporcionado, bien detectar, identificar y actuar contra información incompatible con sus condiciones generales (que pueden ir más allá de las obligaciones legales) que los destinatarios del servicio hayan proporcionado. Resulta, pues, imprescindible determinar qué se entiende por "contenido ilícito" y por "condiciones generales".

De acuerdo con el artículo 3.h) del Reglamento de Servicios Digitales, será **contenido ilícito** «toda información que, por sí sola o en relación con una actividad, incluida la venta de productos o la prestación de servicios, incumpla el Derecho de la Unión o el Derecho de cualquier Estado miembro que cumpla el Derecho de la Unión, sea cual sea el objeto o carácter concreto de ese Derecho». La definición proporcionada busca, en definitiva, abarcar la información relacionada con contenidos, productos, servicios y actividades de carácter ilícito, habiendo de entenderse que dicho concepto alude a cualquier información, sea cual sea su forma, que, de por sí, sea ilícita en virtud del Derecho aplicable o que las normas aplicables consideren ilícita por estar relacionada con actividades ilícitas (es el caso, verbigracia, de los delitos de incitación al odio, los contenidos terroristas, los contenidos discriminatorios ilícitos, el intercambio de imágenes que representen abusos sexuales de menores, el intercambio ilícito no consentido de imágenes privadas, el acoso en línea, la venta de productos no conformes o falsificados, la venta de productos o la prestación de servicios que infrinjan el Derecho en materia de protección de los consumidores, el uso no autorizado de material protegido por derechos de autor, la oferta ilegal de servicios de alojamiento o la venta ilegal de animales vivos); en cambio, el vídeo de un testigo presencial de un posible delito no debe considerarse contenido ilícito por el mero hecho de que muestre un acto ilícito, cuando la grabación o difusión pública de dicho vídeo no sea ilícita con arreglo al Derecho nacional o de la Unión (considerando 12 RSD).

Por su parte, la letra u) del mismo precepto anterior define las **condiciones generales** como «todas las cláusulas, sea cual sea su nombre y forma, que rijan la relación contractual entre el prestador de servicios intermediarios y los destinatarios del servicio». Estamos, así, ante reglas que, impuestas por la plataforma, determinan el uso que del servicio pueden hacer los usuarios (particulares o empresas) que, aceptándolas, se someten contractualmente a cuanto en ellas se dispone. En este sentido, aun cuando debe respetarse la libertad contractual de los prestadores, al objeto de evitar resultados injustos o arbitrarios (considerando 45 RSD), el artículo 14 RSD impone diversas obligaciones de transparencia y protección a los destinatarios relacionadas con estas condiciones generales, dependiendo de si estamos en presencia de prestadores de servicios intermediarios (apartados 1 a 4) o, dado su particular papel y alcance, de prestadores de plataformas en línea de muy gran tamaño (apartados 5 y 6). Para los primeros (prestadores generales de servicios intermediarios), el citado precepto les exige incluir en sus condiciones generales información (avisando de posibles cambios significativos que la misma experimente) sobre cualesquiera restricciones que impongan en relación con el uso de su servicio respecto de la información proporcionada por los destinatarios del servicio, restricciones con respecto de las cuales deberán actuar de manera diligente, objetiva y proporcionada, con la debida consideración de los derechos e intereses legítimos de todas las partes implicadas, incluidos los derechos fundamentales de los destinatarios del servicio (como la libertad de expresión, la libertad y el pluralismo de los medios de comunicación y otros derechos y libertades fundamentales amparados por la CDFUE). Es más, esta información a proporcionar:

a) Deberá incluir «[...] datos sobre cualesquiera políticas, procedimientos, medidas y herramientas empleadas para moderar los contenidos, incluidas la toma de decisiones mediante algoritmos y la revisión humana, así como sobre las normas de procedimiento de su sistema interno de gestión de reclamaciones. Se expondrá en lenguaje claro, sencillo, inteligible, accesible al usuario e inequívoco, y se hará pública en un formato fácilmente accesible y legible por máquina» (artículo 14.1 RSD). Para ello, podrán utilizar elementos gráficos, como iconos o imágenes, para ilustrar los principales elementos de estas obligaciones de información (considerando 45 RSD).

b) Deberá ser especialmente comprensible en aquellos casos en los que estos servicios intermediarios se dirijan principalmente o sean utilizados predominantemente por menores de edad (artículo 14.3 RSD).

A los segundos (prestadores específicos de plataformas en línea de muy gran tamaño), el mencionado artículo les obliga, además, a:

a) Facilitar a los destinatarios de los servicios un resumen sucinto, fácilmente accesible y legible por máquina de las condiciones generales, incluidas la posibilidad de excluir fácilmente las cláusulas opcionales (considerando 48 RSD), las medidas correctivas y los mecanismos de recurso disponibles, en un lenguaje claro e inequívoco.

b) Publicar sus condiciones generales en todas las lenguas oficiales de todos los Estados miembros de la Unión Europea en los que presten sus servicios.

Además, cuando estemos en presencia de guardianes de acceso (en los términos descritos en el siguiente epígrafe 1 del apartado III del presente capítulo), el artículo 6.12 RMD les impone la obligación de aplicar a los usuarios profesionales condiciones generales que sean justas, razonables y no discriminatorias de acceso a sus servicios de redes sociales en línea, esto es, **FRAND** ("*Fair Reasonable And Non-Discriminatory*"). Se entiende, a estos efectos, por usuarios profesionales las personas, físicas o jurídicas, que, a título comercial o profesional, utilicen servicios básicos de plataforma (como son los servicios de redes sociales en línea) para suministrar productos o prestar servicios a los usuarios finales o que utilicen dichos servicios en el marco del suministro de productos o la prestación de servicios a los usuarios finales [artículo 2.21) RMD]. Tales condiciones generales deben prever un mecanismo alternativo de resolución de litigios (que ha de entenderse sin perjuicio del derecho de los usuarios profesionales a solicitar una compensación ante las autoridades judiciales de conformidad con el Derecho interno y comunitario) situado en la Unión Europea que sea fácilmente accesible, imparcial, independiente y gratuito para los usuarios profesionales, sin perjuicio de los costes que estos tengan que asumir y de las medidas proporcionadas destinadas a evitar el abuso en su empleo; la Comisión valorará si las condiciones generales de acceso publicadas cumplen esta obligación.

Por lo demás, el término "justas" puede resultar algo esquivo, siendo más sencilla la interpretación en su versión en inglés ("*fair*") y, quizás, más clara la traducción del término en el contexto FRAND como "equitativo", que es la que realiza, precisamente, el RMD; en esta norma, se explica, con mayor detenimiento, lo que se entiende por contratación en términos equitativos y que alude a que «[…] la falta de equidad debe estar relacionada con un desequilibrio entre los derechos y las obligaciones de los usuarios profesionales en el que el guardián de acceso obtenga una ventaja desproporcionada» (considerando 33). A ello, el párrafo segundo del considerando 62 del mismo Reglamento añade que «[l]a fijación de precios u otras condiciones generales de acceso deben considerarse injustas si conducen a un desequilibrio entre los derechos de los usuarios profesionales y las obligaciones que se les imponen, confieren a los guardianes de acceso una ventaja desproporcionada en relación con el servicio que prestan a los usuarios profesionales o suponen una desventaja para los usuarios profesionales que prestan servicios idénticos o similares a los que ofrecen los guardianes de acceso. [...] Esta obligación no debe establecer un derecho de acceso y debe entenderse sin perjuicio de la capacidad de los proveedores de [...] servicios de redes sociales en línea para asumir la responsabilidad requerida en la lucha contra los contenidos ilegales y no deseados [...]».

A la vista de todo lo anterior, podemos mencionar casos como el de la plataforma digital de red social ***TikTok***, que, en sus "Términos de Servicio", establece, entre otras cosas, lo que el usuario no podrá hacer en la plataforma, donde destaca, por ejemplo, la prohibición de:

> «[...] realizar copias no autorizadas, modificar, adaptar, traducir, utilizar ingeniería inversa (*reverse engineer*) desensamblar, descompilar ni crear obras derivadas de los Servicios ni de cualquier contenido incluido en los mismos, incluyendo cualquier archivo, tabla, documentación (o cualquier parte de la misma) ni determinar o intentar determinar cualquier código fuente, algoritmos, métodos o técnicas que formen parte de los Servicios o cualesquier obras derivadas de los mismos; [...] utilizar los Servicios, sin nuestro consentimiento expreso por escrito, para cualquier objeto comercial o no autorizado, incluyendo la comunicación o facilitación de cualquier publicidad comercial o captación o correos no deseados (*spamming*); interferir con, ni intentar interferir con el funcionamiento adecuado de los Servicios, alterar nuestro sitio web o cualesquier redes conectadas a los Servicios, ni desviar cualesquier medidas que podamos utilizar para impedir o restringir el acceso a los Servicios; [...] suplantar a cualquier persona física o moral, realizar declaraciones falsas u ostentarse falsamente o la afiliación con cualquier persona física o moral, incluyendo el dar la impresión de que cualquier contenido que cargue, publique, transmita, distribuya o ponga a disposición de otro modo, proviene de los servicios; intimidar o acosar a otros, o promocionar material sexualmente explícito, violencia o discriminación en función de raza, género, religión, nacionalidad, discapacidad, orientación sexual o edad; utilizar o intentar utilizar la cuenta, servicio o sistema de otros sin la autorización de TikTok, o crear una identidad falsa en los Servicios; utilizar los Servicios de modo que pudiera generarse un conflicto de interés o socavar el objeto de los Servicios, tal como intercambiar reseñas con otros usuarios o escribir o solicitar reseñas falsas; [...] o material que, al criterio absoluto de TikTok, es cuestionable o que restrinja o le impida a cualquier otra persona utilizar los Servicios, o que podría exponer a TikTok, los Servicios o a sus usuarios a cualquier peligro o responsabilidad de cualquier naturaleza. [...] Nos reservamos el derecho, en cualquier momento y sin previa notificación, a negar o deshabilitar el acceso al contenido a nuestra discreción con o sin justificación. Algunos de los motivos por los cuales podríamos negar o deshabilitar el acceso al contenido pueden incluir encontrar contenido cuestionable, en violación de estos Términos o de nuestros Normas de la comunidad, o que de otro modo, sean dañinos a los Servicios o a nuestros usuarios. Nuestros sistemas automatizados analizan su contenido para proporcionarle funciones de productos relevantes de forma personal, tales como resultados de búsqueda personalizados, publicidad adaptada, y detección de spam y malware. Este análisis ocurre cuando el contenido es enviado, recibido y cuando es almacenado».

También es relevante el caso de ***Facebook***, donde, en sus "Condiciones del servicio", pone de manifiesto que su intención es:

«[...] que las personas usen los Productos de Meta para expresarse y compartir contenido que les resulte pertinente, pero no a costa de la seguridad y el bienestar de los demás ni de la integridad de nuestra comunidad. Por lo tanto, aceptas no participar en las conductas que se describen a continuación ni ayudar o apoyar a otras personas en estos comportamientos:

1. No debes usar nuestros Productos para realizar acciones o compartir contenido en los siguientes casos:
   - Si se infringen estas Condiciones, las Normas comunitarias y otras condiciones y políticas aplicables al uso que haces de nuestros Productos.
   - Si se incurre en una situación ilegal, engañosa, discriminatoria o fraudulenta (o se ayuda a terceros a usar nuestros Productos en dichas situaciones).
   - Si el contenido no es de tu propiedad o no dispones de los derechos necesarios para compartirlo.
   - Si el contenido vulnera o infringe los derechos de terceros, incluidos los de propiedad intelectual e industrial (por ejemplo, si se infringen los derechos de autor o marca comercial de terceros, o se venden o distribuyen artículos falsificados o pirateados), salvo excepciones o limitaciones en virtud de la legislación aplicable.
2. No debes subir virus ni código malicioso, usar los servicios para enviar spam ni realizar actividades que puedan inhabilitar, sobrecargar, obstaculizar ni alterar el correcto funcionamiento de nuestros servicios, sistemas o Productos, ni afectar a su integridad, manejo o apariencia.
3. No debes acceder a datos de nuestros Productos ni recogerlos con medios automatizados (sin nuestro permiso previo), ni tampoco intentar acceder a ellos sin el permiso correspondiente. Además, nos reservamos todos nuestros derechos frente a la minería de datos y textos.
4. No debes intercambiar, solicitar ni recoger nombres de usuario o contraseñas de los Productos, ni apropiarte indebidamente de identificadores de acceso.
5. No debes vender ni adquirir datos que te hayamos proporcionado o hayas obtenido a través de nuestros servicios, ni tampoco conceder licencias sobre ellos, excepto en virtud de lo establecido en las Condiciones de la plataforma.
6. No debes usar de forma indebida los canales de denuncia, marcado, recurso o apelación (por ejemplo, interponiendo denuncias o apelaciones fraudulentas, duplicadas o carentes de fundamento). Puedes obtener más información sobre nuestra política relativa al envío reiterado de denuncias y quejas claramente infundadas en nuestra Política de uso indebido».

A la vista de todo lo anterior, podemos concluir que el contenido ilícito viene **objetivamente** determinado por la legalidad vigente, por el ordenamiento jurídico imperante. En cambio, la información contraria a las condiciones generales es ciertamente más **subjetiva**, toda vez que se hace depender, en gran medida, de la voluntad del prestador del servicio que las elabora (condiciones que comprenden, es verdad, posibles actuaciones ilegales, pero también otras muchas posibles actuaciones por parte del usuario del servicio que no lo son) como paso previo para un control posterior de lo que, a su juicio, no se ajuste a tales condiciones.

III. IDENTIFICACIÓN DE CONTENIDOS ILÍCITOS O INCOMPATIBLES CON LAS CONDICIONES GENERALES

Como hemos podido ver, la labor de los moderadores de contenidos se articula en una triple dirección, secuencialmente ordenada: (1) detección e identificación y (2) actuación contra contenidos ilícitos o información incompatible con sus condiciones generales que los destinatarios del servicio hayan proporcionado. Aun cuando no se definen en la norma cada una de estas fases, podemos intuir que la detección implica el reconocimiento de contenido ilícito o información incompatible con las condiciones generales del prestador intermediador. Una vez detectado, el siguiente paso es identificar claramente la naturaleza y la gravedad de la ilicitud o la incompatibilidad. Por último, la actuación pasa por adoptar medidas apropiadas para restituir la situación al momento previo y/o para impedir o dificultar que esta ilicitud o incompatibilidad pueda volver a producirse; en este sentido, la actividad de moderación de contenidos puede implicar, entre otras, «[...] la adopción de medidas que afecten a la disponibilidad, visibilidad, y accesibilidad de dicho contenido ilícito o de dicha información, como la relegación, la desmonetización de la información, el bloqueo de esta o su supresión, o que afecten a la capacidad de los destinatarios del servicio de proporcionar dicha información, como la supresión o suspensión de la cuenta de un destinatario del servicio» [artículo 3.t) RSD].

La identificación pueden (1) producirse tras la implementación de una **actividad, proactiva y diligente, por parte de la plataforma**, (2) originarse por la **notificación realizada por un tercero** que les comunique la posible presencia en su servicio de elementos de información concretos que considere ilícitos o (3) venir precedida de una **orden dictada por las autoridades**, judiciales o administrativas (incluidas las autoridades policiales), nacionales pertinentes, sobre la base del Derecho nacional o comunitario aplicable o del Derecho nacional aplicable en cumplimiento del Derecho de la Unión Europea. La primera vía, a diferencia de la segunda y de la tercera, tiene la ventaja de permitir al prestador detectar también información incompatible con sus condiciones generales, si bien es cierto que la tercera imprime, necesariamente, un conocimiento cierto, efectivo y constatado de la ilicitud de una determinada actividad o contenido, además de permitir, llegado el caso, restablecer determinada información cuando se confirme que esta cumplía con las condiciones generales del prestador aun cuando este la hubiera considerado ilícita erróneamente y la hubiera retirado (considerando 39 RSD); la segunda, por su parte, constituye una vía amplia para que terceros ajenos a la propia plataforma puedan poner de manifiesto, de manera más ágil y flexible que la tercera vía, la posible ilicitud de determinados contenidos. Comoquiera que sea, la consecuencia más evidente de las tres vías anteriores será que la plataforma pasará a ser consciente o tener conocimiento efectivo de una actividad ilícita o de un contenido ilícito, siempre que le permitan determinar, sin un examen jurídico detallado, que la información o la actividad pertinentes son ilícitas, debiendo actuar con prontitud para retirar el contenido o bloquear el acceso al mismo como condición *sine qua non* para no ser considerado responsable de la información intermediada [artículo 6.1.b) RSD].

1. Identificación por el prestador

A pesar de que, como hemos podido constatar, no se impone a los prestadores de servicios intermediarios ninguna obligación general de monitorizar la información que transmitan o almacenen, ni de buscar activamente hechos o circunstancias que indiquen la existencia de actividades ilícitas (más allá de que —también lo hemos visto— puedan realizar investigaciones voluntarias por iniciativa propia o adopten medidas con el fin de detectar, identificar y retirar contenidos ilícitos; bloquear el acceso a estos, o adoptar las medidas necesarias para cumplir los requisitos legalmente establecidos —artículo 7 RSD—), sí que se exige a determinados prestadores que lleven a cabo el control de los riesgos que, derivados de su actividad, puedan suponer una amenaza para, entre otras, la difusión de contenido ilícito a través de sus servicios, debiendo adoptar medidas de reducción de riesgos apropiadas respetando, en todo caso, los derechos fundamentales. Nos estamos refiriendo a los **prestadores de servicios de plataforma en línea de muy gran tamaño y a los motores de búsqueda en línea de muy gran tamaño**; estos últimos tienen también la consideración de servicios de alojamiento de datos (y, por tanto, de servicios intermediarios de la sociedad de la información), pero no de servicios de plataforma en línea, si bien el Reglamento de Servicios Digitales (al igual que el Reglamento P2B), a menudo, establece obligaciones similares para ambos, por lo que su régimen jurídico es muy similar.

De acuerdo con el artículo 33 RSD, serán plataformas en línea y motores de búsqueda en línea de muy gran tamaño aquellos servicios que tengan un promedio mensual de **destinatarios del servicio activos en la Unión Europea igual o superior a 45.000.000** (es decir, una cifra equivalente al 10% de la población de la Unión Europea) y que sean designadas como tales por la Comisión, previa consulta al Estado miembro de establecimiento, sobre la base de los datos comunicados o solicitados al prestador (al amparo de lo dispuesto en los apartados segundo y tercero del artículo 24 RSD, que impone una obligación de transparencia reforzada y adicional a la prevista en el artículo 15 de la norma), como consecuencia de la información facilitada por el coordinador de servicios digitales de establecimiento (el coordinador de servicios digitales, que «[...] será responsable de todas las materias relacionadas con la supervisión y garantía del cumplimiento del presente Reglamento en ese Estado miembro, a menos que el Estado miembro de que se trate haya asignado determinadas funciones o sectores específicos a otras autoridades competentes. En todo caso, el coordinador de servicios digitales será responsable de garantizar la coordinación en el ámbito nacional respecto de tales materias y de contribuir a la supervisión y garantía del cumplimiento efectivas y coherentes del presente Reglamento en toda la Unión», informará, en su caso, a la Comisión cuando tenga razones para considerar que el afectado alcanza el umbral para ser considerado de gran tamaño) o tras la obtención de cualquier otra información de que disponga la Comisión. Este promedio mensual podrá ajustarse por la Comisión, bien cuando la población comunitaria aumente o disminuya, al menos, un 5% en relación a su población en el año 2020, bien a la población que resulte de un ajuste por medio de un acto delegado en el año en que se adoptase el último acto delegado; en tal supuesto, «[…] ajustará el número para que se corresponda con el 10% de la población de la Unión en el año en que adopte el acto delegado, redondeado al alza o a la baja para poder expresarlo en millones».

En el caso de que la decisión se base en información de que disponga o en información adicional solicitada al prestador afectado, la Comisión deberá concederle un plazo de diez días hábiles para remitir sus puntos de vista sobre las conclusiones preliminares de la Comisión y sobre la intención de esta de designar a aquel como prestador de muy gran tamaño, debiendo tener debidamente en cuenta los puntos de vista, caso de ser remitidos; de no remitirse por el prestador de servicios de plataforma en línea o de motor de búsqueda en línea de que se trate, la Comisión podrá seguir efectuando la designación fundamentándose en el resto de información de que disponga. No obstante, la Comisión tendrá que revocar la designación si, durante un período ininterrumpido de un año, la plataforma o el motor de búsqueda no tiene un promedio mensual de destinatarios del servicio activos igual o superior a 45.000.000.

Todas estas decisiones de la Comisión deberán notificarse al prestador afectado, a la Junta Europea de Servicios Digitales (grupo consultivo independiente integrado por coordinadores de servicios digitales para la supervisión de los prestadores de servicios intermediarios, regulado en la Sección 3 del Capítulo IV RSD —artículos 61 a 63—) y al coordinador de servicios digitales de establecimiento. De igual modo, deberá publicar en el DOUE y mantener actualizada una lista de plataformas en línea designadas de muy gran tamaño y de motores de búsqueda en línea designados de muy gran tamaño, a los que les serán de aplicación las obligaciones previstas en los artículos 34 a 43 RSD una vez transcurridos cuatro meses desde la notificación al prestador de la designación.

Hasta el momento, la Comisión ha designado 17 plataformas en línea de muy gran tamaño y 2 motores de búsqueda de muy gran tamaño, que tienen 45.000.000 de usuarios activos mensuales como mínimo. Dentro del primer grupo se incluyen las siguientes: *Alibaba AliExpress, Amazon Store, Apple AppStore, Booking.com, Facebook, Google Play, Google Maps, Google Shopping, Instagram, LinkedIn,*

Pinterest, Snapchat, TikTok, Twitter, Wikipedia, YouTube y *Zalando*. En el segundo se encuentran *Bing* y *Google Search*.

Además, los prestadores de plataformas en línea de muy gran tamaño y de motores de búsqueda en línea de muy gran tamaño así designados deberán pagar a la Comisión una tasa de supervisión anual por cada servicio para el que hayan sido designados (artículo 43 RSD). Su importe total cubrirá los costes estimados en que incurra la Comisión en relación con sus funciones de supervisión (Sección 4 del Capítulo IV RSD), en particular los costes relacionados con la designación, la creación, el mantenimiento y el funcionamiento de la base de datos (artículo 24.5 RSD) y el sistema de intercambio de información (artículo 85 RSD), las remisiones (artículo 59 RSD), el apoyo a la Junta Europea de Servicios Digitales (artículo 62 RSD) y las tareas de supervisión (artículo 56 y Sección 4 del Capítulo IV RSD).

Pues bien, si observamos el segundo de los criterios cuantitativos mencionados, podemos ver que coincide con el previsto en el artículo 33 RSD cuando la plataforma presta servicios como los de intermediación en línea (por ejemplo, *Google Maps, Google Play, Google Shopping, Amazon Marketplace, App Store* o *Meta Marketplace*), de redes sociales en línea (por ejemplo, *TikTok, Facebook, Instagram* o *LinkedIn*), de intercambio de vídeos (por ejemplo, YouTube) o de comunicaciones interpersonales independientes de la numeración (por ejemplo, *WhatsApp* o *Messenger*), todos ellos encuadrados, siguiendo el encaje del Reglamento de Servicios Digitales, en los servicios de plataforma en línea, así como los motores de búsqueda en línea. En ese caso, los prestadores de servicios de plataforma en línea de muy gran tamaño y los motores de búsqueda en línea de muy gran tamaño regulados por la RSD serán, al mismo tiempo, guardianes de acceso, regulados por la RMD y, por ende, deberán **cumplir, cumulativamente, las obligaciones previstas para estas categorías** [que se añaden, en el caso de las previstas en el Reglamento de Servicios Digitales, a las previstas (i) para todos los prestadores de servicios intermediarios, (ii) para los prestadores de servicios de alojamiento de datos o (iii) para los prestadores de plataformas en línea] **en ambas normas**.

Sentados los criterios para adquirir la condición de plataformas en línea de muy gran tamaño y de motores de búsqueda en línea de muy gran tamaño, amén del paralelismo existente con los guardianes de acceso en determinados supuestos, conviene retomar la obligación, mencionada al inicio del presente epígrafe, que se impone a los prestadores de servicios de plataforma en línea de muy gran tamaño y de motores de búsqueda en línea de muy gran tamaño de llevar a cabo el **control de los riesgos** que, derivados de su actividad, puedan suponer una amenaza para la difusión de contenido ilícito a través de sus servicios. En este punto, conviene acudir al artículo 34 RSD, que, en su apartado primero, les exige detectar, analizar y evaluar, de forma diligente, cualquier riesgo sistémico que, dentro del territorio europeo, «[...] se derive del diseño o del funcionamiento de su servicio y los sistemas relacionados con este, incluidos los sistemas algorítmicos, o del uso que se haga de sus servicios», dada la importancia que, por su alcance, tienen «[...] para facilitar el debate público, las transacciones económicas y la difusión al público de información, opiniones e ideas y para influir en la forma en que los destinatarios obtienen y comunican información en línea» (considerando 75 de la norma).

La primera de estas evaluaciones deberá llevarse a cabo en el plazo máximo de cuatro meses desde la notificación al prestador de su designación, por la Comisión, como plataforma en línea o motor de búsqueda en línea de muy gran tamaño. A partir de entonces, tendrá que realizar, al menos, una cada año y, en cualquier caso, siempre antes de desplegar funcionalidades que puedan tener un impacto crítico en los riesgos previamente detectados.

Incomprensiblemente, no se define en el Reglamento de Servicios Digitales qué se ha de entender por "riesgo sistémico". Sin embargo, sí que incluye una enumeración de los riesgos sistémicos que el prestador afectado deberá incluir al realizar la evaluación, evaluación que será específica de sus servicios y proporcionada a tales riesgos; estos **riesgos sistémicos** son los siguientes:

a) La difusión de contenido ilícito a través de sus servicios.

b) Cualquier efecto negativo, real o potencial, para el ejercicio de los derechos fundamentales, donde se alude, muy especialmente, a los derechos relativos a la dignidad humana (amparada por el artículo 1 CDFUE); al respeto de la vida privada y familiar (amparada por el artículo 7 CDFUE); a la protección de los datos de carácter personal (amparada por el artículo 8 CDFUE); a la libertad de expresión e información, incluida la libertad y el pluralismo de los medios de comunicación (amparada por el artículo 11 CDFUE); a la no discriminación (amparada por el artículo 21 CDFUE); a los derechos del niño (amparados por el artículo 24 CDFUE), y a un nivel elevado de protección de los consumidores (amparado por el artículo 38 CDFUE).

c) Cualquier efecto negativo, real o previsible, sobre el discurso cívico y los procesos electorales, así como sobre la seguridad pública.

d) Cualquier efecto negativo, real o previsible, en relación con la violencia de género, la protección de la salud pública y los menores y las consecuencias negativas graves para el bienestar, físico y mental, de la persona.

En este sentido, para llevar a cabo la evaluación de riesgos, deberán tener en consideración si, sobre tales riesgos sistémicos, influyen (y, de ser así, de qué manera, en qué medida) factores como:

a) el diseño de sus sistemas de recomendación y de cualquier otro sistema algorítmico pertinente;

b) sus sistemas de moderación de contenidos;

c) las condiciones generales aplicables y su ejecución;

d) los sistemas de selección y presentación de anuncios;

e) las prácticas del prestador relacionadas con los datos;

f) la manipulación intencionada de su servicio, en particular por medio del uso no auténtico o la explotación automatizada del servicio, así como la amplificación y la difusión potencialmente rápida y amplia de contenido ilícito y de información incompatible con sus condiciones generales.

g) los aspectos regionales o lingüísticos específicos, incluso cuando sean propios de un Estado miembro.

El resultado de estas evaluaciones de riesgos **no deberá ser comunicado por defecto**. Ahora bien, sí que deberá conservarse la documentación justificativa en que se sustentan durante, como mínimo, un plazo de tres años, a contar desde su realización, para su comunicación, previa solicitud, a la Comisión y al coordinador de servicios digitales de establecimiento.

2. *Notificaciones realizadas por terceros*

Por lo que respecta a la segunda de las vías que permiten al prestador tener conocimiento de la ilicitud o de la incompatibilidad, conviene mencionar los artículos 16 y 22, ambos del Reglamento de Servicios Digitales. El primero de los preceptos obliga a las plataformas que prestan servicios de alojamiento de datos (como es el caso de los servicios de redes sociales en línea —no, por tanto, a todos los prestadores de servicios intermediarios—), sea cual sea su tamaño (considerando 50 RSD), a:

En primer lugar, establecer **mecanismos, de fácil acceso y manejo, que permitan que cualquier persona física o entidad les notifique, incluso de forma exclusivamente electrónica, la presencia, en su servicio, de elementos de información concretos que considere contenidos ilícitos**. Estos mecanismos deberán ser claramente identificables, estar situados cerca de la información en cuestión y ser tan fáciles de encontrar y utilizar como, al menos, los mecanismos de notificación de contenidos que infrinjan las condiciones generales del prestador de servicios de alojamiento de datos. Además, tendrán que posibilitar que se efectúen notificaciones suficientemente precisas y adecuadamente fundamentadas, permitiendo que el notificante exponga:

a) una explicación suficientemente motivada de las razones por las que considera que el contenido es ilícito;

b) una indicación clara de la localización electrónica exacta de esa información considerada ilícita (por ejemplo, el o los URL exactos) y, en su caso, información adicional que permita identificar el contenido ilícito adaptado al tipo de contenido y al tipo concreto de servicio de alojamiento de datos;

c) el nombre y una dirección de correo electrónico del notificante, excepto en el caso de información que se considere que implica uno de los delitos a que se refiere la Directiva 2011/93/UE relativa a la lucha contra los abusos sexuales y la explotación sexual de los menores y la pornografía infantil en sus artículos 3 a 7 (infracciones relacionadas con los abusos sexuales, infracciones relacionadas con la explotación sexual, infracciones relacionadas con la pornografía infantil, embaucamiento de menores con fines sexuales por medios tecnológicos e inducción, complicidad y tentativa en la comisión de las infracciones anteriores), y

d) una declaración que confirme que el notificante está convencido de buena fe de que la información y las alegaciones que dicha notificación contiene son precisas y completas.

Debe ser posible que el notificante haga constar múltiples elementos de contenido concretos presuntamente ilícitos por medio de una única notificación, a fin de garantizar el funcionamiento eficaz de los mecanismos de notificación y acción (considerando 50 RSD).

A este respecto, resulta ejemplificativo el caso de *TikTok*, que proporciona a los miembros de la comunidad la opción de denunciar las infracciones dentro de la aplicación o a través del sitio web. Para ello, prevén la posibilidad de denunciar problemas relacionados con comentarios, mensajes directos, *hashtags*, suplantaciones de identidad, sonidos o sugerencias de búsqueda.

En segundo lugar, enviar, sin dilación indebida, un acuse de recibo de la notificación a quien la efectúa, siempre que la persona física o entidad notificante haga constar su información de contacto electrónica. Es posible que esta obligación sólo surta efectos cuando el notificante plasme los elementos necesarios que posibiliten su identificación; y, ello, atendiendo a cuanto establece el artículo 11.1 RGPD, que dispone que:

> «[...] Si los fines para los cuales un responsable trata datos personales no requieren o ya no requieren la identificación de un interesado por el responsable, este no estará obligado a mantener, obtener o tratar información adicional con vistas a identificar al interesado con la única finalidad de cumplir el presente Reglamento».

En tercer lugar, siempre que concurra el requisito anterior (que se haga constar la información de contacto electrónica), notificar la decisión adoptada respecto de la información afectada (es decir, si está de acuerdo con la valoración realizada por el notificante y, en consecuencia, opta por retirar o bloquear el acceso a dicho contenido, sin afectar indebidamente a la libertad de expresión y de información de los destinatarios del servicio, o, si, por el contrario, no lo está y decide no actuar respecto de la información almacenada o, estándolo, no dispone de la capacidad técnica y operativa para actuar contra dichos elementos concretos —considerando 51 RSD—), donde se incluirán las vías de recurso respecto de la decisión de las que se podrá servir el notificante si no está conforme con la misma y, en el caso de que empleen medios automatizados para el tratamiento de la notificación y/o la toma de la decisión, información sobre su uso.

En cuarto lugar, tratar las notificaciones recibidas y adoptar las decisiones correspondientes respecto de la posible ilicitud de la información almacenada en tiempo oportuno (es decir, con la debida rapidez, en particular teniendo en cuenta el tipo de contenido ilícito que se notifica y la urgencia de tomar medidas —como sucede, por ejemplo, con contenidos ilícitos que supongan una amenaza para la vida o la seguridad de las personas—, no estableciéndose, empero, ningún plazo específico al respecto dentro del Reglamento) y de manera diligente, no arbitraria y objetiva. Para ello, las normas que regulen estos mecanismos deben armonizarse a escala de la Unión Europea y ser uniformes, transparentes y claras, estableciendo unas sólidas salvaguardas para proteger los derechos e intereses legítimos de todos los afectados (tanto de los destinatarios como de los prestadores del servicio), en particular sus derechos fundamentales (como los derechos a la libertad de expresión e información, al respeto de la vida privada y familiar, a la protección de los datos personales, a la no discriminación o a la tutela judicial efectiva, pero también a la libertad de empresa, a la dignidad humana, a la protección de la propiedad o a la no discriminación), sea cual sea el Estado miembro de establecimiento o residencia y la rama del Derecho de que se trate.

Por su parte, el artículo 22 RSD, aplicable, únicamente, a servicios de plataformas en línea (exige de un lado, dar prioridad a las notificaciones enviadas por **alertadores fiables**, condición, esta, que será otorgada a cualquier entidades, ya sean de naturaleza pública o privada, no personas físicas —considerando 61 RSD—) que demuestre: a) poseer conocimientos y competencias específicos para detectar, identificar y notificar contenidos ilícitos; b) no depender de ningún prestador de plataformas en línea, y c) realizar sus actividades con el fin de enviar notificaciones de manera diligente, precisa y objetiva.

El **otorgamiento de la condición** de alertador fiable corresponde al coordinador de servicios digitales del Estado miembro donde el solicitante esté establecido. La condición se suspenderá en el supuesto de que un prestador posea información que indique que un alertador fiable ha enviado un número significativo de notificaciones insuficientemente precisas, incorrectas o inadecuadamente fundamentadas, aportando las explicaciones y los documentos justificativos que sean necesarios al coordinador de servicios digitales otorgante, quien, si considera que existen razones legítimas para iniciar una investigación, suspenderá la condición de alertador fiable durante el período de investigación, o revocará si, tras darle la oportunidad de manifestarse, dicho coordinador determina, a raíz de una investigación realizada por iniciativa propia o basada en información recibida por parte de terceros, que la entidad ya no merece la consideración de alertador fiable por no reunir las condiciones requeridas para ello.

De otro lado, tramitar y resolver tales notificaciones sin dilación indebida. De nuevo, el texto normativo acude al empleo de un concepto jurídico indeterminado que impide concretar el período máximo exacto dentro del que la plataforma deberá dar cumplimiento a esta obligación; en cualquier caso, teniendo en cuenta que los alertadores fiables han demostrado sus conocimientos y competencia, cabe esperar que el tratamiento de sus notificaciones sea menos gravoso y, por tanto, más rápido que el de las presentadas por otros destinatarios del servicio, si bien es cierto que este tiempo podrá variar también en función de factores como el tipo de contenido ilícito o los procedimientos técnicos efectivamente establecidos para el envío de dichas notificaciones (considerando 62 RSD).

A su vez, este mismo precepto impone a los alertadores fiables el deber de publicar, como mínimo una vez al año, informes detallados y fácilmente comprensibles sobre las notificaciones enviadas durante el período en cuestión. Estos informes, que se enviarán al coordinador de servicios digitales que atribuyó la condición de alertador fiable y se pondrán a disposición del público sin incluir datos personales, deberán, cuando menos: a) Enumerar las notificaciones efectuadas, que tendrán que clasificarse atendiendo a la identidad del notificante, al tipo de contenido presuntamente ilícito notificado y a las acciones adoptadas por el prestador; e

b) Incluir una explicación de los procedimientos vigentes para garantizar que el alertador fiable mantiene su independencia y, por tanto, sigue mereciendo esta condición.

3. Órdenes dictadas por autoridades judiciales o administrativas nacionales

En cuanto a la tercera de las vías posibles que permiten a la plataforma la detección e identificación de contenidos ilícitos o de información incompatible con sus condiciones generales, los artículos 9 y 10 RSD articulan las condiciones mínimas de dos clases de órdenes vinculantes:

Una primera, prevista para determinar si un concreto destinatario de los servicios intermediarios proporcionados por la plataforma cumple, o no, con la normativa (artículo 10 RSD).

Una segunda, en la que, constatado el incumplimiento, obligue al prestador a actuar contra uno o varios elementos concretos de contenido ilícito (artículo 9 RSD).

La primera exige proporcionar información, mientras que la segunda pasa por dar respuesta a la ilicitud, ya constatada, de determinados contenidos. Veamos cada una de ellas.

En el caso de que tales autoridades nacionales impongan al prestador la **obligación de proporcionar información** específica sobre uno o varios destinatarios individuales del servicio, tal prestador deberá (artículo 10 RSD):

1) De una parte, hacer constar, a la autoridad que haya dictado la orden o a cualquier otra autoridad que en ella se especifique, su recepción y el curso dado a la orden (atendiéndola —y, en ese caso, el momento en que se ha atendido, observando los plazos establecidos en el Derecho o de la Unión o nacional pertinente— o desatendiéndola). Para que la orden sea válida, debe reunir determinados requisitos, de forma y de fondo (que se entenderán sin perjuicio del Derecho procesal penal y civil nacional, Derecho que cuando establezca condiciones adicionales o incompatibles con las establecidas en el RSD en relación con las órdenes, podrá condicionar la aplicación o adaptación de las presentes —considerando 34 del Reglamento de Servicios Digitales—):

   En primer lugar, debe: incluir una referencia al fundamento jurídico en que se sustenta; identificar a la autoridad que la emite; proporcionar información clara que permita a la plataforma determinar quién es el destinatario o los destinatarios específicos sobre los que se solicita información, como, por ejemplo, uno o varios nombres de cuenta o identificadores únicos; motivar suficientemente con qué finalidad se requiere la información y por qué el requisito de su entrega es necesario y proporcionado para determinar cumplir el Derecho comunitario o el Derecho nacional en cumplimiento del Derecho comunitario por parte de los destinatarios de los servicios intermediarios, salvo que no se pueda aportar dicha motivación por razones relacionadas con la prevención, investigación, detección y enjuiciamiento de delitos; detallar los mecanismos de recurso disponibles para el prestador requerido y para los destinatarios afectados, y, en su caso, indicar la autoridad que debe recibir la información, si no coincide con aquella que dicta la orden.

   En segundo lugar, el requerimiento únicamente puede imponer la obligación de proporcionar información que ya obra en poder del prestador y que se haya recabado a los fines de prestar el servicio. Por tanto, no podrá exigir a este que reúna información a los solos efectos de dar respuesta a la orden, pues esa exigencia resultaría contraria a la regla que exime a las plataformas de monitorizar la información que transmitan o almacenen, ni de buscar activamente hechos o circunstancias que indiquen la existencia de actividades ilícitas (artículo 8 RSD).

En tercer lugar, la lengua empleada en la orden, donde existen tres opciones: que coincida con alguna de las declaradas por el prestador al hacer pública la información necesaria para identificar fácilmente a sus puntos únicos de contacto y comunicarse con ellos fácilmente, que deberá ser una lengua ampliamente conocida por el mayor número posible de ciudadanos de la Unión Europea y que deberá coincidir con, al menos, una de las lenguas oficiales del Estado miembro en que el prestador tenga su establecimiento principal o en el que su representante legal (que intervendrá en aquellos casos en los que el prestador no tenga un establecimiento en la Unión Europea, pero ofrezca servicios en este territorio, atendiendo a cuanto dispone el artículo 13 RSD) resida o esté establecido (artículo 11.3 RSD); que corresponda, de ser distinta a la anterior, a una de las lenguas oficiales del Estado miembro, previo acuerdo bilateral entre la autoridad que dicta la orden y la plataforma, o que, de ser distinta a las anteriores, vaya acompañada de la traducción a una de las lenguas que reúnan los requisitos anteriores.

Recabada la información, la autoridad nacional de que se trate la remitirá al coordinador de servicios digitales del Estado miembro de la autoridad que dicte la orden. Este, a su vez, transmitirá una copia a todos los demás coordinadores de servicios digitales, a través del sistema de intercambio de información establecido y mantenido por la Comisión, de conformidad con el artículo 85 RSD.

2) De otra parte, informar al destinatario del servicio intermediado afectado de la orden recibida y del curso que se le haya dado, en el momento en el que se curse o en el que, en su caso, en ella se especifique, así como de la motivación y las vías de recurso que existan, donde se deberán incluir los mecanismos administrativos de gestión de reclamaciones y los recursos judiciales, incluidos los recursos contra las órdenes dictadas por las autoridades judiciales (considerando 39 RSD).

Por otra parte, se obliga al prestador a **actuar contra uno o varios elementos concretos de contenido ilícito**, una vez reciban la orden, que podrá ser dictada por las mismas autoridades descritas en el precepto anterior. De nuevo, el prestador deberá hacer constar a la autoridad competente la recepción y el curso dado a la orden, así como el momento en el que, en su caso, ha sido atendida (artículo 9 RSD).

Al igual que sucede con las órdenes para recabar información, las previstas para actuar contra contenidos ilícitos deberán reunir una serie de condiciones (de nuevo, condicionadas con las que, en su caso, se dicten al amparo del Derecho procesal penal y civil nacional). El grueso de las mismas coincide con las contempladas para el artículo 10 RSD, si bien existen algunas diferencias, que pasamos a indicar:

En primer lugar, se añade la necesidad de motivar por qué la información es un contenido ilícito, haciendo referencia a una o varias disposiciones específicas del Derecho de la Unión o nacional en cumplimiento del Derecho de la Unión. Y, ello, en lugar de la motivación precedente para explicar con qué fin se requiere la información y por qué el requisito de entrega de la información es necesario y proporcionado.

En segundo lugar, la información recogida en la orden deberá ahora, no permitir la identificación del destinatario, sino identificar y localizar el contenido ilícito de que se trate, como, por ejemplo, uno o varios URL exactos y, en su caso, información adicional.

En tercer lugar, se habrá de delimitar el ámbito territorial de aplicación de la orden, en virtud de las disposiciones legales aplicables, incluida la Carta, y, en su caso, los principios generales del Derecho internacional, delimitación que deberá ceñirse a lo estrictamente necesario para alcanzar su objetivo. A cambio, desaparece la obligación contenida en el artículo 10.2.b) RSD.

En cuarto lugar, en la información a proporcionar a los destinatarios afectados se deberá añadir el ámbito territorial de la orden.

Para poder entablar una comunicación rápida, directa, electrónica y sencilla con las autoridades de los Estados miembros, con la Comisión, con la Junta Europea de Servicios Digitales y con los destinatarios, los prestadores de servicios intermediarios deberán designar un punto único de contacto, ya mencionado anteriormente. También deberán hacer pública la información necesaria para permitir la fácil identificación de estos puntos únicos de contacto y la sencilla comunicación con ellos, información que será accesible sin mayor dificultad y habrá de mantenerse permanentemente actualizada (artículos 11 y 12 RSD). Lo anterior pasa, también:

a) Para las comunicaciones con las autoridades de los Estados miembros, con la Comisión y con la Junta Europea de Servicios Digitales, por especificar la lengua o lenguas oficiales de los Estados miembros que, además de una lengua ampliamente conocida por el mayor número posible de ciudadanos de la Unión Europea, pueda utilizarse en las comunicaciones con sus puntos de contacto, y que incluirá, como mínimo, una de las lenguas oficiales del país comunitario en que el prestador tenga su establecimiento principal o en el que su representante legal resida o esté establecido (artículo 11.3 RSD).

b) Para las comunicaciones con los destinatarios, por permitirles elegir los medios de comunicación, que no se basarán únicamente en herramientas automatizadas (artículo 12.2 RSD).

IV. ACTUACIÓN CONTRA CONTENIDOS ILÍCITOS O INCOMPATIBLES CON LAS CONDICIONES GENERALES Y DERECHOS DE LOS USUARIOS

Detectado e identificado el contenido ilícito o la información contraria a las condiciones generales previstas, conforme a cuanto se ha indicado anteriormente, se hace preciso actuar por parte del prestador, implementando **medidas que resulten adecuadas a los efectos de restituir la situación al momento previo y/o de impedir u obstaculizar que esta ilicitud o incompatibilidad pueda volver a producirse**. Estas medidas, pueden impedir la disponibilidad, visibilidad o la accesibilidad de dicho contenido ilícito o de dicha información, como sucede con la relegación, la desmonetización de la información, su bloqueo o su supresión; también pueden afectar a la capacidad de los destinatarios del servicio de proporcionar la información, como es el caso de la supresión o suspensión de su cuenta [artículo 3.t) RSD].

El Reglamento de Servicios Digitales clasifica estas medidas (que no son sino obligaciones que se imponen a los prestadores intermediadores y, más concretamente, a los moderadores de contenidos que en ellos operan para realizar las funciones de detección, identificación y actuación) en función de la naturaleza del servicio de la sociedad de la información que se preste. Más concretamente, incluye:

a) Obligaciones extensibles a todos los servicios intermediarios.

b) Obligaciones aplicables a todos los servicios de alojamiento de datos o *hosting*, que deberán cumplir, no sólo las previstas para ellos como modalidad específica, sino, como es lógico, las aplicables a todos los que compartan la, más genérica, categoría anterior.

c) Obligaciones aplicables, únicamente, a los prestadores de plataformas en línea, que deberán cumplir, amén de las previstas singularmente para ellos, las aplicables a todos los que compartan, por este orden, las categorías de prestadores de servicios intermediarios y de prestadores de servicios de alojamiento de datos.

d) Obligaciones que recaen sobre prestadores de plataformas en línea de muy gran tamaño. Estos, siguiendo la dinámica expuesta, deberán aplicar, cumulativamente, todas las obligaciones de actuación frente a contenidos ilícitos o información contraria a las condiciones generales, es decir, las que les correspondan en cuanto prestadores de servicios intermediarios, las que les correspondan como prestadores de servicios de alojamiento de datos, las que les correspondan como prestadores de servicios de plataformas en línea y las que les correspondan en su condición específica de prestadores de servicios de plataformas en línea de muy gran tamaño.

1. Obligaciones de actuación aplicables a las plataformas de servicios de redes sociales en línea en cuanto prestadores de servicios intermediarios

En este punto, hemos de remitirnos al curso dado por los prestadores de servicios intermediarios a las órdenes de entrega de información (artículo 10 RSD) o a las órdenes de actuación contra contenidos ilícitos (artículo 9 RSD), en los términos descritos en el epígrafe tercero del apartado inmediatamente anterior.

2. Obligaciones de actuación aplicables a las plataformas de servicios de redes sociales en línea en cuanto prestadores de servicios de alojamiento de datos

Este apartado parte de la obligación que tiene todo prestador de servicios de alojamiento de datos de adoptar una decisión respecto de cualquier contenido que resulte ilícito o contrario a sus condiciones generales. Esta medida podrá consistir, por orden creciente de severidad, en:

a) Cualquier restricción de la visibilidad de los elementos de información concretos facilitados por el destinatario del servicio, incluida la eliminación de contenidos, el bloqueo del acceso a estos o su relegación, en las clasificaciones o en los sistemas de recomendación. Podemos citar, como ejemplo, a *Instagram*, que prohíbe en su plataforma, entre otras cosas, el empleo de un lenguaje que incite al odio, al *bullying* y al abuso, no permitiendo ataques o abusos por motivos de raza, grupo étnico, nacionalidad, sexo, identidad sexual, orientación sexual, religión, discapacidad o enfermedad; lo mismo sucede con la autolesión (prohibiendo el enaltecimiento y el fomento de autolesiones, incluidos los trastornos alimenticios, salvo que la intención sea generar consciencia o brindar apoyo) o con la violencia gráfica (donde, informan, podrán eliminar vídeos o imágenes de violencia gráfica intensa con el fin de asegurar que la red social siga siendo apropiada para todos, excepto si se comparte en relación con eventos importantes y de interés periodístico y su intención es condenar o concientizar y educar, en cuyo caso podrá permitirse).

b) La suspensión, cesación u otra restricción de los pagos monetarios (es decir, la desmonetización de la información, mediante la suspensión o el cese de tales pagos o de los ingresos asociados a dicha información). Destaca el caso de *Meta*, que confirma que «[l]os vídeos publicados en Facebook se pueden utilizar para ganar dinero gracias a los anuncios in-stream y los anuncios en Reels. Sin embargo, los anuncios solo pueden insertarse en los vídeos que cumplan determinadas reglas. Para poder ganar dinero con tus vídeos, estos deberán:

- Cumplir nuestras Normas comunitarias: se trata de las reglas que estipulamos en lo relativo al contenido peligroso, como el que incluye escenas de violencia, incita al odio o muestra desnudos de adultos.

- Cumplir nuestras Políticas de monetización para socios: estas incluyen las normas que se aplican a las páginas y los perfiles en modo profesional, así como a Eventos y Grupos en Facebook. La infracción de estas políticas conllevará la pérdida del derecho a monetizar en calidad de página, perfil o grupo.
- No infringir nuestras Políticas de monetización de contenido: estas son las normas específicas que establecemos en relación con niveles innecesarios de contenido gráfico, sexual, violento u ofensivo».

De este modo, si un vídeo específico infringe cualquiera de estas normas, es posible que este deje de cumplir los requisitos necesarios para ganar dinero. Tanto más, añade el prestador, las infracciones graves o reiteradas pueden causar que toda la cuenta pierda el acceso a las herramientas de monetización.

c) La suspensión o cesación, total o parcial, de la prestación del servicio a la persona, física o jurídica, que, en su condición de destinatario, lo utilice, en particular para buscar información o para hacerla accesible. *Instagram* es clara al establecer que si el usuario recibe alguna advertencia por enviar demasiados mensajes y continúa haciéndolo, es posible que no pueda enviar más mensajes directos durante un período de tiempo, partiendo de la limitación de reenviar un mensaje a cinco chats a la vez como máximo.

d) La suspensión o supresión de la cuenta del destinatario del servicio. Resulta claro el caso de *TikTok* cuando explica los motivos que pueden provocar su decisión de suspender la cuenta del usuario: recibir una denuncia o una queja sobre la cuenta procedente de usuarios de la plataforma o de otros canales; existir problemas con las creatividades, las calificaciones o los servicios proporcionados por los anuncios; que el usuario realice cambios en la página de destino de su anuncio después de lanzar la campaña; producirse un comportamiento malicioso o intenciones sospechosas al crear los anuncios, o advertir una infracción de las Directrices publicitarias de TikTok o de otras normas.

Adoptada la decisión, se impone al prestador la obligación de **declarar los motivos que la justifican al destinatario afectado**, de forma clara y fácil de comprender, y tan precisa y específica como sea razonablemente posible atendiendo a las circunstancias concretas de cada caso (artículo 17 RSD). En otras palabras, surge esta obligación una vez que la plataforma ha adoptado una medida restrictiva de la información que, proporcionada por el destinatario afectado, resulte ilegal o incompatible con sus condiciones generales. En este caso, y salvo que la información sea un contenido comercial engañoso de gran volumen difundido a través de la manipulación intencionada del servicio (en particular, el uso no auténtico del servicio, como el uso de *bots* o cuentas falsas u otros usos engañosos del servicio), el prestador deberá proporcionar al mencionado destinatario, a más tardar a partir de la fecha en que se imponga la restricción y siempre que conozca sus datos de contacto electrónicos pertinentes (recordemos que, de conformidad con el artículo 16 RSD, cabe la posibilidad de que la ilegalidad o incompatibilidad provengan de notificaciones efectuadas por terceros que pueden no incluir la información de contacto electrónica de la persona física o entidad del así notificante ni la del destinatario afectado), una declaración de motivos clara y específica de la medida adoptada.

La precitada declaración de motivos **deberá incluir, como mínimo** (susceptible, pues, de que contenga un mayor grado de detalle porque así, proactivamente, lo considere adecuado el prestador intermediador), la siguiente información:

En primer lugar, información sobre si la decisión adoptada conlleva alguna de las medidas previstas en las letras a) a d) anteriores en relación con la información y, cuando proceda, el ámbito territorial de la decisión y la duración que comporta, duración que podrá ser definida (como en el caso de la suspensión de la prestación del servicio) o indefinida (como sucedería con la supresión de la cuenta del destinatario del servicio).

En segundo lugar, los hechos y las circunstancias en que se ha basado la adopción de la decisión. Ello debe incluir información sobre la vía (recordemos: actividad, proactiva y diligente, por parte de la plataforma; notificación realizada por un tercero, u orden dictada por las autoridades, judiciales o administrativas, nacionales pertinentes) que ha permitido detectar e identificar el contenido ilícito o la información contraria a las condiciones generales del prestador. Si la ilicitud o incompatibilidad proviene de notificaciones realizadas por terceros, también se deberá hacer constar, sólo si fuera estrictamente necesario, la identidad de la persona física o entidad notificante.

En tercer lugar, si en la actividad de detección, identificación y adopción se han utilizado medios automatizados, es decir, si, para detectar e identificar el contenido ilícito o la información contraria a las condiciones generales de la plataforma y para adoptar la decisión y las medidas correctoras correspondientes, se han empleado medios automatizados (no olvidemos que la moderación de contenidos puede consistir en una actividad automatizada o no automatizada, dependiendo de que se haya producido, o no, la intervención humana directa en el proceso de revisión y toma de decisiones sobre el contenido moderado).

En cuarto lugar, cuando la medida restrictiva se adopte porque el contenido afectado sea presuntamente ilícito (primera de las dos posibles causas que justificarían la actuación moderadora de la plataforma), será preciso incluir una referencia al fundamento jurídico utilizado y una explicación de por qué la información se considera contenido ilícito conforme a tal fundamento; conviene recordar que será ilícita cualquier información que incumpla el Derecho nacional o comunitario [artículo 3.h) RSD].

En quinto lugar, cuando, a diferencia del supuesto anterior, la medida restrictiva tenga lugar porque el prestador de servicios advierte que el contenido es contrario a sus condiciones generales (segunda de las dos posibles causas que justificarían la actuación moderadora de la plataforma), deberá incorporar una referencia al fundamento, no jurídico, sino contractual, que justificaría la adopción de la medida, siempre que se argumente debidamente por qué se considera que la información del destinatario es contraria a dicho fundamento y, por tanto, a sus condiciones generales.

En sexto y último lugar, toda decisión adoptada por el prestador deberá verse acompañada del reconocimiento al afectado de la posibilidad de alegar cuanto estime por conveniente. Por este motivo, se le ha de proporcionar información, clara y de fácil utilización, sobre las vías de recurso disponibles respecto de la decisión de la plataforma, en particular, a través de mecanismos internos de gestión de reclamaciones, resolución extrajudicial de litigios y recurso judicial. A la vista de este último inciso, resulta, cuando menos, **cuestionable la ubicación proporcionada por el Reglamento de Servicios Digitales a la regulación del sistema interno de gestión de reclamaciones y a la resolución extrajudicial de litigios**. Ambas cuestiones se ubican dentro de la Sección 3 del Capítulo III, que incluye una serie de disposiciones adicionales aplicables a los prestadores de plataformas en línea. Sin embargo, consideramos más adecuado haber incluido ambas obligaciones dentro de la Sección 2 del mencionado Capítulo, Sección referida, como sabemos, a todos los prestadores de servicios de alojamiento de datos, dentro de los cuales se incluyen, como subcategoría, los prestadores de servicios de plataformas en línea. El motivo es claro: (i) si los prestadores deben establecer mecanismos que permitan que cualquier persona física o entidad efectúe notificaciones para la detección de contenido inadecuado; (ii) si los prestadores deben proporcionar acceso a un sistema interno eficaz de gestión de reclamaciones a los destinatarios del servicio contra las decisiones por aquellos adoptadas, en particular a las personas físicas o entidades que hayan presentado una notificación, además de velar por que tales destinatarios cuenten con información sobre cómo acceder a una resolución extrajudicial de litigios o sobre su derecho a interponer un recurso judicial, ¿por qué la primera obligación, anterior en el tiempo, se impone a todos los prestadores de servicios de alojamiento de datos y la segunda, posterior en el tiempo, sólo a los prestadores de plataformas en línea? Parece mejor, en su lugar, imponer a todos los prestadores de alojamiento de datos todas las obligaciones anteriores: permitir las notificaciones que posibiliten la adopción de medidas restrictivas y dar la posibilidad, a quienes efectúen tales notificaciones y a quienes se vean afectados por las consiguientes medidas, de servirse de los instrumentos legalmente disponibles para rebatir la decisión del prestador (sistemas internos de gestión de reclamaciones, resolución extrajudicial de litigios y recurso judicial).

Por lo demás, la precitada declaración de motivos no aplicará a las órdenes de actuación contra contenidos ilícitos (artículo 17.5 RSD). Entendemos que esta exclusión debe interpretarse en el sentido de que, cuando el prestador deba adoptar una medida frente a un contenido ilícito así puesto de manifiesto por una autoridad, judicial o administrativa, no deberá proporcionar al destinatario afectado por la restricción una declaración de motivos clara y específica de la decisión adoptada; en cambio, sí deberá informar a la autoridad que haya dictado la orden, o a cualquier otra autoridad especificada en la orden, de cualquier curso dado a la misma y, de ser así, cuándo. De interpretarse esta exclusión en el sentido indicado, desconocemos el motivo por el que se produce, sobre todo si partimos del hecho de que la decisión adoptada por el prestador puede venir motivada por la detección de contenidos ilícitos y estos contenidos ilícitos pueden haber sido comunicados por la precitada orden. En otras palabras, el artículo 17.3.d) RSD obligaría al prestador, cuando la decisión se refiera a contenidos presuntamente ilícitos, a incluir en la declaración de motivos información sobre el fundamento jurídico utilizado y sobre el motivo por el que la información se considera contenido ilícito conforme a tal fundamento, excepto si el contenido ilícito le ha sido comunicado merced a una orden dictada por una autoridad judicial o administrativa. En nuestra opinión, también en este último supuesto, se debería proporcionar al destinatario afectado información sobre dicho fundamento y motivo, información que, por otro lado, guardaría una especial relación con el, ya conocido, artículo 9.2.a) RSD, que, en sus letras i) e ii), exige a las autoridades judiciales a incluir, en la orden de actuación contra contenidos ilícitos, «una referencia al fundamento jurídico en Derecho de la Unión o nacional de la orden» y «una motivación en la que se explique por qué la información es un contenido ilícito, haciendo referencia a una o varias disposiciones específicas del Derecho de la Unión o nacional en cumplimiento del Derecho de la Unión», respectivamente; comoquiera que sea, lo cierto es que la labor crítica de la plataforma en este caso sería prácticamente inexistente, circunscribiéndose a informar al destinatario de la decisión y de los argumentados adoptados por la mencionada autoridad, por lo que la decisión se limitaría a aplicar la voluntad de tal autoridad, primero, y a comunicarla al afectado, después.

Cabe también la posibilidad de que la ilicitud o ilegalidad del contenido que el prestador intermediador llegue a advertir pueda revestir una mayor entidad. Nos referimos al **caso en el que se intuya o confirme que el contenido intermediado por la plataforma, además de ilegal, es delictivo**.

Al respecto, el artículo 18 del Reglamento de Servicios Digitales obliga al prestador de alojamiento de datos a comunicar de inmediato a las autoridades policiales o judiciales del Estado miembro afectado (que será aquel país comunitario —o aquellos— en el que se sospeche que se ha cometido, se está cometiendo o es probable que se cometa el delito; aquel en el que resida o se encuentre el presunto delincuente, o aquel en el que resida o se encuentre la víctima del presunto delito, debiendo el prestador, cuando no pueda determinar con una seguridad razonable cuál es dicho Estado miembro afectado, bien informar a las autoridades policiales del Estado miembro en que esté establecido o en el que su representante legal resida o esté establecido, bien informar a Europol, bien ambas cosas). Para ello, deberá aportar toda la información de que disponga, cualquier información de la que tenga conocimiento y que le haga sospechar «[...] que se ha cometido, se está cometiendo o es probable que se cometa un delito que implique una amenaza para la vida o la seguridad de una o más personas».

De cuanto se ha indicado, podemos extraer dos conclusiones básicas y fundamentales:

De un lado, se trata, esta, de una comunicación de una **sospecha por hechos delictivos que, en el pasado, en el presente o en el futuro, se están produciendo o pueden llegar a producirse y que suponen una amenaza para la vida o la seguridad de una o varias personas**. En consecuencia, si el hecho no es delictivo, aunque suponga una amenaza para la vida o la seguridad de una o más personas, o es delictivo, pero no se traduce en la citada amenaza, no será obligatorio comunicarlo.

De otro lado, la ilegalidad en que se traduce el hecho delictivo ha podido llegar a conocimiento del prestador por dos de las tres vías mencionadas a lo largo del texto: bien como consecuencia de una investigación voluntaria, bien como resultado de la notificación realizada por un tercero. No es posible, por tanto, advertir la comisión de un delito por una orden dictada por una autoridad judicial o administrativa, toda vez que, atendiendo a cuanto indica el mencionado precepto, será el prestador quien comunique a la citada autoridad, y no al contrario, la existencia del contenido real o potencialmente ilícito. Es más, la orden dictada al amparo del artículo 9 RSD se realiza sobre contenidos cuya ilicitud ya ha sido constatada por quien tiene autoridad para hacerlo, mientras que la comunicación efectuada al amparo del artículo 18 del mismo Reglamento se sustenta en sospechas que requieren de una constatación posterior por el órgano competente.

3. Obligaciones de actuación aplicables a las plataformas de servicios de redes sociales en línea en cuanto prestadores de plataformas en línea

Anunciadas, en líneas anteriores, las dudas en torno a su ubicación y, por ende, a su aplicabilidad únicamente a los prestadores de plataformas en línea, hemos de aludir a la obligación que el artículo 20 RSD les impone de facilitar «[...] a los destinatarios del servicio, en particular a las personas físicas o entidades que hayan presentado una notificación, durante un período mínimo de seis meses a partir de la decisión a que se refiere el presente apartado, acceso a un sistema interno eficaz de gestión de reclamaciones, que les permita presentar las reclamaciones por vía electrónica y de forma gratuita, contra la decisión tomada por el prestador de la plataforma en línea cuando reciban una notificación o contra las siguientes decisiones adoptadas por el prestador de la plataforma en línea sobre la base de que la información proporcionada por los destinatarios del servicio constituye un contenido ilícito o incompatible con sus condiciones generales:

a) las decisiones de si retirar la información o bloquear el acceso a esta o restringir su visibilidad, o de no hacerlo;

b) las decisiones de si suspender o cesar la prestación del servicio, en todo o en parte, a los destinatarios, o de no hacerlo;

c) las decisiones de si suspender o suprimir la cuenta de los destinatarios, o de no hacerlo;

d) las decisiones de si suspender, cesar o restringir de algún otro modo la capacidad de monetizar la información proporcionada por los destinatarios, o de no hacerlo».

En definitiva, adoptada una de las medidas a disposición del prestador respecto de cualquier contenido que resulte ilícito o contrario a sus condiciones generales y que haya podido advertir gracias a investigaciones voluntarias llevadas a cabo por su propia iniciativa, tras las notificaciones realizadas por terceros o merced a una orden dictada por las autoridades nacionales pertinentes, dicho prestador debe conceder a los afectados acceso a un **sistema interno eficaz de gestión de reclamaciones**. Este sistema deberá ser de fácil acceso y manejo, para que, de forma electrónica y gratuita, pero suficientemente precisa y adecuadamente fundamentada, manifiesten su disconformidad contra la decisión implementada.

El plazo mínimo para poder efectuar estas reclamaciones será de seis meses, siendo el "*dies a quo*" el día en que se informe de la decisión, ya sea a la persona física o entidad que notifique la presencia de elementos de información concretos que considere contenidos ilícitos (artículo 16.5 RSD) o, de ser distinto, al destinatario del contenido afectado (artículo 17 RSD). De este modo, se puede advertir que el artículo 20 del Reglamento no permite la presentación de reclamaciones a quienes se vean afectados por una medida que el prestador haya adoptado en respuesta a una orden de actuación contra uno o varios elementos concretos de contenido ilícito dictada por una autoridad judicial o administrativa nacional.

A partir de ese momento, es decir, una vez presentada la reclamación, la plataforma deberá gestionarla en tiempo oportuno (que no se explicita, aunque deberá ser rápida —considerando 58 RSD—) y de manera justa, no discriminatoria, diligente y no arbitraria. Esta diligencia pasa, entre otras cosas, por revertir la medida adoptada si, en la reclamación efectuada, existen motivos suficientes para considerar: bien que dicha medida es infundada; bien que la información afectada no es ilícita ni incompatible con sus condiciones generales, bien que la conducta del reclamante no justifica la citada medida.

La respuesta dada por el prestador a la reclamación, suficientemente motivada, deberá ser comunicada a quien la haya presentado, informándole de la posibilidad que le asiste de servirse de la **resolución extrajudicial de litigios** o de las vías de recurso de que disponga ante un órgano jurisdiccional, de conformidad con el Derecho aplicable. En cualquier caso, para la adopción de esta respuesta, la plataforma deberá contar con la supervisión de personal adecuadamente cualificado, no pudiendo adoptarla bajo el empleo exclusivo de medios automatizados.

Esta vía de la resolución extrajudicial de litigios aparece contemplada en el precepto siguiente (artículo 21 RSD), que [entendiéndose sin perjuicio de la Directiva 2013/11/UE del Parlamento Europeo de 21 de mayo de 2013 relativa a la resolución alternativa de litigios en materia de consumo), de un lado, y de los procedimientos y entidades de resolución alternativa de litigios para los consumidores, establecidos en virtud de aquella Directiva, de otro] reconoce el derecho a los notificantes de contenido ilícito y a los destinatarios afectados por las decisiones de los prestadores de plataformas en línea a elegir un órgano de resolución extrajudicial de litigios certificado «[...] para resolver litigios relativos a esas decisiones, incluidas las reclamaciones que no se hayan resuelto a través del sistema interno de tramitación de reclamaciones». Al respecto, la plataforma deberá asegurarse de que la información sobre la posibilidad de ejercer este derecho sea fácilmente accesible en su interfaz en línea, clara y sencilla.

A partir de ese momento, habrá dos partes (la plataforma y el afectado) sometidas al órgano de resolución extrajudicial de litigios certificado que haya sido seleccionado para resolver (bien es cierto, de manera no vinculante) el litigio, con el que deberán colaborar de buena fe y que comunicará sus honorarios antes de iniciar la resolución del litigio. Ahora bien, la plataforma podrá negarse a esta colaboración si ya se ha resuelto previamente un litigio relativo a la misma información y los mismos motivos de supuesta ilegalidad o incompatibilidad de los contenidos.

El litigio puede generar dos posibles resultados: a) una resolución en favor del afectado, en cuyo caso el prestador tendrá la obligación de sufragar todos los honorarios que cobre el citado órgano (que deberán ser razonables y, en ningún caso, superiores a los costes en que haya incurrido), amén de reembolsar a la otra parte los demás gastos razonables que haya abonado (o, se entiende, deba abonar) en relación con la disputa, y b) una resolución en favor de la plataforma, en cuyo caso el afectado no estará obligado a reembolsar los honorarios (ya que, para ellos, como regla general, la resolución de litigios será gratuita o estará a su disposición a un coste mínimo) u otros gastos que el prestador haya abonado (o, en este caso se indica específicamente, deba abonar) en relación con la disputa, a menos que el órgano de resolución extrajudicial de litigios determine que actuó manifiestamente de mala fe.

Cualquiera de estos dos posibles resultados en que se traduzca la decisión adoptada por el órgano de resolución extrajudicial de litigios se pondrá a disposición de las partes en un plazo razonable y, a más tardar, dentro de los 90 días naturales después de la recepción de la reclamación. Si el litigio a resolver reviste una gran complejidad, el órgano podrá, discrecionalmente, ampliar el plazo inicial anterior por un plazo adicional que, en cualquier caso, no excederá de 90 días adicionales, de modo que, en este caso, la duración total máxima no podrá ser superior a 180 días.

Por lo demás, como se ha dicho, es requisito necesario para la elección de un órgano de resolución extrajudicial de litigios su previa **certificación**. Esta certificación corresponderá al coordinador de servicios digitales del Estado miembro en el que esté establecido el citado órgano, siempre que este lo solicite y cumpla las siguientes condiciones:

a) Imparcialidad e independencia (incluida financiera) respecto de las partes litigantes.

b) Cualificación, donde deberá acreditar que posee los conocimientos necesarios en relación con las cuestiones planteadas en uno o varios ámbitos específicos de los contenidos ilícitos, o en relación con la aplicación y ejecución de las condiciones generales de uno o varios tipos de plataformas en línea, para poder contribuir de manera eficaz a la resolución de un litigio.

c) Remuneración, habiendo de demostrar que sus miembros integrantes son remunerados de una forma que no está vinculada al resultado del procedimiento.

d) Accesibilidad, debiendo justificar que el mecanismo de resolución extrajudicial de litigios que ofrece es fácilmente accesible a través de tecnologías de comunicación electrónicas y ofrece la posibilidad de iniciar la resolución del litigio y de presentar en línea la documentación justificativa necesaria.

e) Agilidad, siendo capaz de resolver litigios de manera rápida, eficiente y eficaz en términos de costes y en, al menos, una lengua oficial de las instituciones de la Unión Europea.

f) Procedimiento, justificando que la resolución extrajudicial del litigio que ofrece se lleva a cabo con arreglo a unas normas de procedimiento claras y justas que sean fácilmente accesibles al público y conformes al Derecho aplicable.

La certificación se otorgará, en su caso, por un período máximo de cinco años, que será, no obstante, susceptible de renovación tantas veces como se solicite y siempre que se sigan cumplimiento los requisitos legalmente establecidos. De concederse, el coordinador de servicios digitales hará constar en el certificado así expedido las siguientes especificaciones: las cuestiones concretas a que se refieren los conocimientos del órgano, como se indica en la letra b) anterior, y la lengua o lenguas oficiales de las instituciones de la Unión Europea en las que el órgano es capaz de resolver litigios, como se indica en la letra e) anterior.

Además de conceder la certificación, el coordinador de servicios digitales también podrá **revocarla** si determina, a raíz de una investigación realizada por iniciativa propia o basada en información recibida por terceros, que el órgano de resolución extrajudicial de litigios de que se trate ya no cumple las condiciones que, supra enumeradas, permitieron acceder en su momento a la petición de certificación. Ahora bien, antes de adoptar esta decisión de revocación, el mencionado coordinador dará al citado órgano una oportunidad para responder a las conclusiones de su investigación y a su intención de efectuar dicha revocación.

Las concesiones de los órganos de resolución extrajudicial de litigios (acompañadas de sus correspondientes especificaciones), al igual que las revocaciones, serán notificadas por el coordinador de servicios digitales a la Comisión. Recibida la información, la Comisión publicará un listado informativo en un sitio web destinado a tal fin y de fácil acceso, manteniéndolo periódicamente actualizado.

Por lo que respecta a los Estados miembros y a su participación en este proceso, podrán encargarse de establecer órganos de resolución extrajudicial de litigios o colaborar en las actividades de todos o algunos de los órganos de resolución extrajudicial de litigios que hayan certificado. Además, velarán por que ninguna de las actividades anteriores afecte a la capacidad de sus coordinadores de servicios digitales para certificar a los órganos de que se trate.

Para concluir, hemos de aludir a los perniciosos efectos que la reiteración inadecuada de contenidos ilícitos o de notificaciones o reclamaciones puede provocar en quienes incurren en estos comportamientos abusivos. Nos hacemos eco de lo dispuesto por el artículo 23 del Reglamento de Servicios Digitales, que incide en la **suspensión** como posible medida a adoptar por el prestador ante dos eventuales escenarios bien diferenciados:

Uno, en el que la plataforma en línea suspende, durante un período razonable y después de haber realizado una advertencia previa, la prestación de sus servicios **a los destinatarios que proporcionen con frecuencia contenidos manifiestamente ilícitos**. No se incluye, en este caso, la suspensión como medida obligatoria cuando los contenidos vertidos en la plataforma sean contrarios a las condiciones generales del prestador, si bien el considerando 64 del Reglamento dispone que ello no debe impedir «[...] a los prestadores de plataformas en línea adoptar otras medidas para combatir la publicación de contenidos ilícitos por los destinatarios de su servicio u otros usos indebidos de sus servicios, incluidos los que impliquen la infracción de sus condiciones generales, de conformidad con el Derecho de la Unión y nacional aplicable. Dichas normas han de entenderse sin perjuicio de las posibilidades de exigir responsabilidades a las personas que efectúen el uso indebido, incluso por daños y perjuicios, que estén establecidas en el Derecho de la Unión y nacional aplicable».

Dos, en el que la plataforma en línea suspende, durante un período razonable y después de haber realizado una advertencia previa, el tratamiento de notificaciones y reclamaciones enviadas a través de los mecanismos de notificación y acción (artículo 16 RSD) y los sistemas internos de gestión de reclamaciones (artículo 20 RSD), respectivamente, **por personas físicas o entidades o por reclamantes que envíen con frecuencia notificaciones o reclamaciones que sean manifiestamente infundadas**.

En ninguno de los casos se establece un período, ni mínimo ni máximo, de duración de la suspensión. *Sensu contrario*, en ambos casos, se requiere, como paso previo a la suspensión, la concurrencia de una declaración de motivos (artículo 17 RSD) y de una advertencia por parte de la plataforma, advertencia que deberá incluir los motivos de la posible suspensión y las vías de recurso contra la decisión (considerando 64 RSD).

Comoquiera que sea, la clave para adoptar esta relevante decisión residirá en determinar qué actuaciones se encuadran o incluyen dentro de esta reiteración de usos indebidos por parte de los afectados. Al respecto, el Reglamento señala las **circunstancias que, como mínimo, deberán ser tenidas en consideración para que la plataforma pueda adoptar la mencionada suspensión**:

a) las cifras absolutas de elementos de contenido manifiestamente ilícitos o notificaciones o reclamaciones manifiestamente infundadas que se hayan enviado en un plazo determinado (que no se especifica);

b) su proporción relativa en relación con la cifra total de elementos de información proporcionados o de notificaciones enviadas en un plazo determinado (que, de nuevo, no se especifica);

c) la gravedad de los usos indebidos, en particular la naturaleza del contenido ilícito, y de sus consecuencias, y

d) cuando sea posible determinarla, la intención del destinatario del servicio, la persona física, la entidad o el reclamante que incurre en la reiteración objeto de la suspensión.

Estas circunstancias tendrán que ser evaluadas por la plataforma, caso por caso, en tiempo oportuno y de manera diligente y objetiva, teniendo en cuenta toda la información de que disponga. Además, se exige a esta que exponga en sus condiciones generales, de manera clara y suficientemente detallada, su política respecto de los usos indebidos que pueden llegar a producirse en cada uno de los dos escenarios mencionados, y que facilite ejemplos de los hechos y circunstancias a considerar para evaluar si un determinado comportamiento constituye un uso indebido y la duración de la suspensión. En definitiva, recaerá en el prestador la obligación de concretar esta suspensión, algo que se antoja incomprensible (ya que debería ser la norma la que, a nuestro juicio, tendría que concretar el tiempo, mínimo y máximo, de duración de la medida), como también lo es el hecho de que se obligue a reflejar en las condiciones generales la política respecto de los usos indebidos cuando, atendiendo al primero de los dos posibles escenarios, sólo la ilicitud de la información vertida, y no su incompatibilidad con tales condiciones generales, puede determinar la decisión de suspensión a adoptar por la plataforma.

En cualquier caso, parece claro que el derecho de los afectados a acudir al sistema interno de gestión de reclamaciones del artículo 20 RSD y a la resolución extrajudicial de litigios del artículo 21 RSD, en los términos arriba descritos, también contempla las posibles suspensiones que se puedan llegar a adoptarse con base en este artículo 23 del Reglamento, por no mencionar la vía de recurso (única que, se desconoce el motivo, deberá mencionarse en la advertencia previa del prestador que adopte la decisión de suspensión) contra las decisiones adoptadas en este sentido por los prestadores de plataformas en línea y que deberán estar sujetas a la supervisión del coordinador de servicios digitales competente. Y, ello, si partimos de la constatación de que este último precepto no es sino una posible manifestación del elenco de decisiones a adoptar por el prestador de la plataforma en línea, decisiones, todas ellas, susceptibles, como ya sabemos, de tales reclamaciones y vías de resolución extrajudicial.

Más allá de lo anterior, y para concluir, conviene aludir también a la obligación que el artículo 24.5 RSD impone a los prestadores de plataformas en línea de presentar a la Comisión, sin dilación indebida y sin que contengan dato personal alguno, las decisiones y las declaraciones de motivos a que se refiere el artículo 17.1 RSD para incluirlas en una base de datos de acceso público, legible por máquina y por ella gestionada.

4. *Obligaciones de actuación aplicables a las plataformas de servicios de redes sociales en línea en cuanto prestadores de plataformas en línea de muy gran tamaño*

Siguiendo la clasificación escalonada y progresiva de obligaciones impuestas a prestadores que asumen diversas categorías jurídicas, hemos de finalizar con las previstas para aquellos que, además de prestadores de servicios de alojamiento de datos y de servicios de plataformas en línea, ostentan un promedio mensual de destinatarios del servicio activos en la Unión Europea tal que les hace merecer, también, la condición de prestadores de plataformas en línea de muy gran tamaño. Entre estas obligaciones, destaca la prevista en el artículo 35 RSD, íntimamente relacionado con el, ya analizado, artículo 34 del mismo Reglamento.

De acuerdo con este artículo 35 RSD, los prestadores de plataformas en línea de muy gran tamaño deberán aplicar **medidas de reducción de riesgos razonables**, proporcionadas y efectivas, adaptadas a los riesgos sistémicos específicos detectados de conformidad con el precepto inmediatamente anterior, teniendo especialmente en cuenta las consecuencias de dichas medidas sobre los derechos fundamentales. De entre las medidas generales que, atendiendo al contexto y a cada supuesto específico, resultarían posibles y aplicables, el apartado primero del artículo 35 RSD incluye, a modo de elenco *numerus apertus* (susceptible, pues, de ampliación con otras de similar o igual naturaleza), las siguientes:

a) la adaptación del diseño, las características o el funcionamiento de sus servicios de plataforma, incluidas sus interfaces en línea;

b) la adaptación de sus condiciones generales y su ejecución;

c) la adaptación de los procesos de moderación de contenidos, incluida la velocidad y la calidad del tratamiento de las notificaciones relacionadas con tipos específicos de contenidos ilícitos y, en su caso, la rápida retirada de los contenidos notificados, o el bloqueo del acceso a ellos, en particular en el caso de la incitación ilegal al odio o la ciberviolencia, así como la adaptación de los procesos de toma de decisiones pertinentes y los recursos específicos para la moderación de contenidos;

d) la realización de pruebas y la adaptación de sus sistemas algorítmicos, incluidos sus sistemas de recomendación;

e) la adaptación de sus sistemas publicitarios y la adopción de medidas específicas dirigidas a limitar o ajustar la presentación de anuncios publicitarios en asociación con el servicio que prestan;

f) el refuerzo de los procesos internos, los recursos, la realización de pruebas, la documentación o la supervisión de cualquiera de sus actividades, en particular en lo que respecta a la detección de riesgos sistémicos;

g) la puesta en marcha o el ajuste de la cooperación con los alertadores fiables (de conformidad con el artículo 22 RSD) y la ejecución de las decisiones de los órganos de resolución extrajudicial de litigios (en virtud del artículo 21 RSD);

h) la puesta en marcha o el ajuste de la cooperación con otros prestadores de plataformas en línea mediante los códigos de conducta y los protocolos de crisis a que se refieren, respectivamente, los artículos 45 y 48, ambos del Reglamento de Servicios Digitales;

i) la adopción de medidas de concienciación y la adaptación de su interfaz en línea con el fin de proporcionar más información a los destinatarios del servicio;

j) la adopción de medidas específicas para proteger los derechos de los menores, incluidas herramientas de comprobación de la edad y de control parental o herramientas destinadas a ayudar a los menores a señalar abusos u obtener ayuda, según corresponda, o

k) garantizar que un elemento de información (ya se trate de imagen, audio o vídeo) generado o manipulado que se asemeja notablemente a personas, objetos, lugares u otras entidades o sucesos existentes y que puede inducir erróneamente a una persona a pensar que son auténticos o verídicos se distinga mediante indicaciones destacadas cuando se presente en sus interfaces en línea y, además, proporcionar una funcionalidad fácil de utilizar que permita a los destinatarios del servicio señalar dicha información.

Relacionada con la letra e) anterior está la obligación que, en materia de publicidad en línea, se impone a los prestadores de plataformas en línea de muy gran tamaño (artículo 39.3 RSD). Partamos de que esta obligación es complementaria de la que, **para todos los prestadores de plataformas en línea**, exige que, **cuando presenten anuncios publicitarios** en sus interfaces en línea (que no podrán basarse en la elaboración de perfiles de los destinatarios utilizando las categorías especiales a que se refieren los artículos 9 RGPD y 9 LOPDGDD), se aseguren de que, por cada anuncio publicitario concreto presentado a cada destinatario específico, estos sean capaces de identificar, de manera clara, concisa e inequívoca y en tiempo real, lo siguiente (artículo 26.1 RSD):

a) que la información es un anuncio publicitario, en particular mediante indicaciones destacadas;

b) la persona, física o jurídica, en cuyo nombre se presenta el anuncio publicitario;

c) si difiere de la anterior, la persona, física o jurídica, que ha pagado por el anuncio publicitario, e

d) información significativa accesible, directa y fácilmente, desde el anuncio acerca de los principales parámetros utilizados para determinar el destinatario a quien se presenta el anuncio publicitario y, en su caso, acerca de cómo cambiar esos parámetros.

Pues bien, el artículo 39 RSD añade que, cuando se trate de prestadores de plataformas en línea de muy gran tamaño que, además, presenten anuncios publicitarios en sus interfaces en línea (constatado que los sistemas publicitarios utilizados por estas plataformas entrañan especiales riesgos y requieren supervisión pública y reguladora adicional debido a su escala y capacidad para dirigirse y llegar a los destinatarios del servicio en función de su comportamiento dentro y fuera de la interfaz en línea de dicha plataforma —considerando 95 del Reglamento de Servicios Digitales—), deberán recopilar y hacer público, (1) en una sección específica de dicha interfaz, (2) a través de una herramienta de búsqueda fiable que permita realizar consultas en función de múltiples criterios y (3) mediante interfaces de programación de aplicaciones, un **repositorio** que, no conteniendo ningún dato personal de los destinatarios del servicio a quienes se haya o se pueda haber presentado el anuncio, contenga, cuando menos, la siguiente información (información que, habiendo de procurar que sea exacta y completa, deberá mantenerse durante todo el tiempo en el que presente un anuncio y hasta un año después de la última vez que este se presente en sus interfaces en línea):

a) el contenido del anuncio publicitario, incluidos el nombre del producto, servicio o marca y el objeto del anuncio;

b) la persona, física o jurídica, en cuyo nombre se presenta el anuncio publicitario;

c) si difiere de la anterior, la persona, física o jurídica, que ha pagado por el anuncio publicitario;

d) el período durante el que se haya presentado el anuncio;

e) si el anuncio estaba destinado a presentarse, en particular, a uno o varios grupos concretos de destinatarios del servicio y, en tal caso, los parámetros principales utilizados para tal fin, incluidos, en su caso, los principales parámetros utilizados para excluir a uno o más de esos grupos concretos;

f) las comunicaciones comerciales publicadas en las plataformas en línea de muy gran tamaño, identificadas con arreglo a la funcionalidad que, como prestadores de plataformas en línea, deberán ofrecer a los destinatarios del servicio para que puedan declarar si el contenido que proporcionan es una comunicación comercial o contiene comunicaciones comerciales, debiendo el prestador asegurarse de que los demás destinatarios puedan identificarlo como tal, de manera clara e inequívoca y en tiempo real (artículo 26.2 RSD), y

g) el número total de destinatarios del servicio alcanzados y, en su caso, el número total desglosado por Estado miembro para el grupo o grupos de destinatarios a quienes el anuncio estuviera específicamente dirigido.

En lo que aquí interesa, cuando el prestador de plataforma en línea de muy gran tamaño afectado por esta obligación de información haya retirado o bloqueado el acceso a un anuncio específico sobre la base de una supuesta ilegalidad o incompatibilidad con sus condiciones generales, el repositorio no incluirá la información a que se refieren las letras a) a c) anteriores. En su lugar, el repositorio incluirá, para el anuncio específico de que se trate y según corresponda, toda la información que, ya descrita, debe contener la declaración de motivos (a excepción de la última, sobre las vías de recurso disponibles) o, si la decisión proviene de una orden dictada por una autoridad judicial o administrativa, referencia al fundamento jurídico en el Derecho de la Unión o nacional de la orden.

V. OTRAS OBLIGACIONES

Junto a la labor propia de detección, identificación y actuación contra contenidos ilícitos o contra información incompatible con sus condiciones generales a que venimos haciendo pormenorizada alusión a lo largo del presente capítulo, quienes presten servicios de redes sociales en línea (en su condición de, por este orden, prestadores de servicios intermediarios, de alojamiento de datos y de plataforma en línea que, en buena parte de los casos, son de muy gran tamaño) asumen otras tantas obligaciones de muy diversa naturaleza. Veamos cuáles son las más relevantes.

1. Protección de los destinatarios

A fin de proteger a los destinatarios del servicio de plataforma en línea, se impone a su prestador (artículo 25 RSD) la obligación de no diseñar, organizar ni gestionar sus **interfaces en línea** de manera que, bien provoque en aquellos engaño o manipulación, bien distorsione u obstaculice sustancialmente de otro modo la capacidad que tienen de tomar decisiones libres e informadas. Estas medidas sobre interfaces engañosas deben interpretarse en el sentido de que se aplican a las prácticas prohibidas que entran en el ámbito de aplicación del Reglamento de Servicios Digitales en la medida en que no estén ya cubiertas por el RGPD o por la Directiva 2005/29/CE del Parlamento Europeo y del Consejo de 11 de mayo de 2005 relativa a las prácticas comerciales desleales de las empresas en sus relaciones con los consumidores en el mercado interior, que modifica la Directiva 84/450/CEE del Consejo, las Directivas 97/7/CE, 98/27/CE y 2002/65/CE del Parlamento Europeo y del Consejo y el Reglamento (CE) n o 2006/2004 del Parlamento Europeo y del Consejo (Directiva sobre las prácticas comerciales desleales —DOUE L 149/22, de 11 de junio de 2005—).

Para procurar un más eficaz cumplimiento de lo anterior, la Comisión podrá publicar directrices sobre cómo esta medida se aplica a prácticas específicas, en particular, a aquellas que:

a) dan más protagonismo a determinadas opciones al pedir al destinatario que tome una decisión;

b) solicitan de manera reiterada que el destinatario elija una opción cuando ya se haya hecho esa elección, especialmente a través de la presentación de ventanas emergentes que interfieran en la experiencia del usuario, o

c) hacen que el procedimiento para poner fin a un servicio sea más difícil que suscribirse a él.

En aras de conseguir esta protección de los destinatarios del servicio, el RMD contempla también dos medidas que, en este caso, articulan la prohibición de ventas vinculadas de servicios básicos de plataforma, como es el servicio de redes sociales en línea. Así, se prohíbe al guardián de acceso exigir «[...] a los usuarios finales que utilicen un servicio de identificación, un motor de navegación web o un servicio de pago o servicios técnicos de ese guardián de acceso que permitan la prestación de servicios de pago, como los sistemas de pago para realizar compras integradas en una aplicación de dicho guardián de acceso, en el marco de los servicios prestados por los usuarios profesionales que utilicen los servicios básicos de plataforma de dicho guardián de acceso; y, en el caso de los usuarios profesionales, el guardián de acceso no les exigirá que utilicen y ofrezcan estos servicios ni que interoperen con ellos» [artículo 5.7 RMD]. Junto a ello, y más allá de los servicios complementarios o instrumentales anteriores, se restringe la posibilidad de la plataforma de obligar «[...] a los usuarios profesionales o a los usuarios finales que se suscriban o registren en cualquier servicio básico de plataforma adicional enumerado en la decisión de designación con arreglo al artículo 3, apartado 9, o que cumpla los umbrales establecidos en el artículo 3, apartado 2, letra b), como condición para poder utilizar cualquiera de los servicios básicos de plataforma de ese guardián de acceso enumerados con arreglo a ese artículo, así como acceder a ellos, inscribirse o registrarse en ellos» [artículo 5.8 RMD]. Estas dos medidas afectan a la equidad de las relaciones de las grandes plataformas digitales con los sujetos intermediados y ambas resultan extensibles tanto a usuarios profesionales como a usuarios finales; con ellas, se persigue reducir la posibilidad de que el poder acumulado por el *gatekeeper* en un determinado mercado pueda extenderse a otros, impidiendo que este exija, para el disfrute de determinados servicios, el empleo de otros conexos. Tengamos presente que muchos de los guardianes de acceso prestan, a la vez, varios servicios, tanto más, varios servicios básicos de plataforma (por ejemplo, en el caso que nos ocupa, *Meta* controla las redes sociales *Facebook* e *Instagram* y, al mismo tiempo, el servicio de intermediación en línea *Meta Marketplace*, los servicios de comunicaciones interpersonales independientes de la numeración *WhatsApp* y *Messenger* o el, homónimo, servicio de publicidad en línea *Meta*), incrementando, de no prohibir la precitada vinculación, el riesgo de concentrar aún más cuota de mercado.

Si, además, estamos en presencia de usuarios que son **menores de edad**, estos mismos prestadores de plataformas en línea deberán establecer medidas adecuadas y proporcionadas para garantizar un elevado nivel de privacidad, seguridad y protección de estos menores en su servicio (artículo 28 RSD). Esto exige, en concreto, no presentar anuncios en su interfaz basados en la elaboración de perfiles mediante la utilización de datos personales del usuario cuando el prestador sea consciente, con una seguridad razonable, de que el destinatario es un menor. La elaboración de perfiles aparece definida en el artículo 4.4) RGPD como toda forma de tratamiento automatizado de datos personales consistente en utilizarlos «[...] para evaluar determinados aspectos personales de una persona física, en particular para analizar o predecir aspectos relativos al rendimiento profesional, situación económica, salud, preferencias personales, intereses, fiabilidad, comportamiento, ubicación o movimientos de dicha persona física»; esto guarda íntima relación con lo previsto en el artículo 22 RGPD, que regula el derecho del interesado (destinatario, en este caso, del servicio de plataforma en línea) a no ser objeto de una decisión basada únicamente en el tratamiento automatizado, incluida la elaboración de perfiles, que produzca efectos jurídicos en él o le afecte significativamente de modo similar.

No obstante lo anterior, el cumplimiento de esta obligación no podrá implicar que el prestador (que, en materia de protección de datos personales, asume la condición de responsable del tratamiento, puesto que es quien determina los fines y medios del tratamiento de tales datos —número séptimo del artículo 4 RGPD—) recabe datos personales adicionales a fin de evaluar si el destinatario del servicio es un menor. Sólo así podremos cohonestar esta medida con lo dispuesto en el artículo 11 RGPD, que establece lo siguiente:

> «1. Si los fines para los cuales un responsable trata datos personales no requieren o ya no requieren la identificación de un interesado por el responsable, este no estará obligado a mantener, obtener o tratar información adicional con vistas a identificar al interesado con la única finalidad de cumplir el presente Reglamento.
>
> 2. Cuando, en los casos a que se refiere el apartado 1 del presente artículo, el responsable sea capaz de demostrar que no está en condiciones de identificar al interesado, le informará en consecuencia, de ser posible. En tales casos no se aplicarán los artículos 15 a 20, excepto cuando el interesado, a efectos del ejercicio de sus derechos en virtud de dichos artículos, facilite información adicional que permita su identificación».

2. *Mecanismo de respuesta a las crisis*

El artículo 36 RSD introduce determinadas obligaciones a adoptar por prestadores de plataformas en línea de muy gran tamaño ante eventuales **episodios de crisis**. A estos efectos, debemos entender que una crisis tiene lugar «[...] cuando se producen circunstancias extraordinarias que pueden dar lugar a una amenaza grave para la seguridad pública o la salud pública en la Unión o en partes significativas de la Unión. Estas crisis podrían derivarse de conflictos armados o actos de terrorismo, incluidos los conflictos o actos de terrorismo emergentes, las catástrofes naturales como terremotos y huracanes, así como las pandemias y otras amenazas transfronterizas graves para la salud pública» (considerando 91 RSD).

En este contexto, la Comisión, previa recomendación de la Junta Europea de Servicios Digitales, podrá adoptar una decisión por la que se exija a uno o varios de estos prestadores que adopten una o varias de las siguientes medidas:

a) Evaluar si el funcionamiento y el uso de sus servicios contribuyen o es probable que contribuyan de forma significativa a una amenaza grave para la seguridad pública o la salud pública en la Unión Europea o en partes significativas de esta y, en caso afirmativo, en qué medida y de qué manera.

b) Determinar y aplicar medidas específicas, eficaces y proporcionadas para prevenir, eliminar o limitar cualquier contribución de este tipo a la amenaza grave detectada. Al respecto, el prestador tendrá debidamente en cuenta la gravedad de la amenaza, la urgencia de las medidas y las implicaciones, reales o potenciales, para los derechos e intereses legítimos de todas las partes afectadas, incluida la posibilidad de que tales medidas no respeten los derechos fundamentales amparados por la CDFUE. En cualquier caso, la Comisión, por su propia iniciativa o a petición del prestador afectado, podrá entablar un diálogo con este para determinar si, en vista de las circunstancias específicas que en él concurren, las medidas previstas o aplicadas son eficaces y proporcionadas para alcanzar los objetivos perseguidos.

c) Informar a la Comisión, en una fecha determinada o a intervalos periódicos especificados en la decisión: de las evaluaciones a las que se refiere la letra a) anterior; del contenido exacto; de la aplicación, y del impacto, cualitativo y cuantitativo, de las medidas específicas adoptadas con arreglo a la letra b) anterior, así como de cualquier otra cuestión relacionada con dichas evaluaciones o medidas, tal como se especifique en la mencionada decisión.

La decisión a adoptar por la Comisión deberá procurar que se respeten los siguientes requisitos:

a) Que las acciones requeridas sean estrictamente necesarias, justificadas y proporcionadas, teniendo en cuenta todo cuanto se ha indicado respecto del prestador al final de la letra b) anterior. La Comisión velará por que las medidas adoptadas por el prestador cumplan esta exigencia.

b) Que se especifique un plazo razonable en el que deban adoptarse las medidas específicas a que se refiere la letra b) anterior, teniendo en cuenta, en particular, la urgencia de dichas medidas y el tiempo necesario para prepararlas y aplicarlas.

c) Que las acciones requeridas se limiten a un período no superior a tres meses. La Comisión velará por que las medidas adoptadas por el prestador cumplan esta exigencia.

Una vez adoptada la decisión, la Comisión la notificará al prestador afectado, la hará pública e informará de ella a la Junta, invitándola a que presente sus puntos de vista al respecto y manteniéndola informada de cualquier novedad posterior que afecte a la decisión. De igual modo, la Comisión hará el seguimiento de la aplicación de las medidas específicas adoptadas, sobre la base de la información proporcionada por el prestador y de cualquier otra que resulte pertinente, teniendo en cuenta la evolución de la crisis; de este seguimiento informará periódicamente a la Junta, al menos una vez al mes. Además, si, a la vista del seguimiento realizado, la Comisión considera que las medidas no son eficaces o proporcionadas, podrá, previa consulta a la Junta, adoptar una decisión que exija al prestador que revise la determinación o la aplicación de dichas medidas.

Cabe también la posibilidad de que la Comisión, atendiendo a la evolución de la crisis y por recomendación de la Junta, estime oportuno modificar la decisión por la que se exija al prestador que adopte una medida o que revise la determinación o la aplicación de las medidas previstas o aplicadas. En ese caso, la modificación podrá traducirse en:

En primer lugar, su revocación y, cuando sea conveniente, la imposición a la plataforma de que deje de aplicar las medidas determinadas y ejecutadas, en particular cuando ya no existan motivos que las justifiquen.

En segundo lugar, la ampliación del período de tres meses de las acciones requeridas por un nuevo período máximo de otros tres meses.

En tercer lugar, tener en cuenta la experiencia adquirida al aplicar las medidas, en particular la posibilidad de que las mismas no respeten los derechos fundamentales amparados por la CDFUE.

La Comisión deberá informar anualmente al Parlamento Europeo y al Consejo tras la adopción de decisiones y, en cualquier caso, tres meses después del final de la crisis, sobre la aplicación de las medidas específicas adoptadas en virtud de dichas decisiones.

3. Obligaciones de transparencia informativa

Podríamos decir que el Reglamento de Servicios Digitales impone un **deber de información** creciente o progresivo a medida que la actividad del prestador aglutina varias de las categorías jurídicas que hemos venido analizando. En efecto, los artículos 15, 24 y 42 RSD regulan, por este orden, las obligaciones de transparencia informativa de los prestadores de servicios intermediarios, de los prestadores de servicios de alojamiento de datos, de los prestadores de plataformas en línea y de los prestadores de plataformas en línea de muy gran tamaño, si bien es cierto que el primero de ellos introduce también determinadas obligaciones para los prestadores de servicios de alojamiento de datos y para los prestadores de plataformas en línea, aspecto, este, que no deja de resultar controvertido, habida cuenta de que este precepto se ubica en la Sección 1 del Capítulo III, destinada a albergar disposiciones aplicables a todos los prestadores de servicios intermediarios.

Analicemos cada uno de ellos:

El artículo 15 RSD (aplicable siempre que no estemos en presencia de microempresas o pequeñas empresas que no sean plataformas en línea de muy gran tamaño) impone a los prestadores el deber de publicar «[…] en un formato legible por máquina y de forma fácilmente accesible, al menos una vez al año, informes claros y fácilmente comprensibles sobre cualquier actividad de moderación de contenidos que hayan realizado durante el período pertinente». Más específicamente, tales informes (que podrán responder a modelos establecidos por la Comisión por medio de actos de ejecución —que se adoptarán de conformidad con el procedimiento consultivo a que se refiere el artículo 88 RSD— que definan la forma, el contenido y otros detalles de los informes, incluidos períodos de presentación de informes armonizados) tendrán que hacer constar los siguientes aspectos:

En primer lugar, **cuando estemos en presencia de prestadores de servicios intermediarios**:

a) El número de órdenes recibidas de las autoridades de los Estados miembros (incluidas las órdenes dictadas de conformidad con los artículos 9 y 10 RSD), categorizadas según: el tipo de contenido ilícito de que se trate, el país que las haya dictado y el tiempo medio necesario para informar a la autoridad que haya dictado la orden o a cualquier otra autoridad especificada en la orden de su recepción, así como para dar curso a la orden.

b) Información significativa y comprensible sobre la actividad de moderación de contenidos realizada por iniciativa propia del prestador. Esto debe incluir el uso de herramientas automatizadas; las medidas adoptadas para proporcionar formación y asistencia a las personas encargadas de la moderación de contenidos; el número y el tipo de medidas adoptadas que afecten a la disponibilidad, a la visibilidad y a la accesibilidad de la información proporcionada por los destinatarios del servicio, así como a la capacidad que estos tienen para proporcionar información a través del servicio, y otras restricciones conexas del mismo. La información proporcionada se clasificará según: el tipo de contenido ilícito o infracción de las condiciones generales del prestador del servicio de que se trate, el método de detección y el tipo de restricción aplicado.

c) El número de reclamaciones recibidas a través de los sistemas internos de gestión de reclamaciones, de conformidad con las condiciones generales del prestador.

d) El uso de medios automatizados con fines de moderación de contenidos, incluyendo una descripción cualitativa, una especificación de los fines precisos, los indicadores de la precisión y la posible tasa de error de los medios automatizados empleados para cumplir dichos fines, así como las salvaguardias aplicadas. Aun cuando no se especifica, dada la ubicación del artículo 15 RSD, se entiende que estamos ante una obligación aplicable, únicamente, a los prestadores de servicios intermediarios.

En segundo lugar, **cuando estemos en presencia de prestadores de servicios de alojamiento de datos**, el número de notificaciones enviadas (de conformidad con el artículo 16 RSD), clasificadas según: el tipo de contenido presuntamente ilícito de que se trate, el número de notificaciones enviadas por alertadores fiables, toda actuación que se haya llevado a cabo en virtud de dichas notificaciones distinguiendo si esta se hizo conforme al Derecho o a las condiciones generales del prestador, el número de notificaciones tratadas únicamente por medios automatizados y el tiempo medio necesario para adoptar medidas. Teniendo en cuenta que los prestadores de servicios de alojamiento de datos son, también, prestadores de servicios intermediarios, entendemos que deberán incluir en sus informes, además de este punto, el previsto en primer lugar.

En tercer lugar, **cuando estemos en presencia de prestadores de plataformas en línea**, la base de las reclamaciones efectuadas (de conformidad con el artículo 20 RSD), las decisiones adoptadas en relación con dichas reclamaciones, el tiempo medio necesario para adoptar tales decisiones y el número de ocasiones en que las mismas fueron revocadas. Teniendo en cuenta que los prestadores de plataformas en línea son, también, prestadores de servicios intermediarios y prestadores de servicios de alojamiento de datos, entendemos que deberán incluir en sus informes, además de este punto, los previstos en primer y en segundo lugar.

Relacionado con esto último y por lo que respecta al artículo 24 RSD, además de cuanto ya se ha indicado respecto de este precepto dentro del epígrafe 1 del apartado III del presente trabajo, conviene aludir ahora a su apartado primero. En él, se obliga a los prestadores de plataformas en línea a incluir en los informes a que se refiere el artículo 15 RSD información sobre:

a) El número de litigios sometidos a los órganos de resolución extrajudicial de litigios (sobre la base de lo dispuesto en el artículo 21 RSD), los resultados de la resolución de los litigios y el tiempo medio necesario para completar los procedimientos de resolución de los litigios, así como el porcentaje de litigios en los que el prestador haya aplicado las decisiones del órgano.

b) El número de suspensiones impuestas (al amparo del artículo 23 RSD), distinguiendo entre suspensiones aplicadas por proporcionar contenido manifiestamente ilegal, por enviar notificaciones manifiestamente infundadas y por enviar reclamaciones manifiestamente infundadas.

Cabría preguntarse por qué las obligaciones de transparencia informativa aplicables a los prestadores de plataformas en línea se reparten en dos preceptos (el 15 y el 24, ambos del RSD), en lugar de concentrarse sólo en este último, cuyo título alude, precisamente, a las "obligaciones de transparencia informativa de los prestadores de plataformas en línea".

Por último, el artículo 42 RSD impone a aquellos **prestadores de plataformas en línea que sean de muy gran tamaño** la obligación de publicar los informes a que se refiere el artículo 15 RSD y de hacerlo (por lo que respecta al primero de esos informes) en un plazo máximo de dos meses, a contar a partir del momento en el que transcurran cuatro meses desde la notificación realizada por la Comisión al prestador de plataformas en línea de su decisión de designarlo como de muy gran tamaño; a partir de ese momento, deberán publicar los sucesivos informes, como mínimo, cada seis meses. Teniendo en cuenta que los prestadores de plataformas en línea de muy gran tamaño son, también, prestadores de servicios intermediarios, prestadores de servicios de alojamiento de datos y prestadores de plataformas en línea, entendemos que deberán incluir en sus informes toda la información antes mencionada y prevista en el artículo 15.1 RSD y, aunque no lo mencione el apartado primero del artículo 42 RSD (sí que lo hace, no obstante, el apartado segundo), la contemplada para los prestadores de plataformas en línea en el artículo 24.1 RSD.

Además de la información recogida en sendos preceptos, los prestadores de plataformas en línea de muy gran tamaño deberán incluir en sus informes (que deberán publicar en, al menos, una de las lenguas oficiales de los Estados miembros) información adicional, como es la siguiente:

a) Los recursos humanos que dedican a la moderación de contenidos con respecto al servicio ofrecido en la Unión Europea, desglosados por cada lengua oficial aplicable de los Estados miembros, en particular para el cumplimiento de las obligaciones establecidas en los artículos 16 (mecanismos de notificación y acción) y 22 (alertadores fiables), ambos del RSD, así como para el cumplimiento de las obligaciones establecidas en el artículo 20 RSD (sistema interno de gestión de reclamaciones).

b) Las cualificaciones y los conocimientos lingüísticos de las personas que llevan a cabo las actividades a las que se refiere la letra a) anterior, así como la formación y el apoyo prestado a dicho personal.

c) Los indicadores de precisión y la información conexa a que se refiere el artículo 15.1.e) RSD, desglosados por cada lengua oficial de los Estados miembros.

d) El promedio mensual de destinatarios del servicio para cada Estado miembro.

A partir del momento en el que hayan completado estos informes, los prestadores de plataformas en línea de muy gran tamaño deberán transmitir al coordinador de servicios digitales de establecimiento y a la Comisión, sin dilación indebida:

a) un informe que presente los resultados de la evaluación de riesgos (realizada en virtud del artículo 34 RSD);

b) las medidas de reducción de riesgos específicas aplicadas (en virtud del artículo 35.1 RSD);

c) el informe de auditoría dispuesto en el artículo 37.4 RSD, en los términos que veremos en el epígrafe quinto siguiente;

d) el informe de aplicación de la auditoría dispuesto en el artículo 37.6 RSD, que veremos en el epígrafe quinto siguiente, y

e) en su caso, la información sobre las consultas realizadas por el prestador en apoyo de las evaluaciones de riesgos y el diseño de las medidas de reducción de riesgos.

También deberá hacerlos públicos, como muy tarde, tres meses después de la recepción de cada informe de auditoría. Ahora bien, esto presenta una **excepción**: si el prestador considera que la publicación de esta información última pueda dar lugar a la revelación de información confidencial, suya o de los destinatarios del servicio; causar vulnerabilidades importantes para la seguridad de su servicio; menoscabar la seguridad pública, o perjudicar a los destinatarios, podrá retirar dicha información de los informes que estén a disposición del público. De proceder de este modo, el prestador transmitirá los informes completos al coordinador de servicios digitales de establecimiento y a la Comisión, acompañados de una declaración de los motivos para retirar la información de los informes que estén a disposición del público.

Junto a las obligaciones de transparencia informativa que, con carácter general, se imponen en los artículos anteriores, el artículo 27 RSD establece un deber específico de transparencia, referido al empleo de **sistemas de recomendación**. Estos sistemas son definidos por la letra s) del artículo 3 de dicho Reglamento como aquellos sistemas, total o parcialmente automatizados, utilizados por las plataformas en línea «[...] para proponer en su interfaz en línea información específica para los destinatarios del servicio o priorizar dicha información, también como consecuencia de una búsqueda iniciada por el destinatario del servicio, o que determine de otro modo el orden relativo o la relevancia de la información presentada».

Puesto que estamos ante sistemas empleados por plataformas en línea, el artículo 27 RSD resulta aplicable únicamente a sus prestadores, exigiéndoles que establezcan en sus condiciones generales, utilizando un lenguaje claro y comprensible, los parámetros principales utilizados en sus sistemas de recomendación, así como cualquier opción a disposición de los destinatarios del servicio para modificar o influir en dichos parámetros principales. Estos parámetros tendrán que explicar por qué se sugiere determinada información al destinatario del servicio e incluir, como mínimo, los criterios más significativos a la hora de determinar la información sugerida al destinatario del servicio y las razones de la importancia relativa de dichos parámetros.

Además, en el supuesto de que haya varias opciones disponibles para los sistemas de recomendación que determinen el orden relativo de información que se presente a los destinatarios, los prestadores también pondrán a su disposición una funcionalidad que les permita seleccionar y modificar en cualquier momento su opción preferida. Esta funcionalidad será accesible, de manera directa y sencilla, desde la sección específica de la interfaz de la plataforma en línea en la que se priorice la información.

Como es lógico, la obligación anterior, que se impone a los prestadores de plataformas en línea, incluiría también a los **prestadores de plataformas en línea de muy gran tamaño**. Es más, el artículo 38 RSD adiciona, para estos últimos, el deber de ofrecer, al menos, una opción para cada uno de sus sistemas de recomendación que no se base en la elaboración de perfiles, opción u opciones que deben ser directamente accesibles desde la interfaz en línea en la que se presentan las recomendaciones (considerando 94 RSD).

Siguiendo con obligaciones en cumplimiento del deber de información, en este caso al coordinador de servicios digitales de establecimiento o a la Comisión cuando lo soliciten de forma motivada y en un período razonable que especifiquen en dicha solicitud, estos mismos **prestadores de plataformas en línea de muy gran tamaño** tendrán también que (artículo 40 RSD):

En primer lugar, proporcionar acceso a los datos (a través de las interfaces adecuadas especificadas en la solicitud, incluidas bases de datos en línea o interfaces de programación de aplicaciones) que sean necesarios a los únicos fines de hacer el seguimiento del cumplimiento del Reglamento de Servicios Digitales y evaluarlo. Una vez que los solicitantes cuenten con los datos, tendrán debidamente en cuenta los derechos e intereses de tales prestadores y de los destinatarios afectados, especialmente los relativos a la protección de los datos personales; la protección de la información confidencial, en particular los secretos comerciales, y el mantenimiento de la seguridad de su servicio.

Además, cuando lo solicite motivadamente el coordinador de servicios digitales de establecimiento, este acceso se ampliará, durante un período razonable especificado en la solicitud, a investigadores autorizados que lo soliciten (al citado coordinador —quien, a su vez, informará a la Junta Europea de Servicios Digitales y a la Comisión— o al coordinador de servicios digitales del Estado miembro del organismo de investigación al que estén afiliados —quien analizará si cumplen las condiciones requeridas para la solicitud, en cuyo caso, enviará posteriormente la solicitud, junto con los documentos justificativos presentados por los investigadores y su evaluación inicial, al coordinador de servicios digitales de establecimiento—) y que cumplan los siguientes requisitos (es, precisamente, el cumplimiento de estos requisitos el que merece que obtengan la calificación de "investigadores autorizados"):

a) que estén afiliados a un organismo de investigación, que, de conformidad con el artículo 2.1) de la Directiva (UE) 2019/790 del Parlamento Europeo y del

Consejo, de 17 de abril de 2019, sobre los derechos de autor y derechos afines en el mercado único digital y por la que se modifican las Directivas 96/9/CE y 2001/29/CE (DOUE L 130/92, de 17 de mayo de 2019), comprendería «una universidad, incluidas sus bibliotecas, un instituto de investigación o cualquier otra entidad cuyo principal objetivo sea realizar investigaciones científicas o llevar a cabo actividades educativas que también impliquen realizar investigaciones científicas»;

b) que sean independientes desde el punto de vista de los intereses comerciales;

c) que revelen en la solicitud cómo se financia la investigación;

d) que estén en condiciones de satisfacer los requisitos específicos en materia de seguridad y confidencialidad de los datos correspondientes a cada solicitud y de proteger los datos personales, y que describan en su solicitud las medidas técnicas y organizativas apropiadas que hayan adoptado a tal fin (de conformidad con el artículo 32 RGPD);

e) que demuestren, en la solicitud, que su acceso a los datos y los plazos solicitados son necesarios y proporcionados para los fines de su investigación, y que los resultados esperados de dicha investigación contribuirán a los fines previstos;

f) que las actividades de investigación previstas se lleven a cabo para los fines previstos, y

g) que se comprometan a hacer públicos los resultados de su investigación de forma gratuita y en un plazo razonable tras la finalización de la investigación, teniendo en cuenta los derechos y los intereses de los destinatarios del servicio, de conformidad con el RGPD.

En este último supuesto, el tratamiento de los datos sólo podrá tener por finalidad la de realizar estudios que contribuyan: de un lado, a la detección, determinación y comprensión de los riesgos sistémicos en la Unión Europea (descritos con arreglo al artículo 34.1 RSD); de otro, a la evaluación de la idoneidad, la eficiencia y los efectos de las medidas de reducción de riesgos (en virtud del artículo 35 RSD). Además, los prestadores darán acceso sin dilación indebida a los datos, incluidos, cuando sea técnicamente posible, los datos en tiempo real, siempre que los datos sean de acceso público en su interfaz en línea, a los investigadores, incluidos los afiliados a organismos, organizaciones y asociaciones sin ánimo de lucro, que cumplan las letras b), c), d) y e) anteriores y que utilicen los datos únicamente para llevar a cabo investigaciones que contribuyan a la detección, identificación y comprensión de los riesgos sistémicos en la Unión Europea (artículo 34.1 RSD).

En cualquier caso, cabe la posibilidad de que, en el caso de acceso a los datos por investigadores, el prestador considere que **no puede atender la solicitud** porque no tenga acceso a los datos o porque, teniéndolo, considera que el acceso implicaría vulnerabilidades importantes para la seguridad de su servicio o para la protección de información confidencial, en particular secretos comerciales. En ese caso, lo comunicará, en el plazo máximo de quince días desde que reciba la solicitud, al coordinador de servicios digitales de establecimiento para que modifique su solicitud, proponiéndole uno o varios medios alternativos mediante los cuales pueda otorgarse el acceso a los datos solicitados u otros datos que sean adecuados y suficientes para la finalidad de la solicitud; a partir de ese momento, el citado coordinador analizará la solicitud de modificación en un plazo de quince días y comunicará al prestador su decisión y, en su caso, la solicitud modificada y el nuevo plazo para cumplir con la solicitud.

El coordinador de servicios digitales que haya concedido la condición de investigador autorizado y haya expedido la solicitud motivada de acceso a los datos a su favor podrá también adoptar una decisión por la que ponga fin al acceso si determina, tras una investigación por iniciativa propia o sobre la base de información recibida por parte de terceros, que el citado investigador ha dejado de cumplir los precitados requisitos; previamente, dará al investigador la oportunidad de responder a las conclusiones de su investigación y a su intención de poner fin al acceso. Si, pese a ello, adopta la decisión, informará de ella al prestador de que se trate.

Los coordinadores comunicarán a la Junta los nombres y la información de contacto de las personas físicas o entidades a las que hayan otorgado la condición de investigador autorizado, así como la finalidad de la investigación en la que se base la solicitud. También le comunicarán su decisión de poner fin al acceso a los datos.

En segundo lugar, explicar el diseño, la lógica, el funcionamiento y la realización de pruebas de sus sistemas algorítmicos, incluidos sus sistemas de recomendación.

4. Obligaciones en materia de datos

Con el propósito de reforzar la contestabilidad del mercado derivada de remover los obstáculos que reduzcan los efectos de cautividad de los consumidores, el artículo 6.9 RMD exige a los **guardianes de acceso** proporcionar «[...] a los usuarios finales y a terceros autorizados por un usuario final, a petición de estos y de forma gratuita, la portabilidad efectiva de los datos proporcionados por el usuario final o generados por la actividad del usuario final en el contexto del uso del servicio básico de plataforma pertinente, por ejemplo proporcionando instrumentos gratuitos para facilitar el ejercicio efectivo de dicha portabilidad de los datos, así como acceso continuo y en tiempo real a tales datos». Tengamos en cuenta que, a medida que el poder de interacción de estos superintermediarios avanza, también lo hace el control sobre los servicios intermediados, dilatando, con ello (en forma de círculo vicioso), el grado de dependencia de quienes se sirven de la intermediación, que, en buena parte de los casos, pierden autonomía. En definitiva, aparecen estos efectos de cautividad, a modo de obstáculos que dificultan la salida, el cambio o la multiconexión hacia otros prestadores de este tipo de servicios.

De igual modo, se les impone la obligación de abstenerse de «[...] combinar datos personales procedentes de los servicios básicos de plataforma pertinentes con datos personales procedentes de cualesquiera servicios básicos de plataforma adicionales o de cualquier otro servicio que proporcione el guardián de acceso o con datos personales procedentes de servicios de terceros; cruzar datos personales procedentes del servicio básico de plataforma pertinente con otros servicios que proporcione el guardián de acceso por separado, entre ellos otros servicios básicos de plataforma, y viceversa, e iniciar la sesión de usuarios finales en otros servicios del guardián de acceso para combinar datos personales» [artículo 5.2, letras b), c) y d), RMD]. Son, estas, tres obligaciones de la misma naturaleza que persiguen un doble objetivo: por un lado, proteger la equidad (además de la privacidad) de las relaciones entre la plataforma y los usuarios (en este caso, usuarios finales); por otro, fomentar la contestabilidad, al impedir la replicabilidad de varios servicios básicos de plataforma (prestados por un mismo *gatekeeper*—de forma principal o complementaria a otros— o por otras plataformas) mediante la obstaculización de la generación de efectos de red algorítmicos derivados de la acumulación de grandes cantidades de datos (personales y/o no personales), merced a una combinación que, ahora, resulta prohibida.

En el origen reciente de estas medidas encontramos la Decisión de la Comisión (Asunto M.8228) que, en el año 2017, impuso a *Facebook* una multa por proporcionar información incorrecta, al comunicar, en el momento de la adquisición de *WhatsApp* (año 2014), la imposibilidad de vincular los perfiles de usuarios de ambos servicios de la sociedad de la información, algo que, como se pudo comprobar después, no era cierto. Ello pone de manifiesto que, aunque estemos en presencia de servicios digitales que no son remunerados por sus usuarios, estos representan una importante actividad económica para sus prestadores, derivada, como en este caso, de los poderosos efectos de red que se pueden obtener de la combinación y posterior explotación de los datos de los interesados con fines comerciales. Por este motivo, se incluyen estas obligaciones de separación de los datos como medidas que, en la práctica, desincentivan la integración estructural, vertical u horizontal, de actividades, posibilitando, de fondo, la entrada de nuevos competidores en el mercado (considerando 36 RMD).

Pese a ello, el Reglamento de Mercados Digitales prevé la posibilidad de **neutralizar** las obligaciones anteriores si: a) tras plantear al afectado esta posibilidad, este da su consentimiento [artículo 6.1.a) RGPD], en los términos previstos por los artículos 4.11) y 7 RGPD, no pudiendo la plataforma solicitarlo más de una vez al año si la respuesta del titular de los datos a la prestación de dicho consentimiento es negativa; b) de no resultar aplicable el consentimiento como base jurídica del tratamiento, concurre alguna de las causas de legitimación previstas en el artículo 6.1 RGPD, letras c) (cumplimiento de una obligación legal aplicable al guardián de acceso, en su condición de responsable del tratamiento), d) (necesidad de proteger los intereses vitales del interesado o de otra persona física) o e) (centrada en el cumplimiento de una misión realizada en interés público o en el ejercicio de poderes públicos conferidos a la plataforma).

En la misma línea de poner coto a la generación masiva de efectos de red algorítmicos, también se prohíbe al guardián de acceso utilizar, «[...] en competencia con los usuarios profesionales, ningún dato que no sea públicamente accesible generado o proporcionado por dichos usuarios profesionales en el contexto de su uso de los servicios básicos de plataforma pertinentes o de los servicios prestados junto con los servicios básicos de plataforma pertinentes, o en apoyo de tales servicios, incluidos los datos generados o proporcionados por los clientes de dichos usuarios profesionales. [...] los datos que no sean públicamente accesibles incluirán todos los datos agregados y desagregados generados por los usuarios profesionales que puedan inferirse o recopilarse a través de las actividades comerciales de los usuarios profesionales o sus usuarios finales, entre ellos los datos sobre los clics, las búsquedas, las visualizaciones y la voz, en los servicios básicos de plataforma pertinentes o en los servicios prestados junto con los servicios básicos de plataforma del guardián de acceso pertinentes, o en apoyo de tales servicios» [artículo 6.2 RMD].

De igual modo, hemos de mencionar el artículo 6.10 RMD, que exige a los guardianes de acceso que posibiliten a los usuarios profesionales, a petición de estos y de forma gratuita, el acceso efectivo, de calidad, continuo y en tiempo real a los datos, tanto agregados como desagregados, y el uso de tales datos, incluidos los datos personales, que se proporcionen o se generen en el contexto de la utilización de los servicios proporcionados o de los servicios prestados junto con ellos o en apoyo de los mismos.

5. *Obligaciones de auditorías independientes*

La amplitud de obligaciones que recaen sobre los prestadores de plataformas en línea de muy gran tamaño viene reiterada por aquella que les exige, amén de lo anterior, someterse, a su propia costa y, como mínimo, una vez al año, a **auditorías independientes** (artículo 37 RSD) para evaluar el cumplimiento de:

a) las obligaciones que, establecidas en el capítulo III RSD, hemos ido desgranando, en buena parte, a lo largo del texto, y

b) cualquier compromiso contraído en virtud de la adhesión, en su caso, a códigos de conducta (artículos 45 y 46, ambos del RSD) y a los protocolos voluntarios destinados a abordar situaciones de crisis (artículo 48 RSD).

Estas auditorías serán realizadas por organizaciones que habrán de cumplir una serie de exigencias (de no cumplirlas, deberán dimitir o abstenerse de participar en la auditoría):

En primer lugar, deberán ser independientes del prestador auditado y de cualquier persona jurídica vinculada a él, además de no presentar ningún conflicto de interés, lo cual pasa por:

a) no prestarles servicios que no sean de auditoría relacionados con las cuestiones auditadas en el período de doce meses anterior al inicio de la misma, además de comprometerse a no prestarlos durante el período de un año tras la finalización de dicha auditoría;

b) no prestarles servicios de auditoría durante un período superior a diez años consecutivos.

c) no realizar la auditoría a cambio de honorarios de los que se haga depender su resultado.

En segundo lugar, deberán poseer conocimientos acreditados en el ámbito de la gestión de riesgos, competencia y capacidades técnicas para auditar algoritmos.

En tercer lugar, deberán tener objetividad y ética profesional acreditadas, basadas, en particular, en su adhesión a códigos de conducta o normas apropiadas.

Reunidas estas exigencias, las organizaciones que lleven a cabo las auditorías deberán elaborar un informe de cada auditoría realizada, informe que, elaborado por escrito, deberá estar fundamentando e incorporar los siguientes extremos:

a) el nombre, la dirección y el punto de contacto del prestador auditado y el período que abarque la auditoría;

b) el nombre y la dirección de la organización (u organizaciones, si son varias) que realice la auditoría;

c) una declaración de intereses;

d) una descripción de los elementos concretos auditados y de la metodología aplicada;

e) una descripción y un resumen de las principales conclusiones extraídas de la auditoría;

f) una lista de los terceros consultados en el marco de la auditoría;

g) un dictamen que determine si el prestador auditado cumple con las obligaciones a que está sujeto, por lo que podremos estar ante un informe "favorable", "favorable con observaciones" o "negativo", y

h) cuando el dictamen de la auditoría no sea favorable, recomendaciones operativas sobre medidas concretas para alcanzar el cumplimiento y el plazo recomendado para alcanzarlo. En este caso, los prestadores auditados que reciban un informe de auditoría que no sea favorable tendrán debidamente en cuenta estas recomendaciones con miras a implementar las medidas necesarias para aplicarlas, debiendo adoptar, en el plazo de un mes desde la recepción de las mismas, un informe de aplicación de la auditoría que recoja tales medidas; de no aplicar las recomendaciones, deberán justificar en el citado informe las razones para no hacerlo y describir cualquier medida alternativa que hayan adoptado para subsanar cualquier incumplimiento detectado.

De no poder auditar determinados elementos específicos o emitir un dictamen de auditoría basado en sus investigaciones, el informe de auditoría elaborado por la organización incluirá una explicación de las circunstancias y las razones por las que estos elementos no pudieron auditarse.

Todo lo anterior pasa porque los prestadores auditados proporcionen a tales organizaciones la cooperación y la asistencia necesarias para permitirles llevarlas a cabo de manera eficaz, eficiente y en tiempo oportuno, dándoles acceso a todos los datos y locales pertinentes, incluidos, cuando proceda, los datos relacionados con los sistemas algorítmicos (considerando 92 RSD); respondiendo a sus preguntas, orales o escritas, y absteniéndose de obstaculizar, influir indebidamente o menoscabar la realización de las mismas. Ahora bien, estas auditorías deberán garantizar un nivel adecuado de seguridad, integridad de la información, confidencialidad (no obstante, cuando sea necesario a efectos de la transparencia informativa —con arreglo al artículo 42.4 RSD—, el informe de auditoría y el informe de aplicación de la auditoría irán acompañados de versiones que no contengan información que, razonablemente, pudiera considerarse confidencial) y de secreto profesional con respecto a la información obtenida de los prestadores auditados y de terceros en el contexto de las auditorías, también tras su finalización, siempre que el cumplimiento de este requisito no afecte negativamente a la realización de las auditorías y al cumplimiento del Reglamento de Servicios Digitales, en especial, en lo relativo a la transparencia, la supervisión y la garantía del cumplimiento.

La Comisión podrá adoptar actos delegados (sobre la base del artículo 87 RSD) para establecer las normas necesarias para la realización de estas auditorías, en particular en lo relativo a las fases del procedimiento, las metodologías de auditoría y los modelos de presentación de informes para las auditorías realizadas. Estos actos delegados tendrán en cuenta las normas de auditoría voluntarias a que se refiere el artículo 44.1.e) RSD.

6. Comprobación del cumplimiento

Similar a figuras como la del delgado de protección de datos (artículos 37 a 39 RGPD y 34 a 37 LOPDGDD), en materia de protección de datos personales, el artículo 41 RSD obliga a los prestadores de plataformas en línea de muy gran tamaño a establecer una **función de comprobación del cumplimiento**. Esta función de comprobación del cumplimiento deberá ser independiente de las funciones operativas de la plataforma; estar compuesta por uno o varios encargados del cumplimiento, incluido el jefe de la función de comprobación del cumplimiento; gozar de autoridad, rango y recursos suficientes, así como acceso al órgano de dirección del prestador para hacer su seguimiento del cumplimiento del Reglamento de Servicios Digitales.

El órgano de dirección del prestador tendrá que:

En primer lugar, procurar que los encargados del cumplimiento posean las cualificaciones profesionales, los conocimientos, la experiencia y la capacidad necesarias para el desempeño de las siguientes funciones:

a) colaborar con el coordinador de servicios digitales de establecimiento y la Comisión para los fines del RSD;

b) garantizar que se detecten y notifiquen adecuadamente todos los riesgos (artículo 34 RSD) y que se adopten medidas razonables, proporcionadas y eficaces de reducción de riesgos (artículo 35 RSD);

c) organizar y supervisar las actividades del prestador en relación con la auditoría independiente (artículo 37 RSD);

d) informar y asesorar, a la dirección y a los empleados del prestador, acerca de las obligaciones aplicables en virtud del RSD;

e) hacer el seguimiento del cumplimiento, por parte del prestador, de sus obligaciones en virtud del RSD, y

f) en su caso, hacer el seguimiento del cumplimiento, por parte del prestador, de los compromisos contraídos en virtud de los códigos de conducta (artículos 45 y 46, ambos del RSD) o los protocolos de crisis (artículo 48 RSD).

En segundo lugar, verificar que el jefe de la función de comprobación del cumplimiento sea un alto directivo independiente con responsabilidad específica por lo que respecta a la función de comprobación del cumplimiento. Este jefe de la función de comprobación del cumplimiento:

a) deberá rendir cuentas directamente ante el órgano de dirección de la plataforma;

b) podrá plantear dudas y advertir a dicho órgano cuando los riesgos o el incumplimiento del RSD afecten o puedan afectar al prestador, sin perjuicio de las responsabilidades del órgano de dirección en sus funciones de supervisión y gestión, y

c) no será destituido sin la aprobación previa del órgano de dirección del prestador.

En tercer lugar, determinar, supervisar y ser responsable de la aplicación de los mecanismos de gobernanza de la plataforma que garanticen la independencia de la función de comprobación del cumplimiento, incluida la separación de responsabilidades en la organización del prestador, la prevención de conflictos de intereses y la buena gestión de los riesgos sistémicos detectados.

En cuarto lugar, aprobar y revisar periódicamente, al menos una vez al año, las estrategias y políticas para asumir, gestionar, hacer el seguimiento y reducir los riesgos detectados a los que esté o pueda estar expuesta la plataforma.

En quinto y último lugar, dedicar tiempo suficiente al estudio de las medidas relacionadas con la gestión de riesgos, participando activamente en las decisiones relativas a la misma y velando para que se asignen recursos adecuados a la gestión de los riesgos detectados.

Cada prestador de plataforma en línea de muy gran tamaño deberá comunicar el nombre y los datos de contacto del jefe de la función de comprobación del cumplimiento al coordinador de servicios digitales de establecimiento y a la Comisión.

El paralelismo, advertido al inicio del presente texto, entre los prestadores de plataformas en línea de muy gran tamaño y los guardianes de acceso se observa de manera patente en este apartado. Y es que, también a los *gatekeepers* se les impone la obligación de contar con un, así denominado, "responsable de la función de comprobación del cumplimiento", en los términos en los que, de manera muy similar a la expuesta por el artículo 41 RSD, se expresa el artículo 28 RMD.

BIBLIOGRAFÍA

CASTELLÓ PASTOR, J., "Nuevo régimen de responsabilidad de los servicios digitales que actúan como intermediarios a la luz de la propuesta de Reglamento relativo a un mercado único de servicios digitales", en *Desafíos jurídicos ante la integración digital: aspectos europeos e internacionales,* Thomson Reuters Aranzadi, Cizur Menor, 2021, pp. 37-76.

DE MIGUEL ASENSIO, P. A., "Obligaciones de diligencia y responsabilidad de los intermediarios: El Reglamento (UE) de Servicios Digitales", *La Ley Unión Europea,* 109, 2022.

MARTÍNEZ NADAL, A., "Naturaleza (y responsabilidad) de las plataformas digitales: de la Directiva de Comercio Electrónico a la Propuesta de Reglamento de Servicios Digitales", en *Derecho digital y Nuevas Tecnologías*, Thomson Reuters Aranzadi, Cizur Menor, 2022, pp. 387-416.

MONTERO PASCUAL, J./RODRÍGUEZ MARTÍNEZ, I., "La tipificación del contrato de intermediación en línea en el reglamento de servicios digitales", en *Nuevas Tecnologías 2023*, Tirant lo Blanch, Valencia, 2023, pp. 371-396.

ROMERO ESPINOSA, M. Á., "La novedosa concepción del derecho de la competencia por la Unión Europa (II): el Reglamento de Servicios Digitales", *Diario La Ley*, 10380, 2023.

SANTISTEBAN GALARZA, M., "Garantías frente a la moderación de contenidos en la Propuesta de Reglamento Único de Servicios Digitales", *Revista CESCO de Derecho de Consumo*, 41, 2022, pp. 159-179.

Capítulo Sexto

Regulación de las Fintech

ISABEL RODRÍGUEZ MARTÍNEZ

SUMARIO: I. Las finanzas digitales o la (otra) revolución de las «Fintech». II. La tecnología de registros distribuidos (DLT) y su aplicación en el sector financiero. III. Los servicios de pago digital. El dinero electrónico. IV. El servicio de asesoramiento y gestión de carteras automatizado (*robo advisory service*). V. El *crowdfunding* o financiación participativa.

I. LAS FINANZAS DIGITALES O LA (OTRA) REVOLUCIÓN DE LAS «FINTECH»

1. Delimitación del fenómeno

La aplicación de la nueva tecnología a los mercados y servicios financieros, conocida como la revolución de las **Fintech (tecnología financiera),** es uno de los fenómenos más disruptivos en el Derecho, al suponer un desafío para los modelos de negocios tradicionales y eliminar intermediarios. Pero también es uno de los fenómenos más dinámicos que favorecen la accesibilidad y la eficiencia en el sector, pues las nuevas tecnologías ofrecen experiencias de usuario más personalizadas y ágiles en el mundo de las finanza. En efecto han transformado fundamentalmente la forma en que las personas, las empresas y las instituciones financieras interactúan, acceden, gestionan y utilizan el dinero y capital, así como los servicios financieros que les permiten articulan tales recursos económicos.

El fenómeno hace referencia a la convergencia de la tecnología y los servicios financieros con el fin de proporcionar soluciones innovadoras, menos costosas y más eficientes en el ámbito financiero. Para ello se ha dotado en las últimas décadas, de la aplicación de los avances tecnológicos, como la inteligencia artificial, la cadena de bloques (*blockchain*), la analítica de datos, la automatización y la tecnología móvil, entre otros, a la industria de servicios financieros. Abarca un **amplio espectro de servicios y actividades** que van más allá de la banca tradicional, incluyendo pagos digitales, préstamos P2P, inversiones automatizadas, seguros digitales, criptomonedas, etc.

Desde la banca en línea hasta las criptomonedas y la gestión patrimonial automatizada, el fenómeno de las Fintech ha democratizado el acceso a servicios financieros y ha mejorado la eficiencia de las inversiones, desempeñando un papel crucial en la inclusión financiera y permitiendo que personas y empresas que previamente no tenían acceso a servicios bancarios tradicionales puedan participar en la economía. Los servicios de préstamos *peer to peer* (P2P) y la bancarización móvil han sido especialmente importantes para la inclusión financiera en regiones no bancarizadas.

2. *Origen y evolución*

La revolución de las Fintech se ha desarrollado a lo largo de varias décadas, si bien ganó un impulso significativo en los últimos años debido a avances tecnológicos como la computación en la nube, la inteligencia artificial, la cadena de bloques (*blockchain*) y la movilidad.

En sus inicios, el fenómeno de las Fintech se centró principalmente en la digitalización de procesos financieros tradicionales, como la banca en línea y los pagos electrónicos. Cabe recordar que los inicios de la automatización de procesos bancarios, como la introducción de cheques con códigos de barras y sistemas de contabilidad computarizados, marcó en la década de los años 50-60 del siglo XX, el comienzo de la evolución hacia servicios financieros más automatizados. Sería posteriormente, en la década de los años 70 a 80, cuando la popularización de las tarjetas de crédito y la aparición de cajeros automáticos cambiaron la forma en que las personas accedían a su dinero y realizaban transacciones financieras, si bien fue en la década de 1990, cuando el auge de Internet abriría las puertas a la banca en línea, permitiendo a los clientes acceder y gestionar sus cuentas desde la comodidad de sus hogares.

Sin embargo, habría que esperar al comienzo del siglo XXI para hablar de la auténtica revolución Fintech, cuya intensificación ha diversificado su alcance y ha comenzado a abordar una amplia gama de servicios financieros, desde préstamos hasta inversiones y gestión patrimonial. La primera década de los 2000 ha marcado el surgimiento de startups y empresas de tecnología financiera que, aprovechando las capacidades emergentes de la web y las tecnologías móviles, ofrecen continuas soluciones innovadoras en una amplia gama de áreas financieras.

Uno de los desarrollos más revolucionarios de las Fintech ha sido sin duda la aparición de las criptomonedas y la tecnología *blockchain*. Bitcoin, la primera criptomoneda, se lanzó en 2009 y desde entonces ha generado un interés masivo. La *blockchain*, la tecnología subyacente de las criptomonedas, es un libro de contabilidad descentralizado y seguro que registra todas las transacciones de forma permanente y transparente. Las criptomonedas ofrecen ventajas significativas respecto del pago por medios tradicionales, como la rapidez de las transacciones, la eliminación de intermediarios y la posibilidad de realizar transacciones globales sin problemas. Sin embargo, también plantean desafíos regulatorios y de seguridad que deben abordarse.

3. Mercados y servicios afectados

A. Medios y servicios de pago

Las empresas de Fintech han introducido soluciones de pago innovadoras utilizando la tecnología móvil, en las que el dinero transferido está disponible inmediatamente y, en muchos casos, sin intermediación bancaria. Los pagos por móvil y los monederos electrónicos o billeteras digitales (*e-wallets*), así como también los pagos peer-to-peer, han cambiado la forma en que las personas realizan transacciones diariamente. Los pagos por móvil aplican la tecnología NFC (*Near Field Communication*) o código QR o se basan en un saldo prepagado a través de SMS, aunque también es posible los pagos remotos electrónicos, en tiempo real o posteriores.

En concreto, la utilidad de los monederos electrónicos o e-wallets reside en que permiten tanto la realización de transacciones como pagos a través de smartphones. A este respecto destacan aplicaciones como la de Google Pay, Apple Pay o Samsung Pay, pero sin duda es PayPal el sistema de monedero electrónico más conocido ya que fue pionero en realizar tanto pagos seguros a través de internet, como enviar y recibir dinero de otras cuentas de PayPal o cobrar productos o servicios para empresas con negocio digital y en garantizar a través de sistemas de encriptación segura y antifraude.

B. Banca y servicios de instituciones financieras

En efecto, uno de los sectores más afectados tradicionalmente por las Fintech ha sido la **banca tradicional y las instituciones financieras**. Las startups en el ámbito de las Fintech han introducido soluciones innovadoras que han cambiado la forma en que las personas interactúan con sus cuentas bancarias y gestionan su dinero. Las aplicaciones móviles y los servicios en línea han permitido a los clientes realizar transacciones bancarias sin visitar una sucursal física, lo que ha llevado a una reducción en la necesidad de infraestructura bancaria tradicional. Además de la comodidad, las Fintech han mejorado la eficiencia de los servicios financieros al automatizar procesos, reduciendo así costes operativos. Los *chatbots* y la inteligencia artificial se utilizan para brindar atención al cliente de manera eficiente y personalizada.

También la aplicación de las nuevas tecnologías ha facilitado el acceso a **préstamos y financiación**. Las plataformas de préstamos en línea y de financiación colectiva (crowdfunding) han abierto oportunidades para que las personas y las empresas obtengan financiamiento sin depender exclusivamente de los bancos tradicionales. Los ***modelos de scoring* crediticio** basados en datos alternativos y el aprendizaje automático han permitido una evaluación de riesgo más precisa, lo que ha facilitado la aprobación de préstamos para aquellos que anteriormente podrían haber sido excluidos del sistema financiero.

C. Inversión y gestión patrimonial

Otro aspecto importante de la Fintech es su impacto en **la inversión y la gestión patrimonial.** Las plataformas de inversión en línea o aplicaciones móviles, conocidas como ***robo-advisors,*** utilizan algoritmos y datos para proporcionar asesoramiento financiero y gestionar carteras de inversión de manera eficiente, toda vez que ha conseguido que la gestión patrimonial sea más accesible y asequible para un público más amplio.

El robo-asesoramiento es el servicio de gestión de carteras en línea ofrecido por estas páginas webs o aplicaciones móviles e intervenidos directamente por robots para el asesoramiento bancario y el sector seguros principalmente. Este servicio requiere la evaluación de clientes y perfiles de riesgo. Se sostiene a partir de un modelo automatizado, que si bien reduce el coste, plantea sin embargo problemas jurídicos y posibles conflictos de interés derivados principalmente del propio diseño del modelo algorítmico.

D. Sector asegurador

Y, por supuesto, el **sector asegurador y la tecnología actuarial,** también ha experimentado cambios significativos gracias a la Fintech. Las startups de ***insurtech*** utilizan análisis de datos y telemetría para evaluar el riesgo y ofrecer pólizas de seguro más personalizadas y asequibles. La introducción IA en la cadena de valor del seguro, el conocido como Internet de las Cosas (IoT) en los seguros de automóvil, hogar, salud y vida y la automatización de procesos permite una rápida tramitación de reclamaciones y una gestión de políticas más eficiente.

Por su parte, es cada vez mayor el auge de las plataformas digitales ha propiciado el surgimiento de modelos de negocio *peer to peer* o *crowdsurance,* que facilitan la colaboración de particulares con perfil de riesgo similar e intereses comunes para la creación de un *pool* de aseguramiento de uno o varios riesgos en común a través de plataformas colaborativas.

4. Acción regulatoria general sobre finanzas digitales

A. En la Unión Europea

Desde 2018 la Unión Europea prepara un programa de regulación de la innovación financiera, a través de un Plan de acción de la Comisión Europea para promover la transformación digital en el sector financiero europeo en su conjunto. Se trata del "Plan de acción en materia de tecnología financiera: por un sector financiero europeo más competitivo e innovador", que incluye la creación de un laboratorio Fintech de la Unión Europea, la identificación de mejores prácticas en **entornos de prueba regulatorios (o *sandboxes*)** así como determinadas medidas para facilitar la aplicación de tecnologías innovadoras al sector.

Dicho Plan se inserta en el más ambicioso de la Comisión Europea, que no es otro que la elaboración de un paquete de medidas sobre finanzas digitales, y que aprobó el 24 de septiembre de 2020 dentro de la Estrategia de Finanzas Digitales para el sector financiero (Comunicación sobre una estrategia financiera digital para la UE; COM (2020) 591 final). A través de este paquete, conocido también como Digital Finance Package (en adelante, DFS 2020), el objetivo principal es abordar y liderar desde la EU la revolución digital con la colaboración de empresas europeas innovadoras, procurando un sector financiero competitivo y estable. De esta manera, se busca que los beneficios de las finanzas digitales estén accesibles para consumidores y empresas europeas. El paquete, que respalda la ambición de la UE de una recuperación que incluya la transición digital, articula la estrategia a sustentar sobre cuatro prioridades principales: (i) eliminar la fragmentación en el mercado único digital, (ii) adaptar el marco regulatorio de la UE para facilitar la innovación digital, (iii) promover una financiación basada en datos y (iv) abordar los desafíos y riesgos de la transformación digital, incluida la mejora de la resiliencia operativa digital del sistema financiero.

Dentro de estas prioridades se incluía un paquete legislativo para las finanzas digitales, que constaba de tres propuestas de Reglamentos UE. Entre estas propuestas se encontraban MiCA (Markets in Crypto Asset Regulation), DORA (Ley de Resiliencia Operativa Digital o Digital Operational Resilience Act) y un Reglamento para un régimen piloto de infraestructuras de mercado basadas en tecnologías de registro distribuido, considerado necesario porque la normativa europea en ese momento representaba una barrera "infranqueable" para la implementación natural de la tecnología DLT en las infraestructuras de mercado, lo que explicaba su ausencia en Europa.

Así, y como resultado de aquella estrategia, se publicó el Reglamento (UE) 2022/858 del Parlamento Europeo y del Consejo de 30 de mayo de 2022 sobre un régimen piloto de infraestructuras del mercado basadas en la tecnología de registro descentralizado, que asienta las bases para los mercados de criptoactivos, así como para la tokenización de los activos financieros y el uso generalizado de la tecnología de registro descentralizado mediante el establecimiento de los requisitos aplicables en relación con las infraestructuras del mercado basadas en la TRD y sus organismos rectores (art. 1). Cabe destacar, el Reglamento (UE) 2023/1114 del Parlamento Europeo y del Consejo, de 31 de mayo de 2023, relativo a los mercados de criptoactivos (en adelante, Reglamento MiCA), por el que se modifican los Reglamentos (UE) nº 1093/2010 y (UE) nº 1095/2010 y las Directivas 2013/36/UE y (UE) 2019/1937. En concreto, en cuanto primera norma de Derecho comunitario en materia de criptoactivos, el Reglamento MiCA crea un marco particular y armonizado, a nivel de la Unión Europea, para los mercados de criptoactivos, mediante el establecimiento de normas específicas en relación con los criptoactivos y los servicios y las actividades conexos que no quedaban cubiertos todavía por la legislación de la Unión en materia de servicios financieros. Finalmente, fue publicado el Reglamento (UE) 2022/2554 del Parlamento Europeo y del Consejo de 14 de diciembre de 2022 sobre la resiliencia operativa digital del sector financiero (Reglamento DORA), en vigor desde el 16 de enero de 2023 y de aplicación a partir del 17 de enero de 2025, cuyo objetivo es reforzar la seguridad informática y la gestión de riesgos de las TICs por las entidades financieras como bancos, compañías de seguros y empresas de inversión y garantizar que el sector financiero en Europa pueda mantenerse resiliente en caso de graves perturbaciones operativas.

B. En el Derecho español. El *sandbox* español

En el Derecho español, la acción regulatoria en materia de finanzas digitales tiene su puntal en la Ley 7/2020, de 13 de noviembre para la transformación digital del sistema financiero. También conocida como Ley Sandbox, supone un importante avance en el marco regulatorio de la innovación financiera en España ya que tiene la intención de coordinar las necesidades de innovación y desarrollo del sector con las actividades supervisoras y la protección de los clientes, mediante la creación de un espacio controlado de pruebas.

En concreto, la ley prevé la implantación en España de un entorno seguro de pruebas, destinado a ensayos de proyectos de innovación de base tecnológica aplicable al sistema financiero. Estos ensayos son supervisados por la autoridad nacional competente en función del sector en que opere cada proyecto (Banco de España, Comisión Nacional del Mercado de Valores o Dirección General de Seguros y Fondos de Pensiones). Establece así en España el entorno seguro de pruebas, también conocido como *sandbox,* con evidentes similitudes con el *sandbox* regulatorio ya implantado en Reino Unido y monitoreado por la *Financial Conduct Authority,* que se rige por un sistema similar basado en un esquema que comienza con la correspondiente solicitud y, en su caso, la aprobación de dicha solicitud, antes de pasar a la fase de pruebas y finalizar, según sea el caso, con la autorización o terminación del proyecto.

En definitiva, se trata de facilitar el acceso a la financiación como motor de la economía, asegurando que la transformación digital no afecte en modo alguno al nivel de protección de los consumidores de servicios financieros, a la estabilidad financiera y a la integridad de los mercados, evitando la utilización del sistema financiero para el blanqueo de capitales y la financiación del terrorismo.

5. Retos en la acción regulatoria y supervisora sobre finanzas digitales

La DFS 2020 ha supuesto un hito en la acción regulatoria comunitaria del fenómeno de la transformación digital del sector financiero, que sin duda enfrenta diversos retos y riesgos, tanto transversales como específicos de iniciativas estratégicas. La prioridad es **salvaguardar la estabilidad financiera y proteger a inversores y consumidores**, basándose en el principio de "misma actividad, mismos riesgos, mismas normas". Por ello, la acción comunitaria ha ido (y sigue) adaptando la regulación y supervisión prudenciales y de conducta en la UE para adecuar el ordenamiento al nuevo ecosistema financiero que incluye entidades tradicionales y proveedores tecnológicos.

La regulación debe abordar riesgos no solo para los clientes, sino también para la estabilidad financiera y competencia en los mercados ante la incorporación como intermediarios de empresas tecnológicas, grandes y pequeñas, al sector financiero, que concurren ofreciendo servicios como pagos, seguros y gestión de activos.

Por otro lado, la protección del consumidor y del interés público es crucial. La UE busca capacitar y proteger a los consumidores para un acceso seguro a productos y servicios innovadores, frente al riesgo de empresas tecnológicas dominantes que reducen la competencia.

La Comisión debe proponer medidas para aumentar la resiliencia operativa del sector financiero, complementando las revisiones de seguridad de redes e información. Esto busca garantizar la seguridad, reducir el riesgo de robo de fondos y fortalecer la operatividad en la era digital.

Sin embargo, otro pilar fundamental es la **supervisión** del sistema financiero. En la Estrategia sobre datos de supervisión en los servicios financieros de la UE, de 15 de diciembre de 2021 (COM/2021/798), la Comisión afronta una nueva estrategia para mejorar y modernizar la comunicación de información con fines de supervisión en materia financiera en la UE. El principal objetivo de la estrategia es establecer un sistema que proporcione datos precisos, coherentes y oportunos a las autoridades de supervisión a escala nacional y de la UE, minimizando al mismo tiempo la carga global que supone para las instituciones financieras la comunicación de información.

La supervisión del sistema financiero de la UE se basa en datos oportunos, pertinentes y de alta calidad. Los requisitos actuales de presentación de informes de supervisión son eficaces para proporcionar a los supervisores datos relevantes. Sin embargo, es necesario hacer más para que la información de supervisión de la UE sea adecuada para el futuro: reducir ineficiencias y cargas innecesarias, aumentar la calidad y garantizar el uso óptimo de los datos reportados, y permitir que las entidades y autoridades informantes aprovechen plenamente los beneficios que ofrecen tecnologías modernas.

La estrategia a largo plazo de la Comisión sobre los datos de supervisión en los servicios financieros de la UE pretende contribuir directamente a los objetivos de la Estrategia europea de datos y del paquete de finanzas digitales para promover la innovación digital en Europa. También contribuye a los objetivos de una Unión de mercados de capitales y a la creación de un mercado único de servicios financieros. Se articula a partir de cuatro elementos principales: (i) garantizar unos datos coherentes y normalizados que se basan en una terminología clara y común, así como en estándares, formatos y reglas comunes; (ii) facilitar el intercambio y la reutilización de los datos notificados entre las autoridades de supervisión, eliminando obstáculos jurídicos y tecnológicos indebidos para evitar la duplicación de las solicitudes de datos; (iii) mejorar el diseño de los requisitos de información mediante la formulación de directrices basadas en las mejores prácticas de aplicación de los principios de mejora de la legislación en materia de comunicación de información con fines de supervisión y, finalmente, (iv) establecer mecanismos conjuntos de gobernanza para mejorar la coordinación y fomentar una mayor cooperación entre las distintas autoridades de supervisión y otras partes interesadas pertinentes, de manera que puedan compartir sus conocimientos especializados e intercambiar información.

La Comisión se compromete a emprender una serie de iniciativas importantes y establecer acuerdos de gobernanza adecuados para fomentar la cooperación y la coordinación entre las partes interesadas clave. Al mismo tiempo, la Comisión insta a los supervisores de toda la UE para racionalizar, simplificar y modernizar la presentación de informes de supervisión en los servicios financieros de la UE.

II. LA TECNOLOGÍA DE REGISTROS DISTRIBUIDOS (DLT) Y SU APLICACIÓN EN EL SECTOR FINANCIERO

1. Las Finanzas Descentralizadas (DeFi)

Las finanzas descentralizadas, conocidas como DeFi (por sus siglas en inglés, *Decentralized Finance*) incluyen un conjunto de participantes (plataformas de servicios financieros), productos y objetos de contratación, operaciones y de servicios financieros en redes basados en tecnología DLT, caracterizados todos ellos por procurar la relación directa entre usuarios demandantes y oferentes de financiación bajo cualquier modalidad contractual (préstamo, contrato de sociedad, etc.).

En efecto, el concepto de finanzas descentralizadas (DeFi) se encuentra estrechamente relacionado con el empleo de redes basadas en tecnología DLT y emplean *smart contracts*, criptoactivos y aplicaciones descentralizadas (Dapps). Las DeFi conforman un mercado libre digital de código abierto (cadena de bloques o *blockchain*) que permite a los usuarios que crean código innovar y desarrollar sus propias aplicaciones descentralizadas (dApps) formadas por hardware, software y monedas estables y eludir los servicios financieros tradicionales o «intermediarios». Las plataformas DeFi ofrecen servicios de pago, trading e inversiones, préstamos, seguros y gestión de activos y a tal fin utilizan carteras digitales, contratos inteligentes o acuerdos digitales y oráculos.

Su objetivo es eliminar intermediarios financieros tales como bancos y otras instituciones financieras, permitiendo transacciones directas entre usuarios financiadores y financiados (*peer to peer*) bajo cualquier modalidad contractual (préstamo, contrato de sociedad, etc.). Incluyen plataformas que facilitan préstamos y préstamos *peer to peer* mediante contratos inteligentes, así como intercambios descentralizados (DEX) que operan sin intermediarios y que también se ejecutan a través de *smart contracts*, etc. En definitiva, introducen un modo descentralizado de gestión de los sectores financieros, como, por ejemplo, la creación de plataformas que permiten a los usuarios prestar y pedir prestado criptomonedas sin necesidad de un intermediario financiero, y ello a través de contratos inteligentes que establecen los términos del préstamo, las tasas de interés y las garantías o, incluso, el denominado intercambio descentralizado (DEX), que permite a los usuarios intercambiar criptomonedas directamente entre ellos sin la necesidad de un intermediario, y que también se ejecutan a través de *smart contracts*, etc.

Las DeFI también abogan por la gobernanza descentralizada, donde las decisiones son tomadas colectivamente por la comunidad de usuarios. Sin embargo, la plena descentralización planteada por DeFi presenta desafíos legales en términos de orden, transparencia y protección del inversor, lo que subraya la necesidad de seguridad jurídica en sus ámbitos de aplicación. Este enfoque busca eliminar la dependencia de una autoridad central y fomentar la participación activa de la comunidad en el desarrollo y evolución de un proyecto. Así, en el contexto de las criptomonedas y *blockchain*, la gobernanza descentralizada a menudo implica que los titulares de tokens tienen derecho a participar en la toma de decisiones a través de mecanismos de votación, pueden tomar decisiones sobre propuestas relacionadas con cambios en el protocolo, actualizaciones de software, asignación de recursos y otros aspectos relevantes para la red. La gobernanza descentralizada busca lograr un sistema más inclusivo y transparente.

A modo de reflexión, la descentralización total que implican las DeFi genera evidentes riesgos de control y supervisión de participantes, de hackeos o fallos del sistema de red descentralizada. Además parece propugnar un reto de difícil encaje ya advertido por la doctrina, ante la dificultad que supone para el ordenamiento jurídico la ordenación, transparencia y protección del inversor/ahorrador, en definitiva, la seguridad jurídica en los diferentes sectores donde aquella se extiende.

2. La tecnología de registros distribuidos (DLT)

A. Concepto

La irrupción de las tecnologías de contabilidad distribuida (DLT), como *blockchain,* no sólo ha agilizado los mercados en línea y el comercio electrónico, al otorgar mayor seguridad de los datos, concretamente en el proceso de pago o el tratamiento de datos confidenciales (tarjetas bancarias, etc.). En los últimos años ha proliferado el número de iniciativas en el sector financiero, en particular en aquellos ámbitos en los que existen procesos complejos en los que intervienen numerosos actores (v. g., la negociación y la poscontratación de valores o la financiación del comercio exterior).

La tecnología DLT (tecnología de datos compartida o de registro distribuido) aplica un **sistema de comunicación digital** en Internet, que aglutina y almacena datos cifrados y encriptados con pares de claves digitales, públicas del destinatario de la operación, pero también privadas (firma digital) del emisor o transmisor, que identifican en red tanto a los usuarios como las transacciones.

Un **registro distribuido** es una base de datos descentralizada y única que gestionan varios participantes, esto es, una base de datos de la que existen múltiples copias idénticas distribuidas entre varios participantes, que se actualizan de manera sincronizada por consenso de las partes. Ahora bien, en una DLT no existe confianza entre las pares o intereses contrapuestos, por lo que requiere de un mecanismo de verificación colectiva de los registros antes de su compartición. En la DLT, por tanto, las actualizaciones no se producen por una autoridad central, sino por consenso de las partes. Se afirma que se articula a partir de una tecnología de distribución y acopio de datos, denominada DLT o tecnología *distributed-ledger.* Este sistema se sustenta en los siguientes elementos:

Primero, la utilización de un **sistema registral o de anotaciones** generador de una base de datos compartidos (libro registro o *ledger*). Se trata de un libro principal de contabilidad o anotación registral (no contable) de datos —no de derechos— que circulan en cadena. La base de datos autenticados y criptográficamente sellados es estable y en el libro mayor contable se anotan las transacciones, envíos o intercambios de datos.

Segundo, la **reproducción, comunicación y actualización permanente de la base de datos**, que es mantenida por un conjunto de nodos. Conforme al estándar ISO, la DLT adopta su denominación del almacén de transacciones o registro, que es distribuido, es decir, compartido por un grupo de nodos o puntos de servicios síncronamente entre todos y con acuerdo o consenso.

Tercero, el **uso conjunto o multilateral de los datos** que se registran y comparten. Se gestionan de forma autónoma por los usuarios sin intervención de registros (públicos o privados) ni fedatarios públicos. Por el contrario, los datos se encuentran «distribuidos» en toda la red o grupo de computadoras, servidores o terminales denominados «nodos».

Cuarto, la agrupación de datos puede generar **unidades autónomas de información denominados *tokens***. El contenido de los tokens puede ser diverso (datos, derechos, etc.).

Quinto, **el mensaje en el sistema genera una transacción** u operación que origina transmisión de datos, resultado de la manifestación de la voluntad de dos nodos del sistema distribuido que, acompañados del número secreto de bloque o hash, originan o añaden datos.

B. Caracteres y limitaciones

La tecnología DLT presenta las siguientes **notas características**: 1) es **distribuida**, es decir, es una base de datos compartida (distribuida) que registra (soporta) permanentemente un volumen de información disponible e inagotable; 2) Es una tecnología criptográfica o de encriptación de datos. Su seguridad reside en que aplica una criptografía de doble clave asimétrica —pública y privada (certificado digital); 3) Su **acceso es convenido o consensuado** de forma mayoritaria a través de un protocolo de consenso. Este carácter la enmarca en el contexto de la interconexión y/o contratación electrónica entre iguales, esto es, *peer to peer* (P2P); 4) Es, por tanto, **desintermediada**, esto es, no requiere intervención ni supervisión de terceros (fedatarios públicos o intermediarios privados). No obstante, para dotar de seguridad al sistema se requiere de validación técnica de los nodos encargados de red encargados; y 5) Es, por todo lo anterior, trazable y, por ello, pretendidamente inmutable o irreversible. Una vez registradas, en principio, no pueden ser modificadas. Ello gracias a la incorporación de los datos mediante interfaces o carteras digitales (*wallets*) que utilizan softwares previamente instalados para que sus usuarios (beneficiarios o nodos adscritos) introduzcan sus claves y puedan, en consecuencia, realizar transacciones u operaciones.

No obstante, en junio de 2016, la red pública Ethereum sufrió un ataque con el robo de criptoactivos por valor de unos 70 millones de dólares. Los participantes en la red, tras una votación, acordaron retrotraer el fraude y devolver los fondos. Tal actuación, si bien solventó el fraude, pone en cuestión la inmutabilidad de las transacciones sobre tecnología DLT.

La tecnología DLT presentan **riesgos y limitaciones**, algunas derivadas de su falta de madurez. Actualmente, enfrentan desafíos en escalabilidad, velocidad de registros en transacciones, robustez, resiliencia y falta de pruebas completas. La confianza de los participantes, la interoperabilidad entre registros y con infraestructuras tradicionales son aspectos no resueltos. Los retos legales, como la firmeza de las transacciones y la gobernanza inadecuada son preocupaciones. Además, en algunos casos, la operación conlleva un elevado coste medioambiental asociado con *Proof of Work* en redes públicas, lo que plantea preocupaciones por el consumo de energía y poder de cómputo. Aunque existen otros algoritmos de consenso sin estas limitaciones, principalmente en redes privadas, su adopción también conlleva consideraciones importantes. En el sector financiero, su uso plantea desafíos para las autoridades debido a la desintermediación y la afectación a la integridad del sistema financiero. La ausencia de un marco regulatorio adecuado crea incertidumbre legal, especialmente en áreas como los pagos. En el futuro, las soluciones DLT deberán cumplir con regulaciones variadas, lo cual presenta desafíos por su naturaleza distribuida y operación transfronteriza. Aunque su uso es limitado actualmente, es crucial profundizar en su comprensión para evaluar proyectos emergentes y anticipar un posible crecimiento a medio plazo.

C. Naturaleza y régimen jurídico

La DLT articula un sistema digital que permite la transmisión de datos, pero también la contratación. En concreto, esta se articula mediante nodos regulares que permiten la realización de transacciones electrónicas y, por tanto, facilita operaciones de comercio electrónico.

Su calificación como **servicio de la sociedad de la información** se sustenta en las características propias del servicio prestado por el sistema DLT, esto es, un servicio que prestado normalmente a título oneroso —o que constituye en ocasiones la actividad económica principal del prestador—, a distancia, por vía electrónica y a petición individual del destinatario, permite además la contratación de bienes o servicios por vía electrónica (Anexo I, letra a) Ley 34/2022, de 11 de julio, de servicios de la sociedad de la información y del comercio electrónico, en adelante LSSICE) en la medida en que facilita el concurso de la oferta y aceptación por medio de su tecnología *blockchain* de tratamiento y almacenamiento de datos, conectados a una red de telecomunicaciones (Anexo I, letra h) LSSICE).

3. Blockchain

A. Concepto y elementos

La tecnología *blockchain* o cadena de bloques es una **modalidad de DLT** que se compone de datos grabados digitalmente. Se organiza a partir de una **cadena de bloques** o grupos de transacciones, en el que cada bloque se encuentra vinculado al anterior criptográficamente, impidiendo cualquier tipo de modificación.

En definitiva, la tecnología *blockchain* o cadena de bloques hace referencia a un **libro mayor digital inalterable** en el que se anotan y registran, a través de una base de datos única, y de manera segura, transparente y resistente a la manipulación datos, derechos susceptibles de valoración económica y transacciones digitales en diferentes bloques, distribuidos entre participantes iguales y que se encuentran encadenados entre sí mediante criptografía y matemáticas. Se trata de una **base de datos única, pero compartida** por múltiples nodos (mineros), esto es, cualquier ordenador que, previa descarga y ejecución en el mismo de uno o varios programas, se convierte en parte integrante de la red descentralizada de la cadena de bloques e inmediatamente pasa a conservar una réplica exacta de todos los registros integrantes de la misma. Como tal base de datos se construye de manera colaborativa añadiendo diferentes bloques de información que permiten determinar la transacción más temprana.

Su tecnología se basa en la creación de **bloques de información** que se vinculan entre sí en una cadena, de forma que cada bloque contiene un registro de transacciones que se han realizado en la red. Cuando se añade un bloque nuevo, se verifica y se valida mediante una red de nodos o computadoras conectadas a la red. En la tecnología *blockchain*, un bloque es un concepto pensado para optimizar el proceso de validación de las transacciones que se realizan. La **estructura** fundamental de un bloque es un **encabezado** con un dato del bloque anterior y algunos datos de las transacciones que han hecho los usuarios. Además, añade otros datos como una ***timestamp*** (o marca de tiempo que indica el momento exacto en que el bloque ha sido minado y validado por la red) y el ***nonce*** (número de cadena). Cada bloque contiene una serie de información entre la que se encuentra el *nonce* y su ***hash*** (o identificador único que representa un bloque o transacción de *blockchain*) raíz y el hash del anterior.

Con todas las transacciones se genera una subestructura central, llamada **árbol de Merkle**, que supone un resumen de todas las transacciones contenidas en el bloque, dando como resultado un *merkle root*, que se añade en el bloque para referenciar a todas las transacciones.

Como analogía recurrente la *blockchain* se suele asemejar al concepto *ledger* (libro mayor o contable). Siguiendo esta semejanza, si una red *blockchain* es un libro mayor, un bloque sería cada una de las páginas que lo conforman donde van quedando anotadas todas las transacciones realizadas dentro de la red.

Estos bloques suelen tener diferentes condiciones adicionales. Se establece el tamaño máximo de cada bloque, que puede depender de la estructura *blockchain* y también se establece cada cuanto tiempo se crea un nuevo bloque. Como ejemplo, destaca Bitcoin y tres de sus *forks* (o bifurcaciones, esto es, cambios de protocolo o divergencia de la versión anterior) más importantes: (i) Bitcoin (BTC): bloques de 1MB cada 10 minutos; (ii) El fork Bitcoin Cash (BCH): bloques de 8MB cada 10 minutos; (iii) Bitcoin Gold (BTG): bloques de 1MB cada 10 minutos y Bitcoin Private (BTCP): bloques de 2MB cada 2.5 minutos.

B. Características y funcionamiento

Una **red de *blockchain*** está formada por un conjunto de nodos interconectados mediante el uso de la tecnología *blockchain.* Estas cadenas funcionan mediante la creación de bloques que contienen transacciones que han sido validadas por la red. Debido a que cada nodo en la red tiene una copia de la cadena de bloques, no hay un único punto de falla en la red, lo que la hace resistente a la manipulación y la corrupción.

En cuanto a sus características, cabe predicar que en cuanto registro de hechos, datos, derechos y/o transacciones digitales, es de carácter permanente, inmutable y descentralizado.

La primera característica del registro es que se encuentra protegido mediante **criptografía**, esto es, mediante la técnica basada en matemáticas y cuyo asiento se encuentra protegido mediante clave secreta. En concreto, *blockchain* aplica la criptografía asimétrica, que utiliza clave pública. Su funcionamiento, a diferencia de la criptografía simétrica o de clave privada conocida tanto por el emisor como por el receptor para proteger y descifrar la información que se está transmitiendo, resulta más compleja porque requiere de *dos claves*, una *pública,* que *identifica* de forma única y separada a emisor y receptor en el sistema, y otra *privada* que protege los mensajes. Así el mensaje se encripta con la clave pública del emisor y se recupera con la clave privada del receptor, que es personal y conocida únicamente por él mismo. En definitiva, en la tecnología *blockchain* o cadena de bloques la *clave pública* permite a los usuarios su identificación, pero es la *clave privada* la que les permite firmar y autorizar transacciones.

La segunda nota característica de *blockchain* es que su **registro es decentralizado** y/o distribuido, esto es, no se articula a partir de una entidad central encargada de alojar y salvaguardar la información. Al contrario, esta tecnología se caracteriza por la existencia no de un único, sino de múltiples servidores desconocidos dentro de la red, conocidos como nodos, que poseen copia del registro.

Se evita así que en caso de caída de uno de los servidores produzca en el sistema pueda provocar fallos y caídas irreparables, al mantenerse independientes el resto.

En tercer lugar, el acceso a la tecnología *blockchain* es **consensuada**, ya que los nodos intervienen entre iguales a través de un protocolo, entendido éste como una modalidad de lenguaje informático común. La estructura de la red se configura en tres niveles: (i) **nivel de internet** que permite el acceso a la información del siguiente nivel; (ii) **protocolo común entre nodos**, que permite la validación de los bloques de información que se van añadiendo a la cadena y, finalmente, (iii) las **aplicaciones** que ofrece la cadena de bloques, para el caso de que los usuarios no deseen ser un nodo. Especial mención requiere el método de consenso elegido para la red que permitirá que los nodos registren nuevos bloques. Este consenso puede exigir, incluso, la resolución de problemas matemáticos. Existen diversos tipos de consenso. Los más conocidos es Bitcoin, por virtud del cual el consenso se alcanza por un método por el que el nodo ha de averiguar un número concreto (*nonce*) exigido para la validación del bloque y su inclusión en la cadena de forma permanente. En la *blockchain* de Bitcoin cada bloque se genera mediante el sistema *proof of work* (PoW), cuando un ordenador (o un pool de ellos) resuelve el problema o acertijo planteado de forma automática por la red.

El protocolo asigna aleatoriamente un número a cada operación. Este número es vinculado al denominado *hash*, un código compuesto por números y letras generado a través de criptografía, que identifica el bloque. Se trata de un número único que no es duplicable según el algoritmo. El *hash* se utiliza con frecuencia para verificar la autenticidad de un archivo. En otras palabras, cuando hay un cambio en un archivo con *hash*, su *hash* también cambiará automáticamente. Y cada *hash* posterior está vinculado al anterior, lo que garantiza la coherencia de todos los bloques. Para resolver un *hash*, se empieza por resolver problemas matemáticos complejos que contienen datos en la cabecera del bloque. Pero antes de que un minero inicie el proceso, tendrá que llevar a cabo un proceso de prueba y error para decidir qué cadena utilizar como *nonce* (un número de cadena). Cuando se identifique un *nonce*, los mineros se centrarán en el *nonce* que esté relacionado con el contenido del hash del bloque anterior. Para que un *hash* se considere exitoso, el nuevo *hash* debe ser menor o igual que el *hash* objetivo. Y a cambio, el minero obtendrá una recompensa para añadir el bloque a la *blockchain*.

La **descentralización** es una propiedad crucial de la tecnología *blockchain*, pero es potencialmente vulnerable. Si un participante quiere descargar una copia de la *blockchain*, se puede asegurar que la cadena de bloques es correcta a través del algoritmo de la *PoW* o prueba de trabajo (*proof of work*), algoritmo utilizado en la tecnología blockchain para validar transacciones y crear nuevos bloques en la cadena. Este algoritmo es esencial para garantizar la seguridad y la descentralización de la *blockchain* que permite a los participantes de la red de la *blockchain* saber si la información es realmente correcta o no. Al estar administrada la cadena por la red de nodos que la integran y requerir la prueba de trabajo, exige a los nodos de la red que compitan para resolver un problema matemático complejo. Todos los nodos reciben la misma información, el mismo problema y todos deben resolverlo siguiendo las mismas reglas. El objetivo es conseguir que sea extremadamente difícil para un atacante malintencionado manipular la cadena. Dado que cada nuevo bloque en la cadena depende del bloque anterior, el atacante tendría que resolver cada problema matemático complejo en la cadena para manipularla con éxito. Esto hace que la *blockchain*, en principio, sea resistente a la manipulación.

Finalmente, y en consecuencia con lo anterior, en la *blockchain* los bloques se encuentran estrechamente vinculados entre sí. Modificar uno implica modificar el anterior, pues al añadir un bloque cumpliendo con los requisitos del consenso, se genera un único *hash* que identifica el bloque recién registrado. Ello convierte a una cadena de bloques en, principio, en inmutable o, al menos, su alteración tremendamente compleja, ya que requiere una inversión de recursos de computación, esto es, de una enorme magnitud de cantidades de procesamiento y de energía requeridos por el método de proof of work o prueba de trabajo.

C. Tipos

La tecnología *blockchain* ha evolucionado mucho desde su aparición. Existen varios tipos de *blockchain*, cada una con sus capacidades y características únicas que se adaptan a distintas necesidades como: la pública, la privada y la híbrida o federada.

Así, en sus inicios, los principales usuarios fueron concretos individuos con la capacidad de ver la transformación y la revolución que significaría. Para ellos, era una tecnología pública y al alcance de todos y, lo más importante, abierta tanto para mejorarla como para participar activamente en la misma. Tuvo que pasar algún tiempo hasta que las empresas y los gobiernos comenzaran a interesarse en la *blockchain* para usarla en sus propios proyectos. Sin embargo, los intereses de las empresas y gobiernos son distintos a los de las comunidades abiertas. Esta visión generó el nacimiento de proyectos *blockchain* distintos a todo lo conocido y dio lugar a la tipología actual.

***Blockchain* pública**. Este fue el primer tipo de *blockchain* que existió, y se refiere a las cadenas de bloques a las que cualquier persona puede acceder y unirse libremente. Un ejemplo de este tipo de *blockchain* son Bitcoin, Ethereum, Dash, Monero o Zcash. Este tipo de *blockchain* mantienen abierto al público sus datos, el software y su desarrollo, de forma que cualquier persona puede revisar, auditar, desarrollar o mejorar los mismos.

Para lograr esto, las cadenas de bloques públicas tienen medidas de seguridad que garantizan que ningún actor malicioso pueda fácilmente alterar su funcionamiento. Es ahí donde entran en acción la tolerancia a fallas bizantinas en la programación, protocolos de consenso robustos, protecciones DDoS o contra ataques de 51% o doble gasto. Cualquier medida que ayude a mejorar la seguridad de la red es implementada en la misma, pues el fin de todo esto es mantener la red en funcionamiento y preservar su descentralización.

En cuanto a sus características destaca que las *blockchain* públicas permiten que cualquier persona pueda formar parte de la misma. Bien sea como usuario, minero o administrador de un nodo, las personas pueden acceder a la red y formar parte de ella sin restricción alguna. El funcionamiento de la red es completamente transparente y abierto. Los datos de la *blockchain* desde sus inicios están disponibles para todos sin restricciones. Cualquier persona puede revisar o auditar el funcionamiento de la red y su software. Tampoco existen entidades centralizadas. Las redes públicas son completamente descentralizadas y no existe una autoridad central que regule su funcionamiento

El mantenimiento económico de la *blockchain* depende del sistema integrado en la misma. Generalmente este sistema económico depende de la minería y el cobro de comisiones por cada transacción que se realice dentro de la red.

***Blockchain* privada**. Con la evolución de la tecnología *blockchain* y su expansión, muchas empresas comenzaron a interesarse en ella. Esto derivó en el desarrollo de soluciones *blockchain* privadas o permisionadas. Este tipo de *blockchain* generalmente cuenta con los mismos elementos que una *blockchain* pública, pero a diferencia de éstas, las *blockchain* permisionadas dependen de una unidad central que controla todas las acciones dentro de la misma.

Esta unidad central es la que gestiona el acceso a los usuarios, además de controlar las funciones y permisos dentro de la *blockchain*. Generalmente, son opciones de desarrollo de tipo software privativo, aunque también hay algunas de software libre. Uno de los proyectos de *blockchain* privadas más importantes del mundo criptográfico es Hyperledger. Este proyecto, iniciado por la Fundación Linux y varias empresas del sector tecnológico, es el mayor ejemplo de *blockchain* privada. También podemos mencionar el caso de Corda de R3 o Quorum de JPMorgan, *blockchain* de consorcio en tanto que se ejecutan en colaboración entre múltiples organizaciones y su diseño permite que varias compañías o instituciones diferentes trabajen juntas en la validación de transacciones y el mantenimiento de la red. Una *blockchain* de consorcio es conveniente para empresas cuando todos los participantes necesitan permisos y tienen una responsabilidad compartida para *blockchain*.

Se caracterizan en que el acceso a la red está restringido a elementos que solo pueden ser autorizados por la unidad central de control. Así, el acceso al libro de transacciones o cualquier otro medio de información generado por la *blockchain* es privado. Las blockchain privadas no cuentan con criptomonedas ni se realizan acciones de *minería*.

***Blockchain* híbrida o federada**. Este tipo de *blockchain* es una fusión entre las *blockchain* públicas y las privadas. Es un intento de aprovechar lo mejor de ambos tipos. En estas *blockchain* la participación en la red es privada. Es decir, el acceso a los recursos de la red es controlado por una o varias entidades. Sin embargo, el libro de contabilidad es accesible de forma pública. Esto significa que cualquier persona puede explorar bloque a bloque todo lo que sucede en dicha *blockchain*.

Entre sus características, destaca que el acceso a la red está restringido a elementos que solo pueden ser autorizados por el resto de las unidades de control. En efecto, el acceso al libro de transacciones o cualquier otro medio de información generado por la *blockchain* es público. No existe minería ni criptomonedas. El consenso de la red se da por otros medios que aseguran que los datos son correctos. Es parcialmente descentralizado lo que conlleva a un mejor nivel de seguridad y transparencia.

***Blockchain* lateral**. Se trata de redes de *blockchain* que se ejecutan paralelamente a otra. Permite la transferencia de activos y datos entre diferentes redes de *blockchain*. Ejemplos de *blockchain* lateral son Cosmos, que facilita la interoperabilidad entre cadenas de bloques, conservando al mismo tiempo la soberanía de cada cadena, y Polkadot, que garantiza la escalabilidad de todas las transacciones, mediante la creación de aplicaciones personalizadas que se ejecutan de manera eficiente en su red.

D. Naturaleza y régimen jurídico

La tecnología *blockchain* se asienta sobre un registro (base de datos) de información que puede contener bien datos, derechos o transacciones. No regulada ni tipificada legalmente, surge la cuestión acerca de su naturaleza y régimen jurídicos.

En cuanto registro sus funciones consistentes en, por un lado, servir de almacenamiento de identidad y, por otro, de instrumento para facilitar la transferencia de bienes y derechos, podrían acercarlo a una especie de sistema de representación y transmisión. Sin embargo, carece del soporte necesario para incorporar e identificar el negocio o contrato del que trae causa el hecho jurídico, derecho o transacción, así como de suficientes garantías legales. Mas, al contrario, al ser un registro descentralizado sin intervención ni control de autoridad o registro central no puede asegurar la legitimidad del transmitente y, por tanto, la adquisición pacífica de titularidades, fundamentalmente porque no ha podido alcanzarse estándar suficiente de seguridad e inalterabilidad requerido para un sistema privado y descentralizado como la *blockchain*. Además, se trata de un sistema en el que la autoridad central tradicional se ve sustituida por una innovadora autoridad colectiva.

Si bien es cierto que su funcionamiento se asemeja al de las anotaciones en cuenta, presenta diferencias sustanciales. En primer lugar, se trata de un sistema no exclusivo para instrumentos financieros (vid. art. 6 en relación con el 5 de la Ley 6/2023, de 17 de marzo, de los Mercados de Valores y de los Servicios de Inversión, en adelante LMVSI). Por otra parte, mientras que en la actividad registral tradicional suele diferenciarse entre un registro central —en el que se conserva la copia original— y varios periféricos —a los que se transmite la copia—, en la cadena de bloques todos los integrantes tienen la copia original, por lo que cada participante es suscriptor y editor del registro al mismo tiempo.

La red no puede ser considerada administración pública. Tampoco parece que pueda ser considerada *blockchain* como registro público y es bastante dudoso que pueda cumplir funciones similares, fundamentalmente porque el legislador no ha otorgado a la DLT el valor de instrumento técnico para albergar un registro público de derechos o bienes. No puede dotar, pese a sus pretendidas medidas de inalterabilidad, de los efectos propios de la publicidad legal de cualquier registro público, tales como los derivados de los principios de legalidad, fe pública registral, etc...

Por todo ello, y teniendo en cuenta los niveles de seguridad que sí se han implementado hasta la actualidad, parece razonable considerar, en tanto que registros de almacenamiento de datos sobre negocios jurídicos, contratos y operaciones, que estos hayan alcanzado suficiente **valor probatorio** de documento privado en relación con los datos, hechos, derechos y transacciones que almacena (arts. 299 y ss LEC). Incluso se ha puesto de relieve su capacidad para reforzar singularmente la argumentación jurídica de quien invoca la DLT como soporte probatorio, en caso de discrepancia interregistral o entre distintos documentos (por ejemplo, en casos como el de *adquisiciones a non domino*, si la documentación relevante o referida consta en la DLT).

4. *Criptoactivos*

A. Origen

El origen de los criptoactivos se remota a la creación de **Bitcoin**, la primera criptomoneda que fue propuesta en un Libro Blanco titulado "*Bitcoin: A Peer-to-Peer Electronic Cash System*", publicado en 2008 por una persona o grupo de personas bajo el seudónimo de Satoshi Nakamoto, cuya identidad sigue siendo desconocida. El documento esbozaba un sistema de efectivo electrónico descentralizado que permitiría transacciones directas entre partes sin necesidad de un intermediario, como los bancos.

El 3 de enero de 2009, Satoshi Nakamoto minó el primer bloque de Bitcoin, conocido como el "bloque génesis", marcando así el inicio de la existencia de Bitcoin y de la tecnología *blockchain* o cadena de bloques de datos enlazados, donde cada bloque contiene un registro de transacciones y un enlace al bloque anterior, proporcionando un registro transparente e inalterable de todas las transacciones. Bitcoin no solo introdujo una nueva forma de dinero digital, sino también el concepto de minería, donde los participantes (mineros) han de resolver complejos problemas matemáticos para validar y agregar nuevas transacciones a la *blockchain*, a cambio de lo cual los mineros son recompensados con nuevas unidades de Bitcoin.

Mientras Bitcoin ganaba popularidad, surgieron otras criptomonedas, cada una con sus propias características y objetivos. Ethereum, lanzada en 2015 por Vitalik Buterin, fue un hito significativo al introducir la capacidad de ejecutar contratos inteligentes, programas informáticos autoejecutables que permiten acuerdos automáticos y sin intermediarios.

B. Concepto, función y tipos

El término **criptoactivo** se utiliza con carácter general para describir activos digitales basados en criptografía, que incluyen criptomonedas como Bitcoin y Ethereum, así como tokens emitidos en diversas plataformas ***blockchain*** para representar activos digitales o derechos específicos. Desde el surgimiento de Bitcoin, el ecosistema de criptoactivos ha experimentado un crecimiento rápido y ha generado innovaciones en diversas áreas, incluyendo finanzas descentralizadas (DeFi), tokens no fungibles (NFTs), entre otros.

En cuanto a su **definición**, recientemente el art. 3 del Reglamento (UE) 2023/1114 del Parlamento Europeo y del Consejo de 31 de mayo de 2023 relativo a los mercados de criptoactivos (en adelante, Reglamento MiCA) adopta una definición legal que incorpora en su ámbito objetivo a toda "representación digital de un valor o de un derecho que puede transferirse y almacenarse electrónicamente, mediante la tecnología de registro distribuido o una tecnología similar". En el Derecho español, una primera aproximación conceptual fue hecha por el Tribunal Supremo, al referirse a ellos como "activos inmateriales de contraprestación o intercambio en cualquier transacción bilateral en la que los contratantes lo acepten" (STS 2109/2019, de 20 de junio).

En definitiva, un concepto de criptoactivo aproximado a la compleja realidad jurídica habría de abarcar todos aquellos activos inmateriales de representación digital, no emitidos ni garantizados por organismos o autoridades públicas, pero aceptados por personas físicas o jurídicas en cualquier transacción bilateral como medio de contraprestación u objeto de intercambio y susceptibles de transmisión, almacenamiento y negociación por medios electrónicos. Los activos digitales que no pueden transferirse a otros titulares no son considerados como criptoactivos.

Entre los ejemplos de criptoactivos se encuentran las **criptomonedas** tales como Bitcoin o Ethereum, los **tokens de inversión**, los **tokens de utilidad**, que otorgan acceso a bienes o servicios o los ***NFT*** (tokens no fungibles), que han experimentado un crecimiento significativo especialmente en el ámbito de los videojuegos y en los mercados de arte.

Los criptoactivos son activos digitales que se caracterizan por dos notas o **elementos configuradores**. En primer lugar, su **registro** en algún tipo de libro mayor digital distribuido, cuya seguridad está respaldada por técnicas de criptografía. En segundo lugar, generalmente hacen uso de **tecnologías** como la cadena de bloques (*blockchain*) o la tecnología de Libro Mayor Distribuido (DLT).

El término «criptoactivo» comprende una amplia variedad de activos en el ámbito digital, que adoptan diferentes formas y características. Según su función se ha distinguido entre cuatro tipos de criptoactivos. En primer lugar, los **criptoactivos de pago** que pueden ser utilizados como medios de intercambio o pago (criptomonedas o criptodivisas). En segundo lugar, los **criptoactivos de inversión** que representan derechos sobre activos mobiliarios (acciones, obligaciones, etc.) o inmobiliarios. En tercer lugar, cabe destacar los **criptoactivos de utilidad**, que representan el derecho a acceder a un servicio o a un producto. Y, finalmente, cabe mencionar aquellos en **combinación** de los usos o funciones anteriormente mencionados.

C. Régimen aplicable

a) *El Reglamento MiCA*

El marco normativo de los *criptoactivos* es operado fundamentalmente por el Reglamento MiCA, que responde a la necesidad expuesta por los distintos supervisores de instituciones financieras que pedían una mayor regulación ante la volatilidad y el riesgo de estos productos. Ejemplo de esta advertencia es el comunicado emitido en febrero de 2018 conjuntamente entre el Banco de España y la CNMV en el que recordaban que las *criptomonedas* (i) no son un medio de pago, (ii) su circulación es muy limitada y (iii) su valor oscila fuertemente.

El Reglamento MiCA es la primera norma a nivel global que regula el mercado de *criptoactivos* y representa un cambio significativo en el enfoque regulatorio del ecosistema *cripto* en Europa, ya que pretende establecer un marco más seguro para los inversores y riguroso para la operación con estos instrumentos bajo una supervisión más estricta en relación con la provisión de servicios de *criptoactivos*, y creando obligaciones tanto para los emisores como para los proveedores de servicios de *criptoactivos*.

El mencionado Reglamento establece que los Estados miembros tienen que tomar una decisión sobre el periodo de aplicación de dicha norma en cada país o, en caso contrario, será de aplicación directa a partir de julio del 2026.

Con fecha 26 de octubre de 2023, el Ministerio de Asuntos Económicos y Transformación Digital ("MINECO"), publicó la decisión de adelantar seis meses el periodo transitorio de aplicación del Reglamento (UE) 2023/1114 del Parlamento Europeo y del Consejo, de 31 de mayo de 2023, relativo a los mercados de criptoactivos ("Reglamento MiCA"). No obstante, con la decisión anunciada, está previsto que el Reglamento MiCA se aplique en España a partir del 30 de diciembre de 2025. Para el caso de los emisores de *criptoactivos* con un mecanismo estabilizador de precios, las normas de MiCA serán aplicables a partir del 30 de junio de 2024, tal y como dispone el Reglamento.

b) Ámbito objetivo de aplicación. Exclusiones

El Reglamento MiCA es de aplicación a la emisión, oferta pública y admisión a negociación de criptoactivos distintos de tokens («fichas») referenciados a activos y tokens de dinero electrónico (Título II), de tokens referenciados a activos (Título III) y de tokens de dinero electrónico (Título IV), así como el régimen de autorización y condiciones de ejercicio de la actividad de los proveedores de servicios de criptoactivos (Título V) (art. 1.1).

Quedan **fuera del ámbito** de aplicación de MiCA los *criptoactivos* que sean únicos y no fungibles con otros criptoactivos, esto es, los conocidos como NFTs (art. 2.3) (v. infra, epígrafe E. Tokens o fichas, subepígrafe e). En cualquier caso, están excluidos (i) los considerados instrumentos financieros, esto es, los *security tokens*; que quedarían regulados en el ámbito europeo por la MiFID II, MiFIR, Directiva de Folletos y Directiva de Gestión de Fondos Alternativos, y en el ámbito nacional a la Ley 6/2023, de 17 de marzo, de los Mercados de los Valores y de los Servicios de Inversión; (ii) los Depósitos, incluidos los depósitos estructurados; (iii) las posiciones de titulización en el contexto de una titulización (art. 2.1 del Reglamento (UE) 2017/2402 del Parlamento Europeo y del Consejo, de 12 de diciembre); (iv) la emisión de aquellos *criptoactivos* generados de manera descentralizada (como Bitcoin), si bien su negociación en una plataforma sí que estaría regulada bajo MiCA; (v) los fondos, excepto si se consideran fichas de dinero electrónico; (vi) los que tengan la consideración de productos de seguros de vida o distintos del seguro de vida pertenecientes a los ramos de seguros enumerados en los anexos I y II de la Directiva 2009/138/CE del Parlamento Europeo y del Consejo o los contratos de reaseguro y de retrocesión a que se refiere dicha Directiva; (vii) los productos de pensiones que, con arreglo al Derecho nacional, tengan reconocida como finalidad primaria la de proveer al inversor de unos ingresos en la jubilación y que le den derecho a determinadas prestaciones; (viii) los planes de pensiones de empleo reconocidos oficialmente incluidos en el ámbito de aplicación de la Directiva (UE) 2016/2341 del Parlamento Europeo y del Consejo o de la Directiva 2009/138/CE; (ix) los productos de pensión individuales en relación con los cuales el Derecho nacional exija una contribución financiera del empleador y en los que ni el empleador ni el empleado tengan posibilidad alguna de elegir el producto de pensión ni a su proveedor; (x) los productos paneuropeos de pensiones individuales, tal como se definen en el artículo 2, punto 2, del Reglamento (UE) 2019/1238 del Parlamento Europeo y del Consejo ni, finalmente, (xi) los sistemas de seguridad social a los que les sean de aplicación los Reglamentos (CE) núm. 883/2004 y (CE) núm. 987/2009 del Parlamento Europeo y del Consejo. (arts. 2.3 y 2.4).

Asimismo, MiCA no incluye aspectos relacionados con las finanzas descentralizadas (DeFi), como los préstamos descentralizados.

c) Ámbito subjetivo de aplicación

El Reglamento MiCA es de aplicación a las personas físicas o jurídicas y a determinadas empresas que participen en la emisión, la oferta pública y la admisión a negociación de *criptoactivos* o que presten servicios relacionados con los *criptoactivos* en la Unión (art. 2.1).

No obstante, quedan **excluidos**: a) las personas que presten servicios de *criptoactivos* exclusivamente a sus empresas matrices, a sus propias filiales o a otras filiales de sus empresas matrices; b) el liquidador o administrador que intervenga en el marco de un procedimiento de insolvencia, excepto a los fines del artículo 47; c) el BCE, los bancos centrales nacionales de los Estados miembros cuando actúen en su condición de autoridad monetaria, y otras autoridades públicas de los Estados miembros; d) el Banco Europeo de Inversiones y sus filiales; e) la Facilidad Europea de Estabilidad Financiera y el Mecanismo Europeo de Estabilidad y, f) las organizaciones internacionales públicas (art. 2.2).

Una de las principales disposiciones de este reglamento es la obligatoriedad de obtener autorización para operar en la Unión Europea por parte de todos los proveedores de servicios de criptoactivos (art. 59.1). Esta exigencia ya había sido introducida en España mediante la transposición de la Quinta Directiva sobre Prevención del Blanqueo de Capitales y la creación del Registro de proveedores de servicios de cambio de moneda virtual por moneda fiduciaria y de custodia de monederos electrónicos. En la actualidad, cualquier *Fintech* que tenga la intención de ofrecer servicios relacionados con criptoactivos debe solicitar autorización al Banco de España, sometiéndose a los criterios de idoneidad y honorabilidad establecidos por el supervisor. Este requisito contribuye a la creación de un entorno más uniforme y transparente para los inversores y consumidores. Todas estas novedades regulatorias deberían facilitar la entrada al mercado de instituciones financieras más tradicionales, con una presencia centrada en productos distintos a los criptoactivos.

Los proveedores de servicios de criptoactivos deberán ser personas jurídicas autorizadas —incluidas las entidades de crédito, los depositarios centrales de valores, las empresas de servicios de inversión, organismos rectores del mercado, entidades de dinero electrónico, sociedades de gestión de OICVM o gestores de fondos de inversión alternativos, siempre que estén autorizadas a prestar servicios de criptoactivos en virtud del artículo 60 (art. 59.1), así como otras empresas que no siendo personas jurídicas pueden asegurar un nivel de protección de los intereses a terceros equivalentes a estas (art. 59.3)—, que prestarán los servicios de criptoactivos para los que fueron, en su caso, autorizados para lo que se someterán a una serie de normas prudenciales, en función de los tipos de servicios que presten, de gobierno corporativo y de protección al inversor.

Los proveedores de servicios de criptoactivos (custodia, plataformas de intercambio, asesoramiento, canje, ejecución de órdenes, colocación, recepción y transmisión de órdenes, gestión de carteras de criptoactivos y prestación de servicios de transferencia pro cuenta de clientes) tienen unas normas similares a las empresas de servicios de inversión de MiFID, debiendo ser autorizados por la CNMV.

Por su parte, España designó a la CNMV como autoridad competente para la aplicación del Reglamento MiCA en la Ley de los Mercados de Valores y de los Servicios de Inversión (en adelante, LMVSI). La LMVSI designa a la CNMV como autoridad competente para la supervisión de la emisión, oferta y admisión a negociación de determinados criptoactivos que no sean instrumentos financieros. Con el objeto de que la CNMV pueda ejercer las facultades que le confiere dicho Reglamento, introduce también el régimen de infracciones y sanciones aplicable de conformidad con el mismo (art. 307).

d) Clasificación. Los tres niveles de regulación de MiCA

El Reglamento parte para su regulación de una triple tipología de criptoactivos, que deben distinguirse entre sí y, en consecuencia, estar sujetos a requisitos diferentes en función de los riesgos que entrañan. La clasificación legal toma como criterio si los criptoactivos tratan de estabilizar su valor en relación con otros activos.

Así el primer tipo consta de criptoactivos cuyo objetivo es estabilizar su valor haciendo referencia a una sola moneda oficial. Su función, según el Reglamento, es muy similar a la del dinero electrónico, tal como se define en la Directiva 2009/110/CE. Al igual que el dinero electrónico, esos criptoactivos son un sustituto electrónico de las monedas y los billetes y se emplean normalmente para efectuar pagos. Esos criptoactivos son definidos en el presente Reglamento como «fichas de dinero electrónico».

El segundo tipo de criptoactivos se refiere a las «*fichas referenciadas a activos*», cuyo objetivo es estabilizar su valor haciendo referencia a otro valor o derecho, o a una combinación de estos, incluidas una o varias monedas oficiales. Este segundo tipo abarca todos los demás criptoactivos, distintos de las fichas de dinero electrónico, cuyo valor esté respaldado por activos, a fin de evitar que se eluda el presente Reglamento y hacer que tenga visión de futuro.

Por último, el tercer tipo son los criptoactivos que no son ni «fichas referenciadas a activos» ni «fichas de dinero electrónico» y cubre una gran variedad de criptoactivos, incluidas las denominadas «*fichas de consumo*».

El Reglamento MiCA establece un régimen de autorización a la emisión y negociación de los criptoactivos que varía en función del tipo de criptoactivo. Concretamente se habilitan tres tipos de regímenes:

- **Nivel leve para la emisión de Utility Tokens (o criptoactivos que no tienen la consideración de electronic money tokens (fichas de dinero electrónico) o asset-referenced tokens (fichas referenciadas a activos).**

El Reglamento MiCA establece en su Título II el régimen aplicable a la emisión y negociación de los criptoactivos no considerados *asset-referenced tokens (ART) o electronic money tokens (EMT).* Se refiere y aplica este nivel a los *utility tokens*, esto es, criptoactivos que representan el derecho a acceder a un servicio o a un producto. Este tipo de *criptoactivos*, que no conllevan ninguna participación de inversión ni titularidad en un proyecto, suponen un menor riesgo para los usuarios, ya que su uso no amenaza la estabilidad financiera, derivándose en consecuencia un régimen menos estricto que el aplicable a los *asset-referenced tokens* y los *e-money tokens*. La emisión de los *utility tokens* no está sujeta a un régimen de autorización previa sino a un régimen de notificación al supervisor (v. *infra* epígrafe. E. Tokens o fichas, subepígrafe b) Concepto y clasificación). Este régimen se basa en proveer al consumidor de una información adecuada sobre el criptoactivo a emitir o negociar y el derecho a depurar responsabilidades cuando la emisión no se ha realizado cumpliendo con lo establecido en la normativa.

Whitepaper o libro blanco. El Reglamento MiCA exige la emisión del *whitepaper* o libro blanco, que contiene todos los requerimientos legales establecidos, como la descripción del proyecto o las características del activo, similar al folleto de emisión de los valores negociables de mercados organizados.

Este requerimiento es trasversal a todos los regímenes de criptoactivos expuestos en el reglamento, solo que su intensidad oscila entre un régimen de mera notificación para los *utility tokens* y un régimen de aprobación para las otras categorías de activos de MiCA por parte del supervisor, en función del riesgo que el criptoactivo suponga para la estabilidad financiera y protección de los consumidores.

El sujeto obligado de este requerimiento es el emisor del criptoactivo, que debe constituirse como persona jurídica y cumplido con los requisitos del art. 4 el Reglamento MiCA.

El *whitepaper* debe contener, al menos, los datos contemplados en el artículo 6 de MiCA, que son los siguientes: 1) Identificación del oferente, y en caso de ser diferente, del emisor, junto con una presentación de los principales participantes en el diseño y desarrollo del proyecto; 2) Información sobre el emisor, cuando difiera del oferente; 3) Información sobre el operador de la plataforma de negociación al momento de elaborar el *whitepaper*; 4) Información del proyecto del emisor. 5) Información detallada de las características de la oferta al público o su admisión a negociación, incluyendo el número específico de criptoactivos a emitir (sin permitir emisiones ilimitadas), el precio de emisión, y los términos y condiciones de la suscripción. Se establece una exención para ciertos *utility tokens*, tales como aquellos emitidos de forma gratuita, los creados automáticamente como recompensa por actividades específicas, las fichas de consumo, y los que tienen un valor total de emisión inferior a 1.000.000 de euros en 12 meses; 6) Información del criptoactivo; 7) Información de los derechos y obligaciones asociados con los criptoactivos, así como los procedimientos y condiciones para ejercer dichos derechos; 8) Información sobre la tecnología y normas subyacentes aplicadas por el emisor para retener, almacenar y transferir los criptoactivos; 9) Información detallada de los riesgos relacionados con el emisor, los criptoactivos, la oferta al público y la implementación del proyecto; y, 10) Información sobre los principales efectos adversos sobre el clima y otros efectos adversos relacionados con el medio ambiente del mecanismo de consenso utilizado para emitir el criptoactivo.

Deber de notificación. El *whitepaper* debe ser notificado por parte del emisor a la autoridad competente y hacerlo accesible a terceros a través de su publicación en su página web de manera indefinida (artículo 8 del Reglamento MiCA). También notificará aquellas comunicaciones comerciales que realice sobre la emisión y negociación del mismo y que estarán sujetas a unas obligaciones de veracidad e información similares a las del whitepaper.

Derecho de desistimiento del comprador. De acuerdo el art. 13 del Reglamento MiCA podrá ejercitarse, sin coste alguno, en los 14 días siguientes a la compra del *utility token.* El reembolso se efectuará a través del mismo medio de pago empleado por el titular minorista en la operación inicial, salvo consentimiento expreso del titular minorista para que se haga de otra forma. Este derecho está limitado a los titulares minoristas, esto es, a aquellas compras realizadas directamente al emisor o cuando el comprador ha comprado el *criptoactivo* de un tercero que actúa en nombre del emisor. Por lo tanto, el derecho de desistimiento no operaría en la reventa de un *utility token* aun cuando ésta la realice un profesional, o en los mercados secundarios si en los mismos no participa directamente el emisor o a través de un tercero. Los oferentes de criptoactivos incluirán en el libro blanco de criptoactivos información acerca del derecho de desistimiento (art. 13.3). No obstante, no se reconoce este derecho cuando los criptoactivos hayan sido admitidos a negociación antes de su compra por el titular minorista (art. 13.4). Por otro lado, cuando los oferentes hayan establecido un plazo para su oferta pública de criptoactivos, de conformidad con el artículo 10, el derecho de desistimiento no podrá ejercerse una vez concluido el plazo de suscripción (art. 13.5). Cuando el titular minorista tenga un derecho de desistimiento en aplicación del presente Reglamento no debe aplicarse el derecho de desistimiento previsto en la Directiva 2002/65/CE del Parlamento Europeo y del Consejo.

Régimen de responsabilidad del emisor. El mismo Título II establece también un régimen de responsabilidad para los emisores y sus administradores. Para que su aplicación, el consumidor debe probar que: (1) La información del *whitepaper* del que compró no cumple con lo establecido por el Reglamento MiCA (art. 6) y (2) La decisión de compra está basada en la información errónea o inexacta del whitepaper. Si las comprobaciones fueran positivas, el emisor o sus administradores deberán indemnizar al consumidor por cualquier daño sufrido. El Reglamento MiCA en su art. 15.5 *a sensu contrario* no expone limitaciones al resarcimiento de los daños, por lo que se plantea la cuestión sobre si el consumidor podría estar facultado para reclamar tanto los daños directos como los indirectos o, como se denomina en el Derecho español, el lucro cesante. Una interpretación del apartado 6, por virtud del cual, se establece que esta responsabilidad se entenderá sin perjuicio de cualquier otra responsabilidad en virtud del Derecho nacional, parece fundamento sólido en aras de solicitar también el lucro cesante.

La segunda cuestión que plantea el art. 15 del Reglamento MiCA es que la responsabilidad derivada de la publicación por un emisor o su órgano de “información que no sea completa, imparcial o clara, o al proporcionar información engañosa”, no contempla el supuesto de emisión sin haber cumplido directamente la previa publicación del *whitepaper.*

- **Nivel medio para la emisión de tokens referenciados a activos o *asset-referenced tokens* (ARTs)**

La emisión de los *asset-referenced tokens,* esto es, criptoactivos que no tienen la consideración de ficha de dinero electrónico y que pretenden mantener un valor estable referenciado a otro valor o derecho, o a una combinación de ambos, incluidas una o varias monedas oficiales, se somete a un régimen de autorización *ex ante,* esto es, sólo se permiten las ofertas públicas de fichas referenciadas a activos en la Unión o la solicitud de su admisión a negociación cuando la autoridad competente haya autorizado previamente al emisor de tales criptoactivos (personas jurídicas, empresas establecidas en la UE o entidades de crédito que cumplan con el art. 17) y haya aprobado el correspondiente libro blanco de criptoactivos (arts. 16.1 y 18). No obstante, el requisito de autorización no se exige cuando las fichas referenciadas a activos se oferten solo a inversores cualificados (y sólo estos puedan ser titulares de la ficha) o cuando la oferta pública de fichas referenciadas a activos no supere los 5 000 000 EUR. Ahora bien, sí debe exigirse a dichos emisores de dichas fichas referenciadas a activos que elaboren el libro blanco de criptoactivos, a fin de informar a los compradores de sus características y riesgos, y que notifiquen dicho libro blanco a la autoridad competente antes de su publicación (art. 16.2).

El *principio de ventanilla única* o *one-stop shop.* El Reglamento MiCA establece su régimen de autorización en el Título III, basado en el principio de *one-stop shop* o ventanilla única ya utilizado por la Comisión Europea en otras autorizaciones. El principio implica que solo es necesaria la obtención de una única autorización por la autoridad para emitir en toda la Unión Europea (art. 16.3). Sin embargo, el régimen de autorización del Reglamento MiCA no centraliza la emisión de la autorización en EBA o ESMA, sino en la autoridad nacional donde resida el emisor (art. 18.1).

La *autorización* (art. 16-21). El emisor deberá presentar la solicitud de autorización cumplimentada junto a un whitepaper, más extenso que el requerido para la emisión de utility tokens.

El proceso de autorización tiene un plazo estipulado de máximo sesenta días hábiles desde la recepción de la solicitud completa por la autoridad competente, extensible a veinte días hábiles más si finalmente se requiere un informe no vinculante de la EBA, ECB o ESMA (art. 20.5). Cuando la autoridad competente de un Estado miembro analice la emisión de un ART podrá rechazar la emisión si se cumplen algunos de los siguientes motivos (art. 21.2): (1) si el órgano de gestión del emisor puede suponer una amenaza para su gestión eficaz, sólida y prudente y para la continuidad de las actividades, así como para la adecuada consideración de los intereses de sus clientes y la integridad del mercado; (2) los miembros del órgano de dirección no cumplen los requisitos establecidos en el artículo 34, apartado 2; (3) los accionistas y socios, ya sean directos o indirectos, que posean participaciones cualificadas no cumplan los criterios de honorabilidad suficiente establecidos en el artículo 34, apartado 4; (4) si el emisor no cumple o es probable que no cumpla con alguno de los requisitos del Título III (art. 34.2.d) y (4) si el modelo de negocio del emisor solicitante puede suponer una grave amenaza para la estabilidad, la transmisión de la política de moneda soberana.

Esta autorización de emisión de un ART es revocable en los supuestos descritos por el art. 24 Reglamento MiCA, entre los que destacan la ausencia de uso la autorización. Así, el emisor haya dejado de ejercer su actividad durante 6 meses consecutivos o no haga uso de la autorización en un plazo de 12 meses consecutivos. Cuestión importante es la derivada de esta revocabilidad, ya que el Reglamento MiCA no contempla la obligación de no emitir un número ilimitado de criptoactivos.

El *deber de notificación de modificación* del white paper o libro blanco (art. 25). Impone el art. 25 del Reglamento MiCA el deber de los emisores a notificar igualmente, en el plazo de 30 días hábiles antes de que surtan efecto, a la autoridad competente cualquier cambio previsto en su modelo de negocio en tanto pueda afectar de manera apreciable a la decisión de compra de un potencial titular de ARTs y que se produzca con posterioridad a la autorización del art. 21.

En concreto, el precepto señala aquellos cambios que se consideran modificación sustancial a los efectos de esta notificación tales como los relativos: (1) los mecanismos de gobernanza, incluidos los sistemas de reporte de información al órgano de dirección y la política de gestión de riesgos; (2) los activos de reserva y su custodia; (3) los derechos reconocidos a los titulares de fichas referenciadas a activos; (4) el mecanismo a través del cual se emite y se reembolsa una ficha referenciada a activos; (5) los protocolos para la validación de operaciones con fichas referenciadas a activos; (6) el funcionamiento de la tecnología de registro distribuido propiedad del emisor, cuando las fichas referenciadas a activos se emitan, transfieran y almacenen utilizando dicha tecnología de registro distribuido; (7) los mecanismos para garantizar la liquidez de las fichas referenciadas a activos, incluida la política y los procedimientos de gestión de la liquidez aplicables a los emisores de fichas significativas referenciadas a activos a que se refiere el artículo 45; (8) los acuerdos con entidades terceras, entre otros para la gestión de los activos de reserva y la inversión de la reserva, la custodia de los activos de reserva y, en su caso, la distribución de las fichas referenciadas a activos al público; (9) i) el procedimiento de tramitación de reclamaciones y (10) la evaluación del riesgo de blanqueo de capitales y financiación del terrorismo y las políticas generales y los procedimientos conexos.

Derecho de reembolso de los titulares. El art. 39.1 del Reglamento MiCA reconoce a los titulares de fichas referenciadas a activos un derecho de reembolso en todo momento frente a los emisores de las fichas y respecto de los activos de reserva cuando los emisores no puedan cumplir sus obligaciones a que se refiere el Capítulo 6 del título III (arts. 46 y ss. en relación con los planes de recuperación y de reembolso). Los emisores establecerán, mantendrán y aplicarán políticas y procedimientos claros y detallados con respecto a dicho derecho permanente de reembolso. En concreto, el emisor de tal ficha debe efectuar el reembolso bien pagando en fondos distintos de dinero electrónico un importe equivalente al valor de mercado de los activos referenciados por dicha ficha referenciada a activos, bien entregando los activos referenciados por la ficha (art. 39.2).

Obligaciones del oferente. El Reglamento MiCA establece un marco de obligaciones, entre las que destaca la obligatoriedad de establecer una reserva de activos que mantengan el valor de los ART emitidos (art. 36.1) y el establecimiento de un procedimiento de quejas y reclamaciones, homologable a un SAC (art. 31).

Por una parte, respecto a la reserva de activos, el art. 35 del Reglamento MiCA establece la *obligación de tener una reserva de activos por cada criptoactivo* que se ha emitido de forma que se garantice un respaldo de valor. Además, estos emisores deben asegurarse de tener como mínimo unos fondos propios equivalentes al 2% de las reservas de criptoactivos que emiten o, si este importe es inferior a 350.000 euros, a mantener esta última cantidad como mínimo de liquidez o, en último término, si no se alcanzara el mínimo de los anteriores, al menos, una cuarta parte de los gastos fijos generales del año anterior.

Por otra parte, respecto al procedimiento de quejas y reclamaciones, se establece la *obligación de que sea gratuito.* Deberá el emisor mantener un registro de las reclamaciones y de las acciones que se han tomado para dar respuesta (art. 31.3). Además, se impone la obligación de resolverlas en un tiempo razonable y de forma imparcial (art. 31.4). A este respecto, Reglamento MiCA delega en la EBA la capacidad de establecer requisitos más pormenorizados mediante la emisión de RTS (normas técnicas de regulación).

Por último, igual que en los *utility tokens,* respecto a la responsabilidad de los emisores de ART, éstos *responderán por los daños ocasionados* al titular de ARTs cuando basen su compra en un supuesto whitepaper que no cumpliera con lo dispuesto en el art. 26 del Reglamento MiCA.

- **Nivel alto para la emisión de *Electronic Money Tokens (EMTs).***

Para el tercer tipo de criptoactivos que reconoce MiCA, se establece un régimen de requerimientos más alto, atendiendo a su autorización. Este tipo de activos se caracterizan en que su valor se determina haciendo referencia a una única moneda oficial (*fiat*) del Estado miembro. Por lo tanto, su función se asemeja más al concepto de dinero electrónico en comparación con las otras dos categorías de criptoactivos anteriores. El Reglamento MiCA en su Título IV instituye un régimen de requisitos más riguroso para el tercer tipo de criptoactivos, fichas de dinero electrónico o Electronic Money Tokens (EMTs), vinculado a su proceso de autorización.

Condición de emisor y exención de autorización. La diferencia principal con respecto a los regímenes previos radica en que el Reglamento MiCA, al considerar su funcionalidad como un instrumento asimilable al dinero electrónico, restringe la condición de emisor de (EMTs) solo a aquellas entidades que cuenten con la autorización correspondiente como entidad de dinero electrónico o entidad de crédito hayan notificado un libro blanco de criptoactivos a la autoridad competente que habrá de ser publicado, de conformidad con el artículo 51 (art. 48). En lo demás, el régimen comparte numerosas similitudes con los otros dos tipos de criptoactivos. De manera análoga a lo observado con los tokens referenciados a activos o ARTs, el Reglamento MiCA somete a un régimen de autorización ex ante, esto es, sólo se permiten las ofertas públicas de fichas referenciadas a activos en la Unión o la solicitud de su admisión a negociación cuando la autoridad competente haya autorizado previamente al emisor de tales criptoactivos y haya aprobado el correspondiente libro blanco de criptoactivos (arts. 48 y 51).

Obligaciones del emisor. Las emisiones de EMT están sujetas a un régimen de notificación más que a un específico régimen de autorización, prácticamente idéntico al de los utility tokens. De esta forma, el emisor de un EMT deberá notificar a la autoridad competente del Estado miembro donde resida un whitepaper que, también deberá publicar en su página web (art. 51.12). Esta laxitud en el requerimiento de notificación es consecuencia de la previa autorización requerida para emitir EMT como entidad de crédito o entidad de dinero electrónico.

Régimen de responsabilidad y derecho de reembolso. Los emisores y miembros del órgano de administración de EMTs están sujetos a un régimen de responsabilidad idéntico al establecido para los dos tipos anteriores de criptoactivos (art. 49). Su única salvedad es el derecho de canje. El Reglamento MiCA propone un derecho de reembolso (art. 49) que supone la prohibición de conceder cualquier interés o alteración al precio del EMT (art. 50) y se permite al consumidor canjear el EMT en cualquier momento por el valor nominal del valor de referencia al tiempo de la solicitud de reembolso (art. 49.4).

D. Las criptomonedas

a) *Concepto, función y naturaleza jurídica*

La primera aproximación al concepto en el Derecho comunitario la ofrece el artículo 3 de la Directiva (UE) 2015/849 del Parlamento Europeo y del Consejo, de 20 de mayo de 2015, relativa a la prevención de la utilización del sistema financiero para el blanqueo de capitales o la financiación del terrorismo al considerar como tal la "representación digital de valor no emitida ni garantizada por un banco central ni por una autoridad pública, no necesariamente asociada a una moneda establecida legalmente, que no posee el estatuto jurídico de moneda o dinero, pero aceptada por personas físicas o jurídicas como medio de cambio y que puede transferirse, almacenarse y negociarse por medios electrónicos".

Por su parte, la Directiva (UE) 2018/843 del Parlamento Europeo y del Consejo, de 30 de mayo de 2018 (más conocida como 5ª Directiva de prevención de blanqueo de capitales"), si bien referida a la categoría de **monedas virtuales**, donde se incluirían las criptomonedas, se refiere a ellas para delimitarlas de la siguiente forma "representación digital de valor no emitida ni garantizada por un banco central ni por una autoridad pública, no necesariamente asociada a una moneda establecida legalmente, que no posee el estatuto jurídico de moneda o dinero, pero aceptada por personas físicas o jurídicas como medio de cambio y que puede transferirse, almacenarse y negociarse por medios electrónicos".

En definitiva, bajo el concepto de criptomonedas (monedas digitales nativas que operan en sus propias cadenas de bloques o redes descentralizadas) se incluye un conjunto de representaciones electrónicas o digitales que, debido a su valor patrimonial y a su configuración tecnológica específica, tienen la capacidad de operar como un medio de pago ampliamente aceptado para obligaciones financieras, ya sea por disposición legal o por acuerdo voluntario entre los operadores económicos.

De esta definición general, se pueden extraer al menos tres ideas fundamentales que facilitan la comprensión de lo que implica el concepto de criptomonedas.

En primer lugar, el **carácter criptográfico** que caracteriza a estos elementos con capacidad de valor patrimonial sugiere tanto el medio digital o electrónico tecnológicamente utilizado para su emisión y representación como la característica de utilizar técnicas de encriptación para garantizar la seguridad y fiabilidad de las operaciones de pago. Se encuentra protegida criptográficamente, ya que incorpora un cifrado criptográfico con el objetivo de garantizar su titularidad y asegurar la integridad de las transacciones, haciéndolas inmodificables e infalsificables.

En segundo lugar, su función como **medio de pago** hace referencia a la capacidad de estas representaciones digitales, o su pretensión de serlo, para equivaler al dinero fiduciario, es decir, a los billetes y monedas de curso legal, con el propósito de ser consideradas como un medio de pago generalmente aceptado para obligaciones financieras. Sin embargo, en la actualidad tan sólo pueden considerarse moneda virtual convertible. Su triple función como medio de intercambio o pago, como depósito de valor y por último como unidad de cuenta, sólo es acometida por un número muy reducido de ellas.

En tercer lugar, las criptomonedas representan la última evolución tecnológica en la tendencia hacia la desincorporación o **desmaterialización del dinero**, que comenzó con el llamado dinero escriturario o bancario. Este último hace referencia a los apuntes en las cuentas corrientes bancarias que representan créditos de naturaleza dineraria con inmediata exigibilidad entre las entidades bancarias y sus clientes. Las criptomonedas comparten con la moneda bancaria o escrituraria la característica de ser meros apuntes contables con la capacidad potencial de representar poder patrimonial e utilizables como medio de pago en el tráfico económico, siendo esta una evolución que ha transitado desde su representación documental en soportes físicos duraderos hasta su forma electrónica o digital actual.

En cuanto a su calificación y configuración jurídica, debido a su origen y principalmente por su función, que no es otra que constituir una alternativa al dinero, sigue siendo debatido que puedan sustituir a la moneda y servir como medio de intercambio y, por tanto, como unidad de cuenta y/o depósito o reserva de valor, que por lo demás es oscilante. Tampoco se encuentran referenciadas a ninguna moneda, activo o criptoactivo, generando falta de referenciación, alta volatilidad y costes mayores de transacción.

En cualquier caso, es comúnmente aceptado que, por lo que se refiere a las criptomonedas, estas **no pueden considerarse dinero de curso legal**, pues no son emitidas ni están respaldadas por autoridad pública alguna en materia de política monetaria ni por ningún otro activo o materia prima, ni cabe atribuirles los efectos solutorios de la moneda de curso legal, cuando no son expresamente aceptadas por el acreedor como medio de contraprestación, de acuerdo con nuestro Derecho (art. 1170 Código Civil). Tampoco tienen la consideración de dinero electrónico, ya que no representan valor monetario de curso legal, ni tampoco créditos contra el emisor, que se emita al recibo de fondos, por lo que tampoco, y en consecuencia, quedarían bajo el ámbito de aplicación del régimen previsto en el Real Decreto-ley 19/2018, de 23 de noviembre, de servicios de pago y otras medidas urgentes en materia financiera.

Existe una tendencia a considerar legalmente dinero a las criptomonedas, defendiendo que se trata de un tipo de representación del mismo, la electrónica o digital, con un valor económico y con un único fin, el pago. Fundamenta esta posición en el principio de autonomía de las partes ex artículo 1255 del código civil.

No obstante, en la actualidad no cabe la consideración de las criptomonedas como dinero, sino como un **bien mueble inmaterial**. En este sentido, la Sentencia de 20 de junio de 2019 define el bitcoin, y por tanto las demás criptomonedas, como "un activo patrimonial inmaterial, en forma de unidad de cuenta definida mediante la tecnología informática y criptográfica denominada [... que] permite utilizar[lo] como un activo inmaterial de contraprestación o de intercambio en cualquier transacción bilateral en la que los contratantes lo acepten, pero en modo alguno es dinero".

b) Criptomonedas o criptoactivos nativos distribuidos

Los criptoactivos o criptomoneda nativos distribuidos son una categoría de activos digitales que se basan y operan a partir de tecnologías de contabilidad distribuida de nodos (computadoras), como la cadena de bloques, que es un registro inmutable y transparente de todas las transacciones. Son activos digitales que utilizan, por tanto, criptografía para garantizar la seguridad de las transacciones y controlar la creación de nuevas unidades.

No son dinero de curso legal. Muchas criptomonedas, como Bitcoin, tienen un límite máximo de unidades que se pueden crear, lo que introduce un elemento de escasez similar a los metales preciosos. Estas criptomonedas nativas de redes descentralizadas y no permisionadas, como Bitcoin o Ethereum, no están vinculadas al valor de una moneda de curso legal. Mas, al contrario, su valor está sujeto a las fuerzas del mercado, determinado por la oferta y la demanda y depende de la confianza que los usuarios tienen en el activo. No cuentan con el respaldo de una entidad legal que pueda responder en caso de surgir problemas técnicos.

Utilizan técnicas criptográficas para asegurar las transacciones y controlar la creación de nuevas unidades.

En definitiva, las criptomonedas pueden definirse como representaciones digitales de valor no emitidas ni garantizadas por un banco central ni por una autoridad pública, no necesariamente asociadas a una moneda establecida legalmente, carente de estatuto jurídico de moneda o dinero, pero aceptada por personas físicas o jurídicas como medio de cambio y que pueden transferirse, almacenarse y negociarse por medios electrónicos.

Se caracterizan por su **naturaleza descentralizada**. La mayoría de las criptomonedas funcionan en redes descentralizadas, no interviene intermediario ni son controladas por ninguna entidad central que verifique las transacciones, lo que confiere mayor autonomía, que no seguridad, a los usuarios.

Estos activos digitales son **activos distribuidos**. Utilizan una tecnología de cadena de bloques para registrar de manera segura y transparente todas las transacciones y están diseñados para funcionar como medio de intercambio, almacén de valor o para ejecutar contratos inteligentes y aplicaciones descentralizadas (dApps).

Mientras que las transacciones son transparentes en la cadena de bloques, la **identidad** de los participantes se **oculta** detrás de direcciones criptográficas. Además, se encuentra fundamentada matemáticamente, pues está compuesta de secuencias alfanuméricas.

La mayoría utiliza algún **mecanismo de consenso** para validar y agregar transacciones al registro. Algunos utilizan la prueba de trabajo (PoW), mientras que otros emplean la prueba de participación (PoS) u otros algoritmos de consenso. No obstante, algunos criptoactivos nativos distribuidos permiten la ejecución de contratos inteligentes, esto es, acuerdos autoejecutables con reglas programadas en el código, eliminando la necesidad de intermediarios.

Finalmente, cabe destacar que son numerosos los proyectos de monedas digitales respaldados no por bancos centrales, sino por corporaciones sujetas a regulación, como es el caso de Libra, ahora conocida como Diem, proyecto de criptomoneda respaldado por Facebook. Existen otras soluciones que buscan fusionar las innovadoras funcionalidades presentes en las redes de criptomonedas con mayores garantías para los usuarios. Estas monedas están respaldadas por una reserva de activos de la entidad emisora y pretenden comportar menos riesgos que las criptomonedas tradicionales como medio de pago.

c) Monedas estables y criptomonedas de curso legal

Mención especial merecen las **monedas estables** (*Stablecoins*), esto es, criptoactivos que buscan mantener un valor estable en relación con una moneda oficial o uno o varios activos a través de protocolos que prevén el aumento o la disminución de la oferta de tales criptoactivos en respuesta a los cambios en la demanda. Pueden desempeñar funciones de una moneda propia, es decir, pueden ser utilizadas para realizar pagos, préstamos y otros usos similares al dinero tradicional.

En contraposición a las deficiencias y volatilidad identificadas en los criptoactivos como instrumentos de pago, que se derivan principalmente de su alta volatilidad, se crean las *stablecoins* como una subcategoría específica. Las *stablecoins* se caracterizan por implementar mecanismos destinados a estabilizar su valor, ya sea mediante incentivos dirigidos a los inversores o mediante la gestión de la oferta monetaria asociada a la *stablecoin* en cuestión. Las *stablecoins* se caracterizan, por tanto, por tener un garante, esto es, el emisor específico o por un elemento, activo o moneda fiduciaria (*fiat)* subyacente.

En definitiva, las monedas estables son un tipo específico de criptoactivo diseñado para mantener un valor estable vinculándose a activos tradicionales como monedas legales (por ejemplo, dólares estadounidenses, como Tether (USDT, pero también USDC, DAI respaldada por Ethereum y BUSD) o incluso *commodities* como el oro (como por ejemplo Bit Gold, surgida en 2011).

Algunas características de las monedas estables incluyen: 1) Estabilidad de Valor: Su valor está respaldado por activos estables, lo que reduce la volatilidad en comparación con criptomonedas más tradicionales como Bitcoin; 2) Facilitación de Transacciones: Se utilizan a menudo como un medio de intercambio más predecible y confiable en comparación con criptomonedas volátiles; y 3)

Garantía de Reservas: Para mantener la paridad con el activo respaldado, las emisoras de monedas estables suelen mantener reservas equivalentes en activos respaldadores.

En tanto que medio para el intercambio, comercio, ahorro, pagos e inversión, las monedas estables permiten (i) intercambiar criptomoneda; (ii) comprar o vender bienes y servicios de manera segura; (iii) enviar dinero a través de fronteras de manera rápida, segura y eficiente o realizar pagos en línea o en tiendas; (iv) finalmente también las monedas estables se utilizan en el contexto de las finanzas descentralizadas (DeFi) para realizar préstamos, inversiones y operaciones de trading.

Las monedas estables pueden clasificarse a partir de diferentes grupos. En primer lugar, las vinculadas a materias primas o *commodities*, cuya emisión se respalda a partir de un activo físico, concreto y tangible, que puede adoptar diversas formas (tales como, metales de alta demanda, como el oro y la plata). En segundo lugar, las vinculadas a divisas, grupo que abarca aquellas que se encuentran respaldadas por divisas o monedas *fiat* de curso legal, destacándose por su activo tráfico transaccional en el mercado y cuyo funcionamiento básico se basa en la adquisición de una fracción o token de la moneda establecida al comprar la divisa que la respalda, y viceversa, en caso de llevar a cabo el proceso inverso. El tercer grupo se refiere a aquellas vinculadas a otras criptomonedas (Bitcoin, etc.). De naturaleza discutida, se cuestiona la estabilidad que esta clase de *stablecoins* puede proporcionar, ya que emplean otras criptomonedas para mantener su valor estable y los usuarios a menudo deben aportar un exceso de depósito para evitar fluctuaciones (sobrecolateralización). Finalmente, dentro de las *stablecoins*, se encuentran las denominadas **«criptomonedas estables» algorítmicas**, que buscan mantener un valor estable en relación con una moneda oficial o uno o varios activos a través de protocolos que prevén el aumento o la disminución de la oferta de tales criptoactivos en respuesta a los cambios en la demanda. Su particularidad, por tanto, es que se mantienen estables gracias al uso de algoritmos y contratos inteligentes que juegan con la oferta y la demanda de la moneda.

En resumen, las criptomonedas son activos digitales descentralizados con diversas características y funciones, mientras que las monedas estables buscan proporcionar estabilidad de valor vinculándose a activos más tradicionales.

d) Monedas digitales de los Bancos Centrales (CBDCs)

En definitiva, las criptomonedas antes analizadas son una categoría de criptoactivos de carácter privado, comúnmente utilizan tecnología de libro distribuido (DLT) y no cuentan con emisión o respaldo por parte de ningún banco central.

Alejadas de estas, se encontrarían, las CDBC (*Central Bank Digital Currencies*), esto es, las divisas electrónicas creadas por entidades bancarias centrales con la finalidad de reemplazar eventualmente los billetes y monedas convencionales. Estas monedas digitales son, en todo caso, criptomonedas públicas respaldadas, y por ende controladas, por los propios bancos centrales emisores. Un ejemplo claro de esto es el yuan digital chino o DCEP (Digital Coin Electronic Pay), así como proyectos como Eurochain o Fedcoin.

Son varias las ventajas que pueden llegar a brindar este tipo de monedas digitales como una mayor eficiencia en los pagos al por mayor, eliminación de costes derivados de la emisión del dinero en efectivo, la apertura de cuentas corrientes bancarias en Bancos Centrales con los efectos para la transparencia y seguridad en la política monetaria que ello introduciría, etc.

Dada su naturaleza en cuanto a su emisión, parece que este tipo de moneda digital tiene mayores posibilidades de ser reconocido como dinero auténtico en el futuro, a diferencia de la situación actual con las criptomonedas. En ese caso las CBDCs adoptarían la **forma de dinero fiduciario** emitido por los Bancos centrales y se obtendría de forma automática el estatus de moneda de curso de legal en un Estado determinado.

E. Tokens o fichas

a) *Origen y problemática*

Los *tokens*, en el contexto de las criptomonedas y *blockchain*, surgieron con la creación de Bitcoin en 2009. Bitcoin fue la primera criptomoneda y su tecnología subyacente, la cadena de bloques (*blockchain*), permitió la emisión y transferencia de unidades digitales (*bitcoins*) de forma descentralizada y segura.

Los *tokens* se expandieron con la introducción de plataformas más avanzadas, como Ethereum, que permitieron la creación de contratos inteligentes y *tokens* personalizables.

La tecnología *blockchain* ha potenciado el fenómeno de la tokenización, esto es, de la instrumentación de activos financieros. Más dificultades encuentra la tokenización de activos físicos, debido a la imposibilidad de dotar de la seguridad jurídica suficiente su negociación y transmisión.

b) *Concepto y clasificación*

Un *token* es una unidad de valor basada en la criptografía que es emitida por una entidad en una *blockchain* y puede representar una participación de un inversor en el proyecto, tener un propósito económico e incluso no tener un propósito o uso específico. Un *token* representa una unidad de valor emitida por una entidad y puede abarcar una amplia gama de aplicaciones.

Sin embargo, no existe una definición legal de *token* como subcategoría, más allá que la que el Reglamento MiCA realiza genéricamente de los *criptoactivos*, de la que se puede extraer a su vez la diferenciación entre *criptomonedas* y *tokens*. En efecto, a diferencia de la criptomoneda, podemos definir el *token* como aquella representación digital de valor en un entorno digital, que puede transferirse y almacenarse electrónicamente, utilizando tecnología de libro mayor distribuido o similar.

Una definición legal de *token* comúnmente aceptada es aquella que los conceptúa como "una representación digital de cualquier bien físico, digital, derecho o servicio y se encuentran protegidos criptográficamente". No obstante, la AEVM o ESMA (Autoridad Europea de Valores y Mercados) los define como "toda representación digital de un interés, que puede ser de valor, un derecho a recibir un beneficio o a desempeñar funciones específicas o puede no tener un propósito o uso específico". Se ha definido el token también como "una unidad de valor que una organización crea para gobernar su modelo de negocio y dar más poder a sus usuarios para interactuar con sus productos, al tiempo que facilita la distribución y reparto de beneficios entre todos sus accionistas".

Pueden tener diversas funciones y utilidades según la plataforma *blockchain* en la que se emiten. Los tokens pueden representar activos financieros, activos inmobiliarios, derechos de acceso a servicios, participación en activos, servicios o proyectos, entre otros. Se instrumentan a partir de la tecnología *blockchain* en una cadena de bloques y están respaldados por contratos inteligentes que definen sus propiedades y funcionalidades.

El token, en cuanto ficha o soporte, constituye el medio de representación de un activo financiero o de un derecho, al que se le asigna un valor convenido por las partes en sustitución de moneda, etc... No es más que el medio o instrumento de representación de un derecho en las transacciones que los acepten. Debe diferenciarse entonces entre el medio de representación o tokenización del derecho o valor y el propio derecho o valor.

El token es una ***ficha virtual o electrónica*** que en sí mismo carece de valor. La funcionalidad del token y, por tanto, de la llamada tokenización no es otra que dotar de un medio de representación que, además, y para algunos activos como los mobiliarios o financieros, facilita la transmisión y con ella la liquidez.

El término **tokenización**, en definitiva, alude al negocio jurídico por virtud del cual se dota de representación digital o virtual en la cadena de bloques a un activo. Como resultado de este proceso, el token no representa tanto el activo como el derecho sobre ese activo y su valor, por tanto, el contenido económico del derecho sobre el activo referenciado.

En cuanto a su **tipología**, se ha venido distinguiendo precisamente en relación con su aplicación, funcionalidad o finalidad económica, entre tres tipos, a saber, Token de utilidad, tokens para pago y token de seguridad:

a) **Tokens de utilidad** o *utility tokens*, esto es, fichas que otorgan un derecho de acceso a servicios o productos dentro de un entorno basado en *blockchain*. Estos *tokens* están vinculados a una aplicación en una plataforma determinada y, por tanto, son aceptados solo por el emisor de ese token para otorgar acceso a dicha aplicación, servicios o recursos disponibles, cuyo valor se deriva de un activo negociable y funcionan principalmente como vehículos de inversión. En contraste con los security tokens, que representan la propiedad en una empresa o activo, los tokens de utilidad no conllevan ninguna participación de inversión ni titularidad en un proyecto. Los tokens de utilidad tienen como finalidad otorgar a los usuarios la capacidad de acceder a funcionalidades o servicios particulares en una red descentralizada. Existen distintas categorías de tokens de utilidad, y frecuentemente se utilizan para incentivar a los usuarios a participar en la red, brindando recompensas o descuentos por el uso del token para acceder a los servicios de dicha red. Usualmente, los tokens de utilidad se generan a través de una oferta inicial de monedas (ICO) o ventas de tokens, en las que los inversores adquieren los tokens a cambio de otras criptomonedas como Bitcoin o Ethereum. Estos activos digitales luego se emplean dentro del ecosistema para diversos fines, como el pago de tarifas de transacción, el acceso a servicios premium o la participación en procesos de gobernanza y toma de decisiones. Ejemplos de tokens de utilidad incluyen el token de gas de Ethereum, utilizado para pagar tarifas de transacción en la red Ethereum, y Binance Coin, empleado para cubrir tarifas de operaciones en el intercambio de criptomonedas Binance.

b) **Tokens para pago** que permiten ser intercambiados por dinero fiat (divisas de curso legal) o por otros criptoactivos y sin limitación a una determinada plataforma o red.

c) **Tokens de seguridad** o *security tokens*, utilizados como instrumentos de inversión con fines especulativos, similares a las acciones, bonos u obligaciones de sociedades, etc.

No obstante, a efectos de delimitar su régimen jurídico, es fundamental partir de una clasificación que aborde la cuestión de su naturaleza jurídica, a fin de poder delimitar el régimen jurídico aplicable a cada uno de ellos. Esta perspectiva permite diferenciar entro dos grandes grupos de tokens. Por un lado, los tokens que otorgan un derecho a un valor o representan un potencial valor (*security tokens*) o bien confieren un derecho de acceder a un servicio o un producto o prestación de otra naturaleza *(utility tokens*). Por otro lado, se encuentran los tokens que representan activos físicos individualizados. Este tipo de tokens se caracterizan por servir como medio para la representación digital de derechos reales sobre bienes o cosas, por lo que, a su vez, pueden subclasificarse en *tokens mo-*

biliarios o inmobliarios. Finalmente, también se ha venido aludiendo a una tercera clasificación, la de tokens híbridos para referirse a aquellos tokens que presentan características de más de una categoría, esto es, pueden combinar caracteres de los *security tokens* y los *utility tokens* (por ejemplo, Crypterium, que funciona como una plataforma bancaria de monedas digitales, y presta a su titular tanto servicios de soluciones bancarias como la posibilidad de recibir intereses y descuentos sobre actividades de pago).

c) ICOs (Initial Coin Offerings)

Las conocidas como ***Initial Coin Offerings*** (ICOs) son formas o mecanismos de financiación para proyectos relacionados con criptomonedas y tecnologías blockchain, que tienen por objeto la **emisión de criptoactivos** *(tokens)* (basados en el estándar ERC-20 de la red de Ethereum) **como contraprestación de criptomonedas o dinero de curso legal**. La primera ICO fue realizada en julio de 2013 por Mastercoin, una moneda digital construida en la cadena de bloques de Bitcoin. La ICO se popularizó no obstante en 2014, cuando se utilizó para financiar el desarrollo de Ethereum. Después de un período de máximo auge en 2017 y 2018, la emisión de ICO disminuyó debido a una evidente falta de protección de los inversores y a la detección de no pocas actividades fraudulentas vinculadas a ellas.

En resumen, cuando una empresa introduce un nuevo proyecto empresarial, ofrece tokens al público en general a través de una oferta inicial y pública. Estos tokens se emiten desde una *blockchain* existente, como Ethereum, y tienen una función específica dentro del proyecto, ya sea para obtener un bien o servicio, o como un activo negociable. Se establece un valor inicial en moneda fiduciaria (generalmente euros o dólares) por cada token emitido, que el suscriptor o inversor debe pagar para adquirir los tokens. A cambio, el suscriptor recibe los tokens adquiridos, cuyo valor se espera que aumente con el tiempo debido a la creciente popularidad y estabilidad del proyecto. Los *tokens* recibidos pueden ser negociados por el suscriptor en el mercado de venta de criptoactivos (plataformas en internet de negociación de criptoactivos - los Exchanges centralizados o descentralizados, como, por ejemplo, Binance, Ubeswap, etc).

Las Ofertas Iniciales de Monedas (ICOs) constituyen un mecanismo alternativo a la financiación tradicional a la vez que novedoso de empresas altamente innovadoras que utilizan la tecnología de registro distribuido (DLT). Su objetivo principal es recaudar fondos para nuevos proyectos de blockchain o aplicaciones descentralizadas (DApps). La financiación se obtiene mediante la emisión de criptoactivos que son objeto a su vez de adquisición por los inversores a cambio de una contraprestación (dinero fiduciario o criptomonedas como bitcoin o ether). El proceso y operatoria se inicia con la emisión de los criptoactivos o tokens que se ofertan a un precio determinado. En una ICO (también conocida como "venta masiva" o "venta de tokens"), las empresas obtienen capital emitiendo y luego vendiendo tokens a un grupo de inversores. A menudo, estos tokens son criptomonedas destinadas a funcionar como moneda en el ecosistema propio de la empresa. Para la materialización de la entrega y contraprestación correspondientes se genera un *smart contract* que automatizará la recepción del método de pago previsto y la emisión de la contrapartida, en definitiva, del criptoactivo.

No existe una definición legal de ICOs ni tampoco una ampliamente aceptada. No obstante, podrían definirse como mecanismos utilizados por nuevas empresas para obtener capital mediante la venta de tokens a un grupo de inversores. Esto implica que las ICOs utilizan un enfoque de financiación colectiva y, por lo tanto, comparten similitudes con el *crowdfunding*. Pese a las similitudes con la financiación colectiva, una característica diferenciadora es precisamente el uso de DLT, necesario para la emisión de tokens así como el concepto de venta de tokens.

A menudo las ICOs son ventas de *tokens* de utilidad o utility tokens (fichas de servicio), esto es, activos digitales que permiten el intercambio de utilidades, que no suelen estar respaldadas por activos tangibles. En efecto, los tokens emitidos a menudo no tienen un valor de contrapartida o utilidad real en el momento de la emisión de la ICO. En cambio, otorgan al titular el derecho a participar en el futuro en un proyecto que utiliza los tokens en su respectiva función de proporcionar utilidad. No obstante, también pueden tener por objeto la venta de security tokens emitidos en el marco de un proyecto cuya finalidad es su ofrecimiento al público para financiar el desarrollo de la plataforma o proyecto en cuestión

En cuanto a sus características, destacan tanto su aptitud para negociarse en un mercado secundario después de la conclusión de la ICO, surgiendo así una multitud de transacciones que permiten el comercio de tokens contra otros tokens o contra monedas tradicionales, que requieren del uso de la tecnología de registro distribuido (DLT).

Finalmente, en cuanto a su calificación jurídica la CNMV ha aclarado que con base, entre otras razones, en el amplio concepto de valor negociable contenido en el artículo 2.1 de la LMVSI), su consideración como valor negociable y consecuente tratamiento como emisiones u ofertas públicas de valores negociables, no se extiende a todas sino tan sólo a aquellas ICOs que "den derecho a acceder a servicios o a recibir bienes o productos, que se ofrezcan haciendo referencia, explícita o implícitamente, a la expectativa de obtención por el comprador o inversor de un beneficio como consecuencia de su revalorización o de alguna remuneración asociada al instrumento o mencionando su liquidez o posibilidad de negociación en mercados equivalentes o pretendidamente similares a los mercados de valores sujetos a la regulación". Por tanto, quedan excluidas de tal consideración aquellas en los que no quepa razonablemente establecer una correlación entre las expectativas de revalorización o de rentabilidad del instrumento y la evolución del negocio o proyecto subyacente.

En definitiva, como elementos para valorar si a través de una ICO debe considerarse que se están ofreciendo valores negociables se estiman relevantes los siguientes:

a) que los "tokens" atribuyan derechos o expectativas de participación en la potencial revalorización o rentabilidad de negocios o proyectos o, en general, que presenten u otorguen derechos equivalentes o parecidos a los propios de las acciones, obligaciones u otros instrumentos financieros incluidos en el artículo 2.1 LMVSI.

b) que en el caso de "tokens" que den derecho a acceder a servicios o a recibir bienes o productos, que se ofrezcan haciendo referencia, explícita o implícitamente, a la expectativa de obtención por el comprador o inversor de un beneficio como consecuencia de su revalorización o de alguna remuneración asociada al instrumento o mencionando su liquidez o posibilidad de negociación en mercados equivalentes o pretendidamente similares a los mercados de valores sujetos a la regulación

En conclusión, tan solo las ICOs consideradas como valores negociables se someterán a la normativa del mercado de valores, esto es, al ámbito europeo a la MiFID II, MiFIR, Directiva de Folletos y Directiva de Gestión de Fondos Alternativos, y al ámbito nacional a la Ley 6/2023, de 17 de marzo, de los Mercados de los Valores y de los Servicios de Inversión (en adelante, LMVSI). Cuestión compleja es el sometimiento de aquellas ICOs no consideradas valores negociables ni tampoco sometidas al Reglamento MiCA por estar excluidas expresamente, en tanto que *security tokens*, del resto de ICOs.

d) STOs (Security Tokens Offerings)

Tras el desplome en la emisión de ICOs, los tokens de valores emitidos a través de las denominadas *ofertas de tokens de valores* (STOs) han surgido a partir de 2018 como alternativa.

Los Security Token Offering o STO son mecanismos de recaudación de fondos que consiste en la emisión de activos digitales —denominados tokens— que representan valores negociables (*securities*: deuda o equity) a través de la tecnología blockchain o de registro distribuido. Son consideradas como una alternativa a la financiación convencional de deuda y capital. Por ejemplo, un STO (token de seguridad de capital) puede representar la propiedad de una acción subyacente o conferir un derecho sobre el capital en una sociedad, como derechos de voto o el derecho a dividendos, mientras que un token de seguridad de deuda puede representar la propiedad de un bono subyacente u otorgar el derecho a pagos de cupones o principal predefinidos.

Los STOs son, por tanto, ofertas de tokens de inversión (*security tokens*) que representan activos tangibles o derechos de participación en la empresa. Es la representación digital de un activo externo y negociable (STO - Security Token Offering). Se diferencian de las Initial Coin Offerings (ICOs) en que los STOs están respaldados por activos reales, como acciones de una sociedad, bienes inmuebles o materias primas. Se diferencian de los Utility Token Offerings (UTOs), en que estos representan el acceso o derechos de uso en una plataforma.

Los STOs permiten la tokenización de una variedad de activos, lo que significa que se pueden representar digitalmente activos que tradicionalmente no eran fácilmente divisibles, como bienes inmuebles. En efecto, en una Oferta de Tokens de Seguridad (STO) la forma del token será similar a aquella emitida a participantes en una ICO, ya que se utilizará tecnología de registro distribuido (DLT) u otra infraestructura digital que permita la tokenización para emitir monedas o tokens. Sin embargo, a diferencia de una ICO, los tokens distribuidos representan o confieren un derecho sobre una clase específica de activos financieros legalmente considerados "valores", tales como acciones, bonos, warrants u opciones, o proporcionan los mismos derechos que los "valores".

Los STOs ofrecen una mejor liquidez de los activos tradicionales al permitir su negociación en mercados secundarios de manera más eficiente y accesible.

En cuanto a su calificación y naturaleza jurídica, por su condición de *security tokens* quedan expresamente excluidos del ámbito objeto del Reglamento MiCA. Por su parte, la Comisión Nacional del Mercado de Valores (CNMV) de España ha destacado que los STOs en los que sea razonable establecer una correlación entre las expectativas de revalorización o rentabilidad y la evolución del negocio o proyecto subyacente deben considerarse valores negociables.

En definitiva, y dadas sus características, tanto la ESMA con la CNMV han calificado a este tipo de tokens como *instrumentos financieros*, a los que le serán de aplicación la normativa europea y nacional en materia de mercados de valores. Si un STO reúne la consideración de valor negociable, debería ser de aplicación el requisito de un folleto para llevar a cabo ciertas ofertas públicas en España que constituyan ofertas públicas de venta o suscripción de valores, así como su régimen de emisión de valores. Otras normas también se aplicarán en aquellos casos en que los tokens no se consideren valores negociables (por ejemplo, normas relacionadas con la publicidad o, dependiendo del tipo de oferta, normas de protección al consumidor).

e) NFTs (Non-fungible tokens)

Los Non-Fungible Tokens (NFTs), o tokens no fungibles, son unidades únicas e indivisibles de datos almacenados en blockchain que representan la propiedad o autenticidad de un activo digital específico, frecuentemente, aunque no sólo, artículos coleccionables, avatares, vídeos, videojuegos, etc.... Los NFTs están registrados en una cadena de bloques, generalmente en plataformas como Ethereum, lo que en principio otorga inmutabilidad y la transparencia de la propiedad. Lo habitual es, por tanto, que el activo digital tenga su origen en un formato digital, pero también es posible digitalizar obras de arte existentes y su incorporación al mundo virtual.

Un NFT es un activo digital cuya singularidad y propiedad pueden demostrarse y verificarse mediante la tecnología de registro distribuido (DLT). Los NFTs se utilizan para crear una prueba tokenizada de propiedad de una versión digital única de un activo digital subyacente (como imágenes, videos u otro contenido digital) o activo físico (como pinturas, esculturas u otros activos tangibles). Los NFTs son habituales en el espacio digital pero también pueden digitalizar activos físicos únicos, como obras de arte físicas, permitiendo que estos activos se compren, vendan y negocien. En principio, todos los activos físicos pueden tokenizarse como tokens fungibles o no fungibles. Algunos NFTs incorporan contratos inteligentes que especifican y automatizan ciertos derechos y obligaciones del comprador y del vendedor, como garantizar que el creador del NFT reciba un porcentaje de los ingresos de la transacción cada vez que se venda el NFT.

En cuanto a su función, esta no es otra que representar la autenticidad de activos cuyo valor añadido o individualidad reside precisamente en que son únicos e irrepetibles en el tráfico. Por ello, la posibilidad de que el artista digital puede crear series de ediciones limitadas constituye un elemento que quiebra el carácter singular o único del activo. En definitiva, la transmisión de un NFT garantiza la no duplicidad de la copia, pero no impide que la obra subyacente sea objeto de duplicidad y transmitida nuevamente en el mundo digital.

En cuanto a sus características principales, destacan: (1) Su individualidad: cada NFT es único y se distingue de otros tokens. Representa un activo digital único, como obras de arte, videos, música o incluso bienes virtuales en juegos; y (2) Su indivisibilidad: a diferencia de las criptomonedas fungibles como Bitcoin o Ethereum, los NFTs no son intercambiables de manera equivalente. Cada NFT tiene un valor único y no se puede dividir en partes más pequeñas como los tokens fungibles.

El Reglamento MiCA excluye de su ámbito de aplicación a los NFTs en tanto que criptoactivos únicos y no fungibles con otros criptoactivos, ya que su valor es atribuible a las características únicas de cada uno de ellos y a la utilidad que otorgan al titular de las fichas. En el Derecho Español, como sucede con los criptoactivos, tampoco existe regulación específica de los NFTs, por lo que determinar su naturaleza jurídica permitirá determinar la protección que el ordenamiento confiere a los mismos.

La generación de un NFT crea una versión digital única de la obra como un archivo de datos utilizando blockchain u otro tipo de DLT. Una vez generados, los NFTs no se pueden editar ni borrar y pueden ser vistos públicamente y comerciados libremente con verificable seguridad de propiedad exclusiva y trazabilidad de transacciones. Una emisión de NFT puede consistir en un solo NFT o puede involucrar miles o millones de tokens. Ahora bien, cada NFT es único.

En este sentido, el Tribunal Supremo se ha pronunciado sobre su naturaleza jurídica, afirmando que el NFT, en tanto que token, es una representación digital de activos existentes, que permite registrar los activos que representa mediante otras tecnologías y añadiendo que a estos tokens, como a cualquier otro, "se les deben aplicar, en la medida de lo posible, las mismas disposiciones legales que a los activos que representan en relación con su emisión, contabilidad y uso" (Sentencia del Tribunal Supremo 326/2019, de 20 de junio, Sala de lo Penal, sección 1ª).

En conclusión, un NFT es un instrumento de representación, que sin embargo no representa, a menos que se indique lo contrario, la propiedad del copyright o derecho de autor del activo subyacente. Los derechos de autor sobre la obra subyacente, o los derechos de propiedad con respecto a un activo subyacente físico solo se transmiten cuando se acuerde específicamente (y se asigne válidamente). En la mayoría de las emisiones de NFT hasta la fecha, ha habido una clara intención de no crear intereses de propiedad en el activo subyacente.

Finalmente, cabe destacar que el comprador de un NFT posee el token en sí mismo, que es un registro de propiedad de la versión digital única de la obra subyacente. De ese modo, cuando el NFT se transfiere a otra persona, la versión digital subyacente de la obra se transfiere con él. En este sentido, comprar un NFT es similar a comprar una obra de arte física, que rara vez implica una cesión de los derechos de autor de la obra.

5. *Smart contracts o contratos inteligentes*

A. Origen

En los años 90 Nick Szabo publicó una serie de artículos en los que los definía como protocolos existentes en redes públicas como Internet, que permiten formalizar relaciones más allá del papel. Szabo propuso el cambio de los contratos tradicionales a este sistema, pero no tuvo éxito debido a las limitaciones tecnológicas de ese momento para la salvaguarda de la ejecución contractual a través de la criptografía.

Fue necesario esperar a la crisis económica de 2008, para que se materializara la aplicación de los contratos inteligentes, cuando en 2009 vio la luz Bitcoin, una moneda virtual que representa una respuesta colaborativa dentro del sistema económico, hasta el momento tradicionalmente dominado por estructuras de poder centralizado y grandes entidades financieras. La criptomoneda está contenida en un archivo informático que puede ser transferido por su titular mediante una firma electrónica reconocida. No obstante, al no documentarse el título físicamente el principal peligro de este sistema es el doble pago ya que en el pago en moneda es una autoridad central de naturaleza pública la que garantiza y soporta el sistema; solución no compatible con la filosofía de Bitcoin.

A pesar de que el Bitcoin solo estaba pensado para ser una herramienta financiera, su tecnología era útil. Es decir, la tecnología con la que funcionaba esta criptomoneda, *blockchain*, pudo hacer posible los smart contracts. En concreto, en 2014, los *smart contracts* fueron materializados gracias también a la creación de Ethereum.

B. Concepto

Los *smarts contracts* o contratos inteligentes constituyen la aplicación de la tecnología blockchain. Sin embargo, una delimitación de su concepto no está exenta de ciertas dificultades y no existe consenso actualmente al respecto.

Desde su configuración técnica, un *smart contract* es una secuencia de código y datos generados por programas informáticos generadores de instrucciones para la ejecución prevista de un contrato.

La definición legal del concepto ha de partir de su configuración y expresión de la tecnología de la que proviene. Desde esa perspectiva, podemos definir los *smart contracts o contratos inteligentes* como *aquellos acuerdos en forma de código informático generadores de determinados y concretos efectos jurídicos entre las partes que tienen por objeto la ejecución automática de los términos de un contrato previo cuando, de acuerdo con protocolos y verificación informáticos, se dan las condiciones previstas.* Sin embargo, los Smart contracts no pueden ser calificados actualmente como contratos automáticamente ejecutables, sino que se trata de acuerdos para la aplicación de códigos o algoritmos informáticos que automáticamente ejecutan una serie de operaciones para el cumplimiento de las obligaciones de las partes del contrato del que traen causa, si se dan una serie de condiciones previamente definidas en dicho acuerdo.

C. Caracteres

Los *smart contracts* se caracterizan por su uniformidad, rapidez de ejecución (liquidación) y por las garantías de seguridad propias de las redes DLT.

No obstante, también se ha predicado, aunque con ciertos matices los siguientes rasgos característicos: (1) Inmutabilidad de, al menos, ciertos componentes del smart contract y siempre y cuando la red sea permisionada, ya que dependen de una unidad central que edita y controla el código desplegado; (2) Autonomía, aunque no necesariamente, pues normalmente tienen un gestor del contrato con capacidad para desarrollar funciones reservadas; y (3) Autoejecución, pero no necesariamente, porque el proceso de obtención de datos de fuente fuera del libro mayo no siempre puede automatizarse.

D. Tipos

La tipología de *smart contracts o contratos inteligentes* es variada y es objeto de distintas clasificaciones.

En función de los costes de modificación y revocación, se diferencia entre contratos fuertes, pues en ellos los costes de alteración son altos y, por tanto, su posibilidad desde el punto de vista económico, y contratos débiles, en los que los costes de alteración son asumibles.

Según su forma, se distingue en función de la parte del contrato redactada criptográficamente. A partir de este criterio, en el modelo externo el código no forma parte del contrato, sino que es externo a él, lo que implica que, si bien el contrato se mantiene en el lenguaje natural, en él se identifican una serie de elementos configurados criptográficamente. En caso de discordancia entre lo establecido en lenguaje humano y el codificado prevalecería el primero, dejando carente de función de vínculo legal entre las partes a la criptografía. En el modelo interno, sin embargo, la mayor parte del contrato se basa en elementos lógicos condicionales del contrato, que realiza una parte importante de atribución de derechos y obligaciones.

En cuanto a su función, se distingue entre tres tipos de Smart contracts. En primer lugar, los *smart contracts legales* que se encargan de verificar el funcionamiento de cualquier transacción, como contratación de productos, servicios, depósitos en garantía, compras y ventas, préstamos, entre otros. Este tipo de contrato inteligente presenta requisitos muy similares a los que se exigen en un contrato tradicional: el consentimiento mutuo, la capacidad de quienes lo firman, etc. En segundo lugar, los *smarts contracts contables* son acuerdos codificados de naturaleza contable por virtud de los cuales las denominadas organizaciones autónomas descentralizadas (DAOs) se encargan de realizar seguimientos a las interacciones financieras y gracias a la tecnología blockchain que las componen evitar falsificaciones. Finalmente, los denominados *smart contracts lógicos* son códigos que permiten el funcionamiento autónomo de los dispositivos, de ahí su aplicación en el IoT (Internet de las Cosas). Este tipo de contratos inteligentes contienen código específico de la aplicación que funciona en conjunción con otros contratos y programas inteligentes en la cadena de bloques. Facilitan la comunicación y validación de la comunicación entre dispositivos (mientras están en el dominio de IoT). Los contratos lógicos de aplicación son una pieza fundamental de cada contrato inteligente multifunción y, en su mayoría, siempre funcionan bajo un programa de gestión. Un ejemplo de uso de este tipo de smart contract podría ser un contrato de alquiler sobre una vivienda que tiene instalada una cerradura inteligente, y que se desbloquea cada mes, cuando el inquilino paga la renta a su arrendador. El contrato inteligente puede incluir una cláusula que contemple que cuando el inquilino deja de pagar el alquiler tres meses seguidos, la cerradura se bloqueará.

E. Función

La ejecución de relaciones jurídicas mediante contratos inteligentes puede alcanzar diferentes funcionalidades o fines: 1) Su programación invariable los hace especialmente convenientes para situaciones predecibles y repetitivas, lo que reduce la incertidumbre. 2) Cumplen una función garante, especialmente importante ante la falta de confianza entre las partes, eliminando la necesidad de vigilancia constante. 3) Ofrecen confidencialidad. 4) Procuran reducciones sustanciales en costes de transacción desde la fase de negociación hasta la de perfección del contrato. Sin embargo, como desventaja a su aplicación, los contratos inteligentes pueden dar lugar a costes adicionales, como la redacción y modificación. 5) Reducen los costes de incumplimientos contractuales por dolo, mala fe y negligencia. La operativa del contrato inteligente dificulta el pago a un acreedor aparente, gracias a la precisión del lenguaje criptográfico, que asegura que el código no pueda reconocer a otra persona que se encuentre «en posesión del crédito», en el sentido del artículo 1164 del Código Civil. 6) Los contratos inteligentes reducen el riesgo de interpretaciones discordantes de los datos de entrada entre las partes, facilitan la verificación de su identidad, generan una mayor transparencia al asegurar la corrección de los registros, aseguran el cumplimiento de los requisitos de *compliance* que se establezcan (*Commodity Futures Trading Commission,* 2018, apartado 3) y, por último, contribuyen a la generación de nuevos modelos de negocio.

No obstante, si bien son altamente eficientes en situaciones predecibles y ofrecen numerosas funciones en la ejecución, los *smart contracts* no son adecuados para todas las relaciones jurídicas y la precisión en la redacción y el cumplimiento de las buenas prácticas son fundamentales para evitar costes inesperados. La aplicación de contratos inteligentes requiere un enfoque personalizado que tome en cuenta las necesidades y circunstancias específicas de cada relación contractual.

F. La fase de formación del contrato

En la fase de formación del contrato las partes llevan a cabo las actuaciones, negociaciones y tratos previos a fin de llegar a un acuerdo. Dado que los *smart contracts o contratos inteligentes* son contratos electrónicos, le serán de aplicación en tal fase la LSSI (art. 27), así como la Ley 6/2020, de 11 de noviembre, reguladora de determinados aspectos de los servicios electrónicos de confianza y finalmente y la Ley Orgánica 3/2018, de 5 de diciembre, de Protección de Datos Personales y garantía de los derechos digitales (LOPD), que tienen una incidencia directa en los contratos inteligentes.

Más concretamente, su art. 27.1 impone a todo prestador de servicios de la sociedad de la información que realice actividades de contratación electrónica la obligación de poner a disposición del destinatario (aceptante, en su caso) información suficiente sobre el contrato, de forma permanente, antes de iniciar el procedimiento de contratación y a través de técnicas adecuadas al medio de comunicación utilizado, como puede ser su página web o la dirección de Internet concreta. Esta información deberá contener los siguientes extremos: (i) los trámites a seguir para celebrar el contrato; (ii) si el prestador va a archivar el documento electrónico en que se formalice el contrato y si éste va a ser accesible; (iii) los medios técnicos que pone a su disposición para identificar y corregir errores en la introducción de los datos, y (iv) la lengua o lenguas en que podrá formalizarse el contrato.

Este deber previo de información, no obstante, no será exigible si las partes contratantes así lo acuerdan, siempre que ninguna de ellas tenga la consideración de consumidor o cuando el contrato se haya celebrado exclusivamente mediante correo electrónico o sistema de comunicación electrónica equivalente (art. 27.2). Al respecto, se ha planteado si el sistema de mensajería instantánea que utiliza Ethereum para el inicio de los smart contracts o contratos inteligentes tendría su consideración de "sistema de comunicación electrónica equivalente", manifestando en nuestra opinión serias dudas de ello, por lo que en principio, y salvo pronunciamiento jurisprudencial, su consideración, si bien con ciertas similitudes, no parecería ser tampoco de equivalencia funcional, especialmente porque el sistema no parece que pueda garantizar su inmutabilidad. Le sería, en consecuencia, exigible la obligación de información prevista en el citado precepto.

Además, el oferente deberá también poner a disposición del destinatario, para que puedan ser reproducidas y almacenadas por éste, las condiciones generales de la contratación a las que deba sujetarse, caso de celebrarse, el contrato (art. 27.4).

Finalmente, la LSSI resuelve el período de validez de las ofertas o propuestas de contratación realizadas por vía electrónica para establecer como criterio principal el período fijado por el oferente y, por tanto, su carácter vinculante. Si no hubiera sido fijado expresamente, en su defecto, la oferta sería vinculante en tanto permanezca accesible a los destinatarios (art. 27.3).

No obstante, el incumplimiento de tales deberes no supondría la invalidez del contrato, salvo que estos implicaran ausencia de elementos esenciales del contrato o hubieran dejado algún término para posteriores negociaciones. Tan sólo deriva de su incumplimiento responsabilidad administrativa consistente en una multa pecuniaria (en concreto, por infracción grave ex arts. 38.3 letra e) y 39. 1. b) LSSI).

G. Perfección del contrato

En la perfección del contrato inteligente rige también el principio consensualista, esto es, se perfecciona a partir del acuerdo de voluntades sobre los actos previamente determinados en los tratos y programados para la existencia del consentimiento válido.

En cuanto al momento de la perfección serán de aplicación el régimen previsto para la contratación a distancia en el Código Civil, Código de Comercio y LSSICE

Por lo que se refiere *al lugar de perfección*, también será de aplicación el citado régimen, que diferencia entre si el contrato se celebra o no con consumidor. En el primer caso, se entenderá celebrado en el lugar en que el consumidor tenga su residencia habitual, mientras que en el segundo supuesto el contrato se entiende celebrado donde las partes hayan pactado y, en defecto de pacto, en el lugar establecido por el prestador de servicios (art. 29 LSSI).

Cuestión que plantea una indudable problemática al respecto es respecto de los contratos inteligentes en cadenas de bloques transfronterizos. Así, en principio, será de aplicación el artículo 7.1 del Reglamento (UE) 1215/2012 del Parlamento Europeo y del Consejo de 12 de diciembre de 2012, relativo a la competencia judicial, el reconocimiento y la ejecución de resoluciones judiciales en materia civil y mercantil —cuando el domicilio del demandado está en la UE— y por el artículo 22 quinquies de la Ley Orgánica 6/1985, de 1 de julio, del Poder Judicial —cuando el domicilio del demandado se encuentre fuera de la UE—.

H. Forma del contrato

Cuestión más compleja resulta en el contrato inteligente la de la forma de la prestación del consentimiento y su expresión. Al tratarse de acuerdos expresados en forma de códigos informáticos, se redactan, en todo o en parte, de manera criptográfica. Así y, de acuerdo con el art. 3.1 Ley 6/2020, de 11 de noviembre, reguladora de determinados aspectos de los servicios electrónicos de confianza, el contrato inteligente tiene la consideración de documento electrónico privado cuyo valor y eficacia jurídica corresponde a su naturaleza, que no es otra que adoptar un acuerdo para la ejecución de una relación jurídica.

Por su parte, la expresión de dicho consentimiento puede materializarse mediante firma tradicional —en todo el clausulado en lenguaje escrito, en una parte (hash) del código o en su totalidad— o firma criptográfica. A este respecto, será de aplicación el régimen de firma previsto en Ley 6/2020, de 11 de noviembre, reguladora de determinados aspectos de los servicios electrónicos de confianza y el art. 3 del Reglamento eIDAS que diferencia entre firma electrónica cualificada, avanzada y simple (v. a continuación, epígrafe I. Prueba del contrato, requiriéndose la firma electrónica avanzada dada que permite la identificación de las partes y cuenta con una presunción de validez *iuris tantum* del mismo modo que si hubiera sido expresada en papel).

I. Prueba del contrato

Cuestión importante es la del valor probatorio del *smart contract o contrato inteligente.* En esta materia será de aplicación el régimen previsto en los art. 24 LSSI, para el que la fuerza probatoria del contrato electrónico y de las obligaciones derivadas del mismo quedan determinadas por las reglas generales recogidas en los arts. 281 y siguientes de la Ley 1/2000, de 7 de enero, de Enjuiciamiento Civil.

Cuando los *smarts contracts o contratos inteligentes* estén firmados electrónicamente se estará a lo establecido en el artículo 3 del Reglamento eIDAs y la Ley 6/2020, de 11 de noviembre, reguladora de determinados aspectos de los servicios electrónicos de confianza, que derogó la Ley 59/2003, de 19 de diciembre, de firma electrónica, y con ella aquellos preceptos incompatibles con el Reglamento eIDAS que es de aplicación directa, evitando así la existencia de vacíos normativos susceptibles de dar lugar a situaciones de inseguridad jurídica en la prestación de servicios electrónicos de confianza.

El valor probatorio de los documentos asociados a firma se rige por el art. 3.2 de la Ley 6/2020 que remite a los apartados 3 y 4 del art. 326 de la Ley 1/2000, de 7 de enero, de Enjuiciamiento Civil, en función de si utiliza servicio de confianza no cualificado o si además, éste fuese cualificado. Más concretamente, el Reglamento eIDAS diferencia entre:

a) **Firma electrónica cualificada**, esto es, una firma electrónica avanzada que se crea mediante un dispositivo cualificado de creación de firmas electrónicas y que se basa en un certificado cualificado de firma electrónica (art. 25 Reglamento eIDAS). Se realiza con un certificado cualificado que es definido por el Reglamento como un certificado de firma electrónica, que ha sido expedido por un prestador cualificado de servicios de confianza y que cumple los requisitos establecidos en el anexo I del citado Reglamento eIDAS. Esta firma comparte todas las características de la firma electrónica avanzada, al estar vinculada al firmante de forma única e intransferible y ligada al documento de tal manera que no pueda alterarse posteriormente.

b) **Firma electrónica avanzada**, es aquella que cumple los requisitos contemplados en el artículo 26 del Reglamento eIDAS, esto es: a) estar vinculada al firmante de manera única; b) permitir la identificación del firmante; c) haber sido creada utilizando datos de creación de la firma electrónica que el firmante puede utilizar, con un alto nivel de confianza, bajo su control exclusivo, y d) estar vinculada con los datos firmados por la misma de modo tal que cualquier modificación ulterior de los mismos sea detectable. La firma electrónica avanzada presenta un mayor nivel de seguridad, ya que, permite identificar al firmante de forma única con el documento electrónico, y el posterior registro de firma y aceptación por parte del mismo, con el fin de evitar cualquier modificación ulterior sobre el documento.

c) **Firma electrónica simple**, que es aquella que permite identificar digitalmente al firmante con sus datos, pero ofrece un escaso nivel de seguridad.

J. Ejecución del contrato

La ejecución automatizada es la característica y el objeto principal del *smart contract o contrato inteligente*. La redacción del código tiene por objetivo final proceder al cumplimiento del contrato y, más concretamente, de la/s obligación/es derivadas del mismo.

La voluntad de la parte y su intervención en la ejecución de la obligación es sustituida por la ejecución automatizada si se dan las condiciones previstas. Se elimina así gran parte de la inseguridad que genera el cumplimiento a voluntad de las partes, sólo existente para supuestos de error o fallo en el código o, en su caso, intervención/entorpecimientos humanos.

La ejecución automática en el contrato inteligente se produce cuando se cumple la condición (suspensiva o resolutoria) prevista en el contrato. Sin embargo, ello sólo puede suceder si se introducen los datos e información necesarios en la cadena. No existe posibilidad de comprobación externa o no prevista por el código, sino a través de los denominados oráculos, agentes externos al contrato tales como máquinas, dispositivos o aplicaciones digitales confiables y que dotan de la información externa a la cadena.

Especial mención merece el pago en los contratos inteligentes, que conlleva nuevas obligaciones como la obligación de *adress*, esto es, la obligación de mantener la cuenta sobre la que el programa cobrará las prestaciones. De esa forma, sólo si se incumple esta obligación de *adress* se entenderá incumplido el contrato.

III. LOS SERVICIOS DE PAGO DIGITAL. EL DINERO ELECTRÓNICO

1. *La transformación digital y evolución en los servicios de pagos*

La digitalización de los servicios de pago es un fenómeno que implica la adopción de tecnologías digitales para facilitar y mejorar las transacciones financieras. La tendencia en los servicios de pago es sin duda hacia un crecimiento significativo en los últimos años, transformando la forma en que las personas realizan pagos e, incluso, gestionan sus finanzas.

En rigor, la digitalización en los pagos hace referencia al proceso de transformar la gestión física de realizar un pago, como puede ser a través del efectivo, en un proceso electrónico. Así, mientras la digitalización se refiere a un cambio de formato (físico por digital o electrónico), la transformación digital alude a profundos cambios en el modelo de negocio de una empresa. Las empresas Fintech han desempeñado un papel crucial en la digitalización de los servicios de pago, introduciendo innovaciones tecnológicas y modelos de negocio disruptivos. Incluso grandes empresas tecnológicas también han irrumpido en este espacio, ofreciendo soluciones de pago a través de sus plataformas.

La evolución y tendencia en la digitalización ha transformado aspectos clave de los servicios de pago, gracias a la inmediatez y a la reducción de costes que procura. Se afirma que la digitalización es imparable precisamente por la democratización del acceso a Internet y el uso de los *smartphones* o teléfonos inteligentes. La evolución del comercio electrónico ha inducido a los consumidores a ampliar sus formas d pago vinculado ello al uso de smartphones.

En efecto, el rápido crecimiento de los pagos electrónicos ha influido y evidenciado una progresiva sustitución del dinero físico por el **dinero digital**. Debe destacarse aquí las diferentes propuestas orientadas a permitir que los bancos centrales abran cuentas corrientes a personas físicas (v. epígrafe D, subepígrafe d) Monedas digitales de lso Bnacos Centrales).

La digitalización ha llevado a la proliferación de **pagos por Internet**, donde las transacciones se realizan a través de canales en línea y dispositivos electrónicos. Esto incluye pagos con tarjetas de débito, crédito, billeteras electrónicas y otros métodos electrónicos. Pero también ha conllevado la ejecución de pagos a través de nuevos sistemas precisamente con la proliferación de servicios de pagos o intermediarios, esto es, nuevos proveedores de servicios de pago "externos" como los conocidos como proveedores de servicios de iniciación de pagos o PISP (*Payment Initiation Service Providers*), que han ido ganando protagonismo frente a los intermediarios bancarios y los sistemas convencionales de pago.

En definitiva, la digitalización de los servicios de pago ha transformado el panorama financiero, brindando nuevas opciones, abriendo el mercado a nuevos operadores y proveedores y mejorando la eficiencia en las transacciones financieras cotidianas. Sin embargo, también plantea desafíos tales como la ciberseguridad, la privacidad de los datos y la inclusión financiera, que deben abordarse para garantizar un entorno seguro y equitativo.

En resumen, la digitalización de los servicios de pago ha llevado a la introducción de regulaciones y estándares específicos para garantizar la seguridad y protección del consumidor, tales como la Directiva de Servicios de Pago de la Unión Europea (PSD2) y el Estándar de Seguridad de Datos para la Industria de Tarjetas de Pago (PCI DSS). Además, la rápida evolución tecnológica requiere una supervisión y adaptación regulatoria continua.

2. *Concepto de servicios de pago electrónicos. Su diversa tipología*

No existe una definición legal. Sin embargo, por servicios de pagos digitales o electrónicos podemos entender cualquier actividad o servicio que incorpora la utilización de medios electrónicos o digitales para facilitar la transferencia de fondos, la ejecución de transacciones financieras, el procesamiento de pagos o la gestión de cuentas financieras.

Junto a los tradicionales, existen diversos tipos de servicios de pagos digitales que han surgido con la digitalización de las transacciones financieras y que de seguro continuarán surgiendo. Estos servicios son prácticamente innumerables y pueden incluir, aunque no se limitan a, transacciones realizadas a través de tarjetas de débito o crédito electrónicas, billeteras electrónicas, banca móvil, plataformas que ofrecen servicios de transferencias de dinero, transferencias electrónicas, criptomonedas u otros métodos similares que permiten la movilización de fondos de manera electrónica.

En primer lugar, debe mencionarse las **tarjetas de débito/crédito electrónicas**, que permiten a los usuarios realizar transacciones sin necesidad de dinero en efectivo. El peso e importancia de este medio de pago reside precisamente en que el pago mediante tarjetas electrónicas sigue siendo aún dominante. Se utilizan en terminales de puntos de venta (TPV) pero también en TPVs virtuales en línea, que facilitan la comunicación directa entre la plataforma de comercio electrónico y la entidad bancaria. La ejecución de transacciones con tarjeta opera de manera ágil y segura mediante el ingreso de los datos de la tarjeta, como el número, la fecha de caducidad y el código de seguridad, de manera que el proceso de pago se asimila a la experiencia de comprar en una tienda física.

La transformación digital también ha impulsado la **Banca móvil**, permitiendo a los usuarios *acceder y gestionar sus cuentas bancarias a través de aplicaciones móviles.* En efecto, la denominada Banca móvil, que incorpora un conjunto de servicios bancarios (**servicios de caja**) en línea proporcionados por entidades financieras, permiten a los usuarios gestionar sus cuentas, realizar transferencias y pagar facturas desde sus dispositivos móviles (por ejemplo, Bizum), así como la monitorización de las operaciones y transacciones. De igual forma, las **transferencias electrónicas**, operaciones digitales que no requieren el manejo de dinero en efectivo y que se realizan a través del uso de dispositivos tecnológicos —como un ordenador, un teléfono inteligente o un POS— y que autorizan al banco a emitir la transferencia, facilitan la transferencia de fondos entre cuentas bancarias.

También son cada vez más frecuentes los **pagos P2P** *(Peer-to-Peer)*, es decir, pagos entre particulares, facilitadas por aplicaciones o plataformas de pagos que permiten transacciones y transferencias o envíos de dinero de persona a persona. En estas plataformas el pago se vincula a una tarjeta o cuenta bancaria de tal forma que al seleccionar el método de pago únicamente es necesario introducir la clave de la cuenta del usuario de la plataforma. En cuanto a las plataformas que facilitan estas transacciones y transferencias de dinero, destacan PayPal, Apple Pay, Google Play, Venmo, CashAPP o Binance. Se conocen como pasarelas de pagos, pero se trata de servicio de intermediación en los pagos digitales.

Es incuestionable que la popularidad de las billeteras electrónicas o monederos digitales ***(e-wallets)*** ha aumentado, ya que permiten a los usuarios almacenar información de pago y realizar transacciones con facilidad a través de sus dispositivos móviles. Son aplicaciones y plataformas de pagos móviles que almacenan información financiera, como tarjetas de crédito o saldos prepagados. Se trata, por tanto, de monederos digitales que permiten la realización de pagos vinculados a diversas formas de pago, bien a través de un dispositivo móvil bien a través de tecnología de pago sin contacto *contactless.* Su utilidad reside en que permiten realizar pagos en línea y en tiendas físicas.

Por supuesto, los **pagos sin contacto** *(NFC o Near Field Communication)* también han adquirido en los últimos años una presencia indiscutible, en la medida en que su tecnología de comunicación de campo cercano (NFC) permite pagos rápidos y seguros al acercar tarjetas o dispositivos móviles a terminales habilitados. En las comunicaciones llevadas a cabo mediante el protocolo NFC, una de las entidades asume la responsabilidad de iniciar y supervisar la comunicación, pudiendo desempeñar este papel cualquiera de las dos entidades involucradas. También merecen especial mención los *pagos por código QR*, esto es, códigos que contienen información de pago y que se escanean con un dispositivo para completar transacciones, común en aplicaciones de billetera electrónica y pagos móviles.

En los últimos años se ha evidenciado la existencia creciente de **pagos por mensajes**, esto es, transacciones que se realizan a través de mensajes de texto o aplicaciones de mensajería instantánea, permitiendo a los usuarios enviar y recibir dinero de manera rápida. Así como también **los pagos por wearables** *(tecnología "ponible")*, o lo que es lo mismo, pagos con utilización de dispositivos de uso personal, tales como relojes, pulseras o, incluso, anillos inteligentes con tecnología que facilita su conexión a Internet, para realizar pagos al acercarlos a terminales de pago habilitados. Estos dispositivos "wearables" forman parte de lo que se ha venido a conocer como "Internet de las cosas".

Sin olvidar que, como ya ha sido tratado, la digitalización también ha dado lugar al desarrollo de soluciones basadas en blockchain y criptomonedas. Bitcoin y otras criptomonedas ofrecen formas alternativas de realizar transacciones financieras descentralizadas. La naturaleza jurídica más que controvertida de las *criptomonedas* como medio de pago, especialmente de las monedas digitales descentralizadas, como Bitcoin, que permiten transacciones peer-to-peer sin necesidad de intermediarios bancarios no debe, sin embargo, impedir dar cuenta aquí de la potencial función de las monedas digitales centralizadas como instrumentos de pago (CDBDs),

Y finalmente, deben mencionase también la denominada facturación en línea ofrecida por el comercio electrónico a través de **aplicaciones de comercio móvil** (APPCommerce o MCommerce) que facilitan a los usuarios recibir y pagar a través de plataformas en línea, sin tener que acceder a la web y eliminando la necesidad de cheques y pagos en papel (ejemplo, la app de Amazon). O los **pagos recurrentes**, instrumentados a partir de la autorización para realizar pagos automáticamente en intervalos regulares, comúnmente utilizado para suscripciones y servicios recurrentes.

Todos estos servicios, y otros que sin duda irán incorporándose gracias a la aplicación de nuevas tecnologías, han transformado y seguirán transformando la forma en que las personas realizan transacciones, brindando mayor comodidad y rapidez en comparación con métodos tradicionales.

3. Régimen jurídico de los servicios de pago

En el contexto europeo, el ente regulador no ha optado por permanecer como un simple espectador de las significativas transformaciones que están ocurriendo en el ámbito de los servicios de pago. Estos servicios se han convertido en una parte integral de una serie de medidas planificadas con el fin último de lograr una economía europea más sólida e integrada que responda a las nuevas expectativas de los usuarios. Entre las iniciativas destacadas se encuentra la propuesta de la Comisión Europea sobre Una Estrategia para el Mercado Único Digital de Europa (2015), posteriormente el Plan de Acción de Servicios Financieros dirigidos a los consumidores: Mejores productos y una oferta más variada (2017) y, más recientemente, el Reglamento (UE) 2024/886 del Parlamento Europeo y del Consejo, de 13 de marzo de 2024, por el que se modifican los Reglamentos (UE) nº 260/2012 y (UE) 2021/1230 y las Directivas 98/26/CE y (UE) 2015/2366 en lo que respecta a las transferencias inmediatas en euros.

No obstante, en el sector o mercado de los pagos el principal hito ha sido la revisión de la Primera Directiva de Servicios de Pago o Directiva PSD1 (la hoy derogada Directiva 2007/64/CE del Parlamento Europeo y del Consejo, de 13 de noviembre de 2007, sobre servicios de pago en el mercado interior).

A. La Segunda Directiva de Servicios de Pago (PSD2)

a) *Objeto y finalidad*

La Directiva (UE) 2015/2366 del Parlamento Europeo y del Consejo, de 25 de noviembre de 2015, sobre servicios de pagos en el mercado interior (en adelante, PSD2), modificada por el Reglamento (UE) 2024/886 del Parlamento Europeo y del Consejo de 13 de marzo de 2024, tiene por objeto afrontar los cambios tecnológicos, nuevos servicios de pagos y nuevos prestadores en el mercado de los servicios de pago, con el fin de promover la competencia, la innovación y la seguridad en este sector.

La revisión que lleva a cabo la Directiva PSD2 supuso afrontar los desafíos de un nuevo escenario marcado por la innovación tecnológica en los pagos y nuevos actores frente a la mecánica de las operaciones de pago por los operadores tradicionales. Y es que, si bien la derogada Directiva PSD1, —y su correspondiente transposición al ordenamiento español a través de la también derogada Ley 16/2009, de 13 de noviembre, de Servicios de Pago—, procuraban una sistematización novedosa, el auge de los pagos a través de Internet, así como la irrupción de nuevos prestadores de servicios de pago demandaban una regulación revisada y actualizada. En efecto, la Directiva PSD2 es una norma ambiciosa y compleja que aspira a la consecución de un mercado de servicios de pago integrado, competitivo, innovador y eficiente en la UE, sin menoscabar la protección de los usuarios.

En términos generales, la PSD2 amplía el marco normativo de la Primera Directiva de Servicios de Pago (en adelante, Directiva PSD1) para abarcar nuevos servicios y actores en el panorama de los servicios de pago —introduce la figura de los Proveedores de Servicios de Pago (PSP) de Terceros, permitiendo su participación en el mercado de pagos—, así como adaptar algunas medidas para reforzar la seguridad de los pagos y promover un entorno seguro. De ahí la importancia que la norma atribuye a los aspectos relativos a la seguridad de los servicios de pago y, en especial, a regularizar la actividad de unos nuevos actores a los que los clientes de la banca podrán autorizar a acceder a las cuentas de pago que mantengan en una entidad financiera diferente.

Finalmente, con la Directiva PSD2 se opera una armonización del mercado europeo de pagos electrónicos en la Unión Europea, generando un aumento notable en la competencia y fortaleciendo significativamente la ciberseguridad.

Además, se consigue una mejora en la eficacia, simplicidad y eficiencia de los pagos transfronterizos, impactando no solo a entidades bancarias, sino también a negocios en línea y, de manera evidente, a los usuarios. En resumen, la implementación de la Directiva PSD2 representa uno de los cambios más significativos de los últimos años en el ámbito financiero y bancario, especialmente en lo que respecta a la esfera digital y las aplicaciones móviles. Esta nueva regulación europea posibilita el acceso de terceros a la infraestructura bancaria, al mismo tiempo que refuerza la seguridad de los usuarios que se conectan a estas aplicaciones.

b) Ámbito subjetivo

La Directiva amplía el ámbito inicial de la Directiva PSD1 incluyendo a nuevos proveedores. Con carácter general, la aplicación de su marco jurídico queda limitada a los proveedores de servicios que presten servicios de pago como ocupación o actividad empresarial habitual conforme a la presente Directiva.

En principio, mantiene seis categorías específicas de proveedores de servicios de pago. Dichas categorías incluyen: (i) las entidades de crédito, incluyendo sus sucursales en la Unión de entidades de crédito extranjeras; (ii) las entidades de dinero electrónico, incluyendo sus sucursales en la Unión de entidades de dinero electrónico extranjeras; (iii) las instituciones de giro postal autorizadas según la legislación nacional para ofrecer servicios de pago; (iv) las entidades de pago; (v) el Banco Central Europeo (BCE) y los bancos centrales nacionales cuando no actúen en calidad de autoridad monetaria u otras autoridades públicas y, finalmente, (vi) los Estados miembros y sus autoridades regionales y locales cuando no actúen en calidad de autoridades públicas.

Estas categorías pueden subclasificarse a partir dos grandes grupos. El primer grupo, que engloba a los **proveedores de servicios de pago gestores de cuenta** o (*Account Servicing Payment Service Provider o ASPSP*), esto es, proveedores de servicios de pago que gestionan cuentas de pago de sus clientes, y que incluyen a las entidades de crédito y las entidades de pago. El segundo, engloba a los **provee-**

dores terceros de servicios de pago (*Third Party Providers o TPP*), esto es, proveedores que prestan servicios sin gestión de cuentas de los clientes.

No obstante, aclara que las categorías de proveedores de servicios de pago que pueden legítimamente prestar servicios de pago en toda la Unión son (i) las entidades de crédito que captan depósitos de los usuarios, que pueden utilizarse para financiar operaciones de pago, quienes deben seguir sometidas a los requisitos prudenciales establecidos en la Directiva 2013/36/UE del Parlamento Europeo y del Consejo, (ii) las entidades de dinero electrónico que emiten dinero electrónico que puede utilizarse para financiar operaciones de pago, que deben seguir sometidas a los requisitos prudenciales establecidos en la Directiva 2009/110/CE, así como (iii) las entidades de pago y (iv) las instituciones de giro postal habilitadas para prestar servicios de pago conforme a la legislación nacional.

Por su parte, las entidades del segundo grupo, esto es, los proveedores de servicios de pago terceros únicamente pueden realizar los servicios de iniciación de pagos o los de información de cuentas. Queda vedado a estos la posesión de fondos de clientes, pero a cambio quedan sometidos a un régimen más leve.

c) Ámbito objetivo. Exclusiones

El marco jurídico de la Directiva se extiende a los **servicios de pago prestados con carácter profesional dentro de la Unión** (art. 2.1). Se trata de los servicios enumerados en su Anexo I. En concreto: (1) servicios que permiten el depósito de efectivo en una cuenta de pago y todas las operaciones necesarias para la gestión de una cuenta de pago; (2) servicios que permiten la retirada de efectivo de una cuenta de pago y todas las operaciones necesarias para la gestión de una cuenta de pago; (3) la ejecución de operaciones de pago, incluida la transferencia de fondos, a través de una cuenta de pago en el proveedor de servicios de pago del usuario u otro proveedor de servicios de pago: a) ejecución de adeudos domiciliados, incluidos los adeudos domiciliados no recurrentes, b) ejecución de operaciones de pago mediante tarjeta de pago o dispositivo similar, c) ejecución de transferencias, incluidas las órdenes permanentes; (4) la ejecución de operaciones de pago cuando los fondos estén cubiertos por una línea de crédito abierta para un usuario de servicios de pago: a) ejecución de adeudos domiciliados, incluidos los adeudos domiciliados no recurrentes, b) ejecución de operaciones de pago mediante tarjeta de pago o dispositivo similar, c) ejecución de transferencias, incluidas las órdenes permanentes; (5) la emisión de instrumentos de pago y/o adquisición de operaciones de pago; (6) el envío de dinero; (7) los servicios de iniciación de pagos y (8) los servicios de información sobre cuentas.

La Directiva **no es aplicable a las operaciones de pago efectuadas en efectivo**, dado que existe ya un mercado único para los servicios de pago en efectivo. Tampoco a las operaciones efectuadas por medio de cheques en papel, toda vez que dichas operaciones, por su propia naturaleza, no pueden procesarse tan eficientemente como otros medios de pago. Sería conveniente, no obstante, que las buenas prácticas en la materia se inspiraran en los principios enunciados en la presente Directiva (art. 3).

d) Novedades y medidas regulatorias específicas

- **Nuevas medidas de seguridad para operaciones de pago electrónicas. La *Autenticación* Reforzada *del Cliente* (SCA)**

Por lo que se refiere a la seguridad en las transacciones de pago, la Directiva PSD2 se enfoca particularmente en aquellas medidas de carácter remoto, ya sea a través de Internet o mediante dispositivos móviles, debido al notable aumento experimentado por dichas transacciones en los últimos años, impulsadas por el crecimiento del comercio electrónico.

La Directiva PSD2 impone la obligación de aplicar medidas de seguridad más sólidas, como *la autenticación en dos factores*, para garantizar las operaciones de pagos y transacciones electrónicas (art. 72.1, 74.2, 97), hacerlas más seguras y proteger a los usuarios contra fraudes. Ofrece el concepto de *autenticación* para definirlo como aquel "procedimiento que permita al proveedor de servicios de pago comprobar la identidad del usuario de un servicio de pago o la validez de la utilización de determinado instrumento de pago, incluida la utilización de credenciales de seguridad personalizadas del usuario" (art. 4, 29). A continuación, lo distingue de la *autenticación reforzada de cliente*, esto es, "la autenticación basada en la utilización de dos o más elementos categorizados como conocimiento (algo que solo conoce el usuario), posesión (algo que solo posee el usuario) e inherencia (algo que es el usuario), que son independientes —es decir, que la vulneración de uno no compromete la fiabilidad de los demás—, y concebida de manera que se proteja la confidencialidad de los datos de autenticación" (art. 4, 30).

Dado que la Directiva PSD2 no detalló exhaustivamente el concepto de autenticación reforzada del cliente, debido a su complejidad técnica, la granularidad en la normativa y la diversidad de los casos se ha de completar con el marco jurídico detallado que regula la seguridad de los pagos electrónicos. Con este propósito, la ESMA (o EBA) elaboró la redacción de normas técnicas de regulación centradas en cubrir los aspectos relevantes de la autenticación reforzada de clientes y la comunicación abierta, común y segura (RTS sobre Autenticación Reforzada de Clientes y Comunicación Abierta, Común y Segura, en adelante RTS), que abordan los elementos clave de la autenticación reforzada, manteniendo la neutralidad tecnológica y respetando los diversos modelos de negocio y contemplan excepciones basadas en el riesgo de la operación, su importe y el canal utilizado, como se refleja en el cuadro.

Posteriormente y, tras un proceso complejo, las RTS se concretaron en el Reglamento Delegado (UE) 2018/389 de la Comisión, de 27 de noviembre de 2017, que complementa la Directiva (UE) 2015/2366 del Parlamento Europeo y del Consejo respecto a las normas técnicas de regulación para la autenticación reforzada de clientes y estándares de comunicación abiertos, comunes y seguros, publicado el 13 de marzo de 2018, pero que entró en vigor el 14 de septiembre de 2019.

- **Los nuevos servicios de pago: el servicio de iniciación de pagos y el de información de cuentas**

Como novedad más reseñable cabe destacar que la Directiva PSD2 permite al usuario realizar pagos a terceros, desde la aplicación de un banco, usando cualquiera de las cuentas. Cabe partir de que la Directiva PSD1 estableció una reserva de actividad que restringía dichos servicios a entidades autorizadas y sujetas a supervisión, denominadas genéricamente "proveedores de servicios de pago" (PSP), esto es, principalmente a las entidades de crédito y a las entidades de pago. Las entidades financieras, por tanto, desempeñaban un papel protagonista como proveedoras de servicios de pago, al albor de la normativa, facilitando transacciones sobre las cuentas corrientes de sus depositantes. La novedad clave de la Directiva PSD1 fue la creación de esta última categoría de proveedores, las entidades de pago, con un régimen de supervisión proporcional a los riesgos inherentes a sus actividades, limitadas a la intermediación de pagos, a diferencia de la amplia gama de servicios característica de las entidades de crédito.

Así, mientras que los servicios ofrecidos por entidades especializadas en las cuentas de clientes en otras instituciones quedaban fuera del alcance de la Directiva PSD1 y, por ende, se prestaban en la UE sin una regulación específica, la Directiva PSD2 contempla la posibilidad de que un prestador de servicios de pago ofrezca únicamente servicios de PIS o AIS, sin gestionar directamente cuentas de pago. Por tanto, si con la Directiva PSD1 los TPPS (Third Party Payment Service Providers) soportaban importantes limitaciones al realizar operaciones en algunos de los países de la Unión Europea, tras la Directiva PSD2 se eliminan, si bien deberán seguir cumpliendo con aspectos esenciales como es la autorización, supervisión y registro de las autoridades.

Así, los principales servicios de este tipo, que *requieren siempre previa autorización del usuario*, son: (1) la iniciación de pagos en una cuenta de otra entidad (o PIS, por sus siglas en inglés, *Payment Initiation Service*), servicio que permite iniciar una orden de pago online, desde la cuenta abierta que el usuario o cliente tiene con otro proveedor de servicios de pago (gestor de cuenta o entidad de crédito) a favor de comerciantes mediante transferencias a través de Internet, a petición del usuario del servicio de pago y que posibilita a terceros proveedores facilitar el uso de la banca online para realizar el pago por Internet sin uso de tarjeta, pero ofreciendo al beneficiario la seguridad de que el pago se ha iniciado (v. Anexo I, punto 7) y (2) el almacenamiento y provisión de información consolidada sobre saldos y operaciones de varias cuentas de pago en distintas entidades, de modo que el cliente tenga una visión global de su situación financiera (comúnmente conocido como AIS, por sus siglas en inglés, *Account Information Service*) (v. Anexo I, punto 8).

La característica distintiva de estos servicios es que la entidad prestadora no necesita administrar una cuenta de pago; en cambio, cuenta con el consentimiento del cliente para operar o recopilar información de cuentas mantenidas en otras entidades. Estas empresas especializadas se denominan comúnmente "terceras empresas" en la tradicional relación entre el PSP y su cliente, y se conocen como "proveedores terceros" o TPP, por sus siglas en inglés (third party providers).

- **Ampliación del elenco de entidades de pago. Nuevos actores en el mercado de pagos: los proveedores de servicios de pagos terceros o Third Party Providers (TPPs)**

La Directiva introduce los denominados proveedores de servicios de pagos terceros o Third Party Providers (TPPs), esto es, prestadores de servicios de pago, distintos de los proveedores que gestionan la cuenta de pago, que prestan servicios específicos.

En consecuencia, en la Directiva PSD2 el tipo de entidades reconocidas como prestador de servicios de pago se amplía, resultando en un panorama bastante complejo, que puede intentar ser resumido de manera sintética.

Los prestadores de servicios de pago se dividen en dos grupos básicos: (1) aquellos que gestionan cuentas de pago de sus clientes (comúnmente denominados "ASPSP", por sus siglas en inglés, *Account-servicing Payment Service Provider).* Dentro del primer grupo se encuentran principalmente las entidades de crédito y las entidades de pago; (2) en el segundo grupo se, distingue entre proveedores de servicios de iniciación (PISP) y agregadores de información (AISP) e incluye los proveedores de servicios de pagos terceros o TPPs, que también pueden proporcionar servicios de AIS o PIS sin gestionar cuentas de clientes. Los ASPSP pueden ofrecer todo tipo de servicios de pago, incluyendo PIS (servicios de iniciación de pagos) y AIS (servicios de información de cuentas), y un proveedor tercero o TPP puede proporcionar tanto servicios de iniciación de pagos como de agregación de información, siempre y cuando cumpla con los correspondientes requisitos regulatorios. En definitiva, los prestadores del servicio de información sobre cuentas pueden ser entidades híbridas que desarrollen actividades empresariales distintas de la prestación de servicios de pago. En cualquier caso, quedan habilitadas para prestar servicios operativos o servicios auxiliares estrechamente relacionados con la prestación del servicio de información sobre cuentas.

- **Reserva de actividad: autorización administrativa**

La Directiva no modifica sustancialmente las condiciones de concesión y mantenimiento de las autorizaciones de las entidades de pago. Todas las entidades de pago deberán solicitan y obtener la preceptiva autorización administrativa, emitida por el Banco de España, que es la autoridad competente para su concesión (arts. 5, 11) o, en su caso, revocación, que puede referirse a alguno de los servicios de pago (art. 13) o denegación.

Al igual que en la Directiva PSD1, entre dichas condiciones figuran requisitos prudenciales que han de ser proporcionados con respecto a los riesgos operativos y financieros (capital inicial ex art. 7, fondos propios de acuerdo con los arts. 8 y 9, requisitos de salvaguardia de acuerdo con el art. 10) que afrontan este tipo de entidades en el ejercicio de sus actividades. Deben garantizar un sólido régimen de capital inicial combinado con un capital permanente.

No obstante, dado que ni los proveedores de servicios de iniciación de pagos, cuando prestan exclusivamente ese tipo de servicios, ni los proveedores de servicios de información sobre cuentas tienen en su poder fondos de clientes, el requisito de fondos propios a estos nuevos agentes se sustituye por el de la preceptiva suscripción de un seguro de responsabilidad civil profesional o que ofrezcan alguna garantía comparable (art. 5.2).

La denominación de entidad de pago queda reservada a las entidades de pago autorizadas.

En particular, prohíbe a las entidades de pago la captación de depósitos de usuarios. La utilización de fondos recibidos de los usuarios únicamente es autorizada a efectos de prestación de servicios de pago. Las necesarias normas prudenciales, entre ellas las referidas al capital inicial, deben adecuarse al riesgo que conlleve el servicio de pago que preste la entidad de pago. Los proveedores de servicios de pago que presten únicamente servicios de iniciación de pagos deben considerarse de riesgo medio por lo que atañe al capital inicial.

- **Acceso a Cuentas (XS2A)**

La Directiva PSD2 establece el acceso a cuentas bancarias por parte de terceros autorizados, lo que fomenta la competencia al permitir que otras entidades ofrezcan servicios financieros utilizando la información de cuentas de los usuarios (art. 36)

En efecto, no sólo los servicios de iniciación de pagos o agregación de información pueden ofrecer soluciones útiles para comerciantes y consumidores (como una visión consolidada de saldos y transacciones) o canales de pago alternativos para operaciones de comercio en línea sin necesidad de utilizar instrumentos de pago específicos, como tarjetas de pago. Además, como parte de la amplia tendencia hacia la "banca abierta" (comúnmente denominada *open banking*), se puede considerar que el cliente de un proveedor de servicios de pago debe poder disponer de su propia información y cederla a terceros si así lo desea.

La aplicación de la Directiva PSD2 acentúa este proceso de disociación, al reconocer la posibilidad de establecer un intermediario (el PISP), que interactúa, en nombre del cliente, entre este y el proveedor de servicios de pago que administre su cuenta. Los agregadores de información, por su parte, también podrán acceder a las cuentas de pago de los clientes e interactuar directamente en su nombre con diversas entidades. En consecuencia, la Directiva PSD2 responde al objetivo del regulador de permitir el desarrollo y la consolidación de estos servicios de iniciación y agregación (PIS y AIS), en un contexto que brinde a los consumidores una protección adecuada tanto para sus pagos como para la información asociada a sus cuentas.

- **Requisitos de información y transparencia. Protección del consumidor**

En su Título III (arts. 38 y siguientes) la Directiva refuerza los derechos y la protección de los consumidores en el ámbito de los servicios de pago, pero también prevé en su Título IV *normas claras sobre responsabilidad en casos de transacciones no autorizadas* (arts. 71 a 74). En caso de realizarse operaciones no autorizadas o ejecutadas incorrectamente, reconoce el derecho de devolución obliga a su inmediata corrección (art. 76) y se modifica la responsabilidad de los consumidores en casos de fraude por usos no autorizados de tarjeta. La cantidad máxima que deberán soportar será de 50 euros frente a los 150 establecidos hasta entonces (art. 74).

En cuanto a los *derechos*, la Directiva PSD2 otorga a cualquier titular de una cuenta de pago accesible en línea el derecho a iniciar una orden de pago a través de un PSP diferente al que administra dicha cuenta. De manera similar, la Directiva reconoce el derecho de cualquier titular de una o varias cuentas de pago accesibles en línea a acceder a la información contenida en esas cuentas a través de un proveedor de servicios de pago diferente al que o aquellos en los que dichas cuentas están abiertas. En otras palabras, los servicios de AIS y PIS se incluyen dentro del alcance regulatorio, con las debidas salvaguardas, para proporcionar a los consumidores una protección adecuada.

Además, el usuario de los servicios podrá *rescindir su contrato marco* sin previo aviso (art. 55). Los consumidores deben tener la posibilidad de rescindir un contrato marco sin incurrir en gastos y en un plazo de notificación previa no superior a un mes. No obstante, respecto de los contratos que los consumidores hayan rescindido en un plazo inferior a seis meses desde su entrada en vigor, reconoce en favor de los proveedores de servicios de pago de derecho a cobrar gastos en consonancia con los costes incurridos debido a la rescisión del contrato por el consumidor. Ahora bien, la presente Directiva debe entenderse sin perjuicio de la obligación del proveedor de servicios de pago de rescindir el contrato de servicios de pago en circunstancias excepcionales, con arreglo a otra normativa nacional o de la Unión pertinente, como la normativa en materia de blanqueo de capitales y financiación del terrorismo, o con motivo de cualquier actuación que tenga por objeto la inmovilización de fondos o cualquier otra medida específica en relación con la prevención e investigación de delitos.

Finalmente, se prohíbe el cobro de cargos adicionales en pagos electrónicos con tarjetas de débito y crédito, tanto en tiendas físicas como online.

- **Requisitos y normas prudenciales**

La Directiva PSD2 establece los requisitos prudenciales que se exigen a entidades que actúan exclusivamente como proveedoras de servicios de PIS o AIS. Dada la limitada actividad de estas entidades (y los riesgos inherentes), estos requisitos son menos estrictos que los requeridos para las entidades que gestionan cuentas de pago.

- **Regulación del intercambio de información entre los Account-servicing Payment Service Provider (ASPSP) y los Payment Initiation Service (PIS) y los agregadores de información (AIS)**

La Directiva PSD2 también establece las normas básicas necesarias para regular el intercambio de información entre los ASPSP y las entidades que proporcionan servicios de AIS y PIS (arts. 7, 9)

Un elemento fundamental que determina la interacción entre ambos grupos de proveedores es la posible ausencia de una relación contractual entre ellos, ya que la Directiva PSD2 no requiere un acuerdo específico entre el proveedor de cuentas y la entidad que ofrece servicios de iniciación o agregación. Además, esta última tendrá derecho a utilizar los procedimientos de autenticación facilitados por los ASPSP a sus propios clientes. Además, la directiva prohíbe la discriminación injustificada de las órdenes cursadas por el usuario a través de un PISP o un AISP, especialmente en cuanto a plazos, prioridad y gastos aplicables.

En consecuencia, los ASPSP deben facilitar la operativa del cliente a través de los PISP y AISP (que, en la práctica, actúan como competidores directos de los primeros), incluso cuando no puedan recibir una contraprestación específica por ello. Este enfoque tiene implicaciones amplias, ya que, en ausencia de una relación contractual entre ASPSP y AISP o PISP, la normativa y sus desarrollos (RTS) deben establecer la forma en que estos dos grupos de entidades, con intereses contrapuestos en muchos casos, intercambiarán de manera segura información sensible para el cliente de ambas partes.

- **Protección de Datos**

Establece disposiciones específicas para la protección de datos personales en el contexto de los servicios de pago, alineándose con la normativa de privacidad de la UE y permitiendo a los Estados miembros autorizar el tratamiento de datos personales por los sistemas de pago y los proveedores de servicios de pago cuando sea necesario a fin de garantizar la prevención, la investigación y el descubrimiento del fraude en los pagos, en los términos de la Directiva 95/46/CE, con las normas nacionales de transposición de dicha Directiva y con el Reglamento (CE) núm. 45/2001 (art. 94).

B. En el Derecho español: RDL 19/2018, de 23 de noviembre y su normativa de desarrollo

La normativa actual se halla reflejada en el Real Decreto-ley 19/2018, de 23 de noviembre, de servicios de pago y otras medidas urgentes en materia financiera (en adelante, Ley de Servicios de Pago o LSP). Este decreto transpone a nuestra legislación la Directiva (UE) 2015/2366 del Parlamento Europeo y del Consejo del 25 de noviembre de 2015, la cual aborda los servicios de pago en el mercado interior. En desarrollo de la norma, téngase en cuenta la Orden ECE/1263/2019, de 26 de diciembre, sobre transparencia de las condiciones y requisitos de información aplicables a los servicios de pago y por la que se modifica la Orden ECO/734/2004, de 11 de marzo, sobre los departamentos y servicios de atención al cliente y el defensor del cliente de las entidades financieras, y la Orden EHA/2899/2011, de 28 de octubre, de transparencia y protección del cliente de servicios bancarios.

La finalidad primordial de esta norma es regular las transferencias, los adeudos directos y las operaciones de pago directo efectuadas mediante tarjeta de pago o "dispositivo similar", con el propósito de optimizar la eficiencia y seguridad de los pagos a nivel nacional e internacional dentro de la Unión Europea. Asimismo, la normativa incluye disposiciones destinadas a fortalecer y proteger los derechos de los usuarios de los servicios de pago, facilitando la aplicación operativa de los instrumentos de la Zona Única de Pagos en euros, conocida como SEPA (Single Euro Payment Area). Además, presta especial atención a los servicios de pago desmaterializados, como los pagos por internet y dispositivos móviles. En este sentido, la nueva normativa no sólo facilita y mejora la seguridad en el uso de los diversos sistemas de pago a través de internet sino que también refuerza el nivel de protección del usuario contra fraudes y abusos potenciales.

En este contexto, los tres objetivos principales perseguidos por la normativa son fomentar la competencia entre los mercados nacionales, garantizando igualdad de oportunidades para la competencia; mejorar la transparencia en el mercado y establecer un sistema común de derechos y obligaciones para proveedores y usuarios en el ámbito de la SEPA.

a) Las entidades de pago

La Ley de Servicios de Pago establece la creación de la categoría de "**entidades de pago**" según los artículos 10 y siguientes. Estas entidades son definidas como personas jurídicas a las que se les ha otorgado autorización para ofrecer y ejecutar servicios de pago en toda la Unión Europea, en los términos previstos en el artículo 11 de la LSP. La autorización para operar como entidad de pago puede abarcar todos o algunos de los servicios de pago mencionados en el artículo 1.2.

Estas entidades **no están autorizadas para llevar a cabo la captación de depósitos u otros fondos reembolsables del público ni emitir dinero electrónico**. Por consiguiente, los fondos recibidos para cumplir con las órdenes de pago y brindar servicios no se considerarán depósitos ni fondos reembolsables. Su posición jurídica se limita a recibir un mandato del ordenante de pago para llevar a cabo uno de los servicios de pago previamente considerados.

La normativa regula el procedimiento para otorgar el estatus de entidad de pago, siendo potestad exclusiva del Banco de España, con la condición de que se obtenga el informe previo del Banco de España y del Servicio Ejecutivo de la Comisión de Prevención del Blanqueo de Capitales e Infracciones Monetarias. La condición de entidad de pago puede ser revocada en situaciones contempladas por la norma (artículo 11). Se exige a estas entidades que mantengan en todo momento un volumen adecuado de recursos propios en relación con los indicadores de negocio, según lo establecido reglamentariamente, para garantizar la efectiva prestación de sus servicios de pago.

Además de las actividades consideradas estrictamente como servicios de pago, las entidades de pago tienen la facultad de realizar actividades adicionales. Pueden ofrecer servicios operativos o auxiliares vinculados a los servicios de pago, como la garantía de la ejecución de operaciones, servicios de cambio de divisas, actividades de custodia y almacenamiento, así como el tratamiento de datos (art. 20.1). También pueden gestionar sistemas de pago y desarrollar actividades económicas distintas, siempre que sean expresamente autorizadas por la normativa específica. Por último, estas entidades pueden conceder créditos relacionados con la ejecución de una operación de pago, con reembolso en un plazo inferior a doce meses, sin que se otorguen con cargo a los fondos recibidos para la ejecución de una operación de pago, y siempre que los fondos propios de la entidad de pago sean adecuados en todo momento para la prestación de dicho servicio (art. 20.3).

El funcionamiento de las entidades de pago estará sujeto a la supervisión del Banco de España, que se encargará de controlar e inspeccionar el desarrollo de sus actividades.

b) Los servicios de pago

La aplicación de la norma se extiende a los servicios de pago especificados en el artículo 1.2. Esto es: a) Los servicios que permiten el ingreso de efectivo en una cuenta de pago y todas las operaciones necesarias para la gestión de una cuenta de pago. b) Los servicios que permiten la retirada de efectivo de una cuenta de pago y todas las operaciones necesarias para la gestión de una cuenta de pago. c) La ejecución de operaciones de pago, incluida la transferencia de fondos, a través de una cuenta de pago en el proveedor de servicios de pago del usuario u otro proveedor de servicios de pago, tales como la ejecución de todo tipo de adeudos domiciliados puntuales o recurrentes, pagos con tarjeta de pago o dispositivo similar, y ejecución de transferencias, incluidas las órdenes permanentes. d) La ejecución de operaciones de pago cuando los fondos estén cubiertos por una línea de crédito abierta para un usuario de servicios de pago, tales como la ejecución de todo tipo de adeudos domiciliados puntuales o recurrentes, pagos con tarjeta de pago o dispositivo similar, y ejecución de transferencias, incluidas las órdenes permanentes. e) La emisión de instrumentos de pago o adquisición de operaciones de pago. f) El envío de dinero. g) Los servicios de iniciación de pagos. h) Los servicios de información sobre cuentas.

c) Pagos excluidos

Cabe destacar que la Ley de Servicios de Pago excluye expresamente de ámbito de aplicación a los pagos instrumentados a través de letras de cambio, cheques y pagarés, si bien la tendencia es o bien hacia su representación electrónica (dinero electrónico, pagarés electrónicos), bien a su sustitución por los servicios de pagos considerados por esta norma y disciplinados en la normativa bancaria.

En definitiva, y de acuerdo con su artículo 4.g), la Ley no se aplica a las operaciones de pago realizadas mediante cualquiera de los documentos mencionados, girados contra un proveedor de servicios de pago con el propósito de poner fondos a disposición del beneficiario: 1.° Cheques en papel regulados por el Convenio de Ginebra de 19 de marzo de 1931 que establece una Ley uniforme sobre cheques. 2.° Cheques en papel similares a los contemplados en el inciso anterior y regulados por el Derecho de Estados miembros que no sean parte en el Convenio de Ginebra de 19 de marzo de 1931 que establece una Ley uniforme sobre cheques. 3.º Efectos en papel con arreglo al Convenio de Ginebra de 7 de junio de 1930 que establece una Ley uniforme sobre letras de cambio y pagarés. 4.º Efectos en papel similares a los contemplados en el inciso anterior y regulados por el Derecho de los Estados miembros que no sean partes en el Convenio de Ginebra de 7 de junio de 1930 que establece una Ley uniforme sobre letras de cambio y pagarés. 5.º Vales en papel. 6.º Cheques de viaje en papel. 7.º Giros postales en papel, según la definición de la Unión Postal Universal.

d) *La operación de pago*

La operación de pago requiere autorización en el marco del contrato de prestación del servicio de pago, momento a partir del cual el proveedor del servicio de pago deberá ejecutar la orden.

En efecto, el inicio de la prestación de servicios de pago implica la autorización de la operación por parte del ordenante, quien otorga su consentimiento para la ejecución. En general, el proveedor de servicios de pago y el ordenante acordarán, típicamente en el contrato marco (contrato de servicio de pago) la modalidad y la forma de notificación para este consentimiento. Dicho consentimiento puede ser anterior o posterior a la ejecución de la orden de pago, según lo acordado entre el ordenante y el proveedor del servicio, y puede retirarse en cualquier momento antes de la fecha de irrevocabilidad de la orden (art. 36 LSP).

En el proceso de autorización de la operación de pago, el usuario debe utilizar el instrumento de acuerdo con las condiciones establecidas en el contrato que rige su emisión y uso. Específicamente, al recibir el instrumento de pago, el usuario debe tomar todas las medidas razonables para proteger los elementos de seguridad personalizados proporcionados. En caso de pérdida, robo o uso no autorizado del instrumento de pago, el usuario debe notificarlo al proveedor de servicios o a la entidad designada por este sin demoras indebidas (art. 41 LSP).

Por otro lado, el proveedor de servicios debe asegurarse de que los elementos de seguridad personalizados del instrumento de pago funcionen correctamente y solo sean accesibles para el usuario autorizado (art. 42.2 LSP). También debe abstenerse de enviar instrumentos de pago que no hayan sido solicitados y garantizar en todo momento que haya medios adecuados y gratuitos disponibles para que el usuario se comunique con el proveedor de servicios.

Recibida la orden, la ejecución del servicio de pago deberá llevarse a cabo en el momento en que la entidad prestadora del servicio reciba la orden de pago. Se entenderá que dicho momento es aquel en el cual el proveedor de servicios de pago del ordenante recibe la orden de pago (art. 50 LSP). En casos de recepción en días inhábiles, se considerará el siguiente día hábil; las partes también podrán acordar en sus contratos una hora límite, a partir de la cual cualquier orden de pago recibida se considerará recibida en el siguiente día hábil (art. 50 LSP)

El proveedor de servicios de pago tiene la facultad de rechazar la ejecución de la orden, debiendo comunicarlo al usuario de los servicios de manera oportuna. No obstante, la ley puede establecer momentos temporales específicos en los cuales ni el ordenante puede retirar su mandato ni el proveedor puede rechazar la prestación (art. 51 LSP).

Posteriormente, la orden debe ser cumplida según lo pactado. En términos generales, el proveedor de servicios de pago del ordenante, el proveedor de servicios de pago del beneficiario y cualquier intermediario involucrado en la operación de pago deben transferir la totalidad de la suma de la operación de pago, sin deducción de ningún gasto, de la cantidad transferida (art. 53.1 LSP). Sin embargo, el beneficiario y su proveedor de servicios de pago pueden acordar la posibilidad de que este último deduzca sus propios gastos de importación antes de abonar la cantidad al beneficiario (art. 53.2 LSP)

4. El dinero electrónico

A. Regulación y delimitación

La regulación vigente del dinero electrónico se encuentra en la Ley 21/2011, de 26 de julio, de Dinero Electrónico (en adelante, LDE), en transposición de la Directiva 2009/110/CE, del 16 de septiembre de 2009, que aborda el acceso a la actividad de las entidades de dinero electrónico, así como su ejercicio y la supervisión prudencial de dichas entidades, introduciendo modificaciones en las Directivas 2005/60/CE y 2006/48/CE.

El artículo 1.2 de la LDE define el **dinero electrónico** como cualquier valor monetario almacenado por medios electrónicos o magnéticos que representa un crédito sobre el emisor. Este se emite al recibir fondos con el propósito de llevar a cabo operaciones de pago, tal como se define en la Ley de Servicios de Pago, y debe ser aceptado por una persona física o jurídica distinta del emisor de dinero electrónico. El dinero electrónico, o moneda digital en efectivo, es en esencia una información digital autentificada, singularizada y firmada electrónicamente, que se admite como representación de éste y como un instrumento de pago. En cuanto a su finalidad solutoria, se ha considerado que el dinero electrónico carece de eficacia liberatoria hasta su definitiva realización en papel-moneda, en una interpretación en exceso literal del art. 1.170 del Código Civil. En una interpretación finalista, debe admitirse similares efectos solutorios a la moneda de curso legal, en papel o en soporte electrónico, por el mero abono en una cuenta del acreedor, aun cuando éste no haya tomado efectiva posesión de ningún papel moneda. Y ello, porque a pesar de lo dispuesto en el citado artículo 1170 del Código Civil, los pagos se realizan hoy día, no mediante monedas de oro o plata, sino mediante sus sustitutos, esto es, la moneda y el papel moneda o los instrumentos que la representan, como son los tradicionales efectos mercantiles y las anotaciones contables, ya sean en papel o en los más modernos soportes electrónicos. Ahora bien, se ha de tener en cuenta que en caso de utilizar instrumentos mercantiles para efectuar el pago (cheques, letras de cambio, pagarés, etc.), éste no se tendrá por producido hasta que aquéllos se hayan realizado.

Por el contrario, no se considerarán dinero electrónico (art. 1.3 LDE): a) los valores monetarios almacenados en instrumentos utilizados exclusivamente para adquirir bienes o servicios en las instalaciones del emisor o, mediante un acuerdo comercial con el emisor, en una red limitada de proveedores de servicios o para un conjunto específico de bienes o servicios, es decir, aquellos con un ámbito de utilización restringido (tarjetas de compra, tarjetas de combustible, tarjetas de socio, tarjetas de transporte público...); b) el valor monetario utilizado para realizar operaciones de pago exentas según la normativa de Servicios de Pago.

B. Las entidades de dinero electrónico

La emisión de dinero electrónico está sujeta a **reserva de actividad** y solo pueden emitirlo las entidades de crédito, las entidades de dinero electrónico autorizadas de acuerdo con la propia norma, la Sociedad estatal de Correos y Telégrafos, SA (en lo que respecta a las actividades de emisión de dinero electrónico autorizadas por su normativa específica), el Banco de España cuando no actúe en su calidad de autoridad monetaria y la Administración General del Estado, las Comunidades Autónomas y las Entidades Locales cuando actúen en su calidad de autoridades públicas (artículo 2 de la LDE). Por lo tanto, aquellas personas físicas o jurídicas que no adopten una de estas formas no podrán emitir dinero electrónico de manera válida y, además, dicha contravención podrá ser objeto de sanciones.

Las entidades de dinero electrónico se definen como personas jurídicas que no ostenten la condición de entidades de crédito y que hayan obtenido la autorización para emitir dinero electrónico (artículo 3). Se les reserva la denominación “entidad de dinero electrónico”, así como su abreviatura “EDE”, la cual podrán incorporar a su denominación social. Para la creación de estas sociedades, se requiere un capital social inicial mínimo de 350.000 euros (artículo 6).

Para operar como entidades de dinero electrónico, deben cumplir con los requisitos establecidos por la normativa y obtener la autorización del Banco de España, previo informe del Banco de España y del servicio ejecutivo de la Comisión de Prevención del Blanqueo de Capitales e Infracciones Monetarias. En caso de perder alguna de las condiciones exigidas, la autorización puede ser revocada, lo que conlleva la obligación de cesar en la prestación de servicios de emisión de dinero electrónico (arts. 4 y 5).

Además de la emisión de dinero electrónico, las entidades de dinero electrónico, de acuerdo con el artículo 8, pueden ofrecer servicios de pago, conceder créditos relacionados con los servicios de pago, prestar servicios operativos y auxiliares estrechamente vinculados a la emisión de dinero electrónico o a la prestación de servicios de pago, gestionar sistemas de pago y llevar a cabo otras actividades económicas distintas que estén autorizadas. Sin embargo, no están autorizadas para captar depósitos u otros fondos reembolsables del público (art. 8.4).

C. Emisión y reembolso de dinero electrónico

La función principal de las entidades autorizadas, que, como indicamos previamente, no se limita exclusivamente a las entidades de dinero electrónico, consiste en la emisión y reembolso del dinero electrónico, regulada en el art. 17 LDE. En este contexto, los fondos entregados por el titular del dinero electrónico a la entidad de dinero electrónico se cambiarán de forma inmediata por dinero electrónico, sin que puedan constituir depósitos u otros fondos reembolsables al público.

El contrato entre el emisor de dinero electrónico y el titular del dinero electrónico estipulará clara y explícitamente las condiciones de reembolso, incluidos los gastos conexos y se informará de esas condiciones al titular del dinero electrónico antes de que éste quede sujeto a un contrato u oferta (art. 17.3). En este sentido, los emisores de dinero electrónico procederán a emitir, al recibir los fondos, dinero electrónico por su valor nominal. Igualmente, los emisores de dinero electrónico reembolsarán al titular, siempre que lo solicite, en cualquier momento y por su valor nominal, el valor monetario del dinero electrónico en su posesión (art. 17.6). Las condiciones para dicho reembolso serán establecidas de manera clara entre el emisor de dinero electrónico y el titular.

Solo se generarán gastos en el proceso de restitución del dinero electrónico cuando el reembolso sea solicitado antes de la conclusión del contrato, cuando el contrato se resuelva antes de la fecha prevista o cuando la solicitud de reembolso se realice un año después de la finalización del contrato (art. 17.4). Asimismo, la normativa prohíbe expresamente la concesión de intereses u otros beneficios por el tiempo durante el cual el titular de dinero electrónico posea el mismo. Queda prohibida la concesión de intereses o de cualquier otro beneficio que esté asociado al tiempo durante el cual el titular del dinero electrónico mantiene éste (art. 18).

IV. EL SERVICIO DE ASESORAMIENTO Y GESTIÓN DE CARTERAS AUTOMATIZADO (*ROBO ADVISORY SERVICE*)

1. Función económica

Los asesores financieros en línea, también conocidos como ***robo advisors***, representan un avance con respecto a los servicios principales de las plataformas centrados en la intermediación de operaciones de compra y venta de activos financieros.

Los *robo advisors* o *asesores automatizados* son plataformas en línea que ofrecen asesoramiento financiero articuladas esencialmente a partir de algoritmos estructurados, ya sea en forma de árboles de decisión o con un alto grado de capacidad de aprendizaje automático o *machine learning* (algoritmos capaces de enseñarse a sí mismos tareas). Llevan a cabo todo el proceso de asesoramiento y gestión de inversiones, desde la búsqueda y selección hasta la asignación, monitorización y reequilibrio. No obstante, la industria de *robo advisors* ha evolucionado para ofrecer servicios adicionales, como planificación financiera, gestión fiscal, y acceso a cuentas de jubilación. Su objetivo es construir una cartera personalizada para un inversor específico, basándose en la información proporcionada por el cliente, que suele incluir la tolerancia al riesgo, la edad y la esperanza de vida o límite temporal. Lo distintivo de estos algoritmos es que operan sin la intervención humana. La cartera resultante se diseña para lograr rendimientos óptimos, independientemente del nivel de riesgo del cliente.

En cuanto a su funcionamiento, parten del perfil del inversor. Los clientes completan cuestionarios en línea para proporcionar información sobre sus objetivos financieros, tolerancia al riesgo, plazos de inversión y situación financiera. A partir de dicha información, los *robo advisors* utilizan algoritmos y modelos complejos para analizarla y generan carteras de inversión diversificadas y adecuadas para cada perfil. La asignación de activos, la reasignación de carteras y otras decisiones de inversión se realizan automáticamente según los parámetros establecidos en los algoritmos.

En este sentido, el asesoramiento automatizado puede centrarse en productos financieros, o tener carácter integral, especialmente en el ámbito de la planificación financiera, como sucede en la canalización del ahorro destinado a la jubilación. En resumen, los *robo advisors* han cambiado la dinámica de la gestión de inversiones al hacerla más accesible y rentable para una amplia gama de inversores. La tecnología continúa desempeñando un papel crucial en la evolución de estos servicios financieros automatizados.

2. Concepto

El término "*robo-advice*" engloba una variedad de servicios de gestión y ejecución de operaciones proporcionados bajo el paraguas del asesoramiento, a partir algoritmos y ofrecidos a través de portales o aplicaciones. Este tipo de asesoramiento se caracteriza por su automatización.

El asesoramiento financiero es una actividad definida en la regulación financiera, consistente en la "prestación de recomendaciones personalizadas a un cliente" (Directiva 2014/65/UE del Parlamento Europeo y del Consejo de 15 de mayo de 2014, relativa a los mercados de instrumentos financieros, en adelante, Directiva MiFID II). En efecto, en el asesoramiento tradicional la recomendación **personalizada** es fundamental, esto es, basada en la relación de confianza profesional entre el asesor y el cliente, quien decide seguir o no la recomendación. La información sobre riesgos se vuelve secundaria en este servicio fiduciario.

Por lo que se refiere al concepto de asesoramiento **automatizado**, no existe una definición legal que comprenda la compleja realidad del tráfico y la propia naturaleza de la actividad, basada en la tecnología y tratamiento de datos que incorpora y sistematiza continuamente. No obstante, se ha definido, partiendo del concepto legal de asesoramiento financiero como "la prestación de servicios de asesoramiento en materia de inversión o de gestión de carteras (en su totalidad o en parte) a través de un sistema automatizado o semiautomatizado que se utiliza como herramienta para el trato con el cliente" (Directrices ESMA relativas a determinados aspectos de los requisitos de idoneidad de la MiFID II). Además, los comparadores de productos financieros, que aconsejan sobre las mejores opciones según el perfil del cliente, también pueden considerarse dentro del concepto de asesoramiento automatizado.

La naturaleza de este servicio es controvertido fundamentalmente por la discrepancia entre la concepción legal y la realidad del mercado. Es esencial delimitar el asesoramiento de las explicaciones técnicas, pues el primero implica recomendaciones personalizadas. Por otro lado, es importante destacar que en esta definición no se menciona la característica "personalizada", reflejando la pérdida de la relación cara a cara en el asesoramiento automatizado.

Actualmente, el asesoramiento financiero automatizado puede ofrecerse como un servicio **autónomo o combinado** con otros servicios, dando lugar a modelos de negocio híbridos que requieren la gestión de posibles conflictos de intereses.

3. Caracteres generales y tipología

A. Caracteres generales

El asesoramiento automatizado se presenta como un servicio de carácter normativo, complejo, despersonalizado, accesible que otorga también transparencia y diversificación automatizada.

Su prestación se enmarca en un **contrato normativo** que define tanto el contenido como resultado del servicio personalizado. En este proceso, el algoritmo desempeña una función normativa al determinar los cuestionarios, analizar datos, emitir recomendaciones y vincularlas a la ejecución de operaciones. Un algoritmo bien diseñado elimina sesgos cognitivos, recrea intereses y facilita recomendaciones de productos más adecuados.

Es un **servicio complejo**, ya que integra diversos servicios financieros impulsados por datos. Su núcleo radica en la asignación de activos basada en el perfil digital. Aunque se comercializa como "asesoramiento", en realidad se presenta como una orientación o guía para el cliente, conectada con servicios de ejecución y seguimiento. Sin embargo, el desarrollo de algoritmos con inteligencia artificial puede contribuir a ofrecer asesoramiento personalizado adaptado a las necesidades individuales.

En contraste con el asesoramiento tradicional, el automatizado es **despersonalizado**, esto es, carece del elemento personal e *intuitu personae*. Se cuestiona la interacción humana, especialmente en el asesoramiento automatizado puro, debido a que esta innovación tecnológica desafía la autonomía del inversor y su capacidad para tomar decisiones de inversión de manera racional, impulsándolo a seguir las recomendaciones del robo-advsisor en un mercado financiero cada vez más complejo.

El asesoramiento automatizado permite el acceso en cualquier momento y lugar con conexión a internet, a un bajo coste, especialmente interesante para pequeños inversores o carteras muy reducidas. Esta **accesibilidad** beneficia a capas de la población que antes no podían acceder al asesoramiento financiero, generando una suerte de "democratización" del servicio tradicional.

Finalmente, ofrece al inversor un **control** y **privacidad** mayor, además de la **diversificación** automatizada para mitigar riesgos y la transparencia sin la, en principio, aparente existencia de conflictos de intereses presentes en los asesores humanos.

B. Tipología

La actividad humana desempeña un papel esencial en cualquier modelo de "*robo-advice*", ya que el diseño del algoritmo, la actualización de su contenido y la revisión frente a cambios inesperados son actividades resultantes de la programación humana.

Existen en la actualidad modelos de asesoramiento digital, algunos completamente automatizados, sin interacción humana con el cliente final, y otros que integran la digitalización con la relación humana, denominados "asesoramiento biónico", pero incluso en el caso del *robo-advice* puro, la intervención humana es esencial para configurar el servicio. A partir de este criterio, destacan dos modelos o tipos de servicios de asesoramiento automatizado:

a) **Gestores de Patrimonio Digitales Totalmente Automatizados**: Emplean un enfoque D2C (Directo al Consumidor) para proporcionar servicios de inversión totalmente automatizados, sin la intervención de un asesor financiero, con el objetivo de construir carteras diversificadas de inversiones.

b) **Gestores de Patrimonio Digitales Asistidos (Híbridos)**: Este modelo combina la automatización con la asistencia de un asesor virtual, que suele ofrecer planificación financiera básica y monitorización a través de correo electrónico o llamadas telefónicas.

4. Naturaleza jurídica

En el servicio automatizado, la inteligencia artificial influye en la conducta y las decisiones futuras del cliente, orientando sus intereses. El robot es un software incorporado a una plataforma que orienta la elección del inversor. Y es que, si bien el cliente toma las decisiones, lo hace bajo la orientación de la inteligencia artificial, lo que implica una pérdida de autonomía individual.

No existe relación humana, pero ello no es lo que determina su naturaleza jurídica. El *robo-advice* combina el asesoramiento con la gestión de carteras asesorada, especialmente en la asignación de activos. En este sentido, el servicio de *robo-advice* parece acercarse a la figura del asesoramiento financiero, si bien reúne elementos y características propios que van más allá del servicio tradicional de asesoramiento, en la medida en que utiliza algoritmos para establecer el perfil del cliente y anticipar sus preferencias. Se trataría de una subespecie del asesoramiento, que reúne elementos del asesoramiento y de la gestión de carteras asesorada.

Existe controversia doctrinal sobre si los *robo-advisors*, en su modelo actual, pueden cumplir con los deberes fiduciarios del asesor financiero. Quienes argumentan a favor, entienden que, desde el punto de vista técnico, los algoritmos enriquecidos con inteligencia artificial pueden diseñar un servicio que cumpla con los estándares fiduciarios requeridos por diversos sistemas legales. No obstante, surge la preocupación de que, en un entorno lleno de conflictos de intereses y supervisores en ocasiones demasiado permisivos, los algoritmos se programen con sesgos que favorezcan a las entidades en detrimento de los clientes.

Las autoridades financieras se enfrentan a la problemática derivada de intentar encajar el automatizado dentro del concepto de asesoramiento financiero tradicional. La falta de interacción humana para calificar las recomendaciones como "personalizadas" y las dudas sobre el cumplimiento de las plataformas de *robo-advice* con las normas fiduciarias del asesoramiento financiero son desafíos evidentes. A pesar de esto, reconocen la naturaleza disruptiva y la importancia de su regulación para la protección de los clientes y la integridad del mercado, ya que excluirlo del ámbito del asesoramiento podría dejar a los clientes desprotegidos y poner en riesgo la integridad del mercado, ya que la orientación financiera, la actividad principal de estas plataformas, carece de regulación específica.

5. Régimen jurídico

El servicio de asesoramiento financiero automatizado carece de regulación específica que se adapte a las particularidades de la subespecie. La determinación de su naturaleza jurídica y función económica condiciona su régimen y regulación. Se intenta inicialmente encuadrar su regulación a partir del asesoramiento financiero tradicional, y las autoridades financieras proporcionan guías explicativas a los operadores sobre cómo cumplir con la normativa del mercado de valores existente.

La regulación de la Directiva MiFID II establece las bases para la futura regulación del *robo-advice* y otros servicios basados en algoritmos, al contener la regulación de la negociación de alta frecuencia. Sin embargo, ello condiciona el acceso al mercado de los nuevos operadores al aplicar la normativa del mercado de valores. Además, la Directiva MiFID II impone su modelo de gobernanza de productos y servicios financieros controles internos para asegurar que los productos ofrecidos en el mercado satisfacen las necesidades de los clientes, evitando ofertas inadecuadas que podrían perjudicar su patrimonio (mis-selling). Ello obliga a delimitar su normativa aplicable, que, hasta su adaptación o nueva regulación específica, habrá de ser la existente.

En definitiva, hasta su regulación específica o concreción, el servicio automatizado, en cuanto subespecie del tradicional asesoramiento, se regirá por la Directiva MiFID II, su Reglamento Delegado (UE) 2017/565 de la Comisión de 25 de abril de 2016 y la Ley 6/2023, de 6 de marzo, de los Mercados de valores y de los Servicios de Inversión (en adelante, LMVSI). Por todo lo expuesto, además serán de trascendencia práctica tanto las Directrices relativas a determinados aspectos de los requisitos de idoneidad de la Directiva MiFID II publicadas por ESMA el 6 de noviembre de 2018 (las "Directrices de Idoneidad"), así como las preguntas y respuestas que publica y actualiza ESMA sobre protección al inversor (última versión de 18 de febrero de 2020).

Así, y de acuerdo con el artículo 9 del citado Reglamento Delegado 2017/565 que implementa el artículo 4, apartado 1, punto 4 de la Directiva MIFID II), el *asesoramiento automatizado* se considera asesoramiento en inversiones solo cuando utiliza software basado en modelos algorítmicos que no se emiten al público en general, sino "a una persona en su calidad de inversor o posible inversor, o en su calidad de agente por cuenta de un inversor o posible inversor". Las recomendaciones genéricas sobre productos financieros son simplemente servicios accesorios. Debe proporcionar recomendaciones personales sobre la base de la información de sus clientes, quienes luego toman la decisión de inversión final. Para ser personal, la recomendación debe tener en cuenta (o pretender tener en cuenta) las cualidades específicas de los destinatarios como inversores reales o potenciales y presentarse como adecuada a su perfil, independientemente de si realmente lo es. Es irrelevante si las firmas de inversión agregan exenciones de responsabilidad a su sitio web buscando limitar el papel y la responsabilidad del asesor. Lo determinante es solo la naturaleza y el contenido de las comunicaciones que tienen lugar y si dan lugar a la expectativa razonable de los clientes de obtener asesoramiento en inversiones personalizado. Incluso si el algoritmo y el modelo utilizado no son técnicamente capaces de procesar la información de los clientes, el servicio aún debería considerarse personal si el asesor crea la expectativa de que los datos proporcionados se tienen en cuenta. El asesor, por supuesto, también puede ofrecer monitoreo de los activos comprados con advertencias y actualizaciones consecuentes (los llamados servicios de reequilibrio), pero siempre dentro del alcance de la decisión de inversión original. Incluso en este caso, la decisión de equilibrar la cartera después de cambios en el mercado debería ser tomada por el cliente.

En definitiva, la aplicación de la regulación de la Directiva MIFID II depende del grado de personalización (ya sea real o fingida) del asesoramiento proporcionado. Si, por el contrario, la recomendación proporcionada por el sistema automatizado es estandarizada, aunque vagamente se pueda referir al perfil del usuario, será necesario recurrir a otras formas de protección al inversor, ya que las previstas para el asesoramiento financiero en sentido estricto no serían de aplicación. No obstante, el art. 54.1 del Reglamento Delegado establece que la responsabilidad sobre la evaluación de la idoneidad recaerá sobre la empresa responsable del sistema automatizado.

En el Derecho español, deberá atenderse al desarrollo de la Comisión Nacional del Mercado de Valores a partir de dos **Circulares**, por las que impone ciertas obligaciones para la prestación del servicio de asesoramiento. La Circular 3/2013, de 12 de junio, detalla específicamente ciertas obligaciones de información dirigidas a los clientes que reciben servicios de inversión, focalizándose en la evaluación de la conveniencia e idoneidad de los instrumentos financieros. De manera complementaria, la Circular 1/2018, de 12 de marzo, de la Comisión Nacional del Mercado de Valores, aborda las advertencias vinculadas a los instrumentos financieros.

Estas dos Circulares establecen obligaciones adicionales específicas para la prestación del servicio de asesoramiento en España, en comparación con el marco general europeo, lo que se conoce como "*gold plating*". Además, la CNMV, al igual que ESMA, publica preguntas y respuestas que, aunque no poseen carácter normativo, buscan transmitir a las entidades que ofrecen servicios de inversión los criterios interpretativos de la CNMV respecto a ciertas obligaciones establecidas por la legislación. Esto implica que, en ciertos temas, se pueden encontrar aclaraciones proporcionadas por dicho organismo (v. https://www.cnmv.es/docportal/Legislacion/FAQ/QAsFinTech.pdf).

Finalmente, a modo de reflexión, cabe advertir que la regulación del *robo-advice* se guía por principios similares a los del asesoramiento tradicional, como la transparencia, la adecuación de los servicios al perfil del cliente y la estabilidad del mercado. Sin embargo, en el caso del *robo-advice*, donde el algoritmo es el núcleo del producto financiero y la interacción con el cliente es automatizada, se destaca la importancia de intensificar la gobernanza. La atención se centra en el control de la programación de los algoritmos, anticipando la disciplina de las normas de conducta mediante un control desde la concepción del producto y la programación del algoritmo, respaldado por auditorías internas. Este cambio hacia el control del algoritmo representa una respuesta proactiva al uso de inteligencia artificial, destacando la necesidad de una regulación adaptada y específica para las finanzas impulsadas por datos.

En efecto, tras la ratificación de la Ley de Inteligencia Artificial (AI Act), por la que se establece un nuevo marco regulatorio detallado para el desarrollo, despliegue y uso de sistemas de inteligencia artificial (IA) en diversos sectores, incluye los sistemas de "robo advisors". Esta normativa se centra en la gestión del riesgo y la protección de los derechos fundamentales, garantizando la seguridad y transparencia de los sistemas de IA.

En cuanto sistemas automatizados de asesoramiento financiero, la ley los clasifica generalmente como sistemas de "riesgo limitado". En consecuencia, las obligaciones a cargo de los proveedores de estos servicios son significativamente menos rigurosas que para aquellos de alto riesgo. Los proveedores y usuarios de estos sistemas cumplirán observando los requisitos básicos de transparencia así como notificando a los usuarios que están interactuando con un sistema de IA.

V. EL CROWDFUNDING O FINANCIACIÓN PARTICIPATIVA

1. Antecedentes, concepto y función económica

A. Antecedentes

El crowdfunding es una aportación colectiva de numerosas personas que ponen en común sus recursos para financiar proyectos empresariales o sociales promovidos por otros agentes económicos. Por lo general, la recaudación de fondos se realiza mediante plataformas digitales. De esta forma, los proyectos e iniciativas empresariales de empresas o particulares se financian a través de pequeñas aportaciones de un gran número de personas.

Desde esta aproximación al fenómeno sus antecedentes se han encontrado en prácticas colectivas históricas tales como las denominadas colectas de fondos en el siglo XVII para financiación de proyectos de infraestructura, así como también para proyectos artísticos, culturales y filantrópicos como los de los siglos XIX y XX. Uno de los primeros ejemplos notables de crowdfunding se remonta a 1884, cuando Joseph Pulitzer del diario New York World lanzó una campaña de recaudación de fondos para financiar el pedestal de la Estatua de la Libertad.

Sin embargo, su explosión en el siglo XXI está fuertemente ligada al surgimiento de varios fenómenos. En primer lugar, del conocido como *crowdsourcing*, un modelo de colaboración que externaliza funciones empresariales a través de convocatorias en línea, y a la expansión de plataformas digitales que facilitan la interconexión global.

En 2012, la Administración Obama promulgó la ley conocida como *Jumpstart Our Business Startups Act* (Ley JOBS), cuyo objetivo era aumentar las oportunidades de empleo en empresas privadas y pymes al mejorar la financiación empresarial a través de los mercados de capitales. En ella se reconoce, en primer lugar, el potencial del *crowdfunding* como impulsor real del crecimiento económico y, en segundo lugar, su papel incentivador en la participación de inversores que antes estaban excluidos de los fondos *business angel* o startup.

Por su parte, en 2016 la Comisión Europea da cuenta en su documento *Una Agenda Europea para la economía colaborativa* del papel de la plataformas colaborativas para crear mercados abiertos para el uso temporal de bienes y servicios ofrecidos por particulares.

Sin duda, Internet ha representado un impulso significativo para el crowdfunding, en la medida en que permite y agiliza la interacción o conexión a través de plataformas en línea entre los promotores de proyectos y aquellos individuos interesados en contribuir financieramente. En efecto, el auge del *crowdfunding* moderno se asocia con el desarrollo de plataformas en línea en la década de 2000. Una de las primeras plataformas notables fue *ArtistShare*, lanzada en 2003 para financiar proyectos musicales, mientras que en 2008 una de las primeras plataformas de crowdfunding generalizado, *Indiegogo*, permitía a cualquier persona financiar proyectos creativos, empresariales o personales. No obstante, fue con *Kickstarter* en 2009, centrada en proyectos creativos y tecnológicos, a partir de la que se estableció el modelo de financiación basado en recompensas. A partir de ese momento, el fenómeno del *crowdfunding* alcanza la popularidad de la que hoy es su propio garante. Con el tiempo, surgieron diferentes modelos de crowdfunding, incluyendo *crowdfunding* de recompensas, de *equity*, de deuda y otros, adaptándose así a las diferentes necesidades y objetivos.

La amplia aceptación del *crowdfunding* también se atribuye a la crisis financiera iniciada en 2007-2008 que afecta al mercado actual. La parálisis de los canales de crédito convencionales ha llevado a emprendedores y empresas a la búsqueda de financiación alternativa, aprovechando el crecimiento de las plataformas de *crowdfunding* en Internet como una herramienta innovadora para obtener fondos.

B. Concepto

En sentido amplio definimos el *crowdfunding* o financiación participativa como modalidad de financiación que engloba toda actividad de financiación colaborativa y colectiva en la que promotores de proyectos, mediante convocatoria abierta y pública, solicitan y reciben financiación de particulares. La participación colectiva se traduce en la puesta en común de recursos de financiación para apoyar proyectos iniciados por terceros. En definitiva, con carácter general el *crowdfunding* alude a la solicitud de financiación colectiva en la que los particulares voluntariamente, mediante una aportación, financian medianas o pequeñas actividades empresariales que tienen mayor impacto en la mejora de su entorno, o participan en proyectos culturales o sociales que consideran buenas iniciativas, porque mejoran o transforman la sociedad.

El crowdfunding es una forma de financiación o recaudación de fondos (en sus diversas modalidades) de tipo colectivo, llevado a cabo a través de plataformas en línea, mediante el cual una colectividad de participantes realiza contribuciones de diferente cuantía con el fin de favorecer el desarrollo de un proyecto o una iniciativa que, por alguna razón, consideran oportuno respaldar, en ocasiones prescindiendo de un retorno económico. Son, por tanto, dos los elementos del *crowdfunding*. En primer lugar, la existencia de la colaboración o participación colectiva voluntaria a través de plataformas digitales, gracias la conectividad proporcionada por Internet. En segundo lugar, la finalidad financiera del proyecto que, si bien puede ser de cualquier índole, éste siempre debe perseguir la financiación o recaudación de fondos. En el crowdfunding, la participación colectiva de fondos es el resultado de la actividad de creación de un entorno digital o electrónico e intermediación electrónica para la agrupación y puesta en común de recursos de financiación para apoyar proyectos iniciados por terceros.

C. Función económica

Por lo que se refiere a su función económica, y con carácter general, consiste principalmente en la de servir de mecanismo para la recaudación de fondos. Lo cierto es que independientemente de su tipología, el *crowdfunding* ha experimentado una evolución significativa, transformándose en una modalidad única de financiación de proyectos empresariales innovadores, especialmente aquellos asociados con las emergentes startups. No se limita sin embargo a ello, ya que incluso empresas consolidadas, pero sin acceso a las fuentes de financiación tradicionales, han encontrado en este mecanismo una alternativa viable ante la falta de acceso al crédito ofrecido por entidades bancarias. En conclusión, el crowdfunding proporciona una fuente de financiación alternativa a los métodos tradicionales como préstamos bancarios y capital de riesgo. Esto es especialmente útil para startups, pequeñas empresas y proyectos creativos que pueden tener dificultades para acceder a la financiación tradicional. Pero también permite a los inversores diversificar sus carteras al participar en una amplia gama de proyectos y empresas. Los inversores pueden aportar pequeñas cantidades de dinero en varios proyectos, mitigando así el riesgo de inversión.

2. *Caracteres generales y tipología*

A. Caracteres generales

Son varias las características que permiten diferenciarlo de otras figuras de financiación o afines, y ello e independientemente de su modalidad.

Así, en primer lugar, en el modelo de financiación participativa se da la peculiaridad de la existencia previa de una solicitud, llamamiento o **convocatoria abierta y pública** *(open call)*, ya que en el crowdfunding la oferta, sea ésta a título lucrativo u oneroso, es pública y abierta a un grupo indeterminado de personas a través de las plataformas en línea, permitiendo así que cualquier persona interesada contribuya.

En consecuencia y, en segundo lugar, en el modelo se advierte una **pluralidad de participantes**. El crowdfunding está abierto a una reserva ilimitada de aportantes que reciben propuestas al mismo tiempo e implica la obtención de fondos principalmente a partir de personas físicas y jurídicas, incluidas las que no disponen de un patrimonio elevado.

En tercer lugar, la participación colectiva de los individuos es **voluntaria**, así como su contribución y los intereses personales que subyacen, que incluso puede reducirse al simple o mero recibimiento de reconocimiento.

Finalmente, es requisito y característica fundamental a su vez del crowdfunding que la financiación sea **intermediada a partir de plataformas digitales** o en línea, que facilitan la conectividad proporcionada por Internet.

El concepto engloba una **gran variedad de modelos**, que presentan importantes diferencias entre sí y, en consecuencia, también una problemática diversa. Una clasificación de los distintos tipos de crowdfunding comúnmente aceptada es la que distingue a partir del criterio de la contraprestación que recibe (o no) el financiador colectivo. De acuerdo con este criterio podemos distinguir cuatro modalidades de *crowdfunding*, a saber, el crowdfunding de donaciones, el de recompensa o pre-venta, el de inversión y el de préstamos.

No obstante, estas modalidades bien podrían agruparse a su vez y simplificarse en dos grandes modalidades. Así, en primer lugar, los dos primeros tipos pueden englobarse, precisamente por su impacto en términos económicos, dentro del *crowdfunding* financiero, que comprende el *crowdfunding* de préstamos (o *crowdlending*) y el de inversión (o *equity based crowdfunding*). En la segunda modalidad, se encontrarían los tipos de *crowdfunding* no financiero, que abarcan las variantes de donaciones y recompensas o pre-ventas. Esta distinción es fundamental, ya que las modalidades de *crowdfunding* financiero plantean cuestiones legales de mayor relevancia y son las más significativas desde el punto de vista económico.

B. El *crowdfunding* financiero

Bajo esta categoría se encuadran aquellas modalidades de *crowdfunding* que retribuyen con retorno financiero sobre un producto de inversión concreto: 1) el *crowfunding* de inversión; y 2) el *crowfunding* de préstamo.

1) En primer lugar, se distingue el ***crowdfunding de inversión*** *(o Equity Based Crowdfunding)*, que tiene por objeto la obtención de capital para proyectos empresariales de aquellas sociedades que los promueven en plataformas en línea. En ella la recaudación de fondos se alcanza a partir de la oferta de valores y su emisión de modo que su suscripción convierte a los inversores en socios de la sociedad. Además, si los valores o participaciones recibidos son libremente transmisibles, fomenta la desinversión, uno de los principales desafíos en este tipo de financiación participativa.

En este modelo, las **empresas obtienen la financiación** mediante aportaciones de los inversores a través de plataformas especializadas en este tipo de *crowdfunding*. Los promotores ofrecen a los inversores compensación o rendimiento en el negocio que financian. Esta compensación puede adoptar la forma de una participación en el capital de la sociedad o un derecho *sui generis* a participar en los beneficios. Queda regulado en el Reglamento (UE) 2020/1503 del Parlamento Europeo y del Consejo, de 7 de octubre de 2020, relativo a los proveedores europeos de servicios de financiación participativa para empresas y en la Ley 5/2015, de 27 de abril, de fomento de la financiación empresarial (en adelante, LFFE).

La naturaleza jurídica de estas transacciones es más compleja que en otras modalidades de *crowdfunding*, ya que la compensación implica compartir la fortuna del negocio o proyecto. A cambio de sus aportaciones, estos micro-inversores obtienen beneficios a través de la rentabilidad generada por las acciones o participaciones que adquieren, con la condición de permanecer como inversores durante un período acordado previamente. En efecto, la compensación entregada a los inversores implica participación en los resultados del negocio o proyecto, por lo que no sigue el esquema típico de un contrato de intercambio o préstamo. En cambio, en algunos supuestos adopta una naturaleza más colaborativa o asociativa, acercándose en algunos casos a figuras del Derecho de sociedades. En la práctica, existen diversas variantes, que difieren entre sí en función y naturaleza, para estructurar esta participación.

Inicialmente el *equity crowdfunding* surgió para financiar principalmente la formación de nuevas empresas, como startups y empresas de tecnología. Sin embargo, este mecanismo de financiación es apto en empresas con desafíos financieros o para obtener financiación externa para diversas operaciones económicas y ha ido evolucionado y diversificándose, ofreciendo diversas modalidades que van más allá de la financiación de nuevas empresas, y abarcando productos financieros y servicios más amplios.

Existen varias **modalidades** para instrumentar esta participación. En el ***equity crowdfunding***, los inversores reciben participaciones en el capital de la sociedad, ya sea en forma de acciones o participaciones. La compensación se materializa en dividendos o en beneficios derivados de la reventa de estas participaciones. En el ***debt securities crowdfunding***, la compensación financiera se concreta en títulos de deuda o renta fija. Aunque conceptualmente se asemeje al crowdfunding de préstamos, se incluye en el *crowdfunding* de inversión debido a sus diferencias sustanciales, principalmente que los inversores adquieren valores, generalmente obligaciones emitidas por la sociedad. También se incluye el ***crowdfunding* inversión basado en *factoring***, que facilita el descuento de facturas o pagarés tradicionales a través de plataformas de crowdfunding.

Otra modalidad es el ***profit-sharing crowdfunding***, en el que la compensación se instrumenta en un derecho *sui generis* a recibir algún tipo de retorno por la inversión. Este modelo fue más utilizado en los inicios del *crowdfunding* de inversión, si bien ha perdido relevancia con el tiempo. En esta modalidad la participación en los beneficios puede adoptar varias fórmulas. Una primera consiste en la emisión de un tipo especial de acciones que permita a los inversores recibir una parte de las ganancias de la sociedad. Este tipo de acciones generalmente se conoce como acciones con participación en las ganancias y se ofrece a un precio con descuento. Los inversores que adquieren este tipo de acciones reciben un porcentaje de las ganancias que se distribuyen periódicamente (trimestral o anualmente). La segunda fórmula consiste en la emisión deuda convertible, lo que permite a los inversores convertir su deuda en acciones en algún momento en el futuro. Este tipo de deuda también permite a los inversores recibir una parte de los beneficios de la empresa. Además de ofrecer a los inversores una parte de las ganancias de la empresa, este tipo de crowdfunding también puede ofrecer beneficios adicionales como acceso a eventos exclusivos, descuentos en productos y servicios e incluso derecho a voto sobre determinadas decisiones dentro de la empresa.

Independientemente de la naturaleza de la compensación, existen dos escenarios operativos básicos. En el primero, el promotor es el emisor de las acciones, participaciones u otros instrumentos financieros, y los inversores invierten directamente en su negocio. En el segundo, un Special Purpose Vehicle (SPV) o Collective Investment Scheme (CIS), esto es, entidades independientes con propósito especial y creadas por los promotores, emite instrumentos que los inversores adquieren, invirtiendo indirectamente en el negocio del promotor.

En cuanto a su **funcionamiento**, los promotores presentan su proyecto a través de la plataforma de *crowdfunding*, y los inversores, al realizar aportaciones monetarias, obtienen una participación en el capital de la empresa promotora. La plataforma revisa y selecciona los proyectos más rentables para su publicación en su sitio web, brindando asesoramiento a los promotores para la presentación del proyecto, incluyendo diseño de campañas y publicidad en la página web de la plataforma y en otros sitios mediante widgets proporcionados por la plataforma. Por estos servicios, la plataforma recibe una comisión basada en la cantidad de financiación obtenida.

Los participantes (*crowdfunders*) deben registrarse en la plataforma para realizar aportaciones monetarias en los proyectos que elijan, recibiendo a cambio una participación en el capital de la sociedad promotora. Aunque los modelos de funcionamiento pueden variar, estas plataformas establecen porcentajes, en torno al el 90% del objetivo propuesto en el plazo establecido, generalmente a noventa días, tras lo cual, se envía la documentación legal a los inversores (estatutos sociales y pacto de socios). Tras un período de revisión de 7 días desde la recepción de los documentos, la pasarela de pago transfiere el dinero directamente a la cuenta bancaria hasta la elevación a público del acuerdo de ampliación de capital. Si no se alcanza la cifra objetivo en el periodo establecido, los compromisos de inversión de los *crowdfunders* quedan sin efecto.

2) En segundo lugar, se distingue el ***crowdfunding de préstamo*** *(o crowdlending)*. El préstamo en masa o *crowdlending*, es otra modalidad de *crowdfunding* financiero cuyo objeto es la recaudación de dinero principalmente orientado a financiar

proyectos empresariales. En este tipo los partícipes que eligen respaldar un proyecto financiero entregan una cantidad específica de dinero a los solicitantes de fondos. Esta suma se reembolsará al final del plazo acordado. La financiación se obtiene, por tanto, a través de préstamos con interés, esto es, la aportación del *crowdfunder* se realiza en forma de préstamo, que será reembolsado por el promotor del proyecto en plazos y con un interés predeterminado. Dependiendo de si los prestamistas reciben intereses además del principal, se puede clasificar como *crowdlending* con interés o sin interés. La plataforma puede fijar el interés según la evaluación crediticia del solicitante o mediante una subasta donde gana el prestamista que ofrece la tasa más baja.

Sin embargo, algunas plataformas se dedican a la financiación mediante préstamos sin intereses, adoptando la forma de *social lending* y facilitando el acceso al crédito a aquellos que no pueden obtenerlo a través de canales convencionales, convirtiéndose así en una forma de microfinanciación.

Así, como se ha advertido, cabe distinguir a su vez entre el ***crowdfunding*** **sin intereses** que quedaría incluido en el modelo de *crowdfunding* sin retorno financiero o no lucrativo, que consiste en el préstamo de una cantidad de dinero determinada por múltiples aportantes, sin que se reciba ningún retorno financiero o contraprestación económica alguna y el ***crowdfunding*** **préstamo con intereses** que tendría la calificación jurídica de préstamo (arts. 1753 y ss Código Civil y arts. 311 y ss Código de Comercio) y cuya regulación específica, junto con el de inversión, se encuentra en el Reglamento (UE) 2020/1503 del Parlamento Europeo y del Consejo, de 7 de octubre de 2020, relativo a los proveedores europeos de servicios de financiación participativa para empresas y en la LFFE.

El modelo original es aquel en el cual la relación jurídica se establece de manera directa entre los solicitantes de financiación y los prestamistas. En esta dinámica, la plataforma actúa como un intermediario virtual que facilita el encuentro entre ambas partes, ofreciendo servicios adicionales por los cuales aplica comisiones. Estos servicios varían dependiendo del modelo de negocios de cada plataforma e incluyen labores como la evaluación crediticia de los prestatarios, la administración de fondos en cuentas personales segregadas, y la creación de contratos de préstamo estandarizados. En este esquema clásico, las partes en el contrato de préstamo son exclusivamente el solicitante de fondos que publicó la campaña en la web y los posibles prestamistas que optan por participar en la operación. No obstante, coexisten otras formas de *crowdlending* que han emergido debido a cambios en los modelos de negocio y la creciente intervención de inversores institucionales.

Una primera subespecie implica una mayor participación de la plataforma en la operación subyacente. Aquí, la plataforma emite títulos que reflejan la contribución de cada prestamista en el préstamo. Este proceso establece dos relaciones jurídicas diferenciadas: la plataforma recauda fondos de los contribuyentes y emite títulos representativos, al mismo tiempo que presta los fondos a los solicitantes de financiación y recoge intereses y principal que luego transfiere a los prestamistas originales.

Una segunda modalidad incluye a una entidad de crédito además de la plataforma. Esta entidad celebra formalmente el contrato de préstamo con el prestatario, estableciendo dos relaciones jurídicas entre la entidad y los usuarios de la plataforma: el contrato de préstamo entre la entidad y el solicitante de financiación, y una cesión de créditos donde la entidad cede el crédito a los inversores.

La tercera, que resalta la intermediación, es la titulización de préstamos. En este proceso, participan entidades separadas de la plataforma, como inversores institucionales o entidades de crédito, que adquieren los préstamos para titulizarlos y comercializarlos.

Estas distintas formas en los modelos de negocio reflejan una mayor complejidad jurídica, alejándose de la calificación inicial del *crowdlending* como una simple operación de préstamo.

Por lo que respecta a su funcionamiento, el *crowdfunder* debe registrarse previamente en la plataforma y autorizarla para gestionar los fondos que prestará en distintos proyectos seleccionados en su nombre y cuenta. La relación se configura como un mandato de gestión de fondos, ya que el destinatario final de la financiación es el promotor. Una vez recibido el total del capital solicitado dentro del plazo establecido por la plataforma, el promotor podrá desarrollar su proyecto contribuyendo en los términos pactados entre las partes en el contrato.

Una función clave de las plataformas de *crowdfunding* de préstamo es llevar a cabo un exhaustivo **estudio de riesgo** de los promotores que solicitan financiación, ya sean PYMES o particulares, para asegurar su solvencia y clasificar las operaciones según el riesgo que representan. Esta información permite al *crowdfunder* tomar decisiones informadas sobre su inversión y determina el tipo de interés de la operación y la rentabilidad esperada. Aunque la plataforma analiza y establece un tipo de interés que protege la rentabilidad, no la garantiza, ya que el *crowdfunder* invierte en préstamos que pueden o no ser devueltos; el riesgo de incumplimiento de devolución recae en el prestamista. Por consiguiente, la mayoría de los préstamos a particulares suelen contar con un seguro que cubre el impago en caso de fallecimiento, invalidez absoluta y permanente, o incapacidad temporal.

C. El *crowdfunding* no financiero (o no remunerativo)

El *crowdfunding* no financiero es un modelo de financiación no lucrativo, esto es, el financiador o *crowdfunder* realiza una aportación sin recibir una contraprestación económica a cambio. No obstante, habitualmente la gratificación a los financiadores si bien no implica una contraprestación monetaria, puede consistir en un "reconocimiento" o un "gesto de agradecimiento" por parte del promotor (invitación al estreno de una obra, un reconocimiento explícito, descuentos en las producciones, etc.).

Es innegable que el componente de la recompensa juega un papel fundamental para muchos financiadores o entidades, razón por la cual también se le conoce como prepago, ya que se utiliza para anticipar el pago de servicios o productos, o recibir una contraprestación no financiera con un valor económico cercano a la financiación proporcionada.

Dentro de esta categoría destacan a su vez dos tipos: 1) el crowdfunding de donación (o *donation based crowdfunding*); y 2) el *crowdfunding* de recompensa (o *reward based crowdfunding*).

1) El **crowdfunding de donación** (o donation based crowdfunding) es una modalidad de financiación colectiva no lucrativa, cuya finalidad es promover la recaudación de fondos para proyectos sociales, en las que el crowdfunder realiza una aportación sin recibir nada a cambio. Los promotores son generalmente asociaciones, ONGs, etc. que utilizan este modelo para financiar proyectos de interés general (de ayuda social o humanitaria).

Las plataformas median para recaudar fondos directamente de los particulares, poniendo a disposición del promotor el espacio en la página web, y los medios de gestión de cobro on line de las donaciones. Pero también es la plataforma quien liquida la suma recaudada al promotor.

Ahora bien, independientemente del fin al que se destinen los fondos recaudados, esta modalidad se sustenta en la existencia de una liberalidad (donación) entre el financiador y el financiado, regulado en los arts. 618 y ss Código Civil.

En definitiva, los donantes no reciben ninguna contraprestación por su contribución, ni tampoco el retorno de la cantidad con la que contribuyeron.

2) El **crowdfunding de recompensa** (o *reward based crowdfunding*) es una modalidad de financiación colectiva no financiera, en la que se ofrece una recompensa al *crowdfunder* que realiza la contribución económica y tiene como finalidad principalmente respaldar proyectos culturales, artísticos o creativos.

En este modelo el promotor sí ofrece al donante algún tipo de obsequio, con la intención de reconocer o premiar la liberalidad del donante y motivar a otros posibles donantes para que colaboren en su proyecto. Esta modalidad de *crowdfunding* basado en recompensas es la forma más frecuente de *crowdfunding*.

La recompensa puede adoptar formas muy diversas. En cualquier caso, esta "recompensa" o "premio" constituye una nueva donación que en nada altera la naturaleza de donación o liberalidad del financiador, que transmite la cantidad pecuniaria al promotor sin exigir contraprestación a cambio. Es ampliamente extendido admitir que la relación jurídica entre promotor y financiador adopta la calificación de donación remuneratoria pues la recompensa constituye una muestra de agradecimiento, frente a la tesis minoritaria que la califica de compraventa.

En cuanto a su operativa, se ha destacado que no es extraño que el *crowdfunder* no realice el pago de su contribución hasta que el proyecto alcance, dentro del plazo establecido, el objetivo de financiación definido por el promotor. Al finalizar el plazo, se presentan dos posibles escenarios: 1) Si no se alcanza el 100% del objetivo de financiación, la contribución comprometida por el *crowdfunder* no se materializa; y 2) Si se logra el 100% del objetivo de financiación o incluso se supera, las contribuciones se procesan a través de la pasarela de pago de la plataforma.

3. Naturaleza jurídica

El crowdfunding o financiación participativa se configura como un contrato que, desde una perspectiva económica, puede ser clasificado como un acuerdo patrimonial de atribución y disposición, de diversa naturaleza en función de su modalidad o tipología.

En este tipo de transacción, el *crowdfunder* transfiere la propiedad del dinero a otra entidad receptora, generando así un derecho real sobre los fondos proporcionados por los contribuyentes. Además, el *crowdfunding* se caracteriza como un negocio jurídico inter vivos y plurilateral, ya que genera una relación jurídica entre el promotor y una diversidad de *crowdfunders* o colaboradores.

Este acuerdo suele ser atípico en su naturaleza, aunque como hemos advertido sean de aplicación, dependiendo del modelo de *crowdfunding* en cuestión, las normas en materia de la donación, compraventa y préstamo.

4. Elementos

El funcionamiento del *crowdfunding* introduce una compleja estructura de elementos personales y objetivos del negocio, necesitada de un análisis.

A. Ámbito objetivo: los recursos económicos

El ámbito objetivo del *crowdfunding* como negocio jurídico o contrato, independientemente de su modalidad, abarca una serie elementos objetivos sobre los que recae la actividad.

En primer lugar, el objeto del *crowdfunding* consiste en la transferencia de recursos económicos, ya sea en forma de donación, préstamo o inversión (suscripción de acciones, obligaciones y otros instrumentos financieros), de los aportantes (*crowdfunders*) hacia los promotores de proyectos.

Por otra parte, los beneficios o recompensas (reconocimientos) en favor de los aportantes constituyen también elemento objetivo del negocio.

En definitiva, este intercambio financiero conforma el núcleo del acuerdo, por virtud del cual los aportantes contribuyen con fondos con la expectativa de recibir ciertos beneficios o recompensas, según el modelo específico de *crowdfunding*.

B. Ámbito subjetivo: los sujetos intervinientes

Por lo que se refiere a su ámbito subjetivo y en todas las variantes, el *crowdfunding* o financiación participativa se caracteriza por su **estructura triangular** que cuenta con: (i) el promotor, (ii) el colaborador, inversor o *crowdfunder* y (iii) las plataformas.

Así el **promotor** del proyecto es la persona física o jurídica que busca y solicita financiación participativa o colectiva para un concreto proyecto y, en consecuencia, el receptor de los fondos. El promotor se obliga a destinar la financiación obtenida exclusivamente al proyecto concreto del promotor, que puede ser de tipo empresarial, formativo o de consumo.

Por su parte, los ***crowdfunders*** (colaboradores o inversores), son aquellas personas físicas o jurídicas que ofrecen los fondos o aportaciones económicas para la financiación del proyecto. Cada uno de ellos realiza una aportación a título individual al proyecto.

Finalmente, las **plataformas de financiación** o proveedores de servicios de financiación participativa, esto es, las organizaciones mediadoras que permiten la interacción o interconexión en el canal *on line* entre los usuarios, esto es, entre los *promotores* y los *crowdfunders,* lo que incluyen las tareas de selección y publicación de proyectos, pero también se encargan de la gestión posterior una vez canalizados los fondos en el proyecto.

La relación triangular (promotores-plataforma-inversores) tiene su origen en la celebración de un contrato de intermediación electrónica entre el promotor y la plataforma tecnológica. En virtud de este contrato, la plataforma se compromete a proporcionar acceso y promocionar *on line* el proyecto del promotor, facilitando la celebración del contrato (donación, compra o préstamo) que, en cada modalidad, constituirá la financiación. La financiación participativa requiere también de la intermediación de la plataforma entre el promotor y el inversor, para lo que se requiere la celebración de otro contrato de intermediación electrónica también con el usuario inversor a fin de que éste último tenga acceso a la plataforma y, por tanto, a los proyectos publicados y, en su caso, finalmente financiados con su aportación (relación entre promotor e inversor, esto es, préstamo o suscripción). La plataforma cobra una comisión, que se representa como un porcentaje sobre la cantidad recaudada.

5. Las plataformas de financiación participativa

A. Concepto y función económica

Las plataformas de financiación participativa son empresas que tienen por objeto la organización y gestión de portales de contratación a través de páginas web u otros medios electrónicos. Se trata, por tanto, de empresas que de forma profesional organizan sistemas que operan por internet y, en ocasiones, prestan servicios complementarios a aquel como actividad principal de su objeto social.

En cuanto plataformas electrónicas, actúan como **intermediarios en línea** o *marketplaces*, que operan en mercados de dos (o más) lados, y que a través de Internet facilitan las interacciones entre dos o más grupos de usuarios distintos pero interdependientes, que se benefician mutuamente de un efecto de red, en definitiva, del efecto consistente en que para que uno de los lados del mercado reciba valor, debe existir otro. La plataforma no puede adoptar una posición más activa encargándose de la captación de los fondos, ni tampoco gestionar las aportaciones o tramitar los préstamos garantizando su devolución.

En definitiva, su finalidad es poner en contacto, de manera profesional y a través de páginas web u otros medios electrónicos, a una pluralidad de personas físicas o jurídicas que ofrecen financiación, denominados *crowdfunders*, colaboradores o inversores, con otras personas físicas o jurídicas que solicitan financiación para destinarlo a un proyecto de financiación participativa, denominados promotores.

B. Régimen aplicable

Varios son los hitos que han condicionado y marcado la agenda regulatoria del modelo de financiación participativa, desde que ésta se haya convertido en una forma consolidada de financiación alternativa para las empresas emergentes y las pequeñas y medianas empresas (pymes).

Como eje vertebrador del nuevo modelo de financiación participativa, el legislador comunitario ha propiciado la armonización y el pasaporte global a gran parte de estas plataformas, otorgando el marco específico de acceso, control y supervisión de su actividad a través Reglamento (UE) 2020/1503 del Parlamento Europeo y del Consejo, de 7 de octubre de 2020, relativo a los proveedores europeos de servicios de financiación participativa para empresas, y por el que se modifican el Reglamento (UE) 2017/1129 y la Directiva (UE) 2019/1937 (en adelante, Reglamento (UE) 2020/1503).

En efecto, y como primer hito regulatorio específico, el 10 de noviembre de 2021 se inició el plazo para que los Estados miembros adaptaran su modelo a la normativa comunitaria, para cuando fuera plenamente aplicable el Reglamento (UE) 2020/1503, derivando en la adaptación en nuestro ordenamiento a través de la Ley 18/2022, de 28 de septiembre, de creación y crecimiento de empresas. Las plataformas de financiación participativa se encuentran reguladas en España desde el año 2015 en el título V de la vigente Ley 5/2015, de 27 de abril, de fomento de la financiación empresarial (en adelante, LFFE), cuyo contenido fue derogado y sustituido por el introducido en la citada Ley 18/2022.

C. Estatuto jurídico

El regulador comunitario modifica extensamente el régimen de las plataformas de financiación participativa para establecer un nuevo estatuto jurídico europeo, que sin embargo no se extiende a determinadas plataformas, como las que sólo intermedian ofertas de financiación participativa cuyo importe sea superior a 5.000.000 euros según el art. 1.2 del Reglamento (UE) 2020/1503 (umbral que coincide con el de la mayoría de Estados miembros para eximir a los valores ofertados al público de la obligación de publicar un folleto, conforme al Reglamento (UE) 2017/1129 del Parlamento Europeo y del Consejo).

Introduce como novedad el regulador comunitario una doble distinción y régimen, que materializa el español en su adaptación al Derecho nacional a través de la reforma operada por la Ley 18/2022 sobre la Ley 5/2015, de 27 de abril. Y es que se incorpora en el Título V de la LFEE el reconocimiento de un doble estatuto de las plataformas de financiación participativa para distinguir el régimen propio de las «plataformas armonizadas» (arts. 46 a 54 LFFE) frente al de las denominadas «plataformas no armonizadas» (art. 55 LFFE). Se trata, en definitiva, de un nuevo régimen jurídico, más completo y exhaustivo, de estas, con el fin de asegurar que las autorizadas en España puedan prestar sus servicios libremente en todo el territorio de la Unión Europea, conforme a dicho Reglamento europeo, pero asegurando el control y supervisión de aquellas que quedan fuera del ámbito de aplicación de la regulación comunitaria.

D. Plataformas armonizadas

Por lo que respecta a las **plataformas armonizadas**, se establece una regulación detallada en materia de acceso y autorización para prestar el servicio de financiación participativa, de normas de conducta, clasificación de inversores con medidas específicas de protección para los inversores no experimentados, pero también en materia de límites de inversión, de transparencia, información, publicidad, así como finalmente de supervisión pública.

En cuanto al **régimen de acceso y autorizaciones**, se establece el principio de reserva de actividad y denominación, ya que la regulación comunitaria limita la prestación de servicios de financiación participativa a personas jurídicas autorizadas en la UE. En España, la Ley 5/2015 mantiene la reserva, exigiendo autorización de la CNMV y registro público para las plataformas. Establece el art. 47 para estas determinadas *condiciones de acceso*. Así la autorización se obtiene mediante solicitud. Su concesión permite operar en actividades específicas, con posibilidad de ampliación bajo ciertas condiciones. Las plataformas autorizadas obtienen un pasaporte europeo que les permite ofrecer sus servicios en todo el territorio comunitario.

En cuanto a los **requisitos financieros** estos se hacen más estrictos, puesto que los proveedores deben garantizar una solvencia mínima, con requisitos específicos en la legislación española. Se imponen además salvaguardias prudenciales, como recursos propios o pólizas de seguro (art. 11 Reglamento (UE) 2020/1503).

En materia de **registro**, se insta a la AEVM a mantener un registro público de proveedores autorizados de financiación participativa, proporcionando transparencia a los inversores. El registro debe incluir información detallada y publicar revocaciones de autorización durante cinco años. En España, las plataformas serán inscritas en el registro correspondiente de la CNMV (art. 48).

Especial importancia ofrece el establecimiento de determinadas **normas de conducta** a estas plataformas, tales como:

a) En primer lugar, un **deber de actuar de manera honesta, equitativa y profesional** atendiendo al mejor interés de sus clientes (art. 3.2. Reglamento 2020/1503). En concreto, no pagarán ni aceptarán ningún tipo de remuneración, descuento o rendimiento no pecuniario por "orientar las órdenes de los inversores hacia una determinada oferta realizada en sus plataformas, o plataformas de terceros" (art. 3.3. Reglamento 2020/1503), pues no podrán realizar asesoramiento. Sí permite a los proveedores de servicios de financiación participativa proponer a los inversores individualmente proyectos de financiación participativa específicos que correspondan a uno o varios parámetros específicos o indicadores de riesgo elegidos por el inversor, quien tendrá que estudiar todas las ofertas de financiación participativa y tomar de forma expresa una decisión de inversión respecto de cada una de ellas (art. 3.4 Reglamento 2020/1503).

b) En segundo lugar, un **deber de garantizar una gestión eficaz y prudente**, incluidas la separación de funciones, la continuidad de la actividad y la prevención de conflictos de intereses, absteniéndose de obstentar participación alguna en las ofertas alojadas en sus plataformas (art. 8) y garantizando un sistema eficaz de gobernanza mediante la tramitación las reclamaciones de los clientes (art. 7) que desarrolla el Reglamento Delegado (UE) 2022/2017, de manera que con su actuación promueva la integridad del mercado y el interés de sus clientes (art. 4.1). Es exigible también a los proveedores de servicios de financiación participativa que determinen una calificación crediticia o sugieran los precios de las ofertas, a los que obliga a hacer públicos los elementos básicos de su metodología (art. 4.4, 6.2 y 25.5).

c) En tercer lugar, un **deber de diligencia debida** a los proveedores de servicios de financiación participativa respecto de los promotores que propongan que sus proyectos se financien mediante su plataforma (art. 5.1). En particular, se considera alcanzado el nivel mínimo de diligencia debida cuando el proveedor procure la obtención de todas las pruebas siguientes: a) que el promotor del proyecto carece de antecedentes penales por lo que se refiere a infracciones de normas nacionales en ámbitos del Derecho mercantil, la insolvencia, los servicios financieros, el blanqueo de capitales, el fraude o las obligaciones en materia de responsabilidad profesional y, b) que el promotor del proyecto no está establecido en un país o territorio no cooperador, reconocido como tal por la política pertinente de la Unión, ni en un tercer país de alto riesgo con arreglo al artículo 9, apartado 2, de la Directiva (UE) 2015/849 (art. 5.2).

d) En cuarto lugar, un **deber de exigir previamente al inversor el otorgamiento de mandato específico,** que deberá registrar (art. 6.3 Reglamento 2020/1503), para el caso de los prestadores del servicio de gestión individualizada de carteras de préstamos. La solicitud contendrá los parámetros del servicio e incluirá al menos dos de los criterios previstos en el art. 6.1 del citado Reglamento).

Por otro lado, el Reglamento establece una **clasificación en materia de inversores** (inversores acreditados e inversiones no acreditados) distinta a la Directiva MiFID II (inversores profesionales e inversores minoristas), e incorpora diferentes niveles de salvaguardias de protección de los inversores, adecuados a cada una de esas categorías.

Para el régimen comunitario el **inversor experimentado** es un "inversor consciente de los riesgos asociados a la inversión en los mercados de capitales y con recursos suficientes para asumir dichos riesgos sin exponerse a consecuencias financieras excesivas" (Anexo II, Sección I del Reglamento 2020/1503), independientemente de los servicios contratados. Merecen la calificación de inversores experimentados tanto las personas físicas como jurídicas. Ahora bien, por cuanto a las personas jurídicas se refiere, los requisitos son de índole cuantitativa, ya que éstas deberán cumplir al menos uno de los siguientes criterios: (i) que cuenten con recursos propios de, al menos, 100 000€; (ii) que su volumen de negocios neto sea de, al menos, 2 000 000€; o que (iii) su balance sea de, al menos, 1 000 000€. Mientras, la calificación de la personas físicas como inversores acreditados sólo es posible cuando cumplan, al menos, dos de los siguientes criterios (cuantitativos y cualitativos), esto es: (i) ingresos brutos personales de al menos 60 000 EUR por ejercicio fiscal, o una cartera de instrumentos financieros, definida como la inclusión de depósitos de efectivo y activos financieros, superior a 100 000 EUR; (ii) el inversor trabaje o haya trabajado en el sector financiero al menos durante un año en un puesto profesional que requiera tener conocimiento de las operaciones o servicios previstos, o ha ocupado un puesto ejecutivo durante al menos 12 meses en una persona jurídica de las determinadas en el punto 1; o (iii) el inversor haya realizado operaciones de volumen significativo en los mercados de capitales con una frecuencia media de 10 por trimestre durante los cuatro trimestres anteriores.

El **inversor no experimentado** es definido, de forma subsidiaria, como todo inversor que no sea un inversor experimentado" (art. 2.1.k), y, en consecuencia, aquel no "consciente de los riesgos asociados a la inversión en los mercados de capitales" y sin "recursos suficientes para asumir dichos riesgos sin exponerse a consecuencias financieras excesivas" (Anexo II).

Por lo que se refiere a **los límites de inversión por proyecto**, el régimen comunitario establece un límite único de inversión individual por proyecto para inversores minoristas, siendo el más alto entre 1.000 euros o el 5% de la riqueza (excluyendo propiedades inmobiliarias y fondos de pensiones) (Ley 18/2022). Aunque los inversores no experimentados (minoristas) pueden superar este límite, la normativa española impone dos medidas en tales casos: (i) el proveedor debe enviar una advertencia de riesgo y (ii) el inversor debe dar su consentimiento expreso. Además, se fija un límite de inversión por proyecto de 5 millones de euros para plataformas armonizadas, superable según la legislación nacional, lo que requiere la emisión de un folleto sin pasaporte europeo. Ciertas plataformas quedan excluidas, como aquellas que solo gestionan ofertas superiores a 5.000.000 euros, reguladas como "plataformas no armonizadas" para evitar la falta de seguridad jurídica (sección 2ª del Título V de la LFFE).

En materia de **transparencia e información**, debe tenerse en cuenta que el Reglamento adopta también algunas medidas para garantizar la transparencia y el trato imparcial y no discriminatorio de los clientes, estableciendo un régimen específico en materia de información a los clientes de servicios de financiación participativa en la UE. Así:

a) toda la información que se facilite a los inversores por los proveedores de servicios de financiación participativa, incluidas las comunicaciones publicitarias (art. 2.1.o) deberá ser **información imparcial, clara y en ningún caso engañosa** (art. 19.1 Reglamento 2020/1503), toda vez que será facilitada, al menos, antes de proceder a la operación de financiación participativa (art. 19.4) y puesta a disposición de todos los clientes en una sección fácilmente accesible del sitio web de la plataforma de financiación participativa y de manera no discriminatoria (art. 19.5 Reglamento 2020/1503). Además, siempre que se haga una oferta de financiación participativa, el proveedor de servicios de financiación participativa facilitará dicha información en un lugar destacado del soporte, también en las aplicaciones móviles y páginas web en que se haga dicha oferta.

b) deberán facilitar a los inversores potenciales, experimentados o no, la denominada **ficha de datos fundamentales de inversión**, que deberá ser imparcial, clara y no engañosa y no deberá contener notas a pie de página, salvo las que incluyan referencias a la normativa aplicable, esto es, "las citas que convengan" (art. 23.3). La responsabilidad por la información que figura en la ficha de datos fundamentales de la inversión recaerá en el promotor del proyecto o en sus órganos de administración, dirección o supervisión (art. 51.2 del citado LFFE). En concreto, se contempla expresamente la responsabilidad civil sobre las personas físicas y jurídicas responsables de la información proporcionada en la ficha de datos fundamentales de la inversión a nivel de plataforma, incluida su posible traducción, en las siguientes situaciones: a) cuando la información sea engañosa o inexacta o b) cuando la ficha de datos fundamentales de la inversión omita datos fundamentales necesarios para ayudar a los inversores a la hora de considerar la financiación del proyecto de financiación participativa (art. 51.3 del LFFE).

c) en el caso de las plataformas que presten servicios de gestión individualizada de carteras de préstamos, deberán elaborar una **ficha de datos fundamentales de la inversión de la plataforma** que contenga toda la información prevista en el artículo 24.1 del Reglamento (art. 52.1 del LFFE). La responsabilidad por la información contenida en la ficha de datos fundamentales de la inversión a nivel de plataforma recaerá en el proveedor de servicios de financiación participativa (art. 52.2 del LFFE). En concreto, se contempla expresamente la responsabilidad civil sobre las personas físicas y jurídicas responsables de la información proporcionada en la ficha de datos fundamentales de la inversión a nivel de plataforma, incluida su posible traducción, en las siguientes situaciones: a) cuando la información sea engañosa o inexacta, o, b) cuando la ficha de datos fundamentales de la inversión omita datos fundamentales necesarios para ayudar a los inversores a la hora de considerar la financiación del proyecto de financiación participativa (art. 52.3 del LFFE).

d) obligación de realizar **pruebas de idoneidad a inversores no experimentados** antes de permitirles invertir. Si la prueba es negativa, el proveedor debe informar que los servicios pueden ser inadecuados, advirtiendo claramente sobre el riesgo de pérdida total. Los inversores deben reconocer haber comprendido la advertencia, pero no se les impide invertir. Además, se exige a los proveedores solicitar a inversores no experimentados que simulen su capacidad de soportar pérdidas del 10% de su patrimonio neto, incumplir esta obligación constituye una infracción según el Derecho español (art. 21.2 del Reglamento).

Se introducen medidas específicas para proteger a los inversores no experimentados en financiación participativa. En primer lugar, a pesar de no imponer límites a las inversiones, el artículo 21.7 del Reglamento establece una **obligación de advertencia a los inversores para inversiones "elevadas"**, esto es, a proporcionar información suficiente para garantizar que los inversores comprendan los riesgos antes de aceptar inversiones superiores a 1,000 EUR o al 5% de su patrimonio neto. Además, se concede un período de reflexión durante el cual los inversores **no experimentados** pueden revocar ofertas de inversión sin penalización. En segundo lugar, el artículo 22.2 establece que, aunque el inversor puede revocar la oferta sin justificación durante el período de reflexión, las condiciones de la oferta siguen siendo vinculantes para el promotor hasta la expiración anunciada o el logro del objetivo de financiación. Esta protección no se aplica a la gestión individualizada de carteras de préstamos, limitándose al mandato de inversión inicial. El incumplimiento de estas disposiciones puede constituir infracción administrativa según el artículo 53.1.p de la LFFE en el Derecho español.

En materia de **publicidad**, se exige a las plataformas hacer públicas las tasas de impago en sus sitios web, abarcando proyectos de los últimos 36 meses y resultados anuales detallados (art. 20 del Reglamento (UE) 2020/1503). Además, en aras de la transparencia obliga a las plataformas a permitir a sus clientes publicar en un tablón de anuncios su interés en la compraventa de préstamos o valores ofrecidos en la plataforma (art. 25).

Finalmente, el Capítulo VII del Reglamento detalla el régimen de **supervisión pública**, asignando a las autoridades competentes, como la CNMV en España, la responsabilidad de evaluar el cumplimiento de obligaciones por parte de las plataformas. En este modelo destaca la colaboración obligatoria de éstas, ya que deben comunicar anualmente a la autoridad competente la lista de proyectos financiados (art. 16 del Reglamento (UE) 2020/1503). También se impone la colaboración del Banco de España para facilitar información a la CNMV en el ámbito de préstamos (art. 50.1 LFFE).

E. Las plataformas no armonizadas

La Ley 18/2022 introduce una doble regulación en la Ley 5/2015, de 27 de abril, distinguiendo entre plataformas armonizadas y no armonizadas. Para estas últimas, se establece un régimen más restrictivo, especialmente para aquellas que intermedian ofertas de financiación participativa superiores a 5.000.000 de euros. La reforma crea la categoría de "plataformas no armonizadas" para asegurar su control y supervisión al quedar fuera del ámbito comunitario.

El legislador español incluye en la categoría de "plataformas no armonizadas" tanto a aquellas que prestan servicios a promotores consumidores como las que promueven ofertas de financiación participativa superiores a 5 millones de euros, calculado en un período de 12 meses. Para el cálculo se toma en consideración la suma del importe total de ofertas de valores negociables e instrumentos admitidos para la financiación participativa, junto con las cantidades obtenidas por préstamos a través de la plataforma, así como el importe total de ofertas de valores realizadas al público por el promotor en su calidad de oferente.

La Sección 2ª del Título V de la LFEE detalla su regulación de estas plataformas, en su art. 55 LFFE, que impone limitaciones, como la imposibilidad de prestar servicios de financiación participativa transfronterizos y la obligación de informar a los clientes al respecto. Además, quedan totalmente sometidas al Reglamento (UE) 2020/1503 y a la Ley 5/2015, debiendo ser autorizadas e inscritas en un registro específico de la CNMV y sometidas a su supervisión.

Estas plataformas deben comunicar anualmente a la CNMV detalles sobre proyectos, especificando si el promotor es un consumidor o si todas las ofertas superan los 5 millones de euros. Se les aplica el régimen sancionador establecido en los artículos 53 y 54.

F. Especialidades regulatorias del Derecho español

La Ley 18/2022 de creación y crecimiento de empresas adapta el modelo español de financiación participativa al Reglamento (UE) 2020/1503, a partir de una doble vía. La reguladora, proponiendo una serie de medidas de mejora en el sector y la eliminación de obstáculos a la financiación participativa como alternativa. Por otro lado, la incentivadora, mediante la articulación de medidas que buscan favorecer el apoyo financiero al crecimiento empresarial.

La primera vía incluye, como se ha estudiado, el doble régimen de las plataformas armonizadas y no armonizadas.

En cuanto a la segunda vía, la incentivadora, la Ley introduce medidas que son además flexibilizadoras al permitir a las plataformas de financiación participativa crear y agrupar a inversores mediante mecanismos como sociedades de responsabilidad limitada. Solo las plataformas autorizadas pueden utilizar este mecanismo, eligiendo entre diferentes opciones como una sociedad tenedora de participaciones o una entidad supervisada por la CNMV, entre otras figuras. La normativa busca fomentar el crecimiento y funcionamiento de las plataformas, alineándose con prácticas de otros países de la Unión Europea.

6. El servicio de financiación participativa

A. Concepto y función económica

La prestación de servicios de financiación participativa tiene por objeto facilitar la financiación de un proyecto mediante la captación de capital de un gran número de personas, que contribuyen con inversiones relativamente pequeñas realizadas a través de un sistema de información públicamente accesible por internet.

En el Derecho comunitario, el Reglamento UE 2020/1503 lo define como aquel servicio para "la conexión de los intereses de los inversores y de los promotores de proyectos en materia de financiación empresarial mediante el uso de plataformas de financiación participativa", siempre que consistan en concreto en cualquiera de las siguientes actividades, esto es: a) la facilitación de la concesión de préstamos o en la colocación de valores negociables y de instrumentos admitidos para la financiación participativa emitidos por los promotores de proyectos o por una entidad instrumental, así como también, b) la recepción y transmisión de órdenes de clientes en relación con valores negociables e instrumentos admitidos para la financiación participativa.

Incluye, como servicios auxiliares o instrumentales, la prestación por sí mismos o a través de terceros, de **servicios de pago y de custodia de activos**. No obstante, la plataforma de financiación participativa que preste servicios de pago en conexión con sus servicios de financiación participativa, también deberá ser proveedor de servicios de pago de conformidad con la definición de la Directiva (UE) 2015/236613.

Más depurada resultaba, en el Derecho español, la LFFE que, antes de su modificación, ofrecía una noción legal del servicio principal cuando la definía como aquel consistente en "poner en contacto, de manera profesional y a través de páginas web u otros medios electrónicos, a una pluralidad de personas físicas o jurídicas que ofrecen financiación a cambio de un rendimiento dinerario, denominados inversores, con personas físicas o jurídicas que solicitan financiación en nombre propio para destinarlo a un proyecto de financiación participativa, denominados promotores" (en la redacción inicial del art. 46). En la anterior regulación, el servicio principal se articulaba a través de dos actividades: (i) la recepción, selección y publicación de proyectos de financiación participativa, así como (ii) el desarrollo, establecimiento y explotación de canales de comunicación para facilitar la contratación de la financiación entre inversores y promotores.

B. Naturaleza

La actividad principal del servicio de financiación participativa, en tanto que consiste en la puesta en contacto, de manera profesional y a través de páginas web u otros medios electrónicos, a una pluralidad de personas físicas o jurídicas que ofrecen financiación a cambio de un rendimiento, tiene carácter material, lo que aproxima su calificación a la **mediación** o corretaje.

Las plataformas se encargan de poner en contacto a dos partes interesadas en la celebración de contrato subyacente de financiación, esto es, de mediar, pero no asumen en nombre propio la prestación o servicio subyacente. El prestador del servicio principal facilita, pero no interviene en la transacción, y en consecuencia, tampoco es parte de la relación contractual que se genera tras la conclusión de la operación.

Son algunos los elementos de carácter organizativo y funcional del servicio de interconexión *on line* los que permiten categorizarlo como una subespecie de la mediación, y más concretamente, como de **mediación electrónica**. En primer lugar, la organización del servicio automatizado de solicitudes a través de medios electrónicos y a distancia, esto es, a partir de la utilización de la nueva tecnología, que incorpora las ventajas de Internet —facilitando el acceso a múltiples ofertas sobre un mismo servicio y/o producto y, por tanto, la contratación a bajo coste de transacción. En segundo lugar, es un servicio para la canalización, búsqueda y case para un sistema de contratación en línea, que facilita la puesta en contacto al usuario con otros así como el acceso a las ofertas en tiempo real, y/o en su caso, las más convenientes. Ello facilita la contratación rápida y ágil en el momento (*on demand*).

C. Régimen

El servicio de financiación participativa se encuentra regulado por un complejo entramado normativo de carácter general y sectorial.

Así, por un lado, en 2019 se publica en DOUE el Reglamento (UE) 2019/1150, de 20 de junio, sobre el fomento de equidad y la transparencia para los usuarios profesionales de servicios de intermediación en línea, en vigor el 12 de julio de 2020, por el que establece un régimen específico y concreto de aplicación a los servicios de intermediación en línea y, por tanto, de aplicación al servicio prestado a consumidores por las plataformas de financiación participativa cuyo lugar de establecimiento o domicilio y servicios se sitúe y presten, respectivamente, en la Unión, con independencia de dónde estén establecidos o residan (art. 1.2).

Por su parte, la Comisión Europea impulsó una ambiciosa reforma legislativa sobre los servicios digitales en 2020, materializada en el Reglamento (UE) 2022/2065 del Parlamento Europeo y del Consejo de 19 de octubre de 2022 relativo a un mercado único de servicios digitales y por el que se modifica la Directiva 2000/31/CE (en adelante, el Reglamento de Servicios Digitales) y el Reglamento (UE) 2022/1925 del Parlamento Europeo y del Consejo de 14 de septiembre de 2022 sobre mercados disputables y equitativos en el sector digital y por el que se modifican las Directivas (UE) 2019/1937 y (UE) 2020/1828 (en adelante, Reglamento de Mercados Digitales). Dicha reforma en el sector de los servicios digitales, que tiene incidencia en la prestación de servicio de financiación participativa, tiene como objeto promover un entorno digital más seguro y equitativo, así como el establecimiento de un conjunto de obligaciones para los prestadores de servicios intermediarios.

También resulta de aplicación al servicio el régimen del Reglamento (UE) 2020/1503 del Parlamento Europeo y del Consejo, de 7 de octubre de 2020, relativo a los proveedores europeos de servicios de financiación participativa para empresas, y por el que se modifican el Reglamento (UE) 2017/1129 y la Directiva (UE) 2019/1937 (en adelante, Reglamento (UE) 2020/1503), si bien esta regulación sectorial se aplica únicamente a aquellas plataformas que presente sus servicios a promotores no consumidores y el importe de la oferta no supere los cinco millones de euros en un período de doce meses (art. 1.2).

D. Obligaciones de las PFPs

Como **obligación principal** de las plataformas de financiación participativa se encuentra la de intermediación electrónica, esto es, la **obligación de poner en contacto** a sus cliente y contrapartes, esto es, a los **promotores con los inversores**.

La obligación principal de intermediación consistente en la conexión de los intereses de los inversores y de los promotores de proyectos en materia de financiación empresarial se encuentra así delimitada a partir de la tipificación legal de las actividades materiales de dicha intermediación, esto es: 1) la facilitación para la concesión de préstamos o para la colocación de valores negociables y de instrumentos admitidos para la financiación participativa emitidos por los promotores de proyectos o por una entidad instrumental, así como también; y 2) la recepción y transmisión de órdenes de clientes en relación con valores negociables e instrumentos admitidos para la financiación participativa.

Desde la celebración del contrato la plataforma mediadora acepta el encargo y, por tanto, la obligación de realizar, al menos, la actividad material principal objeto del servicio, independientemente de si se alcanza el resultado buscado por el oferente o no. Es el cumplimiento de este deber principal, esto es, la facilitación y acceso a la plataforma y no otras obligaciones accesorias, lo que determina el cumplimiento del encargo y, por tanto, del contrato.

En definitiva, la intermediación electrónica desarrollada por las plataformas de financiación participativa incluye una serie de actos materiales tendentes a la puesta en contacto entre los promotores e inversores —contrapartes del contrato de intermediación electrónica con la plataforma— interesadas en la conclusión de un negocio electrónico (préstamo, suscripción o recepción y transmisión de órdenes) que han de ser objeto de concreción en el contrato.

A esta obligación principal se suman obligaciones accesorias y normas de conducta. El régimen comunitario incluye, como servicios auxiliares o instrumentales, la prestación por sí mismos o a través de terceros, de ***servicios de pago* y de**

custodia de activos. No obstante, la plataforma de financiación participativa que preste servicios de pago en conexión con sus servicios de financiación participativa, también deberá ser proveedor de servicios de pago de conformidad con la definición de la Directiva (UE) 2015/236613.

No debe obviarse la exigencia por parte de las plataformas de financiación participativa del cumplimiento de **normas de conducta** propias de su estatuto jurídico en la operativa con los clientes (promotores e inversores), esto es, el deber de actuar de manera honesta, equitativa y profesional atendiendo al mejor interés de sus clientes (art. 3.2. Reglamento 2020/1503), deber de garantizar una gestión eficaz y prudente (art. 4 del citado Reglamento), el deber de diligencia debida (art. 5), etc.

Tales normas de conducta determinan los parámetros de conducta exigible también en el ámbito de la relación contractual (contrato de intermediación electrónica) que sirve de marco al servicio, y que encuentran soporte en el art. 1.258 del Código Civil que, en materia de contratos, recuerda que los contratos obligan "no sólo al cumplimiento de lo expresamente pactado, sino también a todas las consecuencias que, según su naturaleza, sean conformes a la buena fe, al uso y a la ley". Así, en cuanto contrato de gestión de asuntos ajenos, la plataforma prestadora del servicio de intermediación electrónica deberá cumplir con sus obligaciones principales observando el *deber de buena fe (honesta y equitativamente)*, actuando siempre con *profesionalidad*, esto es, cumpliendo con todos los requisitos técnicos requeridos para la prestación del servicio, con diligencia y lealtad. Deberá acomodar su actividad principal a las instrucciones e indicaciones incluidas por el usuario a través de la orden insertada en el sistema, cuando su labor no sea la mera puesta en contacto entre los usuarios (art. 254 C.Com) e informando expresamente sobre cualquier cambio antes de la conclusión del negocio. Además, deberá actuar de acuerdo con lo que dicte la prudencia y resulte más conforme al uso de comercio, debiendo suspender la ejecución de la actividad principal, única y exclusivamente cuando resultara perjudicial para los intereses del usuario y con el fin de informarle de tales condiciones y/o circunstancias (art. 255 C.Com).

BIBLIOGRAFÍA

AVGOULEAS, Emilios y KIAYIAS, Aggelos. "The Architecture of Decentralised Finance Platforms: A New Open Finance Paradigm", *Edinburgh School of Law Research Paper*, nº 2020/16, 2020.

BALLABRIGA SOLANAS, Teresa, "Régimen jurídico y problemática de los contratos inteligentes", *CEF Legal: Revista práctica de derecho. Comentarios y casos prácticos*, núm. 227, 2019.

BAKER, Tom; DELLAERT, Benedict, "Regulating robo advice across the financial services industry", *Iowa L. Rev.*, 2017, vol. 103, pp. 713-749.

BRENNER, L. ET ALII, "Robo-advisors: A substitute for human financial advice?", *Journal of Behavioral and Experimental Finance*, vol. 25, 2020.

BRUMMER, Chris, *Fintech Law in a Nutshell,* West Academic Press, 2019.

CUENA CASAS, M., /IBÁÑEZ JIMÉNEZ, J., (Dirs.), *Perspectiva legal y económica del fenómeno Fintech,* ed. Wolters Kluwer La Ley, Madrid, 2021.

CUENA CASA, M., *Las FinTech de préstamos o crowdlending. La contratación a través de plataformas intermediarias en línea,* ed. Reus, Madrid, 2019.

ECHEBARRÍA SÁENZ, Marina, "Contratos electrónicos autoejecutables (smart contract) y pagos con tecnología blockchain", en *Revista de Estudios Europeos,* núm. 70, 2017, págs. 69-97.

EVANS, D. S. y SCHMALENSEE, R., *Matchmakers. The New Economics of Multi-sided Platforms,* Harvard Business Review Press, Boston, 2016.

EVANS, D. S. y SCHMALENSEE, R., *Paying with Plastic. The Digital Revolution in Buying and Borrowing,* MIT Press, Cambridge, MA, 2º ed., 2005.

FEIN, Melanie L, *Robo-Advisors: A Closer Look,* 2015.

FINANCIAL STABILIY BOARD. *Artificial intelligence and machine learning in financial services,* 2017.

FINANCIAL STABILIY BOARD. Financial Stability Implications from FinTech. Supervisory and Regulatory Issues that Merit Authorities Attention, 2017.

FONTICIELLA HERNÁNDEZ, Beatriz, *La Protección Del Inversor Minorista en el Panorama Fintech: Crowdfunding. Criptomonedas. Initial Coin. Offerings. (ICO),* ed. Dykinson, 2020.

GURREA MARTÍNEZ, A/REMOLINA, N (Dirs), *Fintech, Regtech y Legaltech: Fundamentos y Desafíos Regulatorios,* ed. Tirant lo Blanch, 2020.

MARTÍNEZ SIERRA, J. M (Dir.), *Blockchain, Fintech and the Law,* ed. Tirant lo Blanch, Valencia, 2022.

MÖSLEIN, Florian. "Law and Autonomous Systems Series: Regulating Robotic Conduct- On ESMA's New Guidelines and Beyond, 10 april 2018.

MOUGAYAR, William, *The Business Blockchain: Promise, Practice, and Application of the Next Internet Technology,* John Wiley & Sons Limited, Hoboken (USA), 2016.

ROBERT GUILLÉN, S.; CAMACHO CLAVIJO, S.; NAVAS NAVARRO, S.; MATEO BORGES, I.; GÓRRIZ LÓPEZ, C. Y CASTELLS I MARQUÈS, M; *Inteligencia artificial. Tecnología y Derecho,* ed. Tirant lo Blanch, Valencia, 2017.

RODRÍGUEZ MARTÍNEZ, I., "El servicio de mediación electrónica de las plataformas de financiación participativas: marco regulador", en *Revista de Derecho Bancario y Bursátil,* nº 149, 2018, pp. 219 -254

RODRÍGUEZ MARTINEZ, I., "El servicio de mediación electrónica y las obligaciones de las plataformas de economía colaborativa, MONTERO PASCUAL, J. J. (Dir.), *La regulación de la economía colaborativa: Airbnb, BlaBlaCar, Uber y otras plataformas,* ed. Tirant lo Blanch, 2017, págs. 125-168.

ZUNZUNEGUI PASTOR, Fernando, *Regulación financiera y Fintech,* ed. Thomson Reuters Aranzadi, Pamplona, 2019.

ZUNZUNEGUI PASTOR, Fernando, "La digitalización de los servicios de pago", en *Revista de Derecho del Mercado Financiero,* working paper 1/2018, noviembre, 2018.

ZUNZUNEGUI PASTOR, Fernando, "Asesoramiento financiero automatizado (Robo-Advice), nuevo animal financiero", en *Revista de Derecho del Mercado Financiero,* working paper 4/2020, noviembre, 2020.

Capítulo Séptimo

Entornos informáticos: sistemas operativos, tiendas de aplicaciones, asistentes virtuales y aplicaciones

EUGENIO OLMEDO PERALTA[1]

SUMARIO: I. El entorno informático como ecosistema digital. II. Ecosistemas informáticos cerrados y ecosistemas informáticos abiertos. El papel central del sistema operativo. III. Tiendas de aplicaciones. IV. Sistemas de asistentes virtuales. V. Software, aplicaciones y *skills*. VI. La designación de las plataformas organizadoras de ecosistemas informáticos como gatekeepers. Obligaciones del RMD. VII. Análisis de casos. VIII. Principales fallos de mercado y prácticas comerciales en las relaciones P2B. IX. Diseño de remedios.

I. EL ENTORNO INFORMÁTICO COMO ECOSISTEMA DIGITAL

La interconexión es uno de los rasgos esenciales del mundo digital. En él, productos y servicios de distinta naturaleza y contenido operan de forma coordinada entre sí para desarrollar sus prestaciones. Algunas de estas conexiones tienen carácter fundamental, en tanto que la prestación de un determinado producto o la prestación de un servicio precisa de una plataforma que actúe como soporte para su ejecución. En otros casos, la conexión no es tan esencial: los productos y servicios digitales se conectan no por necesidad, sino porque se puede obtener una utilidad adicional de su combinación. Esta utilidad puede concretarse en una mayor seguridad de la interfaz, una mayor personalización de la experiencia, la consecución de una mayor velocidad de ejecución, etc.

En ambos casos nos encontramos ante la construcción de entornos o sistemas, esto es, de un conjunto de productos o servicios digitales que, por necesidad o

1 Esta publicación es parte del proyecto *Marco jurídico para la competencia dinámica en mercados digitales y para la innovación a través de Inteligencia Artificial* (CODIG-IA), ref. PID2021-122536OB-I00 (IP Eugenio Olmedo Peralta), financiado por MCIN/AEI/10.13039/501100011033 y por la Unión Europea "NextGenerationEU"/PRTR; así como del proyecto *Consumidores y pequeños profesionales en la contratación en Mercados Digitales: prácticas anticompetitivas, desleales y explotación de dependencia económica* (CoMeDi), Ref. ProyExcel_00665. Proyectos de Excelencia, Programa de Ayudas a la I+D+i, en régimen de concurrencia competitiva, Plan Andaluz de Investigación, Desarrollo e Innovación (PAIDI 2020) (IPs: Olmedo Peralta / Benavides Velasco).

por utilidad, se ofrecen y ejecutan de forma conjunta. Según la RAE, un *sistema* es un conjunto de elementos que relacionados entre sí ordenadamente contribuyen a un determinado objeto. Más allá, en biología se considera que un *ecosistema* es un sistema ecológico construido por un medio y los seres vivos que habitan en él, así como por sus relaciones mutuas. Esta misma imagen puede trasladarse al ámbito digital (o, propiamente, al mercado digital). En él nos encontramos realidades en las que una plataforma actúa como medio necesario para la actividad de un conjunto de empresas que necesitan de él para comercializar y operar sus productos y servicios y que utilizan también este medio para relacionarse con otras empresas que actúan en ese mismo sistema organizado por la plataforma.

En este sentido, hablaremos de *entornos o ecosistemas informáticos* para referirnos al sistema creado sobre la base de un sistema operativo (plataforma base) que actúa como medio en el que se prestan diversos productos o servicios digitales (aplicaciones, conexión de hardware —sensores, dispositivos...—, etc.) y en el que estos productos pueden relacionarse entre sí. Dos son las notas básicas de estos entornos informáticos:

En primer lugar, el papel central del sistema operativo, en tanto que plataforma que actúa como medio sobre el cual se construye todo el ecosistema.

En segundo lugar, las relaciones que se entablan entre los sujetos que intervienen en este ecosistema. Desde el lado empresarial (y si omitimos ahora a los usuarios finales), se distinguen dos tipos de relaciones: las que conectan a la plataforma con los desarrolladores de otros productos (*Platform to Business*, P2B); y las que conectan a los desarrolladores entre sí (*Business to Business*, B2B).

Los ecosistemas informáticos forman una cadena para cuyo funcionamiento es precisa la conexión entre diferentes niveles de productos y servicios:

- El primer nivel de la cadena lo supone el dispositivo físico —hardware— que se utiliza, ya se trate de un ordenador, dispositivo móvil o tablet o de un dispositivo de Internet de las Cosas (*Internet of Things*, IoT) dotado de sensores que permita la conexión con un asistente virtual.
- El segundo nivel está formado por el sistema operativo, a saber, el software de sistema preinstalado que permite el funcionamiento y la operatividad del hardware utilizado como base, habilitando la operación de programas y aplicaciones.
- El tercer nivel —presente en algunos casos, como en los sistemas operativos móviles, aunque en otros casos, como en los ordenadores, no es preciso— consiste en un servicio de intermediación digital: las tiendas de aplicaciones (apps stores). Se trataría de la forma en que los usuarios pueden ampliar la funcionalidad de su hardware y su sistema operativo incorporando nuevas funcionalidades a través de la instalación de un software adicional.

- El último nivel es el de las aplicaciones o software: productos informáticos que instalados en un dispositivo hardware y permitiendo su articulación conjunta con el sistema operativo desarrollan distintas utilidades (buscadores, servicios de mensajería, reproducción de vídeo o audio en streaming, juegos, acceso a información, servicios de mapas, etc.).

Las conexiones entre cada uno de estos niveles —propiamente los sistemas operativos, sistemas de asistentes virtuales y las tiendas de aplicaciones— actúan como puntos críticos de la cadena. En ellos se producen cuellos de botella en los que la empresa que los controla puede decidir de qué modo los usuarios o profesionales a uno y otro lado pueden acceder (o no) a sus contrapartes en el otro extremo.

Además del hardware utilizado como base para el sistema (ordenador, tablet, smartphone, etc.), la comercialización y uso de otros dispositivos interconectados con ellos dependerá de la posibilidad real que tengan para interoperar con el sistema operativo. Así, dispositivos de internet de las cosas, wearables o altavoces inteligentes necesitarán, en muchos casos, que se habilite la interfaz con el sistema operativo de base para que puedan desplegar toda su funcionalidad.

1. Estructura de los mercados en los entornos informáticos

Cada uno de los niveles que hemos considerado conforma un mercado propio, aunque interrelacionado con los anteriores y posteriores. Así, desde la perspectiva del análisis de su funcionamiento, aunque se haya de entender que cada nivel (comercialización de hardware, sistemas operativos, tiendas de aplicaciones, distribución de software y aplicaciones) conforma un mercado independiente, el funcionamiento y las características de cada uno estará fuertemente influido por las dinámicas generadas en los demás. Particularmente, el dominio de estos mercados por parte de las plataformas que gestionan el sistema operativo les permite extender su poder y controlar los demás niveles, como se analizará más adelante.

En el mercado de dispositivos (hardware) hemos de diferenciar a su vez un mercado de dispositivos primarios —entendiendo por tales aquellos que actúan como base para operar en un ecosistema (ordenador, dispositivo móvil, etc.)— y los dispositivos secundarios —que, no siendo imprescindibles para operar en el sistema, mejora algunas de sus funcionalidades (mandos a distancia, wearables, dispositivos complementarios, etc.). Este hardware es producido por fabricantes, quienes podrán ser independientes o tratarse de la misma empresa que ha creado y opera el sistema operativo.

El segundo mercado —con mayor complejidad y singularidades— es el de los sistemas operativos. Éstos son desarrollados por una empresa tecnológica de gran tamaño y actúan como base para la creación de todo el ecosistema. Dado que los ecosistemas están llamados a interactuar entre sí, permitiendo la interacción entre usuarios, será preciso que no haya un número excesivamente abierto de sistemas operativos, o bien, que se establezca una interoperabilidad completa entre ellos, de modo que los usuarios de un sistema puedan relacionarse con los usuarios del otro. Tratándose de una facilidad necesaria para la conformación de los demás mercados es necesario que se permita el acceso a estos sistemas operativos por parte de los agentes de los demás niveles: la interoperabilidad y el acceso al sistema serán elementos básicos. Distinguiremos distintos mercados de sistema operativo en función del tipo de dispositivo para el que se configuren: sistemas operativos para ordenador, sistemas operativos móviles (dentro de los cuales se ha empezado a diferenciar entre sistemas operativos para smartphone y para tablets) y sistemas de asistentes virtuales.

Por la propia estructura de mercado, en la actualidad, cada mercado de sistema operativo está dominado por pocas (normalmente dos) plataformas digitales.

Los sistemas operativos para ordenador dominantes son macOS y Windows, aunque está aumentando la presencia de Google Chrome OS y con una importancia marginal se mantiene un número considerable de sistemas operativos independientes (Ubuntu, Unix, GNU/Linux, Solaris, Mnadriva, Sabayon, Fedora, Reactos...). Estos últimos no producen problemas de competencia.

En el ámbito de los sistemas operativos para teléfonos móviles dominan iOS (Apple) y Android (Google), aunque haya otros sistemas más limitados. Para las tablets dominan igualmente el mercado los sistemas operativos iOS y Android (con una cuota de mercado conjunta que supera el 70%). Sin embargo, encontramos también otros operadores con cierta cuota de mercado —aunque limitada— y restringida a los dispositivos que comercializa la propia empresa. Es el caso de Fire OS (Amazon), para sus propias tablets Fire.

Finalmente, en el mercado de los asistentes virtuales encontramos una mayor competencia entre sistemas: Alexa (Amazon), Siri (Apple), Cortana (Microsoft), Google, Bixby (Samsung), etc.

A diferencia de lo que ocurre con los sistemas operativos para ordenador —y, por ahora, en los sistemas de asistentes virtuales—, para la instalación de software o aplicaciones en los dispositivos móviles y tablets es precisa la intermediación de una tienda de aplicaciones. Estas tiendas de aplicaciones no son entornos informáticos por sí mismas, ni servicios básicos de plataforma, sino que son sólo una proyección del sistema operativo para permitir la conectividad con los desarrolladores de aplicaciones.

Aunque existen otras tiendas complementarias, el mercado en este nivel está dominado por App Store (desarrollada por Apple exclusivamente para los dispositivos propios que utilizan su sistema operativo, en un sistema cerrado) y por la Play Store de Google (modelo abierto que permite su uso en los dispositivos bajo sistema operativo Android). En el ecosistema Android se permite, también, la instalación de tiendas de aplicaciones paralelas, creadas por desarrolladores independientes.

Finalmente, en el mercado de aplicaciones y software nos encontramos con un gran número de desarrolladores que crean contenido para su uso sobre la base del sistema operativo. En algunos casos, los desarrolladores de este software serán las propias plataformas que controlan el sistema operativo y/o la tienda de aplicaciones; en otros casos, serán desarrolladores independientes que precisarán de acceso e interoperabilidad con el sistema operativo para que sus aplicaciones puedan llegar al usuario final y desarrollar todas sus utilidades.

En tanto que conforman el medio de interacción de sujetos de distintas clases, el éxito de un ecosistema informático (y, principalmente, de las plataformas que intermedian en ellos como sistemas operativos o como tiendas de aplicaciones) se centra en la producción de efectos de red indirectos. Según estos, a medida que aumenta el número de usuarios en un extremo del ecosistema (por ejemplo, los desarrolladores de aplicaciones) aumenta la utilidad marginal que pueden obtener los usuarios del otro extremo (en este caso, los usuarios finales). En sentido inverso, los desarrolladores estarán más interesados en operar en un determinado sistema operativo o comercializar sus aplicaciones o software a través de una determinada tienda de aplicaciones a medida que mayor sea el público potencial que puedan alcanzar.

Estos mercados se relacionan entre sí adquiriendo la forma de un reloj de arena o, incluso, con la forma de un reloj de arena con doble pasador. Así, en ambos extremos encontramos a una gran cantidad de sujetos: de un lado, los usuarios y consumidores finales y, de otro, los desarrolladores de aplicaciones y software. Pero la conexión entre ambos ha de pasar por su conexión con el sistema operativo que permite conectar el hardware con las aplicaciones o software (mercado oligopólico restringido controlado por muy pocas empresas) y, además, en los sistemas operativos móviles (tablets incluidas) el acceso o la compra del software se ha de canalizar a través de una tienda de aplicaciones (app store), normalmente controlada también por la empresa que dispone el sistema operativo. De esta estructura se derivarán los principales problemas jurídicos de los entornos informáticos.

II. ECOSISTEMAS INFORMÁTICOS CERRADOS Y ECOSISTEMAS INFORMÁTICOS ABIERTOS. EL PAPEL CENTRAL DEL SISTEMA OPERATIVO

Desde una perspectiva técnica, los sistemas operativos son servicios básicos de plataforma que ofrecen un software de sistema que controla las funciones básicas del hardware o del software y permite que se ejecuten en él aplicaciones informáticas (art. 2.10) RMD). En el ámbito de los ecosistemas informáticos se erigen como los creadores del mercado permitiendo el encaje de las demás piezas y que se entablen relaciones —intermediadas o no a través de tiendas de aplicaciones— entre los desarrolladores de aplicaciones y los usuarios finales. Por la influencia que ejercen sobre el funcionamiento del mercado pueden condicionar también las relaciones entre desarrolladores (B2B).

A pesar de que las notas generales sobre el funcionamiento de los sistemas operativos son similares, los distintos tipos de dispositivos sobre el que se asientan presentan unas características propias derivadas de su propia funcionalidad y del uso principal al que se destinan. Así, los ordenadores suponen un hardware más abierto y permeable al uso de distintos sistemas operativos, mientras que los teléfonos móviles tienen más restringida la salida del sistema operativo y la operación con un software alternativo. Por ello, en los ordenadores es posible que los usuarios decidan cambiar el sistema operativo instalado y operar con otro (bien mediante su instalación directa, bien a través de la partición del disco duro y un software de arranque alternativo en Mac). En cambio, en dispositivos móviles dicha posibilidad es mucho más compleja y prácticamente inexplorada.

Por ello, aunque el mercado de los sistemas operativos de ordenador está dominado por los dos grandes sistemas, Mac y Windows, existen otros competidores, algunos de los cuales están ganando importante cuota de mercado como Google Chrome OS. Paralelamente, siempre han existido sistemas más independientes utilizados principalmente por usuarios más especializados.

La construcción del complejo ecosistema informático a partir de un sistema operativo puede llevarse a cabo según dos modelos de negocio, uno con carácter cerrado y otro con carácter abierto.

1. *Sistema cerrado (Apple)*

El modelo de sistema cerrado ha sido el implementado por Apple para sus sistemas operativos, tanto para dispositivos móviles y tablets como para ordenador. En el pasado, Blackberry también utilizaba un sistema operativo de carácter cerrado que sólo podía ser utilizado por sus propios dispositivos. Este modelo se basa en la integración vertical de toda la cadena de valor, sin permitir la penetración de posibles competidores en ninguno de los puntos críticos del sistema. Así, los sistemas operativos iOS y macOS sólo están disponibles en los dispositivos fabricados por Apple, en los que se encuentran preinstalados. No es posible la instalación posterior o independiente de este sistema operativo. Tampoco licencia Apple sus sistemas operativos a los fabricantes de otros dispositivos, que no pueden operar en él.

Más abajo, la instalación de aplicaciones en los dispositivos móviles con sistema operativo iOS sólo es posible a través de su propia App Store, con lo que se cierra la posibilidad de tiendas de aplicaciones paralelas y se asegura el control de calidad del funcionamiento de todo el sistema (seguridad, privacidad, etc.). En el sistema operativo para ordenador se intenta la canalización de las compras de apps también a través de App Store, pero por las características de estos dispositivos buena parte de las descargas de software se produce directamente a través de internet.

Apple configura su ecosistema digital siguiendo este modelo cerrado puesto que su principal fuente de ingresos procede de la fabricación y venta de dispositivos (teléfonos, ordenadores, tablets...) y no de la operación de otros mercados, ni del mercado del software. Al basar sus ingresos en la venta de hardware, el éxito económico de Apple se hace depender de la fidelidad de sus clientes, por lo que sus principales inversiones se producen en el desarrollo de nuevos productos, utilidades o en el desarrollo de dispositivos secundarios que se interconecten en el sistema (airPods, Apple watch, etc.).

A causa de ello buena parte de su estrategia competitiva se centra en dificultar la salida de sus usuarios, esto es, mantenerlos cautivos a través de distintas prácticas. Ello es debido a que Apple —a diferencia de lo que, como veremos, sucede con Google— no obtiene ningún beneficio de los usuarios que utilizan dispositivos de otros fabricantes. Estos otros usuarios no pueden acceder a sus aplicaciones (con la única excepción de Apple Music), sistema operativo o App Store. La razón para bloquear el acceso al sistema y aplicaciones desarrollados por Apple a los usuarios de otros dispositivos se basa en una estrategia defensiva. Permitir tal acceso supondría renunciar a una inversión propia, al permitir a los competidores mejorar la calidad de sus propios productos y dispositivos en detrimento de los de Apple.

Apple obtiene también una fuente relevante de ingresos a través de las comisiones que cobra en la comercialización de aplicaciones a través de su App Store y del establecimiento obligatorio de sistemas de pagos dentro de la aplicación (*in-app payments*, IAP). Por ello, en los dispositivos móviles la compra de aplicaciones se ha de canalizar necesariamente a través de App Store y en los ordenadores se incentiva que su compra se haga a través de ella y no directamente por medio del navegador.

2. *Sistemas abiertos (Google, Microsoft...)*

Frente al modelo cerrado, Google utiliza un sistema abierto, más permeable a la entrada de otras empresas a lo largo de la cadena. Es también el caso de Microsoft en el espectro de los ordenadores. Tomaremos como paradigma el sistema móvil de Google. En este ámbito, el sistema operativo Android se instala en dispositivos de diferentes fabricantes a partir de un sistema de acceso en abierto (*open-source*), convirtiéndose en el sistema de facto para todo el hardware móvil que no utiliza el sistema iOS, esto es, para todos los dispositivos no fabricados por Apple. Paralelamente, los esfuerzos de este sistema abierto se dirigen al desarrollo de estándares comunes de funcionamiento y un funcionamiento de open web.

Sin embargo, aunque Google concede licencias de uso de su sistema operativo Android a los distintos fabricantes de dispositivos, esta opción está condicionada a la aceptación de términos que coadyuvan al mantenimiento de la preponderancia de ciertos servicios esenciales de Google (navegador, motor de búsqueda, aplicaciones esenciales, etc.).

Más abajo en la cadena, a pesar de que Google prioriza la tienda de aplicaciones *Play Store*, este sistema operativo permite la instalación paralela de otras tiendas de aplicaciones. Con todo, en los contratos con fabricantes para licenciar la instalación del sistema Android, Google incluye la obligación de preinstar la Play Store y de que ésta sea mostrada en un lugar especialmente visible de estos dispositivos. En consecuencia, aunque se admiten tiendas paralelas, Google se reserva, al menos, un lugar privilegiado para competir con éstas.

La entrada de aplicaciones de distintos desarrolladores es mucho más sencilla en este sistema abierto, pues existen diversas vías para hacerlo. Y es que, a diferencia del modelo construido por Apple, el éxito del sistema Android se basa en la disponibilidad de una mayor variedad de aplicaciones (el número de aplicaciones disponibles —estimado entre 3 y 3,5 millones— duplica al de las aplicaciones que pueden instalarse en el sistema iOS), en unos precios más reducidos en los distintos niveles y, en muchos casos, en la oferta de aplicaciones y servicios de forma gratuita.

La justificación económica de este modelo se construye a partir del pilar económico del desarrollador. Google es, principalmente, un operador que se financia a través de la publicidad. Así, en los ecosistemas informáticos, el beneficio no se extrae de la venta de dispositivos, sino de la publicidad y los contratos de licencia. Por ello, su estrategia económica se basa en fortalecer la posición de superdominio de Google como motor de búsqueda a través del que se monetizan las inversiones en publicidad de terceros. Google licencia su sistema operativo Android de forma gratuita o en condiciones muy ventajosas, lo que ha contribuido a que la mayoría de los fabricantes de dispositivos lo utilicen y puedan desarrollar sus productos a costes reducidos. A cambio, la plataforma se reserva ciertos derechos o privilegios que le permiten fortalecer su negocio central.

La monetización de la actividad de Google se canaliza a través de los ingresos que obtiene a través de la publicidad en su motor de búsqueda, pero también en otros servicios propios (por ejemplo, YouTube). Por ello, a diferencia de Apple, su actividad en los ecosistemas informáticos no se centra tanto en la inversión en el desarrollo y diseño de dispositivos, sino en la canalización del tráfico de usuarios hacia su motor de búsqueda y sus servicios en los que se obtienen ingresos por publicidad. La fidelización del consumidor es menos relevante para Google, ya que la mayoría de dispositivos móviles con independencia de su fabricante (salvo los de Apple) utiliza su sistema operativo Android. Además, Google obtiene también ingresos de la actividad de los usuarios de Apple, dados sus acuerdos con esta compañía y que hacen a su buscador la herramienta por defecto utilizada también en sus dispositivos.

3. Síntesis del sistema de licencias de Android con los fabricantes de dispositivos

Tratándose del sistema operativo más extendido que los fabricantes de smartphones y tablets pueden instalar en sus dispositivos (dado que Apple es un ecosistema cerrado y sólo se instala en los dispositivos fabricados por él mismo), resulta crucial conocer el modo en que se articulan las relaciones entre Google y los fabricantes para instalar el sistema operativo Android en sus dispositivos.

Para que los fabricantes puedan utilizar el sistema Android, en primer lugar han de reunir los criterios de compatibilidad de Google. Además, si quieren obtener la licencia de las demás aplicaciones y servicios desarrolladas por el gigante tecnológico, deberán aceptar el compromiso de compatibilidad con Android (*Android Compatibility Commitment*), del que deriva la obligación de mantener la compatibilidad de sus dispositivos con una versión base de Android. Además, los fabricantes necesitarán una licencia para acceder a los *Google Mobile Services* (GMS), a saber, el conjunto de aplicaciones básicas de Google sobre las que se sienta el sistema Android y que, en particular, contiene las APIs precisas para desarrollar aplicaciones compatibles con el sistema, la tienda de aplicaciones *Play Store* (y los servicios vinculados con ésta) y aplicaciones como *Google Maps, Youtube* o *Gmail*.

El sistema operativo Android se basa en un sistema de código abierto (*open source*), lo que implica la publicación de su código y el libre acceso por cualquier desarrollador o fabricante. Sin embargo, las licencias sobre GMS se obtienen a través del acuerdo de distribución de aplicaciones móviles para Europa (*European Mobile Application Distribution Agreement*, EMADA), que implica la obligación de los fabricantes de utilizar una versión compatible de Android y la suscripción del compromiso de compatibilidad. Esta licencia de EMADA no es gratuita, sino que los fabricantes han de pagar un canon por su activación en cada dispositivo comercializado.

Sin embargo, la relación no es tan costosa para los fabricantes como pudiera parecer: a pesar de que los fabricantes han de pagar el canon de la licencia EMADA, paralelamente se entra en un acuerdo de distribución con Google por el cual los fabricantes obtienen ingresos por direccionar el tráfico de sus usuarios hacia los servicios de Google, alimentando así su posición de dominio en servicios como el motor de búsqueda o la reproducción de vídeos. El importe medio de los ingresos de los fabricantes por estos acuerdos de distribución suele superar el coste de las licencias EMADA. A resultas de ello, la instalación del sistema operativo Android resulta rentable para los fabricantes, al mismo tiempo que se levanta una barrera de entrada a potenciales competidores que puedan desarrollar sistemas operativos alternativos. Para que estos sistemas operativos competidores con Google puedan resultar competitivos, el nivel de precios al que han de comercializar su licencia ha de ser cero o, incluso, negativo. Es decir, la comercialización de sistemas alternativos a Android deberá implicar un beneficio económico para que los fabricantes tengan un incentivo para decidir incorporar este sistema operativo.

4. Acuerdo de vinculación de productos

La entrada en el acuerdo de *Google Mobile Services* supone aceptar una vinculación de productos (*tying*). Así, si se quiere preinstalar cualquiera de las aplicaciones que se incluyen en GMS, el fabricante estará obligado a instalar todas las aplicaciones que conforman este pack, sin poder prescindir de ninguna de ellas. Igualmente, deberá colocar la tienda de aplicaciones Play Store en la pantalla de inicio por defecto del dispositivo y crear en ella también una carpeta en la que se incluya el resto de aplicaciones de Google.

Como se analiza posteriormente, desde la óptica del Derecho antitrust esta práctica puede ser cuestionada en tanto que implica la preinstalación necesaria y en un lugar preeminente de la Play Store, tienda de aplicaciones dominante en el mercado y con la que no pueden competir las tiendas de apps de otros desarrolladores. Los rivales no pueden en las condiciones actuales del mercado acceder a la misma cantidad de aplicaciones, a la vez que se requiere, a consecuencia de este acuerdo, una conducta activa del usuario para instalar la tienda alternativa en su dispositivo. De este modo, se incrementan los efectos de cuello de botella generados desde el sistema operativo.

5. *Sistema de incentivos económicos al uso de Android y las aplicaciones de Google: levantamiento de barreras de entrada*

La mayor barrera de entrada para potenciales sistemas operativos competidores con Android es el sistema de incentivos establecido por Google para los fabricantes que promocionen su sistema y sus aplicaciones. Así, a pesar de que los fabricantes hayan de pagar el canon de la licencia EMADA, su importe se ve compensado con los ingresos que se obtienen de Google a través de sus incentivos económicos para fomentar sus productos. En la práctica esto se traduce en que Google paga a los fabricantes por la instalación y uso de su sistema operativo.

Una parte de estos pagos se configura como una cuantía fija por dispositivo activado y otra parte supone una participación en los beneficios obtenidos. Para obtenerlos, Google exige el uso de su motor de búsqueda, la preinstalación y fijación por defecto de Google Chrome y de su Play Store. Así, los pagos con los que Google retribuye a los fabricantes que entran en licencias EMADA se articulan según dos componentes:

Por una parte, un pago por la instalación (*placement agreement*) que retribuye la preinstalación y activación del motor de búsqueda de Google y del navegador Google Chrome, así como por la colocación de éstos en un lugar preminente en el dispositivo. La obligación pura consiste sólo en instalar el motor de búsqueda de Google (pues lo que más interesa a la empresa es la canalización del servicio de búsqueda), no obstante, si se instalan conjuntamente Chrome y el motor de búsqueda el pago será sustancialmente mayor que si sólo se instala el buscador como herramienta por defecto.

Por otra parte, un acuerdo de participación en los beneficios a través del cual Google comparte parte de sus beneficios netos por publicidad obtenida a partir del acceso de los usuarios a su motor de búsqueda o su asistente haciendo uso de los dispositivos del fabricante. El valor de esta participación se construye también de forma proporcional, aumentando a medida que se incrementa el grado de vinculación del fabricante. Otra parte de estos ingresos proceden de la participación en las transacciones canalizadas a través de la Play Store, cuando ésta se haya establecido como tienda de aplicaciones por defecto y el fabricante no haya instalado una tienda alternativa en el dispositivo.

Este sistema resulta muy rentable para los fabricantes. De un lado, pueden instalar en sus dispositivos el sistema operativo que ofrece la mayor cantidad de aplicaciones a sus usuarios, con lo que se benefician de estos efectos de red indirectos. De otro lado, se benefician de estas condiciones económicas favorables que permiten su instalación no sólo de forma gratuita, sino —incluso— llegando a obtener un beneficio de ello.

Sin embargo, este modelo de comercialización imposibilita en la práctica la entrada de sistemas operativos competidores, dado que los potenciales rivales (los desarrolladores de tales sistemas operativos) tendrán que comercializarlos a coste cero y deberán buscar otras formas de obtener beneficio y de asumir el coste continuado de desarrollo y actualización del sistema operativo. Estos beneficios los obtiene Google monetizando su posición de dominio como motor de búsqueda y agente publicitario, pero los potenciales competidores pueden no disponer de alternativas equiparables. Es más, en muchos casos los fabricantes no estarían dispuestos a instalar un sistema alternativo, ni siquiera si fuera ofrecido de forma gratuita por su desarrollador. Y es que, de un lado, estarían perdiendo la posibilidad de participar en los beneficios financieros de Google y, de otro lado, con probabilidad el nuevo sistema operativo tendría funcionalidades más reducidas y ofrecería un acceso más limitado a aplicaciones que puedan ser de interés para los usuarios finales (ya que no pueden beneficiarse de los efectos de red indirectos de los que disfruta Google). En consecuencia, este sistema limita las posibilidades reales de que los desarrolladores competidores puedan obtener economías de escala que justifiquen económicamente el diseño de nuevos sistemas operativos.

Para los fabricantes de dispositivos abandonar el sistema operativo Android supone un incremento de sus costes, ya que la instalación de otro sistema operativo requerirá normalmente el pago de un canon (dado que sus desarrolladores necesitarán alguna forma de financiar su actividad, sin poder recurrir a otras fuentes). Como alternativa, si un determinado fabricante optase por el desarrollo de un sistema propio, se debería incurrir constantemente en importantes costes para ello. Además, dejar el sistema Android supondría la pérdida de una importante fuente de ingresos resultantes de este sistema de retribución. Finalmente, a efectos materiales, utilizar un sistema alternativo podría suponer dejar fuera al fabricante del ecosistema de Android, impidiéndole acceder a ciertas aplicaciones y utilidades que son muy valoradas por los clientes finales. Una muestra de estos inconvenientes puede verse en el declive del fabricante Huawei al abandonar el sistema Android estándar y utilizar su propia *fork*, o en la imposibilidad de Samsung de implantar un sistema operativo propio.

El beneficio de Google se retroalimenta: la distribución de su sistema operativo Android permite reforzar su posición de dominio como motor de búsqueda y en los servicios de publicidad, lo que, en sentido inverso, es utilizado para reforzar las condiciones en que ofrece a los fabricantes su sistema operativo para convertirse en el operador dominante en este mercado y expulsar a competidores (con la excepción de los sistemas operativos de Apple con los que, al tratarse de un ecosistema cerrado, no se produce competencia).

Además de ello, esta política de comercialización del sistema operativo por parte de Google obstaculiza la integración vertical de potenciales rivales, dificultando que los grandes fabricantes de dispositivos desarrollen sus propios sistemas operativos. Ello genera una tajante separación entre la actividad en el mercado del hardware y el desarrollo de sistemas operativos que interesa a la estrategia de Google. En el mercado del hardware a Google no le interesa competir y deja libertad a los desarrolladores para que actúen en él. En el mercado del sistema operativo consigue imponer su producto a todos estos desarrolladores —competidores entre sí—. En suma, el gigante digital centra sus esfuerzos en dominar el ámbito digital, aprovechándose para ello la actividad de los fabricantes en el terreno de lo material (del hardware).

6. Los outsiders

Siendo el sistema de Apple un modelo cerrado y verticalmente integrado, las posibilidades de competencia en sistemas operativos móviles queda en el marco del mercado abierto dominado por Android. En este sistema, tratándose Android de un sistema open source, permite la posibilidad de que se desarrollen versiones del sistema operativo que no cumplan los requisitos de compatibilidad de Google, lo que se conoce como *Android Forks.* El caso más reseñable es el del sistema operativo *Fire OS* para tablets, un sistema operativo independiente desarrollado por Amazon para sus dispositivos tablet Fire sobre la base del código abierto de Android.

Cuando Google desarrolla nuevas versiones de Android publica su código fuente, lo que permite que terceros descarguen y modifiquen este código para crear variantes de Android (estas Android Forks). Este código fuente de acceso abierto presenta las características básicas de un sistema operativo móvil inteligente, pero no incluye las aplicaciones y servicios titularidad de Google (Play Store, Chrome, Search, sus APIs...). De este modo, los fabricantes de dispositivos que deseen obtener las aplicaciones y servicios de Google en Android tienen que firmar contratos con la empresa (contratos de anti fragmentación) en los que Google impone distintos tipos de restricciones (como hemos observado en el contrato de licencia EMADA). Tales contratos afectan también a grandes operadores de redes móviles quienes también pueden decidir las aplicaciones y servicios que se instalan en los dispositivos vendidos a los usuarios finales.

Otro sistema operativo móvil independiente destacable, desarrollado como un Android fork, es el utilizado por Huawei. Utilizando el código base de Android, Huawei optó por no utilizar los *Google Mobile Services* y, en cambio, desarrollar sus propiso *Huawei Mobile Services* (*HMS*). Esta trayectoria fue resultado de una decisión de la Oficina de Industria y Seguridad del Departamento de Comercio estadounidense adoptada en mayo de 2019 y que cambió el modo de operar de Google en estos dispositivos. Desde el cambio a este sistema, las ventas mundiales de Huawei se han experimentado una reducción progresiva.

III. TIENDAS DE APLICACIONES

Las tiendas de aplicaciones móviles (*mobile app stores*) son la puerta de entrada para que los desarrolladores de aplicaciones puedan poner éstas a disposición de los usuarios de teléfonos móviles. Se trata de un tipo de servicio de intermediación en línea en el que se ofrecen aplicaciones informáticas como producto o servicio intermediado (art. 2.14 RMD), actuando como un marketplace para estas aplicaciones. En este caso no se trata de servicios básicos de plataforma autónomos, sino que el RMD los categoriza como un tipo de servicios de intermediación en línea. En consecuencia, son servicios de la sociedad de la información que permiten a usuarios profesionales ofrecer bienes o servicios a los consumidores (la instalación de aplicaciones o software), con el objetivo de facilitar el inicio de transacciones directas entre dichos usuarios profesionales y consumidores, con independencia de dónde aquellas se concluyan en última instancia. A través de las tiendas de aplicaciones —propias o de terceros—, Apple y Google abren sus sistemas operativos móviles iOS y Android a terceros desarrolladores de aplicaciones. Para ello, es preciso una relación contractual previa entre la plataforma que presta el servicio y los usuarios profesionales que ofrecen las aplicaciones móviles a los consumidores (art. 2.2) Reglamento P2B).

Los desarrolladores de aplicaciones dan valor a todo el ecosistema cuando ofrecen sus productos dentro del mismo. Paralelamente, los ecosistemas —a través normalmente de las tiendas de aplicaciones— dan valor a los desarrolladores de aplicaciones ofreciéndoles acceso a un amplio público de usuarios. Esta conexión entre desarrolladores y usuarios en los ecosistemas móviles se articula a través de la actuación de las tiendas de aplicaciones. En los sistemas de ordenador no es precisa la intermediación de tiendas de aplicaciones, en tanto que la mayoría de sistemas operativos admite la posibilidad de descarga directa de aplicaciones a través de la web. Ello es posible dado que es más sencillo dar acceso a este software a las funcionalidades del ordenador, frente a lo que ocurre en los dispositivos móviles donde se prima el uso de las llamadas aplicaciones nativas que tienen una mayor posibilidad de utilizar las funcionalidades del dispositivo. Así, aunque algunos sistemas operativos de ordenador potencian el uso de tiendas de aplicaciones, no son imprescindibles en estos entornos.

Las tiendas de aplicaciones no se consideran servicios básicos de plataforma autónomos porque su instalación y necesidad de uso nace vinculada al sistema operativo móvil que utilice cada dispositivo (ya se trate de un teléfono móvil o de una tablet). Así, la compra de aplicaciones móviles en dispositivos que utilizan el sistema operativo iOS de Apple se ha de canalizar a través de su tienda de aplicaciones móviles App Store. En sentido inverso, la App Store sólo está disponible en dispositivos Apple, no pudiendo instalarse en los de otros fabricantes, ni sobre otros sistemas operativos. En el sistema Android, la compra de aplicaciones puede llevarse a cabo a través de su Play Store o mediante la instalación de otra tienda de aplicaciones, si bien en la práctica la mayoría de las compras se canalizan a través de la propia tienda de apps de Google.

Las tiendas de aplicaciones pueden prestar a sus usuarios otros servicios alterativos, tales como permitirles el descubrimiento de apps, servicios de búsqueda o sugerencia de aplicaciones, clasificaciones y rankings de aplicaciones, reseñas, etc. También permiten normalmente la gestión de la cuenta de usuario (suscripciones, productos contratados...) y ofrecen servicios adicionales al cliente, controles parentales, protección de seguridad o frente a aplicaciones dañosas.

El ecosistema de Apple y el de Android difieren nuevamente en lo que respecta a la obligatoriedad de su tienda de aplicaciones. En iOS de Apple el grado de vinculación del sistema operativo y la tienda de aplicaciones es total: los usuarios sólo pueden adquirir aplicaciones a través de ellas. En cambio, en el sistema operativo Android pueden utilizarse otras tiendas de aplicaciones alternativas a Play Store, si bien ésta sigue siendo el servicio de intermediación preponderante. Así, la App Store ocupa un monopolio en la descarga de aplicaciones nativas en dispositivos Apple, mientras que la Play Store de Google concentra más del 90% del total de adquisiciones de aplicaciones nativas en dispositivos basados en el sistema operativo Android, HMS (Huawei Mobile Systems) o Fire OS.

Dado que los usuarios que tienen dispositivos que funcionan según uno de los dos grandes sistemas operativos no pueden cambiar al otro, tampoco se puede cambiar de tienda de aplicaciones y éstas no compiten entre sí. En consecuencia, los desarrolladores de aplicaciones deberán afrontar necesariamente una distribución paralela de dos versiones de sus productos: una para ser comercializada en iOS y otra para Android.

El mercado de las tiendas de aplicaciones está sometido a una mayor competencia que el de los sistemas operativos móviles, a pesar de que el peso específico de las tiendas de aplicaciones de terceros es muy limitado. Así, fuera del ecosistema iOS por su carácter cerrado, encontramos las tiendas de aplicaciones de Samsung (mayor fabricante de dispositivos Android), de Huawei (que utiliza un fork de Android, Huawei Mobile Services HMS) y la tienda de Amazon para sus propias tablets que utilizan el sistema operativo Fire OS. Con la excepción de los dispositivos Apple, en los dispositivos que basan su sistema operativo en Android es posible la descarga, con mayor o menor facilidad, desde fuentes externas (*sideload*) de otras tiendas de aplicaciones, normalmente a partir de la web de la aplicación en los demás dispositivos móviles y tablets. Los dispositivos con sistema operativo Android sólo admiten la instalación de tiendas de aplicaciones alternativas a la de Android cuando éstas vengan preinstaladas por el fabricante (Fire OS en los dispositivos de Amazon, Galaxy Store en los dispositivos de Samsung) o cuando el usuario las instale por otras vías. Esto es, tales tiendas de aplicaciones no se pueden descargar de Play Store. Si bien la Galaxy Store sólo está disponible para los dispositivos Samsung, que la traen preinstalada, las demás tiendas de aplicaciones pueden ser instaladas en dispositivos con sistema operativo Android (Play Store, App Gallery, Amazon App store).

Existen otras tiendas de aplicaciones de uso más marginal que pueden ser descargadas (excepto en iOS) a través de sideload. Se trata de tiendas de aplicaciones como APKpure, Aptoide o F-Droid, cuyo uso real parece muy restringido, dada la escasa implantación de estas stores y su limitada oferta de apps.

Esta situación confiere un importante poder de control a los operadores de las tiendas de aplicaciones —en última instancia, a las empresas que controlan los sistemas operativos móviles— en tanto que pueden decidir qué aplicaciones se encuentran disponibles en sus tiendas y cómo se clasifican éstas. Este poder se despliega también en las relaciones P2B, articulándose la relación entre los empresarios desarrolladores de aplicaciones móviles y la tienda de aplicaciones a través de contratos en los que se sientan los términos y condiciones que afectaran al propio modo en que se podrán utilizar estas aplicaciones, condicionando las funcionalidades que estarán disponibles y, en muchos casos, sometiendo la oferta de las aplicaciones en la tienda a la aceptación de ciertos servicios ofrecidos por la plataforma que controla el sistema operativo (tales como los servicios de identificación —ej. *Google sign-in*— o servicios de pago de compras integradas en la aplicación —*IAPs*).

¿Cómo se ha llegado a la situación actual de dominio absoluto del mercado por parte de App Store y Play Store? A través de distintas estrategias, Apple y Google consiguieron desbancar a potenciales competidores como Windows y Symbian, imponiendo sus sistemas operativos como elementos clave en el uso de dispositivos —y por ende ecosistemas móviles—. La estrategia seguida por una y otra empresa han sido distintas.

Apple ha basado su estrategia en la integración vertical, con el objetivo de mantener el control absoluto sobre su ecosistema, requisito fundamental para garantizar la calidad. En tal sentido, todo su ecosistema móvil prioriza la privacidad y la seguridad, aún a costa de mayores precios, de la limitación de oferta y la configuración de un ecosistema más cerrado.

Por su parte, la estrategia de Google ha sido la contraria, basando el control de su ecosistema de aplicaciones en la vinculación de las interfaces de programación de aplicaciones (Application Programming Interface, API) a su Play Store. En el sistema Google se prioriza la apertura del ecosistema, la oferta de servicios a un menor precio e, incluso, la gratuidad de las aplicaciones. Y ello a costa, en ocasiones, de un mayor control de calidad que podría conseguirse con un sistema estanco.

En ambos casos se produce un problema de cuello de botella en el ecosistema móvil para el acceso a aplicaciones. El acceso a éstas por parte de los usuarios

—y, viceversa, las posibilidades de llegar a los clientes finales por parte de los desarrolladores de aplicaciones— se ha de canalizar a través de las tiendas de aplicaciones. Otras alternativas posibles, como las aplicaciones basadas en servicios web o en el propio navegador no se pueden considerar realistas, dada su menor usabilidad y la imposibilidad de acceder a ciertas prestaciones del teléfono (mayor dificultad para conectar con la cámara, sensores, etc.).

El control del puente de conexión establecido entre desarrolladores de aplicaciones y usuarios de dispositivos móviles canalizado a través de los sistemas operativos y las tiendas de aplicaciones son la vía principal a través de la cual los gigantes digitales Google y Apple ejercen su poder. Controlando estos cuellos de botella, pueden extender su ecosistema de plataformas impidiendo la entrada de competidores rivales y dificultando a sus usuarios el cambio de ecosistema (consumidores cautivos). Éstos quedan vinculados a un determinado sistema operativo y a una determinada tienda de aplicaciones, encontrando importantes obstáculos para que cambiar de proveedor digital (*switching costs*).

Dada esta configuración de los ecosistemas informáticos también se limita la posible actuación de los desarrolladores de aplicaciones. Éstos deberán configurar sus aplicaciones para que resulten compatibles con los sistemas operativos dominantes (iOS y Android) y comercializarlas aceptando las condiciones contractuales y técnicas impuestas a través de sus tiendas de aplicaciones. Como se analizará, este es el caldo de cultivo que aprovechan las plataformas para imponer condiciones contractuales no equitativas o desleales que, en muchos casos, implican restricciones importantes a la libre competencia.

Analizaremos ahora las eventuales alternativas a las tiendas de aplicaciones.

1. Sideloading - Descargas paralelas

El *sideloading* o la descarga paralela de software consiste en la instalación de apps en un teléfono móvil sin pasar por la tienda de aplicaciones. En tanto que ecosistema móvil cerrado, las descargas paralelas no están habilitadas en el sistema iOS, si bien, es posible técnicamente su instalación en iOS a través del proceso de *jailbreaking*, que permite instalar software no disponible a través de la App Store. No obstante, el impacto real de este procedimiento es muy limitado, en tanto que es técnicamente complejo y que supone una vulneración de los términos contractuales de Apple —lo que impacta, por ejemplo, sobre la validez de la garantía—, por lo que la mayoría de los usuarios no la utilizarán.

Aunque las descargas paralelas son posibles y más sencillas en el sistema Android, el consumidor medio rara vez hará uso de esta posibilidad y sólo utilizará esta vía para la adquisición de aplicaciones que son ya reconocidas y cuentan con bastantes usuarios. Ello es debido a que las tiendas de aplicaciones juegan también un papel importantísimo para que los usuarios puedan conocer las aplicaciones que están disponibles y los usos potenciales de éstas.

Es más, aún en el caso en el que los usuarios quieran instalar aplicaciones desde fuentes alternativas a la Play Store (como por ejemplo, la instalación de Fortnite de Epic Games directamente desde su web), tendrá que afrontar un largo proceso a lo largo del cual en repetidas ocasiones tendrá que aceptar avisos en los que se le informará de que el proceso puede producir daños en el dispositivo, habilitar la instalación de aplicaciones de fuentes no conocidas y aceptar que de su instalación se pueda derivar una reducción de la seguridad de los datos contenidos en el teléfono. En la práctica, todos estos avisos pueden desincentivar al menos a una parte importante de los consumidores que prefieran acudir a la vía ordinaria de la descarga a través de Play Store.

2. Uso de aplicaciones basadas en la web (no nativas)

Otra vía por la que se puede acceder a aplicaciones sin necesidad de utilizar una app store es el diseño y uso de aplicaciones basadas en la web o aplicaciones no nativas. Aunque sus características se analizarán más adelante con más detenimiento, baste aquí apuntar que se trata de la prestación del servicio de una determinada aplicación a través de una página web sin que sea precisa la instalación de aplicación alguna en el sistema y, en consecuencia, sin necesidad de su descarga a través de la tienda de aplicaciones. Sin embargo, el principal problema que presentan estas aplicaciones es que están diseñadas para su uso en la web no pudiendo disfrutar en muchas ocasiones de acceso a ciertas funcionalidades del dispositivo (cámara, sensores, etc.), con lo que se limita el atractivo y la potencialidad del diseño de estas aplicaciones.

3. Alternativas a las tiendas de aplicaciones dominantes

En el ecosistema móvil abierto construido sobre la base del sistema operativo Android es posible instalar otras tiendas de aplicaciones alternativas a Play Store, tales como *Amazon App Store, Aptoide* o *Samsung Galaxy Apps.* Sin embargo, a pesar de que estas tiendas de aplicaciones alternativas se pueden descargar e instalar en los dispositivos Android, no podrán competir generalmente en condiciones de igualdad con la Play Store. Ello es debido a que, al no estar integradas estas tiendas en el sistema operativo no podrán desplegar ciertas funciones relevantes como la actualización automática de aplicaciones. La única excepción a ello se podría dar en los casos en que la tienda de aplicaciones fuera preinstalada por el fabricante de forma paralela a la Play Store, como ocurre con la Galaxy Store de Samsung.

4. La preinstalación de aplicaciones y de otras tiendas de aplicaciones

Otra alternativa para que los usuarios puedan acceder a aplicaciones sin pasar por la tienda consiste en la preinstalación por parte del fabricante de ciertas aplicaciones en los dispositivos Android. Dado que el sistema operativo iOS se utiliza de forma exclusiva en los dispositivos de Apple, esta opción no tiene sentido, al controlar Apple todo el ecosistema.

En cambio, el fabricante (Huawei, Samsung, etc.) puede proceder a la instalación del sistema Android junto a la preinstalación (pre-loading) de ciertas aplicaciones propias, de modo que estén disponibles para los usuarios desde el momento que arrancan el dispositivo. Esta preinstalación de aplicaciones en Android normalmente implica el pago de un canon a Google, por lo que queda reservada sólo para ciertas aplicaciones emblemáticas desarrolladas por el fabricante y precisas para el uso de funcionalidades especiales del dispositivo móvil. Entre ellas puede considerarse especialmente oportuno instalar una tienda de aplicaciones alternativa como hace Samsung con su Galaxy Store.

IV. SISTEMAS DE ASISTENTES VIRTUALES

Según el Reglamento de Mercados Digitales, los asistentes virtuales son servicios básicos de plataforma que ofrecen un software que puede procesar peticiones, tareas o preguntas, también las formuladas mediante sonidos, imágenes, texto, gestos o movimientos y que, basándose en dichas peticiones, tareas o preguntas, proporciona acceso a otros servicios o controla dispositivos físicos conectados (art. 2.12) RMD).

Existe una gran diversidad de asistentes virtuales pero, a los efectos que aquí interesa, debemos considerar que configuran un sistema operativo que permite conectar a los usuarios con la prestación de determinados servicios o respuestas prestados bien por la propia plataforma que ofrece el asistente virtual, bien mediante la colaboración de los desarrolladores de otros softwares que actúan como skills o aplicaciones.

El modelo que consideraremos es el de los asistentes de voz domésticos, como por ejemplo los sistemas de Alexa, Siri, Google o Cortana. Estos sistemas operativos requieren el acceso a un software, tales como un altavoz inteligente, un dispositivo móvil o un ordenador para operar y ofrecer al usuario distintos servicios. Estos servicios pueden ser de procesamiento de peticiones (búsqueda de información, ejecución de alguna aplicación o software…) o de conexión con otros dispositivos conectados al sistema operativo, tales como luces, electrodomésticos, herramientas, etc.

V. SOFTWARE, APLICACIONES Y SKILLS

Los desarrolladores son los creadores de software, aplicaciones y skills que quieren ofrecer sus servicios a los usuarios de dispositivos informáticos para que los puedan utilizar de forma integrada en sus sistemas operativos. Desde un punto de vista técnico, estas formas de software han de ser interoperables con el sistema operativo, de modo que puedan acceder a sus distintas funcionalidades y se le permita el acceso a los distintos sensores, chips y elementos técnicos del dispositivo que controla.

En muchos casos, el desarrollo de software o aplicaciones requiere conocer determinados extremos del funcionamiento del sistema operativo para permitir la interoperabilidad y el uso de sus funciones. En el ámbito de las aplicaciones, este acceso a la funcionalidad de los dispositivos móviles que utilizan un determinado sistema operativo se hace a través de interfaces de programación de aplicaciones (Application Programming Interface, API). Se trata de un código que permite a las aplicaciones conectarse entre sí y con el sistema informativo y compartir información y funcionalidades, actuando como intermediario entre sistemas. A través de ellas, las aplicaciones se comunican entre sí requiriendo datos u ordenando la ejecución de determinadas órdenes.

Desde un punto de vista jurídico, el acceso a este software puede producirse de forma libre o abierta, precisando exclusivamente de la conexión a internet del dispositivo informático; o bien, requerir de la intermediación de una tienda de aplicaciones para su instalación. En este segundo caso, los desarrolladores de aplicaciones deberán, además, entrar en contratos de distribución con los gestores de las tiendas de aplicaciones que, normalmente, serán también los gestores del sistema operativo. En estos contratos se definirán las condiciones para la comercialización de las aplicaciones y para el uso de los consumidores finales a través del sistema operativo.

Normalmente, serán terceras empresas las que desarrollen la mayor parte del software y de las aplicaciones a ejecutar en un sistema operativo. Sin embargo, los desarrolladores de los sistemas operativos y de las tiendas de aplicaciones también crean y comercializan sus propias aplicaciones que compiten con las creadas por terceros desarrolladores independientes. El dominio que estas empresas tienen en los mercados aguas arriba en los que se producen los cuellos de botella hacen que la competencia con estos terceros no se produzca en condiciones de igualdad.

1. *Acuerdos comerciales para el desarrollo y distribución de aplicaciones*

Dado que a los sistemas operativos les interesa disponer del mayor número posible de aplicaciones, ponen a disposición de sus desarrolladores el software preciso, las herramientas y los servicios para hacer atractiva a éstos el desarrollo de aplicaciones para ser comercializadas a través de su tienda de apps. Entre tales servicios se incluyen herramientas para el desarrollo, testeo y control de calidad, guías y documentación sobre el uso de estas herramientas y material de soporte. Se incluyen igualmente herramientas de marketing y servicios para facilitar el cumplimiento con la normativa (por ejemplo, con las obligaciones fiscales).

El acceso a este software, herramientas y servicios de desarrollo requiere la suscripción de ciertos acuerdos y directrices de la tienda de aplicaciones. Algunos de ellos son documentos públicamente disponibles y en otras ocasiones se utilizan acuerdos confidenciales entre los desarrolladores y el operador de la tienda de aplicaciones: 1) Para acceder a la App Store de Apple se han de suscribir el *Apple Developer Program License Agreement*, cumplir las *App Store Review Guidelines* y formar parte del programa de desarrolladores de Apple pagando una cuota anual de 99 dólares; 2) Para acceder a Google Play se ha de disponer de una cuenta de desarrollador en Google Play, aceptar el acuerdo de distribución (*Google Play Developer Distributioni Agreement*) y cumplir con las *Google's Developer Program Policies*. Además, se ha de pagar una tasa única de registro como desarrollador de 25 dólares.

Normalmente estos compromisos requieren, además, suscribir un acuerdo de gestión de los pagos (*in-app payments*, IAPs) dentro de las aplicaciones pagando una comisión del 30% de los mismos a la tienda de aplicaciones. Las demás tiendas de aplicaciones (Galaxy Store, Amazon Appstore o AppGallery cargan una comisión similar. Más adelante consideraremos en profundidad estos IAPs.

A través de estos acuerdos, las tiendas de aplicaciones se reservan también el derecho de llevar a cabo un proceso continuado de revisión del cumplimiento de las aplicaciones con estas políticas, tanto en el momento en que son lanzadas, como cuando implementan actualizaciones. En particular, se contempla en estas condiciones que las aplicaciones o sus actualizaciones pueden ser rechazadas si presentan fallos (*bugs*) o errores menores, si no cumplen con las exigencias de estas directrices, si presentan problemas graves (incluyendo software malicioso —*malware*— o programas espías —*spyware*—) o se vulneran las políticas de la tienda de aplicaciones.

2. *Aplicaciones nativas y aplicaciones web*

En el ámbito de las aplicaciones se debe diferenciar entre aplicaciones nativas y aplicaciones ejecutadas a través de la web (*web based apps*).

Las aplicaciones nativas están diseñadas para operar en un determinado sistema operativo y, en consecuencia, interactuar directamente con ciertos elementos del sistema operativo o del hardware para aportar una funcionalidad relevante en el sistema. Estas aplicaciones se distribuyen a través de la tienda de aplicaciones de cada sistema operativo o bien son preinstaladas por el fabricante.

Entre las aplicaciones nativas que normalmente se encuentran preinstaladas en los sistemas operativos destacan por su especial relevancia las tiendas de aplicaciones y los navegadores de Internet (y, en consecuencia, el acceso al motor de búsqueda que éstos utilizan). La relevancia de estos dos tipos de aplicaciones nativas en particular reside en que son el punto de acceso a los mercados que se encuentran situados aguas abajo. Por tanto, su dominio es crítico para el control de todo el ecosistema (no sólo ya del mercado de sistemas operativos).

En los demás casos, las aplicaciones nativas serán instaladas por los propios usuarios del dispositivo, ya sea directamente o a través de una tienda de aplicaciones. En este caso, para que un desarrollador pueda crear una aplicación nativa necesitará hacer uso de las APIs de cada sistema operativo, debiendo entrar en los correspondientes acuerdos de desarrollo y distribución de aplicaciones con la plataforma gestora del sistema operativo. A modo de ejemplo, en el caso de Android, las APIs precisas para desarrollar aplicaciones nativas se encuentran disponibles en el paquete de software para el desarrollo de aplicaciones (*Software Development Kit*) de Google Play Services.

Sin embargo, no se ha de confundir aplicación nativa con tiendas de aplicaciones y navegadores de Internet. Una aplicación nativa es toda aplicación que se instala en un sistema operativo (ya sea mediante su preinstalación o a través de su descarga —con o sin la intervención de una tienda de aplicaciones—) y que se encuentra diseñada expresamente para ser utilizada en ese sistema operativo, pudiendo valerse de las funcionalidades del mismo y del acceso a ciertos elementos del hardware en que se encuentra instalado (cámara, altavoces, etc.).

Frente a las aplicaciones nativas encontramos las aplicaciones ejecutadas a través de la web o no nativas. Éstas están construidas a partir de estándares basados en la operación en una página web y no han sido desarrolladas a través del uso de APIs. En consecuencia, su operatividad no se vincula ni se hace depender de un sistema operativo determinado. Desde el lado negativo, esta falta de una conexión más fuerte con los demás elementos de la cadena, les impide acceder a ciertas funcionalidades, por lo que en muchos casos no son una alternativa considerable a las aplicaciones nativas. Así, estas aplicaciones pueden sufrir latencias y otras disminuciones de calidad frente a lo que ocurre con las nativas.

En iOS por ejemplo, estas aplicaciones web no pueden utilizar notificaciones push, ni mostrar su contenido en pantalla completa, ni usar el bluetooth web, también son silenciadas por defecto (por ejemplo cuando se suspende la pantalla), etc. Estas funcionalidades son aún más restringidas cuando la aplicación basada en la web se utiliza en un navegador distinto a Safari. En cambio, en el sistema operativo Android estas aplicaciones disfrutan normalmente de una mayor funcionalidad, ya que el modelo de negocio de Google se basa en la publicidad y el uso de estas aplicaciones sólo produce el efecto de aumentar el flujo de usuarios. En consecuencia, no hay un interés económico por parte de la plataforma que gestiona el sistema operativo en limitar el uso de este tipo de aplicaciones.

Aunque hasta hace poco tenían menos funcionalidades, las aplicaciones web modernas disfrutan de mayor funcionalidad que una página web ordinaria, admitiendo otras formas de interacción con el sistema operativo y el hardware y la posibilidad de funcionar offline. Se ha permitido también la posibilidad de crear un acceso más rápido y directo a estas aplicaciones creando un icono en la pantalla de inicio del dispositivo para acceder a la aplicación como si se tratase de una app nativa. Además, en el sistema Android pueden utilizar notificaciones push.

La principal dificultad a la que se enfrentan las aplicaciones basadas en la web es conseguir que sean conocidas suficientemente por los usuarios para que quieran proceder a descargarlas sin depender de la actividad publicitaria y de marketing que se desarrolla a través de las tiendas de aplicaciones. En consecuencia, la disponibilidad de este tipo de aplicaciones supone una presión competitiva muy limitada para las tiendas de aplicaciones. Por ello, la mayoría de desarrolladores de aplicaciones actualmente ofertadas como nativas no consideran la posibilidad de pasar a aplicaciones basadas en la web.

3. *Influencia del gestor del sistema operativo sobre los desarrolladores de aplicaciones*

Apple y Google, al dominar las plataformas que gestionan los sistemas operativos y las tiendas de aplicaciones para dispositivos móviles pueden influir sobre la actividad de los desarrolladores de aplicaciones móviles de distintas formas. Lo mismo ocurre con Amazon en el control del sistema en que interactúan sus dispositivos inteligentes en el sistema Alexa (al igual que Apple —Siri—, Google —OK Google— o Microsoft —Cortana—).

La influencia puede ejercerse de distintas formas: 1) En el diseño y desarrollo de aplicaciones se puede determinar las funcionalidades de los dispositivos que podrán utilizar los desarrolladores en sus aplicaciones; 2) La distribución de las aplicaciones a través de sus tiendas de apps se hace depender de la aceptación de las condiciones generales predispuestas, así como someterse a un proceso de revisión de las aplicaciones; 3) El descubrimiento y la promoción de nuevas aplicaciones depende completamente de arquitectura de elección que se utilice en cada tienda de app. Así, se pueden desarrollar distintas estrategias publicitarias o de marketing que influye notablemente en la elección de los usuarios finales. Igualmente, el sistema operativo puede incluir ciertas aplicaciones propias preinstaladas, con lo que el usuario final no tiene la necesidad de descargar aplicaciones similares de otros desarrolladores, cerrándoles el acceso al mercado. Estas conductas pueden llevar a conceder un trato preferente a las aplicaciones propias, pero también a canalizar un mayor uso hacia las aplicaciones de ciertos desarrolladores de las que obtienen mayores ingresos; y 4) Finalmente, las empresas que controlan el ecosistema pueden utilizar la información que obtienen de la operación de otras empresas en el mismo para el desarrollo y mejora de sus propias aplicaciones, colocándoles en una situación más beneficiosa para el éxito económico.

VI. LA DESIGNACIÓN DE LAS PLATAFORMAS ORGANIZADORAS DE ECOSISTEMAS INFORMÁTICOS COMO GATEKEEPERS. OBLIGACIONES DEL RMD

La solución regulatoria de los principales fallos de mercado producidos en el entorno digital se ha articulado a través del Reglamento (UE) 2022/1925, de Mercados Digitales. Esta norma contempla expresamente como servicios básicos de plataforma a los sistemas operativos y a los asistentes virtuales. Sin embargo, las tiendas de aplicaciones informáticas no tienen tal consideración, sino la de servicios de intermediación en línea.

Según su artículo 3, el ámbito de aplicación de esta norma se restringe a aquellas empresas que sean designadas como guardianes de acceso por tener una gran influencia en el mercado interior, prestar un servicio básico de plataforma que es una puerta de acceso importante para que los usuarios profesionales lleguen a los usuarios finales, y tener una posición afianzada y duradera, por lo que respecta a sus operaciones (o que sea previsible alcanzarla en un futuro próximo).

En aplicación de la norma, el pasado 6 de septiembre de 2023 la Comisión Europea ha designado a los primeros seis guardianes de acceso que se someterán a las obligaciones y prohibiciones establecidos en la norma, a saber, Alphabet (Google), Amazon, Apple, ByteDance (Tik Tok), Meta (Facebook) y Microsoft. Por lo que respecta a los servicios básicos de plataforma consistentes en sistemas operativos, sólo tres plataformas han sido designadas como guardianes de acceso: Google Android (Google) e iOS (Apple) para sistemas operativos móviles y Windows PC OS (Microsoft) para sistemas operativos de ordenador. Se ha abierto también una investigación de mercado para determinar si el sistema operativo iPadOS, como especificación del sistema iOS de Apple para tablets ha de ser designado o no como guardián de acceso, a pesar de no superar los umbrales del art. 3.

A partir de esta designación estos guardianes de acceso deberán cumplir las obligaciones y prohibiciones contenidas en los artículos 5 (obligaciones puras) y

6 (obligaciones que pueden ser especificadas con mayor detalle). Nos detendremos aquí simplemente en la consideración de aquellas obligaciones que inciden especialmente sobre el funcionamiento de los sistemas operativos:

- Abstenerse de aplicar obligaciones a los desarrolladores de aplicaciones que les impidan ofrecer los mismos productos a través de otras tiendas de aplicaciones o de su propio canal de venta directa a precios o condiciones diferentes (art. 5.3 RMD).
- Permitir a los usuarios finales de su sistema operativo acceder a contenidos, suscripciones, prestaciones y aplicaciones y utilizarlas a través de su sistema operativo cuando hayan sido adquiridos o suscritos directamente del usuario profesional sin utilizar la intermediación del gatekeeper (art. 5.5 RMD)
- No impedir a los usuarios finales o a los desarrolladores de aplicaciones presentar ante cualquier autoridad pública pertinente reclamaciones por incumplimiento del gatekeeper en relación con sus prácticas en el sistema operativo o tienda de aplicaciones, o limitar su posibilidad de hacerlo (art. 5.6 RMD).
- No exigir a los usuarios finales utilizar un servicio de identificación, un navegador web, un servicio de pago o servicios técnicos del gatekeeper que permitan la prestación de servicios de pago (como las IAPs) para realizar compras integradas en una aplicación. Tampoco podrá exigir la plataforma a los desarrolladores de aplicaciones que utilicen y ofrezcan estos servicios de pago ni que interoperen con ellos (art. 5.7 RMD).
- No exigir a los usuarios profesionales o finales que se suscriban o registren en otro servicio básico de plataforma para el que se haya designado como gatekeeper como condición para poder utilizar el sistema operativo (art. 5.8 RMD).
- No usar en competencia con los usuarios profesionales (en particular, los desarrolladores de aplicaciones) ningún dato que no sea públicamente accesible y que se haya generado por estos en el uso del sistema operativo o en apoyo del mismo (por ejemplo, del uso de las tiendas de aplicaciones). Tampoco podrán utilizar los datos proporcionados por los clientes de estos usuarios profesionales (art. 6.2 RMD).
- El guardián de acceso permitirá y posibilitará técnicamente a los usuarios finales desinstalar con facilidad cualquier aplicación informática del sistema operativo de dicho guardián de acceso, sin perjuicio de la posibilidad de que dicho guardián de acceso restrinja la desinstalación de aplicaciones informáticas preinstaladas que sean esenciales para el funcionamiento del sistema operativo o el dispositivo y que, desde un punto de vista técnico, no puedan ser ofrecido de manera autónoma por terceros. En concreto, se de-

berá permitir modificar la configuración por defecto del sistema operativo, del asistente virtual y del navegador web cuando orienten a los usuarios a los servicios ofrecidos por el propio gatekeeper. En concreto, ello se hará solicitando a los usuarios finales la primera vez que utilicen el servicio que elijan entre una lista de los principales prestadores de servicios disponibles el servicio que prefieren (art. 6.3 RMD).

- El gaurdián de acceso permitirá y posibilitará técnicamente la instalación y uso efectivo de aplicaciones informáticas o tiendas de apps de terceros que utilicen su sistema operativo o interoperen con él permitiendo también el acceso a ellos a través de medios distintos a los servicios que prestan (por ejemplo, mediante descarga directa) (art. 6.4 RMD)
- En particular, no impedirá el guardián de acceso que las aplicaciones informáticas o tiendas de aplicaciones descargadas soliciten a los usuarios finales que decidan si quieren configurar tal aplicación o tienda como opción por defecto, debiendo permitir que este cambio pueda ser efectuado con facilidad (art. 6.4 RMD). En la aplicación de estas medidas podrá contemplarse la adopción de las medidas que sean necesarias y proporcionadas para mantener la seguridad del hardware y el sistema operativo, siempre que resulte justificado.
- Prohibición de auto-preferencia. En concreto, el gatekeeper no tratará de forma más favorable, ni en la clasificación ni en las funciones relacionadas de indexado y rastreo, a sus propias aplicaciones frente a las desarrolladas por terceros. En esta clasificación se deberán adoptar condiciones transparentes, equitativas y no discriminatorias (art. 6.5 RMD).
- El gatekeeper no restringirá, técnicamente o de otra manera, la capacidad de los usuarios finales para cambiar entre diferentes aplicaciones informáticas y servicios accesibles a través del sistema operativo y suscribirse a ellos, también por lo que respecta a la elección de servicios de acceso a internet para usuarios finales (art. 6.6 RMD).
- El guardián de acceso permitirá a los prestadores de servicios y a los suministradores de hardware interoperar de forma gratuita y efectiva con las mismas funciones del hardware y el software accesibles o controlables a través del sistema operativo o del asistente virtual que se encuentren disponibles para servicios o hardware suministrado por el propio gatekeeper. Se ha de permitir también el acceso a estas funciones con fines de interoperabilidad (art. 6.7 RMD). Lógicamente, en este caso se reserva la facultad del gatekeeper que controla el sistema operativo de adoptar las medidas necesarias y proporcionadas para garantizar que la interoperabilidad no comprometa la integridad de las funciones del sistema operativo, el asistente virtual, el hardware o el software.

- El guardián de acceso aplicará a los desarrolladores de aplicaciones condiciones generales equitativas, razonables y no discriminatorias para el acceso a sus tiendas de aplicaciones informáticas (art. 6.12 RMD).

Éstas son sólo algunas de las principales obligaciones establecidas para las empresas titulares de sistemas operativos que sean designadas como guardianes de acceso en aplicación del Reglamento de Mercados Digitales. Junto a ellas se deben considerar otras obligaciones y prohibiciones que pueden afectar a su operativa, tales como la prohibición de combinar datos personales, obligaciones relacionadas con la actuación en el mercado de la publicidad o relativas a servicios específicos que se prestan en sistemas operativos, tales como motores de búsqueda.

Procedemos seguidamente a analizar los principales casos en los que, por ahora, la Comisión Europea ha analizado algunos de los principales fallos de mercado producidos en el ámbito de los sistemas operativos.

VII. ANÁLISIS DE CASOS

1. Procedimientos abiertos a Microsoft por el sistema operativo Windows

A. Bloqueo de acceso al sistema operativo y prácticas de vinculación con Windows Media Player

El primer y más relevante caso hasta la fecha de intervención en sistemas operativos de ordenador en Europa fue el expediente abierto frente a Microsoft por abuso de posición de dominio en el mercado de los sistemas operativos de ordenadores personales (asunto COMP/C-2/37.792, *Microsoft*, decisión de la Comisión Europea de 21.4.2004). La infracción consistió en dos conductas: la denegación de suministro y la vinculación de productos:

– *Denegación de suministro.* La primera conducta sancionada consistió en impedir a otros desarrolladores (en concreto a *Sun Microsystems Inc.*) acceder a información necesaria para que su sistema operativo para servidores de grupos de trabajo pudiera interoperar con el sistema operativo Windows. La comisión estimó que el acceso a esta información precisa para la interoperabilidad es fundamental para competir en un mercado adyacente: el de los sistemas operativos de servidores de grupos de trabajo. La información requerida hacía referencia a especificaciones de los protocolos correspondientes, es decir, documentación técnica precisa para interoperar, sin que ello supusiese la necesidad de dar acceso al código de software de Windows ni que se permitiese su reproducción por Sun. Además, se consideró que la denegación de la información requerida suponía una interrupción de los niveles de suministro ya existentes, pues tal información ya había sido puesta en manos de otros operadores (AT&T) a través de los correspondientes contratos de licencia para versiones anteriores de Windows.

Se estima que el acceso a esta información resulta imprescindible para operar en el mercado de los sistemas operativos para servidores de grupos de trabajo y que su denegación implica la eliminación de la competencia en tal mercado, partiendo de la posición de dominio evidente de Microsoft en el mercado de los sistemas operativos para PCs. Las empresas que desean participar en el mercado adyacente de los sistemas operativos para servidores de grupos de trabajo no pueden acceder al mismo a través de sustitutos reales o potenciales. Se estimó también que esta conducta limita el desarrollo técnico en perjuicio de los consumidores, que no se podrán beneficiar de una mayor competencia dinámica ni del desarrollo de innovaciones en este sector. A través de esta decisión, la Comisión Europea dio un paso más para la adopción de la doctrina de los recursos esenciales (*essential facilities*) en Europa.

En la decisión se ordena a Microsoft a facilitar a los desarrolladores la información precisa que permita la puesta en acción de productos compatibles. Esta orden se limita a las especificaciones de protocolos y a garantizar la interoperabilidad con las funciones esenciales de las redes de grupos de trabajo. El acceso ha de permitirse en condiciones FRAND: términos justos, razonables y no discriminatorios.

– *Vinculación de productos*. La segunda conducta consistió en un abuso de posición de dominio manifestado a través de la preinstalación de *Windows Media Player* en el sistema operativo para PCs (práctica de *tying*). El razonamiento es simple: Microsoft tiene posición de dominio en el mercado de los sistemas operativos para PCs (Windows) y, además, ofrece otro producto diferente, el reproductor multimedia en *streaming* Windows Media Player, que no es imprescindible para el funcionamiento del sistema operativo. Sin embargo, en la práctica comercial de Microsoft el Windows Media Player y Windows se comercializaban siempre de forma conjunta o vinculada (*tying*), sin que los clientes pudieran adquirir Windows sin el reproductor. Así, los fabricantes debían adquirir la licencia de Windows junto a la del Media Player y si querían instalar otro reproductor multimedia, ello incrementaba sus costes, puesto que su adquisición había de ser adicional a la de Windows Media Player. Lo mismo ocurría si el sistema operativo era adquirido posteriormente por el consumidor final. Esta práctica supone el cierre del mercado de los reproductores a otros desarrolladores, dado que los fabricantes no estarán interesados en instalar un reproductor alternativo si al adquirir el sistema operativo que instalan han debido adquirir conjuntamente uno y han debido pagar por él. La misma conclusión movería el comportamiento de los usuarios finales.

Para solucionar la situación, la Comisión adoptó el remedio de ordenar a Microsoft a ofrecer a los usuarios finales y a los fabricantes de equipos una versión de Windows que funcionase plenamente y que no incluyese el Media Player. Igualmente, Microsoft debía abstenerse de realizar cualquier conducta que produjese efectos equivalentes a esta vinculación del reproductor con el sistema operativo (ofrecer una interoperabilidad privilegiada, mejor promoción...). También se prohibía que Windows pudiera ofrecer un descuento condicionado a la adquisición conjunta de Windows Media Player con el sistema operativo.

El cumplimiento con estas obligaciones fue conflictivo, lo que llevó a la Comisión a abrir un expediente por incumplimiento de la decisión que resultó en la imposición de multas (decisiones de 10.11.2005 y de 27.2.2008) y al nombramiento de supervisores para controlar el cumplimiento.

B. Prácticas de vinculación entre el sistema operativo Windows y el navegador Internet Explorer

Tras los expedientes iniciados en 1998 por las autoridades de competencia estadounidenses en relación a las prácticas de tying que conectaban el uso de su propio navegador web (Internet Explorer) con su sistema operativo (Windows 95 y 98), en perjuicio de navegadores alternativos (principalmente Netscape Navigator), la Comisión Europea abrió también un expediente a Windows por los mismos hechos en 2008, a partir de una denuncia planteada, en esta ocasión, por Opera.

En este caso, el expediente no terminó con una decisión de prohibición, sino a través de una decisión de compromisos (*commitment decisions*) por la que Microsoft se comprometía a adoptar medidas con las que, a juicio de la Comisión, se solventarían los problemas de competencia planteados y sin necesidad de una decisión sobre el fondo del asunto a través de la cual se constatase la existencia de la infracción y se impusiese una sanción (asunto AT.39539, Microsoft, decisión de la Comisión de 16.12.2009. No obstante, el incumplimiento con estos compromisos llevó a la Comisión a imponerle una multa a Microsoft —decisión de 6.3.2013—).

Nuevamente se trataba de un caso de venta vinculada consistente en la comercialización del sistema operativo Windows de forma conjunta con el navegador Internet Explorer, no pudiendo los fabricantes de ordenadores ni los usuarios adquirir el sistema operativo sin el navegador. Además, era técnicamente imposible suprimir Internet Explorer de Windows y los fabricantes de equipos originales tenían prohibido en sus contratos de licencia la venta de Windows sin Internet Explorer. Esta situación impedía a otros navegadores competir con Internet Explorer en igualdad de condiciones. Además, con la vinculación de la venta de Internet Explorer al sistema operativo Windows se creaban incentivos artificiales para que los creadores de sitios web y diseñadores de productos informáticos optimizasen sus productos para que fueran utilizados fundamentalmente con Internet Explorer.

Para solucionar los problemas de competencia planteados, Microsoft ofreció unos compromisos a la Comisión. Los compromisos aceptados por la autoridad incluían la implementación de un mecanismo que permitiese a los usuarios y fabricantes conectar y desconectar Internet Explorer. Además, los fabricantes serían libres de preinstalar cualquier navegador o navegadores como opción por defecto en los ordenadores que comercialicen, sin que Microsoft pudiese eludir los compromisos por ningún medio ni adoptar represalias frente a los fabricantes que abandonasen Internet Explorer. Se asumía también el deber de actualizar la pantalla de elección de navegador ofrecida por Microsoft a los usuarios de ordenadores personales con Windows, permitiéndoles elegir entre una serie de navegadores y ofreciéndoles enlaces desde los que obtener más información y proceder a su descarga.

C. Microsoft Teams

Tras una denuncia presentada por Slack Technologies Inc. en julio de 2020, el 27 de julio de 2023 la Comisión Europea ha abierto formalmente un nuevo expediente frente a Microsoft por posible vulneración de la normativa de competencia. En particular, la investigación se dirige a analizar las prácticas de tying o de bundling que Microsoft pudiera estar implementando con relación a su producto Microsoft Teams. Éste estaría ofreciéndose sólo de forma conjunta con otros productos de la empresa, normalmente a través de su inclusión en el paquete Office 365 o la suscripción Microsoft 365 suites. En el expediente se pretende abordar también un análisis sobre las restricciones potenciales a la integración e interoperabilidad de otros productos de terceros con los productos de Microsoft, favoreciéndose con ello el producto Microsoft Teams.

La Comisión sospecha que Microsoft pudiera estar concediendo una ventaja competitiva en la distribución a MS Teams al no permitir a los clientes elegir entre si incluir o no el acceso a este producto cuando se suscriben a sus servicios (*productivity suits*), así como al limitar la posibilidad de interoperar entre estos servicios y la oferta de competidores. Estas prácticas pudieran suponer conductas anticompetitivas de tying o bundling que impidiesen a los desarrolladores de otras herramientas de comunicación y colaboración competir en este mercado vinculado.

2. *Procedimientos relativos a Apple*

El 16 de abril de 2020 la Comisión Europea abrió cuatro expedientes por posibles prácticas anticompetitivas a Apple. A pesar de que la investigación de cada expediente ha seguido su propia investigación, aún no se ha llegado a una decisión sobre el fondo del asunto que permita la conclusión de ninguno de ellos. En los siguientes apartados se analizarán los hechos en los que se basa cada investigación.

A. Pagos móviles (Apple Mobile Payments, asunto AT.40452)

Este expediente se encuentra en un estado avanzado de tramitación, tras haberse recibido la respuesta al pliego de cargos por parte de Apple en diciembre de 2022 y haberse mantenido una vista oral con la autoridad de competencia el 12 de febrero de 2023.

En el caso se investigaron los términos y condiciones y las medidas aplicadas por Apple para la integración, implementación, visualización y uso de Apple Pay para ejecutar pagos de compras de productos o servicios online a través de dispositivos móviles que utilizan iOS en el Espacio Económico Europeo. Se investiga la limitación impuesta por Apple, impidiendo a terceros acceder a la tecnología de Comunicación de Campo Cercano (Near Field Communication, NFC) (*tap-and-go*) incorporada en los dispositivos con sistema operativo iOS y que permite exclusivamente utilizar el sistema Apple Pay para la realización de pagos en tiendas físicas. Se está considerando también las restricciones de acceso a Apple Pay por parte de productos específicos de competidores en dispositivos móviles con sistema iOS.

Tras la investigación preliminar la Comisión Europea ha mostrado su preocupación sobre que el uso de estos términos contractuales y de otras medidas por parte de Apple en el desarrollo de su herramienta Apple Pay pueda distorsionar la competencia, reduciendo las posibilidades de elección y de innovar. En particular, se tiene en cuenta de que Apple Pay es la única opción de pago que en el ecosistema cerrado de iOS puede acceder a la Tecnología de Comunicación de Campo Cercano "tap and go" para los dispositivos de Apple.

B. Prácticas comerciales a través de la App Store con relación al streaming de música (App Store Practices - music streaming, asunto AT.40437)

A partir de una denuncia presentada por Spotify, la Comisión inició este expediente también el 16 de junio de 2020. Su tramitación está algo más retrasada y tras la recepción de la respuesta al pliego de cargos de la Comisión, se ha mantenido una vista oral el 21 de septiembre de 2023. Este expediente se ha abierto en análisis de la compatibilidad con las normas de competencia de las reglas impuestas por Apple a través de su App Store a los prestadores de servicios de reproducción de música en streaming, en concreto por lo que respecta al uso obligatorio del sistema de compras dentro de la aplicación (*in-app purchase system*, IAP) y a las restricciones a que los desarrolladores de estas aplicaciones puedan informar a los usuarios de dispositivos móviles de Apple sobre formas alternativas de compra más barata fuera de las apps.

Estas prácticas se construyen sobre el papel de guardián de acceso que juega Apple en el mercado de las aplicaciones nativas para los dispositivos móviles con sistema iOS al controlar y ser la única alternativa posible tanto para este sistema operativo como para la App Store. En concreto, este expediente se centra en dos restricciones distintas impuestas a los desarrolladores de aplicaciones que quieren distribuirlas en sistemas iOS a través de los contratos de licencia y las directrices de la App Store (*App Store Review Guidelines*):

- *Obligación de IAP*: El uso obligatorio del sistema in app payment de Apple para la distribución de contenido digital de pago. La problemática de esta obligación se agrava considerando la elevada tasa de un 30% que Apple carga a los desarrolladores como comisión sobre todas las tasas de suscripción gestionadas a través de su IAP.
- *Anti-steering obligations*: La restricción a que los desarrolladores de aplicaciones puedan informar a los usuarios de otras posibilidades de compra fuera de las aplicaciones y, por tanto, burlando el sistema de IAP. A pesar de que se permite a los usuarios adquirir contenido procedente de otras fuentes (por ejemplo, a través de la web del desarrollador) e incorporarlo en sus apps, se impide que los desarrolladores puedan informar a los usuarios de estas opciones, normalmente más económicas.

Ante esta situación, algunos desarrolladores competidores de Apple han optado, bien por desactivar la posibilidad de suscribirse a sus servicios a través del sistema IAP de Apple, o bien por aumentar el precio de la suscripción en la aplicación, trasladando el importe de la comisión de Apple a los consumidores finales. En ninguno de los dos casos se informaba a los usuarios de otras opciones de suscripción fuera de la app.

Por otro lado, el establecimiento de estas obligaciones concede a Apple un control completo sobre la relación entre los desarrolladores de apps competidores y sus clientes, pudiendo conocer los términos de su relación de una forma desintermediada, esto es, sin que ninguna de las partes haya de transmitir dicha información. Así, Apple puede acceder de primera mano a información relevante sobre los consumidores y la actividad y oferta de sus competidores, de lo que puede extraer una ventaja competitiva considerable.

En su segundo pliego de cargos, la Comisión ha comunicado a Apple que elimina sus dudas sobre la compatibilidad con las normas de competencia de las obligaciones de uso de su IAP, manteniéndose los cargos por lo que respecta a las obligaciones anti-steering. Sobre el motivo descartado, Apple ha justificado que estos pagos retribuyen a la empresa por todas las funciones que ha implementado (incluyendo la tecnología, la conexión de los clientes y la confianza de los consumidores) para que se lleven a cabo estas compras dentro de la aplicación.

En cambio, se considera que las obligaciones anti-steering son prácticas comerciales injustificadas que implican una vulneración del artículo 102 TFUE, al impedir que los desarrolladores puedan informar a los clientes sobre dónde y cómo suscribirse a sus servicios de streaming a precios más reducidos. Se estima que estas obligaciones (1) no son necesarias ni proporcionadas para la prestación de los servicios de la App Store en los dispositivos móviles de Apple; (2) perjudican a los usuarios de servicios de reproducción de música en streaming que utilizan dispositivos móviles de Apple, al imponerles un precio mayor; y (3) afectan negativamente a los desarrolladores de aplicaciones de reproducción de música en streaming al limitarse las posibilidades efectivas de elección de los consumidores.

C. Prácticas comerciales a través de la App Store en el mercado de e-books y audiolibros (App Store Practices - e-books/audiobooks, asunto AT.40652)

A partir de la denuncia de un distribuidor de e-books y audiolibros presentada en marzo de 2020 la Comisión Europea abrió este asunto de forma paralela al de las prácticas en App Store relativas a la reproducción de música en streaming. Este asunto, sin embargo, ha tenido un menor avance por ahora pues aún no se ha emitido el pliego de cargos al respecto.

Con todo, el contenido de la presunta infracción que hubiera podido cometer Apple en este sector se refiere a las mismas conductas: la imposición de condiciones en el uso de su servicio IAP y la fijación de obligaciones anti-steering. Como se ha señalado anteriormente, parece que el primero de los motivos ha sido ya descartado por la Comisión Europea, al haberlo eliminado del pliego de cargos presentado a Apple en el asunto de las apps de streaming, por lo que se seguiría también este asunto en análisis de las prácticas de restricción de la canalización de compras fuera de la app.

D. Prácticas comerciales a través de la App Store (App Store Practices, asunto AT.40716)

Este último expediente hace referencia a prácticas comerciales llevadas a cabo por Apple a través de su App Store distintas a las consideradas en los dos expedientes que acabamos de analizar. Este procedimiento se abrió también formalmente el 16 de junio de 2020, no habiéndose emitido aún siquiera el pliego de cargos en el asunto.

En este asunto se aborda de forma más general la compatibilidad con las normas comunitarias de competencia de las condiciones generales impuestas por Apple para el uso de su App Store a los desarrolladores que compiten directamente con aplicaciones y servicios ofrecidos por Apple (con exclusión de las aplicaciones de reproducción de música en streaming y de los ebooks y audiolibros que se ven afectados por sus expedientes respectivos). Al igual que en aquellos casos, esta investigación se centra en la imposición a los desarrolladores de la obligación de utilizar el mecanismo de compras dentro de la aplicación (IAP) de Apple para la distribución de aplicaciones de pago o para la compra de contenido digital dentro de aplicaciones en los dispositivos que utilizan iOS.

Además de cargar a los desarrolladores de las aplicaciones que utilizan su IAP una comisión, Apple limita los modos en que estos desarrolladores pueden comunicarse con los usuarios del sistema informándoles de otras alternativas de compra más baratas fuera de la aplicación. Estas medidas, además, facilitarían el acceso de Apple de forma desintermediada a los datos de los clientes de otras apps competidoras, ofreciéndoles datos relevantes sobre sus actividades y ofertas.

3. *El procedimiento contra Google Android*

Por ahora, el único caso que la Comisión Europea ha emprendido contra Google en materia de sistemas operativos ha sido con relación a su sistema Android para dispositivos móviles (asunto AT.40099, *Google Android*, finalizado por la decisión de prohibición de 18 de julio de 2018). El expediente se abrió el 15 de abril de 2015 en un acto por el que la Comisión remitía un pliego de cargos a Google para su servicio de comparación de ventas (*Google shopping*) y decidía la apertura separada de una investigación formal para su sistema operativo Android.

El expediente se centró en el análisis de las condiciones utilizadas por Google en sus acuerdos para el uso del sistema Android y para el uso de ciertas aplicaciones móviles y servicios propios. Se analizaron infracciones que afectaban a cuatro mercados diferenciados, a saber: 1) La concesión de licencias de sistemas operativos móviles inteligentes; 2) Las tiendas de aplicaciones para el sistema operativo Android; 3) Los mercados nacionales de servicios de búsqueda general (motores de búsqueda); y 4) Los navegadores móviles no específicos para un sistema operativo

Salvo en el mercado de navegadores móviles no específicos para un sistema operativo, Google ocupa una posición dominante en los otros tres mercados desde el año 2011. A través de cuatro conductas diferentes, complementarias e interdependientes, Google estaría protegiendo y reforzando su posición dominante en los servicios de búsqueda general y los ingresos que obtiene a través de publicidad. Como hemos considerado anteriormente, el modelo de sistema operativo abierto de Google se basa en la obtención de beneficios por esta vía y no directamente de la venta de productos. Las conductas analizadas marcan la estrategia de Google desde el salto de los ordenadores personales a los dispositivos móviles tratando de mantener el dominio en el mercado de motores de búsqueda también en los smartphones y tablets. Para ello, en el año 2005 adquirió el desarrollador original del sistema operativo Android y ha continuado su desarrollo de desde entonces, convirtiéndose en el principal sistema operativo móvil a nivel mundial.

Las cuatro conductas sancionadas son las siguientes:

Primero, las **prácticas de vinculación de la aplicación Google Search**. Google ha venido comercializando la aplicación Google Search de forma vinculada a la Play Store, de modo que los fabricantes de dispositivos no podían adquirir licencias de la Play Store sin adquirir simultáneamente Google Search. Esta práctica de vinculación supone una conducta de abuso de posición de dominio en el mercado de tiendas de aplicaciones para Android dado que (1) ambas aplicaciones son productos distintos y diferenciados; (2) que Google ostenta una posición de dominio en el mercado mundial de las tiendas de aplicaciones para Android; y (3) que la Play Store (producto vinculante) no puede obtenerse sin Google Search (producto vinculado).

Lo relevante aquí es que para los usuarios de dispositivos con sistema operativo Android es imprescindible disponer de la Play Store, en tanto que es la puerta de acceso a otras aplicaciones y que no existen alternativas equivalentes en el mercado. Por ello, los consumidores finales esperan que ésta se encuentre preinstalada en su dispositivo.

De ello deriva una restricción de la competencia dado que Google estaría obteniendo una ventaja competitiva significativa que los proveedores de otros motores de búsqueda competidores no pueden compensar. Además, esta vinculación sirve para mantener y reforzar la posición dominante de Google en los mercados nacionales de servicios de búsqueda general, aumentando las barreras de entrada, limitando los incentivos a la innovación y perjudicando, directa o indirectamente, a los consumidores.

La preinstalación de aplicaciones produce un sesgo de status quo ya que al encontrar los usuarios ciertas aplicaciones preinstaladas (que, además, pueden considerarse de las mejores del mercado) probablemente seguirán utilizando estas aplicaciones, teniendo una apatía racional a la instalación de alternativas. Se bloquea con ello de facto la entrada de aplicaciones competidoras.

Segundo, las **prácticas de vinculación de Google Chrome**. Desde el 1 de agosto de 2012 se ha vinculado también el navegador móvil Google Chrome con la Play Store y la aplicación Google Search, suponiendo un abuso de posición de dominio en el mercado mundial de tiendas de aplicaciones para Android y los mercados nacionales de servicios de búsqueda general (motores de búsqueda). El razonamiento es el típico de las ventas vinculadas: productos diferenciados, posición dominante en el mercado e imposibilidad de adquirid los productos vinculantes sin el vinculado. Así, las aplicaciones móviles de Google se ofrecen a los fabricantes como un paquete cerrado, impidiéndose en las condiciones de la licencia preinstalar unas sin otras.

De esta conducta deriva una restricción de la competencia dado que la vinculación concede a Google una ventaja significativa que no pueden compensar otros navegadores móviles competidores. Con la preinstalación y su configuración por defecto se da preponderancia a Chrome en este mercado. Además, limita la innovación en perjuicio de los consumidores y contribuyendo a mantener y reforzar la posición de dominio de Google en el mercado de los motores de búsqueda.

Tercero, **condicionar la concesión de licencias de Play Store y de la app Google Search a obligaciones de evitar la fragmentación.** Google ha venido supeditando desde el año 2011 la concesión de licencias sobre las aplicaciones Play Store y Google Search a los fabricantes de dispositivos a la aceptación de las obligaciones de antifragmentación incluidas en sus contratos específicos. Se ha considerado que esta conducta supone un abuso de posición de dominio en el mercado mundial de tiendas de aplicaciones para Android y los mercados nacionales de servicios de búsqueda general. De este modo se impide que los fabricantes que quieran preinstalar aplicaciones de Google puedan vender ningún dispositivo que utilice versiones alternativas de Android no aprobadas por Google (Android forks), impidiendo el uso de versiones alternativas de andorid no aprobadas por Google.

En el acuerdo se establecía que para poder preinstalar en sus dispositivos las aplicaciones de Google (Play Store, Google Search entre ellas) los fabricantes se debían comprometer a no desarrollar ni vender ni siquiera un solo dispositivo que utilizase un Android fork. La imposición de esta obligación limitaba las opciones de desarrollar y comercializar variantes de Android. La conducta, incluso, habría podido evitar que un importante número de fabricantes desarrollasen y vendiesen productos basados en la versión alternativa Fire OS (sistema operativo utilizado por Amazon para sus tablets).

Además, esta práctica supone un cierre de un canal importante por el que los competidores podrían introducir aplicaciones y servicios (entre ellos otros motores de búsqueda y navegadores) que pudieran ser preinstalados en las variantes de Android. La conducta habría impactado también notablemente sobre los usuarios de los dispositivos ya que no podrían acceder a nuevas funcionalidades y aplicaciones a partir de dispositivos basados en versiones alternativas del sistema operativo. Queda en manos de Google decidir qué sistema operativo podía tener éxito en el mercado.

El razonamiento se basa en confirmar que estas obligaciones anti fragmentación no están relacionadas con la concesión de licencias sobre las aplicaciones afectadas y que ni Play Store ni Google Search pueden obtenerse sin aceptar dichas obligaciones. Las conductas impuestas en los acuerdos anti fragmentación pueden suponer una restricción de la competencia dado que (1) las bifurcaciones de Android suponen una amenaza competitiva verosímil para Google; (2) Google supervisa activamente el cumplimiento con estas obligaciones anti fragmentación adoptando las medidas necesarias para que se cumplan; (3) estas obligaciones obstaculizan el desarrollo de bifurcaciones de Android (Android forks); (4) las bifurcaciones compatibles no suponen una amenaza competitiva verosímil para Google; (5) Google refuerza la capacidad restrictiva de la competencia de estas obligaciones anti fragmentación por la indisponibilidad de API propias de Google para los desarrolladores de forks; y (6) a través de esta conducta Google mantiene y refuerza sus posiciones de dominio en los mercados afectados, limitando la innovación en perjuicio de los consumidores.

En su defensa, Google esgrimió que estas restricciones eran necesarias para evitar la fragmentación del ecosistema Android, pero la Comisión rechazó estos razonamientos, dado que Google podría haber asegurado que los dispositivos Android que utilizan aplicaciones y servicios de Google cumplieran con sus requisitos técnicos sin impedir la aparición de variantes de Android. Tampoco se aportaron pruebas fundadas de que las variantes de Android pudieran sufrir fallos técnicos o no admitir aplicaciones.

Cuarto, **la obligación de preinstalar de servicios de búsqueda general no competidores para obtener pagos del reparto de ingresos conforme a modelo de cartera.** Google habría abusado de su posición de dominio en los mercados de servicios de búsqueda general a través de pagos de exclusividad. En concreto, la conducta consistió en conceder pagos significativos a algunos grandes fabricantes de dispositivos móviles y operadores de redes móviles a condición de que preinstalaran la aplicación de Google Search en todos los dispositivos de sus dispositivos Android. Estos pagos del reparto de ingresos conforme a modelo de cartera restringirían la competencia al reducir los incentivos de los fabricantes y operadores de redes móviles para preinstalar otros buscadores, dificultando la entrada al mercado de sus desarrolladores.

Así, el desarrollador de un motor de búsqueda rival no habría podido compensar a los fabricante de dispositivos u operador de red móvil por la pérdida de estos repartos de Google a cambio de la comercialización de su aplicación. Aún incluso si un motor de búsqueda rival fuera instalado en ciertos dispositivos móviles, tendrían que compensar a su fabricante o al operador de la red móvil por la pérdida de los pagos que recibiría de Google por todos sus dispositivos.

En el procedimiento Google alegó que conceder incentivos financieros para la preinstalación exclusiva de Google Search en toda la cartera de dispositivos Android de estos fabricantes y operadores de red era necesario. Sin embargo, la Comisión rechazó esta defensa negando que estos pagos por exclusividad fueran necesarios para convencer a los fabricantes y operadores a que sólo fabricasen sus productos o prestasen sus servicios para el ecosistema Android.

VIII. PRINCIPALES FALLOS DE MERCADO Y PRÁCTICAS COMERCIALES EN LAS RELACIONES P2B

El mercado de los sistemas operativos se caracteriza por su muy alto grado de concentración, encontrándonos ante situaciones duopólicas (en sistemas operativos móviles de forma completa; de forma más limitada en sistemas operativos para ordenador, mercado en el que —pese a haber potenciales alternativas— Windows y macOS se reparten la mayor parte del mercado). Algo más de competencia se mantiene, aún, en el mercado de los asistentes virtuales, si bien se aprecia una tendencia clara a la concentración.

Ante esta estructura de mercado, las plataformas llevan a cabo conductas agresivas para levantar barreras de entrada a potenciales rivales, para mantener cautivos a sus usuarios y para fortalecer —aún más— su posición dominante en el mercado. Estudiaremos seguidamente los principales fallos de mercado que se aprecian en relación con los sistemas operativos, así como algunas de las principales conductas que llevan a cabo las plataformas que dominan el ámbito de los sistemas operativos y las tiendas de aplicaciones en explotación de su poder de mercado:

1. *Competencia por el mercado: importantes barreras de entrada y expansión para otros competidores*

Son diversos los factores que dificultan la entrada de nuevos competidores en el sector de los sistemas operativos. Para simplificar la conexión entre usuarios en ambos extremos de estos mercados, es decir, entre consumidores finales y desarrolladores de aplicaciones es preciso que los intermediarios sean pocos y compartidos. Ello puede conseguirse bien estableciendo estándares interoperables que puedan ser asumidos por distintos prestadores de servicios de sistemas operativos o mediante la configuración de uno o pocos sistemas operativos como recurso esencial que permita el acceso general a todos los usuarios. No dándose actualmente ninguna de estas dos situaciones lo que se produce es lo que se denomina una competencia "por el mercado" y no una competencia "en el mercado". Según esta competencia "por el mercado", los sistemas operativos competirían (habrían competido) por convertirse en el estándar generalmente admitido por la mayor parte de los usuarios, desplazando a las demás opciones y pasando a dominar el mercado. A modo de ejemplo, en el mercado de los sistemas operativos móviles este dominio ya ha sido ganado por iOS y Android.

Lo realmente preocupante de esta situación es que se trata de una realidad irreversible salvo que se implementen medidas regulatorias. Entre los motivos para ello destacan:

Primero, la necesidad de fuertes efectos de red indirectos. Los ecosistemas informáticos basan su éxito en la producción de efectos de red indirectos, por lo que para que un sistema operativo constituya una alternativa competitiva válida deberá disponer de una masa crítica de usuarios, tanto en el lado de los consumidores finales como en el de los desarrolladores de aplicaciones. Sin embargo, en el status quo actual es prácticamente imposible para cualquier competidor potencial adquirir dicha masa crítica en ambos tipos de usuarios (finales y profesionales).

Segundo, la necesidad de conseguir que el sistema operativo sea instalado y utilizado por los fabricantes. Así, la imposibilidad de entrada de nuevos operadores se ve determinada por la dificultad de conseguir que fabricantes de dispositivos adopten un nuevo sistema operativo. Estos fabricantes normalmente se encuentran ya vinculados con Google para utilizar el sistema Android, obteniendo beneficios económicos del empleo de su sistema operativo. Este obstáculo de necesitar que el sistema sea instalado por fabricantes puede ser superado —a un coste enorme, sin embargo— mediante la fabricación de dispositivos propios. Precisamente esto es lo que permitió la entrada de Fire OS en las tablets fabricadas por Amazon. Sin embargo, su posibilidad de ganar espacio se limita a los dispositivos de fabricación de este operador.

Tercero, la necesidad de importantes inversiones para el desarrollo y mantenimiento de todo el software de base necesario para el sistema operativo. Tales costes sólo pueden ser asumidos cuando se disfruta de economías de escala, es decir, cuando al repartirse tales costes entre el amplio uso que se hace del sistema se obtiene una porción muy limitada de inversión para cada instalación. Además, tal inversión ha de ser continuada, introduciendo continuamente actualizaciones para que el sistema pueda seguir una tecnología puntera, lo que requiere continuos desembolsos intensivos que sólo podrán ser afrontados si se dispone de una base de usuarios significativa. Igualmente relevantes serán los esfuerzos que se hayan de realizar en marketing para hacer atractivo el sistema operativo a nuevos usuarios finales y profesionales y generar en ellos la necesidad de cambio.

Cuarto, la cautividad de los usuarios actuales. Finalmente, los sistemas dominantes someten a sus usuarios finales a una situación de cautividad que les constriñe a no cambiar de sistema, dificultando —aún más— el éxito de nuevos posibles entrantes.

A mayor abundamiento se puede decir que realmente no hay una competencia entre sistemas operativos. Los dispositivos móviles y ordenadores fabricados por Apple tienen instalado su propio sistema operativo iOS o macOS, sistema que no se licencia al resto de fabricantes. Por su parte, para el resto de fabricantes de dispositivos móviles, Android es el único sistema operativo móvil disponible en Europa (y, a nivel internacional, si bien no es el único al tener competidores asiáticos principalmente, sí es el único de gran dimensión y, sin duda, el de mayor tamaño), por lo que el resto de fabricantes de smartphones y tablets tendrán que utilizar este sistema. Sólo quedan excluidos los dispositivos que utilizan un sistema operativo propio (como Fire OS para las tablets de Amazon o la versión de Android con Huawei Mobile System), pero en estos casos tal sistema operativo es el único viable para tales dispositivos y no es posible un cambio a otro sistema. En consecuencia, la elección del dispositivo que se adquiere y del sistema operativo que se utiliza suelen suponer la misma decisión de compra para los consumidores.

En los sistemas operativos para ordenador sí hay un ámbito, aunque limitado, de competencia. Debemos exceptuar los dispositivos Apple vinculados al uso de su sistema macOS, que requieren de la instalación de una máquina virtual para poder hacerlos operar con otro sistema operativo. En cambio, el resto de fabricantes pueden incorporar el sistema operativo de Microsoft u optar por otro sistema de la competencia, como pueden ser Google Chrome OS, GNU/Linux, Ubuntu, Fedora, Reactos, Mandriva, Unix, Solaris, Debian o Sabayon.

En el ámbito de los dispositivos móviles (smartphones y tablets), a pesar de que no se encuentran barreras de entrada insalvables en el ámbito de la fabricación de nuevos dispositivos, sí que encontramos barreras rotundas para la entrada y expansión en el ámbito de los sistemas operativos. Muestra de ello es la imposibilidad de entrada y permanencia de los sistemas operativos móviles desarrollados por Microsoft y Amazon (en este último caso manteniendo una cuota de mercado muy reducida). También es muestra de ello la pérdida progresiva de clientes por parte de Huawei a partir de la imposibilidad de utilizar en su sistema Android de los servicios de Google Mobile Services.

La dificultad de cambio de sistema operativo a nivel de fabricante se agrava si se tiene en cuenta el sistema de incentivos económicos para la instalación de Android que negocia Google con los fabricantes, que ha sido estudiado anteriormente. Además de las renuncias a estas posibles retribuciones, si los fabricantes no aceptan la totalidad de términos de distribución fijados por Google en sus contratos de acceso y licencia, se impide el acceso a la versión de Google de Android, con lo que no se podrán utilizar los Google Mobile Services, entre los que se incluyen la Play Store y los APIs necesarios para que las aplicaciones desarrolladas funcionen adecuadamente en Android.

En cualquier caso, dada la configuración actual del mercado, los nuevos fabricantes de dispositivos móviles tendrían necesariamente que utilizar el sistema operativo Android, manteniéndose la situación de duopolio en el nivel de sistemas operativos.

2. *Cautividad de los usuarios finales*

Los usuarios finales de un determinado sistema operativo (especialmente en dispositivos móviles) rara vez cambian de ecosistema. Esto se ve motivado por la existencia de importantes costes para este cambio (*switching costs*).

Entre estos costes de cambio, en los ecosistemas más cerrados —como sería el caso de los basados en los sistemas operativos de Apple— los usuarios expresan un cierto temor a la pérdida de conectividad de algunos de sus dispositivos si cambian de ecosistema. Además, el cambio del usuario a otro sistema operativo se ve desincentivado al quedar atrapado por los efectos de red de cada sistema: los usuarios que disponen ya de un dispositivo que utiliza un sistema operativo determinado comprarán normalmente otros dispositivos dentro del mismo sistema, ya se trate de nuevos ordenadores, teléfonos o tablets que sustituyan a los anteriores o de otro tipo de dispositivos que puedan interoperar con ellos. Cambiar de ecosistema (esto es, del conjunto de dispositivos interconectados que tiene un usuario) es considerablemente más costoso que cambiar simplemente de dispositivo o de sistema operativo.

Además de estos factores, la cautividad de los usuarios se hace depender de otras circunstancias, entre las que se pueden destacar:

Primero, los costes de aprendizaje. Una vez que un usuario se familiariza con un determinado sistema operativo encuentra más difícil utilizar dispositivos que utilizan otro sistema diferente.

Segundo, los costes técnicos y temporales necesarios para transferir los datos almacenados en el dispositivo, las aplicaciones utilizadas y los datos contenidos en dichas aplicaciones (aunque sea simplemente el nombre de usuario y contraseña). A pesar de que existen aplicaciones que llevan a cabo este proceso de cambio entre sistemas operativos (algunas generadas por la propia empresa que controla el sistema operativo de recepción, otras desarrolladas por terceros) subsiste el temor al cambio sobre la base de este motivo.

Tercero, la gestión del trasvase de las suscripciones contratadas entre los dispositivos. En algunos casos el paso de un sistema a otro requiere volver a pagar por la descarga de ciertas aplicaciones o por la suscripción de contenidos a través de ellas.

Cuarto, la pérdida de capacidad de interconexión con otros dispositivos que utilizan el mismo ecosistema. Algunos dispositivos —especialmente en ecosistemas cerrados— no pueden conectarse con controladores de otros sistemas operativos (por ejemplo el Apple Watch en un dispositivo Android) mientras que las funcionalidades de ciertos dispositivos son más limitadas cuando se usan en otros sistemas operativos (ej. AirPods).

3. *Cautividad de los desarrolladores de aplicaciones*

La necesidad de los efectos de red indirectos para el éxito de los sistemas operativos y las tiendas de aplicaciones hacen que los desarrolladores de aplicaciones tengan que comercializar su software a través de las mayores tiendas de aplicaciones para poder llegar al mayor número posible de consumidores finales.

Además de ello, algunos gestores de tiendas de aplicaciones han llevado a cabo prácticas agresivas para conseguir una vinculación más fuerte a medio y largo plazo con los desarrolladores de aplicaciones. Es el caso del llamado Proyecto Hug (*Hug Project*) desarrollado por Google para la Play Store.

El objetivo del Proyecto Hug es estimular a los desarrolladores de aplicaciones para que continúen distribuyéndolas por medio de la Play Store y que adopten otros productos desarrollados por Google integrándolos en sus aplicaciones, como, por ejemplo, sus servicios de nube (Google Cloud), de publicidad o de marketing. Para facilitar esta mayor involucración y participación de los desarrolladores se ofrece, además, una cierta reducción de la comisión cobrada por su comercialización a través de la Play Store. Estas medidas no se ofrecen de forma generalizada a todos los desarrolladores, sino sólo a aquellos que se pueden considerar premium por ser los que llevan a cabo mayores ventas o un mayor volumen de negocio a través de Play Store. Entre ellos ocupan un papel destacado los creadores de videojuegos, especialmente los más populares. Al recibir este tratamiento preferente, los desarrolladores mostrarán un sentimiento más favorable a distribuir sus productos en el ecosistema de Google.

A cambio de este trato preferente, Google requiere a los desarrolladores que ofrezcan un trato a la comercialización por la Play Store al menos comparable con otras plataformas de distribución por lo que respecta a las características y el contenido disponible a través de esta tienda o al tiempo de lanzamiento de sus aplicaciones. En suma, lo que se persigue es garantizar que no se pueda dar un trato más preferente a ninguna eventual plataforma competidora, limitándose con ello las posibilidades de éxito que pudieran acaecer en el medio o largo plazo.

El objetivo perseguido por Google es afianzar la posición de su Play Store, frenando cualquier posibilidad de éxito que pudieran tener potenciales rivales mediante la creación de plataformas de distribución que se pudieran beneficiar de acuerdos de distribución exclusiva (tanto por lo que respecta a ser los únicos en comercializar una de terminada aplicación o determinadas funcionalidades de éstas). Igualmente, se trata de frenar el posible desarrollo de plataformas específicas para determinados tipos de aplicaciones, como pudieran ser plataformas específicas para la descarga de videojuegos. Recordamos que en el sistema operativo Android sí es posible la instalación de tiendas de aplicaciones alternativas. Al permitir esta opción se asume el riesgo potencial de ser desbancados (al menos en algunos sectores) por tiendas que ofrezcan mejores productos, perdiendo, en consecuencia, esa cuota de negocio y, a la postre, debilitando el gran poder de mercado de la empresa. Iniciativas para contrarrestar esta posibilidad permiten garantizarse cuota de mercado.

4. Prácticas de vinculación de productos (tying)

Como se ha podido comprender del análisis de los casos tramitados por la Comisión Europea contra Microsoft, una de las prácticas que pueden llevar a cabo los gestores de sistemas operativos para favorecer su propia actividad y excluir la de competidores son las prácticas de vinculación de productos o tying. Éstas consisten en condicionar la participación en la plataforma, concretamente la posibilidad de utilizar un determinado sistema operativo, a la compra o utilización de algún producto propio.

Un tipo singular de tying es la vinculación en la ejecución de aplicaciones, en concreto, la obligación de someter la gestión de los servicios de pago para las compras dentro de aplicaciones a la gestión de los pagos dentro de aplicación (IAP) de un determinado sistema operativo.

5. Gestión de los pagos a través de IAPs (In-App Purchases)

Un sistema de pago de compras integradas en la aplicación puede definirse como «una aplicación informática, un servicio o una interfaz de usuario que facilita la compra de contenido digital o de servicios digitales dentro de una aplicación informática, por ejemplo, de contenidos, suscripciones, prestaciones o funcionalidades, así como el pago de estas compras».

En particular, estas obligaciones implican que los desarrolladores de aplicaciones que se comercializan a través de una tienda de aplicaciones asumen la obligación de gestionar los pagos que se realicen dentro de la aplicación por servicios digitales a través del sistema gestionado por la misma plataforma (IAP), pagando para ello la correspondiente tasa fijada por la tienda de aplicaciones. La exigencia de esta remuneración puede considerarse discriminatoria, pues diferencia entre aplicaciones móviles que prestan servicios digitales y aquellas en las que se prestan servicios o que comercializan productos que no tienen este carácter de digitales.

Así, sólo las aplicaciones que venden contenidos digitales que se prestan a través del dispositivo móvil tienen que pagar la comisión por IAP (por ejemplo, las suscripciones premium a juegos, servicios de streaming, periódicos...). En cambio, otras plataformas que actúan a través del dispositivo móvil pero que ofrecen productos o servicios de carácter no digital, no han de pagar tal comisión, por ejemplo, Uber, Deliveroo, Wallapop, etc. Esta distinción pudiera resultar en una discriminación injustificada entre las aplicaciones que ofrecen productos o servicios digitales y las que no.

La comisión por el uso de estos IAPs asciende normalmente a un 30% (cuantía que aplican App Store, Play Store, pero también otras tiendas independientes como Galaxy Store), cuantía que se reduce a un 15% en el segundo año en el caso de que se trate de una suscripción a un servicio. En el caso de Play Store esta reducción al 15% se aplica desde enero de 2022 a todas las suscripciones. Igualmente, tanto App Store como Play Store han reducido el porcentaje de comisión al 15% para aquellos desarrolladores que obtengan menos de un millón de dólares en ingresos. Sin embargo, sólo un pequeño número de desarrolladores se benefician de estas reducciones y la mayor parte de los beneficios que Apple y Google obtienen de sus tiendas de aplicaciones procede de un número reducido de grandes aplicaciones.

En ciertos casos, los desarrolladores de aplicaciones repercuten esta comisión aguas abajo a los consumidores, asumiendo los usuarios este sobrecoste impuesto por la tienda de aplicaciones, con el consiguiente daño a los usuarios finales.

Hasta la designación de iOS y Android como servicios básicos de plataforma con condición de gatekeepers o guardianes de acceso, éstas impedían a los desarrolladores de aplicaciones que pudieran utilizar métodos de pago externos a la aplicación. Como se ha analizado anteriormente, entre las prohibiciones derivadas de la designación como guardián de acceso destaca la de vincular la prestación de servicios de plataformas a la aceptación de servicios como los de gestión de pagos realizados dentro de las aplicaciones.

El uso de estos IAPs, produce además dos efectos relevantes en relación a los datos. En primer lugar, es que los desarrolladores de las aplicaciones no pueden acceder a los datos sobre sus clientes, lo que, en ciertos casos, podría implicar una reducción de las posibilidades de mejorar sus servicios. Y, en segundo lugar, y en sentido contrario, dichos datos sí son accesibles por la plataforma que controla la tienda de aplicaciones, que podrá utilizar dichos datos para otros fines (ahora, afortunadamente, a partir del RMD, sin posibilidad de combinarlos con otros datos que obtengan en la prestación de otros servicios).

Las plataformas dominantes han querido justificar la aplicación de estas tasas en la retribución de su actividad en garantía de la seguridad del sistema y de la protección de datos y la privacidad de sus usuarios. Así, los usuarios sólo deberían introducir una vez sus métodos de pago y pagar simplemente, sin que tales datos especialmente sensibles estén generalmente a disposición de muchas empresas, que probablemente no implementen las mismas cautelas, con el mayor riesgo de fraudes.

Igualmente, las plataformas tratan de justificar la exigencia de esta tasa de IAP en la retribución de la labor de promoción de las aplicaciones que realizan a través de sus app stores. Así, para los desarrolladores de aplicaciones es difícil o costoso que los usuarios puedan encontrar sus aplicaciones si no las conocen previamente. Las plataformas asumen esta labor de promoción incurriendo en costes que sólo compensan a través de este tipo de formas de retribución. Parece (no podemos confirmarlo hasta que no se dicte una decisión sobre el fondo) que este argumento ha sido aceptado en los tres asuntos abiertos por la Comisión Europea a Apple por sus prácticas en la App Store que analizamos anteriormente.

Desde la perspectiva de la competencia, si tenemos en cuenta el importe de estas comisiones podríamos considerar si la comisión generalmente cobrada por los gestores de los sistemas operativos supone la aplicación de precios excesivos para la distribución de aplicaciones, fundamentalmente ante la imposibilidad de distribuir éstas por otros medios.

6. *Trato preferente a los propios productos (self-preferencing) en mercados aguas abajo, en particular en el mercado de aplicaciones y software*

Dado el papel de gestor del mercado y de oferente de aplicaciones que pueden asumir las plataformas que controlan los sistemas operativos, se encuentran en una posición propicia para que apliquen diferentes condiciones a la distribución de aplicaciones y software desarrollados por terceros frente a los que se aplican a los creados por ellas mismas (conducta de self-preferencing). Como se ha indicado, con la designación de un sistema operativo como guardián de acceso, se prohíbe de forma expresa por el Reglamento de Mercados Digitales el desarrollo de estas prácticas de auto-preferenciación. Pero, por su relevancia, consideraremos cuáles son sus formas más típicas y sus principales efectos.

A. Restringir el acceso a ciertas funcionalidades de hardware y limitar ciertas ventajas a las aplicaciones propias. El caso del chip para los pagos contactless

La plataforma que gestiona la tienda de aplicaciones y el sistema operativo puede reservar a sus propias aplicaciones algunas ventajas cualitativas a las que se impida acceder a los desarrolladores de aplicaciones rivales, tales como una mejor integración con el sistema operativo y el dispositivo o el acceso restringido a ciertas funcionalidades de éste.

Un ejemplo de ello es el uso del chip de comunicación de campo cercano (*Near Field Communication chip*, NFC), parte del hardware de los dispositivos móviles que permite la comunicación inalámbrica de corto alcance transmitiendo información entre dispositivos. Esta tecnología es la base de sistemas como los pagos contactless. Se trata de una tecnología basada en estándares que no pertenece, por tanto, a ninguna compañía exclusivamente. Pues bien, Apple concede a desarrolladores competidores sólo acceso restringido a estas posibilidades de sus dispositivos, limitando a sus propias aplicaciones el uso de esta tecnología para emulación de tarjetas (lo que permite el pago contactless) e impidiendo el acceso a esta funciones a otros desarrolladores. El objetivo de esta limitación es favorecer el uso del sistema Apple Pay.

Con ello se consigue, de un lado, evitar la competencia de aplicaciones alternativas y, de otro lado, este poder de mercado (monopolista) en el nuevo segmento le permite cargar a los emisores de tarjetas que quieran operar utilizando esta tecnología una comisión que, necesariamente, deberán aceptar. Se desplaza así el poder de mercado de Apple también aguas arriba hacia los prestadores de los servicios financieros.

Apple podría estar, igualmente, utilizando este dominio para impulsar su línea de negocio como medio de pago a través de su *Apple Card*, cuyo uso actualmente se limita a Estados Unidos. Así, podría estar restringiendo ciertas funcionalidades de su Wallet para su uso exclusivo (como pudieran ser el acceso a su historial de gastos, la categorización de cargos o la geolocalización de las transacciones realizadas).

En el sistema operativo Android se encuentra también disponible esta tecnología NFC, que Google canaliza a través de Google Pay. No obstante, Google no se reserva en exclusiva el uso del chip NFC, permitiendo la instalación y uso de aplicaciones paralelas y, además, Google no carga una comisión a los emisores de tarjetas por el uso de Google Pay.

B. Autopreferenciación en el mercado de los navegadores

A pesar de que se permite con carácter general la instalación de otros navegadores, cada sistema operativo trae preinstalado el navegador desarrollado por la propia compañía: los dispositivos Apple (macOS, iOS) lo hacen con el navegador Safari, los de Google (Android) con Google Chrome y los de Microsoft (Windows) actualmente con Microsoft Edge (como hiciera previamente con Internet Explorer).

A diferencia de lo que se hace con otras aplicaciones y utilidades, en el ecosistema cerrado de los dispositivos móviles Apple, se permite la instalación y uso de navegadores diferentes a Safari. Pero dichos navegadores —como el resto de aplicaciones— han de ser desarrollados utilizando la plataforma de desarrollo Apple WebKit, que sólo da formato a las aplicaciones destinadas a dispositivos con sistema operativo de Apple. En consecuencia, aunque se permite la competencia en este sector, nace ya limitada.

Los fabricantes de dispositivos que también desarrollan navegadores, al instalar el sistema operativo en los dispositivos que fabrican y comercializan introducen su propio navegador. Para ello será preciso el pago del correspondiente canon al titular del sistema operativo. Esto sucede, a modo de ejemplo, con la instalación del navegador Samsung Internet en los dispositivos móviles del fabricante coreano y que operan bajo el sistema operativo Android.

En otros casos, los navegadores desarrollados por otros operadores son de libre acceso, pudiendo ser descargados gratuitamente a través de sus páginas web o de las tiendas de aplicaciones respectivas (es el caso de Firefox, o de Edge o Chrome para dispositivos que no lo tienen preinstalado).

El modelo de negocio de los buscadores se basa en la venta de publicidad a través de sus motores de búsqueda. Algunos navegadores utilizan sus propios motores de búsqueda (por ejemplo, Chrome con Google). En otros casos, el operador del motor de búsqueda entra en un contrato con el titular del navegador para establecerse como herramienta por defecto. Este es el caso del acuerdo entre Google y Apple a tales efectos y que supone el mayor pago dentro de la contabilidad ordinaria de Google. Lo que hace el gigante de las búsquedas es retribuir a Apple por la canalización de sus usuarios a sus sistemas de búsqueda, con lo que consigue aumentar su poder —y sus beneficios— en tal mercado y en los mercados de publicidad.

C. Dificultar o dilatar el proceso de revisión y verificación de aplicaciones

Para que una nueva aplicación (o una actualización de éstas) se pueda comercializar a través de una app store es preciso atravesar un proceso de revisión. El objetivo de este trámite es analizar si la aplicación presenta fallos o problemas de seguridad que puedan comprometer al conjunto del sistema operativo o el dispositivo. La autorización de las aplicaciones se somete al cumplimiento con las condiciones generales que las tiendas de aplicaciones imponen a los desarrolladores para poder comercializar sus productos. Si no se cumplen tales reglas, la aplicación no se podrá comercializar en la tienda de aplicaciones. La negativa debe estar justificada e informar al desarrollador de los motivos del rechazo para que pueda modificar la aplicación que se remitió.

El problema es que los criterios de rechazo en ocasiones no están del todo claros. De hecho, en sus directrices Apple establece que podrá rechazar aplicaciones cuando considere que se dan nuevas razones no especificadas en sus condiciones generales. Es decir, que sobre la base de que los productos ofrecidos por las aplicaciones van evolucionando, los problemas que estos pueden plantear también evolucionarán. El problema es que la discrecionalidad para su análisis queda en manos de la propia tienda de aplicaciones, ya sea App Store o Play Store. Este poder de decisión puede ser utilizado para favorecer las aplicaciones propias frente a las desarrolladas por terceros competidores.

D. Influir en la elección de los consumidores

Los sistemas operativos y tiendas de aplicaciones pueden influir sobre la elección de los consumidores de distintas formas: a través de la preinstalación de aplicaciones, configurando por defecto el uso de ciertas aplicaciones o por medio del diseño y disposición de las aplicaciones en las tiendas de apps (*consumer choice bias*).

Primero, la **preinstalación de aplicaciones y uso por defecto**. En sistema operativos para ordenador, la preinstalación de aplicaciones resulta problemática cuando encubre problemas de ventas vinculadas. En el caso de los dispositivos móviles, siendo Apple un sistema operativo cerrado, esta problemática se plantea principalmente para el sistema operativo Android. En este sistema, los fabricantes que quieren disfrutar de las máximas funcionalidades del sistema operativo Android han de instalar el paquete GMS suite, comercializado bajo la licencia EMADA. Esta licencia obliga a la preinstalación actualmente de nueve aplicaciones de Apple en el dispositivo. Además, aquellos fabricantes que voluntariamente decidan preinstalar dos aplicaciones adicionales, Google Chrome y Google Search, podrán obtener pagos por parte de Google al entrar en sus acuerdos de distribución.

Aunque, a diferencia de lo que ocurre en Apple, Google no obliga bajo su licencia EMADA a establecer sus servicios por defecto, en el marco de las licencias de Google Search y Chrome, los fabricantes que decidan establecerlos como servicios por defectos podrán participar en su acuerdo de repartos de beneficios obtenidos de la publicidad. En consecuencia, la mayoría de fabricantes pasa por la instalación de todo el pack y por el establecimiento de estos servicios por defecto, con lo que se cierra la entrada a aplicaciones rivales.

La posibilidad de influir en el comportamiento del consumidor a través de la preinstalación o el uso de servicios por defecto se da también en los asistentes virtuales. A modo de ejemplo, los sistemas de altavoces inteligentes utilizarán un determinado proveedor de servicios cuando se les indica que ejecuten la orden de reproducir música o informar sobre la predicción del tiempo. Así, en un dispositivo Alexa, la orden de reproducir música canaliza automáticamente a Amazon Music, salvo que el usuario cambie tal configuración. Ello, en ciertos servicios, produce un importante cierre de mercado para los desarrolladores de skills.

Segundo, **influir en los resultados de búsqueda de aplicaciones**. Cuando el usuario quiere instalar una aplicación en un dispositivo a través de una tienda de aplicaciones utilizará el motor de búsqueda de dicha tienda. Éste utiliza un algoritmo para mostrar los resultados de la búsqueda y ordenarlos. Las búsquedas pueden realizarse por categorías o por el nombre de la aplicación y, en cierta medida, permiten a la tienda de aplicaciones modular el modo en que se muestran los resultados, influyendo en el comportamiento del consumidor.

Igualmente, las tiendas de aplicaciones pueden ayudar a los usuarios a descubrir nuevas aplicaciones a través de su agrupación en secciones y la creación de selecciones por distintas categorías. Se incluyen además categorías que promocionan la descarga de ciertas aplicaciones: "la app del día" o "la elección del editor". Ello no es más que una forma de dar preferencia a la descarga de ciertas aplicaciones propias o de ciertos desarrolladores especialmente lucrativos para la tienda de aplicaciones. La plataforma que controla la tienda de aplicaciones puede, en suma, influir también en la elección del consumidor mediante la creación de rankings o influyendo en las valoraciones de otros usuarios sobre las aplicaciones.

7. Aprovechamiento de la información comercial sensible de que se dispone sobre otros desarrolladores de apps

Dada la posición que ocupan, Apple y Google pueden tener acceso a grandes cantidades de información sensible sobre el negocio de desarrolladores de aplicaciones que se comercializan en sus ecosistemas. Particularmente, pueden utilizar esta información para su propia actividad, obteniendo de ello una ventaja ilícita y que los competidores no pueden replicar.

En primer lugar, se puede obtener información estratégica sobre nuevas funcionalidades o innovaciones introducidas en apps a lo largo del proceso de revisión previo a su comercialización. Así, en esta fase pueden conocer las innovaciones que otros desarrolladores competidores están implementarlos y copiarlas en el desarrollo de sus aplicaciones propias.

Además, al deberse canalizar las compras dentro de la aplicación a través de sus sistemas de IAP, obtienen información económica sobre la comercialización de las aplicaciones de sus rivales. Y también pueden obtener información sobre las descargas y el uso que se da a todas las aplicaciones.

Mediante el uso de ciertos acuerdos con los desarrolladores se puede obtener una mayor información sobre el modo en que el usuario final utiliza el dispositivo, llegando a obtener información, por ejemplo, de los fabricantes de otros hardwares que se conectan con el propio para ciertas funcionalidades (ej. mandos para videojuegos).

A pesar de que la disposición de parte de esta información pueda ser necesaria para la actividad de Apple y Google en su tienda de aplicaciones o para garantizar la seguridad del sistema operativo, en muchos casos la utilizan para obtener una ventaja injustificada en el desarrollo de sus propias líneas de negocio. En este sentido, podría considerarse el carácter abusivo de algunas de las cláusulas impuestas por las tiendas de aplicaciones sobre el modo en que se puede hacer uso de este tipo de información.

Así, en particular, Apple no asume en sus licencias con los desarrolladores ningún deber de mantener la confidencialidad sobre la información que haya podido obtener de los desarrolladores y se abroga la facultad de utilizar tal información para cualquier fin. Del mismo modo, Apple blinda en estos acuerdos la posibilidad de desarrollar sus propias aplicaciones basándose en las innovaciones creadas por otros desarrolladores. Para ello impone en sus contratos cláusulas como la aceptación de que Apple pueda utilizar la información revelada por los licenciatarios para el desarrollo de sus propios productos; la aceptación de que los licenciatarios no tienen constancia de ninguna vulneración de patentes por parte de Apple, y permitir que Apple pueda resolver el contrato si el licenciatario interpone cualquier demanda por vulneración de derechos de propiedad intelectual o industrial contra Apple. A resultas de este último pacto, si un desarrollador interpusiera cualquier reclamación frente a Apple por vulneración de sus derechos intelectuales sobre una aplicación o software, quedaría automáticamente excluido de la comercialización de sus aplicaciones a través de la App Store. Esta amenaza y el miedo a las represalias implica una conducta de explotación de dependencia económica. A la luz de la normativa actual y, principalmente del Reglamento P2B muchas de estas cláusulas serían nulas y no producirían efecto en Europa.

8. *Ventajas en las condiciones comerciales*

Como se ha analizado, las plataformas que gestionan las tiendas de aplicaciones cargan una comisión de comercialización y por el uso de IAPs a los desarrolladores, mientras que ellas mismas no han de hacer frente a tales comisiones. Ello supone una ventaja competitiva relevante al suponer en la práctica un aumento de los costes de los rivales.

9. *Abuso del mayor poder de negociación de la plataforma frente a los desarrolladores de apps y software (superior bargaining power): Prácticas comerciales desleales P2B*

Además de la arquitectura de los mercados que se ha analizado, los desarrolladores de aplicaciones y las empresas titulares de los sistemas operativos y las tiendas de aplicaciones se relacionan entre sí en desigualdad de posiciones negociadoras. Ello implica que la plataforma sistema operativo podrá ejercer su mayor poder de negociación sobre el desarrollador de aplicaciones y software imponiéndoles condiciones contractuales injustas, desleales o no equitativas. Del mismo modo, se podrán propiciar conductas de explotación de dependencia económica: situaciones injustificadas que los desarrolladores hayan de admitir ante el miedo de quedar fuera del sistema de comercialización.

Entre las principales prácticas de este tipo podemos considerar: 1) Falta de transparencia en los términos y condiciones que han de aceptar los desarrolladores de aplicaciones; 2) Dificultad para contactar con la store, especialmente por parte de los desarrolladores pequeños y medianos; 3) Trato diferenciado aplicado a desarrolladores de aplicaciones similares; 4) En muchos casos se rechaza la incorporación de aplicaciones alegándose motivos opacos; y 5) Prácticas de sherlocking: las plataformas imitan sistemáticamente el contenido y funcionalidad de las aplicaciones de otros desarrolladores y crean sus propias aplicaciones

Muchas de estas conductas son objeto de regulación por parte del Reglamento (UE) 2019/1150 del Parlamento Europeo y del Consejo, de 20 de junio de 2019, sobre el fomento de la equidad y la transparencia para los usuarios profesionales de servicios de intermediación en línea. Esta norma establece una serie de obligaciones a los efectos de evitar prácticas comerciales desleales en perjuicio de los desarrolladores que dependen de una plataforma para el ejercicio de su actividad.

IX. DISEÑO DE REMEDIOS

1. *Formas de abordar los fallos de mercado: regulación vs. competencia*

Las arquitecturas de relaciones que se entablan en los ecosistemas informáticos producen importantes fallos de mercado, algunos de los cuales se han analizado en estas páginas. A la hora de diseñar e implementar remedios con los que superarlos, es posible actuar de dos formas: a priori, a través de la regulación del sector digital, o a posteriori, sancionando aquellas conductas que se lleven a cabo vulnerando la normativa imperativa, en particular, mediante expedientes por violación de las normas de defensa de la competencia.

Por una parte, la **regulación administrativa de los mercados digitales**. Como se analizó en el epígrafe VI, la principal norma de intervención administrativa en el sector digital es el Reglamento (UE) 2022/1925, sobre Mercados Digitales. Esta norma impone a los prestadores de servicios básicos de plataformas que sean designados como gatekeepers una serie de obligaciones y prohibiciones a través de las cuales se trata de superar los fallos de mercado percibidos, creando las condiciones necesarias para que pueda haber competencia en el mercado y para que las relaciones entre los agentes que actúan en el mismo se establezcan con carácter equitativo.

Algunas de tales obligaciones son especialmente relevantes para la apertura a la competencia de los sistemas operativos y tiendas de aplicaciones, así como para evitar la explotación de la situación de dependencia en que se encuentran los desarrolladores de aplicaciones. También se persigue con estas normas aumentar las posibilidades de opción de los usuarios, facilitando el cambio entre sistemas operativos y permitiéndoles mayores posibilidades de elección.

Entre tales obligaciones, como se analizó, destaca la prohibición de conductas de autopreferenciación, la vinculación de servicios, la posibilidad de gestionar pagos al margen de la plataforma o la prohibición de cláusulas anti-steering. La mayoría de las medidas que ha acogido el Reglamento de Mercados Digitales en su regulación de obligaciones y prohibiciones de los artículos 5 y 6 proceden de la anterior práctica de autoridades de competencia al analizar casos de plataformas como los estudiados en el epígrafe VII.

Por otra parte, la **imposición de remedios en expedientes sancionatorios ante infracciones de las normas de competencia**. Hasta la aprobación del Reglamento de Mercados Digitales los problemas y fallos de mercado en los entornos informáticos debían solucionarse ex post, esto es, una vez que la conducta limitativa de la competencia se ha producido. Se trata de una aproximación al problema de carácter represivo, que se concreta en la instrucción de un procedimiento administrativo sancionador dirigido a constatar que una conducta determinada ha supuesto una infracción del Derecho de la competencia y a imponer sanciones y remedios a los infractores. Esta aproximación a posteriori plantea el problema de que no resuelve el problema con velocidad, sino que sólo se actúa una vez que la conducta se ha implementado y, en consecuencia, cuando el daño se ha producido. Algunos de tales daños o cambios en el funcionamiento competitivo del mercado se podrán superar imponiendo al infractor remedios o a través de la obligación de compensar a las víctimas de las conductas. En otros casos, en cambio, cuando la autoridad de competencia actúa llega demasiado tarde y se han producido ya daños irreparables. El supuesto más grave es cuando, a resultas de una conducta restrictiva de la competencia la empresa dominante ha conseguido expulsar del mercado a un potencial competidor o a una empresa que requiere de su colaboración para actuar en el mercado (por ejemplo, cuando, como consecuencia de las prácticas de un sistema operativo se ejerce una presión tal sobre un desarrollador de aplicaciones, desarrollador de un sistema operativo alternativo o fabricante de dispositivos que le hace salir del mercado).

Hasta la entrada en vigor del Reglamento de Mercados Digitales ésta era la única vía para actuar ante este tipo de conductas. Además, sigue siendo la vía de actuación para las conductas anticompetitivas llevadas a cabo por operadores que no merezcan la calificación de guardián de acceso (gatekeeper) de conformidad con el Reglamento. Además, se ha de tener en cuenta que buena parte de las obligaciones y prohibiciones que el RMD impone a estos gatekeepers han sido anteriormente exploradas por las autoridades de competencia en expedientes por infracción de la normativa, como hemos tenido ocasión de considerar en relación a los casos abiertos frente a Microsoft, Apple y Google Android.

Con independencia de cuál sea la vía de actuación que se adopte —esto es, la regulatoria *ex ante* o la de competencia *ex post*— sí es preciso hacer algunos apuntes sobre los principales remedios que se pueden implementar para superar los problemas planteados, creando un entorno más competitivo y consiguiendo superar los principales fallos de mercado identificados.

2. *Remedios de acceso e interoperabilidad*

En los entornos informáticos el acceso al sistema operativo o a la tienda de aplicaciones puede considerarse un recurso o instalación esencial para la competencia (essential facility). Existe una amplia doctrina y jurisprudencia sobre esta noción y su aplicación práctica. Básicamente se puede considerar que un elemento es esencial para la competencia cuando se trata de un recurso no duplicable que se encuentra controlado por un sujeto y que otros sujetos precisan acceder a él para competir en otro mercado diferente. Acercándolo a nuestro ámbito: un sistema operativo o una tienda de aplicaciones es un recurso (un medio en el que se trazan relaciones entre sujetos) controlado por una empresa (Apple, Google, Microsoft) que difícilmente puede ser duplicado (por los fuertes efectos de red y las dinámicas de mercado que hemos visto) y respecto al cual otros sujetos (desarrolladores de aplicaciones, fabricantes de hardware) requieren acceder para poder desarrollar su actividad y competir en otro mercado (esto es, no en el mercado de los sistemas operativos o las tiendas de aplicaciones, sino en el mercado del software, de las apps o de la venta de dispositivos de hardware).

Al calificar un determinado recurso como una essential facility se está reconociendo el poder disciplinador del mercado que tiene la empresa que lo controla, que podrá decidir quién y cómo puede acceder a otro mercado. En tales casos, estando la competencia en juego, las autoridades de competencia tratan de superar este cuello de botella (fallo de mercado) a través de la imposición de remedios de acceso. La empresa que controle el recurso esencial —el sistema operativo, la tienda de apps— no podrá negar el acceso al mismo a ninguna empresa que lo requiera para competir en un mercado diferente. Además, dicho acceso ha de concederse en condiciones FRAND, esto es, en términos justos (Fair), razonables (Reasonable) y no discriminatorios (And Non-Discriminatory).

En el ámbito que nos ocupa esta obligación de acceso se concreta en el deber de conceder licencias en términos FRAND para que desarrolladores y fabricantes puedan acceder al sistema operativo en la creación de sus productos. Pero, con mayor importancia, este acceso ha de permitir las condiciones técnicas necesarias para que realmente el producto desarrollado pueda entrar en ese mercado secundario. Ello obliga no sólo a conceder un acceso contractual al sistema operativo o tienda de aplicaciones, sino también a proveer las condiciones técnicas de interoperabilidad necesarias para que el desarrollador o fabricante pueda interconectar sus productos y hacerlo operar adecuadamente con el sistema operativo o tienda de aplicaciones al que se accede. En el epígrafe VII tuvimos ocasión de analizar este problema de interoperabilidad a partir del análisis de casos, entre los que destaca el expediente abierto a Microsoft por negar la interoperabilidad a Sun Systems para la conexión de su sistema operativo para gestores de redes de trabajo con el sistema operativo para PCs Windows.

Si consideramos el problema de mercado derivado del hecho de que usuarios profesionales y finales se encuentran cautivos en un sistema operativo o tienda de aplicaciones, la superación de este problema pasa —también— por imponer obligaciones de interoperabilidad. En este caso, el enfoque no puede ser sancionatorio, pues realmente no se está denegando el acceso a un recurso ante ninguna petición, sino regulatorio. Así, uno de los objetivos perseguidos por el Reglamento de Mercados Digitales es imponer obligaciones de interoperabilidad a través de las cuales se consiga que los dispositivos que utilizan los sistemas operativos de un ecosistema determinado puedan conectarse e interoperar con los de otro sistema de forma sencilla. Esta necesidad de interoperabilidad entre sistemas diferentes se concreta en muchas opciones, entre las que destacan:

Primero, la posibilidad de que dispositivos de hardware que utilizan un determinado sistema operativo puedan conectarse e interoperar con los que utilizan otro sistema operativo distinto.

Segundo, la posibilidad de que los dispositivos que utilizan un determinado sistema operativo puedan instalar y adquirir software y aplicaciones utilizando una tienda de aplicaciones distinta a la diseñada por ese mismo sistema operativo.

Tercero, la posibilidad de que una aplicación diseñada para un determinado sistema operativo pueda ser utilizada o transformada para su uso sin demasiados obstáculos en otro sistema operativo distinto.

3. Facilitar el acceso de desarrolladores de aplicaciones y fabricantes de dispositivos

Otro de los problemas más graves que hemos considerado es el referido a las graves condiciones impuestas a los fabricantes de dispositivos y desarrolladores de aplicaciones para acceder a un determinado sistema operativo. En concreto, como se ha analizado, si éstos quieren entrar a operar en un determinado ecosistema deberán aceptar una serie de condiciones impuestas por parte de la plataforma que controla el sistema operativo dirigidas a reforzar su poder de mercado y a limitar la posibilidad de actuación de los desarrolladores y fabricantes para que no amenacen este dominio. En particular, dichas medidas se dirigen a limitar que se puedan crear y desarrollar sistemas operativos o tiendas de aplicaciones paralelas, al mismo tiempo que se explota económicamente los rendimientos de estos empresarios en beneficio de la propia plataforma.

Una alternativa para los desarrolladores de aplicaciones es la creación de apps web (esto es, no nativas). Sin embargo, como se ha analizado, en el marco técnico actual este tipo de aplicaciones tiene muy limitadas sus funcionalidades por lo que, para muchos tipos de aplicaciones, no supone una alternativa real a la instalación de apps nativas a través de una tienda de aplicaciones.

Sí podría ser una alternativa el fomento de herramientas de desarrollo de aplicaciones interplataforma, permitiendo el diseño de softwares que puedan ser instalados para operar en distintos sistemas operativos. Para ello sería precisa la fijación y aceptación de estándares tecnológicos para el diseño y APIs aceptados comúnmente por todos los sistemas operativos. En la práctica, no obstante, algunos desarrolladores prefieren crear aplicaciones nativas para cada sistema operativo (iOS, Android) en lugar de utilizar herramientas de desarrollo interplataforma. En particular, porque consideran que de este modo se puede optimizar las capacidades de la aplicación teniendo en cuenta las características singulares de cada sistema operativo.

La apertura de las tiendas de aplicaciones es también crucial para permitir este acceso de desarrolladores, ya sea mediante la posibilidad de acceder a otras tiendas de aplicaciones, facilitando su instalación en cualquier sistema operativo; ya sea permitiendo las descargas paralelas (sideloading) de aplicaciones, esto es, su descarga directa desde otras fuentes (normalmente la página web del desarrollador) sin necesidad de recurrir a la tienda de aplicaciones dominada por el sistema operativo.

Desde la perspectiva de la facilitación de la entrada al mercado de nuevos sistemas operativos, adoptar este tipo de medidas permitirían a los nuevos desarrolladores de sistemas operativos acceder a una gran variedad y cantidad de contenidos, sin depender de desarrolladores de aplicaciones que deban crear aplicaciones nativas en su herramienta propia de desarrollo. Esto es, se estaría ayudando a reducir la barrera de entrada derivada de los fuertes efectos de red (y las fuertes estrategias de vinculación) que cimientan el poder de mercado de las plataformas digitales.

4. *Reequilibrio de la posición negociadora P2B: control de condiciones contractuales y prohibición de conductas desleales y no equitativas*

Una última fuente relevante de problemas de funcionamiento en el mercado deriva de la desigual posición que ocupan las plataformas que controlan los sistemas operativos y las tiendas de aplicaciones y los usuarios profesionales que requieren el acceso a éstas para el desarrollo de su actividad (ya sea desarrolladores de aplicaciones o fabricantes de dispositivos). Esta desigualdad de posiciones permite a las plataformas dominantes llevar a cabo conductas no equitativas o desleales, principalmente valiéndose de la explotación de la situación de dependencia económica en que se encuentran los usuarios profesionales. Así, el desarrollador de una app o software o el fabricante de un dispositivo de hardware requiere de que la plataforma que controla el sistema operativo o la tienda de aplicaciones le conceda acceso a ésta para poder desarrollar su actividad y comercializar sus productos.

Esta situación genera el marco propicio para que se lleven a cabo prácticas comerciales injustas, algunas de las cuales han sido analizadas anteriormente. Podemos destacar entre este tipo de prácticas en el ámbito de los entornos informáticos:

Primero, la venta vinculada de productos (tying o bundling): por ejemplo, obligar a un fabricante (contractualmente, de facto o mediante la concesión de beneficios económicos) a que adquiera de forma conjunta varios productos para su incorporación en pack. Esto ocurre, por ejemplo, con los acuerdos de licencia del sistema Android entre Google y los fabricantes de dispositivos, en los que se obliga —a veces contractualmente, otras más motivada por factores económicos— a instalar ciertas aplicaciones no imprescindibles de forma conjunta con el sistema operativo, no pudiéndose acceder a este último sin la instalación de las otras.

Segundo, la modulación del desarrollo de la actividad o la obligación de utilizar ciertos servicios de la plataforma. Un ejemplo, es la obligación de utilizar y retribuir los sistemas de pago dentro de la aplicación (IAPs) para las aplicaciones comercializadas a través de una determinada tienda de apps.

Tercero, la imposición de obligaciones que benefician a la comercialización y desarrollo de productos de la propia plataforma. Son frecuentes los contratos de licencia y acceso en los que la plataforma que controla el sistema impone al desarrollador de una aplicación el uso de sus propios servicios o favorecer actividades propias. Sería el caso de la imposición de la redirección de los servicios de búsquedas al motor Google, de la imposición del deber de sign-in utilizando un servicio de identificación de la propia plataforma, etc. También es el caso de la imposición a fabricantes del deber establecer ciertas configuraciones o servicios por defecto (ej. motor de búsqueda, navegador…).

Con carácter más general, se hace preciso un control más profundo de las condiciones generales que los guardianes de acceso imponen a sus usuarios profesionales, debiendo ser tales términos contractuales equitativos, razonables y no discriminatorios, en particular, por lo que respecta a las posibilidades de acceso al sistema operativo, a las tiendas de apps, motores de búsqueda u otros servicios necesarios.

Algunas de estas situaciones son abordadas desde la perspectiva regulatoria por el Reglamento de Mercados Digitales, que impone ciertas obligaciones a los guardianes de acceso dirigidas a solventar algunos de los problemas que dan lugar a estos desequilibrios negociales (prohibición de vinculación a sistemas de pagos, prohibición de imponer obligaciones anti-steering…).

Además de esta norma, el Reglamento (UE) 2019/1150, sobre fomento de la equidad y la transparencia para los usuarios profesionales de servicios de intermediación en línea regula algunas de estas situaciones problemáticas: 1) Obligaciones de claridad, publicidad e información de las condiciones generales predispuestas por la plataforma; 2) Obligaciones relativas a la restricción, suspensión y terminación de las relaciones contractuales entre la plataforma y el usuario profesional, que sólo se podrán motivar por factores objetivos y razones establecidas ex ante; 3) Obligaciones en la clasificación (rankings) en la intermediación en línea, por ejemplo, a la hora de mostrar las aplicaciones a partir de una búsqueda realizada a través de una tienda de apps; 4) Prohibición de prácticas discriminatorias y de la auto-preferenciación de los propios productos en la plataforma; 5) El control de cláusulas contractuales conflictivas; 6) El control de prácticas desleales en relación a los datos generados en el uso de las aplicaciones comercializadas y de la plataforma; 7) La imposibilidad de limitar la realización de ofertas en condiciones diferentes por otros medios, en particular, la prohibición de las llamadas cláusulas de paridad o de la nación más favorecida; y 8) O los sistemas de tramitación de reclamaciones.

BIBLIOGRAFÍA

AUTORITEIT CONSUMENT & MARKT, *Market study into mobile app stores*, report, ACM/18/032693, 11 abril 2019

BORGOGNO, O. / COLANGELO, G., "Platform and Device Neutrality Regime: The New Competition Rulebook for App Stores?", *The Antitrust Bulletin*, Vol. 67, 3, 2922, pp. 451-494.

BOSTOEN, F / MÂNDRESCU, D., "Assessing Abuse of Dominance in the Platform Economy: a Case Study of App Stores", *European Competition Journal*, 16, 2-3, pp. 431-491.

BRINSMEAD, S., *Essential Interoperability Standards: Interfacing Intellectual Property and Competition in International Economic Law*, Cambridge University Press, 2021

COMPETITION & MARKETS AUTHORITY, *Mobile Ecosystems, Market study final report*, 10 Junio 2022

EZRACHI, A. / STUCKE, M., "Is Your Digital Assistant Devious?", *Oxford Legal Studies Research Paper*, No. 52/2016.

GRAEF, I., "How can Software interoperability be Achieved under European Competition Law and Related Regimes?", *Journal of European Competition Law & Practice*, 2014, vol. 5, 1, pp. 6-19.

HOVENKAMP, H., "Antitrust Interoperability Remedies", *Columbia Law Review*, 123, 1, pp. 1-36.

KERBER, W. / SCHWEITZER, H., "Interoperability in the Digital Economy", *Journal of Intellectual Property, Information Technology and Electronic Commerce lAW (JIPITEC)*, No. 12, 2017, pp. 39-58.

KOOLEN, C., "The Refusal to Allow Interoperability Between Android Auto and Third-Party Apps - A Deep Dive into Enel X Italia v. Google", *IIC*, núm. 53, 2022, PP. 758-777.

LUNDQVIST, B., "Standardization for the Digital Economy: The Issue of Interoperability and Access under Competition Law", *Antitrust Bulletin*, 62, 4, pp. 710-725.

NIMMERMANN, F., *Congruency, Expectations and Consumer Behavior in Digital Environments*, Springer Gabler, 2019

PETIT, N., *Big Tech & the Digital Economy, the Moligopoly Scenario*, Oxford University Press, Oxford, 2020

PODSZUN, R., *Digital Markets Act, Article-by-Article Commentary*, Nomos, 2024

RIEDER, B., "Towards a Political Economy of Technical Systems: The Case of Google", *Big Data & Society*, 9, 2, 2022.

SILVA, M., *Sistemas operativos*, Alpha ed., 2015

STUCKE, M. E. / EZRACHI, A., "How Digital Assistants Can Harm our Economy, Privacy, and Democracy", *Berkeley Technology Law Journal*, 32, 2017, pp. 1239-1300.

TANENBAUM, A. S., *Sistemas operativos modernos*, 3ª ed., Pearson Educación, 2009.

TODD, P. F., "Out of the Box: Illegal Tying and Google's Suite of Apps for the Android OS", *European Competition Journal*, 13, 1, 2017, pp. 62-92.

TOLLEN, D. W., *The tech Contracts Handbook: Cloud Computing, Agreements, Software Licenses, and Other IT Contracts for Lawyers and Businesspeople*, 3rd ed., American Bar Association, 2021

WOLF, G., *Fundamentos de sistemas operativos*, Instituto de Investigaciones Económicas UNAM, 2015.

Capítulo Octavo

La publicidad digital

GABRIEL GARCÍA ESCOBAR y JUAN JOSÉ MONTERO PASCUAL

I. CONCEPTOS BÁSICOS

1. *Publicidad: sujetos y relaciones*

Desde el punto de vista jurídico, la publicidad se define como "toda forma de comunicación realizada por una persona física o jurídica, pública o privada, en el ejercicio de una actividad comercial, industrial, artesanal o profesional, con el fin de promover de forma directa o indirecta la contratación de bienes muebles o inmuebles, servicios, derechos y obligaciones" (art. 2 de la Ley 34/1988, General de Publicidad). Es un fenómeno que cumple importantes funciones en el mercado: promocionar bienes y servicios, informar a los consumidores, fijar y reafirmar la identidad de marca y su reputación —*goodwill*—, etc. Su relevancia económica está fuera de toda duda, constituyendo un recurso explotado por empresas (empresarios más bien, para ser fieles a la terminología correcta en Derecho mercantil) de todos los sectores, tamaños y características. La Ley General de Publicidad describe a los sujetos que intervienen en este fenómeno social: **anunciantes**, que son las personas —naturales o jurídicas— en cuyo interés se realiza la publicidad; **agencias de publicidad**, que se dedican profesionalmente y de manera organizada a crear, preparar, programar o ejecutar publicidad por cuenta de un anunciante; y los **medios de publicidad**, que son las personas (naturales o jurídicas, públicas o privadas) que, de manera habitual y organizada, se dedican a la difusión de publicidad a través de los soportes o medios de comunicación social cuya titularidad ostentan (art. 8).

Alrededor de este fenómeno y fruto del interés de todos los agentes económicos en la cuestión, se establecen una serie de relaciones jurídico-patrimoniales que derivan, de manera directa, en los llamados contratos publicitarios. Esta categoría está compuesta por cuatro negocios jurídicos regulados (y otros no regulados —PÉREZ-SERRABONA—):

1°. **Contrato de publicidad**. El anunciante encarga a una agencia de publicidad, mediante contraprestación, la ejecución de publicidad y la creación, preparación o programación de la misma.

2°. **Contrato de difusión publicitaria**. Un medio se obliga en favor de un anunciante o agencia a permitir la utilización publicitaria de unidades de espacio o de tiempo disponibles y a desarrollar la actividad técnica necesaria para lograr el resultado publicitario (lógicamente a cambio de una contraprestación, que en este caso viene fijada por tarifas preestablecidas).

3°. **Contrato de creación publicitaria**. También a título oneroso, implica que una persona física o jurídica se obliga en favor de un anunciante o agencia a idear y elaborar un proyecto de campaña publicitaria, una parte de la misma o cualquier otro elemento publicitario.

4°. **Contrato de patrocinio**. Es aquél por el que el patrocinado, a cambio de una ayuda económica para la realización de su actividad deportiva, benéfica, cultural, científica o de otra índole, se compromete a colaborar en la publicidad del patrocinador.

Todo ello quiere decir que **la publicidad no solo influye en los mercados, sino que constituye un mercado en sí misma**, caracterizado por la existencia de operadores profesionales y por su dinamismo. Se trata de un sector expuesto a cambios, modas y tendencias sociales, obligando a asumir a quienes lo explotan un alto grado de predisposición a la innovación. En este sentido, el contexto actual de revolución digital influye muy intensamente en la industria publicitaria; tanto en el diseño de las campañas, como en su implementación.

La publicidad como actividad económico-profesional se proyecta sobre una colectividad de destinatarios; normalmente, sobre la sociedad en general. Partiendo de esa idea y sin considerar el medio, la posición que ocupa la publicidad en el sistema económico ha derivado en el sometimiento de la misma a una serie de reglas de carácter imperativo. Éstas deben ser observadas en el desarrollo de la actividad publicitaria, sea cual sea el medio de difusión escogido por el anunciante. De esta manera, resulta fundamental entender en primer lugar la estructura normativa y la taxonomía del Derecho de la publicidad. Posteriormente, podremos comprender las disfunciones que pueden derivarse de la aplicación de tales normas al contexto electrónico. El elemento digital del fenómeno publicitario ha generado un nivel de desafíos tan importante que el legislador ha hecho trascender al Derecho positivo algunas de estas lógicas, nacidas al amparo de una revolución tecnológica que ha transformado nuestra sociedad y nuestras leyes. De todo ello nos hacemos cargo en este capítulo.

2. *Los medios de publicidad y la publicidad digital*

El concepto de medio de difusión (al que ya nos hemos referido) se ha transformado radicalmente. A los medios tradicionales (prensa, radio, televisión), se han sumado nuevos medios digitales destacando las **plataformas de intercambio de videos** como YouTube, las **redes sociales** como Instagram o TikTok, las **plataformas de intermediación** (*marketplaces*) como Amazon, eDreams o Rastreator, y los **motores de búsqueda** como Google.

La facturación publicitaria de los medios digitales hace ya unos años que superó la facturación de los medios tradicionales. Además, la facturación publicitaria se concentra en un duopolio formado por Google y Meta, que llegan a concentrar más del 70% de la facturación publicitaria digital en España. Las autoridades de competencia han diferenciado la existencia de dos mercados diferentes en la publicidad digital (CNMC).

1°. La **publicidad de *display*** son anuncios que aparecen durante la navegación por páginas web o aplicaciones móviles. Los anuncios pueden adoptar formatos diferentes: enlaces de texto, banners, videos, etc. En sus orígenes, la publicidad digital de *display* se limitó a replicar el modelo de la publicidad tradicional, en forma de anuncios en webs, blogs, etc. Con el tiempo, sin embargo, a medida que las plataformas fueron amasando datos de sus usuarios, la publicidad de *display* se fue personalizando, incrementando su impacto y, como consecuencia su valor. La publicidad digital de *display* ha superado en España la facturación publicitaria de las televisiones. Las plataformas concentran sobre el 60% de los ingresos, con Meta a la cabeza (40%) y Amazon y YouTube (propiedad de Google) cerca del 10% cada una. El resto del 40% de la facturación se reparte entre el resto de medios (*open display*): medios tradicionales en su versión digital (periódicos, revistas, etc.), medios digitales nativos (confidenciales, etc.), y nuevos medios como blogs, podcasts y similar.

2°. La **publicidad de búsqueda** (*search*) es la que se muestran junto con los resultados "orgánicos" por los motores de búsqueda generalistas (como Google) o "verticales" (vuelos, hoteles, etc.). Estos anuncios se han demostrado especialmente útiles para los anunciantes, en cuanto se muestran cuando el usuario ha revelado interés en el producto, por lo que tienen la más alta proporción de conversión en actos de compra. No debe sorprender que la facturación por estos servicios sea similar a la de toda la publicidad de *display*, y Google supere la cuota de mercado del 90% en facturación en la publicidad de búsqueda.

Más allá, la contratación de la publicidad digital, tanto de *display* como de búsqueda, requiere la intervención de sofisticados intermediarios entre los medios y los anunciantes. Google tiene una importante cuota de mercado en la prestación de estos servicios de intermediación (entre el 50% y el 70%), extrayendo una ulterior porción de ingresos en el *open display* al resto de medios digitales.

3. Regulación dispersa: LGP, LCD, LGCA, LSSI y normas sectoriales

La normativa publicitaria en España tiene como característica —y dificultad— principal su dispersión. Se trata de un sector del ordenamiento no definido en torno a un cuerpo legal, sino que se distribuye entre **normas de distinto rango y naturaleza**, mezclándose Derecho público y Derecho privado en una regulación fragmentaria pero interrelacionada. Esto quiere decir que para conocer el Derecho de la publicidad tenemos a aludir a distintas disposiciones, que se coordinan (en ocasiones con un reenvío expreso) y se complementan según el ámbito y las condiciones impuestas por el contexto.

La primera de esas normas es la Ley 34/1988, de 11 de noviembre, General de Publicidad (LGP); norma que rige la actividad publicitaria y que ofrece algunos de los conceptos básicos que hemos expresado en el epígrafe anterior. En ella se regulan —en la versión actual, en la que se han derogado diversos preceptos— los aspectos más elementales de la publicidad: sujetos, contratos y publicidad ilícita. No obstante, esta ley determina solo el esqueleto del Derecho de la publicidad, que para hacerse efectivo necesita recurrir a otras normas. Consciente de ello, el legislador expresa en el artículo 1 LGP que estamos ante un sistema conectado con la Ley de Competencia Desleal y con otras normas especiales.

La Ley 3/1991, de 10 de enero, de Competencia Desleal (LCD), no es una ley que regule exclusivamente la materia publicitaria, sino que afecta a todo el mercado, protegiendo la competencia. La norma persigue el establecimiento de un ideal de competencia libre y leal, expresado a través de la prohibición general del artículo 4 LCD, referida a los actos contrarios a la buena fe comercial. Este concepto es construido a partir del nivel especial de diligencia de los empresarios/profesionales en su actuación en el mercado, cuando ésta pueda distorsionar el comportamiento económico del consumidor medio. Nos referimos, en definitiva, a la honestidad de las prácticas empresariales. Para hacer operativa esta idea, la LCD establece —junto a esa cláusula general— un catálogo de actos que son considerados desleales por el legislador en todo caso, de modo que la aplicación de la norma sea más sencilla en tales circunstancias. Podemos aquí citar los actos de engaño, actos de confusión, prácticas agresivas, actos de denigración, actos de comparación, violación de secretos o normas, etc.; existiendo además una lista específica de prácticas ilícitas con consumidores. Algunas de ellas redirigen automáticamente a prácticas publicitarias (como veremos en el siguiente epígrafe). Particularmente interesante es la nómina y régimen contenido en los artículos 32 y siguientes LCD para las diferentes acciones derivadas de la competencia desleal. La LGP remite (art. 6) a éstas para establecer la tutela jurisdiccional frente la publicidad ilícita. En este sentido, se debe completar obligatoriamente el marco establecido por la LGP con las disposiciones de la LCD, que sirven para sustanciar las acciones judiciales contra la publicidad ilícita.

Sin embargo, el Derecho de la publicidad no se agota en estas normas de aplicación general. El desarrollo de los canales de difusión ha generado en el legislador la necesidad de dictar reglas especiales en materia publicitaria dentro de las normas reguladoras de tales medios. Por una cuestión cronológica debemos mencionar en primer lugar la Ley 34/2002, de 11 de julio, de servicios de la sociedad de la información y de comercio electrónico (LSSI), que establece un régimen jurídico para las comunicaciones comerciales por vía electrónica. El principal problema de esta norma es que tanto las conductas que regula como los remedios que propone han sido en su mayoría duplicados —actualizando su regulación— con disposiciones posteriores. La LSSI es un texto vigente, pero cuya antigüedad dificulta su adaptación a los entornos digitales actuales. Mayor novedad presenta la Ley 13/2022, de 7 de julio, General de Comunicación Audiovisual (LGCA), que en el ámbito de la prestación de servicios audiovisuales establece una serie de principios, obligaciones y sanciones aplicables a las comunicaciones comerciales audiovisuales. Sin tratar en exclusiva la cuestión, esta reciente norma ha tratado de resolver algunos de los problemas que han generado en la actualidad los canales digitales en materia de publicidad. Como veremos, para la industria publicitaria del siglo XXI (que otorga gran importancia a los canales audiovisuales) la LGCA contiene disposiciones que serán fundamentales en su desarrollo. Se trata en este caso de una ley administrativa, lo que viene a reafirmar el carácter transversal del Derecho de la publicidad.

Finalmente, algunos sectores económicos o productivos han dado lugar a disposiciones específicas —y de distinto rango— en el ámbito publicitario, para tratar de responder a exigencias o problemáticas específicas de los mismos, y que se aplican con carácter restringido a éstos. En ese sentido pueden citarse —sin ánimo de exhaustividad— la publicidad de medicamentos, juegos de azar o criptoactivos. También habrán de tenerse en cuenta, pues también conforman el Derecho de la publicidad *lato sensu.*

4. *Publicidad ilícita*

El artículo 3 LGP determina los diferentes tipos de publicidad ilícita. Sin embargo, la enumeración presente en dicho precepto no agota de manera efectiva esta categoría, reenviando a otras normas que —como hemos visto— completan el régimen jurídico de la actividad publicitaria. Construimos aquí, a efectos didácticos, una categorización que tiene en cuenta esas disposiciones. Dicho reenvío puede generar distintos niveles de tutela —a los que haremos alusión—, aunque la integración de las normas concurrenciales y publicitarias haya tratado de mitigar la dispersión. Debe tenerse en cuenta que estas formas de publicidad ilícita suponen en todo caso límites que han de ser respetados en la elaboración y publicación de comunicaciones comerciales digitales (sin perjuicio de centrarnos más adelante en el contexto estrictamente digital).

1°. **Publicidad que atenta contra la dignidad de la persona** —art. 3. a) LGP—. Se refiere a la publicidad que vulnera derechos constitucionales como la igualdad, el honor, la intimidad personal y familiar, la propia imagen, etc. La norma prohíbe de manera expresa la publicidad sexista, (citando el uso del cuerpo de la mujer o partes del mismo sin relación aparente con los productos o servicios ofertados) y, en definitiva, aquella que reproduce estereotipos o roles de género contrarios a las normas que protegen a la mujer de comportamientos violentos. Dentro de este grupo, se considera ilícita la publicidad que pueda promover la prostitución y las prácticas comerciales respecto de la maternidad subrogada; así como valores racistas, homófobos, transfóbicos, o la discriminación por razón de discapacidad, aspecto o edad.

2°. **Publicidad dirigida a menores en determinadas condiciones** —art. 3. b) LGP—. Se reputan ilícitas las comunicaciones comerciales que incitan al menor a la compra de un bien explotando su inexperiencia o credulidad. Tampoco se permite la publicidad que muestra a niños convenciendo a sus progenitores de la compra del producto o en situaciones peligrosas. En definitiva, se trata de evitar el aprovechamiento comercial de la falta de madurez de los menores, generándoles confusión acerca de las características o condiciones de los productos.

3°. **Publicidad subliminal** —art. 3. c) LGP—. Definido en el artículo 4 LGP, es un recurso prohibido en todo caso y que consiste en el uso de técnicas que estimulan intensidades fronterizas de los sentidos, de modo que el destinatario no sea capaz de percibir el mensaje comercial, que sin embargo tiene efectos a nivel subconsciente.

4°. **Publicidad que infringe la normativa de productos y servicios específicos** —art. 3. d) LGP—. Aquí la LGP utiliza una técnica de reenvío difuso o indeterminado a una posible regulación sectorial. No obstante, el artículo 5 LGP ya establece algunos límites publicitarios respecto de determinados bienes o servicios: productos sanitarios, juegos de azar, medicamentos, bebidas alcohólicas, etc. Estas restricciones operan con carácter general, pero habrán de ser desarrolladas por disposiciones legales y/o reglamentarias. La LGP eleva el valor de cualquiera de estas normas, indicando que su transgresión se reputará como publicidad ilícita. El modo en que la norma nacional deja abierta la cuestión dinamiza este sector del Derecho al facilitar su evolución; y es que en el futuro podrían adoptarse otras/nuevas reglas específicas en la promoción de alguna tipología de bienes o servicios (lo que engrosaría la categoría general de la publicidad ilícita gracias a este reenvío abierto).

5°. **Publicidad engañosa, desleal o agresiva** —art. 3. e) LGP—. Según la LGP, esta publicidad tendrá el carácter de acto de competencia desleal en los términos de la LCD. Se vuelve así a dar un ejemplo de las conexiones entre ambas normativas. La correlación es doble: de un lado el art. 18 LCD determina que será un acto de competencia desleal cualquier publicidad considerada ilícita por la LGP; y de otro, la LGP asume como ilícita la publicidad empleada como vehículo para producir un acto de competencia desleal. Nos situamos ahora en este segundo caso, señalando que la publicidad que sea empleada como un medio adecuado para generar una práctica desleal en los términos de la LCD (entendemos que de cualquier tipo, pues la interpretación debe ser amplia para asegurar el fin garantista de la norma) se debe considerar ilícita. Se trata de una exigencia de sentido común, dada la integración de estas normas, el hecho de calificar de este modo a la publicidad que sirve para generar en el mercado engaño, confusión, denigración, explotación de la reputación ajena, o cualquier otro ilícito concurrencial.

6º. **Publicidad audiovisual contraria a su normativa reguladora** —arts. 121 a 142 LGCA—. En este momento, la LGCA es la norma que determina las condiciones que deben observar las comunicaciones comerciales audiovisuales, de modo que establece los estándares específicos de la publicidad que se desarrolla en ese medio. Se determinan reglas generales para las comunicaciones audiovisuales (lo que incluirá a los usuarios de especial relevancia, identificados con los *influencers*), sin perjuicio de dar tratamiento separado a servicios tan importantes como la televisión lineal (ordinaria, con parrilla predefinida).

7º. **Publicidad emitida por vía electrónica contraria a la LSSI** —arts. 19 a 21 LSSI—. Aunque no se ha producido derogación expresa de la norma, y a pesar de que utilice la nomenclatura más próxima a nuestro objeto de estudio ("comunicaciones comerciales por vía electrónica"), la mayor parte de sus reglas se han duplicado y mejorado con leyes posteriores, que se adaptan mejor al actual desarrollo tecnológico. En cualquier caso, la LSSI prohíbe en el ámbito electrónico la publicidad encubierta y obliga a la correcta identificación de los anuncios y de las condiciones de acceso a ofertas promocionales. Además, se prohíben las comunicaciones publicitarias por correo electrónico o medio equivalente que no hubieran sido solicitadas o expresamente autorizadas por los destinatarios de las mismas; debiendo proporcionarse la posibilidad de oposición al tratamiento de datos personales con fines promocionales de manera sencilla y gratuita (en el caso de correo electrónico, incluyendo una dirección electrónica válida para que el destinatario pueda ejercer su derecho). La mayor parte de estas cuestiones, como se ha dicho, se han regulado posteriormente en la normativa sobre competencia o protección de datos.

Todas estas tipologías corresponden a formas de publicidad proscritas por nuestro ordenamiento en una u otra norma. Desde una visión integradora, su conjunto (en sentido amplio, acudiendo también a los reglamentos que desarrollan exigencias concretas) conforma la categoría de la publicidad ilícita.

5. *Mecanismos de tutela frente a la publicidad ilícita*

Una óptica de conjunto respecto de las formas de publicidad ilícita no puede hacernos olvidar que la fragmentaria regulación de este sector del Derecho tiene también importantes efectos sobre la represión de dichas conductas. **No todos los tipos de publicidad ilícita van a contar con un sistema de tutela idéntico**, existiendo algunas diferencias según la normativa aplicable o el contexto de que se trate.

Los supuestos numerados de 1º a 5º del anterior epígrafe van a contar, como mecanismo principal de tutela y defensa, con las acciones judiciales contenidas en los artículos 32 a 36 LCD, que son las siguientes: cesación, remoción, rectificación, daños y perjuicios, enriquecimiento injusto y declarativa de deslealtad. Éstas, además de ser acumulables, habrán de ser interpuestas en la jurisdicción civil, y en particular ante los juzgados de lo mercantil, que tienen competencia atribuida en la materia de competencia y publicidad (art. 86 *bis.* 1 LOPJ). Dado el reenvío de doble sentido entre la LGP y la LCD —y la falta de mecanismos de tutela específicos de la primera—, es indiferente que el ilícito se sitúe en una u otra norma, accediendo a la misma tutela judicial. Por su parte, la LGP dispone muy pocas particularidades a este respecto: la posibilidad de acumular las acciones de nulidad, anulabilidad, incumplimiento de obligaciones, resolución contractual y restitución de cantidades a la de cesación de la LCD; y la legitimación activa a favor de determinadas instituciones en los casos de publicidad discriminatoria de la mujer (Ministerio Fiscal, Delegación del Gobierno para la Violencia de Género, Instituto de la Mujer y ciertas asociaciones).

Además, el incumplimiento de las normas especiales para la publicidad de ciertos productos (4º en nuestra enumeración), generará la consideración de infracción administrativa y, por tanto, la posibilidad de derivar en sanción, en los términos previstos en el del RDL 1/2007, de 16 de noviembre (TRLGDCU) —artículo 47 g)— y la Ley 14/1986, de 25 de abril, General de Sanidad.

De otro lado, la publicidad audiovisual (6º en nuestra enumeración) que transgreda una norma de la LGCA que no esté a su vez contenida en la LGP o la LCD, no podrá contrarrestarse con las acciones judiciales aquí descritas. Sin embargo, se someterá al régimen sancionador del Título X de la LGCA, que concreta un control administrativo de los principios, valores y disposiciones contenidos en la norma. Las multas previstas podrían llegar, en el caso más extremo, a una cuantía de 1.500.000 euros.

Finalmente, la publicidad electrónica que viola la LSSI contará con mecanismos de tutela de distinta índole: por una parte se puede interponer acción judicial de cesación (posibilidad que también recoge ya la LCD); y por otra, cabe la imposición de multas de hasta 600.000 euros (en el caso de infracciones muy graves) de acuerdo con un control administrativo y un régimen sancionador recogido en los artículos 38 y 39 LSSI.

II. LA ACTIVIDAD PUBLICITARIA EN PLATAFORMAS EN LÍNEA

1. *Identificación de anuncios y publicidad comportamental (art. 26 RSD)*

Llevamos ahora la cuestión hacia las disposiciones que vinculan no solo a los anunciantes o usuarios de redes, sino también a los prestadores de servicios que organizan esos contextos digitales. El Reglamento (UE) 2022/2065 del Parlamento Europeo y del Consejo de 19 de octubre de 2022 (Reglamento de Servicios Digitales —RSD—) cuenta con un precepto dedicado en exclusiva a la publicidad en las plataformas en línea, que son definidas como servicios de alojamiento de datos que, a petición de un destinatario del servicio, almacenan y difunden información al público (salvo que se trate de una característica auxiliar de otro servicio o una funcionalidad menor). El artículo 26 RSD determina una serie de obligaciones a cargo de las mismas, que podemos dividir a efectos didácticos en torno a dos ejes.

El primero de ellos profundiza en el concepto de publicidad encubierta, aunque desde el punto de vista de las plataformas. Así, los prestadores del servicio de este tipo de estructuras digitales que presenten comunicaciones comerciales en su interfaz (definida como "todo programa informático, incluidos los sitios web o partes de sitios web, y las aplicaciones, incluidas las aplicaciones móviles"), deben asegurarse de la **correcta identificación** de los mismas. El estándar de protección en este caso es muy alto, porque se exige a los prestadores que cada destinatario del servicio sea capaz —respecto de cada anuncio— "de identificar, de manera clara, concisa e inequívoca y en tiempo real":

1°. El carácter publicitario de la información recibida, lo que se consigue mediante indicaciones destacadas (comprometiéndose la Comisión Europea a promover su regulación a través de normas voluntarias de organismos europeos o internacionales de normalización, en pro de la transparencia)

2°. La persona física o jurídica en cuyo nombre se presenta el anuncio.

3°. La persona física o jurídica que ha pagado por el anuncio si es diferente de la persona a que se refiere el párrafo anterior

4°. La información significativa acerca de los principales parámetros utilizados para determinar el destinatario a quien se presenta el anuncio publicitario (y, en su caso, acerca de cómo cambiar esos parámetros). Estos datos deben ser accesibles directa y fácilmente desde el propio anuncio.

Además, se obliga a los prestadores de plataformas en línea a proporcionar sistemas para que los usuarios del servicio puedan declarar si el contenido que ofrecen incorpora algún tipo de comunicación comercial. Produciéndose tal declaración, es el prestador de la plataforma quien debe asegurarse —empleando indicaciones destacadas— de que el resto de destinatarios del servicio puedan conocer el carácter comercial del mensaje sin género de duda y en tiempo real.

El segundo de los ejes a los que nos referimos en este epígrafe está relacionado con la llamada **publicidad comportamental**, que basa la oferta publicitaria en la recolección de datos del destinatario (previamente facilitados en contextos digitales o comerciales) y la elaboración de un perfil con los mismos. La elaboración de perfiles es definida en el Reglamento General de Protección de Datos (Reglamento UE 2016/679 —RGPD—) como “toda forma de tratamiento automatizado de datos personales consistente en utilizar datos personales para evaluar determinados aspectos personales de una persona física, en particular para analizar o predecir aspectos relativos al rendimiento profesional, situación económica, salud, preferencias personales, intereses, fiabilidad, comportamiento, ubicación o movimientos de dicha persona física”.

Esta práctica no es ilícita en materia publicitaria, pero se encuentra limitada a partir de lo establecido en el artículo 26.3 RSD. En este caso, la norma prohíbe a los prestadores de plataformas en línea que ofrezcan anuncios de acuerdo con la elaboración de perfiles de los destinatarios, cuando en dicha operación se hayan empleado las categorías datos personales que obran en el artículo 9.1 RGPD. Dicho precepto se refiere a datos que revelan cuestiones tan íntimas como: origen étnico o racial, opiniones políticas, convicciones religiosas o filosóficas, afiliación sindical, orientación sexual, estado de salud; así como datos genéticos o biométricos dirigidos a identificar de manera unívoca a una persona física. En este caso, el RSD se vale de otra norma europea, el RGPD, para determinar los confines de una delicada práctica como la publicidad comportamental; que lo es más aun en el contexto de las plataformas digitales, donde el usuario está expuesto a una continua cesión de datos para obtener acceso a diferentes servicios o aplicaciones.

2. *Publicidad inserta en los resultados de búsqueda*

Dentro de la categoría de la publicidad encubierta, la normativa nacional también contiene disposiciones dirigidas a las plataformas digitales. Es el caso del art. 26 LCD (cuyo primer apartado analizaremos respecto de la actividad de los *influencers* más adelante), que cuenta con un apartado segundo interesante a estos efectos. Se califica como una práctica desleal con los consumidores la **omisión respecto del carácter publicitario del** posicionamiento de un bien o servicio en resultados de búsqueda, siempre que haya mediado contraprestación para mejorar su lugar en tal clasificación.

El art. 26.2 LCD regula una forma de publicidad encubierta que precisamente tiene como foco el ámbito digital, aunque se aleja de los creadores de contenido. Se refiere a la actividad de plataformas y prestadores de servicios digitales que faciliten resultados de búsqueda tras consulta del consumidor. En concreto, la norma prohíbe en estos casos la no revelación de la existencia de contraprestación con el fin de que determinados bienes, servicios o establecimientos obtengan una clasificación superior en los resultados de las búsquedas. A este artículo quedarían vinculadas las páginas web que incorporan motores de búsqueda o clasificaciones respecto de servicios específicos, muy habituales en el sector del hospedaje o la restauración (como *Booking* o *Tripadvisor*), pero que se están extendiendo a muchos otros. De este modo, se permite que en la presentación de los resultados de búsqueda se otorgue preminencia a un empresario que ha pagado para mejorar su posicionamiento. Ahora bien, esta relación habrá de revelarse de manera explícita al consumidor, que debe ser capaz de discernir en qué casos concretos la posición de cierto establecimiento no viene dada por valoraciones objetivas, sino por un acuerdo de colaboración.

Especialmente delicada será la situación de las plataformas que basan sus clasificaciones en opiniones de los clientes, pero que, al mismo tiempo, priorizan en los resultados de búsqueda establecimientos patrocinados. Aquí será más complejo para el usuario determinar si existe o no una comunicación comercial porque la expectativa es la de conocer la opinión de otros usuarios. Por ello, el carácter publicitario del posicionamiento de estos bienes o servicios deberá destacarse de manera particular y suficiente para que no induzca a error al consumidor. Lo contrario entendemos que comportaría una práctica desleal del artículo 26.2 LCD.

Finalmente, cabe señalar que esta infracción puede entenderse también tipificada en el artículo 122.3 LGCA, que prohíbe toda comunicación audiovisual que teniendo un propósito publicitario pueda inducir al público a error en cuanto a la naturaleza de dicha presentación. La prescripción vincularía (por el ámbito de aplicación a la LGCA) a prestadores de los servicios televisivo lineal, televisivo a petición (como *Netflix, HBO max, Amazon Prime Video, Apple tv, Movistar +, Filmin, Disney Plus*...) y de plataforma de intercambio de vídeos (incluyendo redes sociales como *Instagram* o *TikTok*). Se califica como infracción grave, a la que va aparejada una multa que podría llegar a los 750.000 euros (modulándose la cuantía a partir de los ingresos del infractor).

3. Las reseñas en línea

El consumo actual es un fenómeno que está muy influenciado por la actividad de los usuarios de plataformas digitales, que tienen la capacidad de guiar al consumidor en su comportamiento económico. La tecnología permite hoy mantener interrelacionados a los clientes de un determinado bien o servicio con los potenciales usuarios del mismo, mostrándoles el resultado de sus experiencias de consumo. Ello se consigue gracias a las reseñas y comentarios en línea. El concepto de reseña debe entenderse en sentido amplio en el ámbito jurídico, abarcando no solo las opiniones más elaboradas, sino también las aprobaciones más simples —como un "me gusta"— (MASSAGUER).

En muchas ocasiones, las plataformas conectan precisamente sus clasificaciones o el orden de sus resultados de búsqueda a las valoraciones de los clientes del servicio. Ello comporta un importante activo en muchos sectores, al aportar criterios que los consumidores tienen muy en cuenta. Además, estas reseñas imprimen en el mercado —si se realizan correctamente— una transparencia inimaginable hace décadas (MALDONADO MOLINA). Se trata de una cuestión conectada a la publicidad, pues se revelan en el mercado actual como un reclamo importantísimo y con efectos inmediatos en la demanda de un concreto bien o servicio (y por tanto en la conformación de su precio). Aunque no se pueda reputar estrictamente como un mecanismo de publicidad, las reseñas en línea cumplen de hecho una función publicitaria o promocional innegable y de gran valor para los empresarios y profesionales. Tanto es así que han llamado la atención del legislador europeo, ocupándose de ellas en la Directiva (UE) 2019/2161 (Directiva Ómnibus). Su transposición en España tuvo lugar en 2021, al incorporar en la LCD normas al respecto, tipificando al menos dos conductas relacionadas con las reseñas en línea como prácticas desleales.

El art. 27.7 LCD califica como práctica engañosa (y por tanto desleal, con las consecuencias que ello acarrea), afirmar que las reseñas de un bien o servicio corresponden de manera efectiva a consumidores que lo han adquirido, sin haber tomado medidas razonables y proporcionadas para comprobar la veracidad de tales reseñas. Se trata sin duda de un mandato a las plataformas digitales pues, aunque no se dirija el precepto de manera específica a éstas, es el escenario en que actualmente se desarrollan las reseñas de bienes y servicios. Ello comporta una obligación a cargo de éstas, que deben asumir controles para verificar que los comentarios y reseñas corresponden efectivamente a consumidores. Podrían consistir en: solicitar información al consumidor, exigir un trámite de registro a las personas que publican reseñas, emplear medios técnicos de verificación de IP, medidas para tratar reseñas sospechosas... (existe incluso la norma ISO 20488:2018 sobre el tratamiento de reseñas). Sin estas medidas no podrían presentarse como opiniones de clientes, salvo que se acompañaran de un mensaje claro y expreso señalando que el sitio no comprueba la veracidad de éstas.

Por su parte, el art. 27.8 LCD considera engañosas las prácticas que "añadan o encarguen a otra persona física o jurídica que incluya reseñas o aprobaciones de consumidores falsas, o distorsionen reseñas de consumidores o usuarios o aprobaciones sociales con el fin de promocionar bienes o servicios". En este sentido, la prohibición no es tanto o no solo para las plataformas digitales, sino también para los oferentes de bienes y servicios "reseñados". Se reputa ilícita cualquier distorsión que se introduzca en la consideración de un producto a través de comentarios que no respondan a la libre valoración de consumidores. La práctica más habitual a este respecto consiste en la inclusión directa o a través de personas afines, de reseñas positivas respecto de un determinado bien o servicio, sin que tales opiniones vengan dadas por un juicio subjetivo real, sino por el interés de mejorar su imagen en plataformas digitales. Exige el precepto para calificarlo como práctica desleal, que tal distorsión del sistema de comentarios se produzca con fines promocionales, lo que de nuevo conecta este tema con la función publicitaria de las reseñas.

La Directiva Ómnibus (considerando 49) y la "Guía sobre la interpretación y aplicación de la Directiva 2005/29/CE..." (Comunicación de la Comisión 2021/C 526/96), destacan otras prácticas en las que se muestra esta manipulación de las reseñas de manera menos intensa, pero igualmente ilícita: publicar únicamente las reseñas positivas y eliminar las negativas; vincular las aprobaciones de los consumidores a contenidos diferentes a los previstos por estos; proporcionar a los consumidores plantillas de reseñas positivas precumplimentadas; participar con los consumidores en el proceso de moderación para alentarlos a cambiar o retirar sus reseñas negativas; y presentar las calificaciones de reseñas consolidadas sobre la base de criterios no divulgados u opacos.

Todas las conductas señaladas en este epígrafe responden a restricciones jurídicas a la hora tratar de mejorar la imagen en el mercado o promocionar bienes y/o servicios. A través de su tipificación se marcan límites que las plataformas digitales y los empresarios o profesionales que se apoyan en ellas para desarrollar su negocio no pueden sobrepasar. Incluyendo estas prácticas en la LCD se ha intentado proteger la veracidad de un gran activo promocional, como es la existencia de plataformas de reseñas en línea, que son consultadas por muchos consumidores.

Para cerrar este tema, la doctrina también se ha preguntado por la licitud de las llamadas cláusulas mordaza o anti-reseñas (no tan conocidas en España pero con presencia en otros países), que restringen la posibilidad del consumidor de emitir valoraciones negativas o que puedan desacreditar a un empresario o profesional en relación con su experiencia de consumo. El ordenamiento español, a pesar de no contar con una prohibición expresa, no puede acoger tal práctica. Se considera ilícita tanto desde el punto de vista contractual —salvo consentimiento individual expreso—, como concurrencial (MIRANDA SERRANO). Ello sin perjuicio de que la extralimitación por parte del consumidor en la publicación de un comentario pueda exceder su libertad de expresión y lesionar otros intereses dignos de tutela, como el derecho al honor del empresario; o bien su contenido sea falso o revele información confidencial o no pertinente (relativa a condiciones personales como la etnia, religión, orientación sexual...). La ley no ampara ninguna de estas manifestaciones.

4. *Limitaciones específicas en plataformas audiovisuales*

Como hemos tenido ocasión de señalar en sede de publicidad ilícita (epígrafe I.4), la LGCA cuenta con una serie de normas para la actividad publicitaria en las **comunicaciones audiovisuales**. Éstas se encuentran en el capítulo IV del título VI de la ley, que se refiere a los prestadores del servicio de comunicación audiovisual televisivo. No obstante, solo una parte de las reglas allí contenidas van a vincular únicamente a los prestadores del servicio clásico de televisión (lineal), que se han agrupado en la sección 3ª. Mayor interés tendrán para nosotros las secciones 1ª y 2ª (a las que nos referimos ahora), que deben aplicarse también a los prestadores de servicios de televisión no lineal o a petición (plataformas de *streaming*) y a los usuarios de especial relevancia que, como veremos *infra*, pueden identificarse con la figura del *influencer*.

La LGCA repite algunas de las restricciones generales que ya se encuentran en el sistema LGP/LCD (prohibición de publicidad sexista o discriminatoria, subliminal, encubierta...) y que se califican como infracciones muy graves; pero también incorpora reglas que son propias del medio audiovisual y que limitan de manera específica la actividad de los operadores sujetos a este régimen.

En primer lugar, algunas de esas normas se referirán a cuestiones técnicas. Por ejemplo, queda prohibido aumentar el nivel sonoro de los anuncios respecto del nivel medio del programa que le precede (art. 121.4 LGCA).

En un segundo grupo situamos la definición y regulación de determinadas formas de publicidad audiovisual como la autopromoción (art. 127 LGCA); el emplazamiento de productos (del que nos ocupamos en el próximo epígrafe); o la televenta, cuya duración habrá de ser superior a quince segundos y no procederá en programas infantiles (art. 131 LGCA). También se regula el **patrocinio** (art. 128 LGCA), entendido como cualquier contribución que una persona externa pueda hacer a la financiación del servicio de comunicación audiovisual o intercambio de vídeos, con la finalidad de promocionar su nombre, marca, imagen, actividad o producto. Se trata de una figura muy empleada por *streamers* para monetizar sus vídeos más allá de los ingresos por visualizaciones. La norma establece tres condiciones fundamentales para que se ajuste a Derecho: incluir el nombre o cualquier símbolo del producto/servicio "al principio, al inicio de cada reanudación posterior a una interrupción y al final del programa"; no afectar al contenido del programa (ni a su horario o presencia en el catálogo); no incitar directamente a la compra o arrendamiento de bienes o servicios. Además, se prohíbe el patrocinio en noticiarios y programas de contenido informativo de actualidad.

En tercer lugar, también hay reglas en la LGCA que se refieren a conductas que están reguladas en el sistema LGP/LCD pero que se hacen más restrictivas aun en el ámbito audiovisual. En este sentido, el artículo 123 LGCA se refiere a las **comunicaciones comerciales que fomenten hábitos nocivos para la salud**. Este extenso precepto prohíbe totalmente la promoción audiovisual de cigarrillos (incluidos los electrónicos) y productos para fumar. El mismo artículo se refiere a las bebidas alcohólicas e impone mayores limitaciones que la LGP al determinar la prohibición de anuncios que asocien el consumo a la mejora del rendimiento físico, la conducción, el éxito social o sexual; fomenten su consumo inmoderado; ofrezcan una imagen negativa de la abstinencia o la sobriedad; o subrayen su contenido alcohólico como cualidad positiva. Además, la publicidad audiovisual de bebidas con una graduación inferior a veinte grados se localiza en la franja entre las 20:30 y las 5:00 horas. Esta norma es novedosa por cuanto la LGP solo limitaba la publicidad audiovisual de bebidas con más de veinte grados, confinándola entre las 01:00 y las 5:00 horas. Precisamente, esa franja (01:00-05:00) rige según el artículo 123 LGCA no solo para las bebidas con mayor contenido alcohólico, sino también para los anuncios de otros bienes o servicios nocivos, como el esoterismo y las paraciencias o los juegos de azar (exceptuando la lotería y otros juegos de menor afectación). En este último caso (juegos de azar) se exige también que se refiera a entidades con título habilitante para realizar la actividad en España y que no acompañe a programas con audiencia infantil.

Por su parte, el artículo 124 LGCA también agrava las condiciones de la publicidad audiovisual, en este caso en relación con la protección de los menores y su integridad física, mental y moral. Prohíbe, entre otras cuestiones —y con especial relevancia en el ámbito de las redes sociales—: "promover el culto al cuerpo y el rechazo a la autoimagen mediante comunicaciones comerciales audiovisuales de productos adelgazantes, intervenciones quirúrgicas o tratamientos de estética, que apelen al rechazo social por la condición física, o al éxito debido a factores de peso o estética".

La infracción de las condiciones impuestas a estas figuras se califican —en casi todos los casos— como infracción grave, que puede acarrear una multa de hasta 750.000 euros según el control administrativo y el régimen de sanciones de la LGCA.

5. En particular, el emplazamiento de productos

En cuanto al emplazamiento de productos, se define en la ley como "toda forma de comunicación comercial audiovisual que incluya, muestre o se refiera a un producto, servicio o marca comercial de manera que figure en un programa o en un vídeo generado por usuarios, a cambio de una remuneración o contraprestación similar" (art. 129.1 LGCA). Se configura como un derecho, es decir, se trata de una forma de publicidad válida, que de hecho tiene gran presencia en la práctica. Es habitual ver en una película o en una serie ofrecida por una plataforma, **publicidad incorporada dentro de la producción** al mostrar, por ejemplo, una marca asociada a un determinado producto dentro de la escena. Cuando esto tiene lugar a cambio de una remuneración, decimos que se ha producido el emplazamiento de producto puesto que su colocación responde al desarrollo de la función publicitaria. Esto genera una mayor dificultad en el público para distinguir el carácter comercial del mensaje, que se mezcla de manera orgánica con el programa o producción audiovisual. En este sentido, se puede decir que el principio de separación entre contenidos editoriales y publicitarios cede a favor del emplazamiento de productos, cuyo sentido radica precisamente en la integración del producto o servicio promocionado en el contenido audiovisual ofrecido al público (SÁNCHEZ RUIZ).

Sin embargo, se trata de una práctica sometida a límites en la LGCA. Tales reglas se proyectarán sobre cualquier programa televisivo o radiofónico y sobre cualquier video generado por usuarios de plataformas (MARTÍN MORAL). Este ámbito de aplicación nos redirige a las definiciones del artículo 2 LGCA (apartados 18 a 20), e incluye, entre otros, a: largometrajes, cortos, series, eventos deportivos, obras teatrales, documentales, programas de radio, podcasts o contenidos de plataformas de audio, vídeos de redes sociales, etc. Las restricciones se encuentran en los apartados 2 y 3 del propio artículo 129 LGCA, y son las siguientes:

Se prohíbe realizar emplazamiento de producto en los noticiarios, programas de contenido de actualidad (sí en los de radio, según el art. 85.3 LGCA), programas relacionados con la protección del consumidor, programas religiosos y programas infantiles. En general se trata de contenidos en los que el destinario medio no espera el mensaje comercial o no tiene la capacidad para discernir su naturaleza si se presenta de este modo.

No puede influir en el contenido editorial ni en la organización del horario de programación ni en la del catálogo. Si el emplazamiento condiciona y afecta a la independencia editorial del prestador del servicio, resulta ilícito.

Tampoco se permite que el emplazamiento consista en la incitación directa a la adquisición de bienes o servicios ni incluya referencias de promoción concretas de los mismos. Se trata de una publicidad "en segundo plano", cuyo efecto viene dado por asociación y no de modo directo.

Relacionado con el punto anterior, no cabe que el emplazamiento de producto otorgue a este una prominencia indebida. Precisamente la lógica de esta técnica publicitaria es su incorporación natural u orgánica al contenido ofrecido, de modo que la aparición del producto no puede ser repetitiva, artificial, forzada o incoherente. El Tribunal Supremo ha declarado que el término "prominencia indebida" debe ser valorado de manera casuística (STS 1733/2020, de 14 de diciembre).

Cuando el programa haya sido producido o encargado por el prestador del servicio de comunicación audiovisual, es obligatorio identificar la existencia de emplazamiento de producto al principio, al inicio de cada reanudación posterior a una interrupción y al final del programa. A estos efectos, la CNMC (en resoluciones de 17 de diciembre de 2014 y 25 de enero de 2015) ha determinado los criterios de homogeneización en dicha señalización, que ha de realizarse con una sobreimpresión clara y legible de al menos cinco segundos de un logotipo concreto en los momentos citados. Además, al final del programa los productos emplazados deben enumerarse claramente, distinguiéndolos de otros agradecimientos o menciones.

Por remisión a otras normas sectoriales, podemos inferir —aunque no lo diga específicamente la LGCA— que algunos productos como los medicamentos no podrán ser objeto de emplazamiento publicitario.

Cumpliéndose las condiciones señaladas, el emplazamiento de productos es una práctica lícita y puede llevarse a cabo con fines publicitarios y a cambio de contraprestación. En caso contrario, se produciría una infracción grave para la LGCA, que como ya se ha dicho puede comportar una multa de hasta 750.000 euros; aunque en el caso de los servicios de comunicación audiovisual radiofónico y sonoro a petición y de otros agentes (como los *influencers*), la cuantía máxima sería 100.000 euros.

III. EL FENÓMENO INFLUENCER

1. *Concepto y actividad publicitaria*

Es una realidad innegable que en el mercado actual los canales habituales de publicidad se han visto desplazados o, cuanto menos, han perdido parte de su preeminencia en favor de fórmulas de promoción que se aprovechan de recursos digitales. Las redes sociales, entre otras funcionalidades, se han revelado como grandes espacios promocionales, permitiendo el aprovechamiento de ventajas inherentes a las mismas. El empleo de usuarios reconocidos y reconocibles para el gran público, los llamados *influencers*, ha propiciado un tipo de publicidad para el que nuestras normas no estaban preparadas. Su éxito se ha basado en la superación de cierta consideración peyorativa respecto de la publicidad tradicional, al generase alrededor del *influencer* una imagen de credibilidad. Ello se consigue sobre la base de la familiaridad que adquiere con los usuarios de redes sociales, al compartir una parte importante de su vida personal (y no solo contenido promocional) con el público. **Las redes sociales y sus millones de usuarios han tenido gran impacto en el mercado publicitario** porque: multiplican de manera exponencial la audiencia de cualquier anuncio; eliminan barreras por razón de nacionalidad o localización geográfica; y permiten llegar a un público que no se identifica con los canales más clásicos. Todo ello ha provocado que los *influencers* se especialicen en contenidos publicitarios.

La doctrina ha definido al usuario profesional de medios sociales o *influencer* como *aquella persona que posee un perfil en una o varias plataformas sociales —Instagram, Facebook, Youtube, TikTok, Twitch, Reddit...—, donde goza de influencia sobre otros usuarios, con la finalidad principal de realizar una actividad comercial de difusión de contenido digital y a cambio de una contraprestación* (OTERO COBOS). Sin embargo, el acomodo de esta figura a la realidad normativa no es sencilla. Con el término *influentes* (*sic.*) se refiere a ellos la Comisión Europea en la Guía sobre la interpretación y aplicación de la Directiva 2005/29/CE del Parlamento Europeo y del Consejo relativa a las prácticas comerciales desleales de las empresas en sus relaciones con los consumidores en el mercado interior (versión 2021/C 526); describiéndoles como **personas físicas o entidades virtuales que poseen un alcance superior a la media en una plataforma pertinente**.

Atendiendo a tales definiciones, podemos señalar que el concepto de *influencer* va ligado a dos elementos fundamentales: la presencia en redes o plataformas sociales y su aptitud o capacidad para llegar y persuadir a un gran número de usuarios de tales entornos digitales. En cuanto a la finalidad comercial o de lucro a través del aprovechamiento de dichas condiciones, no es tanto un rasgo definitorio de esta figura como un elemento que puede determinar su sujeción a una serie de normas y que puede perfilar su estatuto jurídico. No es menos *influencer* aquel que, teniendo millones de seguidores en las principales redes sociales y obteniendo gran aceptación por los usuarios de internet, no ha empleado tal influencia con fines publicitarios o comerciales. No podríamos negar a esta persona (o entidad virtual, como recuerda la Comisión Europea en su definición) la categoría de *influencer*, aunque su actividad en este caso no genere las cuestiones problemáticas que nos interesan en este capítulo.

No obstante, y dada la potencialidad económica de esta actividad, existe una tendencia general al empleo con fines comerciales de dicha influencia en plataformas y redes sociales, lo que ha puesto en el punto de mira la elaboración y publicación de contenido digital por parte de estos operadores. La expresión "contenido digital" debe entenderse en sentido amplio, habiéndose definido normativamente en la Directiva 2011/83/UE (art. 2.11) como: "los datos producidos y suministrados en formato digital"; concepto que se trasladó al ordenamiento nacional en 2014, al incorporarlo al artículo 59 bis del TRLGDCU. Volviendo a la cuestión central, el uso de la influencia a través de plataformas sociales para producir un contenido digital publicitario se ha revelado como un lucrativo negocio, que se proyecta en multitud de prácticas: publicaciones remuneradas, contenidos de afiliación como los códigos de descuento o enlaces públicos a cambio de comisión, demostraciones, retuiteos, etiquetado de marcas y otras similares.

A nadie se le escapa que esta nueva realidad comporta también retos desde el punto de vista jurídico, tanto a nivel interpretativo como legislativo. Si queremos conocer las normas que regulan la publicidad de los *influencers* hemos de estudiar su régimen jurídico, y en particular la sujeción de los mismos a las normas aquí descritas.

2. *Régimen jurídico (I): normas mercantiles de aplicación general*

La pregunta acerca del sometimiento de los *influencers* al régimen general que el Derecho mercantil reserva a los comerciantes no es en este caso de fácil respuesta. Sobre todo si partimos de la idea de que nuestro Código de Comercio (CCom) es de 1885, es decir, no se ha adaptado a las sucesivas evoluciones en la conceptualización de la disciplina; que se ha desarrollado en España a través de reformas parciales, pero no del sistema de fuentes del Derecho mercantil. La concepción del CCom anuda el estatuto jurídico del empresario (ese es su centro de gravedad) a quienes desarrollan actos de comercio, estén éstos comprendidos o no en el código (art. 2 CCom). Esta idea ha servido para extender las reglas de Derecho mercantil más allá de quienes estrictamente ostentan la condición de empresario individual ("Los que, teniendo capacidad legal para ejercer el comercio, se dedican a él habitualmente", art. 1 CCom) o empresario social (compañías mercantiles o sociedades), que siguen siendo sus destinatarios principales. Dicha extensión ha impactado en el régimen jurídico de los profesionales y, en definitiva, de quienes desarrollan actos de comercio en el mercado. De adaptarse a los nuevos tiempos, la materia mercantil se aplicaría de manera general a los "operadores del mercado", terminología que usa el Anteproyecto de Código Mercantil de 2014 (que a estas alturas no parece pueda aprobarse, pero que expresa la evolución de la disciplina en este punto).

Por tanto, para determinar si un *influencer* es en realidad un comerciante deberíamos valorar el cumplimiento de las condiciones impuestas por el CCom para el empresario individual; cuales son la capacidad legal y la habitualidad (además de la gestión a propio riesgo, que tradicionalmente ha añadido la doctrina). La primera concurriría siempre que se tratara de mayores de edad con libre disposición de sus bienes, lo que dejaría fuera de este concepto a los *influencers* menores de edad (que no son pocos); mientras que la segunda podría entenderse cumplida con la existencia de un perfil de libre acceso (incluso con uno restringido), que en este caso se proyecta como un establecimiento digital abierto al público con fines comerciales. Afirmar esta tesis repercutiría directamente en el régimen jurídico del *influencer*, incorporando las obligaciones propias del empresario en materia de contabilidad, Registro Mercantil, responsabilidad, etc. Sin embargo, el Derecho de la publicidad es un ejemplo de cómo la modernización del Derecho mercantil ha debido operarse a través de normas concretas. En defecto de un código adaptado a nuestro tiempo, el ordenamiento ha ido extendiendo el estatuto jurídico del empresario a base de disposiciones concretas.

Nuestra integración en la UE ha coadyuvado en este proceso, habiendo optado el legislador europeo por una tesis abierta respecto del concepto de comerciante en su actividad normativa. El propio RSD considera comerciante a cualquier persona que actúe con fines comerciales, profesionales o de negocio. Esta apertura del estatuto jurídico-mercantil ya se venía asumiendo en la materia que estamos estudiando, con la Directiva sobre prácticas desleales con consumidores (2005) y la Directiva sobre publicidad engañosa y comparativa (2006). Ambas partían de una definición similar —a la del RSD— del concepto de comerciante, incluyendo además a cualquiera que actuara en nombre del comerciante o por cuenta de éste; por lo que la actuación de tales "intermediarios" estaría plenamente sujeta a las disposiciones de buena parte del Derecho de la competencia y del Derecho de la publicidad. En relación con la responsabilidad que puede tener el *influencer* de acuerdo con estas normas de la UE, la "Guía sobre la interpretación y aplicación de la Directiva 2005/29/CE…", señala: *Es probable que las personas que llevan a cabo con frecuencia actividades promocionales dirigidas a los consumidores en sus cuentas de medios sociales se consideren "comerciantes", independientemente de su número de seguidores* (Comunicación de la Comisión 2021/C 526/98). Por tanto, esta actividad publicitada quedaría siempre bajo el radio de acción de las normas europeas sobre competencia, derivándose responsabilidad para el *influencer* siempre que pueda ser calificado como comerciante según tales directivas. Como se ha visto, el concepto que da la legislación de la UE es muy amplio, y aplicado a este caso tendría más relación con la frecuencia/habitualidad que con la proyección o el número de seguidores. En cualquier caso, el concepto de comerciante se ha perfilado a través de la jurisprudencia europea, que viene exigiendo algo más que el ánimo de lucro (presente en actividades no estrictamente comerciales o profesionales) para determinar ese objetivo general de negocio. El TJUE ha ofrecido criterios —no cumulativos— para facilitar su apreciación (STJUE de 4 de octubre de 2018, Asunto Kamenova, C-105/17), tales como: frecuencia e importe de las transacciones, sujeción a IVA, volumen de negocio, planificación o regularidad, entre otros.

En el ámbito nacional y siguiendo esa línea, las principales leyes que contienen la regulación publicitaria van a contar con un ámbito de aplicación que no obligará a considerar al *influencer* como empresario (a pesar de las razones que hemos destacado aquí en tal sentido) para aplicarle sus prescripciones. De hecho, la LGP se refiere a la publicidad en términos muy generales, exigiéndose únicamente como criterio de sujeción (derivado de la definición que ya hemos dado) que la comunicación venga dada por una actividad comercial, industrial, artesanal o profesional y tenga como fin promover (incluso indirectamente) la contratación de bienes o servicios. Ello quiere decir que **el uso de un canal o perfil en una red social a efectos publicitarios deriva lógicamente en el sometimiento de tal actividad publicitaria a la norma**.

Por su parte, la LCD (que incorpora las directivas citadas al ordenamiento español) también mantiene un criterio abierto e integrador para determinar su radio de acción. El art. 3.1 LCD determina que la ley es aplicable a cualquier persona física o jurídica que participe en el mercado (incluyendo empresarios y profesionales). En cuanto a la delimitación objetiva (art. 2 LCD), para calificar una conducta como acto de competencia desleal la ley obliga a que este se realice en el mercado y con fines concurrenciales (lo que se presume cuando sea "objetivamente idóneo para promover o asegurar la difusión en el mercado de las prestaciones propias o de un tercero"). No parece que pueda dudarse que la publicidad que emiten estos usuarios cualificados de redes sociales y plataformas digitales proviene de personas que participan en el mercado tratando de promocionar bienes o servicios. Luego estamos en condiciones de decir que la actividad publicitaria de los *influencers* está sometida a los principios y límites de la LCD; es decir, en la elaboración y difusión de tales comunicaciones comerciales habrán de observarse sus reglas o de lo contrario podría incurrirse en un acto de competencia desleal, con las consecuencias que ya se han descrito. Las acciones judiciales citadas se podrían dirigir contra el *influencer* siguiendo el art. 34 LCD ("podrán ejercitarse contra cualquier persona que haya realizado u ordenado la conducta desleal o haya cooperado a su realización") si se verifica que tal operador está participando en el mercado (lo que sería evidente mediando contraprestación y más aun si se trata de una actividad habitual).

3. Régimen jurídico (II): normas específicas del ámbito digital o audiovisual

El régimen jurídico del *influencer* se va a completar con algunas normas cuya aplicación viene dada por los medios o canales que puede emplear para su actividad publicitaria.

Debemos aludir de nuevo a la LGCA, que crea una nueva categoría relevante y con efectos en la materia que estamos estudiando: los **usuarios de especial relevancia**. Esta figura está llamada a converger con la del *influencer*, que en cambio mantiene su abstracción y amplitud al no haber sido definida legalmente. Mientras que los confines del concepto *influencer* no están especialmente claros, la inclusión del usuario de especial relevancia en la normativa audiovisual nos ofrece requisitos particulares para calificar de tal manera a un operador del mercado, derivándose un régimen jurídico en materia de publicidad (entre otras reglas aplicables). Por tanto, la calificación como usuario de especial relevancia es la puerta de entrada al estatuto jurídico de un sujeto que con toda seguridad se reputará como *influencer* en términos generales, pero que estará sometido a una serie de disposiciones de la LGCA, por usar canales audiovisuales. Ahora bien, vistas las plataformas más habituales en las que se lleva a cabo la interacción social de los *influencers*, parece evidente que ambas categorías se entrelazarán. Será pues difícil encontrar en el futuro un *influencer* que no se vea sometido a la normativa del usuario de especial relevancia de la LGCA (y de ahí que preveamos la convergencia de ambos términos).

Este estatuto jurídico parte del artículo 94 LGCA, que determina los requisitos generales que tiene que cumplir el usuario de especial relevancia:

1°. El servicio prestado conllevará una actividad económica que reportará a su titular unos ingresos significativos derivados del intercambio de vídeos a través de plataforma.

2°. El usuario de especial relevancia será el responsable editorial de los contenidos audiovisuales puestos a disposición del público en su servicio.

3°. El servicio prestado será destinado a una parte significativa del público en general, pudiendo tener un claro impacto sobre él.

4°. La función del servicio es la de informar, entretener o educar y el principal objetivo del servicio es la distribución de contenidos audiovisuales.

5°. El servicio se ofrecerá a través de redes de comunicaciones electrónicas, estableciéndose en España.

No obstante, la entrada en vigor de esta categoría ha tenido que esperar al desarrollo reglamentario de la norma (en virtud de la disposición final novena de la LGCA), lo que se ha producido con el Real Decreto 444/2024, de 30 de abril. Este Real Decreto concreta los requisitos de ingresos y audiencia significativa para ser considerado usuario de especial relevancia.

El primer concepto viene dado por "ingresos brutos devengados en el año natural anterior, iguales o superiores a 300.000 euros, derivados exclusivamente de la actividad de los usuarios en el conjunto de los servicios de intercambio de vídeos a través de plataforma que empleen" (art. 3 RD 444/2024). En consecuencia, la obtención de ingresos vuelve a ser un eje sobre el que pivota la sujeción a las normas de los usuarios de especial relevancia. Esa remuneración a la que se refiere la LGCA y su reglamento de desarrollo será de cualquier naturaleza (dineraria o en especie) y podrá venir dada por actividades publicitarias en sentido amplio (campañas concretas, patrocinios, ingresos obtenidos de las plataformas por incorporar cortes publicitarios), por actividades de otro carácter (como la venta de productos propios a través de ese medio), o por el pago de abonados o la propia plataforma.

La cuestión cuantitativa se revela como fundamental pues la LGCA también hace alusión al impacto en "una parte significativa del público". En este caso, el RD 444/2024 (art. 4) desdobla el requisito imponiendo el cumplimiento de dos condiciones cumulativas:

1º. Un número de seguidores igual o superior a 1.000.000 en un único servicio de intercambio de vídeos a través de plataforma; o un número de seguidores igual o superior a 2.000.000, de forma agregada, considerando todos los servicios de intercambio de vídeos a través de plataforma en los que el usuario desarrolle su actividad.

2º. Un número de vídeos igual o superior a 24 en el año natural anterior, con independencia de su duración, en el conjunto de servicios de intercambio de vídeos a través de plataforma en los que el usuario desarrolle su actividad

Ante el cumplimiento de las anteriores condiciones, esto es, calificado un sujeto como usuario de especial relevancia, será obligatoria su inscripción en el Registro Estatal de Prestadores de Servicios de Comunicación Audiovisual, creado por la propia LGCA como organismo dependiente del Ministerio de Asuntos Económicos y Transformación Digital. Además, los usuarios de especial relevancia estarán sometidos a una serie de obligaciones en materia de publicidad audiovisual contenidas en las secciones 1ª y 2ª del capítulo IV del título VI de la LGCA (reenviamos a los epígrafes III.4 y III.5 de este capítulo).

Por otra parte, debemos mencionar la Ley 34/2002 (LSSI), que dedica su título III a las comunicaciones comerciales por vía electrónica. A pesar de su plena vigencia para la publicidad en línea de *influencers* cuando ésta comporta una actividad económica (criterio para ser prestador de servicios en la norma), la "vejez" de esta ley determina su falta de adaptación al mercado digital actual. A los efectos que nos interesan, sus reglas más importantes están en el artículo 20 LSSI. Se refieren a la publicidad encubierta e identificación de las comunicaciones comerciales (cuestión de la que nos ocupamos con detalle más adelante) y a las ofertas promocionales con concursos, descuentos, juegos, premios o regalos. Sobre este tema tan recurrente para los *influencers*, la norma exige que "las condiciones de acceso y, en su caso, de participación sean fácilmente accesibles y se expresen de forma clara e inequívoca". La transgresión de esta norma se califica como una infracción leve, castigada con multa de hasta 30.000 euros. Además, cabe la acción judicial de cesación por lesión de intereses colectivos o difusos de los consumidores.

4. *Publicidad encubierta*

Ya sabemos que los canales digitales han transformado la publicidad, incorporando fórmulas y prácticas que han generado aspectos positivos y ventajas competitivas, pero también retos en la regulación del mercado. Y es que la aparición de usuarios profesionales de redes sociales, de *influencers* en términos generales, ha tensionado algunos de los principios del Derecho de la publicidad. **La familiaridad que los *influencers* consiguen a través de la cesión pública de datos y experiencias personales les hace ser un vehículo óptimo para promocionar bienes o servicios; sin embargo, la dificultad para discernir el plano personal del comercial no debe restar garantías a los consumidores**. La mezcla de contenidos promocionales con otros de carácter puramente personal (o en los que se muestren preferencias por marcas o productos sin que se esté desarrollando una actividad remunerada), dificulta en gran medida la aplicación de las normas aquí descritas y favorece el desarrollo de conductas antijurídicas al respecto. En este sentido, el principio de autenticidad que rige en materia publicitaria (FERNÁNDEZ NÓVOA) obliga a identificar correctamente los contenidos de carácter publicitario. Esta idea se ha incorporado a numerosas normas, que enfrentan la publicidad encubierta desde distintos enfoques. Por ejemplo, si un creador de contenido expresa una opinión favorable o destaca las bondades de un determinado bien o servicio sin revelar claramente que sus afirmaciones en realidad responden a un anuncio, promoción, colaboración pagada o similar, estamos ante un supuesto de publicidad encubierta y por tanto ilícita; y esta prohibición obra, como se ha dicho, en diferentes normas. Tratamos aquí de hacer referencia a estas disposiciones, que prohíben el comportamiento contrario a Derecho más habitual en la práctica de los creadores de contenido.

La publicidad encubierta está prohibida, por engañosa y como práctica desleal contra los consumidores, en el artículo 26.1 LCD. Se trata de una conducta que puede producirse en cualquier medio de difusión, aunque es habitual en entornos digitales. De hecho, en 2021 se reformó el precepto para aludir expresamente a los servicios de la sociedad de la información y las redes sociales. El ilícito puede definirse a partir de una serie de elementos cumulativos, pues consiste en: a) incluir como información; b) comunicaciones para promocionar un bien o servicio; c) pagando el empresario o profesional por dicha promoción; d) sin que quede claramente especificado que se trata de un contenido publicitario. En términos más coloquiales, podemos decir que la publicidad encubierta consiste en un engaño al destinatario de la misma, que no gravita sobre el bien/servicio o sus condiciones, sino sobre el carácter del propio anuncio, que es presentado como la expresión de una información o preferencia. Será necesario pues que exista un pago, que entendemos puede ser en especie (lo que es habitual en el caso de *influencers* que promocionan productos de los que disfrutarán gratuitamente por cierto tiempo o cantidad), y a favor de quien lleva a cabo la publicidad (TATO PLAZA). La exigencia legal de especificación o inclusión de sonidos o imágenes claramente identificables para el consumidor ha de ser suficiente para entender como ilícitas las prácticas que traten de reducir la visibilidad de estas manifestaciones, al limitar las posibilidades del usuario de conocer el verdadero sentido del contenido digital que recibe.

Sin más exigencias que éstas, cabe contra la publicidad encubierta el uso de las acciones frente a actos desleales del artículo 32 LCD. Algunos autores entienden que la publicidad encubierta es una práctica prohibida también por otros preceptos de la LCD como el art. 5 (actos de engaño) o el art. 7 (omisiones engañosas). Sin entrar en la posible doble tipificación al respecto (LEMA DEVESA), creemos que ello solo tendría sentido en situaciones de falta de sujeción a las condiciones del artículo 26.1 LCD, cuya aplicación sería preferente por el principio de especialidad.

Por su parte, el artículo 9 LGP también es claro al determinar que los medios de difusión deben deslindar perceptiblemente la función informativa de la publicitaria; exigiendo a los anunciantes desvelar inequívocamente el carácter publicitario de sus anuncios. El precepto, como toda la LGP, se proyecta sobre la publicidad en términos generales sin exigir ulteriores requisitos. Sin embargo, al tratarse de un artículo relativo a la contratación publicitaria (título III LGP) y no encontrarse entre las tipologías de publicidad ilícita (título II LGP), no obtenemos de manera directa la protección que ofrecen las acciones judiciales de la LCD (reservadas a las categorías de publicidad ilícita *stricto sensu*). A este respecto, y con ánimo de tutelar a los destinatarios, se ha dicho que la violación del artículo 9 LGP podría servir de base para determinar un acto de competencia desleal del artículo 15.2 LCD (MASSAGUER; TOBÍO RIVAS). Este precepto reprime la transgresión de normas jurídicas que tengan por objeto la regulación de la actividad concurrencial, entre las que tenemos que entender incluidas las relativas al Derecho de la publicidad. De cualquier modo, la tutela de la situación antijurídica nos llevaría de nuevo a la nómina de acciones de la LCD, debiendo asumir sus presupuestos y requisitos.

Fuera del sistema LGP/LCD, encontramos que la publicidad encubierta también está prohibida por la LGCA de manera particular en el caso de las comunicaciones audiovisuales. En su ámbito de aplicación están, como ya hemos visto, los usuarios de especial relevancia que usan plataformas de intercambio de vídeos. El artículo 122.3 LGCA prohíbe las comunicaciones que "mediante la presentación verbal o visual, directa o indirecta, de bienes, servicios, nombres, marcas o actividades, tenga de manera intencionada un propósito publicitario y pueda inducir al público a error en cuanto a la naturaleza de dicha presentación". Nótese que en esta ocasión la existencia de contraprestación no será una condición *sine qua non* para la determinación del ilícito. La violación de esta norma se califica como infracción grave y se castiga con una multa que podría llegar hasta los 100.000 euros en el caso de que la comisión del ilícito se atribuyera a un usuario de especial relevancia.

Finalmente, la LSSI establece en su artículo 20 la prohibición de la publicación encubierta a través de comunicaciones electrónicas (siempre que se den las condiciones de sujeción ya expresadas y que exigen el desarrollo de una actividad económica y, por tanto, una remuneración). Si el carácter publicitario del mensaje no es claramente deducible, *debe incluirse en la propia comunicación y en un lugar destacado, y no en un apartado aparte ni camuflada en un texto descriptivo o entre etiquetas. Además, debe incorporar una identificación manifiesta del carácter publicitario que sea de fácil comprensión para los destinatarios del mensaje* (CASADO NAVARRO). Esta cuestión, a pesar de la práctica habitual, no puede solventarse con un *hashtag* camuflado en una de las páginas de una publicación; como dudoso es el empleo de ciertas abreviaturas (como "Ad"), que para una parte importante del público podrían reputarse poco descriptivas del carácter publicitario. La transgresión de esta norma se califica como una infracción leve, castigada con multa de hasta 30.000 euros.

Así las cosas, **la publicidad encubierta**, que no se revela como tal y que puede inducir a error acerca de su fin promocional (GARCÍA-CRUCES), es descrita por el ordenamiento como un **acto de competencia desleal** frente al que se pueden interponer acciones judiciales; pero también como **un ilícito en el ámbito audiovisual y electrónico**, sometido a control administrativo y a las potestades sancionadoras que cada norma establece en su ámbito de aplicación.

IV. NORMAS SECTORIALES, VOLUNTARIAS Y CONTRACTUALES

1. Referencia a algunos sectores regulados

La legislación publicitaria en ocasiones reenvía de manera abierta a la normativa que regula las comunicaciones comerciales en determinados sectores que, por distintos motivos, están sometidos a estándares más concretos. Generalmente este mecanismo se refiere a bienes o servicios que puedan afectar a la salud o hábitos de los consumidores, tratando de protegerles con criterios específicos que los operadores de esos mercados deben respetar al hacer publicidad. Ese elenco de normas, que aquí no podemos analizar de manera exhaustiva, también forma parte del Derecho de la publicidad.

Uno de los ámbitos en los que existe mayor número de disposiciones al respecto es el de los **medicamentos y otros productos sanitarios**, que desde hace décadas ha ido adaptando sus normas al contexto (desarrollo tecnológico, industria farmacéutica, normativa de la UE, etc.). Sería imposible reproducir aquí toda la legislación, señalando de modo resumido y reconduciendo la cuestión al ámbito de este capítulo, que la "Guía para la publicidad de medicamentos de uso humano dirigida al público" (Ministerio de Sanidad, 2019), se refiere a los medios digitales. En ella se señala el modo de inclusión de la leyenda "Lea las instrucciones de este medicamento y consulte al farmacéutico" en anuncios mostrados en páginas web, aplicaciones móviles, *banners*, redes sociales, entre otros. Además, los anuncios en medios digitales con limitación de espacio (por ejemplo, un *tweet*), habrá que especificar: la denominación del medicamento, la indicación autorizada y la leyenda "Lea aquí las instrucciones de este medicamento y consulte al farmacéutico"; incluyendo en la palabra aquí un enlace al prospecto o web con toda la información obligatoria. Todo ello sin perjuicio de las obligaciones generales y particulares respecto de la publicidad de medicamentos, que obra como se ha dicho en multitud de disposiciones de diverso rango.

Un ejemplo de normativa publicitaria específica que se refiere además a un mercado en el que la tecnología juega un gran papel es de los **criptoactivos**. Debemos aquí hacer mención a la Circular 1/2022, de 10 de enero, de la Comisión Nacional del Mercado de Valores (CNMV), que incluye en su ámbito de aplicación —además de otros proveedores de servicios— a los usuarios influyentes de redes sociales que publicitan criptoactivos (TATO PLAZA). En ella se ha determinado que la publicidad a través de medios digitales o redes sociales que está limitada por espacio o duración, debe ofrecer una información adicional de fácil acceso para ofrecer todos los datos relevantes al consumidor. También se establece la obligación de realizar advertencias estandarizadas sobre el riesgo de la inversión; y un régimen específico (de comunicación previa a la CNMV) para las campañas masivas, esto es, las que se dirigen a más de 100.000 personas (número asequible para determinados usuarios de redes sociales). Sin embargo, en fechas recientes se ha aprobado el Reglamento (UE) 2023/1114 del Parlamento Europeo y del Consejo, de 31 de mayo de 2023, relativo a los mercados de criptoactivos (Reglamento MiCA), imponiendo en todos los Estados miembro una serie de obligaciones en las comunicaciones comerciales de criptoactivos, que serán aplicables a partir del 30 de diciembre de 2024. El régimen publicitario de los mismos dependerá de su clasificación, siendo diferentes a este respecto los criptoactivos distintos de una ficha referenciada a activos (art. 7), las fichas referenciadas a activos (art. 29) y las fichas de dinero electrónico (art. 53); de acuerdo con su naturaleza. En líneas generales estas normas expresan el principio de claridad e imparcialidad en la publicidad en este sector, exigiendo el reenvío —y la coherencia— con el libro blanco de criptoactivos correspondiente. El régimen de mera comunicación —sin autorización— de algunos de estos activos digitales se compensa con la obligación de incorporar advertencias estandarizadas al respecto.

Finalmente, citaremos también el sector del **juego**, que se desarrolla en gran parte a través de plataformas en línea. Aquí nos situamos en el marco del Real Decreto 958/2020, de 3 de noviembre, de comunicaciones comerciales de las actividades de juego, aplicable entre otros operadores a los *influencers* (CASADO NAVARRO). Esta norma, además de profundizar en la necesidad de identificar las comunicaciones comerciales, prohíbe la aparición de personas de relevancia o notoriedad pública en la publicidad del ramo salvo casos muy excepcionales; lo que supone una gran limitación de una de las técnicas publicitarias más consolidadas. De otra parte, se prevén reglas especiales para la publicidad de los operadores de juego tanto en plataformas de intercambio de vídeos (art. 25) como en redes sociales (art. 26). Esas reglas se dirigen fundamentalmente al establecimiento de instrumentos para evitar que la publicidad llegue a menores de edad, de mecanismos de bloqueo de anuncios emergentes, difusión de mensajes de juego seguro, etc. Los canales o perfiles especializados en el tema y que formen parte de una red social que no tenga la consideración de plataforma de intercambio de vídeos, en lugar de limitarse a un horario concreto, solo podrán emitir esas comunicaciones a quienes "les sigan" en estas redes, hayan manifestado interés activo o formen parte de la cartera de clientes por haber llevado a cabo algún proceso de registro.

Por supuesto, la realidad de los sectores en que la publicidad se encuentra específicamente regulada es mucho mayor. Únicamente hemos realizado una referencia —incompleta— a algunos de ellos por la importancia o afectación de éstos en medios digitales. Se ha tratado pues de trasladar una idea general sobre el tipo de normas que existen al respecto. Debemos comprender que el reenvío de la legislación publicitaria de aplicación general a la normativa sectorial determina en cada caso un recurso distinto. Se trata de un mandato a estudiar normas diferentes y de diferente rango; con implicaciones, contenido y controles diversos.

2. *Autorregulación publicitaria: Autocontrol*

Saliendo de la esfera de las normas de obligado cumplimiento, ya sean de aplicación general o no, nos encontramos con el fenómeno de la autorregulación, de gran relevancia en la materia publicitaria. A grandes rasgos, la **autorregulación** se refiere a normas jurídicas cuya efectividad está supeditada a la autonomía de la voluntad; esto es, su cumplimiento es voluntario y depende del compromiso adquirido previa o posteriormente por un determinado operador. Si bien los mecanismos hasta ahora estudiados responden a la lógica de un Derecho coactivo y proveniente de los poderes públicos, la realidad jurídica es más amplia y contempla también que la autonomía de la voluntad pueda ser el origen de normas jurídicas (DE LA CUESTA RUTE). Precisamente este es el motor de la autorregulación, que en Derecho mercantil ha cristalizado en el fenómeno de los códigos de conducta.

Los **códigos de conducta** son normas jurídicas cuyo contenido solo vinculará a quienes previamente han decidido someterse a las reglas que recoge. Se trata de un instrumento de ***soft law***, con la consiguiente pérdida de la nota de coactividad que caracteriza y dota de efectividad otros tipos de normas jurídicas. No obstante, en el ámbito de la competencia y la publicidad su uso se ha extendido y gozan de una importancia creciente. De hecho, la LCD asume el fomento de los códigos de conducta por parte de las administraciones públicas, correspondiendo su elaboración a las corporaciones, asociaciones u organizaciones comerciales, profesionales y de consumidores. La finalidad según esta norma es elevar el nivel de protección de los consumidores (art. 37.1 LCD). Para dar fuerza a esta práctica, se califica como un acto de competencia desleal, en concreto como un acto de engaño del artículo 5.2, el incumplimiento las obligaciones asumidas en un código de conducta (siempre que se verifique un compromiso firme y la actuación sea susceptible de distorsionar significativamente el comportamiento económico de sus destinatarios).

En el ámbito de la publicidad, se puede decir que la autorregulación ha sido muy intensa. Esta circunstancia ha sido favorecida por la actividad de **Autocontrol**, que es una asociación constituida en 1995 como organismo independiente de autorregulación de la industria publicitaria. En su seno se integran anunciantes, medios de comunicación, agencias de publicidad y asociaciones profesionales. Sin ánimo de lucro, su trabajo se proyecta en una gran diversidad de códigos de conducta; existiendo uno de carácter general (el Código de Conducta Publicitaria, cuya última versión es de 2019) y numerosos códigos sectoriales por los que vela (publicidad en cine, publicidad de videojuegos, publicidad del vino, de la cerveza...). Además, Autocontrol cuenta con un sistema extrajudicial de resolución de conflictos que se activa tras reclamación del consumidor, y que se suma a los mecanismos de control judicial y administrativo que se han descrito en este capítulo. En realidad, la autorregulación responde al intento de los particulares de enmendar un sistema de respuesta poco eficaz ante la transgresión de ciertas normas jurídicas. Dicho mecanismo extrajudicial es el **Jurado de la Publicidad**, acreditado como entidad ADR (*Alternative Dispute Resolution*); y sus resoluciones —y sanciones— son de obligado cumplimiento para los socios de Autocontrol y para todos aquellos que se han sometido a la decisión de dicho tribunal arbitral o se encuentran vinculados por asumir el compromiso de cumplimiento de un código de conducta específico. También resulta de interés el servicio de asesoría que ofrece Autocontrol, a veces sobre aspectos legales y deontológicos de anuncios o proyectos de anuncios, que se revisan antes de su emisión a petición del interesado (*copy advice*), y que en otras ocasiones versan sobre aspectos concretos como el cumplimiento de normativa publicitaria en páginas web (*web advice*); protección de datos y regulación digital (*data advice*); o asesoramiento sobre *cookies* (*cookie advice*).

3. Códigos de conducta relevantes en el ámbito digital

Dentro de la actividad de autorregulación, podemos destacar algunos códigos sectoriales cuya supervisión se ha encomendado a Autocontrol y que son especialmente relevantes desde una perspectiva digital.

El primero de ellos se refiere a un operador del mercado de la publicidad al que ya hemos dedicado una parte de este capítulo, los ***influencers***. En el año 2020, las dificultades para determinar el sometimiento de estos usuarios a las normas publicitarias vigentes entonces llevaron a la confección de un código de conducta específico. Se trataba de atraer a los *instragrammers, youtubers* y creadores de contenido en general hacia estándares éticos en materia publicitaria. El texto arroja luz en cuestiones como el alcance del término "contraprestación", que comprende a sus efectos no solo pagos directos, sino también entregas gratuitas de un producto, entradas a eventos, prestación de servicios, cheques regalo y viajes.

El código insiste en la necesidad de revelar la naturaleza publicitaria del mensaje, debiendo ser identificable para los seguidores. No siendo totalmente manifiesta ésta, habrán de incluirse indicaciones explícitas, inmediatas y adecuadas al medio. A este respecto se aconsejan algunas indicaciones genéricas ("publicidad", "publi", "en colaboración con" y "patrocinado por") y otras descriptivas de la función concreta ("regalo de...", "viaje patrocinado"). Del mismo modo, se desaconsejan indicaciones poco claras ("colab", "sp") o que requieran entrar en un enlace por parte del destinatario. La indicación sobre el carácter publicitario del mensaje tiene que mantenerse cuando el contenido digital se comparte o traslada a otras redes sociales, páginas web o plataformas. Además, el código de conducta ofrece para algunas redes sociales una ubicación recomendada para la identificación de contenidos publicitarios. A título de ejemplo, para *Youtube* y otras plataformas de vídeo se aconseja "superponer la palabra o etiqueta identificativa mientras se comenta el producto o servicio o indicarla de viva voz antes de hablar del producto o servicio promocionado"; y para *Instagram*, "incluir la palabra o etiqueta identificativa en el título encima de la foto o al inicio del texto que se muestra. Si únicamente se ve una imagen, la propia imagen debe incluir la palabra o etiqueta identificativa al inicio del mensaje. También puede utilizarse la etiqueta identificativa de la publicidad establecida por la propia plataforma".

Con el nombre "Directrices sobre las Buenas Prácticas en la Publicidad de Productos de Software Interactivo" aparece en 2005 el **código de conducta sobre publicidad de videojuegos**, que sufrió modificaciones en 2018. El texto establece, como uno de los principios fundamentales, la adecuación de la publicidad de los productos de *software* interactivo a los criterios de clasificación por edades del producto (de modo que no se incluyan mensajes poco apropiados para la edad del público al que se dirige). Constan en el propio código los criterios —relativos a violencia, desnudez, sexo, consumo de drogas...— para recomendar los videojuegos a mayores de 3, 7, 12, 16 o 18 años, según el caso. También estarán sometidos a reglas particulares los anuncios de videojuegos según el medio empleado. Existen restricciones específicas, por ejemplo, en cuanto a las franjas horarias de protección de menores en televisión. Respecto de la publicidad en internet, se desaprueban las comunicaciones comerciales de *software* interactivo recomendado para mayores una determinada edad, en portales cuya audiencia está compuesta mayoritariamente por menores de dicha edad.

En último lugar, hacemos referencia al extenso **código de conducta Confianza Online** de 2002, con modificaciones en 2022, que trata de establecer estándares de fiabilidad en las siguientes materias: publicidad, comercio electrónico, protección de menores y protección de datos personales (con sus respectivos mecanismos de control previos y *a posteriori*). El artículo 23 señala: "la publicidad en medios electrónicos de comunicación a distancia de las entidades adheridas a este Código deberá ser conforme a la ley aplicable y al Código de Conducta Publicitaria de Autocontrol, además de ser leal, honesta y veraz, en los términos en que estos principios han sido desarrollados por el Código de Práctica Publicitaria de la Cámara de Comercio Internacional". Se produce así, en la materia de nuestro interés, un reenvío desde un código de conducta a normas de rango legal y a otros instrumentos de *soft law* nacionales e internacionales.

4. *Condiciones de adhesión a las redes sociales*

Si en los epígrafes anteriores hemos tratado normas sectoriales y normas voluntarias, nos referimos ahora a otros compromisos contractuales, que se adquieren como fruto de la asunción de **políticas de uso** de las distintas plataformas y redes sociales. De este modo nos asomamos brevemente a los términos y condiciones de la publicidad en redes sociales. Quien desee anunciarse o realizar campañas en una determinada plataforma de intercambio de vídeos o red social, tendrá que cumplir con dichos términos de uso y con las políticas particulares en materia publicitaria, si las hubiere. En este caso, un usuario o una empresa, que puede desarrollar el rol de anunciante o emplear su canal como medio de difusión, habrá de adherirse a tales condiciones. Este mecanismo reduce o, mejor dicho, anula la capacidad de negociación del usuario, que si quiere formar parte de la comunidad y disfrutar de sus posibles ventajas y proyección comercial, tiene que aceptar todas las cláusulas presentadas (sin posibilidad de realizar reservas). Generalmente, el incumplimiento de las condiciones puede comportar que el contenido que trasgrede las mismas sea retirado. En casos extremos o de reiteración, podría producirse el temido *baneo* al usuario, expulsándolo de la plataforma.

Por ejemplo, Meta establece sus políticas de contenido de marca para sus productos principales: *Facebook* e *Instagram*. Se pone a disposición de determinados usuarios una herramienta que permite etiquetar el producto o la marca de terceros, tratando de evitar la publicidad encubierta. Además, "los creadores no pueden aceptar nada de valor a cambio de publicar contenido en el que no aparezcan o en cuya creación no hayan participado". Meta determina una serie de bienes o servicios cuya promoción no permite (como las loterías estatales), mientras que otros están limitados —normalmente a mayores de edad— (productos financieros o seguros) y algunos necesitan autorización expresa de la plataforma (servicios de citas o centros de tratamiento de la drogadicción).

La antigua *Twitter*, ahora *X*, admite los *tweets* con contenido comercial, denominándolos colaboraciones de pago. Se exige que lleven "una declaración de divulgación clara y visible que indique el carácter comercial de dicho contenido"; y se dan algunos ejemplos como los *hashtag*: "#anuncio" o "#patrocinado". Reiteran la obligatoriedad de cumplir la normativa publicitaria de cada Estado y se recomienda asimismo la consulta de la "guía para *influencers* sobre cómo dejar claro que un anuncio es un anuncio" del *Committee of Advertising Practice* y la *Competition & Markets Authority*.

En *Tik-Tok* existe una política de contenido de marca que exige activar un aviso que se trasladará al resto de usuarios si el vídeo tiene contenido promocional (publicidad de marcas propias) o una colaboración de pago (publicidad en nombre de una empresa). Entre otras muchas condiciones, destaca la amplia nómina de "industrias prohibidas" en esta red social, entre las que destacamos: películas con clasificación de edad, animales, contenido político, servicios profesionales (incluidos los de tipo jurídico), productos para adelgazar, etc.

Por su parte, *Youtube* cuenta con un gran volumen de normas y reglas que los usuarios deben observar en su actividad publicitaria. Las políticas de publicidad para anunciantes incluyen: las políticas de *google ads*, las políticas específicas de *Youtube* (formatos de anuncio y características, segmentación y publicación de anuncios y las políticas publicitarias de *Youtube Kids*), las normas de la comunidad de *Youtube* y las directrices técnicas. En líneas generales, se repite el esquema de otras plataformas con contenidos prohibidos, contenidos restringidos y prácticas no permitidas (por ejemplo, está prohibido promocionar un servicio de redacción de ensayos académicos). La transgresión de las normas de la comunidad acarrea en primer término una simple advertencia al correo electrónico, mientras que la reiteración generará una falta; con tres faltas *Youtube* cancela el canal en cuestión. Llama también la atención que existan en la plataforma unas directrices y políticas de concursos. En ellas se exige a los participantes que eximan de cualquier responsabilidad a *Youtube* y se obliga al usuario a crear unas bases oficiales del concurso (con enlaces a normas de la plataforma) y a cumplirlas; a no aplicar costes adicionales por la inscripción en el concurso y a no solicitar cesión de derechos por los vídeos de participación en el mismo, entre otras cuestiones.

V. LA INTERMEDIACIÓN EN LA PUBLICIDAD DIGITAL

1. *Los servicios de intermediación en la publicidad digital*

La legislación en materia de publicidad ya venía identificando la existencia de intermediarios entre los anunciantes y los medios: las agencias de publicidad. La LGP define las agencias de publicidad como las entidades que se dedican profesionalmente y de manera organizada a crear, preparar, programar o ejecutar publicidad por cuenta de un anunciante. Se subraya el elemento de creación de los anuncios, que además se identifica como un contrato en sí mismo, el de creación publicitaria (arts. 20-21 LGP). Quizás la LGP no identifica con tanta claridad que las agencias venían prestando un servicio de mediación entre los anunciantes y los medios, en cuanto la agencia facilita la contratación por los anunciantes de los concretos servicios de difusión publicitaria, normalmente a cambio de una comisión. Las agencias suelen preparar para los anunciantes un plan de medios, identificando aquellos que pueden resultar más adecuados para cada campaña publicitaria.

No obstante, la publicidad digital ha transformado profundamente la relación entre los anunciantes y los medios. Las grandes plataformas como Google, pero también Meta y Amazon tienden a comercializar en exclusiva su "inventario", esto es, su servicio de difusión publicitaria. Las plataformas acumulan una porción muy relevante de la "atención" del público, por lo que están en posición de imponer a los anunciantes sus sofisticados sistemas de contratación de publicidad. Las grandes plataformas organizan subastas para la adjudicación de sus espacios publicitarios. A estas subastas pueden acceder los anunciantes directamente o a través de intermediarios que presten servicios a tal fin. Estos intermediarios suelen ser necesarios para participar en tiempo real en las subastas que tienen lugar en una fracción de segundo, entre que el usuario solicita acceder a una página web, y la misma se abre, incluyendo la publicidad, y para proporcionar en tiempo real los anuncios publicitarios.

El resto de los medios puede también comercializar sus espacios publicitaros directamente. Resulta habitual que, por ejemplo los periódicos, contraten sus mejores espacios publicitarios digitales directamente con anunciantes y agencias. No obstante, para explotar al máximo sus espacios, los medios suelen contratar intermediarios para que les gestionen subastas del mismo tipo que realizan las grandes plataformas para optimizar sus ingresos. Cada vez que un lector accede a la página web de un periódico, se envía automáticamente una solicitud a diversos intermediarios contratados por los anunciantes para que presenten ofertas para mostrar un anuncio específico para ese lector/espectador concreto. Estos intermediarios utilizan algoritmos alimentados por datos y deciden cuánto están dispuestos a pagar por el espacio publicitario en nombre de un anunciante. Después envían sus ofertas a un intermediario contratado por el periódico (el "*ad server*" o servidor de publicidad), que identifica al mejor postor y se pone en contacto con el servidor del anunciante (otro intermediario) para recibir el anuncio que se va a mostrar. Todo esto sucede en una fracción de segundo, millones de veces cada hora de cada día (CMA y CNMC).

Más allá, los intermediarios prestan un ulterior servicio, como es el de gestionar datos para personalizar los anuncios. Se ha calculado que "los medios ganan alrededor de un 70% menos cuando no pueden vender publicidad personalizada y compiten con otros que sí pueden" (CMA). Google y Meta disponen de los mejores datos sobre sus audiencias, por lo que están en situación de comercializar publicidad personalizada de forma directa, y explotar de esta forma el valor de sus datos. No debe sorprender que las grandes plataformas presten servicios de intermediación para la gestión de espacios publicitarios en medios de terceros y para la gestión por los anunciantes.

Los intermediarios están proliferando. Las publicaciones contratan a servidores de publicidad para administrar su espacio publicitario y decidir automáticamente qué anuncios mostrar en cada momento, mientras que los anunciantes contratan otros servidores para almacenar los anuncios y entregarlos al servidor de cada publicación. Paralelamente, otros intermediarios, las plataformas del lado de la oferta y las del lado de la demanda, negocian de forma automatizada para gestionar las subastas e identificar la oferta ganadora.

Las investigaciones de las autoridades de competencia han confirmado que Google está presente en toda la cadena de suministro con grandes cuotas de mercado. Tiene una cuota de mercado de más del 80% en los segmentos de servidores de los medios y de los anunciantes, y una cuota de más del 50% en las plataformas de oferta y demanda. Básicamente, en la mayoría de las transacciones, Google negocia consigo misma, lo que crea un evidente conflicto de intereses y una constante sospecha. Por este motivo, en septiembre de 2023 la Comisión designó a Google como "guardián de acceso" en el servicio de intermediación en la publicidad digital, desencadenando el régimen asimétrico de obligaciones previsto en el Reglamento de Mercados Digitales (RMD) (MONTERO).

Además, se ha identificado que Google ha incurrido en comportamientos anticompetitivos en los mercados de publicidad digital. En marzo de 2019 la Comisión impuso a Google una multa de 1.490 millones de euros por abusar de posición dominante en el mercado al imponer una serie de cláusulas restrictivas en los contratos con páginas web de terceros, que impedían a los rivales de Google colocar sus anuncios de búsqueda en esas páginas web (Decisión de la Comisión, Asunto *Google Adsense*). En primer lugar, Google impuso una obligación de suministro exclusivo, que impedía a los competidores colocar anuncios de búsqueda en las páginas web más importantes desde el punto de vista comercial. A continuación, Google introdujo lo que denominó su estrategia de "exclusividad relajada", destinada a reservar para sus propios anuncios de búsqueda las posiciones más valiosas y a controlar el rendimiento de los anuncios de la competencia.

También en Estados Unidos el *Department of Justice* inició acciones en 2023 contra Google por prácticas anticompetitivas en los mercados de publicidad. El escrito de formulación de la demanda, prolijo en su descripción fáctica, se lee como un manual de malas prácticas para la monopolización de un mercado, alcanzando en ocasiones el ritmo trepidante de thriller legal.

2. *Transparencia en la intermediación publicitaria*

La mediación en la contratación del servicio de difusión publicitaria siempre ha estado aquejada de falta de transparencia, cosa habitual en todo servicio de mediación, pero la introducción de la publicidad digital ha exacerbado el problema. Las comisiones cobradas por los nuevos intermediarios no son transparentes. Los anunciantes y las agencias de publicidad desconocen la cuantía de sus pagos que es efectivamente entregada a los medios. Los medios de pequeño y mediano tamaño que comercializan su inventario en *open display*, desconocen los precios efectivamente pagados por los anunciantes, lo que les impide estimar la disposición a pagar del anunciante final, lo que dificulta la toma de decisiones para la optimización de su inventario. Se ha calculado que las comisiones de los intermediarios podrían situarse entre el 30% y 40% del total pagado por los anunciantes (CNMC). Este problema no afecta a Google y a Meta, en cuanto están integrados verticalmente, lo que les da mayor visibilidad y una ventaja competitiva.

La Unión Europea ha reaccionado a las quejas de anunciantes y medios, imponiendo a Google obligaciones de transparencia en el Reglamento de Mercados Digitales (RMD). Los apartados 9 y 10 del artículo 5 RMD impone a Google, en cuanto designado como "guardián de acceso", la obligación de proporcionar determinada información a anunciantes y medios respectivamente.

Google deberá proporcionar a cada anunciante, petición del mismo, información diaria y gratuita sobre cada anuncio, en concreto: 1) el precio y las comisiones pagados por ese anunciante, incluidas todas las deducciones y recargos, por cada uno de los servicios de publicidad en línea pertinentes prestados por el guardián de acceso; 2) la remuneración recibida por el editor con su consentimiento, incluidas todas las deducciones y recargos, y 3) las medidas a partir de las que se calculan cada uno de los precios, comisiones y remuneraciones.

En paralelo, Google deberá proporcionar al medio, también de forma diaria y gratuita, y en relación con cada anuncio en su inventario: 1) la remuneración recibida y las comisiones pagadas por ese editor, incluidas todas las deducciones y recargos, por cada uno de los servicios de publicidad en línea pertinentes prestados por el guardián de acceso; 2) el precio pagado por el anunciante con su consentimiento, incluidas todas las deducciones y recargos, y 3) la métrica a partir de la que se calcula cada uno de los precios y remuneraciones.

Las obligaciones que se imponen en relación con el servicio de publicidad tienen como fin proteger la equidad, reforzando la débil posición de los anunciantes y los medios en relación con los intermediarios, y en concreto con Google, que goza de una posición de extrema fortaleza. En concreto, se pretende incrementar la transparencia a fin de mejorar su posición negociadora.

Las condiciones bajo las cuales Google proporciona servicios de intermediación en la publicidad en línea, incluyendo tanto a los anunciantes como a los medios, son a menudo poco transparentes y opacas. Esta opacidad está en parte vinculada a las prácticas de unas pocas plataformas, pero también se debe a la gran complejidad de la publicidad programática. Se considera que el sector se ha vuelto menos transparente después de la introducción de la nueva legislación sobre privacidad, y se espera que se vuelva aún más opaco con la anunciada eliminación de las cookies de terceros. Esto a menudo conduce a una falta de información y conocimiento para los anunciantes y los medios sobre las condiciones de los servicios de publicidad que contrataron y socava su capacidad para cambiar a proveedores alternativos de servicios de publicidad en línea.

Por lo tanto, las obligaciones de transparencia deben exigir que los guardianes de acceso proporcionen a los anunciantes y editores a los que presten servicios de publicidad en línea, cuando así se les solicite y en la medida de lo posible, información que permita a ambas partes entender el precio pagado por cada uno de los diferentes servicios de publicidad prestados como parte de la cadena de valor publicitario pertinente.

La falta de transparencia en la intermediación, sin embargo, no parece ser un problema específico de la intermediación en la publicidad, sino un problema estructural de la actividad de intermediación automatizada mediante el uso de complejos y poco transparentes algoritmos.

3. *Acceso a los instrumentos de medición*

El artículo 6.8 RMD obliga a los guardianes de acceso a "proporcionará a los anunciantes y los editores, así como a terceros autorizados por los anunciantes y los editores, a petición de estos y de forma gratuita, acceso a los instrumentos de medición del rendimiento del guardián de acceso y a los datos necesarios para que los anunciantes y los editores puedan realizar su propia verificación independiente del inventario de anuncios, incluidos los datos agregados y desagregados. Esos datos se proporcionarán de tal manera que se posibilite a los anunciantes y los editores utilizar sus propios instrumentos de verificación y medición para valorar el rendimiento de los servicios básicos de plataforma prestados por el guardián de acceso".

Los datos tienen una doble función en la publicidad digital. Por un lado, los anunciantes pueden orientar mejor sus anuncios. La publicidad puede ser contextualizada, mostrándose en el momento preciso en que los usuarios están buscando, leyendo o comentando un artículo. La publicidad también puede ser personalizada, es decir, dirigida en función de la información personal del usuario.

Por otra parte, y de igual o mayor importancia, los datos también se utilizan para determinar la eficacia de la publicidad, lo que ayuda a los anunciantes a optimizar su inversión. Los datos permiten a los anunciantes medir la atribución, es decir, el seguimiento de las acciones que siguen a la visualización de un anuncio (clics, compras, etc.). Así pues, los datos se utilizan para medir la eficacia de los anuncios. Los datos se utilizan para verificar que no haya fraude (pagar por anuncios que no se muestran efectivamente).

Para mejorar la equidad, la transparencia y la disputabilidad de los servicios de publicidad en línea, así como los que están plenamente integrados en otros servicios de plataformas básicas del mismo proveedor, los guardianes de acceso designados deben proporcionar a los anunciantes y editores, cuando se les solicite, acceso gratuito a los instrumentos de medición del rendimiento del guardián de acceso y a la información necesaria para anunciantes, agencias de publicidad que actúan en nombre de una empresa que realiza publicidad, así como para que los editores realicen su propia verificación independiente sobre la prestación de los servicios de publicidad en línea correspondientes.

4. *Otras obligaciones*

El Reglamento de Mercados Digitales impone otras obligaciones a Google en cuanto "guardián de acceso" en el servicio de intermediación en la publicidad digital.

Primero, el Reglamento de Mercados Digitales prohíbe específicamente a los guardianes en el servicio de publicidad, esto es, a Google, combinar datos personales sin el consentimiento de los usuarios finales hagan uso de servicios básicos de plataforma del guardián de acceso.

El artículo 5.2 RMD impone a los guardianes de acceso cuatro prohibiciones diferentes en relación con la combinación de datos: "a) tratar, con el fin de prestar servicios de publicidad en línea, los datos personales de los usuarios finales que utilicen servicios de terceros que hagan uso de servicios básicos de plataforma del guardián de acceso; b) combinar datos personales procedentes de los servicios básicos de plataforma pertinentes con datos personales procedentes de cualesquiera servicios básicos de plataforma adicionales o de cualquier otro servicio que proporcione el guardián de acceso o con datos personales procedentes de servicios de terceros; c) cruzar datos personales procedentes del servicio básico de plataforma pertinente con otros servicios que proporcione el guardián de acceso por separado, entre ellos otros servicios básicos de plataforma, y viceversa, y d) iniciar la sesión de usuarios finales en otros servicios del guardián de acceso para combinar datos personales". No obstante, el guardián podrá realizar todas estas combinaciones de datos si el usuario final ha dado su consentimiento.

Resulta posible trazar el origen de estas prohibiciones en varios casos de competencia en los últimos años. Destaca especialmente la Decisión de la Comsiión Europea derivado de la adquisición de WhatsApp por Facebook. Incluso más relevante es un precedente de la autoridad alemana de competencia, la Bundeskartellamt en febrero de 2019. Se declaró que Facebook había abusado de su posición dominante en el mercado de las redes sociales para usuarios privados. La autoridad llegó a la conclusión de que Facebook imponía condiciones comerciales abusivas en relación con los datos, en particular imponiendo la combinación de datos extraídos de otros servicios corporativos (como WhatsApp) con datos extraídos del servicio de Facebook, con el fin de mostrar anuncios personalizados en Facebook.

Segundo, el artículo 6.2 RMD impone la siguiente prohibición: "no utilizará, en competencia con los usuarios profesionales, ningún dato que no sea públicamente accesible generado o proporcionado por dichos usuarios profesionales en el contexto de su uso de los servicios básicos de plataforma pertinentes o de los servicios prestados junto con los servicios básicos de plataforma pertinentes, o en apoyo de tales servicios, incluidos los datos generados o proporcionados por los clientes de dichos usuarios profesionales".

La Reglamento incluye una obligación de no hacer consistente en la prohibición de usar datos generados por un usuario profesional en la plataforma, para competir con dicho usuario profesional ofertando un servicio substitutivo. Esta obligación protege la competencia en mercados conexos y protege a los competidores garantizando la equidad en las relaciones entre los guardianes y los usuarios profesionales.

Tercero, resulta relevante la obligación de portabilidad de datos, cuya aplicación no se limita a los usuarios finales, sino también a los usuarios profesionales, sean anunciantes o medios.

El artículo 6.9 RMD establece que todo guardián de acceso "proporcionará a los usuarios finales y a terceros autorizados por un usuario final, a petición de estos y de forma gratuita, la portabilidad efectiva de los datos proporcionados por el usuario final o generados por la actividad del usuario final en el contexto del uso del servicio básico de plataforma pertinente, por ejemplo proporcionando instrumentos gratuitos para facilitar el ejercicio efectivo de dicha portabilidad de los datos, así como acceso continuo y en tiempo real a tales datos".

El Reglamento, siempre en la línea de reforzar la disputabilidad de los mercados, introduce obligaciones destinadas a reducir las barreras de entrada derivadas de la renuencia de los usuarios finales a cambiar de proveedor (conocidos como efectos "*lock-in*").

BIBLIOGRAFÍA

CASADO NAVARRO, A., "Publicidad encubierta a través de *influencers*: Normativa aplicable y régimen de responsabilidad", *Revista de Derecho de la Competencia y la Distribución*, nº 31, 2022.

— "Regulación y autorregulación de la publicidad encubierta en el marketing de influencers: algunas reflexiones sobre su eficacia", en *Derecho de la publicidad en internet: redes sociales y plataformas digitales* (dirs. GARCÍA ESCOBAR, G. / GÁLVEZ JIMÉNEZ, A.), Aranzadi, Cizur Menor, 2023.

Comisión Nacional de los Mercados y la Competencia, Estudio sobre las condiciones de competencia en el sector de la publicidad online en España, colección de estudios de mercado, E/CNMC/002/2019, julio de 2021.

Competition & Markets Authority (CMA), *Online platforms and digital advertising*, Informe, 2020.

DE LA CUESTA RUTE, J. M., "La autorregulación como regulación jurídica", I Congreso Internacional *Códigos de conducta. Mercado. Publicidad y Mercados Financieros*, Madrid, 2008 (https://hdl.handle.net/20.500.14352/54156).

FERNÁNDEZ NÓVOA, C., "La publicidad encubierta", *Actas de Derecho Industrial*, t. III, 1976.

GARCÍA-CRUCES GONZÁLEZ, J. A., "Artículo 5. Actos de engaño", en *Comentarios a la Ley de competencia desleal* (dir. BERCOVITZ, A.), Aranzadi, Cizur Menor, 2011.

GERARDIN, D., y KATSIFIS, D., "An EU competition law analysis of online display advertising in the programmatic age", *European Competition Journal*, 15(1), 2019, pp. 55-96.

LEMA DEVESA, "Los actos de engaño en la Ley de Competencia Desleal", en *El Derecho mercantil en el umbral del siglo XXI, Libro homenaje a Fernández-Nóvoa* (dirs. GÓMEZ SEGADE, J. A. / GARCÍA VIDAL, A.), Marcial Pons, Madrid, 2010.

MALDONADO MOLINA, J., "El marco legal de los sitios de reseñas y de las reseñas en línea de consumidores", *Revista Lex Mercatoria*, vol. 22, 2022.

MARTÍN MORAL, M. F., "El emplazamiento de producto en la nueva Ley General de Comunicación Audiovisual", *Revista de Derecho de la competencia y la distribución*, nº 32, 2023.

MASSAGUER FUENTES, J., *Comentario a la ley de competencia desleal*, Civitas, Madrid, 1999.

— "La reforma de la Ley de Competencia Desleal de 2021: Una reforma menor, coyuntural y continuista del tratamiento de las prácticas comerciales desleales con los consumidores", *Revista de Derecho Mercantil*, nº 324, 2022.

MIRANDA SERRANO, L., "Contratos de consumo, reseñas online de bienes y servicios y libertad de expresión: a propósito de las cláusulas mordaza o antirreseñas", en *Derecho de la publicidad en internet: redes sociales y plataformas digitales* (dirs. GARCÍA ESCOBAR, G. / GÁLVEZ JIMÉNEZ, A.), Aranzadi, Cizur Menor, 2023.

MONTERO, J. y FINGER, M., *La regulación de las nuevas industrias en red*, Tirant lo Blanch, Valencia, 2021.

MONTERO, J., *El Reglamento de Mercados Digitales. La regulación de las grandes plataformas*, Tirant lo Blanch, Valencia, 2023.

OTERO COBOS, M. T., "El patrocinio publicitario con influencers, ¿publicidad encubierta?", en *Derecho Mercantil y Tecnología* (dir. MADRID PARRA, A.), Aranzadi, Cizur Menor, 2018.

— "El influencer como medio de comunicación audiovisual", *Actas de Derecho Industrial*, t. XLI, 2020-2021.

— "Aproximación al estatuto jurídico de los usuarios profesionales de medios sociales (*vloggers* y *fin-fluencers*)", en *Derecho de la publicidad en internet: redes sociales y plataformas digitales* (dirs. GARCÍA ESCOBAR, G. / GÁLVEZ JIMÉNEZ, A.), Aranzadi, Cizur Menor, 2023.

PÉREZ-SERRABONA, J. L., "Publicidad, contratos publicitarios y mercado actual. Algunas reflexiones", en *Derecho de la publicidad en internet: redes sociales y plataformas digitales* (dirs. GARCÍA ESCOBAR, G. / GÁLVEZ JIMÉNEZ, A.), Aranzadi, Cizur Menor, 2023.

SÁNCHEZ RUIZ, M., "La regulación europea actual sobre emplazamiento de producto y la propuesta de reforma de la Directiva de servicios de comunicación audiovisual", *Cuadernos de Derecho Transnacional*, vol. 9, nº 2, 2017.

TATO PLAZA, A., "Aspectos jurídicos de la publicidad a través de líderes de opinión en redes sociales (influencers)", *Revista de Derecho Mercantil*, nº 311, 2019.

— "Régimen jurídico de la publicidad de criptoactivos presentados como objeto de inversión", *Revista de Derecho Mercantil*, nº 324, 2022.

TOBÍO RIVAS, A. M., "Competencia desleal y publicidad encubierta: recientes desarrollos en la regulación española y de la Unión Europea", en *Derecho de la competencia. Desafíos y cuestiones de actualidad* (dirs. MIRANDA SERRANO, L. M. / COSTAS COMESAÑA, J.), Marcial Pons, Madrid, 2018.

Capítulo Noveno

Los asistentes virtuales en el Reglamento de Mercados Digitales

JIMENA TAMAYO VELASCO

SUMARIO: I. Introducción. II. El mercado de los asistentes virtuales. III. Posibles abusos de posición dominante en este mercado. IV. Los asistentes virtuales en el RMD.

I. INTRODUCCIÓN

Los asistentes virtuales son uno de los diez servicios básicos de plataforma finalmente incluidos en el ámbito objetivo de aplicación del reciente Reglamento de Mercados Digitales de la Unión Europea (en adelante, "RMD"). Decimos "finalmente" porque se trata de una incorporación de última hora, ya que la propuesta inicial de la Comisión Europea no contenía referencia alguna a ellos.

El artículo 2, apartado 12, los define como "un software que puede procesar peticiones, tareas o preguntas, también las formuladas mediante sonidos, imágenes, texto, gestos o movimientos y que, basándose en dichas peticiones, tareas o preguntas, proporciona acceso a otros servicios o controla dispositivos físicos conectados".

En otras palabras, un asistente virtual reacciona a comandos humanos, actuando al mismo tiempo como una interfaz del usuario y como plataforma de acceso a internet, así como a las distintas aplicaciones de voz (servicios de búsqueda de información, de salud y deporte, de intermediación y compra, de contenido creativo y "multimedia...") y "dispositivos inteligentes" (luz, termostato, frigorífico...) que se adhieran a ella.

Estos convenientes "mayordomos digitales" —nos apropiamos aquí del descriptivo apodo anglosajón de "*digital butlers*"— se han ido generalizando en nuestro entorno inmediato a lo largo de los últimos años, adquiriendo nombres propios que todos conocemos. Nos referimos, fundamentalmente, a *Alexa, Siri* y *Google Assistant.*

Aun tratándose de un sector especialmente novedoso y dinámico, donde todavía no se han planteado problemas de competencia, la curiosidad social que han generado estos "sirvientes" ha despertado también los recelos de las autoridades de competencia europeas. En julio de 2020, Margrethe Vestager anunciaba el lanzamiento de una investigación en el sector del Internet de las Cosas (*Internet of Things* o "IoT") de consumo, especialmente enfocada en la situación competitiva en el mercado de los asistentes de voz, que concluía en enero de 2022, con la publicación del *Informe Final sobre la investigación del sector de IoT para consumidores* de la Comisión Europea. Los resultados de este documento, como veremos, han cristalizado en el texto finalmente aprobado del RMD.

II. EL MERCADO DE LOS ASISTENTES VIRTUALES

1. Características generales del mercado y de sus principales operadores

Los asistentes virtuales constituyen una puerta de acceso al amplio catálogo de productos y servicios que configura el **sector del IoT de consumo**, situándose por tanto en el núcleo de dicho ecosistema. En este sentido, nuestros mayordomos digitales operan mercados de doble cara, actuando como intermediarios entre dos grupos de demanda: los consumidores, por un lado; los desarrolladores de aplicaciones de voz y los fabricantes de dispositivos inteligentes, por otro lado.

A día de hoy, Google, Apple y Amazon lideran conjuntamente este mercado, pese a que presentan estrategias y modelos de negocio divergentes. Así, mientras ***Google Assistant*** y ***Alexa***, implantados en altavoces inteligentes, han perseguido integrarse en el ámbito del "hogar inteligente", ***Siri*** habría nacido como un elemento de diferenciación vinculado a su *smartphone*, el *iPhone*. De todas formas, ello no ha impedido al asistente de Google hacerse con una elevada cuota de mercado en este ámbito, penetrando en los teléfonos móviles a través del sistema operativo *Android*.

Así las cosas, el reparto de las cuotas de mercado entre los principales asistentes virtuales varía mucho en función del país, el portal de acceso y las métricas empleadas. Un buen ejemplo lo encontramos si analizamos las cuotas de mercado de los asistentes virtuales en Estados Unidos en 2020. Fijándonos en los *smartphones*, *Siri* mantenía una cuota de mercado del 45%, seguido de *Google Assistant*, con un 30%, y finalmente, *Alexa*, con un 18%. En cambio, las cuotas se invertían en el ámbito de los altavoces inteligentes: Amazon lideraba con un 69%, seguido de Google, con un 25% y Apple, con un 5%.

2. Barreras de entrada al mercado de los asistentes de voz

La idiosincrasia del mercado de los asistentes digitales se traduce en una serie de rasgos propios que configuran, en la práctica, elevadas barreras de entrada para sus competidores. Veamos las más significativas.

Efectos de red indirectos. Los efectos de red indirectos tienen lugar cuando el incremento en la utilización de un producto o servicio aumenta los incentivos para desarrollar productos compatibles con él, reforzando la popularidad del producto original.

Es evidente que los programadores de aplicaciones de voz y los fabricantes de dispositivos de hardware preferirán diseñar sus productos de tal manera que sean compatibles con los asistentes de voz más exitosos entre los consumidores. Al mismo tiempo, los consumidores acudirán a aquellas plataformas que dispongan de un amplio abanico de aplicaciones de voz y que estén disponibles en más dispositivos físicos. Esto genera una especie de bucle de retroalimentación positiva a la hora de atraer tanto a proveedores de productos y servicios de IoT como a consumidores.

Elevados costes fijos. Desarrollar un asistente de voz capaz de competir con los ya existentes en el mercado supone una contundente inversión económica. Entre otras cosas, estos programas de software están construidos sobre una infraestructura de computación en la Nube y requieren importantes inversiones en el ámbito de la Inteligencia Artificial.

Big Data. Los datos son la materia prima necesaria para poner en marcha y optimizar el funcionamiento de los algoritmos de *machine-learning* y la minería de datos en que se basa el éxito de los mayordomos digitales. Los autores Stucke y Ezrachi hablan, en este sentido, de la existencia de efectos de red basados en la cantidad y alcance de los datos. Resumidamente, los asistentes de voz se alimentan de bases de datos no solo amplias, sino también muy detalladas, que permiten la elaboración de un perfil individualizado de cada usuario para perfeccionar su funcionamiento.

Efecto *lock-in* y elevados costes de cambio. La inmersión del usuario en el ecosistema de las plataformas digitales conduce a un efecto de *lock-in*, entendido como el "encerramiento" del usuario en dicho entorno, manteniéndose fiel al mismo incluso ante la existencia de otro producto sustitutivo que hubiera preferido. El efecto *lock-in* es el resultado de unos elevados costes de cambio que encuentran su fundamento en distintas causas, como la falta de un derecho efectivo a la portabilidad de los datos o de la interoperabilidad entre servicios, prácticas de vinculación o dificultades para practicar la multiconexión.

3. Dinámica de la competencia en el mercado de los asistentes de voz

Las características anteriores nos conducen a suponer que solo hay cabida para un reducido número de operadores en el mercado de los asistentes de voz. En efecto, este mercado revela una **dinámica de *winner-take-all*,** donde existe una clara tendencia hacia la monopolización o concentración en manos de un puñado de firmas.

¿Significa ello que la competencia ha muerto en este mercado? A la hora de evaluar la situación competitiva en un *tipping market,* no bastará con realizar un análisis puramente estructural de las barreras de entrada y de las cuotas de mercado. De acuerdo a autores como Nicolas Petit, será imprescindible analizar la presión competitiva dentro del mercado, que podrá medirse a través de distintos indicadores, como el gasto en innovación e I+D por parte de las empresas dominantes.

Si atendemos a este parámetro, nos encontraremos ante un sector naciente y altamente dinámico. A día de hoy, la competencia aún parece elevada en este entorno, puesto que el mercado se reparte entre varios operadores sin mostrarse una clara predominancia en favor de ninguno de ellos. No obstante, la mera convivencia de varias firmas no implica que nos encontremos ante un mercado "disputable y equitativo", por utilizar la terminología empleada en el RMD. A la hora de alcanzar tales conclusiones, deben tenerse en cuenta factores tales como la interoperabilidad, multiconexión o portabilidad de datos. Asimismo, la incertidumbre que resulta consustancial a los mercados digitales no permite descartar la posibilidad de que este panorama competitivo se altere en cualquier momento, inclinándose el mercado en favor de un único operador.

III. POSIBLES ABUSOS DE POSICIÓN DOMINANTE EN ESTE MERCADO

Sobre la base del *Informe Final sobre la investigación del sector de IoT para consumidores* de la Comisión Europea, hemos seleccionado una serie de prácticas que podrían dañar la competencia en el mercado de los asistentes de voz.

1. Autopreferencia

Las firmas que se encuentran detrás de los asistentes virtuales líderes están integradas verticalmente, ofreciendo sus propios productos y servicios en mercados adyacentes, como pueden ser la reproducción de música, las aplicaciones de búsqueda en internet, navegación, mensajería o compra online.

¿Por qué no iban a tratar de favorecer la contratación de sus propios servicios en detrimento de los de sus competidores a través de sus mayordomos digitales?

Las autoridades y expertos *antitrust* estadounidenses ya han identificado este tipo de conducta en la forma de actuar de Amazon, que podría estar convirtiendo a su plataforma de comercio electrónico —su principal fuente de ingresos—

en la elección predeterminada para ciertos comandos de voz corrientes que el usuario dirige a *Alexa*.

2. *Configuraciones predeterminadas*

De manera similar, la preinstalación, configuración por defecto o emplazamiento privilegiado de los servicios propios de las firmas que manejan los asistentes virtuales ofrecen indudables ventajas frente a sus competidores. Teóricamente, el consumidor siempre puede cambiar estas configuraciones, pero lo cierto es que en la práctica suelen resultar especialmente "pegajosas" y tienden a "atar" al usuario a los servicios ya prestablecidos.

Por ejemplo, cuando un usuario pide a *Siri* que ponga una canción, el asistente reacciona abriendo la aplicación de *Apple Music* por defecto. Precisamente, este fue uno de los motivos aducidos por *Spotify* en la queja elevada ante la Comisión Europea por presunto abuso de posición dominante en el ámbito digital por parte de Apple.

3. *Interoperabilidad*

La interoperabilidad hace referencia a la interconexión y comunicación a través de medios técnicos entre los elementos de hardware y software pertenecientes a distintos segmentos del sector del IoT. Los asistentes de voz, actuando como puntos de contacto entre todos estos elementos, desempeñan un rol esencial en este aspecto.

Sin embargo, las plataformas líderes pueden tratar de limitar la operatividad de los dispositivos inteligentes y de las aplicaciones diseñadas por terceros proveedores que se integran con sus asistentes de voz, cuando estos entren en competencia con sus propios productos y servicios.

De otro lado, algunas plataformas incorporan cláusulas de exclusividad o restricciones que impiden o dificultan a los fabricantes de hardware simultanear varios asistentes de voz. Ello ya suscitó en su momento las quejas de fabricantes independientes como *Sonos*, quienes, pese a disponer de la tecnología necesaria para facilitar el funcionamiento simultáneo de varios asistentes de voz en sus altavoces inteligentes, se toparon con el bloqueo por parte de firmas como Google o Apple.

4. *Datos*

Las grandes firmas digitales a que nos venimos refiriendo recaban —a través de sus asistentes virtuales, así como de los otros servicios y productos que ofrecen en mercados adyacentes— ingentes cantidades de información que les permiten elaborar perfiles altamente individualizados de sus usuarios y competidores, de los que pueden sacar provecho de distintas formas.

Por descontado, la tenencia de esas grandes bases de datos permite a los asistentes de voz mejorar el funcionamiento de los algoritmos que los sustentan y constituye, en consecuencia, una clara ventaja competitiva frente a los competidores que no disponen de acceso a las mismas.

Igualmente, estos operadores podrían utilizar la información privilegiada que obtienen acerca del funcionamiento interno de los proveedores que operan a través de sus servicios básicos de plataforma de forma anticompetitiva. Tampoco puede descartarse que estas firmas traten de impedir la portabilidad efectiva de datos entre distintos servicios por parte del usuario, dificultando la multiconexión y elevando así los costes de cambio.

5. *Desintermediación*

Los asistentes virtuales se han convertido en intermediarios entre los usuarios finales y los usuarios profesionales que ofrece productos o servicios a través de su plataforma, lo cual ha elevado la voz de alarma entre estos últimos. Algunas de las quejas se refieren a la pérdida de la relación directa con el usuario y el control de su experiencia, la reducción del reconocimiento de marca o la dependencia respecto del guardián de acceso a la hora de proporcionar asistencia técnica a los consumidores.

IV. LOS ASISTENTES VIRTUALES EN EL RMD

La propuesta inicial del RMD de la Comisión Europea contemplaba únicamente ocho servicios básicos de plataforma, entre los cuales no se hallaban los asistentes virtuales. Estos últimos fueron incorporados durante las negociaciones posteriores, justificándose su inclusión, como hemos anticipado, en los resultados de la investigación de la Comisión Europea en el sector del IoT de consumo.

1. *¿Qué asistentes virtuales quedarán sometidos al RMD?*

De acuerdo al procedimiento del artículo 3, cualquier compañía que reúna los criterios cuantitativos establecidos en su apartado 2 debería haber notificado a la Comisión Europea a efectos de su designación como guardianes de acceso para uno o varios servicios básicos de plataforma en septiembre de 2023. Partiendo de la citada notificación, las compañías Alphabet, Amazon, Apple, ByteDance,

Meta y Microsoft han sido finalmente designadas por dicha institución como guardianes de acceso para un total de 22 servicios básicos de plataforma.

Sin embargo, contra todo pronóstico, **ningún asistente virtual ha sido incluido en el listado de la Comisión.** Ello resulta cuanto menos curioso, dado que *Google Assistant, Alexa y Siri* reunirían a todas luces los criterios del art. 3.2, incluyendo la exigencia de alcanzar a 45 millones de usuarios finales activos y 10.000 usuarios profesionales activos establecidos en la Unión durante los tres últimos ejercicios económicos. Y es que, además de ser un umbral relativamente bajo si consideramos la población total de la UE, estas cifras quedaban flexibilizadas en el apartado A del anexo, donde se especifica que, para el supuesto concreto de los asistentes virtuales, contabilizarán como usuarios finales activos aquellos que hayan "interactuado de algún modo con el asistente virtual al menos una vez durante el mes, por ejemplo, activándolo, formulando una pregunta, accediendo a un servicio a través de un comando o controlando un dispositivo domótico".

En cualquier caso, la Comisión Europea aún podría designar como guardián de acceso en relación con alguno de estos asistentes virtuales a cualquier firma mediante la apertura de una investigación de mercado conforme al art. 17 del RMD.

2. *¿Qué implica la aplicación del RMD a los asistentes virtuales?*

Una de las consecuencias fundamentales de la designación como guardianes de acceso conforme al RMD consiste en la aplicación del listado de ***dos and dont's* de los artículos 5, 6 y 7.**

En particular, dos previsiones del artículo 6 hacen expresa mención a los asistentes virtuales, haciéndose cargo de algunas de las preocupaciones señaladas por la Comisión en su investigación sectorial.

Así, el artículo 6.3 exige a los guardianes de acceso facilitar la **modificación de la configuración predeterminada** del asistente virtual, especialmente en la primera utilización del dispositivo por parte del usuario.

Respecto a la **interoperabilidad**, el artículo 6.7 exige garantizar a los competidores el acceso en condiciones de igualdad a las funciones de hardware y software controlables a través del asistente virtual de que dispongan los servicios y productos propios del guardián de acceso.

A mayores, otras previsiones de este artículo 6 resultan particularmente interesantes para el caso de los asistentes virtuales.

En este sentido, encontramos la **prohibición de autopreferencia** (art. 6.5), que impide al guardián de acceso tratar más favorablemente en la clasificación, indexado o rastreo a sus propios productos o servicios respecto de los de terceros. Igualmente, resaltamos la **prohibición de la práctica de *sherlocking*** (art. 6.2); esto es, la utilización en competencia con los usuarios profesionales de los datos generados o proporcionados por estos últimos en el contexto de su utilización de los servicios básicos de plataforma ofrecidos por el guardián de acceso.

En materia de datos, resultan relevantes el art. 6.9, que garantiza un **derecho a la portabilidad efectiva de los datos** proporcionados o generados por el usuario final en el contexto del uso del servicio básico de plataforma pertinente, y el art. 6.10, que proporciona a los usuarios profesionales el **acceso efectivo, continuo y en tiempo real a los datos** generados en el contexto de la utilización de los servicios o productos ofrecidos por el guardián de acceso.

No obstante, estas previsiones no son suficientes para contrarrestar la evidente ventaja competitiva de que gozan los guardianes de acceso en materia de datos respecto de sus competidores. Además, el RMD no ofrece solución para algunas de las preocupaciones que hemos identificado, como la problemática de la desintermediación o la multiconexión.

3. Dificultades de implementación y omisiones en la legislación

Las disposiciones teóricas de los artículos 5, 6 y 7 no son siempre fácilmente trasladables a la práctica de los asistentes virtuales.

Una de estas dificultades surge a la hora de implementar la **prohibición de autopreferencia** en aquellos asistentes virtuales instalados **en dispositivos que carecen de pantalla**. Para garantizar la posibilidad de elección en estos casos, el asistente virtual debería enumerar a viva voz las distintas opciones a disposición del usuario. No obstante, ha de tenerse en cuenta que el orden en que este proceda influirá en la decisión final con mayor rotundidad incluso que cuando estas le son expuestas visualmente en un ordenador o *smartphone*.

Merece la pena añadir otra puntualización que afectaría, en su conjunto, al artículo 6. Este precepto contiene una **serie de obligaciones susceptibles de posterior especificación** (la denominada "lista gris"), para las cuales se crearía un marco de diálogo entre la Comisión y el guardián de acceso implicado que garantice la efectividad de las medidas empleadas para los fines perseguidos.

Aún está por ver cómo se producirá este dialogo en la práctica, pero lo que está claro es que los guardianes de acceso tratarán de justificar su conducta en las más variadas excusas. Por ejemplo, el art. 6.7, al hilo de las exigencias de interoperabilidad, concluye diciendo que "no se impedirá al guardián de acceso adoptar medidas estrictamente necesarias y proporcionadas para garantizar que la interoperabilidad no comprometa la integridad de las funciones del sistema operativo, el asistente virtual, el hardware o el software suministrados por el guardián de acceso, siempre que este justifique debidamente estas medidas".

Sin ir más lejos, Google ya hizo uso de este tipo de argucias para vetar hasta hace muy poco la implementación de *Google Assistant* en aparatos que ofreciesen simultáneamente el acceso a otros asistentes de voz competidores.

BIBLIOGRAFÍA

BUDZINSKI, O., NOSKOVA, V. y ZHANG, X., "The brave new world of digital personal assistants: benefits and challenges from an economic perspective", *Economic Research and Electronic Networking*, 20, 2019, pp. 177-194.

COMISIÓN EUROPEA, *Preliminary Report - Sector inquiry into consumer Internet of Things*. SWD(2021) 144 final, 2021.

COMISIÓN EUROPEA, *Final report - Sector inquiry into consumer Internet of Things*. COM(2022) 19 final, 2022.

OVINGTON, T. y LEWIS, D., "Virtual assistants and the DMA", *Frontier Economics*, 2022.

PETIT, N., *Big Tech & the Digital Economy: the Moligopoly Scenario*. Oxford University Press, Oxford, 2020.

STUCKE, M. E y EZRACHI, A., "How Your Digital Helper May Undermine Your Welfare, and Our Democracy". *Berkeley Technology Law Journal*, 2017.

STUCKE, M. E y GRUNES, A. P., *Big Data and Competition Policy*. Oxford University Press. Oxford, 2016.

SUBCOMMITTEE ON ANTITRUST, COMMERCIAL AND ADMINISTRATIVE LAW OF THE COMMITTEE ON THE JUDICIARY, *Investigation of Competition in Digital Markets, Majority Staff Report and Recommendations*. House of Representatives. United States, 2020.

tirant PRIME

Inteligencia jurídica
en expansión

Trabajamos para
mejorar el día a día
del **operador jurídico**

Adéntrese en el universo
de **soluciones jurídicas**

prime.tirant.com/es/